AF824920

Kindsmord

Europäische Hochschulschriften

Publications Universitaires Européennes
European University Studies

Reihe III
Geschichte und ihre Hilfswissenschaften

Série III Series III
Histoire, sciences auxiliaires de l'histoire
History and Allied Studies

Bd./Vol. 755

PETER LANG
Frankfurt am Main · Berlin · Bern · New York · Paris · Wien

Elke Hammer

Kindsmord

Seine Geschichte in Innerösterreich 1787 bis 1849

PETER LANG
Europäischer Verlag der Wissenschaften

Die Deutsche Bibliothek - CIP-Einheitsaufnahme

Elke, Hammer:

Kindsmord : seine Geschichte in Innerösterreich 1787 bis 1849 / Elke Hammer. - Frankfurt am Main ; Berlin ; Bern ; New York ; Paris ; Wien : Lang, 1997
(Europäische Hochschulschriften : Reihe 3, Geschichte und ihre Hilfswissenschaften ; Bd. 755)
Zugl.: Graz, Univ., Diss., 1996
ISBN 3-631-31349-7

Gedruckt mit Unterstützung des
Bundesministeriums für
Wissenschaft und Verkehr

ISSN 0531-7320
ISBN 3-631-31349-7

So oft sie hernach
in den Keller hinabgieng,
habe sie wohl daran gedacht,
da liegt dein Kind,
daß du ums Leben brachtest
und habe allzeit
auf das Plätzchen hingesehen.

Anna Maria Walkner, Kindsmörderin aus Aussee, 1835

VORWORT

Die vorliegende Arbeit stellt die leicht modifizierte Fassung meiner im Jahr 1996 an der Geisteswissenschaftlichen Fakultät der Karl-Franzens-Universität Graz approbierten Dissertation „Angst, Not und Schande. Kindsmord in Innerösterreich von 1787 bis 1849" dar. Sie versteht sich als Beitrag zu einem am Institut für Österreichische Rechtsgeschichte von Univ.-Prof. Mag. Dr. Helfried Valentinitsch gesetzten Forschungsschwerpunkt zur Kriminalität der frühen Neuzeit.

An dieser Stelle möchte ich zu allererst Herrn Univ.-Prof. Mag. Dr. Helfried Valentinitsch meinen herzlichen Dank aussprechen, der mir für diese Untersuchung nicht nur beständig seinen wissenschaftlichen Rat zur Verfügung stellte, sondern mir auch menschlich in jeder Hinsicht zur Seite stand. Gleichermaßen danke ich dem Zweitbegutachter dieser Arbeit, Herrn Univ.-Prof. Dr. Paul W. Roth, für seine große Anteilnahme und Unterstützung, die er diesem Projekt entgegengebracht hat.

Ebenfalls zu Dank verpflichtet bin ich den Beamtinnen und Beamten des Steiermärkischen Landesarchivs, die mir stets freundlich und bemüht zur Hilfe kamen. Stellvertretend nenne ich hier Frau Cornelia Olsacher für die Abteilung Bürgergasse, Herrn Horst Dieter Hafner für die Abteilung Hamerlinggasse und Herrn Adolf Hengstschläger für die Abteilung Karmeliterplatz.

Graz, im Mai 1997 — Elke Hammer

INHALTSVERZEICHNIS

1. EINLEITUNG

Das Motiv des Kindsmordes übt seit dem 18. Jahrhundert eine besondere Faszination auf die Menschen aus. In einer eigenartigen Verknüpfung von fassungslosem Grauen und tiefstem Mitleid wurde versucht, das Wesen einer Mutter zu erfassen, die für sich das Recht beanspruchte, Leben zu nehmen und nicht zu schenken. Das dabei stilisierte Bild entsprach freilich kaum der Wirklichkeit, erst in den letzten Jahren haben wissenschaftliche Arbeiten eine Annäherung an reale Verhältnisse ermöglicht.

Mit der folgenden Untersuchung soll nicht nur ein weiterer Schritt zur Erforschung dieses Problemkreises geleistet werden, sie zielt auch darauf ab, bisher vernachlässigte Facetten und Randbereiche des Komplexes sichtbar zu machen sowie neue Fragestellungen aufzuwerfen. Obwohl auf Strafrechtsgeschichte und Kriminalstatistik dabei nicht verzichtet werden kann, gilt das Hauptaugenmerk dem konkreten Fall. Anhand ausgewählter Beispiele wird immer wieder anschaulich gemacht, was eine allgemeine Feststellung für eine Angeklagte tatsächlich bedeutete. Damit bleibt die Verbindung zu den widrigenfalls oft hinter bloßen Zahlen und Aufstellungen versteckten Täterinnen aufrecht.

Der inhaltliche Aufbau der Arbeit orientiert sich am zeitlichen Verlauf der Geschehnisse. Ausgehend von einer Charakterisierung der Person der Kindesmutter wird dies - nach Maßgabe der Quellen - eingeschränkt auch für den Kindesvater geleistet. Aufbauend auf einer Analyse der Beziehungsstrukturen interessiert in nächster Konsequenz der Umgang der Partner miteinander bzw. ihre gemeinsame oder getrennte Bewältigung der ungewollten Schwangerschaft. Die Beschreibung des Geburtsaktes bietet uns Einblicke in sonst schwer zugängliche Bereiche der Sozial- und Körpergeschichte, aber auch in den weiblichen Lebenszusammenhang, der durch die Entbindung keine nennenswerte Störung erfuhr. Mit der Aufarbeitung des Tatherganges und seinen Motivationen haben wir schließlich den Kernpunkt der Untersuchung vor uns: Artikuliertes und bloß Angedeutetes sollen helfen, das tatsächliche Geschehen zu erahnen. Von einer Vorverurteilung der Frauen wird dabei in jedem Fall Abstand genommen. Wertvolle Aufschlüsse über die vorindustrielle, ländliche Gesellschaft und ihre Mechanismen bietet die Skizzierung der schrittweisen Aufdekkung eines Kindsmordes, wobei auch medizingeschichtliche Details beleuchtet werden. Mit dem Richtspruch am Ende der Kriminaluntersuchung verliert sich das Schicksal einer Delinquentin in der Regel wieder im Dunkeln. Um das Bild abzurunden, wird die Häufigkeit des Kindsmordes sowohl im synchronen als auch im diachronen Verlauf überprüft und die zeitgenössische Diskussion um das Delikt und die Möglichkeiten seiner Verhinderung vorgestellt.

Die vorliegende Untersuchung basiert quellenmäßig in erster Linie auf Akten und Repertorien des innerösterreichischen Appellationsgerichtes. Dieser Institution wurden als Kriminalobergericht alle bei den Erstgerichten in der Steiermark, in Kärnten, in Krain und im Küstenland verhandelten Kindsmordfälle zur Kenntnis gebracht, was eine überaus hohe Repräsentativität der Ergebnisse garantiert. Das Appellationsgericht tritt uns in den Akten grundsätzlich als gesamte Behörde entgegen. Wir kennen zwar seine personelle Zusammensetzung, die Gutachten und Meinungen der einzelnen Räte werden aber nicht differenziert ausgewiesen oder gar namentlich gekennzeichnet. Der gewählte Zeitrahmen - 1787 bis 1849 - ist faktisch bedingt. 1787 beginnt mit dem Josephinischen Strafgesetzbuch ein neuer Abschnitt in der Rechtsgeschichte Österreichs, der sich deutlich von den Ordnungen der Vergangenheit unterscheidet; 1849 wurden die Appellationsgerichte aufgelöst.

Die Zugänglichkeit der Quellenbestände des Appellationsgerichtes ist allerdings nicht alle 63 Jahre hindurch gleichermaßen gegeben, da man die Akten in unterschiedlicher Weise ordnete und verzeichnete. Für die Jahre 1787 bis 1792 sowie 1804 bis 1815 bleiben wir in den Repertorienbänden auf bloße Stichworte angewiesen, fehlen die entsprechenden Akten, so können daher auch keine weiteren Aussagen über die angeklagten Personen getroffen werden. Hinsichtlich des Zeitraums von 1793 bis 1803 zeigen sich die Repertorienbände ebenfalls nur bedingt aussagekräftig, da man die Gerichtsprotokolle nach anderen Gesichtspunkten zusammenfaßte. Hier mußten die einzelnen Aktenfaszikel direkt durchgesehen werden. Erst ab 1816 sind alle Angeklagten in den Repertorien namentlich angeführt, lediglich für die Jahre 1833 sowie 1834 fehlen jegliche Hinweise. Außerdem standen einige Gebiete Innerösterreichs als „Illyrische Provinzen" von 1809 bis 1814 unter französischer Herrschaft und waren damit dem Einflußbereich des innerösterreichischen Appellationsgerichtes entzogen. Für sie sind aus dieser Zeitspanne keine relevanten Quellen erhalten.

Ergänzend zu den Akten und Repertorien des Kriminalobergerichtes werden nicht nur die Protokolle und Kriminalstatistiken der wichtigsten steirischen Landgerichtsherrschaften, sondern auch aller steirischen Bezirksgerichte herangezogen. Diese Institutionen führten ja die Voruntersuchungen in Kriminalfällen durch bzw. sprachen teilweise ein vorläufiges Urteil. Ebenfalls wertvolle Aufschlüsse bot die Steckbriefsammlung des Steiermärkischen Landesarchivs, die zur Gänze auf ihre Relevanz überprüft wurde. Außerdem stützt sich die Darstellung auf die Repertorien und Akten des Grazer Guberniums der Jahre 1787 bis 1849. Da die Landesstelle unter anderem für den Strafvollzug zuständig war, finden sich hier zahlreiche Hinweise auf das Schicksal von abgeurteilten Delinquentinnen. Um das Bild abzurunden, wurden schließlich die noch vorhandenen Kriminalprotokolle des Innerösterreichischen Senats der Obersten Justizstelle durchgesehen; der größte Teil dieses Bestandes fiel allerdings dem Justizpalastbrand zum Opfer.

Auf diese Weise konnten für den Zeitraum von 1787 bis 1849 insgesamt 771 innerösterreichische Kindsmordverdächtige ausgeforscht werden. Über rund die Hälfte von ihnen sind wir sehr gut informiert, wir kennen sowohl die Personalien einer Angeklagten, ihren skizzierten Lebenslauf, den gesamten Tathergang als auch den Verlauf und das Ende des jeweiligen Kriminalprozesses. In den übrigen Fällen können wir zwar auf einzelne Daten zurückgreifen, haben aber keine Gesamtdarstellung vor uns. Trotz dieser Einschränkung verlieren die Ergebnisse nichts von ihrer Aussagekraft. Als Kriterien für die Bestimmung einer Straftat als Kindsmord dienen die entsprechenden zeitgenössischen Gesetzesvorschriften. Nur wenn eine Angeklagte vom Erst- oder Obergericht als Kindsmörderin bezeichnet wird, findet sie als solche Aufnahme in den Katalog. Ausgeschlossen sind in jedem Fall männliche Täter sowie Frauen, die nicht neugeborene, sondern ältere Kinder getötet haben.

Die hauptsächlich verwendete Quellengattung der Gerichtsprotokolle bietet zahlreiche Möglichkeiten für die Kriminalitäts- und Alltagsforschung, birgt aber auch gewisse Probleme und Gefahren in sich.[1] Gerade Personen aus unteren sozialen Schichten im allgemeinen und Frauen im besonderen sind quellenmäßig äußerst schwer zu fassen. Aufmerksamkeit erregten sie in der Regel erst dann, wenn sie in Konflikt mit der Obrigkeit gerieten und man sich aus diesem Grund mit ihnen zu beschäftigen begann, freilich nicht als Individuen, sondern in erster Linie in ihrer Eigenschaft als Ordnungsbrecherinnen. Über den punktuellen Einblick in einen bestimmten Lebenszusammenhang erschließen sich wertvolle Erkenntnisse über soziale Mechanismen, wirtschaftliche Verhältnisse und nicht zuletzt individuelle Strategien, mit denen alltägliche oder außergewöhnliche Probleme bewältigt wurden.

Strafgerichtsakten vermitteln Rechtswirklichkeit, sie machen uns auf die Unterschiede zwischen den verordneten und den gelebten Satzungen aufmerksam. Devianz setzt immer soziale Norm voraus, kriminelles Verhalten darf nicht auf eine selbstverantwortliche Person reduziert, sondern muß vor dem Hintergrund eines gesellschaftlichen Systems betrachtet und darauf bezogen werden. Jede Form von Straffälligkeit ist damit auch als Reaktion auf Unzulänglichkeiten der bestehenden Strukturen zu verstehen. Speziell das Delikt des Kindsmordes scheint weniger durch persönliche Eigenarten einer Täterin erklärbar, als

1 Vgl. dazu den grundlegenden Aufsatz von Helfried Valentinitsch: Fahndungs-, Gerichts- und Strafvollzugsakten als Quelle zur Alltagsgeschichte des Barockzeitalters. In: Methoden und Probleme der Alltagsforschung im Zeitalter des Barock. Hrsg. v. Othmar Pickl und Helmuth Feigl. Wien 1992. (= Veröffentlichungen der Kommission für Wirtschafts-, Sozial- und Stadtgeschichte. 5.) S. 69-82.

vielmehr durch äußere Determinanten provoziert; es wird im folgenden zu prüfen sein, ob diese Überlegung zutreffend ist.

Der Aussagekraft von Strafrechtsquellen sind aber auch Grenzen gesetzt. Selbstverständlich wissen wir nicht, ob und inwieweit die Beschreibungen der Angeklagten tatsächlich der Wahrheit entsprechen. Diese Problematik zeigt sich etwa bei Sachverhaltsdarstellungen oder Rechtfertigungs- und Entschuldigungsversuchen sehr deutlich. Wir verfügen über kein ausreichendes Vergleichsmaterial, um davon ausgehend abschätzen zu können, was etwa bei unverheirateten Frauen am Land an Kenntnis über Empfängnis, Schwangerschaft und Geburt vorausgesetzt werden darf.

Ganz abgesehen davon kann kein Gerichtsprotokoll Abbild der Wirklichkeit sein, da es bloß die Sicht der Obrigkeit wiedergibt. Wir haben keine unmittelbaren Äußerungen der verhörten Personen vor uns, sondern müssen damit rechnen, daß seitens der notierenden Behörden Auslassungen, Vereinfachungen oder sonstige Veränderungen am Inhalt vorgenommen worden sind. Diese Einschränkung trifft vor allem auf die hier verwendeten Appellationsgerichtsakten zu. Sie enthalten in der Regel keine wörtlichen Zitate der Angeklagten, sondern schildern einen Fall zusammenfassend und nach bestimmten Gesichtspunkten geordnet. Die Geschehnisse sind damit doppelt gefiltert: Der bereits eingeschränkte Blickwinkel des Untersuchungsgerichtes erfährt eine neuerliche Relativierung. Diese Verkürzung läßt daher Interpretationen zwischen den Zeilen kaum zu, erleichtert aber andererseits, wiederkehrende Muster und Fakten zu erkennen; freilich immer mit dem Vorbehalt einer bereits vorgefundenen und möglicherweise von falschen Prämissen ausgehenden Klassifikation.

Wir dürfen schließlich nicht vergessen, daß jede Obrigkeit männlich besetzt und damit bestimmten Stereotypen verhaftet war. Die Klärung eines Kindsmordfalles verlangte schonungslose Offenheit über sonst schamvoll verschwiegene Tabuthemen; wenn Frauen plötzlich gezwungen wurden, in einer ihnen fremden, furchteinflößenden Umgebung und in Gegenwart unbekannter, ihnen in jeder Hinsicht überlegen scheinender Männer über Sexualität, Schwangerschaft und Geburt zu sprechen, so mußte es zu Schwierigkeiten und Mißverständnissen kommen.

Die für die frühe Neuzeit festgestellte Einschränkung, daß in Gerichtsakten praktisch nur untere Bevölkerungsschichten erfaßt würden, trifft für den hier behandelten Zeitraum des ausgehenden 18. und beginnenden 19. Jahrhunderts zwar nur mehr bedingt zu, es ist aber auf jeden Fall anzunehmen, daß Angehörige der privilegierten Oberschichten eher Wege und Mittel fanden, ein drohendes Strafverfahren abzuwenden. Zumindest als Angeklagter in einem Kindsmordprozeß begegnen wir keiner Frau aus höherer Gesellschaftsklasse, was aber ebenso auf die bereits verwiesenen besonderen Rahmenbedingungen dieses Deliktes zurückgeführt werden könnte.

Es bedarf also der nötigen Sensibilität im Umgang mit Strafrechtsquellen; werden die dabei möglichen Verzerrungen bedacht, so erlauben sie uns Zugänge in Bereiche, die wir sonst nirgendwo dokumentiert finden. Auf diese Weise soll versucht werden, nicht nur einen Beitrag zur Geschlechtergeschichte, sondern auch zur allgemeinen Sozialgeschichte zu leisten.

Konkret auf die Kindsmordproblematik bezogen, ist hier noch einiges aufzuholen: Zwar ist es in den letzten Jahren im angelsächsischen Raum, aber auch in Deutschland zu einer regen Auseinandersetzung mit diesem Thema gekommen, für das Gebiet des heutigen Österreich gibt es jedoch noch keine umfassende Untersuchung des Kindsmorddeliktes. Gerhard Ammerer hat eine Reihe einschlägiger Untersuchungen vorgelegt, er stützt sich aber hauptsächlich auf Kriminalakten des Hofgerichtes des Erzstiftes Salzburg aus dem ausgehenden 18. Jahrhundert.[2] Auch Gerhard Babor beschäftigt sich im Rahmen seiner Diplomarbeit mit dem Kindsmord, beschränkt sich dabei allerdings auf den Gerichtsbezirk Gaming-Scheibbs.[3] Einblicke in die Verhältnisse Innerösterreichs ermöglicht schließlich Helfried Valentinitsch mit seiner Untersuchung über den Kindsmord im 17. Jahrhundert.[4] Im übrigen kommen Kindsmorddelikte in österreichischer Literatur lediglich im Rahmen umfassender historischer oder rechtshistorischer Kriminalitätsdarstellungen zur Sprache, wo sie entsprechend knapp abgehandelt werden.

---

2 Gerhard Ammerer: „... dem Kinde den Himmel abgestohlen..." Zum Problem von Abtreibung, Kindsmord und Kindsweglegung in der Spätaufklärung. Das Beispiel Salzburg. In: Das achtzehnte Jahrhundert und Österreich. Jahrbuch der Österr. Gesellschaft zur Erforschung des achtzehnten Jahrhunderts 6 (1992), S. 77-98; ders.: „Die steinerne Agnes" - Eine Sage und ihr Motiv: Kindsmord. In: Mitteilungen der Gesellschaft für Salzburger Landeskunde 134 (1994), S. 339-363; ders.: Kindsmord und Gerichtsmedizin in Österreich zur Zeit der Aufklärung. In: Mitteilungen der Österreichischen Gesellschaft für Wissenschaftsgeschichte 15 (1995), S. 127-160; ders.: „... daß die gerichtlichen Aerzte in ihren Compendien nie ein Kapitel vom Kindermord geschrieben hätten ..." - Kindsmord und Gerichtsmedizin im Zeitalter der Vernunft. In: Wiener Gespräche zur Sozialgeschichte der Medizin. Vorträge des internationalen Symposions an der Universität Wien 9.-11.11.1994. Hrsg. im Auftrag der Österreichischen Gesellschaft für Wissenschaftsgeschichte von H. Grössing, S. Horn u. T. Aigner. Wien 1996, S. 223-236.

3 Gerhard Babor: Kindesmord, Kindesweglegung, Abtreibung. Aus den Gerichtsakten des Gerichtsarchivs Gaming-Scheibbs 1592/1848. Wien, Diplomarbeit am Institut für Geschichte 1993.

4 Helfried Valentinitsch: Zur Geschichte des Kindsmordes in Innerösterreich. Gerichtspraxis und landesfürstliches Begnadigungsrecht im 17. Jahrhundert. In: Recht und Geschichte. Festschrift Hermann Baltl zum 70. Geburtstag. Hrsg. v. Helfried Valentinitsch. Graz 1988, S. 573-591.

2. VERWALTUNGSSTRUKTUR UND GERICHTS-ORGANISATION VON INNERÖSTERREICH

2.1. INNERÖSTERREICH UND SEIN GEBIET

Unter der Bezeichnung Innerösterreich versteht man einen Teil der Habsburgischen Erbländer, und zwar die historischen Herzogtümer Steiermark, Kärnten und Krain, die Grafschaft Görz, das habsburgische Friaul, das habsburgische Istrien (Binnenistrien ohne Häfen) sowie die Städte Triest/Trieste und St. Veit am Pflaum/Fiume/Rijeka. Innerösterreich bildete unter Karl II. (gest. 1590) und seinem Nachfolger, Erzherzog Ferdinand, bis 1619 ein nahezu selbständiges Staatswesen; die Residenz der Ländergruppe mit den obersten Zentralbehörden befand sich in Graz.[1]

Die geographische Ausdehnung Innerösterreichs blieb von 1564 bis ins ausgehende 18. Jahrhundert im wesentlichen unverändert. Die Koalitionskriege gegen Frankreich hatten allerdings erhebliche Umgestaltungen innerhalb der innerösterreichischen Ländergruppe zur Folge. Mit dem Frieden von Campo Formido erhielt das Habsburgerreich 1797 nicht nur die Stadt Venedig sowie Venetien östlich der Etsch mit Friaul, sondern auch das venezianische Istrien sowie Dalmatien zugesprochen.[2] 1805, nach dem für Österreich unglücklichen Ausgang des dritten Koalitionskrieges, mußten Venetien, das venezianische Istrien und Dalmatien an das neugebildete Königreich Italien abgetreten werden.[3] Mit dem Frieden von Schönbrunn 1809 verloren die Habsburger außerdem in Kärnten den sogenannten Villacher Kreis, ganz Krain, Görz und das österreichische Istrien mit Triest. Die abgetrennten Landesteile wurden mit anderen eroberten Gebieten unter der Bezeichnung der „Sieben Illyrischen Provinzen" zusammengefaßt. Ihr Regierungssitz lag - unter franzö-

1 Vgl. Walter Neunteufl: Die Entwicklung der innerösterreichischen Länder. In: Innerösterreich 1564-1619. Hrsg. im Auftrag d. Stmk. Landesregierung im Zusammenhang mit der Ausstellung „Graz als Residenz - Innerösterreich 1564-1619". Graz 1967. (= Joannea. 3.) S. 513-524; Anton Mell: Grundriß der Verfassungs- und Verwaltungsgeschichte des Landes Steiermark. Hrsg. durch die Historische Landeskommission für Steiermark. Graz, Wien u. Leipzig 1929, S. 416-419.

2 Vgl. W. Neunteufl: Innerösterreichische Länder, S. 515; Erich Zöllner: Geschichte Österreichs. Von den Anfängen bis zur Gegenwart. 8. Aufl. Wien u. München 1990, S. 332.

3 Vgl. E. Zöllner: Geschichte Österreichs, S. 336.

sischer Führung - in Laibach/Ljubljana.[4] 1813 gelang es der österreichischen Armee, die illyrischen Provinzen wieder zurückzugewinnen.[5]

Mit dem Wiener Kongreß 1814/1815 fielen alle an Frankreich verlorenen Landstriche an Österreich zurück. Aus der Lombardei und Venetien schuf man ein vereinigtes lombardo-venetianisches Königreich, das an Österreich angeschlossen wurde. Daran grenzte östlich das 1816 neu gebildete Königreich Illyrien, das Krain, Görz-Gradiska, ganz Istrien, Triest, Fiume und den Villacher Kreis vereinte. Die einzelnen Provinzen wurden durch die Gubernien von Laibach und Triest verwaltet. Der Klagenfurter Kreis wurde von 1809 bis 1825 von Graz aus geleitet, dann gelangte auch er unter die Administration von Laibach. Fiume fiel 1822 wieder an Ungarn, Dalmatien ernannte man zu einem eigenen Königreich. Diese Einteilung blieb bis 1848 bestehen.[6] Heute verteilt sich das Gebiet der ehemaligen innerösterreichischen Länder auf Österreich, Italien, Slowenien und Kroatien.

Die flächenmäßige Ausdehnung Innerösterreichs kann für den Untersuchungszeitraum von 1787 bis 1849 aufgrund der steten Grenzverschiebungen nur ungefähr berechnet werden. Den größten Teil Innerösterreichs bildete das Herzogtum Steiermark, das rund 22.400 km² umfaßte. Die Länder Kärnten und Krain waren mit etwa 10.300 bzw. 10.000 km² schon merklich kleiner. Die gefürstete Grafschaft Görz und Gradiska kam auf knapp 3.000, das venezianische und das österreichische Istrien auf knapp 5.000 km².[7] Innerösterreich besaß 1786 in seinen damaligen Grenzen zufolge einer unter Joseph II. durchgeführten Volkszählung ungefähr 1,685.600 Einwohner, 1846 war diese Zahl bereits auf 2,324.400 angewachsen.[8]

Die innerösterreichischen Länder wiesen viele Gemeinsamkeiten rechtlicher, sozialer und wirtschaftlicher Natur auf. Sie besaßen nicht nur innenpolitisch einen besonderen Status, bedroht durch einen gemeinsamen Feind, das Osmanische Reich, schlossen sie sich auch nach außen schon frühzeitig zusammen. Die geographischen Verhältnisse der Herzogtümer Steiermark, Kärnten und Krain zeigten ebenfalls viele Parallelen, was sich wie-

4 Vgl. E. Zöllner: Geschichte Österreichs, S. 339; W. Neunteufl: Innerösterreichische Länder, S. 515 f.

5 Vgl. August von Jaksch u. Martin Wutte: Kärnten. Mit Nachtrag. In: Erläuterungen zum Historischen Atlas der Österreichischen Alpenländer. Hrsg. v. d. Akademie der Wissenschaften in Wien. 1. Abteilung: Die Landgerichtskarte. 4. Teil: Kärnten, Krain, Görz und Istrien. Wien 1929, S. 47.

6 Vgl. E. Zöllner: Geschichte Österreichs, S. 347 f.; W. Neunteufl: Innerösterreichische Länder, S. 516; Anton Mell: Görz und Gradisca. In: Erläuterungen zum Historischen Atlas der Österreichischen Alpenländer. Hrsg. v. d. Akademie der Wissenschaften in Wien. 1. Abteilung: Die Landgerichtskarte. 4. Teil: Kärnten, Krain, Görz und Istrien. Wien 1929, S. 261 f.

7 Vgl. W. Neunteufl: Innerösterreichische Länder, S. 521 f.; Birgit Bolognese-Leuchtenmüller: Bevölkerungsentwicklung und Berufsstruktur, Gesundheits- und Fürsorgewesen in Österreich 1750-1918. Wien 1978. (= Wirtschafts- und Sozialstatistik Österreich-Ungarns. 1. Materialien zur Wirtschafts- und Sozialgeschichte. 1.) Teil 2, S. 6.

8 Vgl. W. Neunteufl: Innerösterreichische Länder, S. 523; Ernst Bruckmüller: Sozialgeschichte Österreichs. Wien u. München 1985, S. 288; B. Bolognese-Leuchtenmüller: Bevölkerungsentwicklung, Teil 2, S. 3; Johannes Wimmer: Gesundheit, Krankheit und Tod im Zeitalter der Aufklärung. Fallstudien aus den habsburgischen Erbländern. Wien u. Köln 1991, S. 87.

derum auf die Wirtschaftsform der jeweiligen Länder auswirkte. In den höhergelegenen Regionen dominierte die Viehzucht, in den mittleren Lagen und im Flachland erntete man vor allem Feldfrüchte und Getreide. Im Osten und Südosten der Steiermark und Krains spielte daneben der Anbau von Wein eine große Rolle. Ein unterschiedliches Erscheinungsbild bieten freilich der Westen und Südwesten Innerösterreichs, also Görz und Istrien, wo mediterrane Verhältnisse vorliegen. Innerösterreich war in erster Linie ein Agrarland. Noch 1850 betrug der Anteil der landwirtschaftlichen Bevölkerung in Kärnten und im Küstenland um 67%, in der Steiermark 75% und in Krain gar 91%. Neben dem Agrarwesen kam vor allem dem Bergbau und dem Hüttenwesen Bedeutung zu, womit sich die Ansiedlung zahlreicher vor allem eisenverarbeitender Gewerbebetriebe verband. Weitere Wirtschaftszweige traten in Innerösterreich nur am Rand in Erscheinung; das Manufakturwesen blieb im Vergleich zu anderen Teilen des Habsburgerreiches unterentwickelt, Handel und Verkehrswesen konnten sich ebenfalls nur bedingt entfalten. Alles in allem zeigte die innerösterreichische Wirtschaft im Vergleich zu anderen Regionen West- und Mitteleuropas ein deutliches Aufholbedürfnis.[9]

2.2. STRAFGERICHTSBARKEIT ERSTER INSTANZ

Die hohe Gerichtsbarkeit, also die Befugnis, über Leib und Leben eines Menschen zu urteilen, lag in den österreichischen Erbländern in der frühen Neuzeit prinzipiell bei den sogenannten Landgerichten, die sich im Osten des heutigen Österreich zum Großteil in der Hand adeliger Grundherrn befanden.[10] Geleitet von absolutistischen und zentralistischen Bestrebungen versuchten die Landesfürsten zunehmend, den Einfluß auf die Ausübung der Strafjustiz zurückzugewinnen. Trotzdem kam es erst 1787 zu einer umfassenden Reform in der Organisation der Strafgerichtsbarkeit. Im Kriminalgerichtsorganisationspatent vom 20. August bestimmte Joseph II. die Schaffung von Kriminalgerichten, die anstatt der bisherigen Landgerichte mit der Untersuchung und Aburteilung von Kriminalverbrechen betraut

---

9 Vgl. Helfried Valentinitsch: Niedergang, Stagnation und Aufschwung. Der Alpen-Adria-Raum 1619-1750. In: Alpen-Adria-Geschichtsbuch. Hrsg. v. Andreas Moritsch (im Druck); Vgl. E. Bruckmüller: Sozialgeschichte Österreichs, S. 290.

10 Vgl. dazu u.a.: Eugen Planer: Recht und Richter in den innerösterreichischen Landen Steiermark, Kärnten und Krain. Rechts- und Kulturgeschichtliches aus einem Jahrtausend. Graz 1911, S. 19-43; Anton Mell: Hohe und niedere Strafgerichtsbarkeiten. Landgerichte und Burgfriede in Steiermark. In: Steirische Gerichtsbeschreibungen. Als Quellen zum Historischen Atlas der österreichischen Alpenländer. (I. Abteilung. Landgerichtskarte: Steiermark.) Hrsg. v. Anton Mell und Hans Pirchegger. Graz 1914. (= Quellen zur Verfassungs- und Verwaltungsgeschichte der Steiermark. I.) S. XIX - XXXV; Gernot Kocher: Gerichtsorganisation und Strafrechtspflege im Herzogtum Steiermark in der Frühen Neuzeit. In: Hexen und Zauberer. Die große Verfolgung - ein europäisches Phänomen in der Steiermark. Hrsg. v. Helfried Valentinitsch. Graz u. Wien 1987, S. 103-108.

werden sollten. Geplant war, in jedem politischen Kreis der einzelnen Provinzen ein Kriminalgericht einzurichten. Mit der Aufnahme ihrer Tätigkeit sollten alle Landgerichtsherrlichkeiten ausnahmslos aufgehoben werden.[11]

Die kriegerischen Ereignisse des Jahres 1788 sowie die Widerstände seitens der Landgerichtsherrn verzögerten die Durchführung der Josephinischen Reformen, die zudem nicht ausgereift waren und noch zahlreicher vorbereitender Maßnahmen bedurften. Letztendlich konnten bis zum Zeitpunkt des Todes von Kaiser Joseph II., dem 20. Februar 1790, lediglich drei der insgesamt vorgesehenen 66 Kriminalgerichte verwirklicht werden; zwei davon, nämlich das Kriminalgericht von Triest und jenes von Görz, lagen in Innerösterreich. Leopold II. stellte noch 1790 eine Weiterführung der Reformen ein, die Verfassung der Kriminalgerichtsbarkeit sollte, wie sie vor 1787 bestanden hatte, beibehalten werden. Die bereits errichteten Kriminalgerichte zu Triest und zu Görz waren davon allerdings ausgenommen, ihre Tätigkeit wurde unverändert fortgesetzt.[12] In den nächsten Jahren änderte sich daran nur wenig, das neue Strafgesetzbuch von 1803 brachte keine einschneidenden Veränderungen hinsichtlich der Organisation der Strafgerichtsbarkeit.

Als die sogenannten illyrischen Provinzen 1814 nach den Napoleonischen Kriegen wieder an Innerösterreich angeschlossen wurden, schuf man für Krain, für den Villacher Kreis und für das Küstenland neue Einrichtungen in der Kriminaljustizpflege, die im wesentlichen den einstigen Reformplänen Kaiser Josephs II. entsprachen. Die Landgerichte wurden aufgelöst, in Laibach, Klagenfurt, Triest, Görz und Rovigno/Rovinj bestanden nun Stadt- und Landrechte bzw. damit vereinte Kriminalgerichte; die Voruntersuchungen besorgten die Bezirksgerichte. Nur in der Steiermark sowie im Klagenfurter Kreis blieben die Landgerichte weiter bestehen.[13] Die revolutionären Ereignisse des Jahres 1848 brachten schließlich eine grundlegende Gerichtsreform mit sich. Die Patrimonialgerichtsbarkeit wurde endgültig aufgehoben, die Justizpflege als ausschließliches Hoheitsrecht dem Staat übertragen und die Unabhängigkeit des Richterstandes proklamiert.[14]

Eine Art Kontrollinstanz für die Erstgerichte bildete die in den innerösterreichischen Ländern seit dem ausgehenden 15. Jahrhundert belegbare Institution des landesfürstlichen

---

11 Vgl. Anton Mell: Die Kriminalgerichtsorganisation Kaiser Josefs II. in den böhmisch-österreichischen Erbländern. In: ZHVSt 24 (1928), S. 88-91; ders.: Hohe und niedere Strafgerichtsbarkeiten, S. XL; ders.: Versuche zur Verstaatlichung der Strafgerichte in Österreich vor dem Jahre 1849. In: ZHVSt 14 (1916), S. 19; ders.: Verfassungs- und Verwaltungsgeschichte des Landes Steiermark, S. 620 f.

12 Vgl. A. Mell: Kriminalgerichtsorganisation, S. 111 f.

13 Vgl. A. Mell: Versuche zur Verstaatlichung, S. 21 f.; E. Planer: Recht und Richter, S. 75-80.

14 Vgl. Jože Žontar: Die Verwaltung der Steiermark, Kärntens, Krains und des Küstenlands 1848 bis 1918. In: Handbücher und Karten zur Verwaltungsstruktur in den Ländern Kärnten, Krain, Küstenland und Steiermark bis zum Jahre 1918. Ein historisch-bibliographischer Führer. Graz u.a. 1988. (= Veröffentlichungen des Stmk. Landesarchives. 15.) S. 56 f.; Barbara Dölemeyer: Österreich. In: Gedruckte Quellen der Rechtsprechung in Europa (1800-1945). Hrsg. u. eingeleitet von Filippo Ranieri. Frankfurt/Main 1992, S. 720; E. Planer: Recht und Richter, S. 103-117.

Bannrichteramtes. Man verstand darunter ein Wandergericht, das von bestimmten Landgerichten zur Durchführung eines Kriminalprozesses berufen werden mußte. In den Herzogtümern Kärnten und Krain gab es jeweils nur einen einzigen landesfürstlichen Bannrichter, in der Steiermark waren seit dem Beginn des 17. Jahrhunderts zwei, seit Anfang des 18. Jahrhunderts drei Bannrichter tätig.[15]

Unter Joseph II. wurde die Institution des Bannrichters beibehalten und durch verschiedene Instruktionen weiter reglementiert. Als 1782 das inner- und oberösterreichische Appellationsgericht geschaffen wurde, unterstand das Bannrichteramt nunmehr dieser neuen Zentralbehörde. Zehn Jahre später bestimmte ein Hofdekret für die innerösterreichischen Länder, daß jene privilegierten Landgerichte oder Magistrate, die über einen geprüften und approbierten Landgerichtsvorsteher verfügten, Kriminalprozesse ohne Zuziehung des landesfürstlichen Bannrichters selbst durchführen durften und lediglich verpflichtet waren, die abgeschlossenen Inquisitionsakten mit ihrer Urteilsmeinung an das Obergericht zu senden. Landgerichte mit eingeschränkter Kompetenz waren hingegen nur dazu berechtigt, die Voruntersuchung vorzunehmen, dann mußten sie die betreffenden Akten dem Appellationsgericht vorlegen und um Abordnung des landesfürstlichen Bannrichters bitten. Auf besonderes Ansuchen beim Obergericht wurde auch ihnen gestattet, den landesfürstlichen Bannrichter durch einen anderen geprüften Kriminalrichter, zum Beispiel durch den herrschaftlichen Verwalter oder einen eigenen dazu befähigten Richter, vertreten zu lassen; außerdem hatten sie die Möglichkeit, ihre Kriminalprozesse durch benachbarte, ordentlich besetzte Landgerichte durchführen zu lassen. Damit besaß der Bannrichter nur mehr einen eingeschränkten Wirkungskreis.[16]

In Kärnten hatte das Bannrichteramt noch bis zum Jahr 1807 Bestand, als man die Kriminalgerichtsbarkeit in erster Instanz über alle nicht privilegierten Landgerichte des Herzogtums dem Stadt- und Landrecht in Klagenfurt übertrug.[17] Auch in Krain fand die Tätigkeit des Bannrichters wenige Jahre später ihr Ende: Während der französischen Herrschaft wurde der damalige Bannrichter mit anderen Aufgaben betraut, sein Amt blieb in der Folge unbesetzt. Die drei steirischen Banngerichte wurden am längsten beibehalten: Erst 1831 beschloß man, das vakant gewordene Leobner Bannrichteramt nicht mehr nachzubesetzen, 1843 ließ man auch das Grazer Bannrichteramt auslaufen. In Cilli/Celje hatte der Bannrichter schließlich bis zum Revolutionsjahr 1848 seine Funktion inne. Zugleich wurde

---

15 Vgl. Anton Mell: Das steirische Bannrichteramt. In: Steirische Zeitschrift für Geschichte 2 (1904), H. 3, S. 104-133; Martin Wutte: Das kärntische Bannrichteramt. In: Carinthia I 102 (1912), S. 116; E. Planer: Recht und Richter, S. 43-45.

16 Vgl. M. Wutte: Das kärntische Bannrichteramt, S. 134 f.; A. Mell: Kriminalgerichtsorganisation, S. 112; Johann Christian Gräff: Versuch einer Geschichte der Kriminal=Gesetzgebung, der Land= und Banngerichte, Torturen, Urfehden, auch des Hexen= und Zauberwesens in der Steyermark. Graz 1817, S. 115-117; E. Planer: Recht und Richter, S. 36-38.

17 Vgl. M. Wutte: Das kärntische Bannrichteramt, S. 135.

auch in der Steiermark das Grazer Landrecht als Kriminalspruchgericht mit der Urteilsschöpfung über Kriminalprozesse für alle nicht kollegial besetzten Landgerichte betraut.[18]

2.3. STRAFGERICHTSBARKEIT ZWEITER UND DRITTER INSTANZ

Mit der Innerösterreichischen Regierung wurde im 16. Jahrhundert eine Institution geschaffen, die als oberste Justizbehörde dieser Ländergruppe fungierte. Unter Maria Theresia erfolgte 1748/49 eine grundlegende Umgestaltung der Verwaltung, in den Ländern wurden Mittelstellen errichtet.[19] Im April 1782 verfügte schließlich Joseph II. die Schaffung eines eigenen inner- und oberösterreichischen Appellationsgerichtes mit Sitz in Klagenfurt. Mit kaiserlichem Patent wurde der Aufgabenbereich der neuen Behörde, die ihre Tätigkeit mit 1. Juli 1782 aufnehmen sollte, umrissen: *„Das Appellationsgericht ist die allgemeine zweite Instanz in den Rechtsangelegenheiten, so in dem Bezirke des Landes Steiermark, Kärnten, Krain, Görz, Gradiska, Triest, dann Tirol vorfallen, und zwar sowohl in Streitsachen als in den Geschäften des adeligen richterlichen Amtes."* Ausgenommen von seiner Jurisdiktion waren lediglich Entscheidungen der Militär- und der Berggerichtsbehörden. Das Appellationsgericht wurde zugleich zum Kriminalobergericht bestimmt, also zur zweiten Instanz der Strafgerichtsbarkeit, daneben oblag ihm die Justizaufsicht sowie die Zuständigkeit für die Richterprüfung. Der Stab der Zentralbehörde bestand aus 46 Personen, darunter einem Präsidenten, einem Vizepräsidenten sowie 14 Räten.

In den nächsten Jahren ergaben sich - bedingt durch die Wechselfälle der Innen- und Außenpolitik - immer wieder regionale Kompetenzverschiebungen des innerösterreichischen Appellationsgerichtes. 1790 wurde der sogenannte „oberösterreichische Sprengel", worunter man Tirol und Vorarlberg verstand, aus der Verantwortlichkeit der Klagenfurter Behörde herausgelöst. Zwischen 1803 und 1805 vergrößerte sich der Amtsbezirk des Appellationsgerichtes in Klagenfurt vorübergehend um das ehemalige Venezianisch-Istrien.[20] 1809, nach dem Frieden zu Schönbrunn, gelangten der Villacher Kreis, das Herzogtum Krain, Triest und die Küstenländer unter der Bezeichnung „Illyrien" unter französische

---

18 Vgl. E. Planer: Recht und Richter, S. 45; A. Mell: Verfassungs- und Verwaltungsgeschichte, S. 636 f.

19 Vgl. Gernot Peter Obersteiner: Theresianische Verwaltungsreformen im Herzogtum Steiermark. Die Repräsentation und Kammer (1749-1763) als neue Landesbehörde des aufgeklärten Absolutismus. Graz 1993. (= Forschungen zur geschichtlichen Landeskunde der Steiermark. 37.) S. 27.

20 Vgl. Hans Pirchegger: Überblick über die territoriale Entwicklung Istriens. In: Erläuterungen zum Historischen Atlas der Österreichischen Alpenländer. Hrsg. v. d. Akademie der Wissenschaften in Wien. 1. Abteilung: Die Landgerichtskarte. 4. Teil: Kärnten, Krain, Görz und Istrien. Wien 1929, S. 500.

Herrschaft, es folgte die Errichtung eines eigenen Appellationsgerichtes in Laibach.[21] 1814 wurden diese Gebiete wieder an Innerösterreich angeschlossen, sie erhielten eine neue Kriminalgerichtsorganisation, die jedoch dem innerösterreichischen Appellationsgericht untergeordnet blieb. Ab 1816 fielen kurzzeitig zwei weitere Kollegialgerichte - Rovigno und Fiume - in die Zuständigkeit des innerösterreichischen Appellationsgerichtes, bis ein Hofdekret vom 12. September 1817 die Abtrennung der Küstenländer bei gleichzeitiger Errichtung eines „küstenländischen Appellationsgerichtes in Fiume" verfügte. Mit 17. Juli 1822 wurde diese Entscheidung wieder aufgehoben und das küstenländische Appellationsgericht mit dem innerösterreichischen zu Klagenfurt zusammengeführt; die Stadt und das Gebiet von Fiume fielen unter ungarische Verwaltung. Ab 1. September 1822 erhielt die Zentralbehörde demgemäß die Bezeichnung „Innerösterreichisch-Küstenländisches Appellations- und Kriminalobergericht".[22]

In der Kriminalgerichtsordnung von 1788 sowie im Strafgesetzbuch von 1803 werden die Aufgaben des Appellationsgerichtes als Kriminalobergericht eingehend beschrieben. Bei besonders schweren Verbrechen, also auch bei Kindsmord, mußte jedes Urteil einer Strafgerichtsbehörde erster Instanz vor der Bekanntmachung dem Appellationsgericht vorgelegt werden. Die Erstgerichte hatten demgemäß dem Obergericht sämtliche Untersuchungsakten sowie das Beratschlagungsprotokoll zu übermitteln. Das Appellationsgericht prüfte zum einen den Gang der Verhandlung; bei groben Gebrechen sandte es die Akten mit entsprechendem Kommentar zurück, worauf das Kriminalgericht wieder aktiv werden mußte. Anschließend traf das Obergericht sein Gutachten über den erlassenen Richtspruch, den es gegebenenfalls abändern konnte.[23] Auf diese Weise bearbeitete das innerösterreichische Appellationsgericht im Jahr 1828 beispielsweise 366 Kriminalfälle.[24]

Abgesehen davon oblag dem Obergericht die Aufsicht über alle Kriminalgerichte seines Sprengels, über deren Tätigkeit es sich durch die erhaltenen Kriminaltabellen zu informieren und seinerseits der Obersten Justizstelle darüber Bericht zu erstatten hatte. Außerdem sollte jedes Kriminalgericht zumindest einmal im Jahr von einem Rat des Appellationsgerichtes - oder bei größeren Entfernungen stellvertretend vom zuständigen Kreisamt -

---

21 Vom Wirken dieser Behörde gibt es nur wenige Zeugnisse. Im Steiermärkischen Landesarchiv befindet sich einzig die Abteilung „Feuilles d'Audience" 1812-1813, die für diese Untersuchung keine relevanten Daten enthält. Weder im Kärntner Landesarchiv noch im Staatsarchiv der Republik Slowenien gibt es weitere Akten oder Repertorien des Laibacher Appellationsgerichtes. In diesem Zusammenhang danke ich Gernot Peter Obersteiner für seine freundliche Hilfe.

22 Vgl. E. Planer: Recht und Richter, S. 97-103; Jože Žontar: Die Verwaltung der Steiermark, Kärntens, Krains und des Küstenlands 1747/48 bis 1848. In: Handbücher und Karten zur Verwaltungsstruktur in den Ländern Kärnten, Krain, Küstenland und Steiermark bis zum Jahre 1918. Ein historisch-bibliographischer Führer. Graz u.a. 1988. (= Veröffentlichungen des Stmk. Landesarchives. 15.) S. 40-42.

23 Allgemeine Kriminal=Gerichtsordnung. Wien 1788, §§ 169-177; Gesetzbuch über Verbrechen und schwere Polizei-Uibertretungen, und dem Verfahren bei denselben. Wien 1803, 1. Teil, §§ 433-441.

24 Versuch einer Darstellung der Oesterreichischen Monarchie in statistischen Tafeln. Bd 1. Wien 1828.

besucht werden, um die Rechtspflege vor Ort in Augenschein zu nehmen. Damit verbunden waren etwa die Besichtigung der Gefängnisse, die Befragung der Gefangenen über Verhörmethoden und Unterbringung sowie die Kontrolle der Registraturen.[25] 1849 wurde das Klagenfurter Appellationsgericht aufgelöst, die Gerichtshöfe zweiter Instanz stellten nun die Oberlandesgerichte dar.

Bereits im Jahr 1749 errichtete Maria Theresia die Oberste Justizstelle als höchsten Gerichtshof innerhalb der deutschen Erblande der Monarchie.[26] Er diente als letzte Instanz für Zivil- und Strafsachen und übernahm zugleich die Leitung aller die Justiz betreffenden Administrativgeschäfte. Die einzelnen Kompetenzzuweisungen - sachlich wie auch regional - wechselten freilich im Laufe der Jahre. Innerösterreich behielt anfangs seine eigenen Revisionsinstanzen in Graz bei, erst ab 1782 erstreckte sich die Zuständigkeit der Obersten Justizstelle uneingeschränkt auch auf diesen Landesteil.[27]

Als letzte Instanz in Strafgerichtssachen wurde die Oberste Justizstelle ab 1803 herangezogen, wenn das zuständige Appellationsgericht in seinem Richtspruch auf Todesstrafe oder auf lebenslange Kerkerstrafe erkannt hatte. Nach Wien wandte sich das Obergericht auch dann, wenn sein Urteil von jenem des Erstgerichtes eklatant abwich, so etwa, wenn das Kriminalgericht die Entlassung einer Beschuldigten erklärte, während das Appellationsgericht seine Verurteilung aussprach, oder wenn das Obergericht eine um fünf Jahre längere Kerkerstrafe als das Erstgericht verhängte. Befand das Appellationsgericht eine Verbrecherin einer außergewöhnlichen Strafmilderung für würdig, mußte es ebenfalls die Oberste Justizstelle darum ansuchen.[28] 1848 kam es zu einer grundlegenden Umgestaltung der Obersten Justizstelle, die nunmehr die Benennung „Oberster Gerichtshof" erhielt.

---

25 KGO 1788, §§ 297-300; StGB 1803, 1. Teil, §§ 554-557.

26 Vgl. zum folgenden: Friedrich M. Maasburg: Geschichte der obersten Justizstelle in Wien. (1749-1848). Größtenteils nach amtlichen Quellen bearbeitet. Prag 1879, S. 1-53 sowie Gernot Kocher: Höchstgerichtsbarkeit und Privatrechtskodifikation. Die Oberste Justizstelle und das allgemeine Privatrecht in Österreich von 1749-1811. Wien, Köln u. Graz 1979. (= Forschungen zur Europäischen und Vergleichenden Rechtsgeschichte. 2.).

27 Vgl. Gernot Kocher: Rechtsverständnis und Rechtsreformen im aufgeklärten Absolutismus Österreichs. In: Österreich im Zeitalter des aufgeklärten Absolutismus. Hrsg. v. Erich Zöllner. Redigiert von Hermann Möcker. Wien 1983. (= Schriften des Institutes für Österreichkunde. 42.) S. 66.

28 StGB 1803, 1. Teil, §§ 442 f. Nicht so detailliert auch KGO 1788, §§ 178 f. 1828 wurden der Obersten Justizstelle vom innerösterreichischen Appellationsgericht beispielsweise 54 Kriminalprozesse sowie elf Kriminalrekurse zur Bearbeitung übersandt. Vgl. Statistische Tafeln, 1828.

3. DAS DELIKT DES KINDSMORDES IN DER ÖSTERREICHISCHEN STRAFRECHTSENTWICKLUNG

3.1. CONSTITUTIO CRIMINALIS CAROLINA 1532

Unter Kaiser Karl V. kam es erstmals zur Schaffung eines einheitlichen Strafrechts für das gesamte Heilige Römische Reich: Die „Constitutio Criminalis Carolina“ wurde 1532 auf dem Reichstag zu Regensburg verkündet und in Kraft gesetzt.[1] In den habsburgischen Erblanden besaß sie allerdings nur subsidiäre Geltung, da Österreich auf dem Gebiet des Gerichtswesens Unabhängigkeit vom Römisch-deutschen Reich zuerkannt worden war. Die CCC beruht weitgehend auf der Bambergischen Halsgerichtsordnung von 1507. Sie vereint in sich Bestimmungen über das Strafverfahren sowie materielles Strafrecht, bei dem besonders die Gewalt- und Eigentumsdelikte hervorgehoben werden.[2]

Art. 131 Abs. I der CCC hat das Delikt des Kindsmordes zum Inhalt. Ein solches Verbrechen lag vor, wenn eine Mutter das von ihr geborene und zur vollen Lebensreife entwickelte Kind vorsätzlich und heimlich tötete. Diese Tat setzte die Verbergung von Schwangerschaft und Geburt voraus. In weiteren Abschnitten beschäftigt sich die CCC mit allen denkbaren Fallgestaltungen: Art. 132 Abs. II behandelt die Möglichkeit, daß eine Verdächtige die Mutterschaft zwar eingesteht, aber eine Totgeburt vorschützt; Art. 35 bezieht sich auf den Tatverdacht aufgrund äußerer Umstände bei Fehlen einer Kindesleiche, und Art. 36 setzt sich schließlich damit auseinander, wie beim Fund eines unbekannten toten Neugeborenen vorgegangen werden soll, wenn die mutmaßlich Schuldige jede Verantwortung von sich weist.

Ungenauigkeiten im Text sind freilich vorhanden: Einmal wird von der Täterin allgemein als *„weib“* gesprochen, ein andermal bezeichnet man sie als *„eyn dirn, so für ein jungfrau geht“*[3], also als nicht verheiratet. Wilhelm Wächtershäuser interpretiert die Be-

---

[1] Die peinliche Gerichtsordnung Kaiser Karls V. von 1532 (Carolina). Hrsg. u. erläutert v. Gustav Radbruch. Stuttgart 1960. (= Universal-Bibliothek. 2990/90a.) Für zahlreiche Hilfestellungen in juristischen Fragen danke ich Christian Freiberger und Markus Steppan.

[2] Vgl. Werner Ehrlich: Die Strafgesetzgebung. In: Strafrechtssammlung des Nö. Landesmuseums im Schloß Greillenstein. Hrsg. v. Amt der Niederösterreichischen Landesregierung und vom Nö. Landesmuseum. [Wien] [1968]. (= Katalog des Nö. Landesmuseums. N. F. 37.) S. 20 f.

[3] Die Wiedergabe aller wörtlichen Zitate orientiert sich an: Johannes Schultze: Richtlinien für die äußere Textgestaltung bei Herausgabe von Quellen zur neueren deutschen Geschichte. In: Blätter für deutsche Landesgeschichte 98 (1962), S. 1-11. Für diesbezügliche Hinweise danke ich Martin Scheutz sehr herz-

stimmungen der CCC dahingehend, daß der Gesetzgeber als Regeltäterin eine uneheliche Mutter ansah, das Delikt des Kindsmordes aber von allen Personen weiblichen Geschlechts begangen werden konnte, allerdings unter der Voraussetzung, daß das Tatmotiv die Erhaltung der weiblichen Ehre darstellte.[4] Karl Roetzer und Dieter Blanke halten im Gegensatz dazu die gesetzliche Regelung nur für ledige Täterinnen gültig, während für andere Frauen Art. 137, nämlich Verwandtenmord, als Grundlage einer Urteilssprechung heranzuziehen gewesen sei.[5] Auch die Formulierung, das getötete Kind müsse *„leben und glidmaß empfangen"* haben, hat mehrfach Anlaß zu Spekulationen über die geforderte Reife eines Neugeborenen gegeben, genauso wie das Tatbestandsmerkmal, das Kind müsse *„vor, in oder nach der Geburt"* ums Leben gebracht worden sein, eine klare Abgrenzung zum Delikt der Abtreibung schwierig macht. Auf jeden Fall scheint damit bereits ein Ansatz getroffen, die verminderte Zurechnungsfähigkeit der Mutter wegen der körperlichen und seelischen Erregung einer Geburt zu berücksichtigen. Als Tötung wurde sowohl eine Handlung als auch ein Unterlassen verstanden, unbedingte Voraussetzung war allerdings Vorsätzlichkeit des Tuns.[6]

Ein Kindsmord wurde in der CCC als qualifiziertes Tötungsdelikt betrachtet, seine relative Privilegierung gegenüber einem Verwandtenmord ist in der Forschung umstritten.[7] Nach Art. 131 Abs. I drohte für einen bewiesenen Kindsmord die Todesstrafe. Die prinzipiell vorgesehene Hinrichtungsart des Lebendigbegrabens und Pfählens sollte allerdings nur mehr aus Gründen der Abschreckung dort verhängt werden, wo viele einschlägige Straftaten zu beklagen waren, ansonsten riet der Gesetzgeber zur Ertränkung der Täterin.[8]

---

lich.

4 Vgl. Wilhelm Wächtershäuser: Das Verbrechen des Kindesmordes im Zeitalter der Aufklärung. Eine rechtsgeschichtliche Untersuchung der dogmatischen, prozessualen und rechtssoziologischen Aspekte. Berlin 1973. (= Quellen und Forschungen zur Strafrechtsgeschichte. 3.) S. 60-68 sowie kurzgefaßt ders.: Kindestötung. In: Handwörterbuch zur deutschen Rechtsgeschichte. Hrsg. v. Adalbert Erler und Ekkehard Kaufmann unter Mitarbeit v. Ruth Schmidt-Wiegand. Bd 2. Berlin 1978, Sp. 738. Eine Auseinandersetzung mit den Studien von W. Wächtershäuser findet sich bei: Reinhold Wolff: Der Kindesmord im 18. Jahrhundert. In: Internationales Archiv für Sozialgeschichte der deutschen Literatur 1 (1976), S. 258 f.

5 Vgl. Karl Roetzer: Die Delikte der Abtreibung, Kindstötung sowie Kindsaussetzung und ihre Bestrafung in der Reichsstadt Nürnberg. Erlangen, Rechtswiss. Diss. 1957, S. 79-82; Dieter Blanke: Die Kindestötung in rechtlicher und kriminologischer Hinsicht. Kiel, Rechts- u. Staatswissenschaftl. Diss. 1966, S. 26.

6 Vgl. zur zeitgenössischen Auslegung des Kindsmordparagraphen der Carolina: Christophorus Blumblacher: Commentarius In Kaiser Karl des Fünften / und des H. Röm. Reichs Peinliche Halsgerichts=Ordnung / Worinnen umständlich / gründlich und klar ausgeführet und erkläret wird / Wie man Den ganzen Peinlichen Prozeß [...] bis zu Ende ordentlich führen / als auch nach Abführ= und Schließung desselben / allerhand Untaten gebührlich strafen solle. [...] Salzburg 1704, S. 102-104 sowie S. 264-268.

7 Vgl. W. Wächtershäuser: Das Verbrechen des Kindesmordes, S. 67; K. Roetzer: Abtreibung, Kindstötung sowie Kindsaussetzung, S. 82; Manfred Schwarz: Wechselnde Beurteilung von Straftaten in Kultur und Recht. Bd 1: Die Kindestötung. Berlin 1935, S. 5-9; D. Blanke: Kindestötung, S. 27.

8 Inwieweit solche Bestimmungen in Innerösterreich in die Praxis umgesetzt wurden, muß an dieser Stelle

Konnte der Beweis einer vorsätzlich begangenen verbrecherischen Handlung nicht zweifelsfrei erbracht werden, sollte über die Delinquentin, nach Ratschluß der jeweiligen Urteilssprecher, eine „poena extraordinaria" - etwa körperliche Züchtigung oder Landesverweis - verhängt werden.

3.2. LANDGERICHTSORDNUNGEN VON KRAIN, STEIERMARK UND KÄRNTEN

Als erstes der innerösterreichischen Länder konnte Krain auf eine eigenständige Strafgesetzgebung verweisen. Bereits am 20. August 1514 wurde von Maximilian I. die Laibacher Malefizordnung aufgerichtet, am 18. Februar 1535 folgte unter Ferdinand I. die Krainer Landgerichtsordnung.[9] Diese enthält jedoch nur wenige Bestimmungen, die zudem keine klaren Vorgaben enthalten, sondern den Rechtsprechern große Freiheiten einräumten.[10]

Zu Beginn werden in der Krainer Landgerichtsordnung die als Malefiz strafbaren Tatbestände ohne nähere Charakterisierung einfach aufgezählt. Kriminalverbrecherin war unter anderem jede Frau, die *„mit Gift / oder ander gestalt / einen haimlichen Mord / oder Kinder vertan hätte"*. Hugo Hoegel zieht aus dieser zusammenhängenden Nennung der Tatbestände den Schluß, daß der Gesetzgeber zum einen unter Mord die heimliche Tötung im allgemeinen, also einschließlich des Giftmordes, verstand, und zum anderen den Kindsmord in seiner Bewertung mit dem Mord - und damit abgesetzt vom Totschlag - gleichsetzte.[11] Eine konkrete Straffestsetzung für diese Verbrechensarten fehlt allerdings, erst im Anschluß an die Anführung aller Tatbestände heißt es ganz allgemein: *„Doch soll solch Wort Malefiz / oder die peynlich Straf / in disen vorgestellten / und hie unbedachten Artikeln nicht anderst / dann was das Leben / den Hals / und Leibstrafen / als Händ abhauen / Augen ausstechen / durch Backen brennen / Zungen und Ohren abschneiden / Ruten ausstreichen / Land verbieten / und dergleichen Strafen betrifft / verstanden werden."* Weder werden die verschiedenen Arten der Todesstrafe erwähnt, noch äußert sich der Ge-

---

dahingestellt bleiben. Für Deutschland gibt es Belege, daß man die Strafe des Lebendigbegrabens und Pfählens zumindest im 15. und beginnenden 16. Jahrhundert tatsächlich vollzog. Vgl. Richard van Dülmen: Theater des Schreckens. Gerichtspraxis und Strafrituale in der frühen Neuzeit. München 1985, S. 122.

9 Land=Gerichts=Ordnung / Des Löblichen Hörzogtums Krain / Und der Angeraichten Herrschaften Windischen Mark / Möttling / Ysterreich / und Karst. Laibach 1707.

10 Vgl. Hugo Hoegel: Geschichte des Österreichischen Strafrechtes in Verbindung mit einer Erklärung seiner grundsätzlichen Bestimmungen. Bd 1. Wien 1904, S. 33-35 sowie Sergij Vilfan: Rechtsgeschichte der Slowenen bis zum Jahre 1941. Graz 1968. (= Grazer Rechts- und Staatswissenschaftliche Studien. 21.) S. 220 f.

11 Vgl. H. Hoegel: Geschichte des Österreichischen Strafrechtes, Bd 2, S. 80.

setzgeber über ihre Anwendung bei einzelnen Kriminalverbrechen. Die Bestrafung einer Kindsmörderin oblag daher im wesentlichen dem alten Herkommen sowie dem richterlichen Ermessen.[12]

Für das Gebiet des Herzogtums Steiermark sind zu Beginn des 16. Jahrhunderts ebenfalls zahlreiche Kodifikationsarbeiten belegt. Die endgültige Fassung der Steiermärkischen Landgerichtsordnung, die am 24. Dezember 1574 von Erzherzog Karl II. erlassen wurde, stützte sich - neben Anregungen aus dem Gewohnheitsrecht des Landes und aus den damals geltenden Landgerichtsordnungen der Alpenländer - vor allem auf die CCC.[13] Sie vermittelt in ihren ersten beiden Teilen materielles und formelles Strafrecht, ihr dritte Abschnitt beschäftigt sich mit leichteren gerichtlichen Vergehen, Verwaltungsübertretungen und anderen Randbereichen.

In Art. 138 der Steiermärkischen Landgerichtsordnung, der fast wörtlich aus der Krainer Landgerichtsordnung von 1535 übernommen wurde, findet sich der Kindsmord unter den malefizischen Verbrechen. Art. 96 definiert schließlich den Tatbestand des Kindsmordes und setzt die Strafen fest, wobei kaum Unterschiede zu den entsprechenden Bestimmungen der CCC festzustellen sind. Nach wie vor wurde Vorsätzlichkeit und Heimlichkeit des Handelns gefordert, das Tatobjekt mußte ein lebendiges, gliedmäßiges und neugeborenes Kind sein, als Strafe eines bewiesenen Kindsmordes drohte der Tod, ansonsten sollte eine außerordentliche Strafe festgesetzt werden. Lediglich in Fragen der Beweisführung ist die Steiermärkische Landgerichtsordnung nicht so ausführlich wie die CCC. Auch Art. 26 Abs. 12, in dem Verdachtsmomente für einen vollbrachten Kindsmord angeführt werden, orientiert sich in gekürzter Form an den entsprechenden Passagen der CCC. Hinsichtlich des Tatsubjekts äußert sich die Steiermärkische Landgerichtsordnung jedoch genauer als das Reichsgesetz: Man bezieht sich nunmehr auf *„ein Weibsperson oder Diern / die in Jungfräulichen Klaidern gehet"*, was wohl den Schluß zuläßt, daß ebenso ledige wie auch verheiratete Frauen das Delikt begehen konnten.

Auch in Kärnten gibt es bereits seit 1529 Nachrichten über eine geplante Malefizordnung, am 1. Juni 1577 erließ Erzherzog Karl schließlich „Des Erzherzogtums Kärnten neu aufgerichte Landgerichtsordnung".[14] Sie nimmt in mehrerlei Hinsicht eine Sonderstellung

12 Vgl. H. Hoegel: Geschichte des Österreichischen Strafrechtes, Bd 1, S. 34 f.

13 Des Löblichen Fürstentums Steyer Land und Peinlich Gerichts Ordnung. Im 1574. Jahr verbessert, erleütert, verglichen und aufgericht. Augsburg 1583. Vgl. dazu: Fritz Byloff: Die Land- und peinliche Gerichtsordnung Erzherzog Karls II. für Steiermark vom 24. Dezember 1574; ihre Geschichte und ihre Quellen. Graz 1907. (= Forschungen zur Verfassungs- und Verwaltungsgeschichte der Steiermark. VI. 3.) S. 70; H. Hoegel: Geschichte des Österreichischen Strafrechtes, Bd 1, S. 36; Max Horrow: Grundriß des Österreichischen Strafrechts mit besonderer Berücksichtigung der historischen Entwicklung. Bd 1. Graz u. Wien 1947, S. 29 f. sowie Hermann Baltl u. Gernot Kocher: Österreichische Rechtsgeschichte. Unter Einschluß sozial- und wirtschaftsgeschichtlicher Grundzüge. Von den Anfängen bis zur Gegenwart. 8., weitergeführte u. erg. Aufl. Graz 1995, S. 153.

14 Des Erzherzogtums Kärnten Neu aufgerichte Landgerichtsordnung / Im aintausendfünfhundert und Si-

innerhalb der frühneuzeitlichen Landgerichtsordnungen der Habsburger Länder ein, indem sie nicht nur das Strafrecht behandelt, sondern sich ohne klar erkennbarer Abtrennung auch dem Zivil- und Verfassungsrecht widmet.[15] In der Strafgesetzgebung läßt sich bei der Kärntner Landgerichtsordnung praktisch keine Einflußnahme der CCC feststellen, inhaltlich gibt es daher auch kaum Übereinstimmungen mit der Krainer und der Steiermärkischen Landgerichtsordnung. Bei Malefizverbrechen wird nur das Verfahren geregelt, materiell-rechtliche Bestimmungen fehlen völlig bzw. beziehen sich nur auf kleine Straffälligkeiten.[16]

Das Delikt des Kindsmordes findet keine Erwähnung. Hermann Baltl mutmaßt, daß aufgrund dieser offensichtlichen Unzulänglichkeiten der Landgerichtsordnung von 1577 in der Kärntner Strafrechtspflege ergänzend auf den alten Landesbrauch bzw. auf Teile früherer Vorschriften zurückgegriffen wurde, daneben konnten auch die Bestimmungen der CCC als Grundlage für einen Richtspruch dienen.[17]

3.3. NIEDERÖSTERREICHISCHE LANDGERICHTSORDNUNG 1656

Die Vorarbeiten für die „Neue peinliche Landgerichtsordnung in Österreich unter der Enns"[18] Ferdinands III. vom 30. Dezember 1656 reichen bis ins Jahr 1588 zurück. An ihrer Entstehung waren Juristen wie etwa Reichart Strein von Schwarzenau und Johann Baptist Linsmayer beteiligt, federführend wurden schließlich die Autoren der „Kompilation der vier Doktoren". Die Ferdinandea wird von einigen Rechtshistorikern als „Markstein in der österreichischen Strafrechtsgeschichte" bezeichnet, tatsächlich weist sie im Vergleich zu bisherigen Landgerichtsordnungen viele entscheidende Neuerungen auf, die in der Folge von weiteren Strafgesetzen übernommen wurden. Für Innerösterreich hat die Niederösterreichische Landgerichtsordnung insofern Bedeutung, als sie mit Patent Kaiser Karls VI. vom 12. September 1721 als subsidiäre Rechtsquelle für Steiermark und Kärnten bestimmt wurde.[19]

---

benundsibenzigisten Jahr. Graz 1578. Vgl. Hermann Baltl: Die Kärntner Landgerichtsordnung von 1577. Kodifikationsgeschichte, Charakter und Quellen. In: Carinthia I 139 (1949), S. 334-344.

15 Vgl. H. Baltl: Die Kärntner Landgerichtsordnung, S. 348 f.

16 Vgl. H. Hoegel: Geschichte des Österreichischen Strafrechtes, Bd 1, S. 38 f. sowie ders.: Geschichte des Österreichischen Strafrechtes, Bd 2, S. 90 f.

17 Vgl. H. Baltl: Die Kärntner Landgerichtsordnung, S. 347.

18 Der Römischen Kayserlichen / auch zu Hungarn und Böhaim / etc. königlichen Majestät Ferdinandi Des Dritten / etc. Erzherzogens zu Oesterreich: Unsers allergnädigsten Herrn. Neue peinliche Landgerichts=Ordnung in Oesterreich unter der Enns. Erster und Anderter Tail. Wien 1657.

19 Vgl. H. Hoegel: Geschichte des Österreichischen Strafrechtes, Bd 1, S. 38 f.; M. Horrow: Grundriß des

Art. 66 der Ferdinandea widmet sich unter der Bezeichnung „Von dem Kinder-Vertuen“ dem Verbrechen des Kindsmordes. In einem ersten Punkt werden Verdachtsgründe für die Tat angeführt, so etwa plötzliches Verschwinden der Leibesfülle einer vermeintlich Schwangeren oder allgemein kränkliches Aussehen. Die §§ 2 bis 9 geben Anweisungen für die Sammlung weiterer Indizien bzw. für die Zulässigkeit der peinlichen Befragung: Die Angeklagte war von einer Hebamme oder anderen fachkundigen Frauen körperlich zu untersuchen, entsprechendes Augenmerk legte man auch auf die Beschaffenheit der Kindesleiche. Zum Verhör wurde auf jeden Fall geschritten, wenn eine Frau ihre Schwangerschaft bzw. die Geburt vor ihrer Umgebung verheimlicht hatte und das Neugeborene nur mehr tot aufgefunden werden konnte. Durch die einzelnen Fragestücke des § 10 sollte neben dem genauen Tathergang unter anderem geklärt werden, inwieweit andere Personen in das Verbrechen involviert waren, ebenso, ob die Tat vorsätzlich und von langer Hand geplant begangen wurde.

Konnte die Angeklagte ihrer verbrecherischen Tat überführt werden, so drohte ihr nach Art. 66 § 11 der Ferdinandea der Tod durch das Schwert. Hugo Hoegel sieht darin ein erstes Anzeichen für eine mildere Auffassung des Kindsmordes, da in ausdrücklicher Distanzierung zur CCC nicht mehr die grausamen Strafen des Lebendigbegrabens und Ertränkens ausgesprochen werden.[20] Dieser Auffassung widerspricht jedoch Manfred Schwarz. Zum einen verweist er darauf, daß in der Niederösterreichischen Landgerichtsordnung nach wie vor die Zugehörigkeit des Kindsmordes zur Verwandtentötung betont werde, zum zweiten erklärt er die Einführung des Schwertschlages durch die notwendig gewordene Auswahl einer Frauenstrafe sowie durch Einfluß der Tradition.[21]

Interessant ist übrigens, daß Mitschuldige - namentlich der Kindesvater und die Mutter der Täterin - bei entsprechender Beweislage ebenfalls mit dem Tod durch das Schwert zu bestrafen waren; ihre Anstiftung zum Verbrechen galt als Milderungsumstand für die Kindesmutter. Beharrte eine Angeklagte selbst in der Tortur darauf, daß die Tötung ihres Neugeborenen nicht beabsichtigt gewesen war, so sollte sie nicht zum Tode verurteilt, sondern nur mit einer der vielfältigen sogenannten extraordinari Strafen belegt werden. Im Gegensatz dazu mußte eine Kindsmörderin bei belastenden Tatumständen - etwa Wiederholung des Verbrechens oder besondere Grausamkeit der Ausführung - vor der Hinrichtung noch mit Strafverschärfungen wie dem Abhauen der Hand oder dem Zwicken mit glühenden Zangen rechnen.

Österreichischen Strafrechts, S. 22.

20 Vgl. H. Hoegel: Geschichte des Österreichischen Strafrechtes, Bd 2, S. 101. Ebenso: Alfred Amschl: Das Verbrechen des Kindesmordes nach österreichischem Recht. In: Archiv für Kriminal-Anthropologie und Kriminalistik 30 (1908), H. 1/2, S. 72.

21 Vgl. M. Schwarz: Kindestötung, S. 12.

3.4. CONSTITUTIO CRIMINALIS THERESIANA 1768

Im Laufe des 18. Jahrhunderts wurde der Wunsch nach einer Vereinheitlichung der Gesetzgebung für die österreichischen Erblande immer dringlicher. 1752 betraute Maria Theresia eine Kompilationskommission mit der Kodifikation des Strafrechts, am 31. Dezember 1768 wurde die „Constitutio Criminalis Theresiana" publiziert, mit 1. Jänner 1770 trat sie in Kraft.[22] Die peinliche Halsgerichtsordnung Maria Theresias war nunmehr alleinige Grundlage des Straf- und des Strafverfahrensrechts für Böhmen sowie Nieder-, Ober-, Inner- und Vorderösterreich.

In zwei Abschnitte gegliedert, behandelt die CCTh formelles und materielles Strafrecht. Durch das Fehlen eigenständiger Schöpfung und die weitgehende Beschränkung auf die Adaption und Zusammenführung bestehender Gesetze war die Theresiana bereits zum Zeitpunkt ihres Erscheinens veraltet, dem aufklärerischen Gedankengut wurde kaum Rechnung getragen. Nach wie vor wurden die grausamsten Arten der Todesstrafe angedroht, auch die Folter blieb - zumindest bis 1776 - fester Bestandteil der Theresianischen Justiz.[23]

Die CCTh widmet in ihrem zweiten Teil nicht weniger als fünf Seiten dem Art. 87 *„von dem Kindervertun oder Mordtat, so an neugebohrnen Kindern beschiehet"*. Noch immer wird das Delikt grundsätzlich als Spielart des Verwandtenmordes begriffen, aufgrund der Strafandrohung läßt sich jedoch eine leichte Privilegierung erkennen.[24] Die Verdachtsgründe für einen Kindsmord werden im Vergleich zur Niederösterreichischen Landgerichtsordnung von 1656 erweitert: Neben der Veränderung des Leibesumfanges sollte nun auch auf das Ausbleiben der Menstruation und allgemein auf den moralischen Lebenswandel einer Frau geachtet werden. Die Voraussetzungen für die Aufnahme des peinlichen Verhörs sowie die einzelnen Fragstücke werden nahezu gleichlautend aus der peinlichen Halsgerichtsordnung Ferdinands III. übernommen; vorsätzliche Verheimlichung von Schwangerschaft und Geburt sowie Abtreibungsversuche wirkten sich zum Nachteil der Angeklagten aus, vorgebliche Unwissenheit über ihren Zustand mußte sie ausreichend begründen.

---

22 Constitutio Criminalis Theresiana oder der Römisch=Kaiserl. zu Hungarn und Böheim etc. Königl. Apost. Majestät Maria Theresiä Erzherzogin zu Oesterreich etc. peinliche Gerichtsordnung. Wien 1769; vgl. Egmont Foregger: Zur Constitutio Criminalis Theresiana. Nachwort zum vollständigen Nachdruck der Constitutio Criminalis Theresiana, Trattnersche Erstausgabe, Wien 1769. Graz 1993, S. 6-8.

23 Vgl. zur Bewertung der CCTh u.a.: E. Foregger: Constitutio Criminalis Theresiana, S. 8-14; H. Hoegel: Geschichte des Österreichischen Strafrechtes, Bd 1, S. 67 f.; W. Ehrlich: Strafgesetzgebung, S. 24; Gernot Kocher: Zum Wechselspiel von Rechtsordnung und Sozialordnung in der theresianisch-josephinischen Gesetzgebung und Judikatur. In: Österreich im Europa der Aufklärung. Kontinuität und Zäsur in Europa zur Zeit Maria Theresias und Josephs II. Internationales Symposion in Wien 20.-23. Oktober 1980. Bd 1. Wien 1985, S. 381.

24 Vgl. H. Hoegel: Geschichte des Österreichischen Strafrechtes, Bd 2, S. 131. Erst die verschärfte Strafe für einen durch verschiedene Umstände beschwerten Kindsmord entspricht der Regelstrafe für einen durch eine Frau begangenen Verwandtenmord.

Die Theresiana unterscheidet erstmals zwischen der Tötung eines Neugeborenen durch tatsächliche Gewaltanwendung und der Tötung durch absichtliche Unterlassung der nötigen Hilfeleistung. Bei der Strafandrohung für einen Kindsmord der ersten Kategorie zeigt sich die besondere Härte der Nemesis Theresiana: Eine überführte Täterin war nicht nur zu enthaupten, sondern durch ihren Leichnam sollte außerdem ein Pfahl getrieben werden! Die Landgerichtsordnung von 1656 hatte von dieser Art der Verstümmelung bereits Abstand genommen, die CCTh schreckte nicht davor zurück, sie wiederum aufzugreifen.[25] Hatte eine Mutter ihr Kind durch vorsätzlich verweigerten Beistand nach der Geburt ums Leben kommen lassen, so mußte sie ebenfalls mit dem Schwertschlag - allerdings ohne Verschärfung - rechnen, Mittäterinnen und Mittäter traf die gleiche Strafe. Voraussetzung war allerdings das Geständnis der Beschuldigten, konnte das nicht erbracht werden, wurden willkürliche Strafen verhängt. Unter jene Punkte, die sich erschwerend für eine Kindsmörderin auswirkten, wurde erstmalig auch die unterlassene Nottaufe des getöteten Neugeborenen aufgenommen. In einem solchen Fall sollten der Täterin Kopf und Hand abgeschlagen und danach beides auf ein Rad gesteckt werden. Theoretisch blieben diese Regelungen zumindest bis 1781 in Kraft; erst dann hob Joseph II. die Todesstrafe auf.

Neu aufgenommen in den Gesetzestext sind §§ 8 und 9 des Art. 87, die sich mit den Ursachen des Kindsmordes und mit möglichen vorbeugenden Maßnahmen gegen das Verbrechen auseinandersetzen. Als ausschlaggebend für eine Kindestötung hielt man hauptsächlich die Angst vor öffentlichen Schandstrafen, die Rücksichtlosigkeit der Kindesväter sowie die Hoffnung der Schwangeren, ihren Zustand verborgen halten zu können. Davon ausgehend setzte man fest, daß die *„aus menschlicher Schwachheit zum Fall gebrachten Weibspersonen"* im Falle ihres Geständnisses keine öffentliche Bestrafung mehr zu fürchten hatten, außerdem sollten die Kindesväter zum Unterhalt ihres Nachwuchses verhalten werden. Entzogen sie sich ihrer Verpflichtung, konnten sie mit Leibes-, Gefängnis- oder Arbeitsstrafen belegt werden.[26] Schließlich erging - ebenfalls unter Strafandrohung - die allgemeine Aufforderung, jede offensichtlich verheimlichte Schwangerschaft der weltlichen Obrigkeit bzw. dem Gericht anzuzeigen. Gleichzeitig sollte seitens der Behörden auf

---

[25] Die CCTh orientiert sich hier an der Josephinischen Halsgerichtsordnung von 1707. Vgl. Der Römischen Kayser= Auch Zu Hungarn und Böheim etc. Königl. Majestät Josephi Des Ersten / Erz=Herzogens zu Oesterreich / etc. Neue Peinliche Hals=Gerichts=Ordnung / Vor das Königreich Böheim / Markgraftum Mähren / und Herzogtum Schlesien. Freyburg 1711, Art. 19, § 10. Freilich muß hier zwischen Theorie und Praxis unterschieden werden, de facto dürfte diese Bestimmung nie in Anwendung gekommen sein.

[26] Diese Regelung erkennt M. Schwarz als einzigartig in der Strafgesetzgebung. Vgl. ders.: Kindestötung, S. 103; ebenso Rudolf Quanter: Die Sittlichkeitsverbrechen im Laufe der Jahrhunderte und ihre strafrechtliche Beurteilung. Berlin 1925 (Unveränderter Nachdruck der 8. Aufl., Aalen 1970) S. 273-275 sowie Birgit Bolognese-Leuchtenmüller: Bevölkerungspolitik zwischen Humanität, Realismus und Härte. In: Von der Glückseligkeit des Staates. Staat, Wirtschaft und Gesellschaft in Österreich im Zeitalter des aufgeklärten Absolutismus. Hrsg. v. Herbert Matis. Berlin 1981, S. 206 f.

die Familie einer Schwangeren eingewirkt werden, Nachsicht gegenüber einer „Geschwächten" zu üben und jede Kleinmütigkeit derselben hintanzuhalten.[27]

3.5. JOSEPHINISCHES STRAFGESETZBUCH 1787

Erste konkrete Schritte zur Erstellung eines neuen, vom Geiste der Aufklärung getragenen Strafgesetzbuches wurden unter Joseph II. bereits 1781 unternommen. Franz Georg Edler von Keeß, Hofrat der Obersten Justizstelle, verfaßte unter Mithilfe von Joseph von Sonnenfels den ersten Entwurf, der 1784 der Obersten Justizstelle sowie den Appellationsstellen zur Begutachtung vorgelegt wurde. Mit kaiserlichem Patent vom 13. Jänner 1787 erfolgte die Sanktionierung, mit 2. April des gleichen Jahres die Kundmachung des neuen Strafgesetzes[28], das ab diesem Zeitpunkt für alle in der habsburgischen Monarchie vereinten Länder gelten sollte.[29]

Das „Allgemeine Gesetz über Verbrechen und derselben Bestrafung", das ausschließlich materielles Strafrecht enthält, beschäftigt sich im ersten Teil mit Kriminalverbrechen, während der zweite Teil sogenannte politische Verbrechen zum Inhalt hat. Sowohl im äußeren Aufbau der einzelnen Abschnitte als auch inhaltlich beschritt das josephinische Strafgesetzbuch völlig neue Wege. Die Formulierung der einzelnen Regelungen ist knapp und leicht verständlich, bisher schwer geahndete Kriminalverbrechen werden zum Teil nur mehr als bloße polizeiliche Vergehen aufgefaßt oder fehlen überhaupt. Hinsichtlich der geübten Strafpraxis wirkten sich die aufklärerischen Grundsätze allerdings nur bedingt aus. Die Todesstrafe wurde zwar grundsätzlich nicht mehr angewandt,[30] die vom Gesetz vorgesehenen Freiheitsstrafen und Strafverschärfungen erschrecken jedoch durch ihre besondere Härte.[31]

---

27 Vgl. dazu auch die Gubernialkurrende vom 14. Dezember 1771, wiederverlautbart mit 8. September 1784, die diese Bestimmungen weiter ausführt. StLA, P + K 1784-IX-8. Weitere Maßregeln vgl. Mathias Macher: Handbuch der kaiserl. königl. Sanität-Gesetze und Verordnungen mit besonderer Beziehung auf die innerösterreichischen Provinzen in chronologischer Ordnung mit einer sistematischen und alfabetischen Uebersicht [...]. Graz, Laibach u. Klagenfurt 1846-1853, Bd 1, S. 93 f. u. S. 109 f.

28 Allgemeines Gesetz über Verbrechen und derselben Bestrafung. Wien 1787.

29 Für Ungarn und seine Nebenländer sowie für Siebenbürgen ließ sich das jedoch nicht durchsetzen. Vgl. Eberhard Schmidt: Einführung in die Geschichte der deutschen Strafrechtspflege. 3., völlig durchgearb. u. veränderte Aufl. Göttingen 1965, S. 256; H. Hoegel: Geschichte des Österreichischen Strafrechtes, Bd 1, S. 78-82.

30 Ausgenommen waren davon nur Verbrechen, über die nach dem Standrecht verfahren wurde. Vgl. StGB 1787, § 20.

31 Vgl. E. Schmidt: Geschichte der deutschen Strafrechtspflege, S. 256 f.; M. Horrow: Grundriß des Österreichischen Strafrechts, S. 44-48; H. Hoegel: Geschichte des Österreichischen Strafrechtes, Bd 1, S. 82-85; Ernst Wangermann: Kriminalverbrechen und Bestrafung im josephinischen Österreich. In: Justiz und Zeitgeschichte V. Symposion. Zur Geschichte des Strafvollzuges in Österreich. Justiz und Men-

Auch in der Behandlung des Deliktes des Kindsmordes konnten sich die Ideen der Aufklärer nicht durchsetzen: Im Josephinischen Strafgesetzbuch fehlt jede Bestimmung zu diesem Tatbestand! Damit wollte man ganz offensichtlich um eine eindeutige Stellungnahme zu dieser Problematik herumkommen, die von der Kompilationskommission noch heftig diskutiert wurde. Die Befürworter eines humanen Strafvollzuges traten für eine unbedingte Privilegierung des Kindsmordes ein, da diese Tat durch eine uneheliche Mutter nicht aus Grausamkeit oder unmenschlicher Bosheit, sondern nur in der Absicht begangen würde, ihre Schande zu verbergen, und außerdem *„die Schmerzen der Geburt eine solche unglückliche Weibsperson in solche Verwirrung setzten, daß jener vorsätzliche Wohlbedacht nicht einschreite, ohne welchen kein Verbrechen begangen werde".*[32]

Die reformfreudigen Mitglieder der Kommission berücksichtigten also in ihrer Darstellung nicht nur die Motivation des Verbrechens, die sie aus den Zeitumständen heraus hauptsächlich als Scham um die verlorene weibliche Geschlechtsehre begriffen, sondern sie wiesen erstmals auf die physische und psychische Ausnahmesituation einer Gebärenden hin, der man keine volle Zurechnungsfähigkeit für ihr Tun zugestehen könne.[33] Die Mehrheit der gesetzgebenden Juristen konnte sich dieser Auffassung jedoch nicht anschließen und konterte: *„Die Entschuldigung einer Gemütsverwirrung trete bei jedem Laster ein, da keines mit kaltem Blute begangen würde."* Man verlangte ganz im Gegenteil eine noch härtere Bestrafung des Kindsmordes, da das Opfer der Tat, ein wehrloses Neugeborenes, des besonderen Schutzes durch das Gesetz bedürfe. Ein Verweis auf ohnehin bestehende Versorgungseinrichtungen für uneheliche Mütter sowie die obligatorische Klage, daß das Laster des Kindsmordes zu frequent wäre, um eine mildere Behandlung gerechtfertigt erscheinen zu lassen, rundeten die Darstellung ab.[34]

Trotz alledem zeigte Franz Georg von Keeß in seinem ersten Gesetzesentwurf Mut, die Gedanken der aufklärerischen Reformer aufzunehmen. Im Anschluß an das Delikt des Verwandtenmordes heißt es in einem eigenen Paragraphen: *„Nur in einem einzigen Falle kann die Strafe des Mordes eines Kindes gemindert und auf ein zeitliches, aber hartes Gefängniß oder öffentliche Arbeit herabgesetzt werden, wenn nämlich eine Mutter ihr außer der Ehe geborenes Kind nur zu dem Ende tötet, damit ihre bis dahin verborgen gebliebene*

---

schenrechte. Hrsg. v. Erika Weinzierl und Karl R. Stadler. Wien 1985. (= Veröffentlichungen des Ludwig-Boltzmann-Instituts für Geschichte der Gesellschaftswissenschaften.) S. 3-7; Friedrich Hartl: Das Wiener Kriminalgericht. Strafrechtspflege vom Zeitalter der Aufklärung bis zur österreichischen Revolution. Graz, Wien u. Köln 1973. (= Wiener Rechtsgeschichtliche Arbeiten. 10.) S. 22 f.

32 Vgl. H. Hoegel: Geschichte des Österreichischen Strafrechtes, Bd 2, S. 148.

33 Vgl. dazu insbesondere J. v. Sonnenfels: Grundsätze der Polizey, Handlung und Finanz. 5., verm. u. verb. Aufl. Wien 1786, § 193 f. Zit. n. Wolfgang Sellert u. Hinrich Rüpinc: Studien- und Quellenbuch zur Geschichte der deutschen Strafrechtspflege. Bd 1: Von den Anfängen bis zur Aufklärung. Aalen 1989, S. 431 f.

34 Vgl. H. Hoegel: Geschichte des Österreichischen Strafrechtes, Bd 2, S. 148 f. sowie M. Schwarz: Kindestötung, S. 122 f. u. S. 200.

Schwächung nicht entdeckt werde und ihr zugleich keine anderen Mittel der Geheimhaltung offen gestanden sind.“[35] Diese Privilegierung konnte demnach sowohl unverheirateten als auch verehelichten Frauen zugutekommen, ausschlaggebend war lediglich die illegitime Zeugung des getöteten Kindes und damit das Tatmotiv der Schande. Als Strafe für einen Kindsmord hielt Hofrat Keeß zeitlichen Freiheitsentzug - was nach dem damaligen Entwurf maximal zehn Jahre bedeutete [36] - für ausreichend.

Die Kompilationskommission billigte die versöhnliche Haltung ihres Referenten nicht. In einer Sitzung am 22. Februar 1783 sprachen sich bis auf Franz Georg von Keeß alle Mitglieder für eine Streichung des nämlichen Paragraphen aus. Man räumte zwar ein, daß mit einer gesetzlichen Privilegierung des Kindsmordes nur auf eine bereits bestehende kaiserliche Resolution Bezug genommen würde, die im Falle des Fehlens behördlicher Vorsorgemaßnahmen für die Entbindung einer ledigen Frau besondere Rücksichten gegenüber der in der Folge straffällig werdenden Kindesmutter vorsah. Die Kommission verstand diese Regelung jedoch nur als kurzzeitiges Provisorium, bis genügend Einrichtungen zum Wohle unehelicher Mütter - also etwa Gebär- und Findelhäuser - geschaffen würden, und wollte sie daher nicht dauerhaft festschreiben. Man einigte sich schließlich auf einen zweifelhaften Kompromiß: Der Kindsmordparagraph sollte nicht in das Strafgesetzbuch aufgenommen werden, dafür wollte man die Anordnungen der kaiserlichen Resolution zugunsten unehelicher Kindsmörderinnen in einer geheimen Instruktion an die Kriminalgerichte weiterleiten.[37]

An diesem Entschluß konnte auch der Einwand der Obersten Justizstelle nichts mehr ändern, die im Dezember 1784 in einer neuerlichen Diskussion vehement für die Schaffung und Humanisierung eines Kindsmordparagraphen eintrat. Als Motive für das Verbrechen sah die Zentralbehörde neben der bereits erwähnten Schamhaftigkeit lediger Mütter auch ihre Furcht vor Eltern, Verwandten und Bekannten sowie materielle Not. Deswegen und aufgrund der Tatsache, daß ein ausreichendes Versorgungsnetz für uneheliche Schwangere gerade auf dem Lande noch lange nicht zu erwarten sei, plädierte die Oberste Justizstelle für folgende Ergänzung des Tatbestandes des Verwandtenmordes: *„Ebenso kann die Strafe jenes Mordes gemildert werden, den eine unverheiratete Mutter guten Rufes an ihrem neugeborenen Kinde durch gewaltsame Handanlegung, geflissentlich unterlassene Unterbindung oder sonstige vorsätzliche Entziehung einer dem Leben des Kindes unentbehrlichen Hilfe unternommen hat.“*[38] Der Text aus dem Entwurf von Franz Georg von Keeß wurde damit entscheidend präzisiert: Das Tatsubjekt war klar als *„unverheiratete Mutter guten*

---

35 Vgl. H. Hoegel: Geschichte des Österreichischen Strafrechtes, Bd 2, S. 152.
36 Vgl. Hugo Hoegel: Freiheitsstrafe und Gefängniswesen in Österreich von der Theresiana bis zur Gegenwart. Graz u. Wien 1916, S. 10.
37 Vgl. H. Hoegel: Geschichte des Österreichischen Strafrechtes, Bd 2, S. 159 f.
38 Vgl. H. Hoegel: Geschichte des Österreichischen Strafrechtes, Bd 2, S. 178-181.

Rufes" definiert, das Tatobjekt war ein Neugeborenes, das Verbrechen konnte sowohl durch eine Handlung als auch durch eine Unterlassung begangen werden.

Joseph II. verweigerte diesem Vorschlag jedoch seine Zustimmung. Das Delikt des Kindsmordes scheint daher im Strafgesetzbuch von 1787 nicht auf, es wird durch § 92, den Verwandtenmord, geregelt.[39] Die dafür vorgesehene Strafe betrug im zweiten Grade langwieriges hartes Gefängnis, also Kerker im Ausmaß von mindestens 30 Jahren.[40] Strafverschärfungen wie Brandmarkung, körperliche Züchtigung oder Ausstellung der Täterin auf einer Schandbühne waren möglich.[41] Dieser Mangel einer eindeutigen gesetzlichen Bestimmung für den Kindsmord führte - wie wir in der Folge noch sehen werden - in der praktischen Rechtsprechung der Erst- und Obergerichte bisweilen zu erheblichen Unsicherheiten und Fehlinterpretationen, in deren Verlauf der konkrete Sachverhalt unter verschiedenste Tatbestände subsumiert wurde.

3.6. FRANZISZEISCHES STRAFGESETZBUCH 1803

Dem Josephinischen Strafgesetzbuch war keine lange Geltungsdauer beschieden. Schon Leopold II. griff mit mehreren Novellen mildernd in den Strafvollzug ein, unter seinem Nachfolger Franz II. kam es dann zu einer vollkommenen Neugestaltung des Strafrechts. 1793 legte Mathias von Haan, Vizepräsident des niederösterreichischen Appellationsgerichtes, der eingesetzten Kompilationskommission einen ersten Entwurf vor. Nach mehreren Begutachtungen und partiellen Überarbeitungen wurde dieses Modell mit Patent vom 17. Juni 1796 versuchsweise als „Strafgesetzbuch für Westgalizien" in Kraft gesetzt. 1797 nahm die Kommission, der unter anderem auch Carl Anton von Martini, Joseph von Sonnenfels und Franz von Zeiller angehörten, seine Tätigkeit erneut auf. Am 3. September 1803 erteilte Franz II. seine Zustimmung zum nunmehrigen Entwurf der Kommission, der ab 1. Jänner 1804 in den gesamten deutschen Erblanden als „Gesetzbuch über Verbrechen und schwere Polizei-Uibertretungen" Geltung erlangte.[42]

Das Strafgesetzbuch behandelt im ersten Abschnitt Kriminalverbrechen und im zweiten schwere Polizeiübertretungen, wobei jeder dieser beiden Teile sowohl Bestimmungen

---

39 Gerhard Babor irrt, wenn er glaubt, daß der Kindsmord im Strafgesetzbuch von 1787 mit dem Verbrechen der Abtreibung gleichgesetzt wird. Vgl. ders.: Kindesmord, Kindesweglegung, Abtreibung, S. 52.

40 Die in der deutschen Fachliteratur oft zitierte Behauptung, das erste Gesetzbuch, das auf deutschem Boden die Todesstrafe für Kindsmord abschaffte, sei das österreichische Strafgesetzbuch von 1803, stimmt damit strenggenommen nicht.

41 StGB 1787, 1. Teil, § 23.

42 Vgl. H. Hoegel: Geschichte des Österreichischen Strafrechtes, Bd 1, S. 85-89; E. Schmidt: Geschichte der deutschen Strafrechtspflege, S. 258 f.

des materiellen Strafrechtes als auch des Strafverfahrensrechtes enthält. Theoretisch hielt man nach wie vor am Abschreckungsprinzip fest und drohte strengste Kerkerstrafen an, außerdem wurde für bestimmte Delikte die Todesstrafe wieder eingeführt. Die Rechtswirklichkeit sah aber freilich anders aus: Da den Richtern im Vergleich zu früher ein erhebliches Milderungsrecht zukam, traf die Verurteilten nur selten die volle Härte des Gesetzes. So darf es nicht verwundern, daß das Franziszeische Strafgesetzbuch - zumindest in seiner praktischen Anwendung - von Kritikern als eines der mildesten Gesetzbücher seiner Zeit gesehen wird.[43]

Im Gegensatz zum Josephinischen Strafgesetzbuch beinhaltet bereits der erste Reformentwurf von Mathias von Haan, referiert am 12. Jänner 1793, das Delikt des Kindsmordes. Im Anschluß an die Bestrafung des Verwandtenmordes heißt es: *„So ist auch gegen eine ledige Weibsperson, die ihr neugeborenes Kind bei der Geburt tötet, die Strafe auf 10- bis 20jähriges oder wenn sie das Kind durch Unterlassung der bei der Geburt nötigen Pflege hinscheiden läßt, auf 5- bis 10jähriges hartes Gefängnis zu bestimmen."* Als Täterin kam damit nur eine unverheiratete Frau in Frage, die ihr Neugeborenes während oder kurz nach der Entbindung ums Leben brachte. Hinsichtlich des Strafmaßes war ein so definierter Kindsmord gegenüber dem Tatbestand des Mordes zwischen Eltern und illegitimen Kindern, unter den der Sachverhalt sonst zu subsumieren gewesen wäre, privilegiert, mit dem Tatbestand des Mordes an einem entfernten unehelichen Verwandten jedoch gleichgestellt. In jedem Fall günstiger behandelt wurde eine Mutter, die ihr Neugeborenes nicht durch aktives Tun, sondern nur durch Unterlassen der notwendigen Hilfeleistung tötete.

Der überarbeitete Gesetzesentwurf von Mathias von Haan vom 4. Jänner 1794 übernimmt die oben genannte Regelung des verbrecherischen Kindsmordes inhaltlich unverändert und weist ihr sogar einen eigenen Paragraphen zu. Die anschließenden Beratungen der Kompilationskommission hatten jedoch zur Folge, daß ein Mord zwischen Eltern und unehelichen Kindern nicht mehr als sogenannte nahe, sondern lediglich als entfernte Verwandtentötung galt und damit ebenfalls bloß mit 10- bis 20jährigem Kerker bestraft wurde. Durch diese Verschiebung verschwand die bisherige Privilegierung des Kindsmordes durch tatsächliche Gewaltanwendung im Vergleich zum Verwandtenmord. In dieser Form fanden die entsprechenden Bestimmungen Eingang in das Strafgesetzbuch für Westgalizien.

Am 3. April 1797 wurden die Beratungen wieder eröffnet, nachdem die Gutachten der Länderkommissionen eingelangt waren. Zum Delikt des Kindsmordes bemerkte man erst-

---

[43] Vgl. E. Schmidt: Geschichte der deutschen Strafrechtspflege, S. 258 f.; M. Horrow: Grundriß des Österreichischen Strafrechts, S. 48-51; Edith Saurer: Strafvollzug im 19. Jahrhundert. In: Justiz und Zeitgeschichte V. Symposion. Zur Geschichte des Strafvollzuges in Österreich. Justiz und Menschenrechte. Hrsg. v. Erika Weinzierl und Karl R. Stadler. Wien 1985. (= Veröffentlichungen des Ludwig-Boltzmann-Instituts für Geschichte der Gesellschaftswissenschaften.) S. 13; F. Hartl: Wiener Kriminalgericht, S. 25 f.

mals, daß eigentlich drei Fallkonstellationen unterschieden werden müßten, nämlich die Tötung eines in der Ehe geborenen Kindes, eines im Ehebruch gezeugten Kindes und eines unehelichen Kindes. Die zweite Kategorie wollte man allerdings mit der dritten gleichsetzen, da auch hier neben der Furcht vor dem Ehemann bzw. vor Strafe wegen des begangenen Ehebruchs das „Gefühl der Schamhaftigkeit" als maßgebliches Motiv in Rücksicht zu ziehen sei. In den Tatbestand neu aufgenommen werden sollte aber die Tötung eines ehelichen Kindes, die jedoch nicht anders bestraft wurde als im bisherigen Verständnis als Tötung eines nahen Verwandten: *„Gegen eine Mutter, die ihr neugeborenes Kind bei der Geburt tötet oder das Kind durch absichtliche Unterlassung der bei der Geburt nötigen Pflege dahinsterben läßt, ist wenn der Mord an einem ehelichen Kinde geschehen lebenslänglicher schwerster Kerker zu verhängen. Außerdem hat im Falle einer Tötung 10- bis 20jähriger, im Falle aber, da das Kind durch absichtliche Unterlassung der nötigen Pflege umkommt, 5- bis 10jähriger harter Kerker statt."*

Der Kindsmord war damit - abgesehen von der Tötung eines unehelichen Kindes durch verabsäumte Hilfeleistung bei der Geburt - im Vergleich zum Verwandtenmord kein privilegiertes Delikt. Dazu kam es erst, als im Jänner 1803 infolge kaiserlicher Entschließung die Todesstrafe für Verbrechen gegen Leib und Leben in den Strafgesetzesentwurf wieder aufgenommen wurde. Nachdem ursprünglich sämtliche Tötungsdelikte nur mit Kerkerstrafen geahndet werden sollten, drohte nun für jede Tötung *„mit vorher überlegtem Vorsatze"* die Hinrichtung. Einzig der Kindsmord war von dieser Verschärfung ausgenommen, hier wurde nach wie vor das oben festgesetzte Strafmaß beibehalten. Ausschlaggebend für diese Besserstellung war ganz offensichtlich der Zweifel, ob man bei einer Kindsmörderin von einem vorher gefaßten Entschluß ihres Tuns ausgehen durfte oder ob nicht vielmehr eine durch die Niederkunft verursachte *„Gemütszerrüttung"* die rationale Überlegung der Kindesmutter und damit ihre Zurechnungsfähigkeit zum Zeitpunkt der Tat herabsetzte. Keinen Beifall fanden jedoch Anregungen, die Formulierung *„bei der Geburt"* im Gesetzestext näher zu definieren und mit einer bestimmten Frist - vorgeschlagen wurden etwa 24 Stunden - zu umschreiben.[44]

Aus der Entstehungsgeschichte des Kindsmordparagraphen heraus zeigt sich auch, daß die Differenz der Strafe zwischen der Tötung eines ehelichen und eines unehelichen Kindes eigentlich durch die Parallele zur ursprünglich unterschiedlichen Bestrafung zwischen einer nahen und einer entfernten Verwandtentötung begründet ist; die besondere Situation einer unehelichen Mutter scheint dabei keine Rolle gespielt zu haben, auch wenn einzelne Interpreten des Strafgesetzbuches dies zum Teil angenommen haben.[45]

---

[44] Vgl. A. Amschl: Das Verbrechen des Kindesmordes, S. 77.

[45] Vgl. M. Schwarz: Kindestötung, S. 225 f.; H. Hoegel: Geschichte des Österreichischen Strafrechtes, Bd 2, S. 191-229.

Erwiesen sich die Indizien gegen eine Verdächtige als stichhaltig und wurde eine Kindsmörderin ihres Verbrechens überführt, so sah § 122 vor, daß eine Mutter, die ihr eheliches Neugeborenes tötete, in jedem Fall mit lebenslangem schwerstem Kerker zu bestrafen sei, bei einer nicht verheirateten Frau wurde differenziert, ob sie den Säugling durch tatsächliche Handanlegung oder durch bloße Unterlassung der nötigen Hilfeleistung getötet hatte; im ersten Fall drohten ihr zehn bis 20 Jahre, im zweiten Fall fünf bis zehn Jahre schwerer Kerker. Das Franziszeische Strafgesetzbuch kannte nämlich nach der Strenge einer Kerkerstrafe drei Abstufungen: Schwerster Kerker bezeichnete den dritten Härtegrad, bei dem die Verurteilte in Einzelhaft verwahrt wurde, wobei sie mit schweren Eisen an Händen und Füßen sowie mit einem eisernen Ring um den Leib gefesselt war. Nur alle zwei Tage sollte sie eine warme Speise, jedoch ohne Fleisch, erhalten, ihre sonstige Nahrung bestand nur aus Wasser und Brot. Ihr Lager bildeten bloße Bretter, Zusammenkünfte mit anderen Menschen waren ihr versagt. Lautete das Urteil hingegen auf eine schwere Kerkerstrafe, so wurde eine Kindsmörderin von der Gemeinschaft nicht abgesondert, sie mußte nur an den Füßen Eisen tragen und bekam jeden Tag eine warme, fleischlose Speise gereicht.[46]

3.7. STRAFGESETZBUCH 1852

1817 erhielt Franz Edler von Zeiller von Franz I. die Weisung, eine Umarbeitung des geltenden Strafgesetzbuches vorzunehmen. Diese Entwürfe, zu denen nach dem Tod Zeillers auch Sebastian Jenull maßgeblich beitrug, wurden in den nächsten 30 Jahren zwar eingehend beraten, aber letztlich nicht verabschiedet. 1850 griff man die Diskussion um ein neues Strafgesetzbuch erneut auf, wobei der Vorschlag von Anton von Hye überzeugte: Seine Grundlage sollte nach wie vor das Franziszeische Strafgesetzbuch bilden, das lediglich durch zwischenzeitlich erlassene Bestimmungen und erläuternde Hofdekrete zu ergänzen wäre. Am 27. Mai 1852 wurde das neue Strafgesetzbuch mit Patent kundgemacht, am 1. September 1852 trat es in Kraft.[47] Es beanspruchte Gültigkeit für das gesamte Staatsgebiet, also auch für die späteren Länder der ungarischen Krone; die sogenannte Militärgrenze war allerdings davon ausgenommen. Hinsichtlich des materiellen Rechts gab es kaum einschneidende Veränderungen zum Strafgesetzbuch des Jahres 1803.

---

46 Vgl. StGB 1803, 1. Teil, §§ 11-14 sowie H. Hoegel: Freiheitsstrafe, S. 18 f.

47 Das Strafgesetz über Verbrechen, Vergehen und Uebertretungen, die Strafgerichts-Kompetenz-Verordnungen und die Preßordnung vom 27. Mai 1852 für das Kaisertum Oesterreich. Wien 1852. Vgl. H. Hoegel: Geschichte des Österreichischen Strafrechtes, Bd 1, S. 95-97; M. Horrow: Grundriß des Österreichischen Strafrechts, S. 51 f.

Im 15. Hauptstück *„Von dem Morde und Totschlage"* des Strafgesetzbuches von 1852 findet sich unter § 139 auch das Delikt des Kindsmordes geregelt: *„Gegen eine Mutter, die ihr Kind bey der Geburt tötet, oder durch absichtliche Unterlassung des bei der Geburt nötigen Beistandes umkommen läßt, ist, wenn der Mord an einem ehelichen Kinde geschehen, lebenslanger schwerer Kerker zu verhängen. War das Kind unehelich, so hat im Falle der Tötung zehn- bis zwanzigjährige, wenn aber das Kind durch Unterlassung des nötigen Beistandes umkam, fünf- bis zehnjährige schwere Kerkerstrafe statt."* Die Bestimmung ist in ihrem Inhalt bis auf zwei Ausnahmen gleichlautend aus dem Franziszeischen Strafgesetzbuch übernommen worden. War 1803 eine verheiratete Kindsmörderin noch mit lebenslangem schwerstem Kerker bestraft worden, so drohte ihr von diesem Zeitpunkt an bloß lebenslanger schwerer Kerker. Diese Abschwächung ergab sich daraus, daß mit dem Strafgesetzbuch 1852 statt der bisher bestehenden drei Abstufungen der Strenge einer Kerkerstrafe generell nur mehr zwei Grade, nämlich *„Kerker"* und *„schwerer Kerker"*, vorgesehen waren.[48] Zum zweiten fehlt bei der Umschreibung des Tatbestandes der Tötung eines unehelichen Kindes durch Unterlassung des nötigen Beistandes der 1803 noch aufscheinende Zusatz, diese Handlung müsse *„absichtlich"* von der Mutter versäumt worden sein. Trotzdem kann nicht gefolgert werden, daß nunmehr auch eine fahrlässige Pflichtverletzung an einem Neugeborenen als Kindsmord verstanden werden konnte, setzte doch § 1 des Strafgesetzbuches unmißverständlich bösen Vorsatz für jedes Verbrechen voraus. Es ist daher nicht anzunehmen, daß diese Veränderung des Wortlauts Konsequenzen in der Rechtsprechung nach sich zog.[49]

Das Strafgesetzbuch von 1852 überdauerte den Bestand der Österreichisch-ungarischen Monarchie. Ungeachtet zahlreicher, schon im 19. Jahrhundert einsetzender Reformpläne und einiger Novellierungen blieb es bis zum Beginn des Jahres 1975 in Geltung. Erst mit den Reformen des Strafgesetzbuches vom 23. Jänner 1974 kam es auch zu einer Neuregelung des Deliktes des Kindsmordes.[50]

---

48 StGB 1852, § 14.

49 Auch H. Hoegel nimmt in keiner Weise auf diese Abweichung Bezug. Vgl. ders.: Geschichte des Österreichischen Strafrechtes, Bd 2, S. 242.

50 Bundesgesetz vom 23. Jänner 1974 über die mit gerichtlicher Strafe bedrohten Handlungen (Strafgesetzbuch - StGB), BGBl Nr. 60/1974. Im § 79 heißt es: *„Eine Mutter, die das Kind während der Geburt oder solange sie noch unter der Einwirkung des Geburtsvorgangs steht, tötet, ist mit Freiheitsstrafe von einem bis zu fünf Jahren zu bestrafen."*

4. ABGRENZUNG DES KINDSMORDES VON VERWANDTEN DELIKTEN

Wie ein Blick in die Appellationsgerichtsprotokolle der Jahre 1787 bis 1849 zeigt, war es für die Juristen der damaligen Zeit nicht immer einfach, einen bestehenden Sachverhalt eindeutig unter einen mehr oder weniger klar umrissenen Tatbestand des geltenden Strafgesetzbuches zu subsumieren. So bestanden zwischen den Delikten des Kindsmordes, der Kindesweglegung, der Abtreibung sowie des gemeinen Mordes bisweilen höchst unscharfe Grenzziehungen, ebenso erkennen wir zahlreiche Parallelen und Überschneidungen zwischen dem als Kriminalverbrechen aufgefaßten Kindsmord und der bloßen schweren Polizeiübertretung der verheimlichten Geburt mit Todesfolge für das Kind. Schließlich galt es auch, den Versuch einer Tat von ihrer wirklichen Vollbringung in irgendeiner Weise zu scheiden.

Im aufklärerischen Diskurs - etwa bei Joseph von Sonnenfels - wurden die einzelnen Tatbestände Kindsmord, Kindesweglegung und Abtreibung nicht immer eindeutig voneinander getrennt, da die Motivationen und der erzielte negative Erfolg ja vielfach übereinstimmten.[1] Wie wir bereits gehört haben, sah das Josephinische Strafgesetzbuch explizit keinen eigenen Passus für das Delikt des Kindsmordes vor, sondern begriff ihn als Verwandtenmord. Die unzureichende Beschreibung des Tatbestandes ließ die urteilenden Gerichte in ihrer Ratlosigkeit bisweilen auch auf verwandte Bereiche ausweichen. Die Tötung eines Kindes durch unterlassene Hilfeleistung bei der Entbindung konnte solcherart etwa als Kindesweglegung aufgefaßt werden; war eine Lebendgeburt zweifelhaft, griff man auf den Vorwurf der Abtreibung oder des Abtreibungsversuches zurück. Von einer einheitlichen Behandlung des Kindsmorddeliktes kann in dieser Zeitspanne nur mit Vorbehalt ausgegangen werden. Die folgende Darstellung berücksichtigt daher ausschließlich Beispielfälle aus der Anwendungsperiode des Franziszeischen Strafgesetzbuches, das einen eigenen Kindsmordparagraphen kannte. Auch hier konnten Zuordnungen zu einzelnen Bestimmungen bisweilen variieren und Interpretationen von gegebenen Sachverhalten und zugehörigen gesetzlichen Tatbeständen beträchtlich voneinander abweichen.

---

1 Vgl. dazu Dieter Kluge: „eyn noch nit lebendig kindt". Rechtshistorische Untersuchungen zum Abbruch der Schwangerschaft in den ersten drei Monaten der Entwicklung der Frucht auf der Grundlage der Carolina von 1532. Frankfurt/Main, Bern u. New York 1986. (= Europäische Hochschulschriften. II. 578.) S. 102.

4.1. KINDSMORD UND KINDSMORDVERSUCH

Das Franziszeische Strafgesetzbuch spricht in § 122 nur von einem vollbrachten Kindsmord; für den bloßen Versuch gibt es explizit keine Bestimmungen. Im ersten Hauptstück des Strafgesetzbuches wird jedoch allgemeingültig festgehalten, daß bereits jede versuchte Übeltat als Verbrechen gelte. Allerdings sollte sich die Tatsache, daß eine Ungesetzlichkeit nur intentiert, nicht aber vollends begangen wurde, als Milderungsumstand auf die auszusprechende Strafe auswirken, und zwar in dem Maße, in dem der Versuch noch von der Vollbringung des Verbrechens entfernt gewesen sei.[2]

Die Erstgerichte, aber auch das Appellationsgericht waren manchmal schlichtweg überfordert, diese Regelung erst aus einzelnen verstreuten gesetzlichen Bestimmungen zusammenzusuchen. Mit einer nicht zu verkennenden Verlegenheit standen sie dem Phänomen eines versuchten Kindsmordes und seiner Einordnung gegenüber. Sie überlegten etwa die Heranziehung des § 121, der sich mit dem versuchten Mord an einem Angehörigen der auf- oder absteigenden Linie auseinandersetzte. Nachdem sich aber bei näherer Betrachtung zeigte, daß nach Anwendung dieses Paragraphen das Strafmaß für einen Kindsmordversuch weit höher läge, als nach § 122 ein tatsächlich vollbrachter Kindsmord geahndet wurde, nahm man rasch wieder Abstand von dieser Art der Auslegung. 1814 bat das Obergericht in Klagenfurt sogar die „k. k. Hofkommission in Justiz-Gesetzsachen" in Wien um Aufschluß in dieser Angelegenheit; es konnte sich dabei den Hinweis auf die offenbare *„Mangelhaftigkeit des Gesetzes"* in diesem Punkt nicht verbeißen, was ihm neben der gewünschten Belehrung auch eine scharfe Rüge seitens der Zentralstelle wegen seiner Ungehörigkeit einbrachte.[3]

Die Richter vergaßen auch von Fall zu Fall, den nicht eingetretenen Erfolg einer Tat bei der Urteilsschöpfung entsprechend zu berücksichtigen. Es läßt sich nämlich durchwegs nicht erkennen, daß der Versuch eines Kindsmordes milder bestraft wurde als die vollkommene Ausführung der Tat: Hier wie dort waren Kerkerstrafen in der Dauer von fünf Jahren die Norm, so etwa bei Elisabeth Erhartin. Die 20jährige Dienstmagd aus dem Landgerichtsbezirk Seggau ob Leibnitz hatte ihren Sohn unmittelbar nach der Entbindung aus dem Fenster geworfen, um ihn dadurch zu töten. Der Sturz des Kindes wurde jedoch durch das Gesträuch an der Mauer gebremst, das Schreien des Säuglings alarmierte die Hausgemeinschaft, und der Knabe überlebte vollkommen unbeschadet. Nachdem ihn Elisabeth Erhartin in der Folge wieder *„froh zu sich genommen und an die Brust gelegt"*, starb er nach sechs

---

[2] StGB 1803, 1. Teil, §§ 7 und 40, lit. a.

[3] StLA, AG-Prot. 3937/1814. Auch ein Hofdekret vom 19. August 1814 setzt sich mit der Frage eines versuchten Kindsmordes auseinander. Vgl. H. Hoegel: Geschichte des Österreichischen Strafrechtes, Bd 2, S. 273.

Wochen eines natürlichen Todes. Trotzdem traf die Frau das Gesetz in seiner vollen Härte, und sie büßte für ihr Verbrechen fünf Jahre im Kerker.[4]

Nicht immer zeigte es sich allerdings so deutlich, daß ein gewaltsamer Übergriff der Mutter auf ihr Neugeborenes den gewünschten Erfolg tatsächlich verfehlt hatte. Verschied ein Kind wenige Tage oder gar Stunden nach der Entbindung, konnte oft nicht zweifelsfrei geklärt werden, ob der Tod nun durch Fremdeinwirkung hervorgerufen bzw. zumindest beschleunigt worden war oder ob er lediglich auf Zufall beruhte. Im ersteren Fall mußte ja genau genommen von Kindsmord gesprochen werden, während im letzteren nur der bloße Versuch in Anschlag kam. Der Sohn von Maria Wittenz überlebte es zwar, daß ihn seine Mutter nach der Geburt in den Abtritt warf, aus dem er von Knechten Minuten später gezogen wurde, neun Tage später starb das Kind trotzdem an *„Schwäche"*. Dieser Zustand konnte unter Umständen mit dem seinerzeitigen Sturz in kausalem Zusammenhang stehen, nachweisen ließ sich das mit den damaligen medizinischen Kenntnissen jedoch nicht. Wegen versuchten Kindsmordes konnte Maria Wittenz freilich in jedem Fall verurteilt werden.[5]

Hierin sahen übrigens findige Richter eine Möglichkeit, die Angeklagte auch dann eines Verbrechens schuldig zu erkennen, wenn nach dem Befund der ärztlichen Sachverständigen Zweifel an einer durch die Hand der Mutter erfolgten Kindestötung entstanden. Gab die vor Gericht stehende Frau ihren bösen Vorsatz zu, so reichte dieses Eingeständnis allemal für einen versuchten Kindsmord, auch wenn der Tod des Neugeborenen letztendlich auf andere Ursachen zurückzuführen war. Hinsichtlich des Sohnes von Maria Prach erklärten die Ärzte unmißverständlich, daß der Knabe nur aufgrund innerer Blutungen sein Leben lassen mußte, da die Nabelschnur aus natürlicher Ursache - durch das Herabfallen bei der Geburt - innerhalb des sogenannten Darmfells zerrissen war. Die Frau trug also am Tod ihres Kindes de facto keinerlei Schuld. Trotzdem wurde die Dienstmagd wegen versuchten Kindsmordes zu zwei Jahren schweren Kerkers verurteilt, weil sie letztendlich dem Landgericht Oberrohitsch/Rogatec eingestand, die Beseitigung ihres Neugeborenen im Sinne gehabt zu haben.[6]

Zu einer ähnlichen Auslegung der Gesetze nahm das Appellationsgericht Zuflucht, als es um die Überführung von Maria Knauder ging. Die Kärntnerin brachte im sechsten Monat ihrer Schwangerschaft ein lebendes Kind zur Welt, dem sie gleich darauf das Genick brach. Nachdem die beigezogenen Mediziner jedoch bezweifelten, daß das Neugeborene wegen seiner Unreife überhaupt in der Lage gewesen wäre, selbst bei entsprechender Fürsorge und Pflege längerfristig zu überleben, standen die Juristen vor einem Dilemma: War

---

[4] StLA, AG-Prot. 7142/1804.

[5] StLA, AG-Prot. 9740/1823.

[6] StLA, AG-Prot. 7385/1824.

die Lebensfähigkeit eines Kindes eine unabdingbare Voraussetzung dafür, um nach § 122 von einem Kindsmord sprechen zu können? Das Appellationsgericht entschied positiv, wobei es sich unter anderem an den Grundsätzen des Allgemeinen Bürgerlichen Gesetzbuches orientierte. Da Maria Knauder aber im konkreten Fall nicht nur bösen Vorsatz gezeigt, sondern diesen auch in die Tat umgesetzt hatte, und es dem Objekt nur zufällig durch seine zu frühe Geburt an Rechtsfähigkeit mangelte, wollte man die Frau immerhin eines versuchten Kindsmordes als schuldig erkennen. Sie wurde für ihre Tat schließlich zu fünf Jahren schweren Kerkers verurteilt.[7]

Was im übrigen mit den Kindern geschah, die einen versuchten Mordanschlag überlebten, darüber sind wir leider nur unzureichend informiert. Zum Teil wurden sie öffentlichen Versorgungseinrichtungen, etwa dem Findelhaus oder dem Spital, übergeben, zum Teil beließ man sie aber auch bei ihren Müttern. Den Sohn von Maria Wittenz nährte beispielsweise die ersten zwei Tage eine Amme, dann nahm ihn seine Mutter zu sich, die ihn - obwohl in Kriminaluntersuchung stehend - bis zu seinem Tod in ihrem Elternhaus pflegte.[8] Ein großer Vertrauensbeweis an eine Frau, die erst kurz zuvor versucht hatte, ihrem Kind das Leben zu nehmen.

4.2. KINDSMORD UND GEMEINER MORD

Als sogenannten gemeinen Mord bezeichnete man im Franziszeischen Strafgesetzbuch ein Mordverbrechen, das - im Gegensatz zu Meuchelmord, Raubmord oder bestelltem Mord - durch keine erschwerenden Tatumstände belastet war.[9] Abgesehen von rein terminologischen Unschärfen[10] gab es Abgrenzungsprobleme zwischen dem Delikt des Kindsmordes und dem des gemeinen Mordes vor allem hinsichtlich der Frage, bis zu welcher Zeitspanne nach der Geburt sich die günstigere Anwendung des § 122 erstrecken sollte bzw. ab wann bereits ein Mord an einem Verwandten der absteigenden Linie vorlag. Der Gesetzgeber sprach nur allgemein von der Tötung oder Unterlassung des nötigen Beistandes *„bey der Geburt"*, ohne genau zu definieren, wie lange er nun die besondere Rücksichtnahme aufgrund der physischen und psychischen Ausnahmesitution einer Frau im Zuge einer Entbindung für gegeben hielt. Eine besonders großzügige Auslegung dieser Be-

---

7 StLA, AG-Prot. 10292/1823.

8 StLA, AG-Prot. 9740/1823.

9 StGB 1803, 1. Teil, §§ 118, 119. Jeder vollbrachte Mord wurde - zumindest streng nach den Buchstaben des Gesetzes - mit dem Tode bestraft.

10 Vgl. beispielsweise AG-Prot. 6119/1816; AG-Prot. 2937/1822; AG-Prot. 9452/1825; AG-Prot. 11590/1827. Obwohl hier eindeutig § 118 als Urteilsgrundlage herangezogen wurde, fällt immer wieder die unrichtige Bezeichnung „Kindsmord".

stimmung nahm 1815 der Magistrat der Stadt Cilli vor: Die 23jährige Maria Tomasin ertränkte ihren 48 Tage alten Sohn Georg, da sie Angst hatte, wegen seines ständigen Schreiens ihren Dienst zu verlieren und völlig mittellos auf der Straße zu stehen. Das Erstgericht verurteilte die Frau nach dem § 122 als Kindsmörderin, *„denn es sey durch diesen die Zeit unbestimmt, wie lang das Kind nach der Geburt gelebt haben müsse. Das nagende Besorgnis für das eigene und des Kindes Schicksal, bange Furcht vor Schande und Verachtung, vor Mißhandlung und bittern Vorwürfen der Angehörigen seyen jene Gründe, welche bey ehelosen Müttern in Erwägung gezogen und zur Milderung der Strafbarkeit der Tat angewendet werden sollen."* Das Appellationsgericht korrigierte diese Rechtsmeinung allerdings unverzüglich und verwies darauf, daß einer Kindesmutter nur dann eine Sonderbehandlung zugestanden werden durfte, wenn man annehmen konnte, daß zur Tatzeit ihre Zurechnungsfähigkeit durch die Geburtsschmerzen noch erheblich vermindert war.[11]

Lagen die Verhältnisse in diesem Fall noch relativ eindeutig, so sorgte Maria Glatz mit der Tötung ihres Sohnes schon für mehr Diskussionen. Die Frau gebar unter freiem Himmel, fiel danach für drei oder vier Stunden in Bewußtlosigkeit, bis sie ihr noch lebendes Kind in einem Teich ertränkte. Der Mord geschah also nicht unmittelbar nach der Entbindung, doch befand sich die Frau kurz nach dem Erwachen aus ihrer Ohnmacht möglicherweise noch - wie sie vor Gericht behauptete - in einem Zustand extremer körperlicher Schwäche und geistiger Zerrüttung. Das Appellationsgericht sah sich daher berechtigt, den Tatbestand des Kindsmordes anzunehmen. Es interpretierte den Gesetzgeber dahingehend, daß die Kriminalgerichte aufgrund der fehlenden Bestimmungen des § 122 unabhängig des Faktors Zeit fakultativ selbst von Fall zu Fall entscheiden sollten, ob die durch diesen Passus intentierten Milderungsgründe für eine Kindesmutter gerechtfertigt schienen oder nicht.[12]

Freilich konnte es zu anderen Zeiten und bei anderer Zusammensetzung des Appellationsgerichtshofes wiederum zu differenten Auslegungen der gesetzlichen Bestimmungen kommen. So äußerte man beim Strafprozeß gegen Ursula Sternad Bedenken, ob ihre Tat nicht schon einen gemeinen Mord darstelle, da die Tötung ihres Kindes erst *„eine kleine Viertlstunde nach der Geburt erfolgte"*, als sie sich von den Geburtsschmerzen schon etwas erholt haben mußte. Die Frau wurde letztendlich aber doch als Kindsmörderin verurteilt. Das Obergericht argumentierte, indem der § 122 neben der tatsächlichen Handanlegung an ein Neugeborenes auch die Tötung durch Unterlassung des nötigen Beistandes einschließe und letzteres das Verstreichen einer gewissen Zeitspanne voraussetze, müßte sich

---

11 StLA, AG-Prot. 7031/1815.
12 StLA, AG-Prot. 6287/1821.

die Toleranzgrenze für die Qualifizierung eines Deliktes als Kindsmord in jedem Fall auf zumindest mehrere Minuten bis nach der Geburt erstrecken.[13]

Wir begegnen auch der Überlegung, ob ein Kindsmord, so ihn die Mutter bereits während ihrer Schwangerschaft geplant hatte, nicht als gemeiner Mord angesehen werden könnte, da der Entschluß zur Straftat nicht während der Extremsituation einer Geburt, sondern noch in einer Zeit reifer Überlegung gefaßt worden sei.[14] Diese Anschauung konnte sich aber ebensowenig durchsetzen wie der etwas abstruse Gedankengang eines anderen Referenten des Appellationsgerichtes: Aus der Tatsache, daß der neugeborene Knabe von Maria Wittenz den Anschlag seiner Mutter überlebte und erst neun Tage darauf verstarb, wollte er den Tatbestand des gemeinen Mordes begründet sehen. Da der Erfolg der Handlung - also der Tod des Kindes - lange nach dem Zeitpunkt der Geburt eintrat, glaubte er sich zu einer solchen Schlußfolgerung berechtigt.[15] Der § 122 des Strafgesetzbuches bezog sich aber eindeutig auf den Augenblick der Handlung; wann diese nun Folgen zeigte, war sekundär.

Allgemein läßt sich festhalten, daß in Zweifelsfällen von den Gerichten eigentlich immer eine für die Kindesmutter günstigere Position eingenommen wurde. Man war eher geneigt, ihr eine herabgesetzte Urteilsfähigkeit zuzubilligen, als sie in voller Härte für einen gemeinen Mord zur Verantwortung zu ziehen.

4.3. KINDSMORD UND ABTREIBUNG

Während der § 122 des Franziszeischen Strafgesetzbuches von der Tötung eines Kindes während oder nach der Geburt spricht, nimmt der Wortlaut des § 128 auf den Zeitraum davor Bezug: *„Eine Weibsperson, welche absichtlich was immer für eine Handlung unternimmt, wodurch die Abtreibung ihrer Leibesfrucht verursachet oder ihre Entbindung auf solche Art, daß das Kind tot zur Welt kommt, bewirket wird, macht sich eines Verbrechens schuldig.“*[16] Der Unterschied zwischen den beiden Delikten lag also darin, daß im Falle eines Kindsmordes die Geburt eines lebenden bzw. in weiterer Folge auch lebensfähigen Kindes vorausgesetzt wurde; eine Abtreibung zielte hingegen darauf, den Fötus bereits im Mutterleib abzutöten. Berührungspunkte zwischen den beiden Tatbeständen waren also unvermeidbar, insbesondere wenn eine angeklagte Kindsmörderin einen nicht bis zur vol-

13 StLA, AG-Prot. 2126/1820. Vgl. auch AG-Prot. 1882/1816.
14 StLA, AG-Prot. 1882/1816.
15 StLA, AG-Prot. 9740/1823.
16 StGB 1803, 1. Teil, §§ 128, 129. Als Strafmaß für einen bloßen Abtreibungsversuch der eigenen Leibesfrucht war Kerker zwischen sechs Monaten und einem Jahr vorgesehen; für eine erfolgreiche Abtreibung drohte schwerer Kerker zwischen einem und fünf Jahren.

len Reife ausgetragenen Säugling zur Welt gebracht hatte. Aufgrund der Erfahrungen der Gerichtsmedizin gelangte man in der Mitte des 18. Jahrhunderts zur Überzeugung, daß eine Frucht, die vor dem siebenten Monat einer Schwangerschaft abgehe, „unzeitig" und nicht lebensfähig sei. Ein Kind, das hingegen zwischen sieben und neun Monaten ausgetragen war, bezeichneten die Ärzte als „frühzeitige Geburt", der durchaus Überlebenschancen eingeräumt wurden.[17] Es stellte sich in weiterer Folge die Frage, ob ein solches Kind lediglich zufällig zu früh geboren wurde und anschließend - möglicherweise durch Übergriffe seiner Mutter - starb oder ob die inkriminierte Frau nicht vielleicht schon während ihrer Schwangerschaft verschiedene auf die Abtreibung der Leibesfrucht zielende Handlungen unternommen hatte, die letztendlich auch eine - wie von den Beschuldigten ja häufig vorgeschützte - Totgeburt oder eine notwendig zum Tode führende Schwächung des kindlichen Organismus hervorriefen.[18] Dem Gutachten der Mediziner, die anhand des Obduktionsbefundes eine Entscheidung über das tatsächliche Leben und Atmen eines Kindes außerhalb des Mutterleibes zu treffen hatten, kam damit überaus große Bedeutung zu.

Maria Bratschitsch wurde nach dem anfänglich geäußerten Verdacht eines Kindsmordes vom Appellationsgericht hinsichtlich der Abtreibung ihrer Leibesfrucht belangt. Der beigezogene Bezirksarzt von Negau/Negova stellte nämlich unmißverständlich fest, daß die aufgefundenen skelettierten Überreste der Kindesleiche *„ein bloses Gerippe einer unzeitigen Leibesfrucht, somit nur ein foetus war, an dem schon an und für sich um so minder ein Mord verübet werden kann, als zur rechtlichen Anschuldigung eines Kindesmords erhoben vorliegen muß, daß das Kind lebensfähig gewesen ist oder wirklich gelebet habe"*.[19]

Wir erinnern uns, daß in einem anderen Fall bei genau gleicher Sachlage und gleicher Begründung, übrigens nur knapp eineinhalb Monate vor dem Urteilsspruch gegen Maria Bratschitsch, die damals angeklagte Frau - Maria Knauder - vom Obergericht in Klagenfurt nicht wegen Abtreibung, sondern wegen versuchten Kindsmordes zur Verantwortung gezogen wurde![20] Auch bei der Untersteirerin Johanna Pucher waren sich die untersuchenden Gerichte gar nicht sicher, welche gesetzliche Regelung nun auf die Beschuldigte anzuwenden sei. Einerseits hatte die Frau gestanden, während ihrer Schwangerschaft verschiedene Kräuter, angeblich aber nur zu Heilzwecken, zu sich genommen und in der Folge tatsächlich verfrüht geboren zu haben; andererseits ging die Diagnose der Ärzte nach der vorge-

---

17 Vgl. D. Kluge: „eyn noch nit lebendig kindt", S. 100-107.

18 Zur Diskussion über die Abgrenzung dieser Deliktstatbestände vgl. F. Hartl: Wiener Kriminalgericht, S. 53.

19 StLA, AG-Prot. 12081/1823. Vgl. dazu auch den Strafprozeß gegen Maria Handlin bzw. gegen Maria Tscherschetsch *„wegen Verdacht des Kindsmordes oder Abtreibung der Leibesfrucht"*: AG-Prot. 6642/1820; AG-Prot. 6287/1823.

20 StLA, AG-Prot. 10292/1823.

nommenen Sezierung der Leiche dahin, daß das Kind bei der Geburt zwar noch gelebt, allerdings nur unvollkommen geatmet hatte und gleich darauf verstorben war.[21]

Wir haben damit ein Beispiel vor Augen, in dem die Angeklagte entweder aufgrund einer versuchten Abtreibung nach § 129 oder aber als vermeintliche Kindsmörderin vor Gericht gestellt werden konnte. Es bestand ja die Möglichkeit, daß die Frau mit ihren unternommenen Anstrengungen, ihre Schwangerschaft abzubrechen, das Kind im Mutterleib derart geschädigt und geschwächt hatte, daß dieses nicht in der Lage war, die Strapazen der Geburt auf längere Zeit hindurch zu überleben. Zugleich tauchte aber stets die Frage auf, ob das Neugeborene bei sofortiger entsprechender Pflege durch die Mutter nicht doch gerettet hätte werden können und dieser daher die unterlassene Hilfeleistung bei der Geburt anzulasten sei. So lag der Fall etwa bei Elisabeth Krausin, einer 20jährigen Bauernmagd aus dem Landgericht Glanegg in Kärnten. Sie brachte im fünften Monat ihrer Schwangerschaft ein lebendes Mädchen zur Welt, das jedoch nach wenigen Atemzügen - und wie die Angeklagte beteuerte, ohne ihr mindestes Zutun - verstarb. Die Sachverständigen erklärten übereinstimmend, daß ein Kind solchen Alters zwar kurzzeitig zu atmen und zu existieren vermöge, längerfristig aber keinerlei Chance zum Überleben besitze. Nachdem man Elisabeth Krausin keine auf die Abtreibung der Leibesfrucht gerichteten Handlungen beweisen konnte, beschuldigte man sie des Kindsmordes. In Anbetracht der Beweislage wurde sie jedoch „*ab instantia*" losgesprochen.[22] Wir sehen also, daß selbst ein noch so deutlich formulierter Tatbestand bei nicht ausreichendem Wissen um den eigentlichen Sachverhalt keine Hilfe brachte.

4.4. KINDSMORD UND KINDESWEGLEGUNG

Das 18. Hauptstück des Franziszeischen Strafgesetzbuches setzt sich mit dem Verbrechen der Kindesweglegung auseinander. In einer allgemeinen Definition heißt es dazu: „*Wer ein Kind in einem Alter, da es zur Rettung seines Lebens sich selbst Hülfe zu verschaffen unvermögend ist, wegleget, um dasselbe der Gefahr des Todes auszusetzen oder auch nur, um seine Rettung dem Zufalle zu überlassen, begeht ein Verbrechen, was immer für eine Ursache ihn dazu bewogen habe.*" Der Gesetzgeber differenzierte in der Folge noch genauer, ob die Aussetzung an einem unwegsamen und kaum besuchten Ort geschah oder ob das Kind so verwahrt war, daß es innerhalb kürzester Zeit von anderen Personen bemerkt werden mußte und ihm währenddessen aller Wahrscheinlichkeit nach kein Unglück geschehen

---

[21] StLA, AG-Prot. 7730/1836.
[22] StLA, AG-Prot. 7831/1807.

konnte. Starb das Kind in Folge der Weglegung, zog das natürlich entsprechend strengere Strafen nach sich.[23] Gemessen an den partiellen Übereinstimmungen mit den Tatbeständen anderer Verbrechensarten kam es zwischen den Delikten des Kindsmordes und der Kindesweglegung bei weitem am häufigsten zu Berührungspunkten. Wurde nämlich ein Säugling unmittelbar nach der Geburt von seiner Mutter verlassen, ohne ihn vorher entsprechend zu versorgen, stellte sich die für die Gerichte nur schwer zu beantwortende Frage, ob sich die Frau damit eines - versuchten oder tatsächlichen - Kindsmordes oder aber einer Kindesweglegung schuldig gemacht hatte. Wir müssen bei einem Blick in die Appellationsgerichtsprotokolle feststellen, daß es hier durchaus keine eindeutige Rechtsmeinung gab.

Nehmen wir nur den Fall der vom Stadtmagistrat Graz 1811 verhafteten Tagwerkerin Maria Wallnerin. Sie hatte an einem Sommertag bei der Arbeit auf einem Maisacker am Ruckerlberg ein lebendes Mädchen geboren, ihm angeblich aus Unkenntnis die Nabelschnur nicht unterbunden und das Kind in der Meinung, daß es ohnehin schon bemerkt worden sei, am Boden liegen gelassen. Doch erst Stunden später entdeckte man den Säugling, der bald darauf wegen des erlittenen Blutverlustes starb. Maria Wallnerin wurde in der Folge sowohl vom Erst- als auch vom Obergericht in Klagenfurt ohne weitere Diskussion als Kindsmörderin verurteilt, anfangs gar zu fünf, später zu drei Jahren schweren Kerkers.[24] Einen ganz anderen Ausgang nahm die Sache für Barbara Karnescha, eine 30jährige Keuschlerin aus Cilli. In einer ehebrecherischen Beziehung geschwängert, entband sie heimlich in einer Streuhütte. Die Frau verscharrte das Kind im Laub und ließ es so - Ende November - in der kalten Hütte liegen, ohne sich weiter darum zu kümmern. Obwohl Barbara Karnescha dem Gericht frei heraus ihre Absicht bekannte, das Neugeborene zugrunde gehen zu lassen und ihm daher die Nabelschnur vorsätzlich nicht unterbunden zu haben, sah das Appellationsgericht nicht den Tatbestand des Kindsmordes, sondern nur jenen der Kindesweglegung gegeben. Da der Säugling überdies zufällig von einer Nachbarin noch lebend angetroffen wurde, lautete die über Barbara Karnescha ausgesprochene Strafe überhaupt nur auf sechs Monate schweren Kerkers.[25]

Derartige Ungereimtheiten sind keine Seltenheit. Obgleich sowohl Maria Gullich als auch Maria Prutsch ihre Kinder unmittelbar nach der Geburt unter freiem Himmel in der Erde vergruben bzw. mit Sand bedeckten und beide Säuglinge diesen Anschlag überlebten, wurde erstere wegen versuchten Kindsmordes belangt, letztere jedoch einer Kindeswegle-

---

[23] StGB 1803, 1. Teil, §§ 133-135. Als Mindeststrafe für eine Kindesweglegung ohne erschwerende Umstände waren sechs Monate Kerker festgesetzt. Starb das Kind jedoch in Folge einer sogenannten gefährlichen Weglegung, konnte das Höchstmaß zehn Jahre schwerer Kerker betragen.

[24] StLA, AG-Prot. 1417/1812. Näheres zu diesem Fall vgl. Elke Hammer: „Weil ich in meiner Verzweiflung nirgends hin wußte...". Grazer Kindsmörderinnen im ausgehenden 18. und beginnenden 19. Jahrhundert. In: Historisches Jahrbuch der Stadt Graz 26 (1996), S. 146-150.

[25] StLA, AG-Prot. 2122/1819.

gung angeklagt.[26] Die Magd Maria Mutz hatte ihren neugeborenen Sohn ohne jede Hilfeleistung vor dem Haus ihres Dienstgebers im Schnee liegen gelassen; ihre Tat wurde als Kindsmord aufgefaßt. Als Anna Vertitsch ihr Kind nach der Entbindung ebenfalls an einem eisigen Jännermorgen auf dem mit Schnee bedeckten Boden einer Futterkammer verließ, sah man dadurch nur eine gefährliche Kindesweglegung begründet.[27]

Im allgemeinen tendierten die Gerichte aber dazu, eine Angeklagte bei unklarer Sachlage eher nach § 133, also wegen Kindesweglegung, als nach § 122 abzuurteilen. Die Ursache lag zum Teil ganz einfach darin, daß der Nachweis der Aussetzung eines Neugeborenen nicht schwer zu erbringen war. Problematischer wurde es hier schon, die Angeklagte der Absicht zu überführen, daß ihre Handlungsweise darauf ausgerichtet war, den Tod ihres Kindes zu bewirken. Nachdem nun das Strafmaß für beide Tatbestände im wesentlichen übereinstimmte - sowohl eine sogenannte gefährliche Kindesweglegung mit Todesfolge als auch ein Kindsmord durch unterlassene Hilfeleistung wurden mit schwerem Kerker zwischen fünf und zehn Jahren geahndet - wählten die Rechtsprecher wohl lieber jenen Weg, der eine Verurteilung der Täterin sicherer erscheinen ließ. Boten sich als Alternativen Kindesweglegung oder Kindsmordversuch an, so stieg eine verurteilte Täterin im ersteren Fall natürlich günstiger aus. Während nach den §§ 134 und 135 lediglich schwere Kerkerstrafen von sechs Monaten bis maximal fünf Jahren drohten, wurde - wie wir bereits gehört haben - der Versuch eines Kindsmordes mit gleicher Strenge geahndet wie seine tatsächliche Vollbringung.

4.5. KINDSMORD UND VERHEIMLICHUNG DER GEBURT

Das Franziszeische Strafgesetzbuch setzt sich in seinem zweiten Teil mit den schweren Polizeiübertretungen auseinander. Diese wurden von den jeweiligen politischen Behörden eines Bezirkes geahndet. Wies die Sachlage zweifelhafte Umstände auf oder faßte man ein Urteil, das ein bestimmtes Strafmaß über- oder unterschritt, so mußten die Akten dem zuständigen Kreisamt bzw. in weiterer Folge der Landesstelle zur Bestätigung vorgelegt werden.[28] Kriminal- oder Appellationsgerichten kam innerhalb dieses Instanzenzuges keinerlei Funktion zu.

Im achten Hauptstück des zweiten Teils des Franziszeischen Strafgesetzbuches, das die schweren Polizeiübertretungen gegen die Sicherheit des Lebens behandelt, finden wir unter § 94 die sogenannnte Verheimlichung der Geburt aufgelistet. Eine unehelich ge-

26 StLA, AG-Prot. 2283/1847; AG-Prot. 5972/1820.
27 StLA, AG-Prot. 296/1817; AG-Prot. 10987/1836.
28 StGB 1803, 2. Teil, §§ 400-406.

schwängerte Frau war demnach verpflichtet, zu ihrer Entbindung eine Hebamme, einen Geburtshelfer oder zumindest eine Frau, die allgemeines Vertrauen genoß, zur Hilfe herbeizurufen. „*Wäre sie aber von der Niederkunft übereilet oder Beystand zu rufen gehindert worden, und sie hätte entweder eine Fehlgeburt getan oder das lebendig geborne Kind wäre binnen 24 Stunden von Zeit der Geburt an gestorben; so ist sie verbunden, einer zur Geburtshülfe berechtigten oder, wo eine solche nicht zur Hand ist, einer obrigkeitlichen Person von ihrer Niederkunft die Anzeige zu machen und derselben die unzeitige Geburt oder das tote Kind vorzuzeigen.*" Zuwiderhandeln dieser Bestimmung wurde mit strengem Arrest von mindestens drei bis maximal sechs Monaten bestraft.[29]

Wie wir noch hören werden, setzte praktisch jeder Kindsmord die Verschweigung der herannahenden bzw. erfolgten Entbindung voraus. Erhielt die Obrigkeit daher Kenntnis von einer verheimlichten Geburt, dann prüfte sie in erster Linie, ob nicht überhaupt ein Kriminalverbrechen vorlag. Wurde die Beschuldigte tatsächlich eines Kindsmordes überführt, schloß das natürlich eine parallel laufende Anklage wegen der schweren Polizeiübertretung aus. Konnte der Beweis allerdings nicht erbracht werden, daß die Mutter ihr lebend geborenes Kind mit Vorbedacht ums Leben kommen ließ, so durfte sie nicht als Verbrecherin verurteilt werden. Der Sachverhalt der verheimlichten Geburt blieb aber nach wie vor bestehen, sodaß sich die Frau zumindest wegen § 94 des zweiten Teils des Strafgesetzbuches - in diesem Fall sozusagen als Auffangtatbestand zu betrachten - vor der Bezirksobrigkeit zu verantworten hatte.

Die obersteirische Bauernmagd Katharina Zettler gebar beispielsweise in der Nacht vom 27. auf den 28. Juni 1816 ohne Beihilfe in ihrer Kammer. Sie beteuerte der Bezirksherrschaft Aflenz, ohne ihr Verschulden ein totes Mädchen zur Welt gebracht zu haben, das sie in der Folge im Hofe ihrer Dienstgeber vergrub. Da die Leiche des Kindes durch Tierfraß stark verstümmelt war, sahen sich die Sachverständigen außerstande, ein Urteil über dessen Lebend- oder Totgeburt abzugeben. Die Bezirksobrigkeit faßte daher mit 31. Juli 1816 den Beschluß, Katharina Zettler wegen der schweren Polizeiübertretung der verheimlichten Geburt zu einem Monat strengen Arrest, verschärft mit je 10 Rutenstreichen zu Beginn, am Ende sowie in jeder Woche ihrer Strafzeit, zu verurteilen. Das Brucker Kreisamt hielt die Frau nach dem Studium der Akten jedoch eines Kindsmordes für verdächtig, worauf die Angeklagte dem Landgericht Wieden übergeben und der Kriminalprozeß gegen sie eingeleitet wurde. Während der rund ein halbes Jahr dauernden Untersuchung konnten aber keine neuen Beweise gefunden werden, sodaß letztendlich das Appellationsgericht Katharina Zettler von dem ihr angeschuldeten Verbrechen „ab instantia" lossprechen mußte. Die Frau wurde nun abermals vor die Bezirksherrschaft Aflenz gestellt, wo man am 3. Mai 1817 - also mehr als neun Monate nach dem ersten Urteilsspruch - zum zweitenmal

[29] StGB 1803, 2. Teil, §§ 94, 95.

über ihre Strafe hinsichtlich der verheimlichten Entbindung befand. In Anbetracht der langen Untersuchungshaft zeigte sich die politische Behörde bereit, die Dauer des verhängten Arrestes auf acht Tage herabzusetzen, verschärft allerdings durch zehn Rutenstreiche. Die Bezirksobrigkeit hatte also mit ihrer Einschätzung der Sachlage Recht behalten; freilich nur ein geringer Trost für Katharina Zettler, der dadurch ein dreiviertel Jahr Haft nicht erspart geblieben war.[30]

Wir sehen also, daß die beiden Delikte Kindsmord bzw. Verheimlichung der Geburt juristisch zueinander in Konkurrenz standen: Sie konnten nicht gleichzeitig verfolgt werden, die schwere Polizeiübertretung war dem Verbrechen vielmehr nachgereiht. Nur wenn zweifelsfrei geklärt schien, daß kein Kindsmord vorlag, durfte an die Verfolgung des in Relation geringfügigeren Vergehens geschritten werden. Nach der Auslegung des Appellationsgerichtes war es aber durchaus möglich, daß eine Mutter zwar in den Ruf eines Kindsmordes geriet und auch ihre unmittelbare Entbindung verschwieg, trotzdem aber nicht einmal einer schweren Polizeiübertretung für schuldig erkannt werden konnte. Anna Derschei wurde beispielsweise im Freien von den Wehen überrascht; sie brachte ein angeblich totes Kind zur Welt, wickelte es in ein Leintuch und verbarg es in einem Strohhaufen, neben dem sie schließlich ohnmächtig niedersank. Als ihre Dienstfrau und eine Hebamme Anna Derschei nach zwei Stunden fanden, leugnete sie auf Befragen die stattgefundene Geburt und versuchte vielmehr, die beiden an der Suche nach dem Leichnam zu hindern. Die Beweislage reichte nicht aus, die Frau eines Kindsmordes zu überführen, aber auch wegen Verheimlichung der Geburt glaubte sie der Referent des Appellationsgerichtes nicht verurteilen zu können: Er meinte nämlich, sie hätte nach buchstäblicher Anwendung des § 94 ja noch immer mehrere Stunden Zeit gehabt, um der Obrigkeit den Tod ihres Kindes anzuzeigen. Erst nach der ohne entsprechende Meldung verstrichenen Frist von 24 Stunden treffe auf eine ohne Hilfe entbundene Wöchnerin tatsächlich der Vorwurf einer verschwiegenen Entbindung zu.[31] Zeitgenössische Interpreten des Strafgesetzes gehen auf eine solche Rechtsmeinung allerdings nicht näher ein.[32]

---

30 StLA, AG-Prot. 1948/1817; Aflenz, Herrschafts- und Marktarchiv, Sch. 11, H. 89: Strafsachen 1784-1835. Bernhard Gassler nimmt diesen Fall in seine Studie über steirische Kriminalität ebenfalls auf. Er präsentiert allerdings nicht das Endurteil des Strafprozesses, sondern nur ein nicht relevantes Teilurteil. Vgl. ders.: Gauner und kriminelle Unterschichten. Eine sozialhistorische Betrachtung der Kriminalität in der Steiermark vom Zeitalter der Aufklärung bis zum Jahre 1848. Graz, Phil. Diss. 1986, S. 124 f.; ders.: Gauner und kriminelle Unterschichten. Zusammenhänge zwischen sozialer Herkunft, Beruf und Kriminalität in der vormärzlichen Steiermark. In: ZHVSt 79 (1988), S. 253.

31 StLA, AG-Prot. 12163/1822.

32 Vgl. Joseph Kudler: Erklärung des Strafgesetzes über schwere Polizey=Uebertretungen, mit Berücksichtigung der auf dasselbe sich beziehenden, später erlassenen Gesetze und Erläuterungen. Bd 1: Von schweren Polizey=Uebertretungen und deren Bestrafung. 3., verm. u. verb. Aufl. Wien 1831, S. 216-222.

Es kam nicht oft vor, daß eine Kindesmutter nur wegen der schweren Polizeiübertretung der Verheimlichung der Geburt behördlich untersucht und das Verbrechen eines Kindsmordes als Eventualität dabei nicht in Betracht gezogen wurde. Am ehesten war das der Fall, wenn die zur Welt gebrachte Leibesfrucht erwiesenermaßen unreif und nicht lebensfähig gewesen war. Die Magd Magdalena Offner hatte beispielsweise im fünften Monat ihrer Schwangerschaft einen Abortus erlitten; sie verscharrte den Fötus auf dem Dunghaufen, wurde aber schon wenige Stunden später von ihrer Dienstfrau über die aufgefundenen Spuren der Geburt zur Rede gestellt. Der Magistrat Fürstenfeld verurteilte sie nach § 95 zu vier Monaten strengem Arrest. Ganz ähnlich lagen auch die Verhältnisse bei Maria Fuchsin. In ihrem Fall schlug der Stadtmagistrat sogar vor, ein Gesuch bei der Landesstelle in Graz um eine außerordentliche Herabsetzung der gesetzlichen Mindeststrafe von drei Monaten Arrest auf sechs Wochen zu stellen.[33] Grundsätzlich kann überhaupt davon ausgegangen werden, daß eine Kindesmutter, die einer schweren Polizeiübertretung der verheimlichten Geburt für schuldig erkannt wurde, mit einer Strafe davonkam, die eher an der Untergrenze des Strafrahmens angesiedelt war bzw. selbst diesen noch unterschritt. Wir müssen uns dabei aber stets vor Augen halten, daß diesem Arrest unter Umständen eine bereits ausgestandene mehrmonatige Untersuchungshaft, die in der Regel nicht angerechnet wurde, vorausgehen konnte.

[33] StLA, Bezirksgericht Fürstenfeld, Fasz. 10: Polizeiübertretungen bis 1850.

5. VIER KINDSMORDPROZESSE AUS INNER-ÖSTERREICH

Anhand von je einem Fallbeispiel aus der Steiermark, aus dem Küstenland, aus Kärnten und aus Krain sollen zum einen typische Charakteristika, die im Verlauf eines Kindsmordprozesses immer wieder zutage treten, augenscheinlich gemacht werden. Über diesen zweifellos wiederkehrenden Schemata dürfen allerdings die spezifischen Eigenheiten jedes einzelnen Kriminalfalls nicht übersehen werden, die von der teilweise unterschiedlichen Situation in den innerösterreichischen Ländern, vor allem aber von der Person der Täterin geprägt sind. Hinter jeder Anklage wegen Kindsmordes steht ein menschliches Schicksal, das trotz vieler Gemeinsamkeiten mit anderen einmalig und unverwechselbar ist. Es darf nicht in der bloßen Statistik verschwinden, sondern verdient, mitgeteilt zu werden. Um die Vergleichbarkeit der folgenden Darstellung zu gewährleisten, fiel die Wahl auf vier Kriminaluntersuchungen, die alle innerhalb einer kurzen Zeitspanne von vier Jahren, nämlich von 1820 bis 1824, vor das Appellationsgericht in Klagenfurt gebracht wurden.

5.1. MARIA GRUBER AUS KÄRNTEN (1820)

Maria Gruber war die uneheliche Tochter von Jakob Gruber, einem vormaligen Bauernknecht und späteren Taglöhner, der im Jahre 1815 verstorben war, und Gertraud Reitterin, einer Inwohnerin und Tagwerkerin.[1] Sie hatte vor 35 Jahren in Spittal an der Drau als einziges Kind ihrer Eltern das Licht der Welt erblickt. Maria Gruber gehörte der katholischen Kirche an, sie war unverheiratet und besaß - außer ihren wenigen Kleidungsstücken - keinerlei Vermögen. Seit ihrer Kindheit verdingte sie sich bei verschiedenen Bürgern und Bauern der näheren Umgebung als Vieh- oder Küchenmagd, zum Zeitpunkt ihrer Verhaftung stand sie gerade im dritten Dienstjahr als Kuhdirne bei Johann Huber, einem Braumeister in Spittal. Vor elf Jahren war Maria Gruber einmal wegen Diebstahlsverdachtes arretiert, nach bewiesener Unschuld aber gleich darauf wieder in Freiheit gesetzt worden. Ansonsten konnte nichts Nachteiliges über sie in Erfahrung gebracht werden. Sie hatte

[1] StLA, AG-Prot. 4314/1820.

bereits einen fünfjährigen Sohn, der von ihrer Mutter, die allerdings schon alt und gebrechlich war, versorgt wurde.

Während der Adventzeit 1818 wurde die Magd von Jakob Pichler, dem Meierknecht ihres Dienstherrn, mit dem sie dreimal sexuell verkehrt hatte, erneut in andere Umstände versetzt. Sie verheimlichte ihre Schwangerschaft vor allen; da ihre Körperfülle kaum zunahm, schöpfte angeblich auch niemand aus ihrer Umgebung Verdacht. Am 15. Juli 1819, dem Tag ihrer Niederkunft, befand sich Maria Gruber mit den übrigen Dienstleuten des Braumeisters auf einem etwa eine halbe Stunde vom Markt Spittal entfernten Feld, um Klee zu schneiden. Gegen Mittag befielen die Magd heftige Schmerzen im Unterleib, worauf sie sich von ihren Mitmägden und -knechten unter dem Vorgeben allgemeiner Übelkeit entfernte und den Weg nach Hause antrat. Noch auf der Strecke wurden die Wehen so heftig, daß die Frau nicht mehr weitergehen konnte. Sie wandte sich von der Straße ab und suchte eine nahe gelegene Lehmgrube unweit der Kapelle zu St. Anton auf. Dort entband sie, auf der Erde hockend, nach einer Stunde ein Mädchen. Nach ihrer Aussage von den Strapazen der Geburt bis aufs Äußerste geschwächt und bewegungsunfähig, leistete Maria Gruber dem Neugeborenen keine Hilfe: *„Das Kind seye lebend zur Welt gekommen, weil es gleich nach der Geburt einen Laut von sich gegeben habe, da sie ganz allein, gänzlich hilflos und abgemattet gewest, seye das Kind bey der Geburt mit dem Kopf auf den harten Boden gefallen und so eine gute Viertlstunde unter ihr liegen geblieben, in welchem Zustande selbes habe sterben müssen."*

Erst als nach etwa 15 Minuten die Nachgeburt von ihr ging, durchtrennte die Mutter die Nabelschnur; zu diesem Zeitpunkt fand sie ihre Tochter aber bereits tot, mit blau verfärbtem, zur Erde gekehrtem Gesicht. Um die Niederkunft zu vertuschen, beschloß Maria Gruber, die Leiche zu beseitigen: Sie wickelte den Körper des Kindes in ihren alten Rock, verscharrte ihn in einem Loch der Lehmgrube und bedeckte das Grab mit Gras und Steinen. Dann begab sie sich mit dem Vorsatz nach Hause, den Vorfall zumindest dem Ortsgeistlichen anzuvertrauen.

Noch am gleichen Abend entdeckten jedoch zwei Knaben durch Zufall das neugeborene Mädchen. Der Fund wurde am nächsten Tag durch den Kürschnermeister von Spittal der Bezirksobrigkeit gemeldet und die Kindesleiche von den Sachverständigen untersucht. Während der anschließenden Erhebungen meldete sich eine Dienstmagd des Braumeisters Huber, die wiederum von einer anderen Mitmagd, der Maria Gruber ihre Niederkunft und die damit verbundenen Umstände eingestanden hatte, Kenntnis vom Vorgefallenen besaß. Auf diese Anzeige hin wurde Maria Gruber am 18. Juli 1819 verhaftet.

In den Verhören wies die Frau jede Schuld am Tod ihres Kindes weit von sich. Die unterbliebene Hilfeleistung bei der Geburt und die damit verbundene Tötung des Neugeborenen sei keineswegs böswillig beabsichtigt, sondern bloß die unglückselige Folge ihres damaligen Erschöpfungszustandes gewesen. Ihre Schwangerschaft habe sie aus Furcht vor der Hartherzigkeit ihres Dienstherrn verschwiegen; bei der Arbeit auf dem Feld, kurz vor ihrer Niederkunft, wollte sie aus Scham niemanden ins Vertrauen ziehen, weil auch Männer zugegen waren. Außerdem entschuldigte sich Maria Gruber damit, die Entbindung ihrer Rechnung nach überhaupt erst in fünf bis sechs Wochen erwartet und aus diesem Grund ihre körperlichen Beschwerden anfangs gar nicht als Geburtswehen gedeutet zu haben. Zu ihrer Entfernung von der Arbeitsstätte habe sie daher nur die Hoffnung veranlaßt, daß ihre Schmerzen bei entsprechender Ruhe im Hause des Dienstgebers schon wieder vergehen würden.

Tatsächlich unterstützte der Obduktionsbericht die Aussage der Angeklagten: Nach Meinung der Ärzte war das untersuchte Mädchen zwar lebend und lebensfähig zur Welt gekommen, aber nicht bis zur vollkommenen Reife ausgetragen gewesen. Es wog nicht einmal zwei Kilogramm und maß knapp 46 Zentimeter, unterschied sich also sichtbar von einem neun Monate im Mutterleib befindlichen Neugeborenen. Weder bei der äußeren noch bei der inneren Besichtigung des Körpers wurden von den Sachverständigen beigebrachte Verletzungen festgestellt. Den Tod des Kindes führte man auf Ersticken zurück, was durchaus - wie in der Darstellung von Maria Gruber - dadurch geschehen sein konnte, daß das Neugeborene nach der Geburt mehrere Minuten lang hilflos mit dem Gesicht nach unten auf dem Lehmboden gelegen war.

Das Kriminalgericht in Klagenfurt sprach am 27. April 1820 die Angeklagte aus Mangel an hinreichenden Beweisen los. Das Appellationsgericht stimmte dieser Entscheidung mit 12. Mai 1820 zu, Maria Gruber sollte aber wegen der schweren Polizeiübertretung der verheimlichten Geburt der politischen Behörde zum weiteren gesetzlichen Vorgehen überlassen werden.

5.2. GERTRAUD PETRITSCH AUS KRAIN (1820)

Gertraud Petritsch stammte aus dem Ort Seedorf/Jezero in Oberkrain, südlich von Laibach.[2] Zum Zeitpunkt ihrer gerichtlichen Untersuchung war sie 22 Jahre alt und unverheiratet, sie besaß keinerlei Vermögen und ernährte sich von ihrer Tätigkeit als bäuerlicher Magd, wobei sie im Ruf einer fleißigen und sittsamen Dienstbotin stand. Außerdem bescheinigte man ihr einen guten Gesundheitszustand, frei von jedweden Gebrechen.

Seit Ende Juli 1819 pflegte Gertraud Petritsch eine intime Beziehung zu ihrem Dienstherrn, dem Bauern Mathäus Suntte, der sie immer an ihrer Liegestatt im Keller auf-

---

[2] StLA, AG-Prot. 9087/1820.

suchte. Von ihm wurde die Frau schließlich schwanger, etwa vier Wochen vor Weihnachten verspürte sie die ersten Kindesbewegungen. Ihren Zustand vertraute sie nur dem zukünftigen Vater an, selbst ihre Familie - bei der sich die Hochschwangere nach Beendigung ihres Dienstes aufhielt - wußte nichts von der bevorstehenden Entbindung. Wie Gertraud Petritsch nachträglich beteuerte, habe sie allerdings den Willen gehabt, sich noch vor Ende der Schwangerschaft ihrer Mutter oder ihrer Schwägerin anzuvertrauen und diese zu bitten, für sie die Aufnahme im Laibacher Gebärhaus zu erwirken.

Dazu kam es in der Folge jedoch nicht mehr. Am 15. April 1820, abends gegen 19 Uhr, als sich Gertraud Petritsch und die anderen Familienmitglieder bereits zur Nachtruhe begeben hatten, begannen die ersten Wehen. Zwei Stunden darauf entfernte sich die Frau heimlich aus dem Haus und brachte nur wenige Schritte abseits, an einem Weg, ihr erstes Kind zur Welt: *„Sie habe keine andern Kleidungsstücke bey sich gehabt als einen schwarzen leinenen Kittl und ein Vortuch, auf diesem seye sie niedergehuckt, die Füße auseinander gebreitet und so habe sie das Kind, welches ein Mädchen war, gebohren. Die Stelle, auf welcher das Kind von ihr gekommen, habe sie vorher mit weicher Erde bedeckt, damit das Kind nicht beschädiget werde."*

Durch den Sturz auf den Boden zerriß die Nabelschnur, das Neugeborene lebte allerdings, wie Gertraud Petritsch aus seinem leisen Weinen entnehmen konnte. Ohne die Nabelschnur des Kindes zu unterbinden, wandte sich die Frau zum Haus, um Kleidungsstücke für sich zu holen. Da sie jedoch bemerkte, daß ihre Mutter mittlerweile erwacht war, und sie deren Aufmerksamkeit fürchtete, kehrte Gertraud Petritsch unverrichteter Dinge wieder um, wickelte den Säugling in ihr Vortuch und verließ mit ihm den elterlichen Hof. Sie hatte die Absicht, ins vier Kilometer entfernte Innergoritz/Notranje Gorice zu gehen, dort einen mildtätigen Menschen um Aufnahme zu bitten und ihm das Kind gegebenenfalls in Versorgung zu geben oder es nach Laibach ins Spital zu bringen.

Sie wanderte zuerst nach Podpeč, das sie gegen 22 Uhr erreichte, setzte mit einer Fähre über die Laibach und ging weiter bis Innergoritz. Zu Beginn des Weges war das neugeborene Mädchen noch am Leben, bei der Ankunft in Innergoritz um 23 Uhr fand Gertraud Petritsch es bereits tot in ihrem Tuch, verblutet durch den nicht verbundenen Nabelstrang, wie die Sachverständigen meinten. Nach ihren Worten erschrocken darüber, daß das Kind ohne Taufe verstorben war, sowie aus Furcht vor den Konsequenzen ihres Handelns beschloß die Frau, die Leiche des Kindes zu verbergen. Sie legte den Körper bei einem Moor hinter einen Zaun und setzte ihre Wanderung fort. Erst am Abend des 16. April kehrte sie wieder nach Hause zurück. Dort war ihre Entbindung in der Zwischenzeit bereits bekannt geworden, da die Familie am Ort der Niederkunft die Nachgeburt gefunden hatte. Am 18. April erstattete der Gemeinderichter Anzeige bei der Bezirksobrigkeit Sonnegg/Ig, und

Gertraud Petritsch wurde wegen Verdacht des Kindsmordes oder zumindest der Kindesweglegung verhaftet.

Über ihre ungesetzliche Vorgangsweise zur Verantwortung gezogen, versuchte die Angeklagte die Verheimlichung ihrer Entbindung sowie die Wegschaffung des Säuglings mit der Furcht vor ihrer Familie zu rechtfertigen: „*Gleich nach der Geburt des Kindes habe sie gedacht, daß sie nicht zu Hause bleiben könne, weil sich ihre Aeltern über sie ärgern und sie sogar mißhandeln werden.*" Gertraud Petritsch versicherte, am nachfolgenden Tod ihrer Tochter unschuldig gewesen zu sein, da sie ihr gegenüber keinerlei Gewalt angewandt habe. Über die lebensnotwendig gewesenen Handreichungen bei einem Neugeborenen schützte sie Unkenntnis vor: „*Daß die Unterbündung der Nablschnur notwendig und daß ohne Unterbündung derselben die Verblutung und der Tod des Kindes erfolgen könne, habe sie nicht gewußt und nicht wissen können, weil sie nie bey einer Geburt gegenwärtig gewesen und ihr niemand gesagt habe, wie man sich bey Geburten zu benehmen habe.*"

Aus Säumigkeit der Bezirksobrigkeit Sonnegg kam es erst am 30. April 1820 zu einem Lokalaugenschein in Innergoritz, wobei - zwei Wochen nach der fraglichen Nacht - die Leiche des Kindes freilich nicht mehr aufgefunden wurde. Da somit das wichtigste Indiz fehlte und die Behauptungen der Angeklagten weder bestätigt noch widerlegt werden konnten, erklärte das Stadt- und Landrecht in Krain am 11. November 1820 die Untersuchung gegen Gertraud Petritsch aus Beweismangel für aufgehoben; das Appellationsgericht stimmte diesem Urteil mit 24. November 1820 vorbehaltlos zu.

5.3. MARGARETHA ZAPFEL AUS DER STEIERMARK (1821)

Margaretha Zapfel wurde am 21. Februar 1792 als uneheliche Tochter von Georg Zapfel und Maria Jeckinn in der Pfarre St. Jakob zu Geistthal in der Weststeiermark geboren.[3] Sie war katholisch, ledig und verdiente ihren Lebensunterhalt ursprünglich als Dienstmagd bei verschiedenen Bauern. Seit ihrem 25. Lebensjahr hielt sie sich bei ihrer unverheirateten Mutter in Geistthal auf und verdingte sich als Taglöhnerin. Damals hatte Margaretha Zapfel ihr erstes Kind geboren, ob dieses bei ihr aufwuchs, wissen wir nicht. Von ihren Dienstgebern sowie von der zuständigen Bezirksobrigkeit Obervoitsberg erhielt die Frau das beste Zeugnis, man bestätigte einstimmig, daß sie fleißig und treu diente und einen guten moralischen Lebenswandel hatte. Die ärztlichen Gutachter stuften Margaretha Zapfel als gesund und von ziemlich starkem Körperbau ein.

---

[3] StLA, AG-Prot. 4829/1821.

Gegen Ende Juli des Jahres 1820 hatte die Frau in Graz Obst verkauft, auf dem Rückweg nach Geistthal wurde sie, angeblich unter Alkoholeinfluß stehend, von einem Soldaten geschwängert. Wie sich Margaretha Zapfel während ihrer Schwangerschaft verhielt und ob sie diese jemandem einbekannte, geht aus den Akten nicht hervor, offenbar vermutete Maria Jeckinn jedoch den Zustand ihrer Tochter, da sie ihr diesbezüglich Vorhaltungen machte. Das hinderte Margaretha Zapfel allerdings nicht daran, bis zum Zeitpunkt ihrer Entbindung schwere Arbeiten zu leisten. Am 8. April 1821 stürzte sie beim Tränken der Kühe zu Boden und schlug sich den Zuber gegen den Bauch. Am gleichen Abend setzten die Wehen ein, gegen sechs Uhr früh des folgenden Tages brachte die Frau an ihrer Liegestatt eine Tochter zur Welt.

Während der anhaltenden Geburtsschmerzen faßte Margaretha Zapfel den Entschluß, das Kind zu töten. Noch ehe das Mädchen ganz aus dem Mutterleib ausgetreten war, erfaßte sie es beim Hals, zog es mit ihrer Hand heraus und drückte zugleich seine Kehle zwischen Daumen und den übrigen Fingern so fest zusammen, *„damit es hin werde"*. Nachdem das Kind noch immer mit den Füßen zappelte, ließ die Frau es, angeblich, weil sie vor Angst zu sehr zitterte, mit dem Kopf auf das Seitenwandbrett ihres Bettes fallen. Doch damit nicht genug: *„Als sie dann das Kind wieder auf den Arm genommen, habe sie mit der rechten Hand den Kopf beiläufig bei der Stirne, mit der linken Hand aber das Kind vorne bei der Brust und beim Hals gehalten und dann, um solches zu erwürgen, dessen Kopf auf die rechte Seite so umgedrehet, daß das Gesicht ziemlich gegen den Rücken gewendet war, in welcher Stellung sie den Kopf nur einen Augenblick lang gehalten habe. Sodann schlug sie den Kopf des Kindes zweymal auf das Seitenbrett des Bettes, wobey sie das Kind beim Leib und den Füßen gehalten hat."*

Da Margaretha Zapfel in diesem Moment ihre Mutter in der Nähe hörte, preßte sie das Neugeborene rasch und gewaltsam auf das hölzerne Bodenbrett ihres Bettes und bedeckte es mit Stroh. Als sie nach einer Viertelstunde die Nachgeburt an gleicher Stelle verstecken wollte, war das Kind bereits tot und erkaltet. Die Leiche vergrub die Frau später im Schweinestall. Dem Obduktionsbefund entnehmen wir, daß das reif geborene Mädchen zweifellos an seinen beigebrachten Verletzungen starb: Die Schädelknochen wiesen einen dreifachen Bruch auf, im Gehirn befand sich ein starkes Blutextravasat, Kopf und Gesicht zeigten blaue Färbung und waren mit Blut unterlaufen.

In den nächsten Tagen verbreite sich in der Umgebung das Gerücht über die erfolgte Entbindung und den anschließenden Kindsmord der Margaretha Zapfel. Dem gerade in Amtsgeschäften in Stallhofen befindlichen Gerichtsdienergehilfen von Obervoitsberg kam am 15. April das entstandene Gerede ebenfalls zu Ohren, er veranlaßte sogleich eine Hausdurchsuchung in der Keusche von Maria Jeckinn und entdeckte im Keller auf dem Boden Blutflecken, die notdürftig mit Tannenreisig bedeckt waren. Obwohl Margaretha Zapfel ihre Tat anfangs leugnete und als Begründung der entdeckten Spuren lediglich heftige Blutungen vorschützte, wurde sie vom Gerichtsdienergehilfen verhaftet und ins Landgericht Obervoitsberg abgeführt. Im Arrest gestand die Frau ihr Verbrechen sogleich ein, bereits am 16. April entdeckte man bei einem neuerlichen Lokalaugenschein die Leiche des Säuglings, die am folgenden Tag ordnungsgemäß obduziert wurde.

Als Hauptmotive für die Tötung ihres Kindes nannte Margaretha Zapfel dem Gericht ihre triste wirtschaftliche Lage und die mangelnde Unterstützungsbereitschaft ihrer Mutter: *„Die Reden ihrer Mutter haben sie verzagt gemacht, denn sie habe ihr gesagt, sie könne sehen, wie sie daraus komme und mit zwei Kindern betteln könne, denn bey ihr dürfe sie nicht bleiben, weil sie selbst nichts habe."* Von der Geburt überrascht, habe sie noch keine Gelegenheit gehabt, die nötigen Vorbereitungen zu treffen, ihr einziger Gedanke sei gewesen, daß sie weder Taufgeld noch Hebamme bezahlen könnte. Nach den Bemerkungen der Untersuchungskommission ließ die Frau während des Verhörs aufrichtigen Schmerz über ihre Tat erkennen, zugleich wollten die Gerichtsbeamten auch *„viele angeborne Rohheit und eine geringe Ausbildung ihres Verstands"* an Margaretha Zapfel wahrgenommen haben.

Der untersteirische Bannrichter Alois Mühlstein, dem die Angelegenheit zur Beurteilung vorgelegt wurde, erkannte Margaretha Zapfel des Verbrechens des Kindsmordes für schuldig. Da zugunsten der Angeklagten zahlreiche Milderungsgründe sprachen - unter anderem ihre vernachlässigte Erziehung, ihr früher untadelhaft gewesener Lebenswandel, ihre Armut sowie ihr reumütiges Geständnis -, beantragte der Bannrichter, die gesetzliche Mindeststrafe von zehn Jahren schweren Kerkers auf fünf Jahre zu reduzieren. Das Appellationsgericht bestätigte mit 28. September 1821 zwar den Schuldspruch des Banngerichtes, stimmte einer Herabsetzung der Strafe aufgrund der besonderen Grausamkeit der Tat aber nicht zu. Margaretha Zapfel verbüßte ihre zehnjährige Kerkerstrafe in der Grazer Karlau, 1831 erfahren wir aus einer Notiz des Guberniums von ihrer erfolgten Entlassung.[4]

5.4. URSULA GORIUP AUS DEM KÜSTENLAND (1824)

Ursula Goriup wurde als Tochter eines zu Chiapovano/Čepovan ansässig gewesenen, zum Zeitpunkt ihrer Kriminaluntersuchung bereits verstorbenen Bauern geboren; sie zählte ungefähr 37 Jahre und bekannte sich zur katholischen Religion.[5] Sie war seit 16 Jahren Witwe, ihr verstorbener Ehemann, Andreas Goriup, hatte in Chiapovano ein bäuerliches An-

[4] StLA, Gub.-Rep. 1831-1833.
[5] StLA, AG-Prot. 13420/1824.

wesen besessen. Ursula Goriup ernährte sich nunmehr vom Taglohn, sie lebte bei ihrem Schwiegervater Andreas Goriup und nannte keinerlei Vermögen ihr eigen. Die Frau hatte zwei Kinder: Ihr 15jähriger Sohn Johannes stammte noch aus ihrer ehelichen Verbindung mit Andreas Goriup und hielt sich bei ihr auf; aus einer illegitimen Beziehung mit ihrem Nachbarn Stephan Ronco war vor fünf Jahren ein weiteres Kind entstanden, das jedoch nach einem Monat starb. Bis auf den letzten Fehltritt galt der Lebenswandel von Ursula Goriup als unbescholten, und sie genoß in der Gemeinde Chiapovano einen guten Ruf.

Mit Stephan Ronco unterhielt die Frau jedoch weiterhin sexuellen Kontakt, etwa zwei Wochen vor Ostern des Jahres 1823 wurde sie von ihm geschwängert. Ihre erfolgte Empfängnis verschwieg Ursula Goriup; sie wollte zur Zeit der Niederkunft, von der niemand aus ihrer Umgebung etwas wissen sollte, ihre Schwester aufsuchen und den Säugling heimlich in ein Waisenhaus abgeben. Die Frau verrichtete weiterhin ihre gewöhnlichen Arbeiten, am 27. September 1823 gegen sieben Uhr morgens, als sie sich gerade allein im Haus befand und das Frühstück bereitete, überfielen sie die Wehen. In der Küche, direkt am Herd, brachte Ursula Goriup ein Kind zur Welt, das bei der Geburt auf die gemauerte Feuerstätte fiel: *„Sie habe dann das Kind in die Hände genommen, es zweymal umgewendet, aber kein Zeichen des Lebens daran wahrgenommen. [...] Die Nabelschnur habe sie nicht unterbunden, weil das Kind tot gewesen sey und weil sie keine Zeit zu verlieren hatte, indem sie die Spuren ihrer Entbindung wegschaffen und das Kind vergraben mußte."* Die Frau wickelte das Neugeborene zusammen mit der Nachgeburt in ein rotes Sacktuch und verscharrte es, etwa 30 Schritte von ihrem Haus entfernt, hinter einer Gartenmauer; das Grab beschwerte sie mit Erde und Steinen. Anschließend verwischte sie die Blutflecken am Küchenboden mit Asche.

Als es in den nächsten Tagen trotzdem zu Gerüchten über ihre vermeintliche Schwangerschaft kam, trat Ursula Goriup die Flucht nach vorne an: Am 1. Oktober suchte sie die Hebamme des Ortes auf, um sich von ihr die Bestätigung zu holen, daß sie sich nicht in anderen Umständen befinde. Bei der körperlichen Visitation entdeckte die Hebamme jedoch die Spuren der kürzlich erfolgten Geburt und zeigte dies dem Gemeindevorsteher von Chiapovano an, der die Meldung an das Bezirkskommissariat von Canale/Kanal weiterleitete. Ursula Goriup wurde daraufhin am 2. Oktober verhaftet. Bereits am nächsten Tag entdeckten zwei Taglöhner die Leiche ihres neugeborenen Kindes.

In ihrem ersten Verhör am 15. Oktober 1823 leugnete die Angeklagte überhaupt, ein Kind zur Welt gebracht zu haben, und gab vor, daß bloß *„eine Masse Blutes aus ihren Geburtsteilen abgegangen sey, wovon sie nicht unterscheiden konnte, ob es von ihrer Menstruation oder einer unzeitigen Geburt herrühre"*. Erst in der Folge bekannte sie, von einem unreifen, toten Kind entbunden worden zu sein. Von der Geburt überrascht, sei sie nicht in der Lage gewesen, rechtzeitig Hilfe für sich und das Kind anzurufen. Die vorzeitige Niederkunft und das Absterben des Fötus im Mutterleib führte sie auf zwei Arbeitsunfälle zurück: Ende August habe sie ein Heufuder im Gewicht von fast 85 Kilogramm zu Sturz gebracht, welche Last auf ihren Bauch gefallen sei; einige Wochen später habe sie mit einem Korb Erdäpfel ein ähnliches Unglück ereilt. Nach dem letzten Mißgeschick sei Ursula Goriup bis zum Zeitpunkt der Geburt kränklich gewesen. Für beide Ereignisse konnten allerdings keine Zeugen gefunden werden. Der Obduktionsbericht brachte nicht viel Aufschluß, da die Kindesleiche zum Zeitpunkt der Sezierung bereits in Verwesung übergegangen war. Die Ärzte bestätigten aber, daß der Säugling zweifellos zu früh geboren und nur etwa fünf Monate alt gewesen sei; aufgrund seiner Unreife hätte er selbst bei gehöriger Pflege und Fürsorge höchstens wenige Tage am Leben erhalten werden können.

Ursula Goriup bestritt anfangs auch die Vaterschaft von Stephan Ronco und gab vor, daß ihr 14 Tage nach Ostern des Jahres 1823 unterwegs von Chiapovano nach Görz ein unbekannter Mann begegnet sei, der sie zu Boden warf und vergewaltigte. Erst in einem späteren Verhör gestand sie schließlich die verbotene Beziehung zu ihrem Nachbarn ein. Die Gerichtsbeamten bescheinigten Ursula Goriup übrigens - sicherlich unter Eindruck ihrer mehrmaligen Widersprüche und unrichtigen Angaben - einen hartnäckigen und höchst gleichgültigen Charakter, jedoch eine nicht ganz verdorbene Gemütsart.

Trotz der letztendlich klaren Sachlage kam es aufgrund von Unzulänglichkeiten des Bezirkskommissariats von Canale zu erheblichen Verzögerungen in der Untersuchung gegen Ursula Goriup: Erst am 2. April 1824 wurde sie an das Görzer Kriminalgericht überstellt, das die Angeklagte aus Beweismangel vom Verbrechen des Kindsmordes lossprach. Das Appellationsgericht schloß sich mit 22. Oktober 1824 dieser Ansicht an, Ursula Goriup wurde jedoch an die politische Obrigkeit überstellt, um sie wegen der schweren Polizeiübertretung der verheimlichten Geburt zur Verantwortung zu ziehen.

6. DIE ANGEKLAGTE

Im folgenden werden bestimmte Persönlichkeitsmerkmale von angeklagten Kindsmörderinnen herausgearbeitet und zueinander in Bezug gesetzt. Zum einen begegnen wir hier objektiv feststellbaren Fakten wie etwa Lebensalter, Familienstand oder Religionsbekenntnis. Schwieriger wird es bereits bei Fragen nach beruflicher Tätigkeit, Vermögensverhältnissen oder familiärem Umfeld, da getroffene Einschätzungen nicht immer vom gleichen Maßstab ausgingen und je nach dem Blickwinkel der Angeklagten bzw. der notierenden Gerichtsbeamten differieren konnten. Gänzlich unmöglich ist es schließlich, anhand einzelner abgegebener Gutachten über charakterliche Beschaffenheit oder geistige Fähigkeiten einer Frau allgemeingültige Schlüsse zu ziehen. Wir erhalten aus den Akten zwar ein sehr anschauliches, lebensnahes Bild, das wir aber nicht kritiklos mit der Wirklichkeit gleichsetzen dürfen, sondern entsprechend hinterfragen müssen.

6.1. ALTER

Informationen über das Alter von vermeintlichen Kindsmörderinnen stehen uns in 330 Fällen zur Verfügung. Die Feststellung der bereits zurückgelegten Lebensjahre zählte zu den *„allgemeinen Fragstücken"* im Verhör.[1] Bei Jugend der Täterin - das Strafgesetzbuch von 1803 konkretisierte diesen Begriff auf die Altersklasse unter 20 Jahre - sollte die Betreffende der besonderen Gnade des Gerichtes anempfohlen werden.[2] In der Realität wurde der Milderungsgrund des jugendlichen Alters aber auch mehrmals bei Frauen angewandt, die das 20. Lebensjahr bereits leicht überschritten hatten.

Nicht immer konnten die persönlichen Daten einer Angeklagten zweifelsfrei aufgenommen werden. Sehr häufig sahen sich die einvernommenen Frauen außerstande, präzise Altersangaben zu leisten, Katharina Ritscherin mußte dem Gericht sogar zugeben, sie wisse überhaupt nicht, wie alt sie sei.[3] Gelang es den Untersuchungsbeamten, einen Taufschein der Verdächtigen ausfindig zu machen, so erlebten sie bisweilen eine Überraschung: Wäh-

1 KGO 1788, § 103; StGB 1803, 1. Teil, § 290.
2 KGO 1788, § 177 d; StGB 1803, 1. Teil, § 39 a.
3 StLA, AG-Prot. 9263/1790.

rend Anna Miklautschitsch ihr Alter auf 20 Jahre schätzte, war sie tatsächlich schon acht Jahre älter, auch Rosalia Kostomai irrte sich in ihrer Rechnung um ganze neun Jahre.[4]

Als durchschnittliches Alter der in Innerösterreich vor Gericht gestellten Kindsmörderinnen wurde 26,6 Jahre ermittelt. Den niedrigsten Wert erbrachte dabei Magdalena Hanßlin, die gestand, bereits im Alter von 15 Jahren ihren ersten Kindsmord begangen zu haben.[5] Außer ihr standen noch 18 Frauen unter bzw. 28 Frauen mit 20 Lebensjahren in Untersuchung. Die stärkste Gruppe bildete die der 21- bis 25jährigen, die mit 118 Personen vertreten ist. 92 Frauen zählten zwischen 26 und 30 Jahren, der Altersgruppe der 31- bis 35jährigen sind 39, jener der 36- bis 40jährigen 29 Angeklagte zuzurechnen, und noch fünf Verdächtige brachten es auf ein Alter von über 40 Jahren. Die älteste unter ihnen war die Kärntnerin Maria Kreutzer, die zum Zeitpunkt ihrer Niederkunft bereits 45 Jahre vollendet hatte.[6]

Abb. 1:

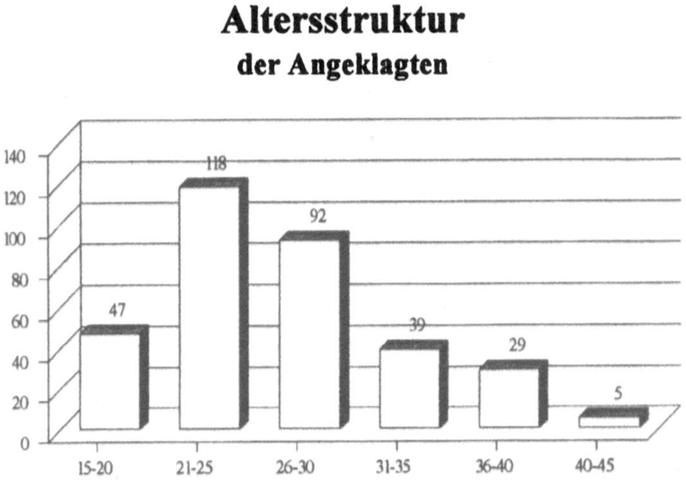

---

[4] StLA, AG-Prot. 10217/1819; AG-Prot. 7022/1824.

[5] StLA, AG-Prot. 3570/1822. Ihre Aussage ist aber insofern problematisch, als für ihre Straftat keinerlei Beweise vorlagen, sie den Kindsmord in der Folge auch widerrief und im Verhör mehrmals auf ihre stark geschwächten Geisteskräfte hingewiesen wurde.

[6] StLA, AG-Prot. 4315/1820.

Wir können mit Grund vermuten, daß der Altersdurchschnitt der Kindsmörderinnen sogar noch höher lag als der oben ermittelte Wert von 26,6 Jahren. Die meisten Altersangaben beziehen sich nämlich auf nicht verifizierbare Aussagen der Angeklagten. In jenen Fällen, in denen über das Alter der Verdächtigen zusätzlich amtliche Schriftstücke zum Vergleich vorlagen, ist bei einer Gegenüberstellung von angenommenem und tatsächlichem Alter einer Frau zu beobachten, daß die Realität den Schätzwert durchwegs überstieg. Diese Feststellung trifft zumindest in 36 Fällen zu, es gibt lediglich eine einzige Abweichung.

Abb. 2:

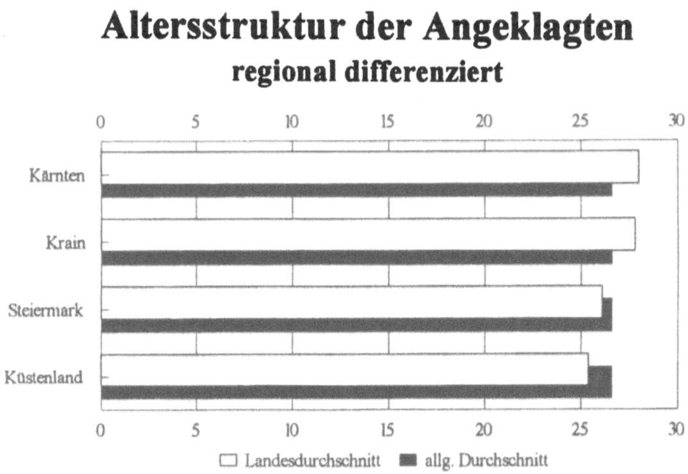

Interessanterweise bestehen hinsichtlich des Alters der verhafteten Kindsmörderinnen beträchtliche regionale Unterschiede. Nimmt man die einzelnen Länder für sich, so ergibt sich für Kärnten mit einem Wert von 28 Jahren der höchste Altersdurchschnitt, knapp gefolgt von Krain mit 27,8 Jahren.[7] Das Durchschnittsalter in der Steiermark betrug 26,1 Jahre, am jüngsten waren die Untersuchten aus dem Küstenland mit einem Mittelwert von

7 Vgl. zum Alter von Krainer Kindsmörderinnen im 19. Jahrhundert: Raimund Melzer: Geschichte der Findlinge in Österreich mit besonderer Rücksicht auf ihre Verhältnisse in Illyrien. Leipzig 1846, S. 317 f.

25,4 Jahren. Im letzten Fall erscheint es sinnvoll, noch eine weitere Differenzierung vorzunehmen: Die Region Görz wies nämlich einen verhältnismäßig hohen Altersdurchschnitt von 27,3 Jahren auf, während für Rovigno 25,9 Jahre und für Triest gar nur 23,4 Jahre errechnet wurden. Zwischen den Vergleichszahlen aus Triest und Kärnten besteht damit eine Abweichung von nahezu viereinhalb Jahren! In diesem Zusammenhang ist es nicht uninteressant, daß auch das Heiratsalter innerhalb Innerösterreichs im Küstenland die niedrigsten Werte aufwies, während es in Teilen Kärntens und der Steiermark deutlich höher lag.

Eine Untersuchung des Alters der Kindsmörderinnen, gestaffelt nach einzelnen Jahrzehnten, bringt ebenfalls Bemerkenswertes zutage. Das Alter der Frauen steigt vom Anfang des Beobachtungszeitraumes 1787 bis zu dessen Ende 1849 stetig an. Beträgt der Altersdurchschnitt der Angeklagten zwischen 1787 und 1796 noch 25,4 Jahre, ist er im Jahrzehnt darauf auf 25,5 Jahre angewachsen. Zwischen 1807 und 1816 errechnet sich der Mittelwert bereits mit 26,1 Jahren, zwischen 1817 und 1826 klettert er auf 26,9 Jahre und erhöht sich abermals zwischen 1827 und 1836 auf 27,9 Jahre. Dieser Spitzenwert wird in der Zeitspanne zwischen 1837 und 1849 mit 27,7 Jahren nur leicht unterschritten.[8]

Abb. 3:

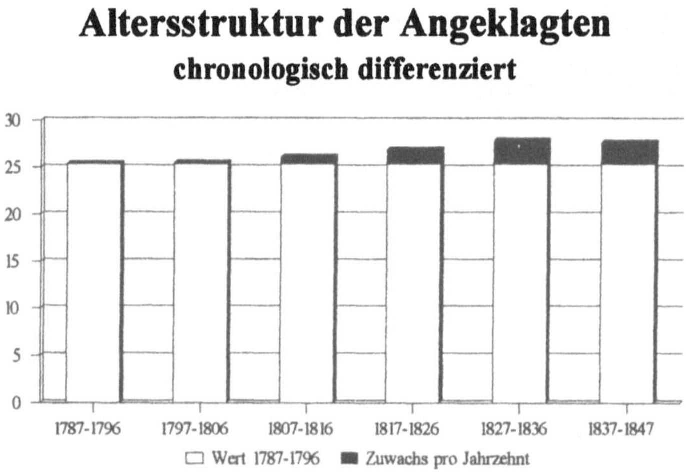

[8] Das letzte „Dezennium" umfaßt, aus den Spezifika des Untersuchungszeitraumes resultierend, 13 Jahre.

Mit einer veränderten regionalen Zusammensetzung der vor dem Appellationsgericht verhandelten Kindsmordfälle - in Anlehnung an die oben gezeigte länderspezifische Gegenüberstellung - kann als Erklärungsmuster nicht argumentiert werden. Gerade das Küstenland, das sich durch einen besonders niederen Altersdurchschnitt auszeichnet, fällt zu Beginn des Untersuchungszeitraumes nicht ins Gewicht, da es bis 1823, durch die politischen Wechselfälle bedingt, nur zeitweilig und nicht in seiner gesamten geographischen Ausdehnung dem innerösterreichischen Appellationsgericht unterstand. Es ist aber anzunehmen, daß das erhöhte Durchschnittsalter einer verdächtigen Kindsmörderin im Zusammenhang mit dem allgemeinen Ansteigen des Heiratsalters Anfang des 19. Jahrhunderts zu sehen ist. Das Alter, in dem Frauen eine Ehe schlossen, sowie der Anteil der Unverheirateten waren um die Mitte des 19. Jahrhunderts durchwegs höher als zu Beginn desselben Jahrhunderts; beide Werte nahmen dann sukzessive wieder ab.[9]

Werfen wir zum Vergleich noch einen Blick auf die Altersstruktur von Kindsmörderinnen aus anderen Regionen: In den Herzogtümern Schleswig und Holstein betrug das Durchschnittsalter einer Verdächtigen, auf das 18. Jahrhundert bezogen, nur 24,9 Jahre.[10] In Württemberg waren Kindsmörderinnen zum Zeitpunkt der Tatentdeckung durchschnittlich 26 Jahre alt, in Hannover und Hildesheim zwischen 25 und 26 Jahren.[11] In Danzig gehörten 34%, in Preußen 42% und in Schleswig-Holstein über 52% aller Frauen der Altersgruppe zwischen 20 und 25 Jahren an.[12] Obwohl also das Durchschnittsalter der Frauen in Deutschland etwas niedriger anzusetzen ist als in Innerösterreich, hatten sie damit das übliche Heiratsalter erreicht.[13] Vergleichbares Zahlenmaterial aus der Schweiz weist wiederum mehr Parallelen zu den innerösterreichischen Werten auf, möglicherweise auch als eine Folge des späteren Untersuchungszeitraums. Das Durchschnittsalter von Genfer Kindsmörderinnen der Jahre 1815 bis 1890 lag nämlich bei rund 27 Jahren.[14]

Das relativ hohe Alter der Kindsmörderinnen ist bei der Bewertung ihrer Tat immer evident zu halten. In der Regel treffen wir nicht auf jugendliche, unerfahrene Mädchen,

---

9 Vgl. Roman Sandgruber: Ökonomie und Politik. Österreichische Wirtschaftsgeschichte vom Mittelalter bis zur Gegenwart. Wien 1995. (= Österreichische Geschichte. Hrsg. v. Herwig Wolfram.) S. 207.

10 Vgl. Otto Ulbricht: Kindsmord und Aufklärung in Deutschland. München 1990. (= Ancien Régime. Aufklärung und Revolution. 18.) S. 31.

11 Vgl. Clemens Zimmermann: „Behörigs Orthen angezeigt". Kindsmörderinnen in der ländlichen Gesellschaft Württembergs, 1581-1792. In: Medizin, Gesellschaft und Geschichte 10 (1991), S. 81; Markus Meumann: Findelkinder, Waisenhäuser, Kindsmord. Unversorgte Kinder in der frühneuzeitlichen Gesellschaft. München 1995. (= Ancien Régime. Aufklärung und Revolution. 29.) S. 120.

12 Vgl. Richard van Dülmen: Frauen vor Gericht. Kindsmord in der Frühen Neuzeit. Frankfurt/Main 1991, S. 82 f.; W. Wächtershäuser: Das Verbrechen des Kindesmordes, S. 122; O. Ulbricht: Kindsmord und Aufklärung, S. 30. Die letztgenannten Zahlen beziehen sich allerdings auf geringfügig veränderte Einteilungskriterien.

13 Vgl. R. v. Dülmen: Frauen vor Gericht, S. 83.

14 Vgl. Robert Roth: Juges et médecins face à l'infanticide à Genève au XIXe siècle. In: Gesnerus 34 (1977), H. 1/2, S. 114.

sondern auf Frauen, die bereits seit mehreren Jahren im gesellschaftlichen Leben und in der Arbeitswelt verhaftet waren. Sie hatten Gelegenheit gehabt, durch Beobachtungen an ihrer Umgebung und an sich selbst Erfahrungen über den weiblichen Körper zu sammeln, und sie standen dem Phänomen Schwangerschaft und Entbindung nicht ohne jede Vorbildung gegenüber. Wurde daher Unwissenheit über den Geburtsvorgang vorgeschützt, ist im Einzelfall genau deren Glaubwürdigkeit zu überprüfen.

Abschließend soll noch auf eine von Eckhard Formella entwickelte These hingewiesen werden: Ausgehend von Kindsmordprozessen des Herzogtums Holstein zwischen 1848 und 1864 glaubt er die Beobachtung zu machen, daß junge Frauen sehr häufig als Kindsmörderinnen abgeurteilt wurden, während bei älteren Täterinnen weit stärker auf „culpose Tötung" - in der Gesetzgebung des habsburgischen Österreichs vergleichbar mit einer schweren Polizeiübertretung wegen verheimlichter Geburt - erkannt wurde. Er führt dieses Faktum auf Diskriminierungstendenzen der Richter zurück, die gerade jungen Frauen einen Verstoß gegen die Moral mit anschließendem schwerem Rechtsbruch besonders übel nahmen.[15] Diese Theorie wird durch die innerösterreichischen Verhältnisse in keinster Weise gestützt. Das Appellationsgericht in Klagenfurt urteilte bei jüngeren Frauen durchaus nicht strenger, sondern berücksichtigte ganz im Gegenteil mangelnde Reife und Erfahrenheit als mildernden Umstand. Friedrich Hartl stellt für die Urteilspraxis des Wiener Kriminalgerichtes Ende des 18. und Anfang des 19. Jahrhunderts ebenfalls fest, daß gerade ältere Frauen im Witwenstand wegen deren größerer Lebenserfahrung von den Richtern vergleichsweise härter bestraft wurden.[16]

6.2. FAMILIENSTAND

Wie bereits ausgeführt, hatte die Frage, ob das getötete Kind in unehelichem oder in ehelichem Stand gezeugt worden war, für die gesetzliche Beurteilung der Tat entscheidende Bedeutung. Ab dem Strafgesetzbuch von 1803 wurde eine dezidierte Abstufung des Strafmaßes aufgrund des Familienstandes der Täterin vorgenommen. Als Strafe für den Mord an einem ehelichen Kind war generell lebenslanger schwerster Kerker vorgesehen. Erst bei einem in ledigem Stand empfangenen Kind wurde zwischen einer faktischen Tötung und einer bloßen Unterlassung des bei der Geburt nötigen Beistandes differenziert; im ersten Fall

---

15 Vgl. Eckhard Formella: Rechtsbruch und Rechtsdurchsetzung im Herzogtum Holstein um die Mitte des 19. Jahrhunderts. Ein Beitrag zum Verhältnis von Kriminalität, Gesellschaft und Staat. Neumünster 1985. (= Quellen und Forschungen zur Geschichte Schleswig-Holsteins. 85.) S. 48.

16 Vgl. F. Hartl: Wiener Kriminalgericht, S. 365.

drohte der Mutter zehn- bis 20jähriger schwerer Kerker, im zweiten fünf- bis zehnjähriger schwerer Kerker.[17]

Der Familienstand konnte bei 332 Kindsmörderinnen zweifelsfrei festgestellt werden: 297 Frauen gaben vor Gericht an, ledig zu sein, 20 Täterinnen hatten einen Ehepartner, 15 waren verwitwet.[18] Es ist allerdings sehr wahrscheinlich, daß das tatsächliche Übergewicht der unverheirateten Kindsmörderinnen noch weitaus größer war, als es diese Zahlen erscheinen lassen. Zum einen ist davon auszugehen, daß der ledige Familienstand der Frau quasi als Norm betrachtet und daher vielfach gar nicht weiter dokumentiert wurde; Abweichungen hielt man jedoch auf jeden Fall fest. Zum anderen lassen auch in den Akten geschilderte Lebensumstände der Angeklagten - etwa ihre Tätigkeit als Dienstmagd - einen ledigen Familienstand vermuten. Trotzdem wurde auf die Aufnahme dieser bloß mutmaßlichen, nicht jedoch gesicherten Daten für die Gegenüberstellung verzichtet, um nicht der Gefahr etwaiger Fehlinterpretationen zu unterliegen.

Abb. 4:

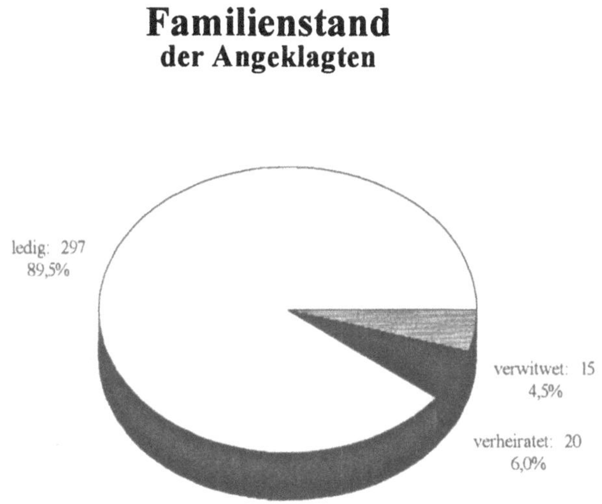

[17] StGB 1803, 1. Teil, § 122.

[18] Von drei weiteren Angeklagten wissen wir, daß sie nicht mehr ihren Mädchennamen trugen, können aber nicht beurteilen, ob sie zum Zeitpunkt ihrer angeschuldeten Tat verheiratet oder verwitwet waren.

Der ledige Familienstand ist geradezu ein Charakteristikum jeder Kindsmörderin. Erst aus dieser speziellen Situation heraus sind die im folgenden aufgearbeiteten Themenbereiche und Problemkreise zu verstehen. Gerade Mitglieder der unteren sozialen Schichten hatten aber nicht oft die Gelegenheit, auf legitime Weise eine Familie zu gründen, und große Teile der innerösterreichischen Bevölkerung blieben im 18. und beginnenden 19. Jahrhundert unverheiratet. So waren 1754 in der Steiermark im Landesdurchschnitt 44% der über 20 Jahre alten Frauen nicht verehelicht.[19] Aus einigen Orten Oberkärntens haben wir Angaben, die den Anteil der ledigen Bevölkerung sogar zwischen 71% und 85% beziffern.[20] Diese hohe Zahl an unverheirateten Frauen ist unter anderem vor dem Hintergrund obrigkeitlicher Ehebeschränkungen zu sehen, die eine Heiratserlaubnis in der Regel von ökonomischen Kriterien der Bewerber abhängig machten.[21]

Verwitwete Frauen, die nach dem Tod ihres Mannes ein uneheliches Kind zur Welt brachten, unterlagen zwar den gleichen gesetzlichen Bestimmungen wie ledige Mütter, unterschieden sich aber im sozialen Status deutlich von ihnen. Zum einen war ihr Durchschnittsalter naturgemäß um einiges höher, bei den hier untersuchten 15 Frauen im Witwenstand liegt es bei 35 Jahren. Damit einher ging ein größeres Maß an Lebenserfahrung, ihre Kenntnisse um Schwangerschaft und Geburt waren ausgeprägter, ein Teil von ihnen hatte bereits ehelich geborene Kinder. Sie führten in der Regel ein relativ selbständiges Leben, ernährten sich vom Tagwerk oder waren in das Hauswesen von Verwandten eingebunden. Gerade als Witwen mußten sie allerdings auf ihr Ansehen bedacht sein: Maria Millos sorgte sich als zweifache Witwe und Mutter zweier Kinder unter anderem um den *„öffentlichen Skandal"*, den das Bekanntwerden einer neuerlichen Schwangerschaft hervorrufen würde. In ihrem Fall war das Konfliktpotential besonders groß, da sie bei der Familie ihres verstorbenen Ehemannes lebte, von der sie keinerlei Verständnis für die Existenz eines weiteren, unehelichen Kindes erwarten durfte.[22]

Obwohl 20 der vor Gericht gestellten Frauen verheiratet waren, können wir doch nur von zweien mit Sicherheit behaupten, daß sie wegen des Mordes an ihrem ehelichen Kind belangt wurden, also das fragliche Neugeborene während der Ehe mit ihrem Gatten gezeugt worden war.[23] Von der Vermutung einer legitimen Geburt ging das ABGB prinzipiell bei

---

19 Vgl. Manfred Straka: Die Seelenzählung des Jahres 1754 in der Steiermark. In: ZHVSt 51 (1960), S. 114.

20 Vgl. Therese Meyer: Dienstboten in Oberkärnten. Klagenfurt 1993. (= Das Kärntner Landesarchiv. 19.) S. 205-207.

21 Vgl. dazu R. Sandgruber: Ökonomie und Politik, S. 206; Michael Mitterauer: Familienformen und Illegitimität in ländlichen Gebieten Österreichs. In: Archiv für Sozialgeschichte 19 (1979), S. 185.

22 StLA, AG-Prot. 10373/1835.

23 Bei verheirateten Hamburger Kindsmörderinnen können wir das gleiche Phänomen feststellen. Vgl. Heinrich Rodegra, Mary Lindeman und Martin Ewald: Kindermord und verheimlichte Schwangerschaft in Hamburg im 18. Jahrhundert. Versuch einer soziologischen und sozialmedizinischen Analyse. In: Gesnerus 35 (1978), H. 3/4, S. 286.

jenen Kindern aus, die vom siebenten Monat nach der Verheiratung bis zum zehnten Monat nach der Auflösung des Lebensbundes zur Welt kamen.[24] Maria Sedlar stand beim steirischen Landgericht Faal/Fala im Kreis Cilli 1823 wegen der Tötung ihres ehelichen Kindes in Untersuchung. Das Urteil des Appellationsgerichtes lautete auf lebenslangen schwersten Kerker, die Oberste Justizstelle milderte es auf eine 20jährige Kerkerstrafe. Die Verbrecherin wurde in der Folge ins Gefängnis nach Spielberg in Mähren überführt, 1841 sprach man ihre Begnadigung aus.[25] Auch die Untersteirerin Maria Fabianitschin aus dem Landgericht Ankenstein/Borl wurde verdächtigt, ein von ihrem Ehemann Martin empfangenes Kind ums Leben gebracht zu haben. Da die Frau jedoch ihre Unschuld beteuerte und alle Umstände für die Angeklagte sprachen - sie führte ein harmonisches Eheleben und hatte keine wirtschaftliche Not zu leiden - sprach man sie letztendlich aus Beweismangel von der Anschuldigung des Kindsmordes los.[26] Von drei weiteren Frauen wissen wir zwar, daß sie einen Ehepartner hatten, nicht jedoch, ob das getötete Kind als ehelich galt.[27]

Neun Frauen mußten bekennen, die Ehe gebrochen und das Kind illegitim empfangen zu haben. Ihre Lebensumstände weisen zahlreiche Parallelen auf: Die ehelichen Gemeinschaften bestanden in der Regel nur mehr auf dem Papier. Einige Ehemänner befanden sich über Jahre hinweg in der Fremde, Maria Mutz hatte zum Beispiel ihren Mann, einen Soldaten, vor neun Jahren das letztemal gesehen.[28] Aber auch jene Ehepartner, die nach außen hin zusammenlebten, kämpften im Inneren der Beziehung mit nicht zu überwindenden Schwierigkeiten. Martin Pilko, ein Bauer aus dem untersteirischen St. Urban/Sveti Urban, gab etwa über sein Eheleben zu Protokoll, *„daß er seinem Weibe durch alle elf Jahr der Ehe ein einziges Mal, nämlich um Fastenzeit v. J. [...], ehelich beigewohnt habe, und zwar auf ihre eigene Veranlassung, da sie sich selbst zu ihm ins Bett gelegt habe, durch die ganze übrige Zeit hatte sie aber niemals bey ihm geschlafen und hätte sich immer seinen ehelichen Wünschen zu entziehen gewußt.“*[29]

Scham über ihren außerehelichen Fehltritt sowie Furcht vor dem Ehemann und den nahen Verwandten und Bekannten verleiteten diese Frauen zu ihrer Tat: Schließlich wurde die illegitime Empfängnis des Kindes durch das sowohl kirchlich als auch weltlich bestrafte Vergehen des Ehebruchs erschwert. Zwar wurde die Verletzung der ehelichen Treue ab dem Josephinischen Strafgesetzbuch nicht mehr von Amts wegen, sondern bloß auf Antrag des beleidigten Ehepartners verfolgt, doch drohten immerhin körperliche Züch-

---

24 Allgemeines bürgerliches Gesetzbuch für die gesamten deutschen Erbländer der Oesterreichischen Monarchie. Wien 1811, § 138.

25 StLA, AG-Prot. 11485/1823; Gub.-Rep. 1822-1824; AG-Rep. 1839-1840; AG-Rep. 1841-1842; Gub.-Rep. 1840-1842.

26 StLA, AG-Prot. Fasz. 20, 102/1796; AG-Prot. Fasz. 20, 155/1796.

27 StLA, AG-Rep. 1827-1828; AG-Rep. 1839-1840; AG-Rep. 1845-1846.

28 StLA, AG-Prot. 296/1817.

29 StLA, AG-Prot. 6229/1816.

tigung oder Gefängnisstrafen,[30] gar nicht zu reden von der gesellschaftlichen Ahndung einer solchen Übertretung sittlicher Normen.

In sechs Fällen waren die vor Gericht gestellten Frauen zwar verheiratet, hatten das Kind allerdings vor der Eheschließung empfangen. Nur einmal entsprach der Kindesvater dabei dem späteren Lebenspartner, ansonsten entstammten die Kinder anderen Liebesbeziehungen. Diese Tatsache stellte die werdenden Kindesmütter natürlich vor große Probleme, Auseinandersetzungen mit dem Ehegatten und dessen Familie schienen vorprogrammiert. Die eherechtlichen Bestimmungen des ABGB von 1811 sahen überdies vor, daß jedem Ehemann, dessen Gattin vor der Verheiratung von einem anderen Mann geschwängert worden war, das prinzipielle Recht zustand, die geschlossene Ehe für ungültig erklären zu lassen.[31] Obwohl Gertraud Faidiga bereits bei ihrer Hochzeit wußte, schwanger zu sein, leugnete sie dies gegenüber ihrem Bräutigam und dessen Mutter standhaft. Nur eineinhalb Monate nach der Eheschließung gebar sie heimlich einen Knaben, den sie nach der Entdeckung als unzeitig und von ihrem Ehemann gezeugt ausgeben wollte. Die Untersuchung gegen Gertraud Faidiga wurde zwar wegen Abgang rechtlicher Beweise aufgehoben, die Zuneigung ihres Ehemannes hatte sie aber verloren: *„Er wolle sein Weib nicht mehr zu sich nehmen, mit ihr auch in der Ehe nicht länger leben, er wolle das Bündnis aufgelöst wissen“*, gab Anton Faidiga dem Gericht in Adelsberg/Postojna bekannt.[32]

Als regionale Besonderheit ist noch anzumerken, daß in Kärnten praktisch nur ledige Frauen Kindsmord begingen, lediglich eine einzige Täterin war verheiratet. Dem gegenüber wiesen die Gerichte im Küstenland, nämlich Görz, Triest und Rovigno, überproportional viele Untersuchte im Ehe-, aber vor allem im Witwenstand auf. Für die Steiermark und für Krain sind keine ins Auge fallenden Ausprägungen festzustellen.

6.3. RELIGIONSBEKENNTNIS

Eine Untersuchung des Religionsbekenntnisses der Angeklagten bringt keine Überraschung: Von 215 Frauen erfahren wir explizit, daß sie Katholikinnen sind, nur drei Verdächtige bekannten sich zur evangelischen Kirche. Von den übrigen Personen fehlen diesbezügliche Angaben; der katholische Glaube wird aber auch in diesen Fällen durchwegs anzunehmen sein.

Nicht von ungefähr stammten alle Protestantinnen aus Kärnten: Hier waren 1783 bereits 13.120 evangelische Gemeindemitglieder gemeldet, was 4,6% der Bevölkerung ent-

---

30 StGB 1787, §§ 44-46; StGB 1803, 2. Teil, §§ 247 f.

31 ABGB 1811, § 58.

32 StLA, AG-Prot. 15545/1835.

sprach; 1816 hatte sich ihre Zahl auf 17.242 erhöht.[33] Im Vergleich zur Steiermark, wo Ende 1782 in der Obersteiermark etwa 2.000 Anhängerinnen und Anhänger der Lehre Luthers gezählt wurden,[34] lag der Anteil der Protestantinnen und Protestanten an der Gesamtbevölkerung also wesentlich höher. Die genannten drei evangelischen Frauen lebten in Kärnten übrigens in Gebieten mit diesbezüglich weit zurückreichender religiöser Tradition: Nöring, Watschig und Teichen werden erwähnt, Orte also, in denen bereits in den 1780er Jahren Bethäuser bzw. evangelische Schulen errichtet worden waren.

Nicht uninteressant scheinen in diesem Zusammenhang die Ausführungen der Kindsmörderin Maria Glatz. Obgleich katholisch getauft, war sie um 1813 im Alter von 20 Jahren zum protestantischen Glauben übergewechselt, beantragte nun aber in Haft, wieder in die katholische Kirche aufgenommen zu werden. Diesem Ansuchen gemäß, das mit Wohlwollen zur Kenntnis genommen wurde, erhielt sie im Inquisitionshaus Klagenfurt Religionsunterricht. Über ihre Heimatgemeinde Teichen erzählte sie, daß aus Unzufriedenheit mit dem katholischen Pfarrer in einem Jahr fast 200 Personen zur evangelischen Religion übergetreten waren. Das nahm das Appellationsgericht zum Anlaß, gleich im Anschluß an das Strafurteil der Delinquentin das Stadt- und Landrecht in Kärnten auf den in Erfahrung gebrachten erschreckenden Abfall von der katholischen Kirche hinzuweisen[35] - und damit Handlungen zu setzen, die wohl nicht unbedingt in den Aufgabenbereich eines Kriminalobergerichtes fielen!

6.4. REGIONALE HERKUNFT

An dieser Stelle interessiert nicht so sehr die Zugehörigkeit der Angeklagten zu einem bestimmten innerösterreichischen Landesteil bzw. zu einem Verwaltungs- oder Gerichtsbezirk,[36] vielmehr gelten die angestellten Überlegungen der Mobilität der Frauen. Günstigstenfalls besitzen wir nicht nur Angaben über den Ort ihrer Verhaftung, sondern auch über die Heimatverhältnisse einer Verdächtigten. Aus dieser Gegenüberstellung können wir

---

33 Vgl. Gustav Reingrabner: Protestanten in Österreich. Geschichte und Dokumentation. Wien, Köln u. Graz 1981, S. 191; Walter Fresacher: Das Duldungsgesetz vom 13. Oktober 1781 und seine Auswirkung in Kärnten in den Jahren 1781-1783. In: Jahrbuch der Gesellschaft für die Geschichte des Protestantismus in Österreich 73 (1957), S. 39-42. Zur Situation in der Steiermark vgl. Reiner Puschnig: Die Toleranzkirche. In: Evangelisch in der Steiermark. Glaubenskampf - Toleranz - Brüderlichkeit. Ausstellungsführer. Graz 1981. (= Styriaca. N. R. 2.) S. 98-108.

34 Vgl. Franz Ilwof: Der Protestantismus in Steiermark, Kärnten und Krain vom XVI. Jahrhundert bis in die Gegenwart. Graz 1900, S. 249. Georg Ernst Waldau spricht 1784 von 2.300 Seelen in den Gemeinden Schladming und Ramsau. Vgl. ders.: Geschichte der Protestanten in Oestreich, Steiermark, Kärnten und Krain vom Jahr 1520 bis auf die neueste Zeit. Bd 2. Anspach 1784, S. 455.

35 StLA, AG-Prot. 6287/1821.

36 Vgl. dazu Kapitel 15.4.

Rückschlüsse auf ihre Beweglichkeit ziehen. Die folgende Analyse bezieht sich allerdings ausschließlich auf steirische Angeklagte, da die Verhältnisse dieses Herzogtums durch mehrere zeitgenössische Topographien ungleich besser erschlossen sind als die anderer innerösterreichischer Länder und selbst kleine Dörfer und Weiler auf diese Weise verifiziert werden können.[37]

Das erzielte Ergebnis ist eindeutig: Über 70% der Frauen verübten die Tat innerhalb der Grenzen des Landgerichtsbezirkes, in dem sie auch geboren wurden. Freilich müssen wir dem entgegenhalten, daß dieses Faktum bei den Angeklagten, die ihren Lebensunterhalt im elterlichen Haus erwirtschafteten, wohl gar nicht anders sein konnte. Wie wir aber noch sehen werden, ist die Zahl der Frauen, die zu dieser Gruppe der mithelfenden Familienmitglieder gehörte, gerade in der Steiermark sehr gering. Richten wir trotzdem unser Augenmerk ausschließlich auf jene Kindesmütter, die im Dienst standen, so wissen wir immerhin von zwei Dritteln von ihnen, daß ihr Arbeitsplatz der gleichen Jurisdiktion unterstand wie ihr Geburtsort. Bei weiteren 20 bzw. 25% der Frauen - je nachdem, ob alle Angeklagten oder nur die Dienstmägde für sich als Maßstab genommen werden - stand ihr Heimathaus zwar nicht im gleichen Landgerichtsbezirk, in dem sie verhaftet wurden, aber in einem unmittelbar daran angrenzenden Gebiet. In mehr als 90% aller Fälle können wir also von einem Dienststellenwechsel über äußerst kurze Distanzen ausgehen.

Nur in Einzelfällen suchte eine Frau einen Dienstort, der außerhalb der Kreisgrenzen lag, in denen sie aufgewachsen war. Elisabeth Erhartin stammte aus der Stadt Cilli, ihr Kind brachte sie aber in Seggau als Dienstmagd des dortigen Landgerichtsdieners zur Welt. Bei ihr ist übrigens zu vermuten, daß die Wahl dieses doch rund 70 Kilometer entfernten Arbeitsplatzes durchaus bewußt geschah, da die Frau zu diesem Zeitpunkt bereits Kenntnis davon besaß, daß sie geschwängert worden war.[38] Wir hören noch einige andere Male davon, daß Frauen, um lästigen Fragen bzw. unwilligen Bemerkungen auszuweichen, während ihrer Schwangerschaft anscheinend besonders häufig den Dienst wechselten, es fehlt aber an Vergleichsmaterial zu ihrer bisherigen Mobilität, um ihr Verhalten entsprechend zu bewerten.

Lediglich zwei der in der Steiermark gerichtlich untersuchten Verdächtigten waren überhaupt nicht in diesem Herzogtum geboren. Agnes Smoditischin, die zum Gesinde des Amtmanns im Dorf Laafeld bei Radkersburg gehörte, hatte zwar in Ungarn das Licht der

---

[37] Als Basis dienten: Carl Schmutz: Historisch Topographisches Lexikon von Steyermark. Bd 1-4. Graz 1822-1823; Georg Göth: Das Herzogtum Steiermark; geographisch=statistisch=topographisch dargestellt und mit geschichtlichen Erläuterungen versehen. Bd 1-3. Wien u. Graz 1840-1843; Josef Andr. Janisch: Topographisch-statistisches Lexikon von Steiermark mit historischen Notizen und Anmerkungen. Bd 1-3. Graz 1878-1885.

[38] StLA, AG-Prot. 7142/1804. Ähnliche Beobachtungen macht O. Ulbricht: Kindsmord und Aufklärung, S. 49-52.

Welt erblickt, lebte faktisch aber doch nur wenige Kilometer von ihrer Heimat entfernt.[39] Größer war hier schon die Distanz, die Maria Anna Wadik hinter sich gebracht hatte: Die Frau, die als herrschaftliche Köchin in Graz im Dienst stand, war aus Görz gebürtig und in Rovereto aufgewachsen.[40] Allgemein ist also festzustellen, daß sich Kindsmörderinnen nicht von anderen Angehörigen ihres Standes unterschieden, sondern wie sie generell eine sehr starke regionale Bindung aufwiesen.

Fast alle Angeklagten lebten und arbeiteten im ländlichen Umfeld. Ihr Dienstplatz lag in einem dörflichen Gemeinwesen, in den gebirgigen Lagen wohl häufig auch in Streusiedlungen oder gar Einzelhöfen. Nur selten war eine Frau in einen städtischen Haushalt eingebunden. Wir dürfen dabei nicht vergessen, daß sich die Größe und Struktur der meisten innerösterreichischen Märkte und Städte im Vergleich zu anderen Gebieten des habsburgischen Österreichs als relativ unterentwickelt darstellten. Allein von den 20 steirischen Städten zählte um 1820 nur die Hälfte mehr als 1.000 Einwohner, auf eine Bevölkerungszahl von über 2.000 Personen brachten es gar nur vier Orte. Eine weitgehende Anonymisierung war damit nicht möglich, mit zunehmender Kleinräumigkeit verband sich gegenseitige Überwachung und stärkerer gesellschaftlicher Druck, was wiederum das Gefühl von Scham und Schande bei Fehlverhalten evozierte. Im ländlichen Raum standen kaum öffentliche Fürsorgeeinrichtungen für ledige Mütter zur Verfügung, während Frauen im städtischen Bereich auf ein zumindest in Ansätzen bestehendes soziales Netz zurückgreifen konnten. So befanden sich die drei für Innerösterreich eingerichteten Gebärhäuser in Graz, Laibach und Triest, unerreichbar für die Mehrzahl der Landbevölkerung. Diese war auf die unter Joseph II. geschaffenen Pfarrarmeninstitute angewiesen, die jedoch kaum ausreichende Versorgung für in Not geratene Personen anbieten konnten. Uneheliche Schwangere blieben gerade in einem Dorf, trotz der räumlichen Nähe zu anderen Menschen, mit ihrer Verantwortung allein, was den Kindsmord zu einem ländlichen Phänomen machte.

6.5. BESCHÄFTIGUNG

Die Frage nach dem Erwerb des Lebensunterhaltes war Bestandteil der gerichtlich vorgenommenen Feststellung der Personalien jeder Verhörten. Deshalb können wir auch zu 335 Frauen nähere Aussagen über ihr berufliches Tätigkeitsfeld treffen. Die nachfolgende Aufstellung berücksichtigt die Beschäftigung der Angeklagten punktuell zum Zeitpunkt ihrer Schwangerschaft bzw. Niederkunft. Wir müssen uns allerdings bewußtmachen, daß der

[39] StLA, AG-Prot. Fasz. 20, 143/1796.
[40] StLA, AG-Prot. 5609/1808.

Status einer Person nicht unveränderlich war. Eine Frau konnte im Verlauf mehrerer Jahre in verschiedenen beruflichen Kategorien aktiv gewesen sein, genauso übte sie oft gleichzeitig unterschiedliche Beschäftigungen aus. Viele Tagwerkerinnen und Inwohnerinnen hatten früher etwa als Dienstmägde gearbeitet; verschwimmende Grenzen gab es auch zwischen mithelfenden Familienmitgliedern und Dienstboten bzw. Tagwerkerinnen. Wie lange die Frauen in einzelnen Berufsbereichen tätig waren bzw. wieviele Jahre sie an ein und derselben Dienststelle verblieben, kann an dieser Stelle nicht beantwortet werden.

Abb. 5:

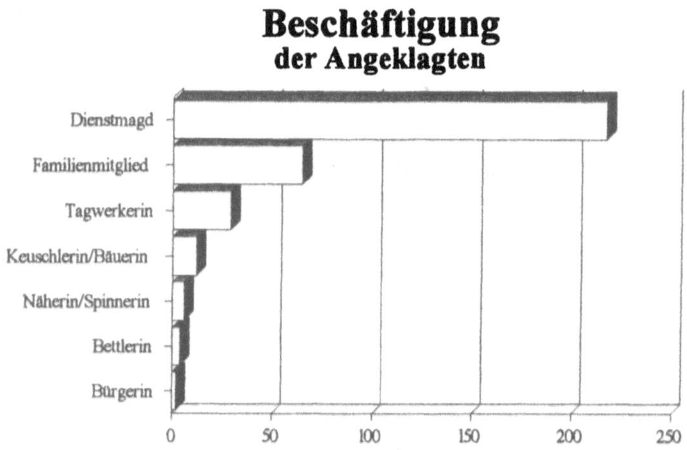

217 der wegen Kindsmordes belangten Frauen - also fast zwei Drittel - zählen zur Berufsgruppe der Dienstboten.[41] Wenn wir davon ausgehen, daß der Anteil an Knechten und Mägden in der Altersgruppe bis 29 Jahre in Österreich vom 17. bis zum 19. Jahrhundert meist unter 50% lag,[42] ergibt sich ein überproportional hoher Anteil an Kindsmörderinnen,

[41] Zu gleichen Ergebnissen kommen O. Ulbricht: Kindsmord und Aufklärung, S. 34; R. v. Dülmen: Frauen vor Gericht, S. 76-85; M. Meumann: Findelkinder, Waisenhäuser, Kindsmord, S. 118 f.; Regina Schulte: Das Dorf im Verhör. Brandstifter, Kindsmörderinnen und Wilderer vor den Schranken des bürgerlichen Gerichts. Oberbayern 1848-1910. Reinbek bei Hamburg 1989, S. 129 f. Konträr hingegen C. Zimmermann: „Behörigs Orthen angezeigt", S. 81.

[42] Vgl. Michael Mitterauer: Gesindedienst und Jugendphase im europäischen Vergleich. In: Geschichte und Gesellschaft 11 (1985), S. 187.

die im Dienst standen. Die meisten von ihnen waren in eine bäuerliche Hausgemeinschaft eingebunden, bisweilen finden sich sogar nähere Angaben zu ihrem speziellen Einsatzbereich am Hof, etwa als *„Kuchl- und Schwemmdirne"*, Viehmagd oder gar Meierin. Am Beispiel der Maria Schrey können wir sehr gut den möglichen Aufstieg eines weiblichen Dienstboten nachzeichnen: Die Frau lebte bereits seit fünf Jahren im gleichen Haus, eingestellt worden war sie als *„Saudirne"*, dann hatte sie die Aufgabe einer *„Küchendirne"* übernommen, und schließlich stand sie als Köchin und Wirtschafterin dem gesamten Hauswesen vor.[43] Eine solche Differenzierung konnte natürlich nur in einem entsprechend großen bäuerlichen Betrieb getroffen werden, an kleineren Höfen versahen die Mägde alle anfallenden Arbeiten ohne genaue Trennung der jeweiligen Verantwortung.[44]

Seltener unterstanden die Frauen einem bürgerlichen Dienstherrn. Anna Miklautschitsch arbeitete beispielsweise für einen Schustermeister in Neustadtl/Novo mesto, Maria Verhofschegg war die Dienstmagd eines Seilermeisters in Cilli.[45] Die Frauen lebten zwar in einem urbanen Umfeld, aufgrund der Struktur der meisten innerösterreichischen Märkte und Städte ergab sich dennoch eine große Nähe zum ländlichen Raum und seinem Arbeitsleben. Tätigkeiten am Feld und im Stall werden daher auch hier nicht völlig auszuschließen gewesen sein.

Vereinzelt erfahren wir von Mägden, die bei einer adeligen Herrschaft bedienstet waren. Maria Wittenz arbeitete für die Grafen Hochenwart im Schloß Raunach/Ravnie in Innerkrain, Agnes Panzer war Kuhmagd im Schloß Stauden/Grm.[46] Ebenfalls eine Ausnahme stellten Maria Anna Wadik und Anna Ruißin dar: Beide dienten in einer städtischen Herrschaft in Graz als Köchinnen.[47] Die beiden zählten damit zum gehobenen Dienstpersonal: Ihnen oblag ausschließlich die Zubereitung der Speisen, für sonstige Arbeiten im Haushalt stand ihnen ein Dienstmädchen zur Seite.

Am zweithäufigsten, nämlich in knapp 20% der Fälle, waren die Angeklagten als mithelfende Familienmitglieder tätig. 65 Frauen lebten also im Haus ihrer Angehörigen, vorzugsweise im bäuerlichen Bereich, sie erbrachten verschiedenste Arbeitsleistungen für die Hausgemeinschaft und erwarben damit ihren Lebensunterhalt. Aufgrund der äußerst heterogenen Struktur dieser Personengruppe bedarf es hier aber einer eingehenderen Differen-

---

43 StLA, Bezirksgericht Feldbach, Fasz. 75: Herrschaft Fürstenfeld, Kriminalsachen 1847.

44 Vgl. zur möglichen „Gesindehierarchie" einer Magd: Regina Schulte: Bauernmägde in Bayern am Ende des 19. Jahrhunderts. In: Frauen suchen ihre Geschichte. Historische Studien zum 19. und 20. Jahrhundert. Hrsg. v. Karin Hausen. München 1983. (= Beck'sche Schwarze Reihe. 276.) S. 110-127 sowie dies.: Das Dorf im Verhör, S. 133-137.

45 StLA, AG-Prot. 10217/1819; AG-Prot. 5201/1840.

46 StLA, AG-Prot. 9740/1823; AG-Prot. 3913/1836. Vgl. zu Schloß Raunach und zu Schloß Stauden: Johann Weichard Valvasor: Die Ehre des Herzogtums Krain. III. Teil. Laibach-Nürnberg 1689 (Nachdruck 1971), S. 465 u. S. 555 f.

47 StLA, AG-Prot. 5609/1808; AG-Prot. 3937/1814. Vgl. E. Hammer: Grazer Kindsmörderinnen, S. 129-133 u. S. 138-141.

zierung. Die Stellung der Frau konnte nämlich abhängig von der Größe des familiären Gehöftes eine sehr unterschiedliche sein. Handelte es sich beispielsweise um eine Bauerntochter, deren Eltern oder deren Geschwister einen arbeitsintensiven Betrieb mit mehreren Dienstboten führten, so zählten auch die nicht besitzenden Familienmitglieder mehr oder weniger zum Gesinde. Reinhard Sieder meint dazu gar, daß die sozialfunktionale Rolle einer Person im Bauernhaus ihre verwandtschaftliche Stellung oft überhaupt überlagerte.[48] Bei Maria Knauder heißt es beispielsweise dezidiert, sie sei *„bey ihrem Vater in Dienst eingestanden"*, auch Ursula Petschnigin bezeichnete sich als Dienstmagd, obwohl sie eigentlich am vormals elterlichen und nunmehr brüderlichen Hof ihre Arbeitsleistung erbrachte.[49] Bei Bauernwirtschaften mittlerer Größe, die weitgehend nur mit Hilfe der Familienmitglieder betrieben wurden, überwog hingegen eher der persönliche Zusammenhalt über einer bloß dienstlichen Verpflichtung. Die Situation in einem bäuerlichen Kleinbetrieb war wiederum eine völlig andere: Es ist anzunehmen, daß etwa die Tochter eines Keuschlers oder eines Kleinhäuslers zusätzlich zu ihrer Arbeit im heimatlichen Haus auch bei Gelegenheit Tagwerksdienste übernehmen mußte, da der Umfang des eigenen Familienbesitzes nicht ausreichte, um die Ernährung mehrerer Personen zu sichern.[50] Die Bezeichnung „mithelfendes Familienmitglied" darf daher nur als Behelfskonstrukt aufgefaßt werden, das durch das Fehlen hinreichender Informationen notwendig geworden ist. Ein Teil der dieser Gruppe zugehörigen Frauen ist mit Sicherheit in seinem Arbeitsverständnis eher als Dienstmagd zu begreifen, ein weiterer Teil bewegt sich demgegenüber in relativer Nähe zum Status einer Tagwerkerin.

29 Frauen, also fast 9%, bezeichneten sich als Taglöhnerinnen und/oder Inwohnerinnen. Sie konnten weitgehend frei über ihre Arbeitskraft verfügen, ihre erbrachte Leistung wurde tage- oder wochenweise entlohnt. Maria Wallnerin erhielt 1812 beispielsweise für ihre Tätigkeit als Tagwerkerin am Grazer Ruckerlberg zwei Gulden pro Woche.[51] Auf diese Weise ohne eigenen Grundbesitz regelmäßiges und hinlängliches Einkommen zu erreichen,

---

48 Vgl. Reinhard Sieder: Sozialgeschichte der Familie. Frankfurt/Main 1987. (= edition suhrkamp. 1276.) S. 17 f.; Gleiches bei R. Schulte: Das Dorf im Verhör, S. 130, sowie Michael Mitterauer: Auswirkungen von Urbanisierung und Frühindustrialisierung auf die Familienverfassung an Beispielen des österreichischen Raums. In: Sozialgeschichte der Familie in der Neuzeit Europas. Neue Forschungen hrsg. v. Werner Conze. Stuttgart 1976, S. 103. O. Ulbricht beharrt dagegen auf der Differenzierung zwischen Kindern und bloßen Dienstboten. Vgl. ders.: Kindsmord und Aufklärung, S. 95 f.

49 StLA, AG-Prot. 10292/1823; AG-Prot. 4168/1790.

50 Allerdings darf auch der Begriff „Keusche" nicht zu eng gefaßt werden: Aus Oberkärnten haben wir Nachrichten, daß bei einer sogenannten Keusche bis zu sechs Dienstboten angestellt sein konnten! Vgl. T. Meyer: Dienstboten in Oberkärnten, S. 203.

51 StLA, AG-Prot. 1417/1812. In den Akten heißt es zwar, die Frau hätte diesen Betrag täglich verdient, im zeitgenössischen Vergleich scheint das jedoch nicht möglich, betrug doch der Lohn eines männlichen Tagwerkers nach amtlicher Festsetzung 1810 nur 36 kr im Sommer bzw. 33 kr im Winter. Vgl. Robert Baravalle: Die Inflation in der Steiermark zu Beginn Erzherzog Johanns Aufbauarbeit (1800-1820). In: ZHVSt 50 (1959), S. 59.

war nicht einfach. Gut die Hälfte der Taglöhnerinnen lebte als mittellose Inwohnerin in einem bäuerlichen Hauswesen. Für die Bereitstellung der Unterkunft waren sie ihren Quartiergebern zur Arbeitsleistung verpflichtet, darüber hinaus mußten sie durch variable, in erster Linie saisonal anfallende Tätigkeiten genug erwirtschaften, um sich auch in Zeiten ohne ausreichende Beschäftigungsmöglichkeiten erhalten zu können. Von mehreren Taglöhnerinnen wissen wir, daß sie bei Familienangehörigen wohnten, deren Hauswesen sie natürlich auch entsprechend unterstützen mußten. In erster Linie wurden die Tagwerkerinnen zu Feldarbeiten herangezogen, etwa zum Getreideschnitt, zur Rübenernte oder zum Flachsbrecheln. Eine Ausnahme bildete lediglich die in Görz beheimatete Magdalena Gregorat: Sie arbeitete als Steinbrecherin in Chiopris.[52]

Zwölf der in Anklage stehenden Kindsmörderinnen können wir als Bäuerinnen oder zumindest Keuschlerinnen ansehen. In den meisten Fällen handelte es sich dabei um verheiratete Frauen, die gemeinsam mit ihrem Mann einem Hauswesen vorstanden. Da sich ihr Rang erheblich von dem eines bloß mithelfenden Familienmitgliedes unterschied, werden sie zu einer eigenen Gruppe zusammengefaßt. Daneben finden sich noch zwei verwitwete und sogar zwei ledige Frauen, die selbständig eine Wirtschaft führten. Das Ausmaß ihres Besitzes wird höchst unzureichend charakterisiert; es kann daher nicht ausgeschlossen werden, daß das Einkommen aus dem eigenen Anwesen durch zusätzliche Handreichungen ergänzt werden mußte. So besaß die ledige Margareth Stenouz Freisassengründe, von denen sie sich und ihre zwei bei sich lebenden Kinder ernähren konnte, die ebenfalls unverheiratete Magdalena Salch wurde als *„Keuschlerin"* und *„Bergholdin"* in den Akten geführt.[53]

Sechs Frauen verschafften sich ihr Auskommen durch Nähen oder Spinnen. Maria Tscherne wanderte beispielsweise zu den einzelnen Höfen in der Nähe ihres Dorfes Malgern/Mala Gora in Krain, verblieb bei Bedarf mehrere Wochen in einem Haushalt und erledigte währenddessen alle notwendigen Näharbeiten.[54] Eine besondere Stellung nahm Anna Jaukin ein: Sie arbeitete 1787 in einer Spinnerei im Markt Feldbach. Die Frau hielt sich bei ihrer Meisterin auf, die eine Spinnstube unterhielt und bei der die Arbeiterinnen auch ihre Wohnung nahmen und tägliche Verpflegung empfingen.[55]

Vier Frauen erwarben ihren Lebensunterhalt hauptsächlich durch Betteln. Bei Elisabeth Steyerer und Maria Mayer läßt sich ihr allmählicher Abstieg in die Klasse der Ärm-

---

52 StLA, AG-Prot. 1250/1823.

53 StLA, AG-Prot. 7843/1816; Lamberg, Familienarchiv, Sch. 364, H. 24: Bezirksherrschaft Feistritz, Schwere Polizei-Übertretungen: Untersuchung von Todesfällen 1829-1847.

54 StLA, AG-Prot. 12217/1835.

55 StLA, AG-Prot. 6477/1787. In den Chroniken zu Feldbach wird diese *„Spinnfabrique"* nicht erwähnt. Vgl. Josef Steiner-Wischenbart: Monographie des Bezirkes Feldbach. Bd 1: Die Stadt Feldbach. Feldbach 1903 sowie Rudolf Grasmug: Acht Jahrhunderte Feldbach. Hundert Jahre Stadt Feldbach. Feldbach 1984.

sten sehr gut nachvollziehen. Beide waren zuerst Bauernmägde gewesen. Als die Mutter von Elisabeth Steyerer erkrankte, sah sich diese gezwungen, ihren Dienst aufzugeben und ihre gebrechliche Mutter sowie ihren eigenen kleinen Sohn - der bisher offenbar bei seiner Großmutter gelebt hatte - durch das Sammeln von Almosen zu erhalten.[56] Während Elisabeth Steyerer noch eine dauernde Bleibe als Inwohnerin in Lehen bei Haus genießen konnte, verblieb Maria Mayer nicht einmal mehr das. Wegen ihrer Schwangerschaft war die Tirolerin aus ihrem Dienst entlassen worden, mit einem unehelichen Kind bestand für sie auch keine Möglichkeit mehr, sich in ihrer Heimat zu verdingen. Die Frau brachte etwa drei Jahre in der Inwohnerschaft zu, bis sie endgültig in die Nichtseßhaftigkeit abglitt und zusammen mit ihrer Tochter und einem Ziehkarren bettelnd in Kärnten umherstreifte.[57]

Zwei Frauen, die vom Appellationsgericht wegen Kindsmordes untersucht wurden, gehörten schließlich dem Bürgerstand an.[58] Maria Grazin war die wohlhabende Witwe eines bürgerlichen Kaufmanns zu Voitsberg, die wegen des heimlichen Begrabens ihres illegitim empfangenen Kindes in Verdacht geriet, ihre Unschuld jedoch durch mehrere bei der Geburt anwesende Zeugen einwandfrei nachweisen konnte.[59] Auch Anna Rautniggin, eine bürgerliche Schuhmachermeisterin aus Guttaring, gebar nicht allein, sondern in Gegenwart ihres Ehemannes; das Kind hatte sie freilich vor ihrer Heirat von einem Gesellen empfangen. Da ihr jedoch keine sträfliche Handlung nachgewiesen werden konnte, wurde sie wegen Beweismangels entlassen.[60]

Betrachten wir die genannten Erwerbszweige der angeklagten Frauen nach regionalen Gesichtspunkten gegliedert, so ergibt sich ein interessantes Bild. Die beiden Herzogtümer Kärnten und Steiermark weisen mit je 74% einen überdurchschnittlich hohen Anteil an Dienstmägden als Kindsmörderinnen auf. Demgegenüber stehen die Berufsgruppen der sogenannten mithelfenden Familienmitglieder und der Tagwerkerinnen zahlenmäßig weit zurück; beide liegen unter den errechneten Mittelwerten. Im Herzogtum Krain sind wir nun mit völlig anderen Verhältnissen konfrontiert: Hier machen die Dienstmägde nur mehr 46% der Angeklagten aus, also fast 20 Prozentpunkte weniger, als der Gesamtdurchschnitt beträgt. Mithelfende Familienmitglieder und Tagwerkerinnen sind hingegen überproportional stark vertreten. Dieser Trend setzt sich im Küstenland weiter fort: Nur mehr 42% der fraglichen Frauen waren als Dienstmägde tätig, 29% ernährten sich von ihrer Arbeit innerhalb des Familienverbandes und 23% suchten als Taglöhnerinnen ihr Auskommen. Besonders kraß waren die Abweichungen übrigens in den Gebieten der Kriminalgerichte von

56 StLA, Haus und Gröbming, Herrschaftsarchiv, Sch. 154, H. 388: Kindesmord 1738-1834.

57 StLA, AG-Prot. 9103/1836.

58 Nicht eingerechnet sind hier die wenigen unselbständigen Töchter aus Bürger- und Beamtenfamilien, die sinngemäß in der Gruppe der „mithelfenden Familienmitglieder" geführt werden. Auf sie wird im Kapitel über Beruf und Stand der Eltern der Kindsmörderinnen eingegangen.

59 StLA, AG-Prot. 8247/1791.

60 StLA, AG-Prot. 3872/1810.

Görz und Rovigno, während die Werte aus Triest annähernd dem Durchschnitt entsprachen. Auch die regionale Zuordnung der Berufsgruppe der Näherinnen und Spinnerinnen scheint noch einer kurzen Anmerkung wert zu sein. Bis auf eine Frau, die ihre Tätigkeit in einer Manufaktur in der Oststeiermark ausübte, stammten alle übrigen, nämlich fünf an der Zahl, bezeichnenderweise aus Krain, was den oben gewonnenen Eindruck nur verstärkt. Hinsichtlich der unter die selbständigen Keuschlerinnen und Bäuerinnen zusammengefaßten Frauen sind keine Besonderheiten feststellbar, das gleiche gilt für Bettlerinnen und Angehörige des Bürgerstandes.

Abb. 6:

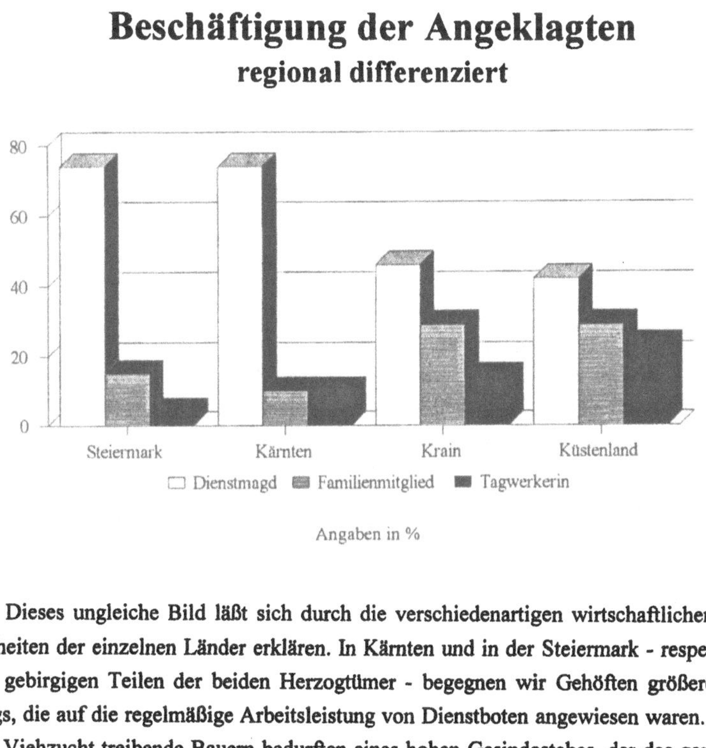

Dieses ungleiche Bild läßt sich durch die verschiedenartigen wirtschaftlichen Gegebenheiten der einzelnen Länder erklären. In Kärnten und in der Steiermark - respektive in den gebirgigen Teilen der beiden Herzogtümer - begegnen wir Gehöften größeren Umfangs, die auf die regelmäßige Arbeitsleistung von Dienstboten angewiesen waren. Vor allem Viehzucht treibende Bauern bedurften eines hohen Gesindestabes, der das ganze Jahr über zur Verfügung stehen mußte. In Teilen Krains und im Küstenland lagen wiederum völlig andere Wirtschaftsformen vor. Auf Ackerbau ausgerichtete Klein- und Kleinstbetriebe überwogen, für die sich die Einstellung von Dienstboten nicht rechnete und die ihr

Auslangen zu saisonalen Arbeitsspitzen vielmehr mit eigens beigezogenen Tagwerkern fanden.

6.6. VERMÖGENSVERHÄLTNISSE

Sowohl die Kriminalgerichtsordnung von 1788 als auch das Strafgesetzbuch von Franz I. sah die Feststellung der Vermögensverhältnisse der untersuchten Personen als Bestandteil des ihnen vorgelegten Fragenkatalogs vor.[61] Zum einen konnte das Vorhandensein eines Vermögens Einfluß auf die Einschätzung einer Straftat haben: Wurde eine Verbrecherin oder ein Verbrecher von drückender Armut zur Ungesetzlichkeit verleitet, so galt dies als Milderungsumstand, der sich auf das Strafmaß günstig auswirkte.[62] Gerade bei Kindsmörderinnen, die in vielen Fällen ihre finanzielle Notlage als Motiv für die Tötung des Neugeborenen anführten, war es unabdingbar, die Tatsächlichkeit dieser Aussage zu überprüfen.

Zum anderen bedurfte das Gericht der Information über die Vermögensverhältnisse, um bezüglich der während des Prozesses anfallenden Kriminalkosten seine Verfügungen zu treffen. Im Fall eines Schuldspruches, aber auch bei einer Lossprechung aufgrund mangelnder Beweise waren die Angeklagten grundsätzlich dazu verhalten, für die Begleichung dieser Aufwendungen zu sorgen, bei Mittellosigkeit entfiel diese Verpflichtung. Ein Freispruch befreite schließlich überhaupt vom Ersatz der Kriminalkosten.[63]

Angaben über das Vorhandensein oder das Fehlen eines Vermögens begegnen wir in rund 225 Fällen. Eine klare Klassifizierung vorzunehmen ist aber fast unmöglich: Bei Grundbesitz konnte der Geldwert der Liegenschaften oft nicht angegeben werden, auch das finanzielle Ausmaß einer zustehenden Erbschaft war nicht immer bekannt. Wurden gar Kleidung oder Lebensmittel als Vermögensbestandteile genannt, so lassen sich überhaupt keine Schätzungen abgeben. Franziska Defranza nannte beispielsweise in Gemeinschaft mit ihren sechs Geschwistern ein kleines Haus mit einigen Grundstücken in Istrien ihr eigen.[64] Sie ist damit zwar nicht als vermögenslos anzusehen, de facto bleibt die Höhe ihres Anteils aber unbekannt; dieser konnte wohl auch nicht von ihren Mitbesitzerinnen und Mitbesitzern in Geld abgelöst werden. Andere Angeklagte wußten zwar, daß ihnen elterliches Erbgut zustand, waren jedoch zu weiteren Auskünften über dessen Höhe oder Anlage außerstande. Im folgenden werden daher nur jene Aussagen berücksichtigt, die einen klar bestimmbaren Vermögenswert ausdrücken.

---

61 KGO 1788, § 103; StGB 1803, 1. Teil, §§ 290, 352.
62 StGB 1803, 1. Teil, § 39 f.
63 KGO 1788, §§ 279 f.; StGB 1803, 1. Teil, §§ 536 f.
64 StLA, AG-Prot. 15155/1823.

Auf mehr als 1.000 fl Besitz konnten zwei verdächtige Kindsmörderinnen verweisen. Die Tochter des ehemaligen Marktschreibers zu Hermagor, Maria Leitgeb, besaß zum Zeitpunkt ihrer Verhaftung 1808 an väterlichem Erbe 3.000 fl, angelegt in Schuldbriefen beim Marktgericht.[65] Sie war damit die bei weitem wohlhabendste der gerichtlich untersuchten Frauen. Als Ausnahme ist auch Maria Grazin, Tochter eines Lebzelters und Witwe eines bürgerlichen Handelsmanns in Voitsberg, zu werten. Ihr Vermögen umfaßte im Jahr 1791 *„an unbezahltem Kaufschilling des Hauses eine Schuld pr 700 fl, bei ihrer Mutter eine Forderung an Darlehen pr 300 fl, dann an Hauseinrichtung und Kleidung bei 500 fl Werts"*.[66]

Weitere 18 Frauen besaßen ein Guthaben von über 100 fl. An der Spitze stand dabei Theresia Hatzin, eine Bauerntochter aus Klöch, mit einem Vermögen von 735 fl, ihr folgten die aus Peggau gebürtige Magdalena Fürpaß, der an väterlichem Erbe 720 fl zustanden und die Bauerntochter Maria Piebezin, die in Marburg/Maribor ein Haus im Wert von 450 fl besaß.[67] Die übrigen Vermögenswerte bewegten sich um bzw. unter 200 fl. Es handelt sich dabei meist um zustehendes Erbgut, allenfalls ergänzt durch gering ersparte Beträge aus eigenem Verdienst. Diese Angaben bedürfen allerdings einer Relativierung: Nicht immer bedeutete ein bestehendes Guthaben auch dessen praktische Nutzbarkeit. Gerade elterliche Erbteile hafteten häufig an einer Liegenschaft und konnten nur schwer oder gar nicht von dessen neuem Besitzer ausbezahlt werden. So war beispielsweise das gesamte Vermögen der Magdalena Fürpaß an die ehemals väterliche, nunmehr aber ihrem Bruder zugehörige Realität gebunden.

Vermögenswerte zwischen 15 fl und 100 fl nannten noch weitere 18 der gerichtlich untersuchten Frauen ihr eigen, in erster Linie ebenfalls erbrechtlich erworbenes oder noch zu erwerbendes Gut. Auch hier gilt es, die oben angeführte Trennung zwischen einer Forderung und einem tatsächlich innehabenden Gut zu berücksichtigen: Obwohl etwa Theresia Neppel von ihrem verstorbenen Vater, einem Schulmeister, 97 fl Erbe zustanden, verwies sie vor Gericht auf ihre de facto bestehende *„gänzliche Mittellosigkeit"*.[68] Zur finanziellen Absicherung reichten die meisten Beträge dieser Vermögenskategorie in der Regel ohnehin nicht aus. Es nimmt daher nicht wunder, daß die Zusammensetzung so mancher kleinen Barschaft der Inhaberin genauestens bekannt war. Gertraud Kögler wußte dem Gericht zu berichten, daß ihr Vermögen neben ihren Kleidungsstücken noch in *„2 fl Kupfermünze, dann bey 19 fl Papier- und drei Zwanziger Stücke Konventions Geldes"*[69] bestand. In dieser

65 StLA, AG-Prot. 4757/1808.
66 StLA, AG-Prot. 8247/1791.
67 StLA, AG-Prot. 10249/1788; AG-Prot. 15458/1838; AG-Prot. Fasz. 20, 495/1793.
68 StLA, AG-Prot. 4297/1822.
69 StLA, AG-Prot. 4136/1820.

Abstufung war bereits jedes einzelne Geldstück für die Besitzerin von Wert und wurde entsprechend notiert.[70]

Bei der überwiegenden Zahl der in Frage stehenden Frauen kann aber mit Sicherheit davon ausgegangen werden, daß sie weder über nennenswertes Vermögen verfügte, noch Ansprüche darauf erheben durfte.[71] Als einziges Besitztum wurden bisweilen mehrere Gulden ersparter Arbeitslohn oder Kleidung angegeben. Für eine Bauernmagd war es praktisch unmöglich, sich bloß durch eigene Arbeit ausreichende Rücklagen zu erwirtschaften,[72] obwohl ihr Bestreben - anders als bei den Männern - grundsätzlich darauf ausgerichtet war. Untersuchungen über steirische Dienstboten haben ergeben, daß weibliche Angehörige des Gesindes bis zu ihrem 40. Lebensjahr etwa zehn bis 15% ihres Lohnes an Barvermögen ansparten.[73] Als jährliches Entgelt konnten sie allerdings Anfang des 19. Jahrhunderts nur um 10 fl erwarten; in Großsölk verdiente eine Dirn durchschnittlich zwischen 9 und 10 fl im Jahr, für die Staatsherrschaft Göß, für das Mur- und für das Mürztal gibt es ähnliche Zahlen.[74] Aus einer in Oberkärnten durchgeführten Erhebung wissen wir, daß dort eine Magd im Jahr 1824 an Barlohn durchschnittlich knapp 6 fl erwarten durfte; rechnet man auch die empfangenen Naturalien wie Kleidungsstücke und Schuhwerk mit ein, wurde ihr Dienst ebenfalls insgesamt mit einem Gegenwert von etwas über 10 fl abgegolten.[75] Meist war die Anschaffung von Bekleidung vordringlichstes Bedürfnis der Mägde. Der Stadtmagistrat von Bruck an der Mur erstellte bei der Verhaftung von Theresia Radlerin 1804 ein genaues Verzeichnis der ihr zugehörigen Wertgegenstände. Dieses erschöpfte sich in einer reinen Aufzählung von Kleidungsstücken, anderes Hab und Gut war nicht vorhanden - sieht man von etwas Bettzeug und drei Stück Hausrat ab. Die Magd besaß unter anderem einen Winterpelz, zwei Paar Bundschuhe, sieben Paar Wollstrümpfe, elf reistene Hemden und vier Röcke. Den meisten dieser Gegenstände setzte der Schreiber allerdings die Attri-

---

70 Zum Vergleich: 1805 kostete ein Pfund (also 0,56 Kilogramm) Butter 34 kr, für ein Pfund Schweinefleisch bezahlte man 18 kr, ein Metzen Weizen (61,5 l) war 6 fl. 15 kr wert. 1818 verlangte ein Grazer Schneider für die Anfertigung eines langen Beinkleides 13 fl 45 kr. Vgl. R. Baravalle: Die Inflation, S. 53 u. S. 55.

71 Richard van Dülmen bestätigt diese Aussage für sein Untersuchungsgebiet. Vgl. ders.: Frauen vor Gericht, S. 79.

72 Die Untersuchung von Rolf Engelsing über das Vermögen der Dienstboten in Deutschland bezieht sich ausschließlich auf qualifiziertes und wirtschaftlich besser stehendes Personal in bürgerlichen und herrschaftlichen Haushalten und ist zum direkten Vergleich nicht geeignet. Vgl. ders.: Das Vermögen der Dienstboten in Deutschland zwischen dem 17. und 20. Jahrhundert. In: Jahrbuch des Instituts für Deutsche Geschichte 3 (1974), S. 227-256.

73 Vgl. Dieter Kreuziger: Rechts- und sozialhistorische Entwicklung des ländlichen Dienstboten- und Gesindewesens in der Steiermark von den Anfängen bis zur Zeit Erzherzog Johann'. Graz, Rechts- und staatswissenschaftl. Diss. 1969, S. 150.

74 Vgl. D. Kreuziger: Dienstboten- und Gesindewesen, Beilage 7; Elke Hammer: Kriminalität und Unzucht im Mürztal von 1705 bis 1835. Graz, Diplomarbeit am Institut für Geschichte 1992, S. 77.

75 Vgl. T. Meyer: Dienstboten in Oberkärnten, S. 96.

bute *„alt"* oder *„schlecht"* bei.[76] Andere vor Gericht gestellte Frauen waren noch ärmer. Unter den eingebrachten Habseligkeiten der Oststeirerin Magdalena Salch wurden in Ermangelung anderer Objekte sogar *„einige lamerne Fetzen"* der Aufzeichnung für wert befunden, bei Maria Wieser, die mit ihrem fünfjährigen Töchterchen bettelnd durch Kärnten zog, kann man sich denken, daß in ihrem bei sich geführten Ziehkarren ihre gesamten Besitztümer bequem Platz fanden.[77]

Abb. 7:

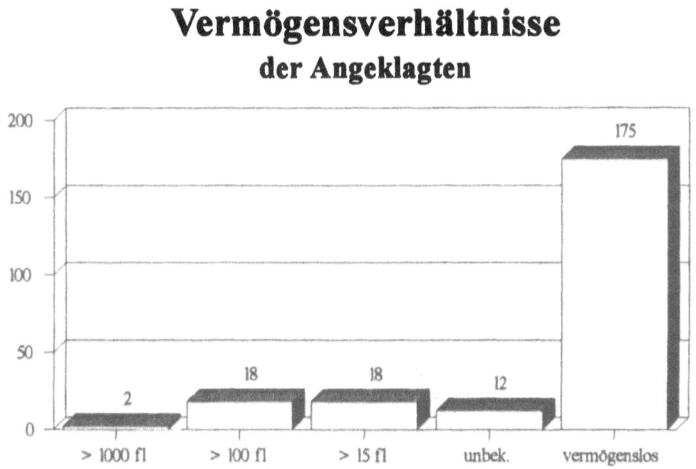

Eine regional differenzierte Untersuchung der Vermögensverhältnisse der verdächtigen Kindsmörderinnen bringt eine nicht uninteressante Tatsache zum Vorschein. Unter jenen 50 Angeklagten, bei denen nach der Aktenlage zumindest ein gewisses Vermögen angenommen werden kann, befindet sich lediglich eine Frau aus dem Küstenland. Im Verhältnis gesehen ist damit dieser Teil Innerösterreichs deutlich unterrepräsentiert. Innerhalb der einzelnen Herzogtümer Steiermark, Kärnten und Krain gibt es keine auffallenden Besonderheiten, die Streuung ist weitgehend regelmäßig.

---

76 StLA, Bruck/Mur, Stadtarchiv, Sch. 45, H. 178: Straftaten, Polizeiübertretungen 1804/05; AG-Prot. 5709/1804. Reistenes Garn ist das feinste, dreimal gehechelte Bauerngarn.

77 StLA, Lamberg, Familienarchiv, Sch. 364, H. 24: Bezirksherrschaft Feistritz, Schwere Polizei-Übertretungen: Untersuchung von Todesfällen 1829-1847; AG-Prot. 9103/1836.

6.7. FAMILIÄRES UMFELD

Zu 250 der angeklagten Frauen erhalten wir in irgendeiner Form Informationen über die familiären Verhältnisse, denen sie entstammten, etwa über eheliche oder uneheliche Geburt, Leben oder Sterben der Elternteile, Existenz von Geschwistern oder anderen Angehörigen, Kontakt zu lebenden Verwandten und dergleichen. In mehr als 135 Fällen können wir zudem die berufliche Tätigkeit der Eltern einordnen. Der angesetzte Maßstab ist hier allerdings nicht immer einheitlich: Manchmal bezieht sich die mitgeteilte Information auf den Zeitpunkt der Verhaftung der inkriminierten Frauen, bisweilen wird aber auch deutlich, daß ein in der Vergangenheit liegender Zustand - etwa jener bei Verlassen des Elternhauses - charakterisiert erscheint. Trotz dieser Unschärfe verlieren die Ergebnisse nichts von ihrer prinzipiellen Aussagekraft. Obwohl wir natürlich berücksichtigen müssen, daß die meisten der unter Verdacht stehenden Frauen weit im Erwachsenenalter standen und durch selbständigen Erwerb ihren Lebensunterhalt verdienten, wird eine gewisse nachhaltige Prägung durch das Elternhaus nicht völlig auszuschließen sein. Zudem macht es für die Bewertung der Tat einen Unterschied, ob eine werdende Mutter die Hoffnung haben konnte, in ihrer Familie emotionalen und wirtschaftlichen Rückhalt zu finden oder ob sie aufgrund mangelnder familiärer Bindungen auf sich allein gestellt blieb.

Wenn wir zuerst die Frage klären wollen, wie hoch der Prozentsatz an illegitim geborenen Frauen anzusetzen ist, so erleben wir eine Überraschung: Lediglich 27 Angeklagte - damit rund 11%, gemessen an der oben genannten Verhältniszahl - gaben explizit zu Protokoll, einer nicht ehelichen Verbindung zu entstammen.[78] Am häufigsten finden wir dabei natürlich Angehörige des Dienstbotenstandes unter den Elternteilen, als Väter werden unter anderem auch zwei Soldaten, ein Maurer, ein Bergarbeiter und ein Taglöhner genannt. Zwei Frauen wußten nichts über ihre Herkunft zu berichten, sie waren Findelkinder. In den meisten übrigen Fällen wird entweder ausdrücklich auf eine legitime Geburt verwiesen oder eine solche läßt sich zweifelsfrei aus den skizzierten Familienverhältnissen erschließen. Nur einigemale bleiben wir, mit der kommentarlosen Formulierung *„elternlos"* konfrontiert, diesbezüglich ratlos zurück. Es ist also mit Sicherheit davon auszugehen, daß der überwiegende Teil der vor Gericht stehenden Kindsmörderinnen innerhalb einer rechtsgültigen Ehe gezeugt worden ist. Welche Bedeutung diese Tatsache für den Verlauf von Kindheit und Jugend der Frauen besitzen konnte, dem wird später noch nachgegangen.

[78] O. Ulbricht bestätigt den geringen Anteil illegitim geborener Kindsmörderinnen, allerdings für das 18. Jahrhundert. Vgl. ders.: Kindsmord und Aufklärung, S. 40.

Abb. 8:

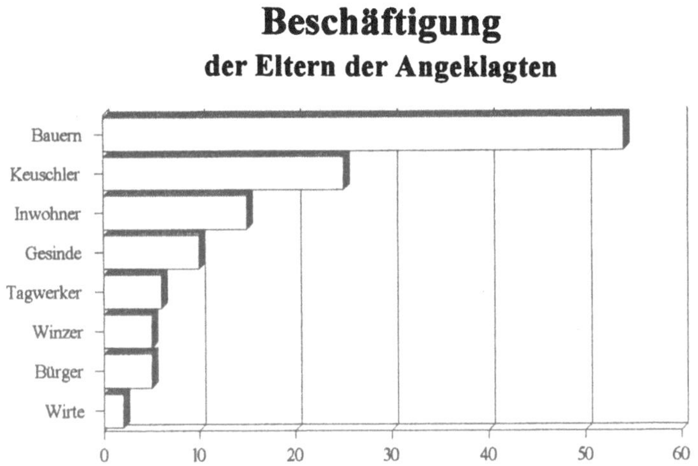

Der eben gewonnene Eindruck verstärkt sich, wenn wir einen Blick auf die berufliche Tätigkeit der Eltern werfen. Die meisten Angeklagten, nämlich nicht weniger als 54, waren *„Bauerntöchter"*. Inwieweit es sich dabei allerdings um tatsächliche Vollbauern handelte, wissen wir nicht, Hinweise auf Umfang und Ausstattung der Betriebe sind spärlich. Wenn wir jedoch bedenken, daß bei der Seelenzählung im Jahr 1754 gesamtsteirisch nur mehr ein Anteil von 6,7% Bauernwirtschaften mit einem Anwesen von über 15 Hektar ermittelt wurde,[79] ist von dieser Annahme vielmehr Abstand zu nehmen. Eine regional differenzierte Betrachtung speziell der ländlichen Bevölkerung bestätigt ebenfalls, daß die Begrifflichkeit bei der beruflichen Einstufung der Eltern nicht sehr genau genommen worden sein kann. Gerade das Herzogtum Krain und das Küstenland weisen nämlich eine überaus hohe Anzahl von Elternpaaren auf, die in den Akten explizit unter der Bezeichnung „Bauern" aufscheinen. In diesen Ländern war nun aber der Prozentsatz von Vollerwerbsbauern besonders niedrig. Wir müssen also davon ausgehen, daß auch landwirtschaftliche Klein- und Kleinstbetriebe - entweder nach Gutdünken der jeweiligen Schreiber oder nach Auffassung der Angeklagten selbst - als „bäuerlich" eingestuft wurden und solcherart ins Protokoll

[79] Vgl. Manfred Straka: Beiträge zur Bevölkerungs- und Sozialgeschichte der Steiermark im 18. Jahrhundert. In: ZHVSt 55 (1964), S. 43 f; Vgl. E. Bruckmüller: Sozialgeschichte Österreichs, S. 219 f.

Eingang fanden.[80] Rund die Hälfte der sogenannten Bauerntöchter konnte aber noch am elterlichen Hof als mithelfendes Familienmitglied ihr Auskommen finden. Ursula Jack ist eine der wenigen Frauen, von der wir wissen, daß Vater und Mutter in Kertina/Krtina in Krain eine ganze Hube bearbeiteten, während sich die Familie von Maria Leutschitsch schon mit den Erträgnissen, die ihre „*3/8 Hube*" zu Untersemon/Dolenji Zemon abwarf, begnügen mußte.[81] Eine gewisse wirtschaftliche Prosperität dürfen wir auch von der Berufsgruppe der „*Wirtsleute*" erwarten, zu der zwei Frauen familiär zugehörig waren. Ein Gasthof verband sich ja mit einem entsprechenden landwirtschaftlichen Betrieb, so führten die Eltern von Katharina Kautschitsch bei Präwald/Razdrto in Krain nicht nur ein Gasthaus, sondern sie besaßen auch mehrere Grundstücke, die sie agrarisch nutzten. Alle drei Töchter der Familie konnten damit versorgt werden.[82]

Die Eltern von 25 Angeklagten lebten als Hofstätter, Keuschler oder Kleinhäusler. Ihre ökonomische Basis war in der Regel sehr eingeschränkt, weshalb sie häufig einen Nebenerwerb suchten. Der Vater von Elisabeth Rotar besaß etwa einen Weinausschank, um sein Einkommen zu verbessern, die Eltern von Franziska Sinader betrieben zusätzlich eine Abdeckerei.[83] Auf diese Weise konnten zumindest einige Keuschlertöchter im Familienverband verbleiben, wenngleich anzunehmen ist, daß sie nicht nur von den Früchten der eigenen Wirtschaft lebten, sondern diese durch diverse Taglohnarbeiten vermehren mußten.

Einen ähnlichen sozialen Hintergrund - wenn auch etwas abgestuft - wiesen die „*Weinzierlleute*" auf, die in fünf Fällen als Abstammung genannt werden. Sie umsorgten die Weingärten größerer Besitzer, die in einiger Entfernung von ihren Liegenschaften wohnten und auf diese Weise die notwendigen Arbeiten nicht verrichten konnten oder wollten. Die Winzer verfügten im Normalfall über kein Eigentum an Grund und Boden, sondern bewohnten nur das dem Weingartenbesitzer gehörige Winzerhaus; meist wurde ihnen darüber hinaus aber ein kleiner Acker oder Garten zu ihrer Benützung zugewiesen. Für ihre geleisteten Tätigkeiten im Weingarten erhielten die Weinzierle einen bestimmten Lohn, ihr Dienst dauerte gewöhnlich ein Jahr.[84] Alle fünf genannten Winzerfamilien waren übrigens in der Süd- und Untersteiermark ansässig.

---

80 Vgl. auch G. Babor: Kindesmord, Kindesweglegung, Abtreibung, S. 238, sowie Untersuchungen aus Deutschland, wo die meisten angeklagten Kindsmörderinnen aus der mit kleinem Landbesitz ansässigen Unterschicht entstammten: R. Schulte: Das Dorf im Verhör, S. 127; O. Ulbricht: Kindsmord und Aufklärung, S. 47.

81 StLA, AG-Prot. 1248/1816; AG-Prot. 10205/1823.

82 StLA, AG-Prot. 8621/1821.

83 StLA, AG-Prot. 15547/1835; AG-Prot. 4746/1838; Stiftsarchiv St. Lambrecht, Landgericht St. Lambrecht, Sch. Prov. Nr. 82.

84 Vgl. Ileane Schwarzkogler: Zwischen Mur und Drau - Der Weinbau des 19. Jahrhunderts in der ehemaligen Untersteiermark im Spiegel zeitgenössischer Berichte und Reportagen. In: Weinkultur. Katalog zur Steirischen Landesausstellung 1990, Beitragsteil. Graz 1990, S. 200 f.

Von 15 Frauen erfahren wir, daß ihre Eltern in der Inwohnerschaft Aufenthalt nahmen. Sie dürften sich in erster Linie, genauso wie sechs weitere als Tagwerker anzusehende Elternteile, durch anfallende Gelegenheitsarbeiten ernährt haben, auch sporadisches Betteln ist mit zunehmendem Alter wohl nicht auszuschließen. Der Vater von Maria Kostel hatte seinen Unterhalt immer als Tagwerker verdient, zum Zeitpunkt der Verhaftung seiner Tochter war er jedoch schon 88 Jahre alt und nicht mehr in der Lage, sich durch seine eigene Arbeitskraft zu erhalten. Er empfing daher einen Zuschuß aus dem Armeninstitut von Laibach, zusätzlich ging er zusammen mit seiner Frau dem Betteln nach. Die ebenfalls bejahrte, unverheiratete Mutter von Margareth Kristan versuchte, mit dem Spinnen von Wolle ihr Brot zu verdienen, der Vater von Gertraud Kögler war als Mühlsteinbrecher in St. Johann am Brückl tätig.[85] Die Töchter aus solchen Inwohner- und Tagwerker-Familien finden wir fast durchwegs als Mägde im Dienst; bei ihren Angehörigen war für sie kein Platz.

Zehn Angeklagte verwiesen auf zumindest einen Elternteil im Gesindestand. Alle diese Frauen waren unehelich geboren, ihre Mütter arbeiteten als Bauerndirnen am Land. Theresia Radlerin war etwa die ledige Tochter einer Dienstmagd und eines Müllerjungen, Magdalena Grabner entstammte der illegitimen Verbindung einer obersteirischen Dienstmagd und eines Bauernsohnes.[86] Ihre Mutter Margaretha Grabner arbeitete übrigens knapp 30 Jahre später, als ihre Tochter vor Gericht gestellt wurde, noch immer als Magd, es kam also nicht selten vor, daß eine Frau zeit ihres Lebens in fremden Diensten stehen mußte.

Ungewöhnlich ist die Tätigkeit, der die Mutter von Johanna Costa nachging: Margareth Costa, eine Witwe, war nämlich 1788 Arbeiterin in einer Rosolio-Fabrik in Triest. Diese Likörfabriken stellten einen wichtigen Wirtschaftszweig der Stadt dar, pro Jahr wurden etwa 200.000 Flaschen Rosolio hergestellt und nach ganz Europa exportiert.[87] Eine einzige Frau hatte ihre Wurzeln im Bergarbeiterstand, Anna Maria Walkner war die uneheliche Tochter eines Salzbergarbeiters von Aussee.[88] Zwei Väter gingen ihrem Beruf als Hammerschmiede nach, zwei weitere übten als Kürschner sowie Maurer eine gewerbliche Tätigkeit aus, scheinbar aber nur als Gesellen bzw. in nicht zunftmäßig organisierter Form.

Deutlich abgesetzt davon zu sehen sind jene Frauen, die einem bürgerlichen Haus entstammten. Johanna Nunners Eltern waren etwa Steinbierbrauer in Neumarkt, der Vater von Franziska Stigerin hatte gar das Stadtrichteramt in Windischgraz/Slovenj Gradec inne.[89] Entsprechendes Ansehen und finanziellen Hintergrund genoß auch die Familie von Maria

---

85 StLA, AG-Prot. 7739/1824; AG-Prot. 5991/1838; AG-Prot. 4136/1820.

86 StLA, AG-Prot. 5709/1804; AG-Prot. 946/1820.

87 StLA, AG-Prot. 10012/1788. Vgl. zu den Rosolio-Fabriken: Fulvio Babudieri: Industrie, commerci e navigazione a Trieste e nella regione Giulia dall'inizio del settecento ai primi anni del novecento. Milano 1982. (= Università di Trieste. Facoltà di scienze politiche. 22.) S. 93 f.

88 StLA, AG-Prot. 8544/1835.

89 StLA, AG-Prot. Fasz. 20, 149/1799; AG-Prot. Fasz. 20, 36/1793.

Leitgeb: Ihr verstorbener Vater war in Hermagor Marktschreiber gewesen, ihre Mutter besaß den sogenannten „Hirschenwirt" im Markt. Johann Leitgeb, ihr Bruder, war Gastwirt, Oberrichter und einer der reichsten Bürger des Ortes.[90] Er intervenierte übrigens beim steirisch-kärntnerischen Gubernium, damit seine Schwester Maria ihre Strafe nicht am Grazer Schloßberg, sondern im Provinzialstrafhaus zu Klagenfurt verbüßen durfte. Auch das Amt des Schulmeisters, das der Vater von Theresia Neppel von 1767 bis zu seinem Tod im Jahr 1815 in Leutschach ausübte, dürfte einigermaßen einträglich gewesen sein, Anton Neppel besaß zumindest ein Bürgerhaus im Markt, in dem er seine Schüler unterrichtete.[91]

Den überaus großen Einfluß, den der Vater von Theresia Pöcher inne hatte, zeigt am besten der Hergang der gerichtlichen Ermittlungen gegen seine Tochter.[92] Franz Pöcher war Kameralverwalter und Anwalt der Staatsherrschaft Seckau; als die 24jährige Theresia Pöcher wegen Kindsmordes und ihre Mutter Katharina wegen Mithilfe angeklagt wurden, ließ er - wie aus dem Aktenverlauf leicht zu ersehen ist - alle seine Verbindungen spielen, um die Untersuchung gegen Frau und Kind niederzuschlagen. Das Appellationsgericht erkannte bereits bei den ersten Nachforschungen, daß ursprünglich die ganze Angelegenheit hätte vertuscht werden sollen, erst durch eine anonyme Anzeige an das Kreisamt in Judenburg war eine behördliche Kenntnisnahme des Geschehens unumgänglich. Das Kreisamt stellte - sicher nicht unbefangen - die Tat als bloße Polizeiübertretung dar, als trotzdem eine Kriminaluntersuchung eingeleitet wurde, beantragte Franz Pöcher, diese vom Kriminalrichter und Verwalter der Staatsherrschaft Pöllau, Karl Johann Beck, führen zu lassen.[93] Seine Motive ließen sich nicht lange verbergen: Die beiden Berufskollegen waren einander freundschaftlich verbunden. Das Appellationsgericht lehnte daher das Ansuchen wegen Gefahr der Parteilichkeit des Richters ab, verweisend auf die ohnehin schon eingelangten Beschwerden über die Unterdrückung und Verheimlichung des Falls, und übertrug die Untersuchung an den Kriminalrichter Anton Rochel von Hartberg.[94] Auch dieser agierte nicht seinem Berufsethos gemäß. Er unterließ notwendige Erhebungen und kam aus nicht

---

90 StLA, AG-Prot. 4757/1808. Vgl. Karin Rauscher: Der Markt Hermagor. Von den Anfängen bis in die erste Hälfte des 19. Jahrhunderts. Graz, Diplomarbeit am Institut für Geschichte 1993, S. 98 u. S. 156; vgl. auch: Hermagor. Geschichte, Natur, Gegenwart. Hrsg. v. der Stadtgemeinde Hermagor. Redigiert von Gotbert Moro. Klagenfurt 1969. (= Beigabe zur Carinthia I 159/1969) S. 82 u. S. 85.

91 StLA, AG-Prot. 4297/1822. Vgl. zur Familie Neppel: Fünfhundert Jahre Markt Leutschach. 1458-1959. Festschrift. Hrsg. v. Heimatkreis Leutschach anläßlich der Festtage der 500jährigen Wiederkehr der Markterhebung von Leutschach. Leutschach 1959, S. 46 f.

92 StLA, AG-Prot. 3156/1815; AG-Prot. 350/1816.

93 Karl Johann Beck kam 1808 nach Pöllau, er war 1811 Verwalter der Staatsforste Göß und wurde 1813 Verwalter, Grundbuchsdirektor und Ortsrichter in Pöllau; diese Ämter hatte er bis 1815 inne. Vgl. Bruno Brandstetter: Recht und Gericht im Markte Pöllau. (Unveröffentlichtes Manuskript). Graz 1967, S. 205.

94 Vgl. zu seiner Person: Fritz Posch: Geschichte des Verwaltungsbezirkes Hartberg. Bd I/1: Von der Urzeit bis 1848. Graz u. Hartberg 1978. (= Große geschichtliche Landeskunde der Steiermark. 1,1.) S. 453.

nachvollziehbaren Gründen zum Schluß, von einem weiteren gerichtlichen Vorgehen *„aus Abgang rechtlicher Anzeigungen"* Abstand zu nehmen. Seine unverkennbare Voreingenommenheit veranlaßte das Appellationsgericht zu der Überlegung, ihm das Verfahren zu entziehen und die Untersuchung dem Magistrat in Graz anzuvertrauen. An dieser Stelle schaltete sich jedoch wieder Franz Pöcher ein. Er bat, von der gegen seine Gattin erhobenen Anklage entweder ganz abzulassen oder die Angelegenheit zumindest an ein in der Nähe von Seckau gelegenes Kriminalgericht - angeblich der Kosten wegen - zu delegieren. Das Appellationsgericht kam diesem Wunsch nach und beauftragte den obersteirischen Bannrichter zu Leoben, Alois Mühlstein, mit der Fortführung des Prozesses. Doch es kam abermals zu Unregelmäßigkeiten, der Bannrichter sprach, den gesetzlichen Richtlinien entgegen, Theresia Pöcher und ihre Mutter von den ihnen angelasteten Verbrechen vollkommen frei. Das Appellationsgericht sah sich veranlaßt, das Urteil zu korrigieren und den Prozeß aus Beweismangel aufzuheben. Die Untersuchung hatte sich durch die Interventionen von Franz Pöcher letztendlich fast eineinhalb Jahre hingezogen, eine Verzögerung, die eine wahrheitsgetreue Aufklärung des Vorfalls mit Sicherheit unmöglich machte. Die Angeklagten befanden sich währenddessen übrigens immer auf freiem Fuß. Eine solche Vergünstigung war ebenfalls nicht üblich, sie durfte nur unter bestimmten Bedingungen gewährt werden.[95] Auch das Obergericht ließ, trotz seiner ängstlichen Bedachtnahme auf den Vorwurf der Parteilichkeit, aufgrund der besonderen Stellung der beiden inkriminierten Frauen ungewöhnliche Rücksichtnahme walten. Mehrmals betonte es ausdrücklich, daß zur Wahrung des guten Rufes der Familie kein Aufsehen erregt und bei den Amtshandlungen größtmögliche Schonung angewandt werden sollte - ein bewiesenes Zartgefühl, nach dem wir bei anderen gerichtsanhängigen Verfahren vergebens suchen. Wir wissen nicht, welche Strafe Theresia Pöcher zu erwarten gehabt hätte, wäre sie nicht die Tochter eines hohen Beamten gewesen, der ihretwegen Gerichte und Behörden korrumpierte.

Die meisten Familien von Kindsmörderinnen waren also am Land ansässig, besaßen eigenen Grund und Boden und nutzten diesen in irgendeiner Weise agrarisch. Reichten die Erträgnisse zur Lebensführung nicht aus, wurden zusätzlich Gelegenheitsarbeiten übernommen. Die Zahl jener Elternpaare, die völlig unbemittelt ihr Leben fristeten oder gar unsteten Aufenthalts waren, nimmt sich dem gegenüber verhältnismäßig gering aus. Analog dazu ist festzustellen, daß die meisten gerichtlich belangten Frauen aus einer legitimen ehelichen Verbindung stammten.

Rund drei Viertel der Frauen besaßen noch lebende Angehörige. Der Schluß, daß sie damit im Bedarfsfall ohne weiteres auch auf familiären Rückhalt zählen durften, ist allerdings nicht zulässig. Zum einen ließ es die ökonomische Situation der Eltern oder Geschwister oft nicht zu, hinreichende Unterstützung zu gewähren. Verwandte, die selbst im

---

95 StGB 1803, 1. Teil, § 306.

Gesindedienst standen oder als Taglöhner in der Inwohnerschaft ihren kärglichen Lebensunterhalt verdienten, sahen sich selbst bei gutem Willen außerstande, eine Mutter in ihrem Wochenbett zu pflegen oder gar längerfristig für ein Kleinkind zu sorgen. Angehörige konnten im Gegenteil für die werdende Mutter sogar zur wirtschaftlichen Belastung werden, etwa wenn sie mit ihrem Einkommen auch für ältere, gebrechliche Familienmitglieder aufkommen mußte. Die Krainerin Miza Beneditshonka gab ihren gesamten Erwerb, den sie durch Näharbeiten erreichen konnte, ihrem dienstunfähigen Vater, Ursula Krischai erhielt durch ihre Taglohnarbeit nicht nur sich selbst, sondern auch ihre betagte Mutter.[96] Ein längerer Verdienstausfall dieser Frauen hätte dem jeweiligen Haushalt die Lebensgrundlage entzogen, jede Vergrößerung der Familie erschwerte die ohnehin schon prekäre Situation.

In vielen Fällen war es auch mehr als zweifelhaft, ob Angehörige die nötige Bereitschaft besessen hätten, eine ledige Mutter aufzunehmen und ihr zumindest vorübergehend beizustehen. Mehrere Frauen, die schon seit Jahren in fremden Diensten standen, hatten kaum mehr Kontakt zu ihren Anverwandten. Maria Kerner zum Beispiel wußte den gegenwärtigen Aufenthalt ihrer Eltern gar nicht zu nennen, Maria Wallnerin war bereits acht Jahre lang nicht mehr in ihrem Geburtsort in Lebring gewesen und konnte nicht genau sagen, ob ihr Vater überhaupt noch lebte.[97] Jeder noch so lose familiäre Zusammenhalt war damit zerrissen, eine Wiederaufnahme der Beziehungen zu eigentlich fremd gewordenen Menschen mußte für eine Frau gerade in einer für sie so demütigenden Lage ausgeschlossen erscheinen.

Auch problematische Familienverhältnisse im Elternhaus dürften mehrmals mit ein Grund gewesen sein, keinerlei Hoffnungen auf verwandtschaftliche Hilfeleistungen setzen zu können. Zu vermuten ist das vor allem, wenn ein leiblicher Elternteil gestorben war und ein Stiefvater oder eine Stiefmutter seine Stelle vertrat. Josepha Schugel erzählte dem Krainer Kriminalgericht, daß sie bis zum Tod ihrer Mutter bei der Familie gelebt habe, mit dem Eintreten ihrer Stiefmutter aber das Elternhaus verlassen mußte.[98] Gerade wenn aus einer zweiten Ehe weitere Kinder entsprossen waren, die ebenfalls Anspruch auf anteiligen Besitz erhoben, überlagerte mißgünstiges Konkurrenzdenken häufig jede Rücksichtnahme auf bestehende familiäre Verpflichtungen. Ging das Anwesen nach dem Tod der Eltern an einen anderen Geschwisterteil über und wurde nunmehr etwa von Bruder und Schwägerin bewirtschaftet, so konnte die Frau ebenfalls als Störfaktor gelten, wenn sie gewisse Mitspracherechte in den häuslichen Geschäften nicht aufgeben wollte.

Abseits solcher vorderhand heikel anmutender Familienstrukturen war es allerdings auch keine Seltenheit, daß blutsverwandte Mitglieder des engsten Familienkreises, die zu-

96 StLA, AG-Prot. 1833/1791; AG-Prot. 3895/1805.

97 StLA, AG-Prot. 6245/1838; AG-Prot. 1417/1812. Zu Maria Kerner vgl. E. Hammer: Grazer Kindsmörderinnen, S. 141-146.

98 StLA, AG-Prot. 11981/1838.

dem als wirtschaftlich relativ abgesichert galten und die mitunter auch in dauernder Gemeinschaft mit den Kindesmüttern lebten, keinerlei Verständnis für jedwede moralische Verfehlung ihrer Anverwandten aufbringen konnten und dies auch entsprechend artikulierten. Obwohl die Eltern von Maria Stockin vermögend waren und eine große Bauernwirtschaft in Unzmarkt besaßen, gestand die Frau ihrer Familie und respektive ihrem Vater die Schwangerschaft nicht ein, weil er mehrmals gedroht hatte, daß ihm keines seiner Kinder in solchem Zustand nach Hause kommen dürfte.[99] Wie häufig die Furcht vor einer Zurückweisung oder gar Mißhandlung von Angehörigen als auslösendes Moment für einen Kindsmord eine Rolle spielte, darauf wird in der Folge noch eingegangen.

6.8. KINDHEIT UND JUGEND

Einblicke in den Verlauf von Kindheit und Adoleszenz werden uns bei rund 115 Angeklagten gewährt. Die Skizzierung der Verhältnisse in den Appellationsgerichtsprotokollen erfolgt allerdings stark verkürzt und beschränkt sich in der Regel nur auf wenige Worte und Daten. Dokumentiert wurden vor allem jene Fälle, in denen die Frauen in ihrer Kinderzeit große Vernachlässigungen erfahren hatten. Aus über 70 Lebensläufen kann man entnehmen, daß die Eltern nicht in der Lage waren, ihren Töchtern entsprechende Pflege und Fürsorge bis ins Erwachsenenalter zukommen zu lassen. In erster Linie betraf dies natürlich Frauen, die unehelichen Verbindungen entstammten: Von den meisten von ihnen wissen wir, daß ihre Kindheit ausgesprochen triste verlief. Auch eine Aufschlüsselung nach der beruflichen Tätigkeit der Eltern bringt keine Überraschung. Die meisten Mütter und Väter, die außerstande waren, sich ausreichend um ihre Nachkommen zu kümmern, verdienten sich ihr Brot als Dienstboten, auch Inwohner und Keuschler hatten oft nur eingeschränkte Möglichkeiten, ein Kind bis in seine Jugendzeit zu versorgen und zu erziehen.[100]

Mehrere Frauen wuchsen überhaupt nicht bei ihren Eltern auf, sondern wurden bereits in frühester Kindheit zu anderen Familien in die Versorgung gegeben. Die unehelich geborene Maria Köckin kam bereits im Alter von drei Monaten zu bäuerlichen Zieheltern, Katharina Zettler wurde von ihrer ledigen Mutter als Kleinkind sogar weggelegt, eine Bauernfamilie nahm sich daraufhin des Findlings an.[101] Bei ihren Pflegeeltern erwartete die Frauen

---

99 StLA, AG-Prot. 5125/1807.

100 O. Ulbricht gibt freilich zu bedenken, daß derartige Bedingungen nicht nur auf Kindsmörderinnen zutrafen, sondern die allgemeine Lebenswirklichkeit der frühen Neuzeit widerspiegelten. Vgl. ders.: Kindsmord und Aufklärung, S. 42 f. Vgl. zur Situation in Niederösterreich: G. Babor: Kindesmord, Kindesweglegung, Abtreibung, S. 242.

101 StLA, AG-Prot. 815/1808; Aflenz, Herrschafts- und Marktarchiv, Sch. 11, H. 89: Strafsachen 1784-1835.

oft ein hartes Los; sie galten als billige Arbeitskräfte, bei denen keinerlei familiäre Rücksichten zu nehmen waren. Konkrete gesetzliche Bestimmungen über Rechte und Pflichten der *„Zuchteltern"* fehlten. Selbst das Appellationsgericht mußte zugestehen, daß nach allgemeiner Kenntnis Pflegemütter und -väter alles daranhielten, die angenommenen Kinder zu ihrem Vorteil benützen zu können.[102] Barbara Hutterin erzählte dem Landgericht Weißenegg, sie sei bei einem dort ansässigen Bauern bis in ihr zehntes Lebensjahr erzogen worden, dann sei sie heimlich weggelaufen, weil man sie so schlecht behandelt habe.[103] Es macht betroffen, sich vorzustellen, welche Gründe ein kleines Mädchen zu einer solch verzweifelten Handlung bewogen haben mögen.

Schon im frühen Kindesalter mußten sich viele Frauen als Dienstboten verdingen. Bereits mit sechs Jahren verließ die Krainerin Maria Wernig ihr Elternhaus, um in Bauerndienste zu treten.[104] Wir wissen von weiteren 17 Angeklagten, daß sie weniger als zehn Jahre zählten, als sie das erstemal einen Dienst übernahmen, 18 Frauen hatten noch nicht oder gerade ein Alter von 14 Jahren erreicht. Bei zahlreichen anderen heißt es nur lapidar, sie seien *„seit ihrer Kindheit"* oder *„von erster Jugend an"* Bestandteil des Gesindes. Die Mädchen wurden vor allem als Hirtinnen eingesetzt, man zog sie aber auch als *„Kindsmägde"* zur Beaufsichtigung der kleinen Kinder im Haus heran.

Für eine entsprechende Bildung der Mädchen blieb dabei natürlich keine Zeit. Vor Gericht wurde 39 Frauen eine gänzlich vernachlässigte Erziehung bescheinigt. Eine solche galt im übrigen als Milderungsgrund für eine Verbrecherin.[105] Im Fall der Gertraud Kögler erklärte das Appellationsgericht etwas ausführlicher, warum seiner Meinung nach auf die traurigen Verhältnisse, in denen die zweifache Kindsmörderin groß geworden war, unbedingt Rücksicht genommen werden sollte: *„Es ist bei dieser Klasse Menschen, welche sowohl in der Erziehung als auch in der religiösen Bildung gänzlich vernachlässigt sind, kaum anders denkbar, als daß sie sich ihren Naturtrieben ungehindert überlassen. Welchen Grad von moralischer Ausbildung kann man aber der Täterin zumuten, welche sich von ihrer frühesten Kindheit an in den niedrigsten Diensten herumtreiben mußte [...]."*[106] Fehlender Unterricht, insbesondere in religiöser Hinsicht, würde das Begreifen eines Verbrechens und die Einsicht der Strafe unmöglich machen, meinte man an anderer Stelle noch deutlicher.[107] Diese Nachsicht gegenüber Frauen, die offensichtlich nie geistige Anregungen erhalten hatten und deren intellektuelle Fähigkeiten nicht ausgebildet sein konnten, ist einerseits sicher positiv zu bewerten: Man erkannte seitens der Obrigkeit die Bedeutung,

[102] StLA, AG-Prot. 815/1808. Vgl. zur traurigen Situation der sogenannten „Kostkinder" aus unterbäuerlichen Schichten auch R. Sieder: Sozialgeschichte der Familie, S. 41 f.
[103] StLA, AG-Prot. 11555/1816.
[104] StLA, AG-Prot. 11246/1838.
[105] KGO 1788, § 177 d; StGB 1803, 1. Teil, § 39 a.
[106] StLA, AG-Prot. 4136/1820.
[107] StLA, AG-Prot. 815/1808.

der das soziale Umfeld und die Lebensbedingungen einer Person für ihre weitere Entwicklung zukamen. Die Frau trug damit nicht allein Verantwortung für ihre Tat, sie war zugleich Opfer der Umstände. Als Produkt der sie umgebenden Gemeinschaft wurde auch diese nicht von Schuld freigesprochen. In dieser Sichtweise ist andererseits aber eine gewisse Menschenverachtung nicht zu verkennen. Es entsprach der allgemeinen Vorstellung der höheren Schichten, daß Kinder armer Eltern prinzipiell einfältig waren und geistig sowie gefühlsmäßig verkümmerten. Zur Winzerstochter Clara Flucher wurde beispielsweise generalisierend bemerkt, sie hätte von ihrer Familie sicher keinen angemessenen Unterricht erhalten können, *„indem derley Leute selbst ganz roh und ungebildet sind"*.[108] Diese Voreingenommenheit kam der Frau letztendlich zwar zugute, zufrieden stellt eine solche Aussage jedoch nicht.

Wir wissen nicht, wieviele der angeklagten Frauen lesen und schreiben konnten, auch über ihre religiösen Kenntnisse sind wir nicht informiert. Die von der jeweiligen Bezirksobrigkeit bzw. von den zuständigen Land- oder Kriminalgerichten aufgenommenen Verhörsprotokolle mußten von der Delinquentin zwar signiert werden. Je nachdem, ob sie mit ihrem Namenszug oder nur mit Handzeichen, also drei Kreuzen, unterfertigte, zeigt sich ihr Bildungsgrad. In den Appellationsgerichtsakten fehlt jedoch diese mittelbare Informationsquelle. Im Text selbst wird lediglich vereinzelt dezidiert angemerkt, daß eine angeklagte Frau die Schule besucht hatte und des Lesens und Schreibens kundig war. Von der 1848 vor Gericht stehenden Anna Haas erfahren wir, daß sie, als Halbwaise von ihrem Großvater aufgezogen, die Gemeindeschule zu Bierbaum bei Mureck durch sechs Jahre besuchen durfte.[109] Es ist jedoch anzunehmen, daß dies eher als Ausnahme zu werten ist.[110] Die Realität glich vielmehr einer Situation, wie sie 1836 vom Ziehvater der Anna Prandstetter beschrieben wurde: *„Sie habe bei ihm keine andere als die bei den Bauern gewöhnliche Erziehung genossen, und da er selbst Kinder habe, auf welche er vorzüglich sehen müsse, so habe er ihr auch keinen Unterricht geben können noch sie in die Schule gehen lassen."*[111] Die Zweitklassigkeit von Pflegekindern kommt auch hier noch einmal mit aller Deutlichkeit zum Ausdruck. Arbeitseinsatz war unbedingt vorrangig zu behandeln, Bildung konnte erst dann gewährt werden, wenn die Grundbedürfnisse gedeckt erschienen.

Besonderes Augenmerk wurde auf die Vermittlung der religiösen Grundbegriffe gelegt. Die 24jährige Dienstmagd Magdalena Hörmann war zwar nie in den Genuß eines

---

108 StLA, AG-Prot. 576/1817.

109 StLA, Bezirksgericht Feldbach, Fasz. 204: Riegersburg, Verbrechen der Herrschaft Stein 1846-1849.

110 Vgl. dazu einen zeitgenössischen Bericht über das äußerst mangelhafte Volksschulwesen in Krain: Ethbin Heinrich Costa: Krains politische und soziale Zustände. In: Mitteilungen des historischen Vereins für Krain (1849), S. 15. Ähnliches ist auch für die Obersteiermark und für die Oststeiermark zu vernehmen. Vgl. StLA, Gub.-Fasz. 47, 1822-1825 sowie F. Posch: Hartberg, Bd I/1, S. 815-837.

111 StLA, AG-Prot. 5997/1836.

Schulunterrichts gekommen, wohl aber hatte man sie in der „Christenlehre“ unterwiesen.[112] Bei Maria Köckin war selbst das verabsäumt worden, sie mußte dem Gericht in Radkersburg eingestehen, daß sie *„nicht einmal wußte, daß die Taufe jedem Kind notwendig seye. Sie habe diese Sachen nie gelernet und könne nichts anderes als den Rosenkranz beten, am Maria Geburtstage seye sie das letztemal bei der Beicht gewesen, wisse aber nicht, was zur Beicht notwendig seye“.*[113] In Unkenntnis über die tatsächliche Bedeutung religiöser Handlungen vollführte die Frau diese offenbar mechanisch, da sie allgemeinen Brauch darstellten.

Das Appellationsgericht gab wiederholt seiner Erwartung Ausdruck, durch Vertiefung und Ausweitung des Religionsunterrichtes dem *„Sittenverfall“* und damit auch den anhängigen Delikten wie Kindsmord und Abtreibung beikommen zu können. In diesem Sinn riet es den Gubernien, entsprechende Schritte zu setzen, bezweifelte aber zugleich den Willen des ledigen Volkes, den Predigten und Katechesen beizuwohnen.[114] Vereinzelt gelang es allerdings, noch im Erwachsenenalter Bildung zu vermitteln: Die 30jährige Witwe und Dienstmagd Theresia Jankin war - wie sie dem Landgericht in Gratwein mitteilte - die letzten zwei Jahre in die Schule gegangen und über Glaubensfragen belehrt worden.[115] Auch im Strafhaus versuchte man bei verurteilten Kindsmörderinnen bisher Versäumtes nachzuholen, einige Frauen wurden wegen ihrer gänzlich vernachlässigten Erziehung besonders der Obsorge des Seelsorgers anempfohlen.

6.9. ERSTGEBÄRENDE ODER MEHRFACHGEBÄRENDE?

Ganz wesentlich für die Bewertung eines Kindsmordes ist die Tatsache, ob die Angeklagte vor der in Frage stehenden Niederkunft bereits einmal geboren hatte. Traf dies zu, so muß bei ihr Wissen über den Verlauf einer Schwangerschaft, über die Anzeichen einer nahenden Entbindung sowie über das erforderliche Verhalten bei einem Geburtsakt vorausgesetzt werden. Eine Analyse der Akten bringt nun ein verblüffendes Ergebnis zutage: Wir erfahren in nicht weniger als 111 Fällen, daß die vermeintlichen Kindsmörderinnen schon einmal oder sogar mehrmals geboren hatten! Genau aufgeschlüsselt handelte es sich bei 70 Frauen um die zweite, bei 24 Frauen um die dritte und bei weiteren zehn Frauen um die vierte Geburt. Sechs Angeklagte waren früher viermal, eine Verdächtige sogar fünfmal entbunden worden. Demgegenüber wissen wir nur von 46 Untersuchten bestimmt, daß sie

---

112 StLA, AG-Prot. 555/1819.
113 StLA, AG-Prot. 815/1808.
114 Vgl. StLA, AG-Prot. 100/7644/1818.
115 StLA, AG-Prot. 100/10386/1818.

Erstgebärende waren. In weiteren 150 Fällen, wo wir zwar sehr genaue Informationen über bisherige Lebensverhältnisse der Frauen besitzen, aber keine Angaben zu bereits geborenen Kindern gemacht werden, müssen wir wohl auch von dieser Voraussetzung ausgehen; der Regelfall einer Erstgeburt wurde offenbar nicht näher kommentiert. Ein gewisser Unsicherheitsfaktor bleibt in der Gegenüberstellung trotzdem bestehen, er sollte bei einer nachfolgenden Interpretation unbedingt in Betracht gezogen werden.

Abb. 9:

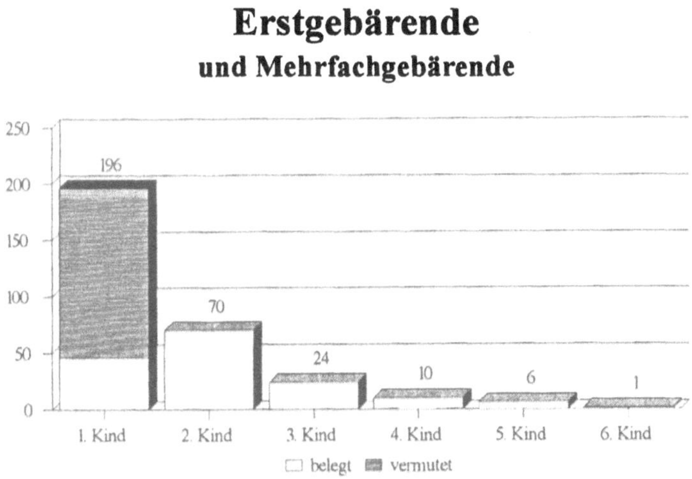

Bei mindestens einem Drittel aller Fälle - möglicherweise sogar noch häufiger - besaß also die Angeklagte Erfahrungen aus einer vorherigen Mutterschaft.[116] Mit der Dauer einer Schwangerschaft war sie vertraut, aus dem Eintreten der Geburtswehen mußte sie auf eine bevorstehende Entbindung schließen können. Der oftmals vorgebrachte Entschuldigungsgrund einer übereilten Niederkunft läßt sich daher aus diesen Überlegungen heraus nur bedingt anwenden. Bisweilen führten die Frauen als Erklärung für einen angeblich noch nicht

---

[116] In Genf waren Mitte des 19. Jahrhunderts die Hälfte aller verhafteten Kindsmörderinnen Zweit- bzw. Mehrgebärende, in Basel sogar zwei Drittel! Vgl. R. Roth: Juges et médecins face à l'infanticide, S. 115, sowie Karin Grütter: „Weil ich fürchtete, aus der Stadt entfernt zu werden...". Kindstötung in Basel um 1850. In: Itinera 2/3 (1985): Auf den Spuren weiblicher Vergangenheit. Berichte des zweiten Schweizerischen Historikerinnentreffens in Basel, Oktober 1984, S. 109.

erwarteten Partus allerdings an, daß ihre bisher erlebten Geburten völlig anders verlaufen seien als ihre jetzige. Die 20jährige Maria Sadravetz ließ sich angeblich irreführen, *„indem sie gar keinen von jenen Zuständen empfunden habe, die bei ihrer ersten Entbindung eingetroffen waren"*.[117] Unbestritten ist in jedem Fall, daß zwischen Erst- und Folgegeburten hinsichtlich der Dauer und des Ausmaßes der Geburtsschmerzen erhebliche Unterschiede bestanden, die Fehleinschätzungen der Frauen nicht unmöglich machten. So ziehen sich die Wehen bei Erstgebärenden in der Regel um einiges länger hin als bei Mehrfachgebärenden.[118]

Auch die notwendigen Handreichungen, die zur Erstversorgung eines Neugeborenen unerläßlich waren, mußten einer Frau, die schon einmal das Wochenbett hinter sich gebracht hatte, zumindest in den Grundzügen bekannt sein. Sie konnte nicht generell Unwissenheit vorschützen, was etwa die Unterbindung der Nabelschnur oder die Reinigung des Säuglings respektive seiner Atmungsorgane von Schleim und Blut betraf. Es ist daher zu vermuten, daß mehrfachgebärende Kindesmütter sehr bewußt agierten, wenn sie ihr Kind durch Unterlassung der bei der Geburt erforderlichen Hilfeleistung umkommen ließen. Doch versuchte selbst so manche erfahrene Kindesmutter, das Gericht vom Gegenteil zu überzeugen. Maria Wallner erklärte ihre angebliche Ahnungslosigkeit - sie habe nicht gewußt, daß ein Säugling abzunabeln sei - etwa damit, daß bei ihrer früheren Geburt die anwesende Mutter ihres Kindesvaters alles besorgt und sie selbst auf gar nichts geachtet habe. Wie der Urteilsspruch beweist, konnte das Gericht dieser Darstellung allerdings keinen Glauben abgewinnen.[119]

Eine bereits bestehende Mutterschaft wurde der Angeklagten nicht nur aufgrund ihrer damit erworbenen Erfahrung, durch die sie die Folgen ihres Tuns abschätzen konnte, zur Last gelegt, sondern sie diente auch zum Beweis von Unmoral und bisherigem verwerflichem Lebenswandel. So manches prinzipiell tadelloses Moralitätszeugnis einer Verdächtigen fand dadurch eine empfindliche Trübung. Maria Dollanzin warf das Gericht sogar vor, aus dem schmählichen Umstand einer ersten unehelichen Geburt nichts gelernt und, *„obschon sie mit ihrem ersten Kinde glücklich davon kam"*, die zweitgeborene Tochter erdrosselt zu haben.[120]

Einer Angeklagten, die schon einmal entbunden hatte, wollte das Gericht zum Teil auch nicht zugestehen, sie hätte aus dem Gefühl der Schande heraus die Niederkunft verheimlicht. Als sich jedenfalls Maria Wregar damit entschuldigen wollte, erklärte das Kriminalgericht in Krain lapidar, ihre vorgebliche Schamhaftigkeit verdiene keinen Glauben,

---

117 StLA, AG-Prot. 14479/1835.

118 Vgl. Edward Shorter: Der weibliche Körper als Schicksal. Zur Sozialgeschichte der Frau. Aus d. Amerik. übers. v. H. Kober. München u. Zürich 1987, S. 93.

119 StLA, AG-Prot. 1417/1812; StLA, Gub.-Rep. 1813-1815.

120 StLA, AG-Prot. 3435/1807.

da sie bereits vor drei Jahren Mutter eines unehelichen Sohnes geworden war.[121] Die Frau hatte nach Ansicht der Beamten ihre Ehre ohnehin schon verloren, weshalb es ihnen nicht plausibel schien, daß sie bloß aus diesem Motiv heraus ihren Zustand verbergen sollte.

Paradoxerweise konnte aber gerade diese Unterstellung auch wieder zu Gunsten der Angeklagten verwendet werden. Eben weil sie bereits einmal gegen die moralischen Normen verstoßen hatte, stellte sich für sie ein weiterer Fehltritt nicht mehr so schwerwiegend dar, daß sie zu seiner Vertuschung ein Verbrechen begehen mußte. In diesem Sinn verwiesen die Frauen als Entlastung des öfteren auf ihre älteren Kinder, bei deren Entbindung alles ordnungsgemäß verlaufen sei. Maria Jankovitsch, Mutter eines dreijährigen Sohnes, leugnete einen ihr angelasteten Kindsmord mit den Worten: *„So wie sie damal ihre Niederkunft nicht verheimlichet, so hätte sie es auch diesmal nicht getan, wäre das Kind lebend gewest."*[122]

Das Gericht versuchte, sich im Zweifelsfall auch Gewißheit darüber zu verschaffen, ob und inwieweit die Verhörte ihren bisherigen Mutterpflichten nachgekommen war. Ergaben die eingeholten Informationen ein günstiges Bild, so stieg die Bereitschaft, an die Unschuld der Angeklagten im konkret untersuchten Fall zu glauben. Maria Kraschoutz kam etwa zugute, daß sie ihre bei sich lebende sechsjährige Tochter mit aller mütterlichen Sorgfalt pflegte und erzog.[123] Entstand allerdings der Eindruck, daß die in Verdacht stehende Frau schon früher ihre Pflichten versäumt hatte, war man wiederum eher geneigt, sie auch des Verbrechens eines Kindsmordes zu bezichtigen. Josepha Prislan gereichte es nicht zuletzt zum Nachteil, daß die Frau den gerichtlichen Nachforschungen zufolge auch zu ihrem ersten Kind wenig Liebe gezeigt hatte und sogar vermutet wurde, sie wäre an seinem Tod nicht ganz unschuldig gewesen. Diese Verdächtigung konnte zwar nicht verifiziert werden, die letztendlich ausgesprochene Strafe über Josepha Prislan fiel aber verhältnismäßig hart aus.[124]

Durch den freilich nur am Rand gemachten Vermerk über bereits geborene Kinder und deren Schicksal ergeben sich interessante Einblicke in die Lebensumstände einer unehelichen Mutter aus unterer sozialer Schicht.[125] Zum einen werden wir mit einer erschreckend hohen Säuglings- und Kindersterblichkeit konfrontiert. Anfang des 19. Jahrhunderts lag die Sterbewahrscheinlichkeit von Kindern unter einem Jahr in Österreich im allgemeinen um

---

121 StLA, AG-Prot. 330/3212/1818.

122 StLA, AG-Prot. 7538/1822.

123 StLA, AG-Prot. 15343/1837.

124 StLA, AG-Prot. 1016/1838.

125 Zur Situation in Oberbayern vgl. R. Schulte: Das Dorf im Verhör, S. 149 f. sowie dies.: Kindsmörderinnen auf dem Lande. In: Emotionen und materielle Interessen. Sozialanthropologische und historische Beiträge zur Familienforschung. Hrsg. v. Hans Medick und David Sabean. Göttingen 1984, S. 124.

30%.[126] Laut statistischen Tafeln der österreichischen Monarchie 1828 überlebten in Kärnten und Krain zumindest 19%, im Küstenland und in der Steiermark etwa 22% aller neugeborenen Kinder die ersten zwölf Monate nicht.[127] Die Krankheitsbilder sind in den Akten nur unvollkommen skizziert, wir entnehmen daraus unter anderem Blattern, Fraisen, hitzigen Katarrh oder natürliche Schwäche als todbringende Leiden.[128] Überlebte das Kind die ersten Lebensmonate, so boten sich einer Dienstmagd im wesentlichen drei Alternativen an: Sie konnte den Säugling bei Verwandten unterbringen, gegen Entgelt von fremden Menschen versorgen lassen oder bei sich an ihrer Arbeitsstelle aufziehen.

Den meisten Frauen gelang es, für ihr Kind entweder im elterlichen Heim oder zumindest im Haus eines Angehörigen einen Pflegeplatz zu finden. Überraschenderweise mußten hier auch die Familienmitglieder so manches Kindesvaters fürsorgliche Pflichten übernehmen: Der Sohn von Anna Wölferin lebte bei der Schwester seines Vaters, Maria Wallnerin hatte ihr dreijähriges Kind bei den Eltern ihres Liebhabers untergebracht.[129] Ob die Zieheltern die ihnen übergebenen Schutzbefohlenen allerdings aus reiner Nächstenliebe versorgten oder nicht etwa auch eine Entschädigung der Aufwendungen dafür verlangten, geht aus den Akten nicht hervor. Mit Sicherheit kostspielig war die Unterbringung des Kindes bei einer fremden Pflegemutter. Die untersteirische Dienstmagd Maria Urmacher mußte etwa ihren gesamten Verdienst für die Versorgung ihres vierjährigen Sohnes Blasius verwenden. Sie hatte ihn bei einer Mesnerin in der Nähe ihres Dienstortes gegen ein jährliches Entgelt von 14 Gulden in der Kost; vom letzten Jahr schuldete sie der Ziehmutter noch zehn Gulden.[130] Bei einem durchschnittlichen Arbeitslohn von eben zehn Gulden pro Jahr ist leicht auszurechnen, daß die Frau den Unterhalt ihres Kindes aus eigener Kraft längerfristig nicht finanzieren konnte. Söhne oder Töchter von Dienstboten waren daher nur selten auf privaten Pflegeplätzen untergebracht. Häufiger behielten Mütter ihren Nachwuchs bei sich und zogen ihn an ihrem Arbeitsplatz groß. Bei einer Tagwerkerin oder Inwohnerin stellte sich dies noch verhältnismäßig einfach dar, eine Bauernmagd wurde indessen mit größeren

---

126 Vgl. Edward Shorter: Der Wandel der Mutter-Kind-Beziehungen zu Beginn der Moderne. Aus d. Amerik. übers. v. J. Fey-Hauerwas. In: Geschichte und Gesellschaft 1 (1975) S. 280 f.; R. Sandgruber: Ökonomie und Politik, S. 207 f.; T. Meyer: Dienstboten in Oberkärnten, S. 63; B. Bolognese-Leuchtenmüller: Bevölkerungsentwicklung, Teil 2, S. 120. Vgl. zur Situation in Mitteleuropa: Arthur E. Imhof: Lebenserwartungen in Deutschland vom 17. bis 19. Jahrhundert. Weinheim 1990, S. 199; ders.: Unterschiedliche Einstellungen zu Leib und Leben in der Neuzeit. In: Der Mensch und sein Körper. Von der Antike bis heute. Hrsg. v. Arthur E. Imhof. München 1983, S. 67 sowie Beate Harms-Ziegler: Illegitimität und Ehe. Illegitimität als Reflex des Ehediskurses in Preußen im 18. und 19. Jahrhundert. Berlin 1991, S. 325 f. u. S. 347.

127 Statistische Tafeln, 1828.

128 Vgl. zu speziellen Kinderkrankheiten: Elfriede Grabner: Grundzüge einer ostalpinen Volksmedizin. Wien 1985. (= Mitteilungen des Instituts für Gegenwartsvolkskunde. 16. Österr. Akad. der Wiss. Phil.-hist. Klasse, Sitzungsberichte. 457.) S. 38-101.

129 StLA, AG-Prot. 1918/1804; AG-Prot. 1417/1812.

130 StLA, AG-Prot. 13300/1823.

Schwierigkeiten konfrontiert. Ihre Arbeitsleistung sank durch die zusätzliche Fürsorge des Kindes, das sie regelmäßig nähren und pflegen mußte, zudem konnte es zu Klagen des Mitgesindes kommen, das sich durch ein Kleinkind in der nächtlichen Ruhe gestört fühlte. Die dreifache Mutter Maria Temlin sprach aus leidvoller Erfahrung: *„Die Kindsväter ihrer ersten zwey Kinder hatten ihr nichts gegeben, deswegen habe sie ihren Knaben Leopold in allen Dienstorten bei sich gehabt, und um ihn zu ernähren, habe sie beinahe überall ohne Lohn dienen müssen.“*[131] Die Dienstbauern ließen sich ihr Entgegenkommen, eine Magd mit ihren Kindern aufzunehmen, teuer bezahlen. Besaß die Frau jedoch kein familiäres Umfeld, das sie in ihrer Notlage auffangen konnte, und ließ ihr der Vater des Kindes keine Unterstützung zukommen, so stand ihr kein anderer Ausweg offen, als jedes noch so zweifelhafte Angebot eines Dienstherrn anzunehmen.

Frauen, die bereits Kindesmütter waren, wußten also genau, was im Falle einer erneuten Schwangerschaft auf sie zukam. Sie hatten die Anfeindungen ihrer Umwelt erlebt, und sie kannten die oft unlösbaren Probleme, welche die Versorgung eines Kindes mit sich brachte. Dies traf natürlich umso mehr zu, wenn die Kindesväter keinerlei Verantwortungsgefühl entwickelten und die von ihnen geschwängerten Frauen in ihrer Not allein ließen. Von mindestens 21 Angeklagten wissen wir, daß sie von einem Mann ein Kind erwarteten, von dem sie schon einmal Mutter geworden waren. Diese Frauen konnten wohl am besten abschätzen, was sie von ihrem Partner zu erwarten hatten oder vielmehr, was sie von ihm nicht erwarten durften. Waren die Kindesmütter auf sich allein gestellt, so bedeutete jedes weitere Kind eine Vergrößerung ihrer mißlichen Lage. Es hatte für die Frauen oft schon einer enormen Kraftanstrengung bedurft, ein Kind unterzubringen bzw. zu ernähren, dies jedoch auch für ein zweites oder drittes zu leisten, sahen sie sich außerstande. Das Schicksal der Maria Mayer liefert einen sprechenden Beweis dafür. Sie war aus Tirol gebürtig, unehelich geboren und seit ihrem zehnten Lebensjahr Dienstmagd. Als sie von ihrer ersten Tochter entbunden wurde, mußte sie ihre Arbeitsstelle verlassen. Eingeholte Erkundigungen des Kriminalgerichtes Klagenfurt bestätigten die Aussage der Frau, daß in ihrer Heimat Tirol derart schwere Vorurteile gegen ledige Mütter herrschten, daß diese entweder gar nicht oder nur sehr schwer einen Dienst erlangen könnten. Maria Mayer brachte sich und ihr Kind kärglich mit Tagwerken und Betteln weiter, als sie abermals schwanger wurde, geriet sie in Verzweiflung, *„indem sie mit dem Mädl nichts zu leben habe und es ihr auch nicht möglich war, sich einen Verdienst zu verschaffen, mit dem neugebornen Kind wäre sie noch verhindert gewesen, sich den Unterhalt durch Betteln zu verschaffen.“* Die Frau taufte ihren zur Welt gekommenen Sohn, dann erschlug sie ihn an einer Steinmauer.[132] Wie bei ihr, so können wir wohl auch in den meisten übrigen Fällen vermuten, daß erfah-

[131] StLA, AG-Prot. 1692/1818.
[132] StLA, AG-Prot. 9103/1836.

rene Kindesmütter mit Vorbedacht handelten und in Anbetracht ihrer Situation verweigerten, die Probleme einer neuerlichen Mutterschaft ungeteilt auf sich zu nehmen.

6.10. RUF UND ANSEHEN

Von besonderer Wichtigkeit in jeder gerichtlichen Untersuchung war die Feststellung des bisherigen Lebenswandels der Verhörten. Mit der Einholung von Zeugenaussagen über wahrgenommenes Wohl- oder Übelverhalten versuchte man sich Klarheit über den Charakter und die moralischen Einstellungen der Angeklagten zu verschaffen. Der auf diese Weise gewonnene Eindruck konnte wesentlichen Einfluß auf die Urteilsfindung bzw. die Festlegung des Strafmaßes haben, so galt vorhergegangene *„untadelhafte Aufführung"* sowohl in der Kriminalgerichtsordnung Josephs II. als auch im Strafgesetzbuch Franz I. als zu berücksichtigender Milderungsgrund.[133]

Als Gewährspersonen zur Erteilung von Auskünften über die früheren Lebensverhältnisse einer verdächtigen Kindsmörderin eigneten sich, nach Aussage des Appellationsgerichtes, glaubwürdige Individuen, welche die Angeklagte von Jugend auf kannten. In der Regel wurden dafür ehemalige Dienstgeberinnen und Dienstgeber herangezogen, desgleichen der Pfarrer, der Gemeindevorsteher und Nachbarn. Die Aussagen mußten unter Eid geleistet werden und sollten so beschaffen sein, *„daß die Gemütsart, Religiosität und Handlungsweise der Inquisitin auf eine überzeugende Weise anschaulich gemacht werden."*[134] Es ist müßig zu bemerken, daß die Einschätzungen einer Person bisweilen bedeutend differieren konnten. Bei leichten Abweichungen wird im folgenden der Gesamteindruck gewertet, vollkommen widersprechende Ergebnisse bleiben unberücksichtigt.

Explizite Angaben über den in Erfahrung gebrachten Lebenswandel finden sich in den Akten zu 180 Frauen. Das Gesamturteil fiel überwiegend positiv aus: 150mal - damit in 83% der Fälle - kamen die Zeuginnen und Zeugen zum Schluß, daß das bisherige Verhalten der Angeklagten keinen Anlaß zur Klage gegeben habe.[135]

Neben dieser prinzipiellen Feststellung führten die befragten Personen häufig bestimmte Tugenden an, die sie an der Verdächtigen besonders schätzenswert fanden. Interessant ist dabei, daß die Frauen vor allem an ihrer Arbeitsleistung gemessen wurden. In

---

133 KGO 1788, §§ 171, 177 lit. b; StGB 1803, 1. Teil, § 39 lit. b.

134 StLA, AG-Prot. 13134/1829.

135 Vgl. auch O. Ulbricht: Kindsmord und Aufklärung, S. 71; Herma Klar: Verbrechen aus verlorener Ehre? Kindsmörderinnen. Eine Untersuchung aufgrund von Material aus der ländlichen Unterschicht Nordwürttembergs im 19. Jahrhundert. Tübingen, Unveröff. Magisterarbeit 1984, S. 18. Für die Bereitstellung dieser Arbeit sowie für weitere wertvolle Anregungen möchte ich an dieser Stelle Otto Ulbricht danken.

mehr als 50 Fällen verwies man auf ihren Fleiß bzw. ihre Arbeitsfreude, was den Schluß auf die Integrität der gesamten Person zur Folge hatte.[136] Als lobenswerte Eigenschaften galten auch Ordentlichkeit, Ehrlichkeit, Treue und Gehorsam; Sittlichkeit und Gottesfürchtigkeit wurden ebenfalls als achtenswert hervorgehoben.

In einzelnen Fällen fiel das Urteil über eine Angeklagte geradezu begeistert aus. Zur Weststeirerin Anna Prandstetter bemerkten die Zeugen, sie sei im Dienste fleißig und rechtschaffen gewesen und habe gerne gebetet; ein Bauer, bei dem sie drei Jahre Magd gewesen war, meinte überdies, *„er sey mit ihrer Aufführung und Arbeitslust so zufrieden wie schon lange mit keiner andern gewesen. Er könne nichts anderes als alles Gute von ihr sagen.“*[137] Der Ruf ihres moralischen Charakters, ihres Fleißes und ihres züchtigen und ehrlichen Lebenswandels führte im Fall der Helena Wernellin sogar dazu, daß die Ortshebamme trotz aufkommenden Verdachts einer erfolgten Niederkunft keine Veranlassung sah, sie zu untersuchen und statt dessen auf ihre unbedingte Unschuld vertraute.[138] Das Eingeständnis eines Fehltritts mußte gerade von diesen Frauen, die allgemein hoch geachtet und wegen ihrer Moralität gelobt wurden, als äußerst belastend empfunden werden, riskierten sie damit doch ihren bisherigen guten Leumund - oft das einzige Gut, das sie besaßen.

Nicht immer fiel die Bewertung allerdings so klar zu Gunsten der in Frage stehenden Personen aus. Mit negativen Bemerkungen wurde vor allem dann nicht gespart, wenn die Zeugen mit dem sittlichen Betragen der Frauen nicht einverstanden waren. *„Nächtliches Herumschwärmen“* und Umgang mit Männern galten als verwerflich und wurden entsprechend gerügt. Das generell positiv gezeichnete Bild von Maria Tschudavan erhielt eine Trübung, *„weil sie gerne mit Mannspersonen sprang und schäkerte“* und man sie deshalb der Wollust beschuldigte, Elisabeth Rabler erging es ähnlich, da sie nicht nur als treu und fleißig, sondern auch als *„sehr lustig, dem Tanze und dem männlichen Geschlechte ergeben“* bekannt war.[139] Andere Kritikpunkte außer vermeintlicher Unkeuschheit gab es kaum, lediglich bei einigen Dienstmägden wurde bemerkt, daß sie *„ein böses Maul“* hätten.

30 Angeklagte erhielten von den einvernommenen Zeuginnen und Zeugen ein überwiegend schlechtes Betragen nachgesagt. Verurteilt wurden vor allem Sittenlosigkeit und Ausschweifung, den zweithäufigsten Grund einer Beanstandung stellten Arbeitsscheu und Faulheit dar. Elisabeth Rotar, die wegen Kindsmordverdachts zweimal vor Gericht stand, erfreute sich in ihrem Heimatort in Laufen/Ljubno in Krain keiner großen Beliebtheit. Nach übereinstimmenden Aussagen war sie *„eine verschmitzte, schlaue und lügenhafte Person“*, dazu *„frech, ausgelassen und gegen ihre Eltern ungehorsam“*. Überdies bezichtigte man

---

136 Regina Schulte meint dazu: „Der Hof entscheidet über die Qualitäten der Frau als Arbeitskraft, ihn interessiert nichts anderes.“ Dies.: Das Dorf im Verhör, S. 171.

137 StLA, AG-Prot. 5997/1836.

138 StLA, AG-Prot. 6356/1791.

139 StLA, AG-Prot. 10417/1824; AG-Prot. 8096/1822.

sie, Feldfrüchte von umliegenden Äckern gestohlen zu haben. Elisabeth Rotar agierte auch vor Gericht ihrem schlechten Ruf gemäß, ihr ungehöriges und beleidigendes Benehmen brachte ihr sogar eine Züchtigung ein.[140]

In diesem Fall sprechen die Fakten für sich, nicht immer darf jedoch ein schlechtes Urteil ohne Hinterfragung akzeptiert werden. Ein ehemaliger Dienstgeber von Rosalia Kostomai klagte beispielsweise vor dem Gericht in Neucilli/Novo Celje, daß er von dieser Magd nichts Positives sagen könnte, da sie zum einen nicht fleißig gewesen wäre und zum anderen ihre Moralität zu wünschen übrig gelassen hätte, sodaß immer verschiedene Knechte und Burschen des Nachts zu ihr gekommen seien.[141] Ergänzend bemerkt werden muß hierbei jedoch, daß die 41jährige Frau von Jugend auf geistig behindert war und somit viele Arbeitsschritte wohl nur eingeschränkt verrichten konnte. Die nächtlichen Besuche sind vermutlich ebenfalls nicht Rosalia Kostomai, sondern in erster Linie den Männern anzulasten, die in der nicht voll handlungsfähigen Frau ein willfähriges Opfer fanden. Zu berücksichtigen bleiben auch Spannungen und Konflikte in einem Dorf, die unter Umständen ein schlechtes Urteil über eine Person zur Folge haben konnten. Die Zeuginnen und Zeugen wurden zwar vereidigt, allein das gewährleistete nicht unbedingt eine objektive Erkenntnis. Während zwei Nachbarn von Barbara Natlatschen sie beschuldigten, sowohl in als auch nach ihrer Ehe ausschweifend und *„wie eine gemeine Hure"* gelebt zu haben, bestätigte die Bezirksobrigkeit Wippach/Vipava in Krain ihre Redlichkeit und kritisierte lediglich, sie habe *„das männliche Geschlecht zu sehr geliebt und sich dabey etwas ausgelassen betragen"*.[142] Beide Quellen stimmen zwar darin überein, daß der Beschuldigten eine gewisse Sittenlosigkeit anzulasten sei, doch geschieht dies auf ganz verschiedene Weise. Ausschlaggebend dafür kann freilich ein unterschiedlicher Informationsstand sein, aber auch persönliche Sympathien oder Antipathien dürfen nie außer Acht gelassen werden.

Allgemein ist zu bemerken, daß das Appellationsgericht dazu neigte, in Zweifelsfällen bei der Beurteilung der früheren Lebensführung die für die Beklagte günstigere Position einzunehmen. In diversen Zeugnissen notierte negative Eigenschaften wurden eher nachgesehen anstatt angelastet, wodurch der Milderungsgrund der bisherigen Unbescholtenheit recht häufig angeführt werden konnte.

140 StLA, AG-Prot. 15547/1835; AG-Prot. 4746/1838.
141 StLA, AG-Prot. 7022/1824.
142 StLA, AG-Prot. 1509/1820.

6.11. BISHERIGE STRAFFÄLLIGKEIT

Bei jedem Verhör wurde nicht nur festgehalten, wie der Lebenswandel der Angeklagten von ihrer Umgebung eingeschätzt wurde, sondern auch, ob die in Verdacht stehende Person bereits einmal mit dem Gesetz in Konflikt gekommen war oder irgendeiner strafbaren Handlung verdächtig schien.[143] Wir können davon ausgehen, daß die vor Gericht stehenden Kindsmörderinnen bisher durchwegs unbescholten waren. Lediglich zwölf Frauen mußten bekennen, schon einmal verhaftet worden zu sein. Außerdem wurden neun Angeklagte neben des in Frage stehenden Kindsmordes noch einer anderen Straftat beschuldigt.

In den meisten Fällen betrafen diese Ungesetzlichkeiten geringfügige Eigentumsdelikte. Maria Collich hatte etwa wegen der Entwendung von Feldfrüchten drei Tage Arrest bei der Bezirksobrigkeit Dignano/Vodnjan in Istrien verbüßen müssen.[144] Auch wegen *„unsittlichen Lebenswandels"* hatten sich drei Frauen vor Gericht zu rechtfertigen: Margaretha Stenouz war zum Beispiel einmal wegen verbotenen Umgangs mit ihrem Schwager zwei Tage im Arrest gesessen.[145] Wesentlich schwerer wog freilich die Anschuldigung, die gegen Maria Ghergorich erhoben wurde: Sie mußte sich vor dem Kriminalgericht in Rovigno nicht nur wegen Kindsmordes, sondern desgleichen wegen versuchten Gattenmordes verantworten.[146]

Wegen einschlägiger Delikte waren bereits fünf Kindsmörderinnen in Untersuchung gezogen worden. Gertraud Flaschier, die 1815 vom Landgericht Neucilli verhört wurde, hatte vor sechs Jahren wegen verheimlichter Geburt eines angeblich toten Kindes eine sechswöchige Arreststrafe erhalten.[147] Maria Kristandl, Elisabeth Rotar, Maria Wirthin und Gertraud Kögler waren schließlich schon einmal unter Kindsmordverdacht gestanden. Von der erstgenannten wissen wir allerdings nur, daß sie in beiden Fällen wegen Beweismangels losgesprochen wurde, die genauen Tathergänge kennen wir nicht.[148] Auch Elisabeth Rotar hatte das erstemal Glück: Das Strafverfahren wurde wegen mangelnder Beweise eingestellt. Drei Jahre später, 1838, begegnen wir der Frau erneut als Beschuldigter in einem Kindsmordprozeß. Sie hatte ihren neugeborenen Sohn lebendig in einem Erdloch begraben, das Kind war qualvoll erstickt. Obwohl die Beweislage sich wieder nicht als eindeutig darstellte und die Angeklagte die Tat hartnäckig leugnete, verurteilte man Elisabeth Rotar zu siebenjährigem schwerem Kerker.[149] Den Ausschlag für diesen Schuldspruch gab

---

143 KGO 1788, § 103; StGB 1803, 1. Teil, § 290.

144 StLA, AG-Prot. 10725/1837.

145 StLA, AG-Prot. 7843/1816.

146 StLA, AG-Rep. 1827-1828.

147 StLA, AG-Prot. 2966/1815; AG-Prot. 5790/1815.

148 StLA, AG-Rep. 1827-1828; Feldbach, Stadtarchiv, Sch. 1a, H. 8b: Kriminaltabellen des Marktgerichtes Feldbach 1825-1842; Bezirksgericht Feldbach, Fasz. 5: Kriminalsachen 1816-1831; Bezirksgericht Feldbach, Fasz. 61: Kriminalsachen 1830-1842.

149 StLA, AG-Prot. 15547/1835; AG-Prot. 4746/1838.

nicht zuletzt ihre erste Untersuchung wegen Kindsmordes: Da sie damals nicht für unschuldig erklärt worden war, konnte sie nunmehr aus dem sogenannten „Zusammentreffen der Anzeigungen" mit lediglich zwei statt der sonst notwendigen drei Indizien überführt werden.[150]

Anders stellte sich die Sache bei Maria Wirthin dar. Sie war 1819 vom Appellationsgericht wegen Kindsmordes zu drei Jahren schweren Kerkers verurteilt und 1822 aus dem Karlauer Strafhaus entlassen worden.[151] Schon im nächsten Jahr scheint Maria Wirthin wieder in der Kriminaltabelle des Fürstenfelder Stadtmagistrates auf. Die Frau gestand, ihr Kind bei der Geburt gewürgt zu haben, aber nicht aus bösem Willen, sondern aus bloßer Sinnesverwirrung. Euphemistisch meinte sie in ihrem Verhör, sie habe *„mit diesem Kinde wieder das Unglück wie bey dem vorerwähnten"* gehabt. Obwohl die Angeklagte vom Appellationsgericht als mögliche Wiederholungstäterin als besonders verdächtig galt, zweifelte es letztlich doch an einer in Absicht vollführten Tötung des Kindes.[152]

Einen absoluten Sonderfall bildet schließlich das Schicksal von Gertraud Kögler. Die Angeklagte wurde erstmals 1820 vom Landgericht Althofen wegen absichtlicher Unterlassung des nötigen Beistandes bei der Geburt schuldig gesprochen und vom Appellationsgericht zu sechs Jahren schweren Kerkers verurteilt. Im Gefängnis gebar die Frau abermals unbemerkt ein Kind, das in einen Eimer stürzte und sich dabei tödliche Verletzungen zuzog.[153]

Doch diese fünf Fälle stellten nur die Spitze eines Eisberges dar. Im Zuge der angestellten Erhebungen zu verdächtigen Kindsmörderinnen kam es zur Aufdeckung von nicht weniger als 19 weiteren Abtreibungen, Kindsmorden und Geburtsverheimlichungen, denen sich verschiedene Angeklagte in der Vergangeheit schuldig gemacht hatten und die bisher unbekannt geblieben waren! Wir treffen hier auf einige Wiederholungstäterinnen, die offenbar durch den günstigen Ausgang ihrer Handlungen zu immer neuen Ungesetzlichkeiten bewegt worden waren und ihre Skrupel allmählich fallengelassen hatten. Anna Maria Walkner sagte diesbezüglich ganz offen: *„Wegen der Ermordung des zweiten Kindes habe sie sich nicht mehr so viel daraus gemacht als wie beim ersten."*[154] Die 31jährige Kärntner Bauernmagd Anna Zirknitzer mußte sich 1819 nicht nur wegen eines Kindsmordes verantworten, sie geriet auch in den Verdacht, in den Jahren zuvor schon dreimal ihre Leibes-

150 StLA, P+K, 1833-VII-6, § 6 a.

151 StLA, AG-Prot. 2321/1819; Bezirksgericht Feldbach, Fasz. 196: Kriminalsachen, Poppendorf 1844, Riegersburg 1840-1842, Fürstenfeld 1793-1819; Bezirksgericht Feldbach, Fasz. 5: Kriminalsachen 1816-1831; Gub.-Rep. 1819-1821; Gub.-Rep. 1822-1824.

152 StLA, Fürstenfeld, Stadtarchiv, Sch. 43, H. 97: Strafprozesse 1793-1820; Bezirksgericht Feldbach, Fasz. 73: Herrschaft Fürstenfeld, Kriminalsachen 1820-1850; AG-Prot. 1408/1824.

153 StLA, AG-Prot. 4136/1820; AG-Prot. 6792/1822.

154 StLA, AG-Prot. 8544/1835.

frucht abgetrieben zu haben.[155] Gertraud Flaschier und Gertraud Kögler, die ja beide schon jeweils zweimal wegen Geburtsverheimlichung bzw. Kindsmordes gerichtlich belangt worden waren, mußten außerdem zugeben, unter dubiosen Umständen noch weitere Kinder geboren und nach deren Tod heimlich vergraben zu haben. Der lange Zeitabstand zu diesen Taten ließ es freilich nicht mehr zu, sachdienliche Beweise zu finden und ihre etwaige Schuld auch in diesen Fällen festzustellen. Freilich ist zu überlegen, ob die Anzahl und der Charakter dieser im nachhinein aufgedeckten Straftaten wirklich ausreicht, um davon ausgehend auf eine extrem hohe Dunkelziffer des Kindsmorddeliktes schließen zu können.

6.12. BEWERTUNG DER ANGEKLAGTEN DURCH DAS GERICHT

Wurde eine Angeklagte vor Gericht gestellt, so nahm man nicht nur ihre Aussagen zu Protokoll, sondern machte sich auch Notizen über den Gesamteindruck ihrer Person. Ein Augenmerk galt dabei der charakterlichen Beschaffenheit einer Frau, die man aus ihrem Benehmen bei den Verhören bzw. im Untersuchungsarrest zu erkennen glaubte. In ähnlicher Weise versuchte man Aufschluß über die Geisteskräfte einer Delinquentin zu erhalten und ihre Zurechnungsfähigkeit zu überprüfen. Schließlich interessierte noch der allgemeine Gesundheitszustand einer Arrestantin, weniger aus Gründen der Menschlichkeit, sondern vielmehr aus praktischen Erwägungen, ob und welche Tauglichkeit sie für die Verrichtung von Zwangsarbeit aufwies. In die Appellationsgerichtsprotokolle finden derartige Bewertungen nur in Stichworten Eingang, weshalb hier bloß ein kurzer Abriß gegeben werden kann.

6.12.1. Charakter

Bei der Beurteilung der charakterlichen Eigenschaften der angeklagten Kindsmörderinnen zeigten sich die Gerichte meistenteils zufrieden. In der Regel wurde eine *„gute Gemütsbeschaffenheit"*, von der ausgehend man eine Besserung der Angeklagten erwarten durfte, konstatiert. Diese Einschätzung nahm ausschließlich auf die Person der Beschuldigten Bezug, die Umstände ihrer Tat flossen ganz offensichtlich dabei nicht ein. Obwohl beispielsweise Maria Staritsch ihrem Geständnis nach ihr Kind erstickt hatte, billigte ihr das Gericht *„einen unverdorbenen Charakter und ein gutartiges Gemüt"* zu; an Katharina

---

155 StLA, AG-Prot. 9924/1819.

Fink, die ebenfalls bekannte, ihren Sohn nach mißlungenen Abtreibungsversuchen erwürgt zu haben, erkannte man *„eine sanfte Gemütsart und gesetztes Betragen"*.[156] Diesbezüglich waren die Gerichte also weniger in Vorurteilen verhaftet, als man vielleicht annehmen möchte.

Glaubte die Untersuchungskommission an einer Verdächtigen schlechte charakterliche Anlagen wahrzunehmen, so kritisierte sie am häufigsten Gefühllosigkeit und Rohheit. Bei der Kindsmörderin Rosalia Kostomai bedauerte man etwa deren *„Stumpfheit"* und das Fehlen jeder natürlichen mütterlichen Regung, auch im Fall der Anna Maria Walkner ging der zuständige Kriminalrichter näher ins Detail und stellte als Grundzüge ihres Charakters eine im hohen Grade vorhandene Lüsternheit, einen unbezähmbaren Geschlechtstrieb, Leichtsinn, Lügenhaftigkeit und bis an Grausamkeit reichende Unempfindlichkeit fest.[157] Betont muß aber abschließend noch einmal werden, daß sämtliche Kommentare mehr oder weniger subjektive Einschätzungen von Gerichtsbeamten darstellten, die jeweils nur für Stunden mit der Angeklagten konfrontiert waren. Die protokollierten Bemerkungen spiegeln nur ihren Eindruck wider bzw. verraten, auf welche Eigenschaften seitens der Obrigkeit Wert gelegt wurde; ob sie jedoch dem Wesen einer der Verdächtigen gerecht werden konnten, das wissen wir nicht.

6.12.2. Verstandeskräfte

Die Untersuchung der geistigen Fähigkeiten der vor Gericht stehenden Angeklagten war insofern von Bedeutung, als der Mangel an Vernunft unter Umständen die Lossprechung von einem Verbrechen zur Folge haben konnte. Das Josephinische Gesetzbuch sah diesen Fall vor, wenn der Täter bzw. die Täterin *„unsinnig"*, also des Gebrauches der Vernunft gänzlich beraubt war, oder wenn bei *„abwechselnder Sinnenverrückung"* die Tat gerade in jener Zeitperiode begangen wurde, in der ein getrübter Geisteszustand vorherrschte.[158] Das Strafgesetzbuch des Jahres 1803 übernahm diese Bestimmungen und ergänzte sie dahingehend, daß Verstandesschwäche eines Verbrechers oder einer Verbrecherin als Milderungsumstand bei der Ausmessung der Strafe gewertet wurde.[159]

Die Beurteilung des Geisteszustandes der verdächtigen Kindsmörderinnen oblag grundsätzlich den medizinischen Sachverständigen, daneben gaben die Richter aufgrund ihrer während der Verhöre gewonnenen Beobachtungen ihr Gutachten ab. Schließlich stützte man sich auch auf die Aussagen von Personen aus der nächsten Umgebung der De-

---

156 StLA, AG-Prot. 4598/1836; AG-Prot. 3317/1822.
157 StLA, AG-Prot. 7022/1824; AG-Prot. 8544/1835.
158 StGB 1787, § 5, Art. a und b.
159 StGB 1803, 1. Teil, § 39, Art. a.

linquentin. Dabei konnte es durchaus zu widersprechenden Ergebnissen kommen, wie etwa das Beispiel der Josepha Schugel zeigt. Während der Chirurg in seinem Befund an die Bezirksobrigkeit Thurn am Hart/Srajbarski turn anführte, daß die Frau *„etwas blöde"* sei, bescheinigte ihr die Untersuchungskommission des Kriminalgerichtes in Laibach gegenteilig sogar gute Verstandeskräfte.[160] Derartige Unsicherheitsfaktoren sind im folgenden zu bedenken.

In der Dokumentation beschränkten sich die Beamten des Appellationsgerichtes fast ausschließlich auf Abweichungen von der Norm, erst in den 1830er Jahren taucht einigemale auch der Vermerk von gewöhnlichen oder mittelmäßigen Verstandeskräften auf. Lediglich in sechs Fällen sah man sich veranlaßt, auf eine besondere Intelligenz der Verhörten hinzuweisen, die allerdings eher negativ konnotiert als Schlauheit und Fähigkeit zur Verstellung ausgelegt wurde. Im Gegensatz dazu wissen wir, daß man immerhin 49 Kindsmörderinnen unterstellte, nicht zum vollen Gebrauch der Vernunft fähig zu sein. Der festgestellte psychische Defekt wurde meist als Schwachsinn oder Debilität, also als eine im Verhältnis noch geringe Beeinträchtigung des geistigen Zustandes, bezeichnet.[161] Anna Zirknitzer war nach Ansicht der Untersuchungskommission so beschränkten Geistes, daß sie auf jede Frage nur mit ja und nein antworten konnte und es viel Mühe kostete, von ihr eine erschöpfende Antwort zu erhalten, die *„an den Blödsinn grenzende Dummheit"* der Johanna Rabelbauer hatte zur Folge, daß sie sich während des Verhörs stets in Abschweifungen verlor und ihr jede Frage mehrmals erklärt werden mußte.[162] Freilich ist bei diesen Beispielen nicht völlig auszuschließen, daß eine konstatierte Geistesarmut nur vorgeschützt war und ganz im Gegenteil eine geschickte Taktik der Angeklagten darstellte, um unangenehme Fragen nicht beantworten zu müssen.

Vereinzelt glaubten die herangezogenen Sachverständigen sogar, Symptome von zeitweiligem Wahnsinn zu erkennen. Besonders tragisch ist dabei der Fall der Maria Kussin, die im untersteirischen Landgericht Puchenstein/Pukštanj untersucht wurde. Nach ihrer heimlichen Entbindung litt sie nicht nur wochenlang an Krankheitszuständen und Schwäche, sondern fiel auch in zunehmende geistige Umnachtung. Der Geburtsschock, die rauhe Behandlungsweise durch ihren Dienstherrn, der sie bei Entdeckung des Kindes mit Stockschlägen traktierte, und nicht zuletzt die Verhaftung und Vernehmung durch die Obrigkeit überforderten die Frau und lösten eine schwere Nervenkrise aus. Obwohl die herangezogenen Ärzte bewiesen, daß das Kind der Maria Kussin tot zur Welt gekommen war, stand sie

---

160 StLA, AG-Prot. 11981/1838.

161 Zu verschiedenen historischen Bezeichnungen für Geisteskrankheiten und ihrer Bedeutung vgl. Helga Schulter: Die Anstalten der geistig Behinderten in der Steiermark im 19. Jahrhundert. Unter besonderer Berücksichtigung der Stadt Graz. Graz, Diplomarbeit am Institut für Geschichte 1989, S. 38-43. Vgl. auch F. Hartl: Wiener Kriminalgericht, S. 317.

162 StLA, AG-Prot. 9924/1819; AG-Prot. 1409/1824.

unter dem Eindruck, es habe bei der Geburt geatmet und geweint - wohl eine klare Folge ihrer Geisteskrankheit, die Sinnestäuschungen hervorrief. Ihre Antworten vor dem Landgericht konnte sie nur noch ungewöhnlich langsam und mit schmerzhafter Anstrengung erbringen, wenig später erkannten sie die Ärzte als *„vollkommen wahnsinnig geworden"*. Während Maria Kussin ins Irrenhaus nach Graz gebracht wurde, sprach das Appellationsgericht aufgrund der Beweislage ihre Schuldlosigkeit aus. Das Urteil sollte der Bedauernswerten *„in ihren allfälligen heiteren Zwischenzeiten"* mitgeteilt werden, sofern durch die Nachricht kein schädlicher Einfluß auf den Krankheitsverlauf zu befürchten sei.[163] Etwas mehr Sensibilität im Umgang mit der Wöchnerin hätte dieses traurige Ende vielleicht verhindern können.

Ob wir uns Kindsmörderinnen des 18. und 19. Jahrhunderts tatsächlich als größtenteils infantile und minderintelligente Persönlichkeiten vorstellen müssen, wie dies für einschlägige Straftäterinnen des 20. Jahrhunderts von Gerichtsmedizinern behauptet wird,[164] muß auf jeden Fall unbeantwortet bleiben. Zu beachten ist allemal, daß in den Aussagen vieler Gutachter ein gewisser Standesdünkel nicht zu verkennen ist, der möglicherweise die ausgesprochenen Bewertungen beeinflußte. Als Angehörige einer gebildeten Mittelschicht waren sie den Angeklagten in jeder Hinsicht intellektuell überlegen, ein abschätziges Urteil über ihre Geisteskräfte muß auch vor diesem Hintergrund gesehen werden.

6.12.3. Körperliche Verfassung

Die Kriminalgerichtsordnung von 1788 bestimmte, daß alle Verdächtigen, die wegen eines Verbrechens vor Gericht standen, durch einen Leib- oder Wundarzt untersucht werden mußten.[165] Auch das franziszeische Strafgesetzbuch sah diese körperliche Untersuchung vor, verlangte allerdings, daß sie bei Frauen nicht mehr durch einen Arzt, sondern bloß durch eine Hebamme zur Durchführung gelangte.[166] Die Feststellung des Gesundheitszustandes der Angeklagten diente in erster Linie zur Abklärung der Frage, welche gesetzlichen Strafen bzw. Strafverschärfungen ihnen ohne Schaden zugemutet werden

---

163 StLA, AG-Prot. 1987/1815. Vgl. StGB 1803, 1. Teil, § 445.

164 Vgl. Joachim Gerchow: Die ärztlich-forensische Beurteilung von Kindesmörderinnen. Ein Beitrag zum Problem der abartigen Erlebnisreaktionen. Halle 1957. (= Medizinisch-juristische Grenzfragen. 4.) S. 13; Günther Faust: Die Kindestötung. Eine kriminalbiologische Betrachtung aus der Sicht der Persönlichkeit und Konfliktlage der Täterin. Mainz, Medizin. Diss. 1967, S. 20-23; W. Kürbitz: Der Kindesmord und seine forensische Bedeutung. In: Archiv für Kriminal-Anthropologie und Kriminalistik 60 (1914), H.3/4, S. 282 f.; Klaus Püschel, Gordian Hasselblatt, Hubertus Labes: Kindsmörderinnen: Meist geistig unreif. Eine Analyse unter kriminologischen Aspekten. In: Kriminalistik 42 (1988), H. 10, S. 525-528.

165 KGO 1788, § 115.

166 StGB 1803, 1. Teil, § 373.

konnten. Ebenso war eine Züchtigung wegen Ungehorsams oder vermeintlicher Lügenhaftigkeit während des Verhörs nur dann möglich, wenn es die körperliche Konstitution der Betreffenden zuließ.[167]

Der Gesundheitszustand von 163 untersuchten Kindsmörderinnen wurde im wesentlichen als gut erachtet. In der Regel verbanden sich damit zusätzliche Angaben über die Körperkraft der Frau und ihre Eignung zum Arbeitseinsatz bzw. zum Aushalten von schwerem Kerker sowie die Festsetzung des maximalen Ausmaßes der zu verabreichenden Rutenstreiche und der wöchentlichen Fasttage als mögliche Strafverschärfungen. Die Hebamme hatte sich auch zu vergewissern, ob bei der Angeklagten keine erneute Schwangerschaft vorlag.

Dieser grundsätzlich gute Gesundheitsbefund der meisten vor Gericht gestellten Frauen kommt nicht von ungefähr: Ohne entsprechende körperliche Konstitution wäre es den Kindesmüttern wohl unmöglich gewesen, nicht nur die Beschwerlichkeiten der Schwangerschaft nach außen zu verbergen, sondern vor allem die Strapazen ihrer Entbindung allein durchzustehen und im Anschluß daran die erwartete volle Leistungsfähigkeit im Arbeitsleben weiter zu erbringen. Trotzdem scheint auch eine Überbewertung nicht zulässig. Zum einen werden bei dieser Gegenüberstellung früher bestandene, zum Zeitpunkt der Untersuchung aber schon ausgeheilte Krankheiten nicht berücksichtigt. Zum anderen sah die Situation kurz nach der Geburt für einige später als gesund eingestufte Kindesmütter noch ganz anders aus. Demgemäß wurden die Wöchnerinnen nicht selten einige Tage zur Wiederherstellung ihrer Kräfte in häuslicher Pflege belassen, bevor man sie an die Gerichte überstellte und das Verhör mit ihnen begann.

Trotz dieser Rücksichtnahmen sahen sich die Sachverständigen noch bei 33 Frauen veranlaßt, deren körperliche Verfassung als schwächlich einzustufen und eine Erleichterung der gesetzlichen Strafen bzw. einen teilweisen Verzicht auf Strafverschärfungen einzufordern. Erhebliche Gesundheitsstörungen stellten die Ärzte und Hebammen schließlich bei 43 verdächtigen Kindsmörderinnen fest. In vielen Fällen handelte es sich dabei um Unterleibserkrankungen als Folgen der vorausgegangenen Geburt wie etwa Gebärmuttervorfall, Ausbleiben der Menstruation oder *„weißer Fluß"*[168]. Mehrmals wurden Symptome von Wassersucht festgestellt, die Bleichsucht (Chlorose) und die „Skrofelsucht", eine tuberkulöse Schwellung der Halsdrüsen, finden sich ebenso verzeichnet. Gleichfalls keine Seltenheit bildeten Hautkrankheiten, vor allem Krätze, und selbstverständlich fehlte auch der obligatorische Kropf nicht. Wiederholt werden verschiedene fieberhafte Erkrankungen

---

[167] KGO 1788, §§ 109 f.; StGB 1803, 1. Teil, §§ 363-365.

[168] Unter dieser Bezeichnung subsumierte man die Absonderungen einer Scheiden- oder Gebärmutterinfektion (Leukorrhö), die man als *„Mutterverschleimung und Schärfe des Geblütes"* interpretierte. Vgl. Victor Fossel: Volksmedizin und medizinischer Aberglaube in Steiermark. Ein Beitrag zur Landeskunde. 2., unveränd. Aufl. Graz 1886, S. 126 sowie E. Shorter: Der weibliche Körper, S. 290-298.

genannt,[169] an der *„hinfallenden Krankheit"* oder *„Fallsucht"*, also an Epilepsie, hatten ebenfalls mehrere Angeklagte zu leiden. Bei drei Frauen wurde die „Lustseuche", also Syphilis, diagnostiziert. Die erst 20jährige Magdalena Hanßlin war von der Krankheit seit mehreren Jahren befallen, was nach Aussage der Ärzte bereits Auswirkungen auf ihre Verstandeskräfte gezeigt hatte.[170] Sie gestand anfangs einen zweifachen Kindsmord sowie die Mitgliedschaft in einer Diebsbande, widerrief später allerdings ihre Angaben und erklärte, daß sie lieber für immer im Arrest bleiben wolle, als in Freiheit wieder die *„venerische Krankheit"* zu bekommen, die sie über alles fürchtete. Tatsächlich konnten für die vermeintlichen Kindsmorde keine Beweise erbracht werden, und Magdalena Hanßlin wurde aus dem Untersuchungsarrest entlassen - einer ungewissen Zukunft entgegen. Seltsamerweise bekannte auch die ehemals syphiliskranke, als „blödsinnig" eingestufte 22jährige Anna Koschuhar aus eigenem Antrieb, zwei Kinder geboren und eines davon ermordet zu haben. Bei ärztlichen Untersuchungen wurde jedoch festgestellt, daß die Frau mit größter Wahrscheinlichkeit nie ein reifes Kind zur Welt gebracht hatte. Sie gab schließlich zu, ein falsches Geständnis abgelegt zu haben, da sie nicht wußte, wovon sie in Freiheit leben sollte.[171]

Bei der Feststellung des Gesundheitszustandes der vermeintlichen Kindsmörderinnen gab es natürlich auch Widersprüche, zum Teil begründet durch unterschiedliche Auffassungen von Sachverständigen, zum Teil aber bedingt durch zeitliche Entwicklungen. Besonders augenfällig wird das im Fall der Oststeirerin Maria Wirthin. Als sie 1819 das erstemal wegen Kindsmordes untersucht wurde, war sie laut chirurgischen Befundes noch *„gesund und zur mittelmäßigen Arbeit und Rutenstreichen fähig"*. Aufgrund ihres Verbrechens verurteilte sie das Appellationsgericht zu drei Jahren schweren Kerkers, verschärft durch zehn Rutensteiche zu Beginn der Strafzeit.[172] Nicht einmal fünf Jahre später stand Maria Wirthin erneut wegen eines Kindsmordes vor Gericht. Der nunmehrige *„Kräftenbefund"* zeigt, wie sehr sie im Grazer Strafhaus gelitten haben mußte: Ihre Konstitution wurde nur mehr als schwächlich beschrieben, von jeder Züchtigung sollte dringend Abstand genommen werden.[173]

Die Appellationsgerichtsprotokolle enthalten wohl Detailinformationen über die gesundheitliche Verfassung der Angeklagten, nicht jedoch eine zusammenhängende Perso-

---

169 Zur zeitgenössischen Einteilung der „Fiebergattungen" vgl. Bibliothek der neuesten medizinisch-chirurgischen Literatur für die k. k. Feldchirurgen. Hrsg. von J. Hunczovski und Dr. J. Ad. Schmidt. Bd 2. Wien 1791, S. 543-547.

170 StLA, AG-Prot. 3570/1822. Im Sekundär- und Tertiärstadium der Syphilis kann es zu krankhaften Veränderungen am Nervensystem kommen. Vgl. Reallexikon der Medizin und ihrer Grenzgebiete. Bd 4. München, Wien u. Baltimore 1977, S. N/83.

171 StLA, AG-Prot. 330/9751/1818.

172 StLA, AG-Prot. 2321/1819; Gub.-Rep. 1819-1821; Gub.-Rep. 1822-1824.

173 StLA, AG-Prot. 1408/1824.

nenbeschreibung. Um uns ein Bild darüber zu machen, wie wir uns eine vor Gericht gestellte Frau vorstellen dürfen, sind wir auf andere Quellen angewiesen. Nach jeder Verhaftung mußte eine genaue Charakteristik der äußeren Gestalt sowie der Kleidung einer Verdächtigen zu Protokoll genommen werden;[174] ergriff eine in Untersuchung stehende oder bereits verurteilte Verbrecherin die Flucht, begegnen wir diesen Angaben in den in Umlauf gesetzten Steckbriefen wieder. Maria Senkl, 21 Jahre alt, entwich im Sommer 1822 aus dem Landgericht Halbenrain. In ihrer Beschreibung heißt es, sie sei von kleiner, untersetzter Statur, habe *„ein rundes, gutgefärbtes Angesicht, blaue Augen, ziemlich große gezogene Nase, gute Zähne, blonde Haare und ist in ihrem Benehmen still und schichtern, spricht wenig, und sieht beym Sprechen niemand in das Gesicht, sondern zu Boden. Bey ihrer Entweichung trug sie einen leinenen blauen Kittel mit weißen Tupfen, ein blauleinenes Vortuch, ein rotbaumwollenes Halstuch und am Kopfe wahrscheinlich ein weißes Tuch oder sogenannte Hader".*[175] Von der 24jährigen Dienstmagd Anna Haas erfahren wir, daß sie an einer Hand durch eine Hackwunde verstümmelt war, die Krainerin Ursula Krischai erkannte man unter anderem an ihrem stark blatternarbigen Gesicht, und zur 36jährigen Magd Maria Pribass wurde bemerkt, daß sie im Oberkiefer nur mehr einen oder zwei Zähne besitze. Für eine repräsentative Darstellung reichen die verfügbaren Personenbeschreibungen nicht aus, aber wir ersehen schon aus diesen wenigen Beispielen, daß die meisten Frauen trotz ihres verhältnismäßig niedrigen Alters vom Alltag bereits schwer gezeichnet waren.[176]

Wollen wir anhand der festgestellten Merkmale den Versuch wagen, die Persönlichkeit einer „typischen Kindsmörderin" kurz zu skizzieren, so können wir - mit aller gebotenen Vorsicht - folgende Aussagen treffen: Die angeklagte Frau war in der Regel zwischen 20 und 25 Jahre alt, ledig, katholisch und eine Dienstmagd, die sich nicht weit von ihrem Heimatort entfernt aufhielt. Sie besaß kein Vermögen und entstammte einer Familie, die ein kleines Anwesen bewirtschaftete. Die Täterin genoß einen guten Ruf in ihrer Umgebung, sie war noch nie mit dem Gesetz in Konflikt gekommen und wurde wegen ihrer charakterlichen Anlagen gelobt. Hinsichtlich ihrer Geistes- und Körperkräfte lassen sich keine Besonderheiten feststellen.

---

174 StGB 1803, 1. Teil, § 285 lit. b.

175 StLA, Trautmannsdorf, Herrschafts- und Familienarchiv, Sch. 118, H. 854: Herrschaft Gleichenberg: Steckbriefe, 1. Hälfte des 19. Jahrhunderts.

176 Bestätigung erhält dieser konstatierte schlechte Gesundheitszustand unterer sozialer Schichten durch die speziellen Auswertungen diverser Steckbriefsammlungen. Vgl. Petra Müller: Steirische Steckbriefe als sozialgeschichtliche Quelle (um 1800). Graz, Diplomarbeit am Institut für Geschichte 1991, S. 179-189; Notburga Klug: Steirische Steckbriefe als Quelle für eine Kriminalitätsgeschichte 1764-1780. Graz, Diplomarbeit am Institut für Geschichte 1990, S. 46-48.

7. DER KINDESVATER

Wir sollten annehmen, daß jedes Untersuchungsgericht bei der vollständigen Aufklärung eines Kindsmordes auch an der Person des Kindesvaters großes Interesse gehabt hätte. Diese Vermutung trifft jedoch nur bedingt zu, in der Regel werden über den Kindesvater kaum mehr als ein paar Sätze verloren.[1] Als in einem Fall ein vermeintlicher Liebhaber seine Beziehung zur Angeklagten abstritt, verstieg sich der damit betraute Referendar sogar zur symptomatischen Behauptung, es sei eigentlich ganz einerlei, wer Vater wäre, und er beschloß, die Angelegenheit nicht weiter zu verfolgen.[2] Das Appellationsgericht mußte einigemale Rügen aussprechen, weil diverse Landgerichte einfach vergessen hatten, die Angeklagten bezüglich der Vaterschaft ihres Kindes zu befragen, oder es unterlassen worden war, mutmaßliche Kindesväter gerichtlich einzuvernehmen. Auch in den Appellationsgerichtsprotokollen wird bisweilen nur vom *„Zuhalter der Inquisitin"* gesprochen, ohne sich die Mühe zu machen, dessen Personalien zu nennen, obwohl diese dem Akteninhalt nach bekannt gewesen sein mußten. Der Kindesvater als Individuum war für das Gericht ohne jede Bedeutung, Aufmerksamkeit verdienten nur seine Verbindungslinien zu einer verdächtigen Frau.

Erkundigungen über den Kindesvater dienten vorderhand zur Sicherstellung, daß dieser keine Mitschuld an einem verübten Kindsmord trug oder etwaige Mitwisserschaft daran besaß. Konnte er dies zweifelsfrei beweisen, drohten ihm in der Regel keine weiteren Konsequenzen. Lediglich während der Geltungsdauer des Josephinischen Strafgesetzbuches erfahren wir von einigen Kindesvätern, daß sie *„in Ansehen ihrer fleischlichen Vergehungen"* von politischer Seite zur Verantwortung gezogen wurden.[3] Wie hoch ihre Strafen ausfielen, läßt sich nicht mehr feststellen. Ab 1803/1804 haben wir keine Nachrichten mehr über vorgenommene Sanktionierungen sexueller Beziehungen zu den Kindesmüttern.

Die Einvernahme der Kindesväter bot den Gerichten zudem die Möglichkeit, den Zeitpunkt einer Konzeption abzuklären. Viele Kindesmütter schützten ja vor, zu früh gebo-

[1] Deutsche Gerichte agierten hier nicht anders. Vgl. R. v. Dülmen: Frauen vor Gericht, S. 83 f.; Thea Koss: Kindesmord im Dorf. Ein Kriminalfall des 18. Jahrhunderts und seine gesellschaftlichen Hintergründe. Tübingen u. Stuttgart 1994, S. 34; Maren Lorenz: Das Delikt des Kindsmords im medizinisch-aufklärerischen Diskurs des 18. Jahrhunderts. Hamburg, Wissenschaftliche Hausarbeit zur Erlangung des akademischen Grades eines Magister Artium 1992, S. 77.

[2] StLA, AG-Prot. 2966/1815.

[3] StLA, AG-Prot. 6629/1790; AG-Prot. 3701/1791; St. Georgen/Stiefing, Herrschafts- und Marktarchiv, Sch. 8, H. 17: Landgerichtsvorfälle 1710-1807; AG-Prot. 4300/1791; AG-Prot. 1835/1792.

ren und damit ein unreifes, nicht lebensfähiges oder zumindest schwaches Kind zur Welt gebracht zu haben. Konnte die Leiche des Neugeborenen nicht aufgefunden und untersucht werden, war ein Gegenbeweis für ihre Behauptung nur schwer zu erbringen. Die Sexualpartner der Frauen wurden daher genau über den jeweiligen Zeitpunkt einer geschlechtlichen Vereinigung befragt. Mit diesen Daten konfrontiert, mußte so manche Kindesmutter ihre Aussage über die Dauer ihrer Schwangerschaft korrigieren.

Das Gericht zog schließlich auch Erkundigungen darüber ein, wie ein Kindesvater der von ihm geschwängerten Frau begegnete. Ein bewiesenermaßen rücksichtsloses Verhalten wurde in einzelnen Fällen als Milderungsumstand für die - unmittelbar oder mittelbar in Reaktion darauf - straffällig gewordene Kindesmutter angeführt. Gegenteilig konnte es einer Angeklagten wiederum angelastet werden, wenn ihr Partner seine Bereitschaft bekundet hatte, die Obsorge für das Kind zu übernehmen und sie trotz dieser Zuwendung das Neugeborene beseitigte.

7.1. IDENTITÄT

In den Appellationsgerichtsprotokollen scheinen über 200 vermeintliche Kindesväter mit Tauf- und Familiennamen auf. Es wird allerdings nicht immer deutlich, ob sich das Wissen um die Personalien eines Mannes allein auf die Aussagen der angeklagten Frauen stützen konnte. Zumindest in einigen Fällen ist der Schluß zulässig, daß Ergänzungen durch andere einvernommene Zeugen für die Eruierung eines Familiennamens vonnöten gewesen waren. Der Liebhaber von Theresia Mayer war *„ein gewisser Bastl"*; indem sie dem Gericht jedoch dessen Aufenthaltsort nennen konnte, wurde dieser ohne Schwierigkeiten als Sebastian Argler ausgeforscht.[4] Bei weiteren 25 Kindesvätern brachten die amtlichen Erhebungen offensichtlich keine Erfolge, sie sind nur mit ihrem Vornamen dokumentiert, allenfalls wurde ihnen von den Frauen noch ein Attribut, das auf ihren Herkunftsort oder ihren Beruf verweist, beigefügt. Maria Kreutzer hatte ihr Kind von *„einem Tyroler namens Franz"* empfangen, Clara Flucher wähnte sich vom *„Pferdknecht Toni"* in schwangeren Zustand versetzt, und der Kindesvater von Barbara Krobatin war *„der sprachlose Nagelschmidknecht Matheus, ein Toker"*[5].

Völlige Unkenntnis über die Identität ihres Kindesvaters schützten immerhin 21 Angeklagte vor. Die diesbezüglichen Ausführungen sind allerdings so knapp, daß Interpretationen schwerfallen. In den meisten Fällen dürfte es sich um Zufallsbekanntschaften ge-

---

[4] StLA, AG-Prot. 3243/1813.

[5] StLA, AG-Prot. 4315/1820; AG-Prot. 576/1817; AG-Prot. 7968/1790.

handelt haben, bei denen es bei einem einmaligen sexuellen Kontakt blieb. Eva Jevschnigin gab etwa zu Protokoll, sie sei an ihrem Dienstort in einem Wirtshaus von einem ihr unbekannten Fuhrmann geschwängert worden, Elisabeth Rauchenbergerin nannte als Kindesvater einen vorüberziehenden Schäfer, von dem sie weiter nichts wußte.[6] Selbst als Maria Anna Vechar bemerkte, daß sie von einem ihr nicht namentlich bekannten Mann ein Kind erwartete, fragte sie ihn beim nächsten Zusammentreffen nicht um seine Identität;[7] sie war offenbar in keinster Weise daran interessiert, einen näheren Kontakt zu ihm aufzubauen, woran selbst ihr Zustand nichts ändern konnte.

Wie oft es der Fall war, daß ein Geschlechtsverkehr von einem Unbekannten gewaltsam erzwungen wurde, ist schwer abzuschätzen. Magdalena Muster beteuerte zwar, von zwei Gottscheer Händlern überfallen und vergewaltigt worden zu sein, ihren Ausführungen wurde allerdings wenig Glauben geschenkt, da die beiden Männer niemandem in der Umgebung aufgefallen waren.[8] Auch Hellena Blaschnigg, die anfangs vorgegeben hatte, von einem unbekannten Schiffsmann geschändet und in andere Umstände versetzt worden zu sein, mußte letztendlich eingestehen, daß diese Vergewaltigung eigentlich *„nur in Vorstellungen und Überredungen"* bestanden habe.[9] Es wäre möglich, daß die beiden Frauen durch die Ableugnung ihres Einverständnisses zum Koitus versuchten, zumindest ihre geschlechtliche Ehre zu retten und zudem einen Teil der Verantwortung von sich abzuwälzen.

Häufig mutet die vorgeschützte Existenz eines anonymen Sexualpartners überhaupt recht unwahrscheinlich an, beispielsweise wenn Maria Wirthin lapidar erklärte, sie wäre an einem Abend, als sie gerade das Haustor zusperren wollte, von einem Unbekannten im Finstern geschwängert worden.[10] Wir können mit Sicherheit davon ausgehen, daß in mehreren Fällen, in denen sich Frauen auf einen ihnen weitgehend fremden Kindesvater berufen, tatsächlich ein ihnen nahe stehender Mann gedeckt werden sollte.[11] Maria Ladovaz führte auf diese Weise das Kriminalgericht in Rovigno mehrmals in die Irre. Bei der ersten Einvernahme äußerte sie, in einem Wald von einem unbekannten Mann vergewaltigt worden zu sein. Sie widerrief diese Aussage in der Folge und schob die Vaterschaft auf Joseph Ladovaz, einen in ihrer Heimatgemeinde Mitterburg/Pisino/Pazin ortsbekannten Frauenhel-

---

6 StLA, AG-Prot. 919/1804; AG-Prot. 4380/1791. Vgl. zum Fall der Elisabeth Rauchenbergerin: Elke Hammer: Kindersegen - Mutterglück? In: Schule für das Leben. Leben für die Schule. Festschrift. Bundeshandelsakademie/Bundeshandesschule Bruck/Mur. Bruck/Mur 1997, S. 20-24.

7 StLA, AG-Prot. 10726/1837.

8 StLA, AG-Prot. 6944/1838.

9 StLA, AG-Prot. 10957/1823.

10 StLA, AG-Prot. 1408/1824.

11 Vgl. dazu auch Otto Ulbricht: Kindsmörderinnen vor Gericht. Verteidigungsstrategien von Frauen in Norddeutschland 1680-1810. In: Mit den Waffen der Justiz. Zur Kriminalitätsgeschichte des späten Mittelalters und der Frühen Neuzeit. Hrsg. v. Andreas Blauert und Gerd Schwerhoff. Frankfurt/Main 1993, S. 56 f.

den. Letztendlich mußte sie jedoch gestehen, zu ihrem Nachbarn Simon Pilot in einem Liebesverhältnis gestanden zu sein, der sie inständig gebeten hatte, ihn nicht zu verraten, sondern einen anderen zu beschuldigen.[12]

7.2. FAMILIENSTAND

Expliziten Angaben zum Familienstand des Kindesvaters begegnen wir sehr selten. Ende des 18. Jahrhunderts wurden diesbezügliche Aufzeichnungen noch regelmäßiger gemacht, in der Folge gibt es nur mehr Zufallsfunde. Aus einer Gegenüberstellung ergibt sich, daß zum Zeitpunkt der Schwängerung 41 Männer ledig, 20 Männer verheiratet und zwei Männer verwitwet waren. Diese Verhältniszahlen sind aber nicht aussagekräftig: Aus dem Berufsbild der Kindesväter ergibt sich, daß der Großteil von ihnen keine Ehepartnerin haben konnte. Angehörigen der Dienstbotenklasse und des Soldatenstandes war eine Familiengründung praktisch nicht möglich, gleiches können wir für Handwerksgesellen und nicht besitzende Bauernsöhne annehmen. Zudem ist auch hier der Schluß zulässig, daß vor allem Abweichungen von der Norm der Aufzeichnung für wert befunden wurden. Im Gegensatz dazu darf allerdings nicht vergessen werden, daß die Dunkelziffer gerade bei familiär gebundenen Kindesvätern sehr hoch gewesen sein dürfte und ein ehebrecherisches Verhältnis unter Umständen nicht wahrheitsgetreue Angaben der Frauen provozierte.

Heikel war die Angelegenheit bei einem verheirateten Kindesvater allemal. Nicht selten mußte ein Bauer - oft zugleich Dienstherr der Kindesmutter - seine Verfehlung eingestehen. Das Gericht zeigte sich in einzelnen Fällen jedoch voll Verständnis über den männlichen Sündenfall. Als Gertraud Flaschier ihren Dienstherrn Kaspar Mazafur als Verursacher ihrer Schwangerschaft angab und dieser ferner in den Verdacht einer Mitwisserschaft geriet, ordnete das Appellationsgericht zwar seine Vernehmung an, diese sollte aber unbedingt *„mit Schonung und sorgfältiger Bedachtnahme, sein Eheverhältnis nicht zu trüben"*, vorgenommen werden.[13] Eine solche Rücksichtnahme wurde der Kindesmutter leider nicht zuteil.

---

12 StLA, AG-Prot. 5145/1836.

13 StLA, AG-Prot. 5790/1815.

7.3. BESCHÄFTIGUNG

Hinsichtlich der Art ihres Broterwerbes können wir zu 214 Kindesvätern nähere Aussagen treffen. Am häufigsten entstammten die Partner der angeklagten Frauen selbst der Dienstbotenklasse, nicht weniger als 81 der in Frage stehenden Männer sind dieser Gruppe zuzuordnen. Sie tragen in der Regel nur die allgemeine Bezeichnung „Knecht“, in einzelnen Fällen wird ihr Einsatzbereich jedoch genauer definiert, etwa als Meierknecht, Pferdeknecht, Postknecht oder dergleichen. Wir können davon ausgehen, daß der überwiegende Teil dieser männlichen Dienstboten im ländlichen Bereich seinen Einsatz fand. Die Möglichkeiten eines Bauernknechtes zur Eheschließung waren beschränkt, wenn auch nicht völlig ausgeschlossen.[14] Eine Familiengründung blieb grundsätzlich von einem Konsens der Grundherrschaft abhängig; zwar hatte bereits Maria Theresia aus populationspolitischen Gründen eine großzügigere Handhabung in der Vergabe von Heiratsbewilligungen verlangt,[15] unter der Regierungszeit Josephs II. wurden die bestehenden Ehebeschränkungen kurzfristig sogar aufgehoben[16]. Mit Franz I. kam es allerdings wieder zu einer Einführung restriktiverer Bestimmungen: Die Obrigkeit erteilte eine Erlaubnis zur Eheschließung nur mehr dann, wenn der Lebensunterhalt der Heiratswilligen gesichert schien.[17] Auf diese Weise sollte ein Überhandnehmen des besitzlosen Standes, der letztendlich eine Belastung der Allgemeinheit zur Folge gehabt hätte, verhindert werden. Der bescheidene Verdienst eines Bauernknechtes konnte diesen Anforderungen aber nicht immer gerecht werden: Um 1800 betrug in der Obersteiermark - und damit in einem der am besten entlohnten, da von menschlicher Arbeitskraft unbedingt abhängigen Gebiet - die jährliche Abgeltung des männlichen Gesindes je nach Qualifikation circa 15 bis 25 Gulden, also vergleichsweise etwa doppelt so viel wie weibliche Angehörige des Gesindes erwarten durften. Trotzdem gelang es nur den wenigsten Knechten, einen Teil ihres Arbeitslohnes anzusparen und damit eine ausreichende Basis für eine geplante Familiengründung zu schaffen.[18]

Als Angehörige des Soldatenstandes sind 34 Kindesväter anzusehen. Ihr Rang, so er genannt wird, war durchwegs der eines Gemeinen, lediglich in drei Fällen verwiesen Angeklagte auf höhere Chargen. Die meisten Soldaten befanden sich zum Zeitpunkt der Schwängerung auf Militärurlaub, zwei wurden allerdings als flüchtige Deserteure gesucht.

---

14 Vgl. Michael Mitterauer: Zur Familienstruktur in ländlichen Gebieten Österreichs im 17. Jahrhundert. In: Beiträge zur Bevölkerungs- und Sozialstatistik. Im Auftrag des Österr. Statistischen Zentralamtes hrsg. v. Heimold Helczmanovszki. Wien 1973, S. 204.

15 StLA, P + K 1749-XII-9. Vgl. dazu auch E. Bruckmüller: Sozialgeschichte Österreichs, S. 296.

16 Vgl. Allgemeines bürgerliches Gesetzbuch. Erster Teil. Wien 1786, 3. Hauptstück, § 4.

17 Vgl. ABGB 1811, § 53: Unter den rechtmäßigen Gründen, die Einwilligung zu einer Eheschließung zu versagen, sind u. a. angeführt: „*Mangel an dem nötigen Einkommen*".

18 Vgl. D. Kreuziger: Dienstboten- und Gesindewesen, S. 150 u. Beilage 7.

Das Aushebungssystem seit Maria Theresia sah vor, daß auf 150 Häuser ein Soldat zu entfallen hatte. Ein Rekrutierter war anfangs gezwungen, zeit seines Lebens beim Militär zu verbleiben; in der Folge wurde die Dienstzeit verkürzt, 1808 betrug sie 14 Jahre.[19] Während seiner Militärdienstpflicht war einem Soldaten die Heirat untersagt.[20]

34 der als Väter genannten Männer übten ein Handwerk aus. Eine Sonderstellung nahmen dabei vier Handwerksmeister ein, die zudem Angehörige des Bürgerstandes waren.[21] Von den übrigen handwerklich Tätigen darf angenommen werden, daß sie als Gesellen, Lehrjungen oder Störhandwerker einen wesentlich kärglicheren Lebensunterhalt verdienten.[22] Sie vertraten die unterschiedlichsten Sparten, genannt werden mehrmals Schneider, Schuster, Schmied, Müller und Maurer, aber auch Lederer, Bader, Seiler oder Bierbrauer fehlten nicht. Für Handwerksgesellen war eine Eheschließung ebenfalls von der Erteilung eines entsprechenden Konsenses abhängig.

Bauern oder Grundbesitzern wurde die Vaterschaft in 19 Fällen zugeschrieben. Aufgrund der vorliegenden Informationen können wir keine zuverlässigen Aussagen über ihre tatsächliche wirtschaftliche Potenz treffen, Aufzeichnungen über Besitzgröße oder Besitzverhältnisse gibt es nicht. Die ökonomische Basis eines Viehzucht treibenden Bauern in der Obersteiermark war beispielsweise eine völlig andere als jene eines ackerbauenden Grundbesitzers in den karstigen Gebieten des Küstenlandes. Grundsätzlich kann jedoch von einem vergleichsweise höheren Grad der Wohlhabenheit als bei den bisher besprochenen Berufsgruppen - die Handwerksmeister abermals ausgenommen - ausgegangen werden.

Zwölf der in Frage kommenden Kindesväter wurden als Bauernsöhne bezeichnet. Sie nahmen damit eine indifferente Stellung ein: Zum einen waren sie de facto Angehörige des männlichen Gesindes, zum anderen hatten sie die prinzipielle Hoffnung, als Hoferben die Nachfolge ihres Vaters antreten zu können. Bis zur Übergabe des Anwesens bestand für sie allerdings keine Möglichkeit, einen eigenen Hausstand zu gründen; die nicht erbenden Söhne blieben überhaupt in der unteren ländlichen Bevölkerungsschicht verhaftet.

Acht weitere Kindesväter sind der Gruppe der Taglöhner zuzuordnen. Sie entstammten verschiedenen sozialen Verbänden, in den Akten werden etwa zwei Keuschlersöhne genannt, deren eigener Grund und Boden zur Ernährung offenbar nicht ausreichte. Zwei Taglöhner lebten als Inwohner im Hause eines Bauern. Sie führten - vergleichbar mit der

---

19 Vgl. E. Bruckmüller: Sozialgeschichte Österreichs, S. 272 f.; S. 330.

20 Vgl. Michael Mitterauer: Ledige Mütter. Zur Geschichte unehelicher Geburten in Europa. München 1983, S. 72.

21 In der nachfolgenden Tabelle werden die Handwerksmeister aufgrund ihrer abweichenden sozialen Stellung nicht in die Kategorie der Handwerker aufgenommen. Diese bezieht sich ausschließlich auf Gesellen, Lehrlinge und Störhandwerker.

22 Zu den Lebensbedingungen von Handwerkergesellen vgl. Gerhard Pferschy: Vom Werden der Sozialgefüge im steirischen Handwerk. In: Das steirische Handwerk. Meisterschaft als Träger der Kultur und Wirtschaft des Landes. Katalog zur 5. Landesausstellung 1970. 1. Teil: Handbuch. Graz 1970, S. 41-58.

Stellung eines Untermieters - einen eigenen Haushalt und konnten damit auch eine Familie gründen.

Abb. 10:

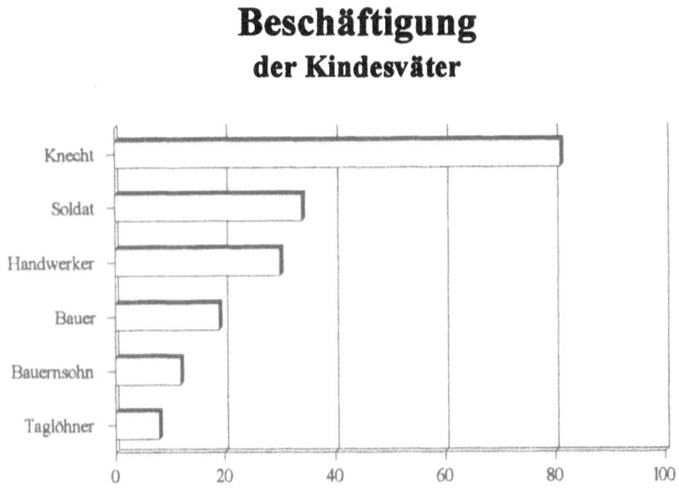

Die Berufsbilder der übrigen Kindesväter sind sehr uneinheitlich und sollen daher nur exemplarisch erwähnt werden. Als herrschaftliche Angestellte gehobenerer Art begegnen uns etwa zwei Jäger und ein Förster, Vertreter der Obrigkeit waren ein Gerichtsdiener und ein Stadtwächter. Ein Schullehrer, ein Student und ein Postexpeditor werden ebenso genannt wie ein Bergknappe und zwei Händler bzw. Hausierer. Beinahe fremdartig mutet die Tätigkeit eines Sensalen an - er agierte übrigens in Triest -, nicht weniger interessant ist auch die Tatsache, daß sich zwei sogenannte *„Tabakschwärzer"*, also Schmuggler von Rauchtabak, unter den Kindesvätern befanden. Als gesetzlich verfolgte Kriminelle konnten sie einer Frau keinerlei finanzielle oder gar soziale Sicherheit bieten.

Wir können damit festhalten, daß die Angeklagte und ihr Partner im wesentlichen der gleichen sozialen Schicht angehörten. Dieses Ergebnis ist nicht überraschend, Forschungen aus verschiedenen Regionen Deutschlands vermitteln ein ganz ähnliches Bild.[23] Die mei-

[23] Vgl. etwa Alfons Felber: Unzucht und Kindsmord in der Rechtsprechung der freien Reichsstadt Nördlingen vom 15. bis 19. Jahrhundert. Bonn, Rechts- u. Staatswiss. Diss. 1961, S. 96; R. v. Dülmen: Frau-

sten Kindesväter waren unverheiratet, aufgrund ihrer beruflichen Tätigkeit und ihres dadurch bedingten mangelnden finanziellen Hintergrundes stellte eine mögliche Familiengründung für sie allerdings ein relativ großes Problem dar.

en vor Gericht, S. 83 f.; W. Wächtershäuser: Das Verbrechen des Kindesmordes, S. 122 f.; O. Ulbricht: Kindsmord und Aufklärung, S. 78; R. Schulte: Das Dorf im Verhör, S. 142 f.

8. DAS PAAR

Nach der Betrachtung des persönlichen Umfeldes der Angeklagten sowie des Kindesvaters für sich interessiert in weiterer Konsequenz die Ebene des Paares. Die Frage, wie die Partnerin und der Partner zueinander standen, konnte für einen Kindsmord entscheidend sein. Insbesondere die Verhaltensweisen des Kindesvaters bei eingetretener Schwangerschaft zeigen uns, was er an Verantwortung zu übernehmen bereit war. Die genaue Analyse der konkreten Beziehungsstruktur erlaubt uns darüber hinaus einen Blick auf die allgemeine Sexualmoral unterer sozialer Schichten im ausgehenden 18. und beginnenden 19. Jahrhundert.

8.1. BEZIEHUNGSSTRUKTUREN

Informationen über Dauer und Intensität der Beziehung zwischen Kindesmutter und Kindesvater sind spärlich, in knapp 200 Fällen erhalten wir jedoch einen ungefähren Eindruck davon. Vorsichtig geschätzt ist davon auszugehen, daß bei etwa einem Drittel der Paare von einer relativ stabilen Bindung gesprochen werden kann. Ein Indiz dafür ist zum einen der Fortbestand des Kontaktes über einen längeren Zeitraum hinweg. Beziehungen, die bereits mehrere Jahre andauerten, waren keine Seltenheit: Maria Gousche und Anton Zwager unterhielten ihr Verhältnis schon beinahe fünf Jahre lang, Josepha Prislan hatte mit dem Knecht Valentin Moser seit sechs Jahren *„einen vertrauten Umgang"*, und Maria Wernig kannte ihren Liebhaber seit etwa acht Jahren. Selbst als dieser als Soldat eingezogen wurde und sich drei Jahre in Italien aufhielt, blieben die beiden miteinander brieflich in Verbindung.[1] Von Katharina Kofler wissen wir, daß sie für ihren Kindesvater, einen Bauernknecht, mit dem sie seit eineinhalb Jahren befreundet war, sogar die Wäsche wusch und instandhielt.[2]

Zum Teil waren länger miteinander in Beziehung stehende Paare auch schon Eltern eines gemeinsamen Kindes. Wie wir gehört haben, waren 21 Frauen vom gegenwärtigen Kindesvater bereits einmal in die Mutterschaft versetzt worden. Selbst nach einem Kinds-

1 StLA, AG-Prot. 2403/1821; AG-Prot. 1016/1838; AG-Prot. 11246/1838.
2 StLA, AG-Prot. 9080/1824.

mord konnte es zum Fortgang der Liaison und zu einer erneuten Schwängerung durch denselben Mann kommen. Obwohl beispielsweise Maria Muhrin von Joseph Moser sehr übel mitgespielt worden war, der sein Heiratsversprechen nicht eingehalten hatte und sie vom Hof seines Vaters weisen wollte, und obwohl andererseits auch der Kindesvater von der verheimlichten Geburt, wenn nicht sogar vom Kindsmord wußte, nahmen die beiden, als die Frau kurzzeitig aus dem Arrest entlassen wurde, erneut sexuellen Kontakt auf.[3]

Nur 16% der Frauen gaben zu Protokoll, von ihrem Partner entweder grundsätzlich oder zumindest im Fall einer etwaigen Schwangerschaft die Zusicherung einer Heirat erhalten zu haben. Damit gehen die Ergebnisse aus dem innerösterreichischen Raum nicht mit der allgemein vertretenen These, daß erst ein Eheversprechen die wesentliche Voraussetzung für die Aufnahme von Sexualbeziehungen darstellte, konform.[4] Wenn Rainer Beck für bayrische Verhältnisse der frühen Neuzeit behauptet, daß es innerhalb der ländlichen Gesellschaft keinen Platz für unverbindliche und folgenlose Verhältnisse gab,[5] so muß dem für das hier vorliegende Untersuchungsgebiet des 18. und beginnenden 19. Jahrhunderts widersprochen werden. Richard van Dülmen meint darüber hinaus sogar, ausgehend von norddeutschen Verhältnissen, daß das Delikt des Kindsmordes in erster Linie im Zusammenhang mit gescheiterten Heiratsplänen zu sehen sei.[6] Auch diese These wird durch das vorliegende Quellenmaterial nicht unterstützt.

Voreheliche Sexualbeziehungen fanden in erster Linie nicht im Zuge einer Brautwerbung statt, sondern sie waren - wie Peter Becker für das Gebiet von St. Lambrecht feststellt - *„Bestandteil der Bedürfnisbefriedigung für all jene, denen die Freuden der ehelichen Sexualität verwehrt geblieben waren"*.[7] Zum einen stellten längerfristig bestehende bzw. ausgerichtete Verbindungen nur einen Teil der möglichen Beziehungsmuster dar; wie wir noch sehen werden, ist die Gruppe jener Männer und Frauen, die bloß flüchtigen sexuellen Kontakt suchten, mindestens genauso groß. Zum anderen mußte ein erheblicher Prozentsatz der innerösterreichischen Bevölkerung sein ganzes Leben lang aufgrund der fehlenden

---

3 StLA, AG-Prot. 1835/1792.

4 Vgl. dazu Gitta Benker: „Ehre und Schande" - Voreheliche Sexualität auf dem Lande im ausgehenden 18. Jahrhundert. In: Frauenkörper, Medizin, Sexualität. Auf dem Weg zu einer neuen Sexualmoral. Hrsg. v. Johanna Geyer-Kordesch u. Annette Kuhn. Düsseldorf 1986, S. 11; Heide Wunder: „Er ist die Sonn', sie ist der Mond". Frauen in der Frühen Neuzeit. München 1992, S. 166; B. Harms-Ziegler: Illegitimität und Ehe, S. 319 f.; O. Ulbricht: Kindsmörderinnen vor Gericht, S. 77 f.; ders.: Kindsmord und Aufklärung, S. 86 f.; A. Felber: Unzucht und Kindsmord, S. 97; H. Klar: Verbrechen aus verlorener Ehre, S. 29 f.

5 Vgl. Rainer Beck: Illegitimität und voreheliche Sexualität auf dem Land. Unterfinning, 1671-1770. In: Kultur der einfachen Leute. Bayerisches Volksleben vom 16. bis zum 19. Jahrhundert. Hrsg. v. Richard van Dülmen. München 1983, S. 137 f.

6 Vgl. R. v. Dülmen: Frauen vor Gericht, S. 83 f.

7 Peter Becker: Voreheliche Sexualität und Heiratsverhalten im Gebiet der Abtei St. Lambrecht 1600-1849. Eine Untersuchung sozialer, wirtschaftlicher und demographischer Faktoren. Graz, Phil. Diss. 1988, S. 171.

wirtschaftlichen Grundlagen für eine Eheschließung unverheiratet bleiben,[8] analog dazu lagen die Zahlen unehelicher Geburten speziell in einigen Regionen des Landes weit über dem europäischen Durchschnitt[9]. Zunehmende Illegitimitätsraten hatten aber wiederum ein Abnehmen jener außerehelichen Beziehungen, die auf Heirat ausgerichtet waren, als Folge.[10] Eine besitzlose Dienstmagd durfte im Normalfall nicht darauf vertrauen, daß ihr Partner, so er ebenfalls nur ein Knecht oder Handwerksbursche ohne Vermögen war, sie tatsächlich heiraten konnte. Es kommt daher nicht von ungefähr, daß unter den Männern, die ihre Bereitschaft erklärten, ihre Geliebte zu ehelichen, überproportional viele Bauern bzw. Bauernsöhne vertreten sind, während die Gruppe der Dienstknechte hier deutlich zurücksteht.

Nicht alle Männer wollten sich zum Zeitpunkt ihrer gerichtlichen Einvernahme daran erinnern, der Angeklagten eine Heiratszusage gegeben zu haben. Wem nun eher Glauben zu schenken ist, kann nicht beurteilt werden. Den Männern drohte mit der Einführung des Strafgesetzbuches 1803 strenggenommen bei Nachweis ihres nicht eingelösten Ehegelöbnisses eine Strafe wegen schwerer Polizei-Übertretung gegen die öffentliche Sittlichkeit,[11] weshalb sie natürlich einen Bruch ihres gegebenen Wortes nicht zugeben wollten. Oberflächlich Hingesagtes mag von den Frauen wiederum - vielleicht sogar wider besseres Wissen - als imaginäre Hoffnung gehegt worden sein. Um ihre Leichtfertigkeit im Umgang mit dem männlichen Geschlecht zu erklären, waren die Angeklagten auch daran interessiert, ein Verhältnis als quasi vorehelich zu stilisieren und das Gericht davon zu überzeugen, nur die Verheißung der Ehe habe zu ihrer Bereitschaft führen können, geschlechtlich mit einem Mann zu verkehren. So manches vorgebliche Heiratsversprechen mußte aber selbst einer verliebten Frau höchst zweifelhaft anmuten. Lucia Perentin aus Triest wußte etwa nicht einmal den Namen ihres zukünftigen Ehemannes anzugeben; sie konnte nur sagen, daß er Korporal eines Jägerbataillons war.[12] Auch Maria Klantschitscharzas Darstellung klingt mehr als fragwürdig: *„Mit Ende des Märzmonats 1817 sey ein unbekannter Bursch zu ihrem Bette unter dem Dache gekommen und habe sie unter allerley schmeichelhaften Versprechungen, sie zu heuraten, zu einem Beyschlafe verführt.“*[13]

---

8 Vgl. M. Straka: Seelenzählung 1754, S. 114; T. Meyer: Dienstboten in Oberkärnten, S. 205-207.

9 Vgl. M. Mitterauer: Familienformen, S. 123-127; ders.: Ledige Mütter, S. 36; Otto Zwiedineck-Südenhorst: Die Illegitimität in Steiermark. In: Statistische Monatschrift 21 (1895), H. 4, S. 24; T. Meyer: Dienstboten in Oberkärnten, S. 212-215.

10 Vgl. P. Becker: Voreheliche Sexualität, S. 165.

11 StGB 1803, 2. Teil, § 251: *„Die Verführung und Entehrung einer Person, unter der nicht erfüllten Zusage der Ehe, soll, nebst dem der Entehrten auf Entschädigung vorbehaltenen Rechte, mit strengem Arreste von einem bis zu drey Monaten bestrafet werden.“*

12 StLA, AG-Prot. 3579/1836.

13 StLA, AG-Prot. 330/8868/1818.

Wurde von Heirat gesprochen, so ließen sich die dahinterstehenden handfesten wirtschaftlichen Überlegungen nicht verbergen.[14] Joseph Kurzmann bestätigte vor dem Landgericht St. Georgen, der von ihm geschwängerten Theresia Herbst die Ehe versprochen zu haben; als Grund nannte er das hohe Alter seiner Mutter, welche die nötigen Arbeiten nicht mehr verrichten konnte.[15] Die Motive des Hausknechtes Jakob Stadler, seine langjährige Geliebte Anna Prandstetter zu ehelichen, waren ganz ähnlich: *„Uibrigens wisse er nur, daß die Prandstetter überall, wo sie gedient hatte, wegen ihrer Treue und ihres Fleißes belobt wurde und dies habe auch den Entschluß bei ihm erweckt, sie, sobald sich eine gute Gelegenheit ergeben sollte, zum Weibe zu nehmen."*[16] Diese Pläne wurden jedoch vereitelt, da die Frau aus einer flüchtigen Bekanntschaft mit einem Knecht an ihrer Dienststelle schwanger wurde.

Interessanterweise gab es auch Fälle, in denen die Frauen nicht dazu bereit waren, trotz eines unterbreiteten Heiratsangebotes den Kindesvater zu ehelichen. Der sich anbietende Mann entsprach nicht ihren Wünschen eines zukünftigen Lebenspartners, lediglich um der eingetretenen Schwangerschaft willen wollten sie keine Kompromißlösung eingehen. Theresia Hatzin, die Tochter wohlhabender südsteirischer Bauern, artikulierte ihr Unbehagen über die Vorstellung, ihren Kindesvater heiraten zu müssen, recht deutlich. Dieser war bloß ein Müllerjunge in der Mühle ihres Bruders, die Frau verheimlichte die Beziehung, weil sie sich des Kindesvaters, der zudem ein Trinker war, zu sehr schämte. Um die Folgen ihrer unglückseligen Verbindung zu verbergen, war Theresia Hatzin jedes Mittel recht.[17] Ganz ähnlich argumentierte Helena Wernellin, die das Heiratsangebot eines Knechtes nicht annehmen wollte, *„weil er dem Trunke zu sehr ergeben ist und nichts erspart."*[18] Der Gedanke an eine uneheliche Mutterschaft war für sie offenbar weit weniger erschreckend als jener, mit einem minderbemittelten und möglicherweise ungeliebten Mann lebenslang verbunden zu sein.

Zu einem Gewissenskonflikt konnte es auch kommen, wenn die Frau ihr Kind von einem Sexualpartner empfangen hatte, der ihr zwar weitere Zugeständnisse machte, sie emotionell aber mit einem anderen Mann verbunden war. Georg Hitti, ein Tischler von gutem Ansehen und Ruf, bemühte sich schon längere Zeit um die Hand von Maria Kraschoutz, einer 31jährigen Inwohnerin. Doch selbst die Tatsache, daß sie von ihrem Bewerber geschwängert worden war, änderte nichts an ihrem Zögern, in eine Heirat einzuwilligen; zu nahe stand ihr noch immer ihr früherer Geliebter, ein Soldat, dem sie vormals schon eine

---

14 Vgl. dazu auch R. Schulte: Bauernmägde in Bayern, S. 121; G. Benker: „Ehre und Schande", S. 13.

15 StLA, AG-Prot. 12789/1837.

16 StLA, AG-Prot. 5997/1836.

17 StLA, AG-Prot. 9367/1788; AG-Prot. 10249/1788.

18 StLA, AG-Prot. 6356/1791.

Tochter geboren hatte und zu dem sie noch immer eine lose Verbindung unterhielt.[19] Selbst die Aussicht auf ein relativ einträgliches Auskommen als Ehefrau eines Handwerkers war nicht imstande, Überhand über die bestehenden gefühlsmäßigen Neigungen zu gewinnen.

Es wäre also geradezu vermessen, behaupten zu wollen, daß Angehörige der unteren sozialen Schichten nicht zu Liebe und tiefer Zuneigung zu einem Partner - abseits aller materiellen und pekuniären Überlegungen - fähig gewesen wären. Auch wenn nicht bestimmt werden kann, was tatsächlich mit diesen Begriffen umschrieben wurde, von „Liebe“ und „Verliebtsein“ sprechen die Angeklagten immer wieder, wenn sie ihr Verhältnis zu einem Mann näher skizzieren.[20] Maria Wunkinn erklärte dem Stadtgericht in Pettau ohne Umschweife, daß sie keinen ihrer bisherigen Partner so lieb gehabt habe wie eben ihren Kindesvater, Rosalia Waltnerin stellte klar, daß sie ihre Beziehung zu einem Schuhmachergesellen *„aus bloßer Liebe“* unterhalten habe, und als Maria Wernig erzählte, daß sie Valentin Osredkar vor acht Jahren kennengelernt hatte, sah sich die Dienstmagd zu der Ergänzung veranlaßt: *„Sie verliebten sich ineinander.“*[21] Nicht nur den Worten, sondern auch den Taten so mancher Frau können wir entnehmen, daß sie ihrem Kindesvater innige Gefühle entgegenbrachte, etwa wenn sie versuchte, seinen Anteil der Schuld zu schmälern. Maria Cuagna gab anfangs vor, sie habe den Leichnam ihres toten Kindes versteckt, erst in einem späteren Verhör wurde augenscheinlich, daß diese Aufgabe Vinzenz Jacobincich übernommen hatte. Die Frau hatte eine Falschaussage geleistet, um ihren Liebhaber nicht zu verraten.[22] Die überaus dubiose Rolle, die Joseph Stolzer beim Kindsmord seiner Geliebten Klara Nußbacher gespielt hatte, konnte ebenfalls nicht befriedigend aufgeklärt werden. Die Frau deutete ihrer Familie gegenüber zwar an, daß der Knecht Mitschuld an der Tat trage, vor Gericht widersprach sie dem aber hartnäckig. Joseph Stolzer war sich der Solidarität seiner Geliebten offenbar nicht so sicher, er ergriff die Flucht, als der Kindsmord ruchbar wurde.[23]

Doch es gab auch andere Arten von Beziehungen zwischen einer Angeklagten und ihrem Kindesvater. Ebenfalls in rund einem Drittel der Fälle dürfen wir annehmen, daß die Partner nur sehr oberflächlich miteinander in Verbindung standen und kaum tiefere Gefühle füreinander hegten.[24] Es blieb bei einem zwei- oder dreimaligen sexuellen Kontakt, der eher zufällig zustande gekommen war. Häufig war dabei Alkohol im Spiel: Margaretha

---

19 StLA, AG-Prot. 15343/1837.

20 Vgl. dazu auch Lyndal Roper: „Wille“ und „Ehre“: Sexualität, Sprache und Macht in Augsburger Kriminalprozessen. In: Wandel der Geschlechterbeziehungen zu Beginn der Neuzeit. Hrsg. v. Heide Wunder und Christina Vanja. Frankfurt/Main 1991, S. 180.

21 StLA, AG-Prot. 2011/1787; AG-Prot. 6765/1789; AG-Prot. 11246/1838. Zu Rosalia Waltnerin vgl. E. Hammer: Grazer Kindsmörderinnen, S. 133-138.

22 StLA, AG-Prot. 8573/1824.

23 StLA, AG-Prot. 4349/1819.

24 Vgl. R. Schulte: Das Dorf im Verhör, S. 146; Vgl. zu Gaming/Scheibbs: G. Babor: Kindesmord, Kindesweglegung, Abtreibung, S. 305-307.

Zapfel aus St. Jakob im Geistthal hatte in Graz Obst verkauft, angetrunken machte sie sich auf den Rückweg und wurde von einem Soldaten geschwängert.[25] Wie unschön sich so manche Szene abgespielt haben mag, läßt sich aus den Worten von Maria Prach ablesen. Sie hatte mit Anton Wollitsch etwa siebenmal geschlechtlich verkehrt, im vierten Monat ihrer Schwangerschaft offenbarte sie ihm ihren Zustand, aber nur, *„damit er sie mit Ruhe lasse, weil er sie in seiner Trunkenheit wie ein Vieh behandelte."*[26]

Offener oder unterschwellig spürbarer Gewalt begegnen wir überhaupt sehr häufig. Die Frauen verwiesen mehrmals auf Zudringlichkeiten der Männer, denen sie letztendlich nachgaben, oder sogar auf ausgeübten Zwang.[27] Mitknechte an einer Dienststelle setzten ihnen nach und verfolgten sie an ihre Schlafplätze in offen zugänglichen Räumen, wie am Dachboden, am Dreschboden oder im Stall, oder belästigten sie während der Arbeit. Speziell bei bestehenden Autoritätsverhältnissen sah sich eine Dienstmagd großem Druck ausgesetzt, wenn ein Arbeitgeber ihr gegenüber sexuelle Wünsche äußerte. Besonders widerwärtig mutet es an, wenn geistige oder körperliche Behinderungen der Frauen rücksichtslos ausgenützt wurden. Die als blödsinnig geltende Magd Katharina Lettenigg erzählte, ein Soldat, der bei ihrem Dienstherrn einquartiert gewesen war, habe sie in Abwesenheit der Hausleute *„hergerissen"*, die ebenfalls schwachsinnige 41jährige Rosalia Kostomai wurde mehrmals von einem dabei immer betrunken gewesenen Roßknecht mißbraucht.[28] Maria Temlin, die ihr Kind von einem 17jährigen Knecht empfangen hatte, war nicht nur von äußerst beschränktem Verstande, die Untersuchungskommission beschrieb sie zudem als eine *„gewiß 40jährige, kropfige und häßlich gestaltete Person"*.[29] Welchen Spott und welches Gelächter die Frau bei Bekanntwerden ihrer Mutterschaft geerntet hätte, kann man sich unschwer vorstellen.

Bei einem weiteren Drittel der Paare bleiben wir im Zweifel über den Beziehungsverlauf, da dieser nicht hinreichend charakterisiert wird oder Unstimmigkeiten vorliegen. Angaben über die Häufigkeit der geschlechtlichen Vereinigungen beschränkten sich zum Beispiel auf vage Bemerkungen wie „mehrmals" oder „öfters", ohne konkrete Daten anzufügen. Auch über Beginn und Ende einer Liaison erhalten wir nur zufällige Einblicke, die nicht verwertbar sind. Bisweilen stoßen wir auf Beziehungsstrukturen, die in sich wider-

---

25 StLA, AG-Prot. 4829/1821.

26 StLA, AG-Prot. 7385/1824.

27 Bestätigt durch Beobachtungen von Silke Göttsch: Archivalische Quellen zur Frauenforschung. Weibliche Erfahrungen um Körperlichkeit und Sexualität - ein Beispiel. In: Frauenalltag - Frauenforschung. Beiträge zur 2. Tagung der Kommission Frauenforschung in der Deutschen Gesellschaft für Volkskunde, Freiburg, 22.-25.5.1986. Frankfurt/Main u.a. 1988, S. 55 f. und M. Meumann: Findelkinder, Waisenhäuser, Kindsmord, S. 123 f.; Sabine Kienitz: Sexualität, Macht und Moral. Prostitution und Geschlechterbeziehungen Anfang des 19. Jahrhunderts in Württemberg. Ein Beitrag zur Mentalitätsgeschichte. Berlin 1995. (= Zeithorizonte. 2.) S. 239-247.

28 StLA, AG-Prot. 5762/1816; AG-Prot. 7022/1824.

29 StLA, AG-Prot. 1692/1818.

sprüchlich und nicht einordenbar sind. Domenica Crajevich erzählte dem Kriminalgericht in Rovigno, daß der Weinbauer Anton Castagna sie überfallen und gewaltsam defloriert habe. Die Frau gewährte ihm in der Folge jedoch weitere sexuelle Kontakte, und das Verhältnis dauerte schließlich ein halbes Jahr lang fort - eine Handlungsweise, die gegenüber einem brutalen Vergewaltiger nicht schlüssig erscheint.[30] Sie ist jedoch kein Einzelfall, noch zwei bis drei andere Frauen behaupteten, daß die erste geschlechtliche Vereinigung vom Partner erzwungen wurde, sich daran jedoch weitere, nunmehr offenbar freiwillig gewährte Zusammenkünfte anschlossen. Fügte sich die Frau in ihr Schicksal, nachdem ihr Widerstand einmal gebrochen worden war und sie ihre geschlechtliche Ehre an den Mann ohnehin schon verloren glaubte, oder versuchte sie nur, durch ihre vorgeblich gewaltsame Verführung ein für sie günstigeres Bild zu schaffen? Silke Göttsch nennt für Schleswig-Holstein eine Reihe ähnlicher Beispiele. Mit Cissie Fairchilds, die dieses Phänomen für Frankreich untersucht hat, kommt sie zum Schluß, es handle sich dabei um eine „rituelle Vergewaltigung" und damit um ein Charakteristikum ländlicher Werbung, einer Meinung, der auch Otto Ulbricht zustimmt.[31]

Von materiellen Gaben als Gegenleistung für einen Geschlechtsverkehr ist praktisch nie die Rede. Die Frage wurde den Angeklagten in erster Linie gestellt, um sicherzugehen, daß ihre Gunstbezeugungen nicht käuflich waren und damit in den Rahmen der gewerbsmäßigen Prostitution fielen. Anna Koschuhar geriet allerdings arg ins Zwielicht: Sie war syphiliskrank, bereits mehrmals wegen unzüchtigen Lebenswandels von Laibach und Triest an ihren Geburtsort in Bischoflack/Škofja Loka verschoben worden, und sie hatte ihren Kindesvater im Wirtshaus einer Kupplerin kennengelernt.[32] Auch die Anschuldigungen von Pasquale Freno liefen darauf hinaus, seine Geliebte Maria Pacor als Triestiner Freudenmädchen darzustellen: Sie hätte ihn so lange bedrängt, bis er sie zu einem Bettenverleiher im *„roten Hause am Kanal"* geführt hatte, wo er die Nacht mit ihr zubrachte und ihr dafür 50 Kreuzer bezahlte. Die Magd protestierte und beteuerte, der junge Neapolitaner habe mit ihr sehr wohl mehrere Monate lang Umgang gehabt und ihr sogar versprochen, sie zu heiraten.[33] Kam es sonst zu Geschenken des Mannes an seine Geliebte, so waren sie den gegebenen Umständen nach sehr bescheiden und reichten über ein paar Kreuzer, ein Kleidungsstück oder etwas Wein im Wirtshaus nicht hinaus. Wir können also von keiner Kindsmörderin mit Sicherheit behaupten, daß sie ihren Körper bewußt vermarktete und damit ihr kärgliches Einkommen aufzubessern suchte. Die einzige rationelle Überlegung, die mancher Frau vielleicht unterstellt werden kann, ist jene, ihre geschlechtliche Ehre gegen die

---

30 StLA, AG-Prot. 14221/1837.

31 Vgl. S. Göttsch: Archivalische Quellen zur Frauenforschung, S. 55 f.; O. Ulbricht: Kindsmord und Aufklärung, S. 90.

32 StLA, AG-Prot. 330/9751/1818.

33 StLA, AG-Prot. 7272/1838.

Aussicht auf eine lukrative Heirat eingetauscht zu haben. In den meisten Fällen erwarteten die Frauen aber wohl nur eines: Zuneigung und Liebe eines Menschen.

Wollen wir der Frage nachgehen, wo und bei welcher Gelegenheit die Kindesmütter ihre Partner eigentlich kennengelernt hatten, so finden wir nur wenige Antworten darauf. Eines kann aber mit Bestimmtheit behauptet werden: Ein wesentlicher Prozentsatz der Paare war zusammen an einer Arbeitsstelle tätig.[34] Von mehr als einem Drittel der Kindesväter wissen wir, daß sie zum Zeitpunkt ihrer Beziehung in die gleiche Hausgemeinschaft wie ihre Geliebte eingebunden war. Die Männer gehörten entweder dem Mitgesinde oder der Familie des Dienstgebers an, oder sie befanden sich vorübergehend im nämlichen Quartier, so etwa als Tagwerker, Handwerksgesellen oder Soldaten. Anna Prandstetter war zusammen mit ihrem Kindesvater Simon Stiefmaier beim Pfarrer von Stallhofen im Dienst; der Frau oblag die Aufgabe einer Stallmagd, der Mann fungierte als Hausknecht.[35] Maria Knauder begegnete ihrem späteren Liebhaber Joseph Liebmann am Hofe ihres Vaters in Kleinedling bei Wolfsberg, als jener dort als Tagwerker einstand, Maria Kollarin wiederum befand sich drei Jahre lang im Dienste ihres Kindesvaters, des Bauern Pangraz Grill.[36]

Den Dienstherren oblag ja eigentlich die Aufgabe, über die Sittlichkeit ihres Hauswesens zu wachen.[37] So manches entdeckte Verhältnis innerhalb des Gesindes führte daher zu schmerzhaften Konsequenzen für die Beteiligten, da die Bewahrer der Hausehre auch vor Tätlichkeiten nicht zurückschreckten. Als der Dienstbauer von Rosalia Brandtner und Joseph Klaub die beiden einmal in einer eindeutigen Situation überraschte, verabreichte er ihnen Stockschläge, Theresia Mayer wurde, bei Intimitäten mit ihrem Mitknecht ertappt, von ihrem Hausherrn sogar *„wirklich gepeitscht"*[38].

Interessant ist, daß Beziehungen unter Hausgenossen häufig mit dem Dienstwechsel eines Partners ein abruptes Ende fanden. Man machte sich nicht oft die Mühe, ein am Arbeitsplatz geknüpftes Verhältnis aus der Distanz weiter aufrechtzuerhalten, auch wenn die Beziehung mehrere Monate, oft sogar ein ganzes Jahr angedauert hatte.[39] Zum einen mangelte es den Dienstboten sicherlich an Gelegenheit, in ihrer wenigen arbeitsfreien Zeit regelmäßige Zusammenkünfte zu erwirken. Nach den Gesindeordnungen war es den Dienstboten strenggenommen nicht gestattet, ohne Erlaubnis des Arbeitgebers Besuche zu emp-

---

34 Bestätigt von R. Schulte: Das Dorf im Verhör, S. 143 und O. Ulbricht: Kindsmord und Aufklärung, S. 96 f. Vgl. P. Becker: Voreheliche Sexualität, S. 171 f.

35 StLA, AG-Prot. 5997/1836.

36 StLA, AG-Prot. 10292/1823; AG-Prot. 3174/1804.

37 Vgl. dazu P+K 1797-IX-29: Patent über die Dienstboten Ordnung für das Land=Gesind in Inner-Oesterreich, § 46; P+K 1810-V-1: Gesindeordnung für die Stadt Wien und den Umkreis innerhalb den Linien. Wien 1810, § 64.

38 StLA, AG-Prot. 1882/1816; AG-Prot. 3243/1813. Nach der franziszeischen Dienstbotenordnung waren körperliche Züchtigungen durchaus erlaubt. Vgl. P+K 1810-V-1, § 88.

39 Gleiches bei R. Schulte: Das Dorf im Verhör, S. 146 und H. Klar: Verbrechen aus verlorener Ehre, S. 28 f.

fangen oder den Hof zu verlassen.[40] Andererseits läßt sich aber der Verdacht nicht zerstreuen, daß so mancher zwischenmenschliche Kontakt wohl eher durch günstige Gelegenheit und weniger durch gefühlsmäßige Neigung zustande gekommen war.

Bei mehr als einem Drittel der Kindesväter ist als gesichert anzunehmen, daß sie ihren Aufenthalt zwar nicht im gleichen Haus, aber in unmittelbarer Nähe ihrer Partnerin nahmen. Das heißt, sie lebten im gleichen Dorf, in der gleichen Pfarre oder zumindest in einem Nachbarort, nur durch kurze Wegstücke voneinander getrennt. Kontaktmöglichkeiten zwischen den Geschlechtern ergaben sich zum Beispiel beim Kirchgang, bei einem Besuch im Gasthaus, beim Tanz oder bei diversen Festen. Die Kärntnerin Anna Stotz hatte den Keuschlersohn Franz Steinhauer erstmalig bei einer Hochzeit getroffen, auf der die Frau *„Kranzeljungfer"* und der Mann Brautführer gewesen war, Maria Anna Batitsch schloß mit ihrem Liebhaber, einem beurlaubten Soldaten, auf einem Meierhof außerhalb von Laibach Bekanntschaft, wo gerade Tanzmusik gespielt wurde.[41] Daß der Termin der Zeugung eines Kindes häufig in die Faschingszeit fiel, beweist zudem, daß gerade die verschiedenen Lustbarkeiten und Vergnügungen jener Tage den unteren sozialen Schichten am Lande offenbar eine besondere Möglichkeit boten, Bekanntschaften zu schließen bzw. bestehende Kontakte zu erweitern.

Wie schnell es zur Aufnahme von Intimitäten kommen konnte, hing in erster Linie von der Persönlichkeit der Frau ab. Regina Schulte meint, ausgehend von den Verhältnissen in Oberbayern gegen Ende des 19. Jahrhunderts, daß Kontakte zwischen Mägden und Knechten sehr rasch intensiviert wurden.[42] Wir hören zwar in der Tat, daß Paare bereits beim ersten Zusammentreffen sexuell miteinander verkehrten, andererseits waren längere Wartezeiten genauso üblich. Bei Maria Staritsch und Franz Sebanz blieb es ein ganzes Jahr lang bei einer *„unschuldigen Liebe"*, und dies, obwohl der Knecht seine Mitmagd zur Nachtzeit regelmäßig auf ihrer Liegestatt, dem Heuboden, besuchte und bei ihr verweilte.[43] Derartige vertrauliche Zusammenkünfte zwischen Mann und Frau, ohne daß es dabei zum Vollzug des Geschlechtsaktes kam, waren durchaus keine Seltenheit. Die Frauen unterschieden genau zwischen ihrem wirklichen Liebhaber und anderen Männern, mit denen sie zwar Umgang pflegten, denen sie aber keine sexuellen Annäherungen gestatteten. Der Dienstbauer von Elisabeth Rabler schwärzte diese vor Gericht an, er habe *„immer zu tun gehabt, die Burschen abzutreiben, deren er drei, vier bei ihr im Bette liegen fand"*. Die Magd stellte diesen Umstand gar nicht in Abrede, allein sie beharrte darauf, daß sie davon

---

40 Vgl. P+K 1797-IX-29, § 28; P+K 1810-V-1, §§ 76 f. Vgl. auch T. Meyer: Dienstboten in Oberkärnten, S. 116-122.

41 StLA, AG-Prot. 5272/1820; AG-Prot. 3327/1822.

42 Vgl. R. Schulte: Das Dorf im Verhör, S. 143.

43 StLA, AG-Prot. 4598/1836.

einzig mit ihrem Kindesvater geschlechtlich verkehrt habe.[44] Auch aus steirischen Landgerichtsprotokollen des 18. Jahrhunderts erhalten wir die Bestätigung, daß der Austausch von Zärtlichkeiten nicht unbedingt zu einem Koitus führen mußte, aus Bayern vernehmen wir Ähnliches.[45]

Die Frauen konnten dem Gericht daher fast immer mit Bestimmtheit angeben, wen die Vaterschaft ihres Kindes traf. Lediglich acht Angeklagte bekannten ihre Ratlosigkeit ein, da sie in der fraglichen Zeit zu zwei oder sogar mehr Partnern intime Kontakte unterhalten hatten. Anna Maria Walkner aus Aussee führte ein besonders verwirrendes Liebesleben, sowohl bei ihrem ersten als auch bei ihrem zweiten Kind kamen jeweils mehrere Männer als Väter in Frage. Aus dieser Unsicherheit heraus stand die Magd völlig allein mit ihren Problemen, und sie resümierte: *„Sie habe dem Kinde darum das Leben genommen, weil sie keinen Vater für dasselbe hatte."*[46] Es ist natürlich nicht bewiesen, daß all die anderen Kindesmütter wirklich Gewißheit hatten, von wem sie ihr Kind empfangen hatten. Vor allem die betroffenen Kindesväter versuchten mit dem Verweis auf angebliche Nebenbuhler die Verantwortung von sich abzulenken, wobei sich bisweilen grotesk anmutende Szenen ergaben: Maria Gamsin aus dem steirischen Unterschweindorf/Dolnja Senarka wurde ihrer Aussage nach von Franz Miklaschitz geschwängert. Dieser bezweifelte seine Vaterschaft, da er bemerkt haben wollte, daß auch andere Männer seine Geliebte nächtens aufsuchten: *„Gewiß wisse er, daß Markus Ferenz zu ihr gegangen, er habe ihn selbst dort angetroffen."* Als nun der nämliche Knecht darüber verhört wurde, gab dieser zur Antwort: *„Er sei nie zur Inquisitin selbst, sondern nur darum auf den Stall gegangen, um sich zu überzeugen, daß Miklaschitz zur Inquisitin gehe."*[47] Die Episode ist ein bezeichnendes Beispiel für die gegenseitige Überwachung und Bespitzelung in der dörflichen Gemeinschaft, deren Mitgliedern längerfristig kaum etwas verborgen blieb.[48]

Wie häufig es bei einer Frau zu einem Partnerwechsel kam respektive zu wie vielen Männern sie im Laufe ihres Lebens sexuelle Beziehungen unterhielt, ist eine Frage, die hier nicht beantwortet werden kann.[49] Die Akten gewähren lediglich einen punktuellen Einblick in die Biographie einer Angeklagten, einigemale erhalten wir freilich auch Kunde über vergangenes Geschehen, das gewisse Rückschlüsse erlaubt. Angeklagte, die bereits einmal oder mehrmals Mutterschaft erfahren hatten, verwiesen in der Regel nicht immer auf den

---

[44] StLA, AG-Prot. 8096/1822.

[45] Die Kindsmörderin Maria Surckho erzählte dem Landgericht Arnfels über ihre Männerbekanntschaften: *„Es wäre der Andre N., des Goschl Knecht, zwei Mal zu ihr kommen, und zwar bey ihr gelegen, hätte mit Wörten ein Späß gehabt, aber einander nichts angerührt."* Vgl. StLA, Arnfels, Herrschaftsarchiv, Bd. 99, Landgerichtsprotokoll 1712-1731. Zu Bayern vgl. R. Beck: Illegitimität, S. 142 f.

[46] StLA, AG-Prot. 8544/1835.

[47] StLA, AG-Prot. 4536/1807.

[48] Vgl. auch R. Schulte: Das Dorf im Verhör, S. 170-173.

[49] Vgl. dazu P. Becker: Voreheliche Sexualität, S. 172.

selben Vater, sondern auf verschiedene Männer, von denen sie jeweils ihr Kind empfangen hatten. Die wegen Abtreibung und Kindsmordes verhörte Maria Hoferin war das erstemal vor fünf Jahren von ihrem damaligen Dienstherrn, einem Müllermeister, geschwängert worden. Ihre zweite Schwangerschaft zwei Jahre darauf resultierte aus einer Verbindung mit einem „*unbekannten Menschen*" beim Getreideschnitt, als Vater ihres dritten Kindes nannte sie einen Müllerjungen.[50] Demgegenüber behaupteten mehrere Angeklagte standhaft, bis zum Empfang des in Frage stehenden Kindes jungfräulich gewesen zu sein und vorher bzw. nachher nie geschlechtlichen Umgang zu einem Mann gepflegt zu haben. Keine dieser Aussagen kann natürlich überprüft werden, es ist genausogut möglich, daß die Frauen ihr moralisches Ansehen durch bewußte Falschaussagen heben wollten.[51]

Trotzdem ist es bezeichnend, daß einvernommene Kindesmütter und -väter bisweilen nicht nur exakt den Tag, sondern auch den Ort einer geschlechtlichen Vereinigung zu nennen wußten. Stattgefundener sexueller Kontakt war also nicht alltäglich, sondern etwas Besonderes, an das man sich noch lange erinnerte. Als der Liebhaber von Elisabeth Schlack bei seiner Einvernahme im Jahre 1836 genau angab, wann er im Jahre 1833 erstmalig mit der Magd geschlafen hatte, zweifelte das Gericht nicht an der Wahrheit dieser Aussage, denn: „*Es ist auch natürlich, daß ein Liebhaber selbst nach zwei Jahren sich noch des Tages erinnere, wo er seiner Geliebten zum ersten Male beiwohnte.*"[52] Die Gelegenheit zum ungestörten Beisammensein wurde in der warmen Jahreszeit in der Regel außerhalb des Hauses gefunden, etwa im Weingarten, im Wald oder auf der Viehweide, aber auch in den Wirtschaftsgebäuden wie im Stadel oder am Heuboden traf man sich. Mehrmals erhalten wir sogar Nachricht, daß ein Liebhaber seine Auserwählte in ihrem Bett besuchte, auch wenn im gleichen Zimmer noch andere Personen ihr Lager hatten.

8.1.1. Autoritätsverhältnisse

Ein in vielen wissenschaftlichen Untersuchungen wiederkehrendes Stereotyp geht dahin, daß Kindsmörderinnen von Dienstgebern oder anderen sozial höher stehenden Personen sexuell ausgenutzt wurden. Wie stellt sich nun die Situation konkret in Innerösterreich dar? Von einem bestehenden Autoritätsverhältnis zwischen der Kindesmutter und ihrem Liebhaber können wir in 16,5% der Fälle ausgehen, der ermittelte Wert ähnelt damit dem Prozentsatz, der von Otto Ulbricht mit 14,8 festgestellt wurde und liegt deutlich unter dem ho-

50 StLA, AG-Prot. 4718/1804.

51 Gleiches bemerkt O. Ulbricht für den norddeutschen Raum. Vgl. ders.: Kindsmörderinnen vor Gericht, S. 77 f.

52 StLA, AG-Prot. 7326/1836. Vgl. dazu T. Meyer: Dienstboten in Oberkärnten, S. 217 f.

hen Anteil, den Wilhelm Wächtershäuser mit 25,5% errechnet hat.[53] 21 Angeklagte wurden von ihrem Dienstherrn geschwängert. Dieser war überwiegend ein Angehöriger des Bauernstandes, bisweilen auch ein Bürger. Inwieweit die Männer nun tatsächlich ihre beherrschende Stellung dazu benutzten, sexuellen Kontakt zu ihren Dienstmägden zu erzwingen, muß dahingestellt bleiben. Keine der untersuchten Frauen sprach zumindest von unmittelbar angewandter Gewalt, zwischen den Zeilen können wir bisweilen jedoch indirekt ausgeübten Druck erahnen. Wenn Gertraud Petritsch dem Gericht in Kurzform etwa mitteilte, daß ihr Dienstbauer zur Nachtzeit einfach zu ihr in den Keller seiner Wohnung gekommen sei, so ersehen wir daraus, daß die Initiative zum Geschlechtsverkehr eindeutig vom Dienstherrn ausging, der in seinem Haus erwarten durfte, daß seinen Wünschen entsprochen werden würde.[54] Bisweilen beriefen sich die Frauen auch auf ein angebliches, jedoch nicht wahrgemachtes Heiratsversprechen, mit dem sie ihr Dienstgeber zu Fall gebracht habe. Für eine Magd stellte die Hoffnung auf eine Einheirat in einen Hof sicher eine Verheißung dar, für die sich die Hingabe ihrer geschlechtlichen Ehre auf jeden Fall lohnte; eine Tatsache, die sich wohl so mancher Dienstherr zunutze gemacht haben dürfte, ohne aber an die Einlösung vager Beteuerungen zu denken.[55] Bei den bereits vermählten Hausvätern bot sich wiederum ein anderes Bild: Diese waren, besorgt um ihren Ruf und den ehelichen Frieden, an einer unbedingten Verheimlichung ihres illegitimen Verhältnisses interessiert. Sie zeigten daher kaum Bereitschaft, ihre Vaterschaft einzugestehen bzw. Verantwortung für das ungeborene Kind zu übernehmen.

In neun weiteren Fällen dürfen wir ebenfalls von einem bedingten Autoritätsverhältnis zwischen der geschwängerten Frau und ihrem Sexualpartner ausgehen, indem der Kindesvater ein naher Verwandter der Dienstherrschaft war. In dieser Eigenschaft wahrte er im Hause eine Position, die sich zwar nicht mit jener des Dienstherrn vergleichen ließ, die ihn aber doch über andere Mitglieder der Hausgemeinschaft erhob. Dieses Faktum traf zum Beispiel auf Bauernsöhne zu, die als Heiratspartner für Dienstmägde ebenfalls begehrt waren. Joseph Moser verstand seine Stellung als zukünftiger Hoferbe zu nutzen, er stellte Maria Muhrin, der Magd seines Vaters, nach und sicherte ihr zu, sie im Fall einer Schwangerschaft zu heiraten oder zumindest finanziell zu versorgen. Als Maria Muhrin tatsächlich ein

53 Vgl. W. Wächtershäuser: Das Verbrechen des Kindesmordes, S. 122 f.; O. Ulbricht: Kindsmord und Aufklärung, S. 82.

54 StLA, AG-Prot. 9087/1820.

55 Die Ansicht von Claus Kappl, „*das illusionäre Zugehörigkeitsgefühl zur bäuerlichen Schicht*" hätte eine Magd ermuntert, sexuellen Verkehr mit dem Bauern oder dessen Sohn aufzunehmen, scheint in diesem Zusammenhang eindeutig zu weit hergeholt. Vgl. ders.: Die Not der kleinen Leute. Der Alltag der Armen im 18. Jahrhundert im Spiegel der Bamberger Malefizamtsakten. Konstanz, Phil. Diss. 1984. (= Historischer Verein für die Pflege der Geschichte des ehemaligen Fürstbistums Bamberg. 17. Beiheft.) S. 173.

Kind erwartete, hatte Joseph Moser seine Versprechungen längst vergessen, er verspottete die junge Frau vielmehr und legte ihr nahe, das Haus seines Vaters zu verlassen.[56]

Die Verhältnisse in herrschaftlichen Häusern waren bisweilen noch schlimmer; wir können uns hier auf fünf Fallbeispiele stützen. Die Selbstherrlichkeit so manches provinziellen Adeligen oder Großbürgers äußerte sich in brutalen Willkürakten gegenüber den weiblichen Dienstboten. Gianetto Campana, Grundbesitzer in Istrien, sparte nicht mit Worten der Verachtung über Maria Smilovich, die Dienstmagd seiner Tante, bei der er sich zu Gast befand. Als ihm die Frau bei seiner späten Heimkehr sein Zimmer bereitete, vergewaltigte er sie, übernahm in der Folge aber keine Verantwortung für die Schwangerschaft.[57] Nicht minder gewaltsam gestaltete sich der Übergriff des istrischen Adeligen Paul von Ragazzi auf die Dienstmagd seines Bruders. Maria Pujas wurde von ihm auf dem Dachboden an ihrer Schlafstätte überwältigt, der Mann verband ihr mit einem Tuch den Mund, damit sie nicht schreien konnte. Bei den nachfolgenden Erhebungen wollte die ganze Familie von diesem Vorfall nichts wissen und lenkte den Verdacht vielmehr auf einen ominösen Unbekannten, konnte jedoch nicht verhindern, daß sich bei dieser Darstellung erhebliche Widersprüche auftaten.[58]

Eine Beziehung zu einem Mitglied einer höheren Gesellschaftsschicht war äußerst selten und kam praktisch nur durch eine entsprechende Dienststelle zustande. Die in der älteren Fachliteratur geäußerte Meinung, daß der Kindsmord *„eine Folge der geschlechtlichen Ausbeutung der Unterschicht durch die Oberschicht“* sei,[59] entbehrt daher jeder Grundlage[60]. Es gibt allerdings zu denken, wenn in fast allen der diesbezüglich bekannten Fälle seitens der männlichen Herrschaftsangehörigen rohe Gewalt gebraucht wurde, um sich eine sozial unter ihnen stehende Frau gefügig zu machen. Die Dienstmägde wehrten sich gegenüber den sexuellen Übergriffen, sie wußten, daß sie bei einer Schwangerschaft keinerlei reale Vorteile - wie etwa im bäuerlichen Milieu die eventuelle Aussicht auf Heirat - erwarten durften, sondern daß vielmehr die verschworene Macht einer ganzen Gesellschaftsklasse ihnen gegenüberstehen würde.

---

56 StLA, AG-Prot. 1835/1792.

57 StLA, AG-Prot. 4686/1824.

58 StLA, AG-Prot. 5146/1836.

59 Vgl. Gustav Radbruch u. Heinrich Gwinner: Geschichte des Verbrechens. Versuch einer historischen Kriminologie. Stuttgart 1951 (Neuausgabe Frankfurt/Main 1990). (= Die Andere Bibliothek. 62.) S. 243; ohne Kommentar übernommen von Lisbeth N. Trallori: Vom Lieben und vom Töten. Zur Geschichte patriarchaler Fortpflanzungskontrolle. Hrsg. vom Verein Kritische Sozialwissenschaft und Politische Bildung. Wien 1983. (= Österreichische Texte zur Gesellschaftskritik. 17.) S. 157; ebenfalls Maria W. Piers: Kindermord - ein historischer Rückblick. In: Psyche. Zeitschrift für Psychoanalyse und ihre Anwendung 30 (1976), H. 5, S. 429 f. und William L. Langer: Infanticide: A Historical Survey. In: History of Childhood Quarterly 1 (1974), S. 357.

60 Festgestellt auch von R. v. Dülmen: Frauen vor Gericht, S. 84; O. Ulbricht: Kindsmord und Aufklärung, S. 81.

8.2. VOM UNGLÜCK DER SCHWANGERSCHAFT

Den Formulierungen in den herangezogenen Gerichtsakten ist klar zu entnehmen, daß eine Schwangerschaft in Folge geschlechtlicher Beziehungen als beklagenswertes Mißgeschick definiert wurde. Der Liebhaber von Margaretha Schoba versprach der Frau sogar wörtlich, *„wenn sie verunglücken sollte"*, wolle er für sie und das Kind Sorge tragen.[61] Nicht nur das verwendete Vokabular der betroffenen Elternteile, sondern auch die Sprache der Gerichtsbeamten ist verräterisch. In bezug auf die mittellose Dienstmagd Maria Mayer führte das Kriminalgericht in Klagenfurt unter den Milderungsgründen an, daß derselben, *„bis sie das Unglück hatte, das erste Mal schwanger zu werden"*, ein ordentlicher Lebenswandel nachgesagt wurde.[62] Es bestand keinerlei Illusion darüber, daß eine eingetretene Mutterschaft für eine nicht verheiratete Frau keine natürliche Freude, sondern nur Probleme bedeutete.

Damit ein Geschlechtsverkehr nicht unbedingt zu einer Schwangerschaft führen mußte, wurde auf die Verhütung der Empfängnis geachtet. Bei der Vernehmung der Kindesväter fällt des öfteren die ausdrückliche Betonung einer *„vollkommenen Beiwohnung"* auf. Damit wurde darauf hingewiesen, daß man keinen coitus interruptus ausübte.[63] Josef Neukirchner wurde 1798 im Landgericht St. Georgen an der Stiefing wegen der Vaterschaft eines Neugeborenen verhört. Auf die ihm gestellte Frage, ob er sich mit der angeklagten Margaretha Hollerin „vollkommen" versündigt habe oder nicht, mußte er zur Antwort geben: *„Ja, diese Beiwohnung geschah vollkommen; ich habe den Samen in ihren Leib gelassen."* Trotzdem war dem Mann die Praktik des coitus interruptus sehr wohl bekannt, seiner Geliebten hatte er bei Eröffnung ihres Zustandes nämlich noch entgegnet, daß sie von ihm nicht schwanger sein könnte, da er *„bei der Zuhaltung behutsam"* gewesen wäre.[64] Als die vom Landgericht Thannhausen verhörte Maria Hoferin ihrem ehemaligen Dienstherrn die Vaterschaft ihres ersten Kindes anlastete, widersprach der Beschuldigte ebenfalls mit unmißverständlichem Hinweis auf die geübte Sexualpraktik: *„Schwanger wurde sie von ihm nicht, weil er keinen Samen von sich ließ, doch möglich sey es, daß er zu spät zurückgehalten, und sie demnach einen Teil empfangen."*[65] Daß der Coitus interruptus als Methode der Kontrazeption ganz und gar verbreitet war, beweisen zahlreiche weitere Hinweise in steirischen Gerichtsprotokollen des 18. und 19. Jahrhunderts.[66]

---

61 StLA, AG-Prot. 1752/1836. Vgl. dazu S. Kienitz: Sexualität, Macht und Moral, S. 261.

62 StLA, AG-Prot. 9103/1836.

63 Zu dieser und anderen Formen der Empfängnisverhütung vgl. Jean-Louis Flandrin: Familien. Soziologie - Ökonomie - Sexualität. Aus dem Franz. übers. v. E. Brückner-Pfaffenberger. Frankfurt/Main, Berlin u. Wien 1978, S. 254-259; S. Kienitz: Sexualität, Macht und Moral, S. 262-264.

64 StLA, St. Georgen/Stiefing, Herrschafts- und Marktarchiv, Sch. 8, H. 16: Landgerichtsvorfälle 1799-1807.

65 StLA, AG-Prot. 4718/1804.

66 StLA, Hornegg, Herrschaftsarchiv, Sch. 44, H. 82: Gerichtsprotokolle 1787-1799; Donnersbach, Herrschaftsarchiv, Sch. 62, H. 160: Kriminalprozesse 1730-1768 und Eibiswald, Herrschafts-, Familien- und

8.3. INFORMATIONSSTAND DER KINDESVÄTER

Anknüpfend an die Analyse diverser Beziehungsstrukturen muß unbedingt der Frage nachgegangen werden, ob und inwieweit speziell die Kindesväter von den Frauen im Falle einer Schwangerschaft ins Vertrauen gezogen wurden. Die aus den Akten gewonnenen Informationen sind allerdings mit Vorbehalt zu betrachten. Während rund 110 Kindesmütter beteuerten, ihre Gravidität zumindest ihrem Liebhaber mitgeteilt zu haben, stritten 15% der betreffenden Männer kurzerhand ab, je etwas davon gehört zu haben. Es gab nun für beide Elternteile gute Gründe, dem Gericht die Wahrheit zu verschleiern. Konnte eine vermeintliche Kindsmörderin nachweisen, ihren Zustand nicht generell verheimlicht zu haben, verbesserte sich ihre Chance, vom angeschuldigten Verbrechen losgesprochen zu werden. Zudem wälzte sie einen Teil der Verantwortung auf ihren Partner ab, der bei Kenntnis einer Schwangerschaft moralisch, aber auch gesetzlich dazu verhalten war, entsprechende Schritte zum Schutz der Mutter und des Ungeborenen zu unternehmen. Der Kindesvater war wiederum daran interessiert, jeglichen Verdacht einer Mitwisserschaft von sich zu weisen und sich selbst im besten Licht zu präsentieren. Wie schwer es im konkreten Fall sein konnte, Lüge und Wahrheit zu trennen, zeigt etwa die Untersuchung gegen Theresia Herbst. Die Frau behauptete gegenüber dem Landgericht St. Georgen, zumindest ihren Liebhaber von der bevorstehenden Niederkunft informiert zu haben; als dieser darüber zur Rede gestellt wurde, gab er vor, darüber nichts zu wissen, weil er am nämlichen Tag *„einen Rausch hatte"*.[67] Seltsamerweise traten derartige Erinnerungslücken aufgrund eines zu hohen Grades der Alkoholisierung auch bei anderen Kindesvätern auf.

Ähnlich zweifelhaft sind jene Fälle, in denen die werdenden Mütter ihren Liebhabern zwar nicht eingestanden oder bei Befragen sogar ableugneten, ein Kind zu erwarten, die Männer aber aus eigener Beobachtung oder aus dem Gerede der nächsten Umgebung zu einer solchen Überzeugung gelangen mußten. Schon allein die Tatsache, daß sie ihre Partnerinnen bisweilen dezidiert um die Möglichkeit einer Schwangerschaft befragten, zeigt ja, daß sie sehr wohl diesbezügliche Vermutungen hegten. Gerade bei dauerhafteren Beziehungen wurde der Geschlechtsverkehr bis unmittelbar vor die Niederkunft fortgeführt, die zunehmende Veränderung des weiblichen Körpers konnte dem Sexualpartner nicht verborgen bleiben - auch wenn dies so mancher Kindesvater blauäugig vorgeben wollte: *„Da er in Ehesachen unerfahren sey, sey ihm hinsichtlich ihres Körpers nichts aufgefallen"*, versuchte Joseph Braicovich dem Kriminalgericht in Rovigno seine Ahnungslosigkeit in bezug auf die Schwangerschaft seiner Ehefrau plausibel zu machen.[68]

Marktarchiv, Sch. 8a, H. 69: Gerichtsverhandlungen 1753-1836; St. Georgen/Stiefing, Herrschafts- und Marktarchiv, Sch. 8, H. 17: Landgerichtsvorfälle 1710-1807.

67 StLA, AG-Prot. 12789/1837.

68 StLA, AG-Prot. 5896/1824.

Es scheint, daß die Kindesväter sehr bewußt Augen und Ohren verschlossen, um eine ihnen unangenehme Tatsache nicht wahrnehmen und sich damit auseinandersetzen zu müssen. Solange sie offiziell nichts von den Folgen ihrer geschlechtlichen Annäherung wußten, konnte ihnen von niemandem ein Vorwurf gemacht werden, es blieb dem Gewissen der Frau überlassen, wie sie mit ihrer Situation umging. Verübte die Kindesmutter eine kriminelle Handlung, so war allein ihr die Schuld anzulasten, der Kindesvater konnte im nachhinein immer noch im Brustton der Überzeugung behaupten: *„Hätte sie ihm, Deponenten, die Wahrheit gesagt, so würde er nach Kräften gesorgt haben, daß die Entbindung ordentlich vor sich gegangen wäre."*[69]

8.4. REAKTIONEN DER KINDESVÄTER AUF DIE SCHWANGERSCHAFT

War der Kindesvater in die bestehenden Verhältnisse eingeweiht, interessiert in nächster Konsequenz sein Verhalten gegenüber seiner Partnerin. Die Auswertung dieser Fragestellung wirft kein gutes Licht auf männliches Pflichtgefühl,[70] wenngleich quellenkritische Anmerkungen und Korrekturen des Ergebnisses vorgenommen werden müssen. Das ABGB legte unmißverständlich klar, wie die Aufbringung des Unterhalts für uneheliche Kinder geregelt werden sollte: *„Zur Verpflegung ist vorzüglich der Vater verbunden; wenn aber dieser nicht im Stande ist, das Kind zu verpflegen, so fällt diese Verbindlichkeit auf die Mutter."*[71] Vernachlässigte ein Vater seine Schuldigkeit gänzlich, verlor er seine väterliche Gewalt für immer. Wir wissen allerdings nur von wenigen Männern mit Sicherheit, daß sie bereit waren, Obsorge für Mutter und Kind zu übernehmen, und wirklich entsprechende Schritte setzten. So kam es einigemale zur Erneuerung eines gegebenen Heiratsversprechens, finanzielle Unterstützung wurde zugesichert oder dargereicht, ja ein paar Männer trafen sogar von sich aus erste Vorbereitungen für die bevorstehende Geburt, indem sie etwa Wäsche und Babykleidung besorgten oder einen Taufpaten für das Kind gewannen. Vereinzelt begegnen wir sogar freudiger Erwartung auf den Nachwuchs: Anton Jellusich *„frohlockte über den Gedanken, daß er wird Vater werden"*, er liebte seine Freundin Marinka Dobrilla über alles und drängte in der Folge auf Heirat; als die Frau - offenbar auf Veranlassung ihrer Mutter - zu seinem Entsetzen einen Kindsmord beging, ver-

---

69 StLA, AG-Prot. 4105/1838. Vgl. auch T. Koss: Kindesmord im Dorf, S. 32 f.

70 Ähnlich verantwortungslos reagierten übrigens auch die Kindesväter in Baden-Württemberg. Vgl. Cornelia Kaiser: Opfer oder Täterinnen? Kindsmörderinnen in Württemberg im 17. und 18. Jahrhundert. In: Standpunkte. Ergebnisse und Perspektiven der Frauengeschichtsforschung in Baden-Württemberg. Hrsg. v. Susanne Jenisch. Tübingen u. Stuttgart 1993. (= Frauenstudien Baden-Württemberg. 1.) S. 78.

71 ABGB 1811, § 167. Vgl. auch §§ 168, 170 und 177.

suchte er sie noch mit einer falschen Zeugenaussage vor Gericht zu schützen. Zu seiner Verteidigung konnte er nur ausrufen: *„Was tut nicht ein Liebhaber seiner Liebsten zu Gefallen!“*[72]

Anton Jellusich blieb jedoch eine Ausnahme, die Unterstützungserklärungen der meisten Kindesväter, so sie überhaupt vorhanden waren, nehmen sich recht halbherzig aus. Zuweilen versuchten die Männer, ihre Schuld durch eine einmalige Geldzahlung abzugelten, sie lehnten jedoch ab, weitere Verantwortung für das Kind zu übernehmen. Magdalena Hörmann wurde von ihrem Kindesvater, einem obersteirischen Bauern, mit 15 Gulden abgespeist, mit diesem Geld sollte sie die Kosten der Niederkunft bestreiten und das Kind selbst erziehen.[73] Die von den Vätern empfangenen Beträge reichten in der Regel aber nicht aus, die Ausgaben für ein neugeborenes Kind zu decken, ganz abgesehen davon, daß das Gefühl der Scham und des erlittenen Ehrverlustes nicht mit Geld aufzuwiegen war und von der Frau allein getragen werden mußte. So manche leicht dahingesagte Beteuerung eines Liebhabers mußte auch mit Recht in Zweifel gezogen werden. Ursula Schneeberger hatte von einem Soldaten der Grenzwache zwar die Zusicherung erhalten, daß er sie und das Kind versorgen werde, die Frau mißtraute diesen Worten allerdings beträchtlich, da der Mann nicht nur kein Vermögen besaß, sondern sogar ihr selbst Geld herausgelockt hatte.[74]

In den meisten Fällen erschöpfte sich das Entgegenkommen der Väter überhaupt nur in guten Ratschlägen und Ermahnungen, *„nichts Unrechtes zu tun“*, also die Schwangerschaft nicht zu verheimlichen und das Kind ordnungsgemäß zur Welt zu bringen. Sehr oft klingt das Vorgebrachte mehr als floskelhaft und läßt keine wirkliche Anteilnahme erkennen. Der Liebhaber von Ursula Verschitzin wußte auf die Eröffnung ihrer Schwangerschaft nichts anderes zu erwidern, als *„daß sie gedulden und ausstehen müßte, was viele andere ausgestanden haben“*.[75] Auch die Trostworte von Jakob Lusar, Agnes Panzer solle *„wegen der Erhaltung des Kindes ganz unbekümmert seyn, indem mehrere solche unglücklichen Geschöpfe durch Gottes Vorsicht ernährt und versorgt werden“*,[76] konnten die Zuversicht der werdenden Mutter wohl kaum stärken.

Doch man muß diesen Männern zugestehen, daß sie aufgrund ihrer generell festgestellten ökonomischen Unvermögenheit nicht viel mehr als ideellen Beistand anzubieten vermochten. Sie besaßen in der Regel genausowenig Eigenmittel wie die Kindesmütter selbst, eine Versorgung des Neugeborenen konnten sie auch dann nicht garantieren, wenn sie den guten Willen dazu gehabt hätten.

---

72 StLA, AG-Prot. 660/1792.
73 StLA, AG-Prot. 555/1819.
74 StLA, AG-Prot. 10622/1835.
75 StLA, AG-Prot. 7163/1791.
76 StLA, AG-Prot. 3913/1836.

Bei den meisten Kindesvätern fehlte dieser aber ohnehin: Während wir nur in rund einem Drittel der Fälle mit aller Nachsicht Unterstützungserklärungen der Männer erkennen können, verhielten sich zwei Drittel der in die bestehenden Verhältnisse eingeweihten Partner, und zwar zahlenmäßig etwa 70 Personen, abweisend bis rücksichtslos - zumindest nach der Darstellung der angeklagten Frauen.[77] So mancher Kindesvater wies vor Gericht die gegen ihn erhobenen Vorwürfe energisch zurück, die Wahrheitsfindung bleibt auch hier ein Ding der Unmöglichkeit. Neben dem Versuch, den jeweils anderen zu belasten und damit die eigene Schuld zu minimieren, kommt hier seitens einiger Kindesmütter noch eine weitere Komponente ins Spiel. Sie wollten den Erzeuger ihres Kindes nicht einfach straffrei ausgehen lassen, irgendwie sollte dieser ihre Schmach, an der er ja wesentlichen Anteil trug, abgelten müssen. Maria Kollarin artikulierte ihren Unwillen auf diese Weise. Sie bezichtigte anfangs ihren Schwängerer, den Bauern Pangraz Grill, er habe ihr den Rat erteilt, das Neugeborene zu erwürgen; in der Folge mußte sie diese Beschuldigung als unwahr widerrufen. Die Frau begründete ihre Falschaussage damit, daß sie den Kindesvater als erste Ursache ihres Unglücks ansehe und sich dafür an ihm rächen wollte.[78]

So einfach lassen sich die meisten Beschuldigungen gegen die Kindesväter aber nicht aufklären. Oft lagen die Beweise ihrer Treulosigkeit auf der Hand: Sie heirateten - entgegen gegebener Versprechen - eine andere Frau, oder sie verließen bei Bekanntwerden der Schwangerschaft kurzerhand den Aufenthaltsort. Katharina Tischler war eine Betroffene: Sie wurde von einem Winzer in den letzten Faschingstagen des Jahres 1837 geschwängert, als er ihren Zustand bemerkte, beendete er die Beziehung und verband sich anderorts mit einer neuen Partnerin.[79]

Nicht nur aus bloßer Mittellosigkeit, sondern auch aus reiner Ignoranz verweigerten die Kindesväter finanzielle Zuwendungen zur Versorgung des Neugeborenen. Der Fleischhauer Anton Höferer machte seiner Geliebten Anna Schwabin von vornherein klar: *„Er gebe ihr nichts dazu."* Sein Ausspruch empört umso mehr, wenn wir erfahren, daß er die Frau bereits vor zwei Jahren zur Mutter einer Tochter gemacht hatte und seine Verpflichtungen ihr gegenüber ungleich weitreichender gewesen wären.[80] Der Kindesvater von Appollonia Sendlhofer verweigerte dieser nicht nur jede materielle Unterstützung, sondern warnte auch seine Verwandten, die daraufhin der werdenden Mutter bei ihrem Bittgang unverhohlen mitteilten, daß sie ihr *„keinen Fetzen für das Kind geben würden"*.[81]

---

77 Die wohlwollende Meinung von Herma Klar, die die mangelnde Unterstützung der Kindesmütter durch ihre Liebhaber als eine Folge der Ehehindernisse sieht, kann daher nicht unterstützt werden. Vgl. dies.: Verbrechen aus verlorener Ehre, S. 33 f.

78 StLA, AG-Prot. 3174/1804.

79 StLA, AG-Prot. 8139/1838.

80 StLA, AG-Prot. 5600/1807.

81 StLA, AG-Prot. 4664/1792.

In mehreren Fällen stritten die Männer der werdenden Mutter gegenüber das Bestehen ihrer Vaterschaft schlichtweg ab. Die Argumente für ihre Ablehnung, so diese überhaupt begründet wurde, sind dürftig: Gianetto Campana erklärte, aus einem nur einmal vollzogenen Beischlaf könnte eine Frau nicht empfangen, Mathias Zimmermantschitsch schob die Vaterschaft auf einen anderen Mann, der *„mitgewirkt haben müsse."*[82] Michael Ostroinich, der zwar vor Gericht zugeben mußte, daß er zwei- oder dreimal mit der Angeklagten Barbara Schuttei geschlafen hatte, erklärte dennoch hartnäckig: *„Er seye jedoch nicht Vater des von ihr gebornen Kindes."*[83] Wie er zu dieser klaren Überzeugung gelangen konnte, wird von ihm nicht weiter ausgeführt. Nach den Buchstaben des Gesetzes half ihm sein Leugnen aber ohnehin wenig: Jeder Mann, der überführt wurde, der Kindesmutter innerhalb eines Zeitraumes von mindestens sieben bis höchstens zehn Monaten vor deren Entbindung beigewohnt zu haben, galt als potentieller Vater.[84]

Um ihren guten Ruf besorgt, verboten einige Kindesväter der geschwängerten Frau, sie als Urheber ihres Zustandes anzugeben. Sie schreckten dabei auch nicht vor Drohungen zurück: Als Maria Jordan von ihrem Nachbarn, einem Bauern, ein Kind erwartete und sie ihm dies mitteilte, stellte er ihr derbe Prügel in Aussicht, falls sie über ihre Beziehung ein Wort verlieren sollte.[85] Maria Wernig wurde von ihrem langjährigen Geliebten, dem Sohn eines Mesners, in andere Umstände versetzt. Sie bat ihn, ihr die Aufnahme ins Gebärhaus von Laibach zu verschaffen, was er mit der Begründung verweigerte, *„er wolle nicht haben, daß sein Name bekannt werde."*[86] Johann Redin wies seine Nachbarin Marina Marchi sogar an, sie solle vorgeben, sie wäre von drei Soldaten geschwängert worden, damit seine Vaterschaft nicht aufkomme.[87]

Doch mehr als 25 Kindesväter gingen nach Aussage der angeklagten Frauen noch weiter. Sie rieten entweder offen zur Abtreibung der Leibesfrucht bzw. zur Beseitigung des neugeborenen Kindes, oder sie unterstützten die Frauen gar tatkräftig bei diesen Vorhaben. Von einer Verurteilung wegen Anstiftung oder Mithilfe zum Mord erfahren wir dennoch nur in zwei Fällen. Bei Jakob Wallner kennen wir das ausgesprochene Strafmaß nicht, der verheiratete Fleischhauermeister Andreas Fribetz aus Luttenberg/Ljutomer büßte wegen versuchter Abtreibung und Mitwisserschaft am Kindsmord seiner Geliebten, einer 18jährigen Bürgerstochter, mit nicht einmal einem halben Jahr, da er einen Strafnachlaß erwirken konnte.[88] Mindestens vier Kindesväter entzogen sich einer drohenden Verhaftung

---

82 StLA, AG-Prot. 4686/1824; AG-Prot. 12266/1837.
83 StLA, AG-Prot. 2129/1847.
84 ABGB 1811, § 163.
85 StLA, AG-Prot. 13394/1830.
86 StLA, AG-Prot. 11246/1838.
87 StLA, AG-Prot. 14080/1824.
88 StLA, AG-Rep. 1839-1840; AG-Rep. 1841-1842; AG-Prot. Fasz. 20, 78/1799; Luttenberg, Marktarchiv, Sch. 93, H. 169: Strafsachen 1571-1853.

durch Flucht, sechs weitere wurden zwar angeklagt, aufgrund mangelnder Beweise jedoch losgesprochen. Bei fünf verdächtigen Männern bleiben wir in Unkenntnis über den Ausgang der gegen sie laufenden Kriminalverfahren. In den übrigen Fällen sah das Gericht von der Einleitung eines Verfahrens überhaupt ab, da die Beschuldigungen ausschließlich auf der Anzeige der vermeintlichen Verbrecherin fußten und keine sonstigen Belege für deren Wahrheit beizubringen waren.[89]

Theresia Radler bekam von ihrem Liebhaber bei Entdeckung der Schwangerschaft beispielsweise die unverblümte Aufforderung zu hören, sie sollte bloß danach trachten, das Kind loszuwerden und zu diesem Zwecke Schleifsteinwasser trinken.[90] Maria Knauder wurde vom Tagwerker Joseph Liebmann gleich selbst mit Schwefelsäure versorgt, zudem riet er ihr die Einnahme von Arsen an.[91] Jakob Fink verabreichte seiner Nachbarin schließlich nicht nur mehrmals Kräuter mit abortiver Wirkung, sondern wandte auch rohe Körpergewalt an, um eine Fehlgeburt zu provozieren: Er schlug die Frau und trat sie mit Füßen und verfiel sogar auf die Idee, durch besonders heftig ausgeübten Geschlechtsverkehr die Leibesfrucht zu töten.[92] Die überstürzte Flucht des Jakob Fink aus dem Bezirksarrest von Pölland/Poljane bewies die Richtigkeit der gegen ihn vorgebrachten Vorwürfe.

Hatte der durchgeführte Abtreibungsversuch keinen Erfolg, schreckten die Kindesväter auch vor der Anstiftung zum Mord nicht zurück. Der Roßknecht Michael N. erwiderte seiner Geliebten Rosalia Kostomai auf das Geständnis ihrer Schwangerschaft, sie solle das Kind *„vertun"*. Die schwachsinnige Frau ließ das Neugeborene verbluten und erklärte dem Gericht in Neucilli: *„Nach ihrer Meynung habe dieser Michael unter dem Ausdrucke 'vertun' verstanden, daß sie das Kind verwerfen oder wegwerfen soll, welches sie auch so genommen und befolgt habe."*[93]

Direkte Mittäterschaft der Väter am Kindsmord bestand - wenigstens nach der Schilderung der verhörten Frauen - in drei Fällen: Peter Milovcich hatte gemeinsam mit seiner verheirateten Geliebten Margareth Milovcich-Talian die Hebamme bestochen, das Kind bei der Geburt zu töten; da die Tat mittlerweile verjährt war, wurde sie nicht weiter verfolgt.[94] Große Ähnlichkeit wiesen die Sachverhaltsdarstellungen von Maria Francovich und Agnes Korren auf. Beide Angeklagten behaupteten, der Kindesvater hätte sich unmittelbar nach der Geburt des noch lebenden Säuglings bemächtigt, diesen weggetragen und vermutlich getötet. In keinem Fall konnte jedoch der Wahrheitsbeweis für diese Aussage erbracht werden. Der Liebhaber von Maria Francovich verwickelte sich bei seiner Einvernahme zwar in

---

89 Damit waren die für eine rechtliche Anzeige geforderten Voraussetzungen nicht erfüllt. Vgl. StGB 1803, 1. Teil, § 265.

90 StLA, AG-Prot. 5709/1804.

91 StLA, AG-Prot. 10292/1823.

92 StLA, AG-Prot. 3317/1822.

93 StLA, AG-Prot. 7022/1824.

94 StLA, AG-Prot. 14509/1835.

einige Widersprüche, konnte aber eines Verbrechens nicht überführt werden; der Kindesvater von Agnes Korren, ein Händler aus Gottschee, war überhaupt nicht auffindbar.[95]

An der Beseitigung der Kindesleichen waren immerhin noch zwölf Väter beteiligt. Sie kannten freilich nicht immer den genauen Hergang der Geschehnisse, sondern nur die jeweilige Erzählung der Frau. Trotzdem setzten sie alles daran, die Geburt zu verheimlichen; ob sie dabei ihre Geliebte oder in erster Linie sich selbst schützen wollten, muß dahingestellt bleiben. Zumindest dem Knecht Joseph Stolzer kann man höchst eigennützige Motive unterstellen. Er überraschte seine Mitmagd Klara Nußbacher bei der Geburt im Stall, verließ die Frau jedoch sofort unter heftigem Lamentieren. Erschreckt über diesen Ausbruch erwürgte die Frau ihre neugeborene Tochter, der voll informierte Kindesvater wies sie an, die Leiche nur gut zu verstecken.[96] Gesetzlich konnte Joseph Stolzer keines Verbrechens belangt werden, moralisch ist seine Schuld unbestritten.

Bei einer Analyse jener Fälle, in denen die Kindesväter keinerlei Verantwortungsgefühl gegenüber den von ihnen geschwängerten Frauen bewiesen, überrascht die Tatsache, daß ein überaus großer Prozentsatz aus dem Küstenland, und zwar speziell aus Istrien und Triest, gebürtig war. Die meisten Männer aus diesen Gebieten, über deren weiteres Verhalten wir Informationen besitzen, reagierten mit Ablehnung auf die Bedürfnisse der Kindesmutter, und zwar in einem Ausmaß, das von keinem anderen der Länder auch nur annähernd erreicht wird.

---

95 StLA, AG-Prot. 10081/1825; AG-Prot. 6265/1836.

96 StLA, AG-Prot. 4349/1819.

9. DIE ZEIT DER SCHWANGERSCHAFT

9.1. VERHEIMLICHUNG DER SCHWANGERSCHAFT UND IHRE BEGRÜNDUNGEN

Ein Kindsmord bzw. eine verheimlichte Geburt im allgemeinen setzte in der Regel auch die Verbergung der Schwangerschaft voraus. Fast alle Frauen mußten daher vor Gericht zugeben, ihren Zustand entweder generell verheimlicht oder allenfalls nur dem Kindesvater mitgeteilt zu haben. Lediglich bei rund 10% der Angeklagten dürfen wir davon ausgehen, daß sie darüber hinaus ihre nähere Umgebung in irgendeiner Weise von den vorliegenden Umständen in Kenntnis setzten. Die Grenzen verlaufen hier allerdings äußerst fließend: Zum einen gingen die Ansichten über Gesagtes und nicht Gesagtes bei den Beteiligten bisweilen deutlich auseinander. Vor allem Kindesväter konnten sich später nur mehr schwer daran erinnern, eine derartige Eröffnung von ihrer Geliebten vernommen zu haben, aber auch andere Entlastungszeuginnen und -zeugen bestritten schlichtweg, jemals von der Beschuldigten über ihre Schwangerschaft informiert worden zu sein und ließen damit die gegenteiligen Behauptungen der inkriminierten Frau mehr als zweifelhaft erscheinen. Freilich muß dazu bemerkt werden, daß es für eine Person aus dem Umkreis der Angeklagten möglicherweise negative Konsequenzen haben konnte, wenn das Gericht davon erfuhr, daß sie zwar Kenntnis von einer illegitimen Schwangerschaft besessen, diese aber nicht entsprechend an die Obrigkeit gemeldet hatte. Es lag daher nicht unbedingt in ihrem Interesse, daß ihr tatsächlicher Wissensstand bekannt wurde; wir werden in der Folge noch auf dieses Problem zurückkommen. Zum anderen waren natürlich auch die beschuldigten Frauen bestrebt, durch einen vorgeblichen Nachweis ihrer Offenherzigkeit ihre lauteren Absichten oder zumindest die nicht längerfristige Vorsätzlichkeit ihres Tuns zu dokumentieren. Die bloße Verheimlichung der Schwangerschaft allein stellte nach dem Gesetz zwar weder ein Verbrechen noch eine schwere Polizeiübertretung dar, strenggenommen war sie auch nicht unter die sogenannten rechtlichen Anzeigungen in Ansehung eines Kindsmordes gereiht;[1]

[1] Vgl. dazu StGB 1803, 1. Teil, § 264. Anders in Deutschland, wo die Gerichtsmediziner ab der Mitte des 18. Jahrhunderts versuchten, ein System deutlich erkennbarer äußerer Schwangerschaftsmerkmale zu entwickeln. Vgl. Barbara Duden: Die „Geheimnisse" der Schwangeren und das Öffentlichkeitsinteresse der Medizin. Zur sozialen Bedeutung der Kindsregung. In: Frauengeschichte - Geschlechtergeschichte. Hrsg. v. Karin Hausen und Heide Wunder. Frankfurt/Main u. New York 1992. (= Geschichte und Geschlechter. 1.) S. 118 f.

trotzdem verlangte es nach einer plausiblen Erklärung, wenn eine unter dubiosen Umständen entbundene Wöchnerin ihren Zustand allseitig verschwiegen hatte.

Werfen wir einen Blick auf sogenannte Eingeständnisse einer Schwangerschaft, so begegnen wir dem Phänomen, daß offenbar deutliche Hemmungen bestanden, unverblümt über Konzeption und Gravidität zu sprechen. Man flüchtete sich vielmehr in Andeutungen und Doppelsinnigkeiten, die bei näherer Betrachtung eigentlich in jede Richtung hin ausgelegt werden konnten. Konkrete Fragestellungen fehlten, demgemäß unklar fielen auch die Antworten aus, und niemand wußte am Ende mehr als vorher. Ursula Raunig erklärte vor dem Kärntner Landgericht Weißenberg, daß sie ihrer Familie ihre Schwangerschaft nicht *„geradezu, sondern nur durch Reden zu verstehen gegeben habe und selbe es leicht selbst erkennen konnten."*[2] Die Erzählung von Ursula Jack veranschaulicht, was wir uns darunter vorstellen dürfen: *„Ihre Mutter habe Inquisitam wohl eine Zeit ehevor wegen ihrer vermuteten Schwangerschaft zur Rede gestellt, sie habe ihr aber ihre Schwangerschaft weder verheimlicht noch auch entdeckt, sondern einer bestimmten Antwort dadurch auszuweichen gesucht, daß Inquisitin ihr erwiderte, der Erfolg würde es wohl zeigen, ob sie schwanger sey oder nicht."*[3]

Seitens der Gerichte wurde in weiterer Folge genau differenziert, ob eine werdende Mutter über ihren Zustand nur geschwiegen oder ob sie ihn auf Befragen geradezu abgeleugnet hatte. Ersteres wog natürlich weniger schwer, während es der Angeklagten erheblich zum Nachteil gereichte, wenn sie nicht nur durch verschiedene Kunstgriffe ihre zunehmende Leibesfülle zu verbergen suchte, sondern auch mit lügenhaften Erklärungen jeden Verdacht weit von sich wies.

Häufig gelang es den Frauen, das Anwachsen ihres Körperumfanges durch geschicktes Drapieren ihrer Kleidung zumindest über eine gewisse Zeit hinweg zu kaschieren; die Ausgestaltung so mancher regionalen Tracht kam ihren Absichten dabei sehr entgegen. Aus der Gegend um Radkersburg hören wir sogar zweimal die Klage, daß bei der dort üblichen Kleidertracht der kurzen Mieder und hohen Kitteln eine Schwangerschaft nur schwer erkennbar sei, Ähnliches vernehmen wir aus dem Cillier Kreis und aus Istrien.[4] Freilich taten die Frauen noch das ihrige dazu, um den gewünschten Effekt zu erzielen: Enges Schnüren bzw. „Einfatschen" des Unterleibes sollte die Veränderungen ihrer Figur möglichst gering halten. Daneben mußten die Schwangeren bei jeder Bewegung darauf bedacht sein, ihren Zustand nicht offensichtlich werden zu lassen. Im nachhinein wußten sich Zeuginnen und Zeugen beispielsweise genau daran zu erinnern, daß Josepha Prislan zu diesem Zweck etwas gekrümmt gegangen sei oder daß sich Maria Pujas beim Wasserschöpfen nie mit dem

---

2 StLA, AG-Prot. 13931/1827.
3 StLA, AG-Prot. 1248/1816.
4 StLA, AG-Prot. 537/1805; ebenso AG-Prot. 4536/1807; AG-Prot. 10373/1835; AG-Prot. 7385/1824.

Bauch, sondern immer mit der Hüfte an den Rand der Zisterne gelehnt habe;[5] ausführlich erzählten auch die Nachbarinnen von Elisabeth Rotar, wie diese *„durch ihre Kleidung, durch ihre Stellung und die Haltung der Hände ihre Schwangerschaft zu verbergen suchte und öfters ganz überrascht und erschrocken aussah, wenn sie in ihrer natürlichen Stellung betroffen wurde"*.[6]

Wurden die werdenden Mütter trotz dieser Vorsichtsmaßnahmen um ihren Zustand befragt, so scheuten sie auch nicht davor zurück, eine Schwangerschaft glattweg abzustreiten. Manche Frauen reagierten sogar mit besonderer Heftigkeit und Aggression auf jegliche Andeutung, um den geäußerten Verdacht desto gewisser zu zerstreuen. Eingeschüchtert durch scharfe Antworten, Flüche oder Beschimpfungen der zur Rede Gestellten, verzichtete die Umgebung in der Regel tatsächlich auf weiteres beharrliches Nachfragen, um sich keine Ungelegenheiten zu schaffen. Im Falle der Maria Schrey erzählte beispielsweise eine Mitmagd: *„Wir hörten schon den ganzen Fasching und die Zeit über von den Leuten sagen, daß unsere Wirtschafterin in der Hoffnung seye, allein wir getrauten sie deshalb nicht anzupacken, weil der Sohn des Hauses, Florian, einmal sie anging und sie dabei so außerordentlich böse geworden seyn soll."*[7]

Die anwachsende Beleibtheit wurde von den Frauen zum einen auf natürliche Gewichtszunahme durch reichhaltigeres Essen zurückgeführt, andererseits aber als Symptom einer Krankheit erklärt. Katharina Lettenigg schützte etwa Wassersucht vor, Ursula Fuhrmannin beteuerte, daß ihr der Bauch deswegen aufschwelle, weil sie am „weißen Fluß", also Leukorrhö, leide.[8] Vereinzelt stellten die Schwangeren überhaupt jede Veränderung ihrer Figur in Abrede, sondern behaupteten vielmehr, ihr scheinbar größer gewordener Körperumfang rühre nur von jahreszeitlich bedingter dickerer Kleidung her. Maria Anna Wadik wollte bis zuletzt ihre Schwangerschaft nicht zugeben, alles Gerede darüber führte sie auf ihren abgenähten Unterrock zurück, der sie abwechselnd dickbauchiger oder dünner erscheinen ließe, je nachdem, ob sie ihn trage oder nicht.[9]

Durch das Zusammenleben auf engstem Raum blieb den Hausgenossinnen meist auch das Ausbleiben der Monatsblutung nicht verborgen, da die Frauen in erster Linie in ihre

---

5 StLA, AG-Prot. 1016/1838; AG-Prot. 5146/1836. Zu den „wissenden und neugierigen Augen" der Frauen im Dorf vgl. auch R. Schulte: Das Dorf im Verhör, S. 168 f. sowie T. Koss: Kindesmord im Dorf, S. 15-20.

6 StLA, AG-Prot. 15547/1835.

7 StLA, Bezirksgericht Feldbach, Fasz. 75: Herrschaft Fürstenfeld, Kriminalsachen 1847.

8 StLA, AG-Prot. 5762/1816; AG-Prot. 4328/1806. Vgl. dazu auch G. Ammerer: Abtreibung, Kindsmord und Kindsweglegung, S. 90. Daß Wassersucht um 1800 tatsächlich Kranke und Ärzte an den Symptomen einer Schwangerschaft zweifeln ließ, zeigt u. a. eine Untersuchung von Jutta Dornheim und Wolfgang Alber: Ärztliche Fallberichte des 18. Jahrhunderts als volkskundliche Quelle. In: Zeitschrift für Volkskunde 78 (1982), S. 31 f.

9 StLA, AG-Prot. 5609/1808.

Kleider menstruierten.[10] Natürlich wurde dieser Umstand von den Frauen ebenfalls entsprechend zu erklären gesucht. Anna Plötnerin erzählte auf Befragen, sie hätte sich im Fasching verdorben und die „weiße Krankheit" bekommen, was den Verlust ihrer Menses zur Folge hatte, Helena Mautz täuschte ihre Dienstgeberin wieder mit der Ausflucht, *„daß sie vom roten Wein das Monatliche verloren"* hätte.[11]

Wie begründeten die Frauen nun vor Gericht die Tatsache, daß sie niemandem ihre bestehende Schwangerschaft anvertraut hatten? Nachdem die wenigsten Angeklagten zugeben wollten, bereits längere Zeit im voraus die Tötung ihrer Leibesfrucht geplant zu haben, wurden nur vereinzelt bereits ins Auge gefaßte Abtreibungs- bzw. Kindsmordvorhaben als ausschlaggebend für die Verbergung ihres Zustandes genannt. Eine weit größere Rolle spielten hier schon Motivationen, die uns später noch als entscheidend für die Vollführung eines Kindsmordes bzw. für die Verschweigung einer Entbindung überhaupt begegnen werden: Schamhaftigkeit, Angst vor Schande und Verachtung sowie Furcht vor dem Zorn der Angehörigen, Dienstgeberinnen und Dienstgeber und geistlichen Autoritäten treten uns immer wieder entgegen.[12] Nicht zu vergessen ist auch die Sorge um den Fortbestand des Lebensunterhalts, denn so mancher Arbeitgeber verband die Frage nach einer möglichen Schwangerschaft seiner Magd zugleich mit der Drohung, daß diese im Bestätigungsfalle sofort Haus und Hof zu verlassen habe.

Neben diesen auf soziale und wirtschaftliche Verhältnisse Bezug nehmenden Begründungen begegnen wir aber auch Rechtfertigungsversuchen, die sich auf ganz anderer Ebene bewegen. Mehrere Frauen behaupteten schlichtweg, bis zuletzt keine sichere Überzeugung von ihrer Schwangerschaft gewonnen und daher niemanden ins Vertrauen gezogen zu haben. Um die Plausibilität ihrer vorgeblichen Ahnungslosigkeit zu erhöhen, verwiesen sie auf den regelmäßigen Eintritt der Menstruation während ihrer Schwangerschaft, auf nur geringe Gewichtszunahme oder auf diverse Krankheiten, durch die sie etwaige Normabweichungen zu erklären glaubten. Ursula Petschnigg, eine Dienstmagd aus Rann/Brežice, führte dazu aus: *„Sie habe ihre Schwangerschaft niemand entdeckt, weil sie selbst nicht gewußt habe, daß sie schwanger seye, denn sie habe nur durch sechs Monate keine Reinigung gehabt, in der ersten Fastwoche habe sie selbe wiederbekommen und vor drei Wochen seye selbe wieder eingetreten."*[13]

Meistens wischten die Gerichte solcherart vorgebrachte Ausflüchte zwar als haltlos vom Tisch, bisweilen ließen sie sich aber überzeugen. Die 40jährige Tagwerkerin Barbara

10 Vgl. E. Shorter: Der weibliche Körper, S. 296 f.

11 StLA, AG-Prot. 2989/1792; AG-Prot. 1654/1809. Vgl. S. Kienitz: Sexualität, Macht und Moral, S. 266.

12 Zur Situation in Deutschland vgl. Hannelore Cyrus: Das „vorsätzlich verheimlichen von Schwangerschaft und Niederkunft" oder von Frauen, die ihre „Geschlechtsehre" bewahren wollten. In: Beiträge zur Sozialgeschichte Bremens. H. 11 (1988): Criminalia. Bremer Strafjustiz 1810-1815, S. 91-131; zu Gaming/Scheibbs vgl. G. Babor: Kindesmord, Kindesweglegung, Abtreibung, S. 309 f.

13 StLA, AG-Prot. 7193/1824.

Krobatin beteuerte, bis zuletzt ihre Schwangerschaft nicht wahrgenommen zu haben, sondern vielmehr im Glauben gestanden zu sein, daß sie aufgrund ihres Alters ohnehin nicht mehr empfangen werde. Nachdem das Kärntner Landgericht Landskron die Überzeugung gewonnen hatte, daß Barbara Krobatin von äußerst schwachem Verstand sei, wollte man ihr auch zugestehen, daß sie möglicherweise um ihren Zustand wirklich nicht gewußt habe, und unterließ daher weitere Sanktionen.[14]

Maren Lorenz verweist in diesem Zusammenhang auf das spezielle Körperbewußtsein von Frauen aus der vorindustriellen Zeit: Merkmale einer Schwangerschaft mußten von einer Betroffenen selbst erkannt und interpretiert werden. Ihr begrenzter Wissensstand ließ das jedoch nur bedingt zu, außerdem boten sich immer andere, bequemer scheinende Erklärungen für das Auftreten von Unregelmäßigkeiten an. Das konnte zu klaren Mißverständnissen führen: Blutungen während der Schwangerschaft wurden beispielsweise nicht als Zeichen einer Komplikation gedeutet, sondern als Bestätigung verstanden, daß doch keine Empfängnis eingetreten war.[15] Herma Klar geht sogar noch einen Schritt weiter, sie spricht von einem Selbstbetrug der Frauen, die schließlich an ihre Sicht der Dinge glaubten.[16] Medizinische Untersuchungen, die sich mit psychosomatischen Wechselwirkungen bei unerwünschten Schwangerschaften beschäftigen, ergeben tatsächlich, daß typische Schwangerschaftsanzeichen - wie Ausbleiben der Menstruation, Anwachsen des Leibesumfanges etc. - bei Frauen, die ihre bevorstehende Niederkunft ablehnen, abgeschwächt auftreten oder sogar ganz fehlen können.[17] Es wäre möglich, daß die eine oder andere Angeklagte, von solchen Phänomenen irregeführt, ihren Zustand nicht richtig gedeutet hatte; der Regelfall war dies aber sicher nicht.

Etwas bedenklich scheint auch die manchmal vorgebrachte Begründung, eine Schwangerschaft nicht offengelegt zu haben, da diese ja ohnehin nach außen deutlich sichtbar und damit allgemein bekannt gewesen wäre. Anna Schwabin fand es nicht nötig, über ihren Zustand ein Wort zu verlieren, denn *„daß sie schwanger sey, hätte man ungezweifelt kennen müssen"*.[18] Unterschwellig wird damit versucht, einen Teil der Schuld am weiteren Geschehen der unmittelbaren Umgebung zuzuschieben: Wenn diese aufmerksamer gewesen wäre, hätte die Straftat nie geschehen können.

Diese Strategie zeigt sich auch, wenn einige Angeklagte versicherten, von niemandem geradeheraus um die Schwangerschaft befragt worden zu sein und von sich aus nicht den Mut gefunden zu haben, darüber zu sprechen. Hätte man hingegen hartnäckig nachge-

---

14 StLA, AG-Prot. 7968/1790.

15 Vgl. M. Lorenz: Das Delikt des Kindsmords, S. 104-106. Ähnlich S. Kienitz: Sexualität, Macht und Moral, S. 264 f.

16 Vgl. H. Klar: Verbrechen aus verlorener Ehre, S. 47-49.

17 Vgl. G. Faust: Kindestötung, S. 45 f.; J. Gerchow: Die ärztlich-forensische Beurteilung von Kindesmörderinnen, S. 77-80.

18 StLA, AG-Prot. 5600/1807.

forscht und auf einer Antwort beharrt, so wären sie ohne weiteres bereit gewesen, sich mitzuteilen. Juliana Ederin wollte das steirische Landgericht Landskron sogar glauben machen, *„daß sie ihre Schwangerschaft niemals stark geläugnet und solche eingestanden haben würde, wenn man sie ernstlicher befraget hätte."*[19] So dargestellt lag die Verantwortung ja eigentlich bei den Hausgenossinnen und -genossen der Magd, die es durch ihre Saumseligkeit nicht verstanden hatten, rechtzeitig Überzeugung von deren Zustand zu gewinnen und entsprechende Vorbereitungen zu treffen.

Schließlich werden wir noch einigemale mit dem Eingeständnis konfrontiert, die Schwangerschaft zwar vorderhand verheimlicht zu haben, aber trotzdem willens gewesen zu sein, diese kurz vor der Niederkunft zu gestehen, an dieser Absicht aber durch Übereilung oder sonstige nicht vorhersehbare Umstände gehindert worden zu sein. Mit dem Aufschieben des Geständnisses verband sich die Hoffnung, alle in der Folge eintretenden Negativa wie Dienstverlust oder demütigende Behandlungsweise so lange wie möglich hinauszuzögern. Katharina Kofler meinte dazu: *„Sie zeigte ihren Zustand niemandem an und diente in der Vermutung fort, daß die Leute ihren Zustand nicht so geschwind erkennen werden und wollte, wenn sie schon hoch an der Zeit seyn werde, ihr Vergehen den Eltern entdecken und die Geburt bey denselben abwarten."* Ihrer Aussage nach konnte die Frau ihren Plan jedoch nicht durchführen, weil sie nach einem Sturz über eine Treppe zu früh von ihrem Kind entbunden worden war. Da der Körper des Säuglings von Schweinen gefressen wurde, konnte kein Gutachten über die tatsächliche Reife oder Unreife des Neugeborenen abgegeben werden, und die Worte Katharina Koflers mußten unwidersprochen bleiben.[20]

Nur vereinzelt erfahren wir, daß eine Angeklagte zwar ihre Schwangerschaft mehreren Personen gegenüber offen zugab, letztendlich aber doch ihre Entbindung verheimlichte bzw. das Kind bei der Geburt tötete. In diesen Fällen ist es klar, daß die Mutter nur aus einer momentanen Kurzschlußreaktion heraus handelte; sie wußte ja, daß sich die Folgen ihres Tuns längerfristig nicht verbergen ließen. Obwohl beispielsweise sowohl der Ehemann als auch die Nachbarn von Maria Kollarin von ihr über ihren Zustand informiert worden waren, zog sich die Frau beim Eintreten der Geburtswehen zurück und ließ den Säugling durch mangelnde Hilfeleistung umkommen, da er einer außerehelichen Liaison entstammte. Die Tat wurde selbstverständlich sofort entdeckt.[21]

Die Notwendigkeit, bei allgemein bekannter Schwangerschaft auch ein Kind vorweisen zu müssen, konnte zu geradezu grotesken Situationen führen: Maria Hoferin hatte überraschend auf dem Weg nach Graz einen - angeblich toten - Knaben entbunden, den sie in

---

19 StLA, AG-Prot. 4300/1791; AG-Prot. 2828/1791.

20 StLA, AG-Prot. 9080/1824. Vgl. auch R. v. Dülmen: Frauen vor Gericht, S. 96.

21 StLA, AG-Prot. 4960/1791; Stattenberg, Herrschaft, Sch. 2, H. 11: Gerichtsfälle 1749-1791.

die Mur warf. Um in ihrer Heimat St. Katharein am Offenegg aber nicht des Mordes an ihrem Kind beschuldigt zu werden, versuchte sie zuerst, im Grazer Gebärhaus einen Säugling zur Pflege zu erhalten. Nach dem Fehlschlagen dieses Vorhabens sprach sie unterwegs bei einem ihr unbekannten Haus vor und übernahm dort ein sechs Monate altes Kind zur Erziehung, das sie in ihrem Dorf als das ihre ausgab. Freilich scheint es etwas unglaubwürdig, daß niemand bemerkt haben wollte, daß ein angeblich Neugeborenes bereits die Größe eines halbjährigen Kindes erreicht hatte! Trotzdem kam der Sachverhalt offenbar erst ans Tageslicht, als die wahre Mutter ihr Kind nach kurzer Zeit wieder zurückforderte.[22] In diesem Fall ist der Verdacht nicht ganz von der Hand zu weisen, daß Maria Hoferin ihren Sohn gezielt sterben oder zumindest verschwinden ließ, um statt seiner gegen entsprechendes Entgelt einen Pflegling des Gebärhauses säugen und aufziehen zu können. Wir wissen, daß mehrfach derartige Ungesetzmäßigkeiten begangen wurden, um einen Vertrag zur Übernahme eines Findelkindes zu erhalten.[23] Die Verpflegungsgebühr betrug immerhin im ersten Jahr 20 Gulden, in den weiteren Jahren etwas weniger. Für Maria Hoferin, die ehedem schon zwei Kinder abgetrieben hatte, war es zweifellos gewinnbringender, für die Erhaltung eines angenommenen Säuglings sogar noch Geld zu erhalten, als mittellos für das Fortkommen ihres eigenen Sohnes sorgen zu müssen.

Wir dürfen aber trotz alledem nicht vergessen, daß es sich bei diesen genannten Beispielen um absolute Ausnahmen handelt: Üblicherweise ging einer verheimlichten Geburt bzw. einem Kindsmord die Verbergung der Schwangerschaft voraus. Entscheidend dafür war sicherlich nicht das bereits geplante rechtswidrige Vorhaben, sondern vielmehr die ähnliche Motivation für beide Handlungsweisen. Soziale und wirtschaftliche Sanktionen seitens der Umwelt drohten ja nicht erst bei Geburt eines Kindes, sondern bereits ab dem Zeitpunkt der Konzeption.

9.2. WISSENSSTAND DER UMGEBUNG

Die Frage stellt sich nun, inwieweit die werdenden Mütter in ihrem Vorhaben, ihren Zustand vor Hausgenossinnen und -genossen bzw. Nachbarinnen und Nachbarn zu verbergen, erfolgreich waren. Aus den vor Gericht abgelegten Zeugenaussagen von Personen aus der näheren Umgebung der Angeklagten entnehmen wir, daß in beinahe jedem Fall zumindest der Verdacht einer bestehenden Schwangerschaft gehegt und teilweise auch gerüchteweise verbreitet worden war! Es gelang den Frauen trotz aller Bemühungen in der Regel also

22 StLA, AG-Prot. 4718/1804.
23 Vgl. z. B. StLA, AG-Prot. 330/2642/1818.

nicht, den aufmerksamen Augen ihrer Mitmenschen zu entgehen und sie durch Vorspiegelung falscher Tatsachen auf die Dauer in die Irre zu führen.

Ausgehend von über 245 Strafprozessen, in deren Verlauf wir zu diesem Punkt Informationen erhalten, können wir nur in rund 7% vermuten, daß die Schwangerschaft der Angeklagten niemandem aufgefallen war.[24] Sowohl die mit ihr in einem Haus lebenden Angehörigen von Marina Scozzai als auch die Nachbarschaft im Dorf bestätigten beispielsweise im nachhinein, bei der Frau nie auf den Gedanken einer Schwangerschaft verfallen zu sein, da diese seit jeher korpulent gewesen sei und eine weitere Gewichtszunahme keine unbedingt auffällige Veränderung ihrer Figur zur Folge hatte.[25] Ähnlich lagen auch die Verhältnisse bei Elisabeth Rauchenbergerin, bei der nicht einmal ihre Dienstgeberin - immerhin eine Hebamme - sowie die mit ihr im gleichen Bett schlafende 15jährige Mitmagd Zeichen einer Schwangerschaft wahrgenommen haben wollten.[26] Wir dürfen allerdings nicht unbedingt darauf vertrauen, daß jede solcherart vorgeschützte völlige Ahnungslosigkeit um den Zustand einer werdenden Mutter stets der Wahrheit entsprach. Es klingt etwa sehr unglaubwürdig, wenn die Mutter von Theresia Neppel vor Gericht beteuerte, bis zuletzt keine Kenntnis von der Schwangerschaft ihrer Tochter gehabt zu haben, obwohl sie mit dieser das Nachtlager teilte und wir im weiteren Verlauf des Verfahrens vernehmen, daß Katharina Neppel sogar behilflich gewesen war, den Kindsmord ihrer Tochter Theresia zu vertuschen und die Leiche des Säuglings verschwinden zu lassen.[27] Einer Zeugin bzw. einem Zeugen schien es zur Wahrung der eigenen Position sicherlich vorteilhafter, weitgehende Ahnungslosigkeit über einen Sachverhalt vorzugeben als in irgendeiner Weise für entstandene Versäumnisse zur Verantwortung gezogen zu werden.

Auch in den übrigen Fällen, in denen die Gravidität einer vermeintlichen Kindsmörderin nicht unbemerkt blieb, begegnen wir dieser Vorsicht. Kaum eine befragte Person wollte zugeben, daß sie vom Zustand einer Angeklagten völlig überzeugt gewesen sei, die meisten Zeuginnen und Zeugen behaupteten vielmehr, aus verschiedenen Anhaltspunkten nur einen mehr oder weniger starken Argwohn geschöpft zu haben. Nicht immer wurde eine Schwangere überhaupt selbst mit den über sie kursierenden Anschuldigungen konfrontiert; oftmals blieb es beim bloßen Gerede, ohne die in Frage stehende Frau je direkt anzusprechen. Kam es hingegen zu einer Gegenüberstellung und stritt die Verdächtige dabei eine zu erwartende Entbindung kurzerhand ab, so war damit zwar das Mißtrauen der Umgebung nicht unbedingt zerstreut, aber nach außen hin doch eine Rechtfertigung gegeben, warum

---

[24] Bernhard Gassler irrt, wenn er meint, daß bei steirischen Kindsmörderinnen häufig die vorangegangene Schwangerschaft gar nicht bemerkt worden wäre. Vgl. ders.: Gauner und kriminelle Unterschichten, Phil. Diss., S. 124. Bestätigt wird dieses Ergebnis auch durch Untersuchungen für Deutschland. Vgl. O. Ulbricht: Kindsmord und Aufklärung, S. 116 f.

[25] StLA, AG-Prot. 8961/1823.

[26] StLA, AG-Prot. 4380/1791.

[27] StLA, AG-Prot. 4297/1822.

keine weiteren Schritte zur Verhinderung des Unglücks gesetzt worden waren. Die Mutter der Dienstfrau von Maria Urmacher versuchte dem Landgericht Sannegg/Žovnek die passive Handlungsweise der Hausgemeinschaft etwa dadurch zu erklären, daß zwar Mutmaßungen über die Schwangerschaft der Magd bestanden hätten, deren Leugnen und nicht zuletzt deren blühende Gesundheit diese aber ihrer Meinung nach überzeugend widerlegen konnten.[28]

Interessant ist übrigens, daß gerade Familienmitglieder bzw. Dienstgeber, also Personen aus der unmittelbaren Umgebung der Angeklagten, häufig vor Gericht abstritten, je etwas von den veränderten Umständen derselben bemerkt zu haben, während gleichzeitig andere, nicht direkt involvierte Bewohnerinnen und Bewohner des Dorfes sehr wohl diesbezügliche Wahrnehmungen machten. Obwohl sich beispielsweise in der Gegend Bründl/Studenec in Unterkrain schon längere Zeit das Gerücht von der Schwangerschaft der Maria Schibert verbreitet hatte, gaben ausgerechnet ihre Eltern vor, nie etwas davon gehört zu haben; desgleichen schienen auch die Hausleute von Mariana Riavitz die einzigen im ganzen Ort Chiapovano gewesen zu sein, denen die zunehmende Leibesfülle der Frau nicht aufgefallen war.[29]

Bei einer Erklärung für solche Ungereimtheiten darf zunächst nicht vergessen werden, daß genaugenommen jede Person, die von einer bestehenden illegitimen Schwangerschaft wußte und zudem vermuten mußte, daß seitens der werdenden Mutter keine ausreichende Vorsorge für die Niederkunft getroffen wurde, gesetzlich dazu verhalten war, die weltliche Obrigkeit bzw. das Gericht einzuschalten. Insbesondere erging die Aufforderung an Hauswirte und Hausleute, ihr Augenmerk auf das pflichtgemäße Verhalten ihrer ledigen Mitbewohnerinnen zu legen. Diese Bestimmung tritt uns bereits in der Constitutio Criminalis Theresiana entgegen, 1771 und 1784 wurde sie erneut verlautbart. Der entsprechende Passus behielt sowohl während der Anwendung des Josephinischen als auch des Franziszäischen Strafgesetzbuches seine Geltung.[30]

Tatsächlich erfahren wir vereinzelt, daß diese Vorschrift auch exekutiert wurde und sich nicht gesetzeskonform agierende Personen wegen ihrer Säumigkeit zu verantworten hatten. Juliana Ederin beteuerte 1791 vor dem Landgericht Landskron, daß es nur deshalb zum Mord an ihrem neugeborenen Sohn gekommen sei, weil ihre Umgebung sie nicht nachdrücklich genug um ihre verheimlichte Schwangerschaft befragt habe. Der zu Rate gezogene obersteirische Bannrichter Jakob Neubauer teilte bis zu einem gewissen Grad diese Anschauung: Sowohl die Ziehmutter, die Dienstgeberin als auch der Dienstgeber der Frau wurden zur Bestrafung der politischen Behörde übergeben, und zwar *„weil die erstern*

28 StLA, AG-Prot. 13300/1823.
29 StLA, AG-Prot. 8620/1821; AG-Prot. 11267/1823.
30 CCTh, Art. 87, § 8, 3; StLA, P + K 1784-IX-8 Gub.

zweien, da die Inquisita auf ihr Befragen die Schwangerschaft gelaugnet, sich mit dem begnüget, solches der Obrigkeit nicht angezeiget und auf keine andere Art die Wahrheit zu erheben getrachtet, ja überhaupt keine Sorge getragen haben, wodurch also durch diese Sorglosigkeit zu dem Kindsmorde die Gelegenheit gegeben haben, der letztere aber, ungeachtet ihm die Gefangene als schwanger verdächtig seyn müssen, sie weder befraget noch den Umstand der Obrigkeit angezeiget".[31]

Selbst zu Beginn des 19. Jahrhunderts konnte eine nicht ordnungsgemäß gemeldete Schwangerschaft noch ein gerichtliches Nachspiel haben. Im Falle der Maria Stockin wurden sowohl ihr Dienstgeber als auch dessen Frau von der Bezirksobrigkeit Murau belangt, da nach Ansicht des Kriminalrichters durch ihre Nachlässigkeit dem Verbrechen des Kindsmordes geradezu Vorschub geleistet worden sei.[32] Doch die Verhängung solcher Sanktionen war eine Ausnahme, zumindest findet sie in den Appellationsgerichtsprotokollen kaum Erwähnung. Bei genauer Anwendung der entsprechenden Vorschriften hätten aber freilich fast in jedem Fall Strafen wegen einer unterlassenen Meldepflicht ausgesprochen werden müssen.

Wenn wir weiter der Frage nachgehen, warum denn eigentlich Dienstherrschaft, Familie oder dörfliches Gemeinwesen eine vermutete Schwangerschaft der Obrigkeit nicht zur Kenntnis brachte, bevor die Geburt erfolgte, werden wir mit zwei völlig unterschiedlichen Sichtweisen konfrontiert. Gerhard Ammerer interpretiert dieses Faktum als Beweis einer starken Solidarität auf dem Lande.[33] Wenngleich in Einzelfällen diese Überlegung sicher nicht von der Hand zu weisen ist, kann die These als allgemeiner Erklärungsansatz nicht unterstützt werden. Gerade weil sich die werdenden Mütter nicht auf die Solidarität ihrer Hausgemeinschaft verlassen durften und damit rechnen mußten, bei Bekanntwerden ihrer Schwangerschaft Spott und böse Worte über sich ergehen zu lassen oder gar des Dienstes verwiesen zu werden, verheimlichten sie ihren Zustand. Unterstützung von außen erhielt die Schwangere in erster Linie wohl nur dann, wenn auch die Umgebung in irgendeiner Weise unter den Folgen ihres Fehltritts zu leiden hatte. Denkbar wäre hier etwa die Rufschädigung eines Hauses, weil der Dienstbauer oder dessen Sohn für die Vaterschaft verantwortlich zeichnete.

Otto Ulbricht macht den allgemeinen strukturellen Wandel des Verhältnisses zwischen Herrschaft und Gesinde dafür verantwortlich, daß die Schwangerschaft einer Magd keine weitere Beachtung fand.[34] Was er für Deutschland bereits in bezug auf das 18. Jahrhundert feststellt, müßte für den hier behandelten Untersuchungszeitraum von 1787 bis 1849 umso größere Bedeutung haben. In der Tat scheint es vielfach, daß simples Desinteresse seitens

---

31 StLA, AG-Prot. 4300/1791; AG-Prot. 2828/1791.
32 StLA, AG-Prot. 5125/1807.
33 Vgl. G. Ammerer: Abtreibung, Kindsmord und Kindsweglegung, S. 90.
34 Vgl. O. Ulbricht: Kindsmord und Aufklärung, S. 126 f.

der Dienstgeberschaft an den Lebensumständen des Gesindes einen Kindsmord begünstigte.

9.3. PLÄNE UND VORBEREITUNGEN FÜR DIE ZEIT NACH DER GEBURT

Um sich Klarheit darüber zu verschaffen, ob eine Angeklagte tatsächlich bewußt und mit länger bestehendem Vorsatz bei der Geburt ihr Kind ums Leben brachte, wurde sie von den Gerichten häufig darüber befragt, welche Überlegungen sie hinsichtlich des zu erwartenden Nachwuchses angestellt hatte. Konnte eine vermeintliche Kindsmörderin darauf verweisen, schon Vorbereitungen für die Ankunft des neuen Erdenbürgers getroffen zu haben, oder war sie in der Lage, konkrete Pläne für das Aufziehen des Säuglings vorzulegen, so stieg natürlich die Bereitschaft der Gerichte, an ihre Unschuld zu glauben. Wir erfahren allerdings nur von wenigen Frauen, daß ihre vagen Ideen auch reale und damit überprüfbare Gestalt angenommen hatten.

Als offenkundiges Zeichen dafür, daß eine werdende Mutter grundsätzlich gewillt gewesen war, die Pflege für ihr Neugeborenes zu übernehmen, galt etwa die rechtzeitige Bereithaltung verschiedener Gegenstände zur Erstversorgung eines Säuglings. Rund 25 Frauen machten darauf aufmerksam, daß sie während ihrer Schwangerschaft im Verborgenen darangegangen waren, Babykleidung, Windeln und dergleichen zu beschaffen, um im Augenblick der Geburt gerüstet zu sein. Maria Kraschoutz, die hartnäckig leugnete, ihrem Sohn Gewalt angetan zu haben, führte zu ihrer Verteidigung die zahlreichen Vorkehrungen an, die sie zu seinem Wohl getroffen hatte: *„Sie habe für das Kind ein musselinenes, mit Spitzen besetztes Hemdchen zur Taufe gefertigt [...]. Sie verfertigte ferner ein kleines Leintuch, kaufte einen Zitz, um daraus eine Decke zu verfertigen und machte ein schwarzes Häubchen, das sie dem Leichnam später aufsetzte. Windeln und Fatschen hatte sie von der frühern Geburt und diese Gegenstände müßten sich in ihrer Truhen finden.“*[35] Noch deutlicher wurde die Dienstmagd Maria Magerlin. Sie legte dem Magistrat Villach eingehend dar, daß sie insgeheim, und zwar meistens sonntags, wenn sich die anderen Hausbewohnerinnen und -bewohner in der Kirche befanden, „Fatschen“, Windeln und Kopfbedeckungen für ihr zweites Kind nähte, was sie als einen unumstößlichen Beweis für ihre Unschuld ansah, *„weil sie sonst als ein armer Dienstbot diese Mühe und für sie empfindlichen Auslagen nicht umsonst und ohne Endzweck verwendt haben würde.“*[36]

---

[35] StLA, AG-Prot. 15343/1837.

[36] StLA, AG-Prot. 6019/1807.

Die Argumente der beiden Frauen blieben unwidersprochen. Jede Aussage einer Angeklagten, die vorgab, sich um diverse Gebrauchsgegenstände für ihr Neugeborenes gekümmert zu haben, wurde nämlich auch entsprechend verifiziert. Man unterzog die Kästen und Truhen der Kindesmütter einer eingehenden Untersuchung und erbat Auskünfte von Zeuginnen und Zeugen. Schließlich bot der Nachweis wirklich getätigter Vorbereitungen ein wichtiges Indiz dafür, daß der Angeklagten nicht ohne weiteres ein längerfristig gehegter böser Vorsatz unterstellt werden durfte.

Sonstige Pläne und Überlegungen der werdenden Mütter über die Zeit nach ihrer Niederkunft, so sie überhaupt vorhanden waren, nehmen sich eher schwammig und undeutlich aus; nach Regina Schulte ein Zeichen dafür, daß die Frauen ihren Kindern von vornherein jegliche soziale Existenz verweigerten.[37] Die meisten Mütter, die sich dazu äußerten, hatten ursprünglich den Wunsch gehabt, bei ihren Angehörigen zu entbinden und ihnen das Kind zur Versorgung zu überlassen. Das Vorhaben der Dienstmagd Elisabeth Hartlieb war es etwa gewesen, bei ihrem Bruder Thomas in dessen Keusche niederzukommen und dort die erste Zeit zu verbringen; Anna Leitl hatte die Absicht gehabt, sich kurz vor der Geburt ins elterliche Haus zu begeben und das Wochenbett bei Vater und Mutter zu halten.[38] Freilich wiesen fast alle diese Zukunftsperspektiven einen gravierenden Mangel auf: Die so selbstverständlich ins Spiel gebrachten Familienmitglieder wußten nichts von alledem, was da auf sie zukommen sollte!

Gleiches gilt auch für jene Fälle, in denen die Angeklagten ihrer Angabe nach willens gewesen waren, ihre Niederkunft bei Freunden oder Bekannten abzuwarten. Magdalena Hofmannin hatte eigentlich im Sinn gehabt, kurz vor der Entbindung aus ihrem Dienst bei einem Gastwirt in Peggau zu treten und zu einem befreundeten Holzknecht nach Waldstein zu wandern, wo sie schon einmal Kindesmutter geworden war; die Überlegungen der Dienstmagd Maria Wirthin waren dahin gegangen, sich bei Eintreten der Wehen einer benachbarten Keuschlerin anzuvertrauen und sie um Unterstand und Hilfe für das Kind zu bitten.[39] Derartige Angaben ließen sich nur schwer damit in Übereinstimmung bringen, daß die werdenden Mütter hartnäckig ihre Schwangerschaft verheimlichten und teilweise selbst jenen Personen abstritten, auf deren Hilfe sie in der Folge zählen wollten.

Auf den Kindesvater setzten die Angeklagten wenig Hoffnung. Nur vereinzelt erfahren wir, daß die schwangeren Frauen daran gedacht hatten, ihren Liebhabern die Verantwortung für das Kind aufzuerlegen. Auch auf die Gutherzigkeit ihrer Dienstgeber glaubten die werdenden Mütter nicht unbedingt bauen zu dürfen. Kaum eine Angeklagte hatte die Absicht gehabt, bis zur Geburtsstunde an ihrer Arbeitsstelle zu verweilen, ihre Intention

---

37 Vgl. R. Schulte: Das Dorf im Verhör, S. 156.

38 StLA, AG-Prot. 6953/1838; AG-Prot. 8474/1835.

39 StLA, AG-Prot. 4174/1811; AG-Prot. 2321/1819.

war es vielmehr gewesen, noch vor Ende der Schwangerschaft den Dienst zu verlassen und die Hauswirtin bzw. den Hauswirt bis zuletzt über ihren Zustand im Ungewissen zu halten.

Warum all diese Gedanken letztendlich nicht in die Tat umgesetzt worden waren, konnten die vor Gericht stehenden Frauen nur höchst unzureichend erklären. In erster Linie verwiesen sie aber auf eine ihrer Meinung nach zu früh eingetretene Entbindung, die sie an der rechtzeitigen Ausführung ihres Vorhabens gehindert hätte. Durch eine vermeintliche Totgeburt seien sie schließlich jeder weiteren Notwendigkeit enthoben worden, sich wegen der Versorgung und Ernährung des Kindes an andere Personen wenden zu müssen.

Mit den Aufnahmebedingungen staatlicher Einrichtungen wie Gebär- und Findelhäusern zeigten sich die meisten Frauen nur unzureichend vertraut, in entlegeneren Landstrichen konnte es sogar vorkommen, daß nicht einmal die Existenz solcher Anstalten bekannt war. Maria Wernig aus Oberkrain beteuerte etwa: *„In das Gebärhaus zu kommen und dort entbunden zu werden, habe sie öfters während ihrer Schwangerschaft gewünscht, allein sie habe nicht gewußt, wie sie in das Gebärhaus kommen könnte."*[40] Gebär- und Findelhäuser, die als Zufluchtstätten für ledige Mütter geschaffen worden waren, bestanden in Innerösterreich nur in Graz, Laibach und Triest. Im Grazer Gebärhaus gab es - abgestuft nach Unterbringung und Versorgung - vier Klassen, wobei die Schwangeren der ersten drei Klassen täglich eine Summe von zehn Kreuzer bis zu einem Gulden zu bezahlen hatten; die vierte Klasse war unentgeltlich. In den Zahlklassen wurden Frauen aus dem ganzen Land aufgenommen, für die kostenlose Unterbringung - monatlich hatte man zehn Plätze dafür gestiftet - mußten die werdenden Mütter ein Armutszeugnis erbringen und nachweisen, daß sie sich bereits seit zehn Jahren in Graz aufhielten oder die Schwängerung in der Stadt geschehen war. Außerdem verpflichtete man sie zu verschiedenen Arbeiten in der Anstalt sowie zum Ammendienst. Als Gegenleistung wurde das im Gebärhaus entbundene Kind unentgeltlich in die Versorgung des Findelhauses übernommen.[41] Grundsätzliche Kenntnis über diese staatlichen Versorgungseinrichtungen besaßen die Frauen vor allem im städtischen Bereich, aber auch im Gebiet des Küstenlandes, wo die Möglichkeit einer Entbindung im Gebärhaus - zumindest theoretisch - immer wieder ins Auge gefaßt wurde. Scheinbare bürokratische Hindernisse, aber auch Angst und Scham vor der dortigen Behandlung verhinderten jedoch eine Realisierung. Insbesondere die Vorstellung, als Anschauungsmaterial und „lebendiges Phantom" für angehende Hebammen und Geburtshelfer dienen zu müssen

---

40 StLA, AG-Prot. 11246/1838.

41 Vgl. Fr. S. Hügel: Die Findelhäuser und das Findelwesen Europas, ihre Geschichte, Gesetzgebung, Verwaltung, Statistik und Reform. Wien 1863, S. 202-205; Herta Haydinger: Fürsorge und Betreuung der Armen, Kranken und Waisen in Grazer Pflegeanstalten bis zum Ende des 18. Jahrhunderts. Graz, Phil. Diss. 1972, S. 146 f. u. S. 177-180; Gustav Schreiner: Graz. Ein naturhistorisch-statistisch-topographisches Gemälde dieser Stadt und ihrer Umgebungen. Graz 1843, S. 367-372.

und vier Monate als Amme verpflichtet zu werden, hielt die werdenden Mütter von einer tatsächlichen Inanspruchnahme der staatlichen Einrichtungen ab.[42]

Im allgemeinen setzten sich die werdenden Mütter mental kaum mit ihrer nahen Zukunft auseinander. Sie hatten in der Regel keine wirkliche Vorstellung davon, wie ihr Leben nach der Geburt ihres Kindes weiter verlaufen sollte. Ihre vor Gericht dargestellten Pläne muten meist wie sehr vage Gedankengebäude an, ohne daß deren Realisierung je ernsthaft in Angriff genommen wurde. Daraus bereits einen Vorsatz für einen späteren Kindsmord erkennen zu wollen, wäre jedoch nicht legitim. Das Verhalten vieler Frauen erweckt den Eindruck, daß sie ihre Lage ganz einfach nicht wahrhaben wollten; jede ernsthafte Beschäftigung mit ihrer zukünftigen Situation mußte ihnen unangenehm und schmerzhaft sein, also vermieden sie weitgehend alle in diese Richtung zielenden Gedanken und trösteten sich damit, für konkrete Schritte im Bedarfsfall immer noch Zeit zu haben. Mit einem gewissen Fatalismus schienen die Frauen darauf zu warten, bis die Dinge von selbst ihren Lauf nahmen und sie letztendlich um eine Entscheidung nicht mehr herumkamen.[43]

9.4. ABTREIBUNGSVERSUCHE

Im Zuge eines Kindsmordprozesses wurden natürlich auch Erkundigungen darüber angestellt, ob eine Angeklagte bereits während ihrer Schwangerschaft die Absicht gezeigt hatte, einen Abortus herbeizuführen. Dabei erleben wir eine Überraschung: Lediglich 37 Frauen gerieten in den Verdacht, Abtreibungsversuche unternommen zu haben; zehn davon gestanden schließlich ihre diesbezügliche Schuld ein, bei den meisten Angeklagten erwies sich der gehegte Argwohn aber als gegenstandslos. Wie läßt sich nun diese Tatsache erklären, wo doch das Delikt des Kindsmordes von mancher Seite sogar als „verspätete Abtreibung" bezeichnet wird?[44] Herma Klar führt in ihrer Untersuchung über Kindsmörderinnen Nordwürttembergs die ebenfalls festgestellte geringe Zahl an versuchten Schwanger-

---

42 Vgl. L. N. Trallori: Vom Lieben und vom Töten, S. 157 f.; Jürgen Schlumbohm: Als ledige Magd in der akademischen Entbindungsanstalt - Eine Geschichte aus der frühen ärztlich-männlichen Geburtshilfe. In: Journal Geschichte (1988), H. 6, S. 34-43.

43 Diese Ansicht vertreten auch: M. Meumann: Findelkinder, Waisenhäuser, Kindsmord, S. 134 und H. Klar: Verbrechen aus verlorener Ehre, S. 42 f. sowie S. 45-48. Zur medizinischen Einschätzung dieser Verdrängung als zweckintendierter abnormer Erlebnisreaktion vgl. J. Gerchow: Die ärztlich-forensische Beurteilung von Kindesmörderinnen, S. 65-69; Heinz Gummersbach: Zur kriminologischen und rechtlichen Beurteilung der Kindestötung. In: Monatsschrift für Kriminalbiologie und Strafrechtsreform 28 (1937), H. 8, S. 373-375.

44 Vgl. G. Ammerer: Kindsmord und Gerichtsmedizin, S. 147 f. sowie ders.: „... daß die gerichtlichen Aerzte in ihren Compendien nie ein Kapitel vom Kindermord geschrieben hätten ...", S. 231 f.

schaftsabbrüchen darauf zurück, daß die Frauen ihren Zustand konsequent verdrängten und sich daher auch nicht veranlaßt sahen, aktive Handlungen zu seiner Beseitigung zu unternehmen.[45] Wiewohl diese Überlegung vielfach nicht von der Hand zu weisen ist, muß ihr entgegengehalten werden, daß gerade beim Delikt der Abtreibung und erst recht bei einer nur versuchten Abtreibung die Dunkelziffer gar nicht hoch genug angesetzt werden kann.[46] Wir müssen davon ausgehen, daß tatsächlich wohl ein weit größerer Prozentsatz an Frauen in irgendeiner Weise Anstrengungen unternommen hatte, sich noch während der Schwangerschaft ihrer unerwünschten Leibesfrucht zu entledigen, als dies letztendlich aktenkundig wurde.

Besonders hartnäckig untersuchte das Gericht jene Fälle, in denen die Beschuldigten vorgaben, von einem toten oder zumindest nicht lebensfähigen Kind entbunden worden zu sein bzw. zu früh geboren zu haben. Diese scheinbaren Zufälle ließen sich ja unter Umständen darauf zurückführen, daß die Kindesmutter den Fötus im Mutterleib bewußt schwer geschädigt hatte. Gelang der Nachweis dessen, so war die Frau allemal eines Verbrechens schuldig. Hatte eine verdächtige Kindsmörderin bereits in ihrer Schwangerschaft mit dem Gedanken gespielt, das Kind abzutreiben, so hegte man seitens des Gerichtes auch kaum einen Zweifel daran, daß sie ihr Neugeborenes bei der Entbindung mit langem Vorbedacht und bösem Willen ums Leben kommen ließ.

Die meisten Nachforschungen stellte man bezüglich Abtreibungsversuchen mit diversen Arzneimitteln an. Prinzipiell jede Angeklagte, die während ihrer verheimlichten Schwangerschaft Kräuter oder Pulver unbekannter Konsistenz zu sich genommen hatte, galt als verdächtig. Eine der wenigen, die ihre diesbezüglichen Absichten auch eingestand, war Agnes Vogrinz. Der untersteirischen Dienstmagd war von einer Freundin geraten worden, Quecksilber mit Wein vermischt zu trinken, um den Fötus abzutöten. Die Frau litt in der Folge zwar an schweren Vergiftungserscheinungen, ihr Kind brachte sie aber lebend zur Welt. Maria Knauder hatte auf Anweisung ihres Liebhabers Hirschhorngeist und

---

45 Vgl. H. Klar: Verbrechen aus verlorener Ehre, S. 41 f. Auch ärztliche Meinungen gehen in diese Richtung. Vgl. J. Gerchow: Die ärztlich-forensische Beurteilung von Kindesmörderinnen, S. 74 f.

46 In einem am Institut für Österreichische Rechtsgeschichte an der Universität Graz laufenden und von Helfried Valentinitsch und der Verfasserin bearbeiteten Forschungsprojekt wird das Phänomen der Abtreibung anhand steirischer Verhältnisse der frühen Neuzeit untersucht. Vgl. dazu u. a. Elke Hammer: Weibliche Devianz in der frühen Neuzeit. Darstellung am Beispiel der Steiermark. In: Bericht über den 20. österreichischen Historikertag in Bregenz. Veranstaltet vom Verband Österreichischer Geschichtsvereine in der Zeit vom 5. bis 10. September 1994. Hrsg. vom Verband Österreichischer Historiker und Geschichtsvereine (im Druck). In Übereinstimmung damit: Larissa Leibrock-Plehn: Frühe Neuzeit. Hebammen, Kräutermedizin und weltliche Justiz. In: Geschichte der Abtreibung. Von der Antike bis zur Gegenwart. Hrsg. v. Robert Jütte. München 1993, S. 89 f.; Karin Stukenbrock: Das Zeitalter der Aufklärung. Kindsmord, Fruchtabtreibung und medizinische Policey. In: Geschichte der Abtreibung. Von der Antike bis zur Gegenwart. Hrsg. v. Robert Jütte. München 1993, S. 118; O. Ulbricht: Kindsmord und Aufklärung, S. 159 f.; Elisabeth Dietrich: Übeltäter, Bösewichter. Kriminalität und Kriminalisierung in Tirol und Vorarlberg im 19. Jahrhundert. Innsbruck u. Wien 1995, S. 175.

Schwefelöl eingenommen, um ihre Schwangerschaft abzubrechen; Anna Prandstetter bekannte wiederum, sich mit gleichem Ziel eine bittere Arznei aus Rosmarin, Lorbeerkörnern, Rhabarber, Tausendguldenkraut und „Feigelwurz" bereitet zu haben, jedoch ohne Erfolg.[47]

Gab eine Angeklagte beim Verhör nicht von sich aus zu, einen Abtreibungsversuch unternommen zu haben, so konnte ihr das Gegenteil kaum bewiesen werden. Die verdächtigen Frauen behaupteten in erster Linie, daß derart beanstandete Kräutermischungen von ihnen lediglich zur Linderung verschiedener anderer Krankheitszustände verwendet worden seien. So beharrte Maria Wirthin darauf, einen Absud von Trieben des Sadebaums - einem der bekanntesten Abortiva - nur deswegen getrunken zu haben, um sich von einem Hautausschlag zu kurieren. Das Gericht mußte diese Aussage mangels anderer Beweise anerkennen.[48] Der Großteil der Medikamente, die vermutlich Abtreibungsversuchen dienten, erwies sich nach ärztlichem Gutachten überdies als für diesen Zweck vollkommen ungeeignet und unschädlich. Maria Wittenz wurde etwa von einer Mitmagd unterstellt, daß sie Anstalten unternommen hätte, mit dem Genuß von in Wein gekochtem Safran und Holunderblüten einen Abortus herbeizuführen. Nachdem die Beschuldigte zum einen jeden bösen Vorsatz in Abrede stellte und die Medizin lediglich zur Beförderung der ihrer Meinung nach „verstockten" Menstruation angewandt haben wollte[49] und zum anderen die Sachverständigen den verwendeten Essenzen eine spezifische fruchtabtreibende Kraft absprachen, mußte die Anklage wegen versuchter Abtreibung wieder fallengelassen werden.[50]

Vereinzelt kam es auch vor, daß eine Kindsmörderin in Verdacht geriet, durch Ausübung körperlicher Gewalt bzw. durch zu große Kraftanstrengung ihrem Fötus vorsätzlich geschadet zu haben. Anna Prandstetter erzählte dem Gericht, sie habe, um ihr Kind abzutreiben, nicht nur besonders schwere Lasten gehoben, sondern sich auch mit ihrer Faust auf den Bauch geschlagen und ihrem Unterleib sogar mit einer Haue sowie mit einem Stein Stöße versetzt.[51]

Gerade der Vorwurf eines Abtreibungsversuchs durch mühevolle Arbeit war ohne entsprechendes Bekenntnis einer Beklagten praktisch nicht zu erhärten. Den Frauen oblagen in ihrer hauptsächlichen Eigenschaft als Dienstmagd ja zahlreiche Tätigkeiten, die sich letztendlich - gewollt oder ungewollt - negativ auf die Gesundheit des ungeborenen Lebens

---

47 StLA, AG-Prot. 1306/1811; AG-Prot. 10292/1823; AG-Prot. 5997/1836. Hirschhorngeist ist eine aus dem Hirschhorn destillierte, wäßrige und flüchtige Flüssigkeit von belebender Wirkung; Schwefelöl bezeichnet konzentrierte Schwefelsäure. Unter Feigelwurz versteht man den getrockneten Wurzelstock der Schwertlilie.

48 StLA, AG-Prot. 2321/1819;

49 Vgl. zu diesen sprachlichen Verheimlichungsstrategien: K. Stukenbrock: Zeitalter der Aufklärung, S. 104 f.; L. Leibrock-Plehn: Frühe Neuzeit, S. 75 f.; S. Kienitz: Sexualität, Macht und Moral, S. 270-274.

50 StLA, AG-Prot. 9740/1823.

51 StLA, AG-Prot. 5997/1836.

auswirken konnten. Als die Kärntner Bauernmagd Elisabeth Krausin von einem nicht lebensfähigen Mädchen entbunden wurde, befragte sie das Landgericht Glanegg eingehend um die Ursachen dieser Frühgeburt. Die Frau mutmaßte, daß wohl das oftmalige Heben und Tragen schwerer Gegenstände Schuld daran gehabt habe, fügte aber im gleichen Atemzug hinzu, daß dies nur im Rahmen ihrer schuldigen Arbeitsleistung und ohne Wissen um dessen Schädlichkeit für ihre und ihres Kindes Gesundheit geschehen sei. Maria Krausin wurde nicht weiter belangt und ab instantia nach Hause entlassen.[52]

Wir sehen also, Abtreibungsversuche waren nur sehr schwer zu eruieren und gar erst nachzuweisen. Blieb die Menstruation einer Frau kurzzeitig aus, so wußte sie möglicherweise oft selbst nicht, daß sie sich in anderen Umständen befand und damit im Begriffe war, mit der Anwendung „geblütsreinigender" Mittel einen Abortus zu unternehmen. Auch die Bader und Wundärzte auf dem flachen Land zeigten diesbezüglich eine große Sorglosigkeit. Sie verabreichten schwangeren Frauen bedenkliche Arzneien, ohne sich weiter um die Folgen zu kümmern; genauso führten sie auf ihr Begehren Aderlässe durch, wovon sich so manche werdende Mutter einen Abortus erwartete.[53]

Die juristische Behandlung einer versuchten Abtreibung im Zusammenhang mit einem Kindsmord war nicht einheitlich; zum einen wurde die Tat als eigenes Verbrechen betrachtet, zum anderen wirkte sie sich lediglich als erschwerender Umstand für die Bewertung des Hauptdeliktes aus. Es konnte aber auch vorkommen, daß der unternommene Abtreibungsversuch im Zuge der Kriminaluntersuchung wegen Kindsmordes völlig unterging und überhaupt keine Konsequenzen hinsichtlich des Urteils bzw. des Strafmaßes zur Folge hatte.

[52] StLA, AG-Prot. 7831/1807.

[53] Vgl. StLA, AG-Prot. 4964/1804; AG-Prot. 9924/1819.

10. DIE GEBURT

Die genaue Beschreibung des Geburtsaktes war zentraler Bestandteil jedes mit einer angeklagten Kindsmörderin aufgenommenen Verhörs. Das Appellationsgericht forderte diesbezüglich, *„es soll ausgemittelt werden, wie sich die Gebärende vom ersten Momente der nahenden Zeichen der Niederkunft bis zum Schlusse der Geburt benahm, der Vorgang bei der Geburt muß auf das genaueste hergestellt werden, wie lange vorher die Geburt durch sichere Zeichen sich ankündigte, wie lange sie dauerte etc."*[1] Auf diese Weise bemühte man sich unter anderem, die Frage zu klären, ob die vor der Entbindung stehende Frau noch in der Lage gewesen wäre, sich rechtzeitig fremde Hilfe zu verschaffen. Zeitpunkt und Ort der Geburt stellten hier wichtige Indizien für den Versuch der Differenzierung zwischen einer bewußt verheimlichten und einer bloß übereilten Niederkunft dar. Wie lange und in welcher Form die Frau vor dem unmittelbaren Geburtsakt unter Schmerzen zu leiden hatte und wie sie darauf reagierte, ließ ebenfalls Rückschlüsse auf die Wohlüberlegtheit einer im Verborgenen stattgefundenen Entbindung zu. Durch die detaillierte Befragung über die Geburtssituation selbst erhoffte sich das Gericht einerseits Aufklärung darüber, ob der Tod eines Kindes möglicherweise auf natürliche Ursachen zurückzuführen wäre bzw. inwieweit die Gebärende im anderen Fall für ihre Handlungsweisen als voll zurechnungsfähig verantwortlich gemacht werden könnte.

10.1. ZEITPUNKT

In den meisten Fällen stellte es für das Gericht keine Schwierigkeit dar, den genauen Zeitpunkt einer Niederkunft zu eruieren. Da ein Kindsmord in der Regel innerhalb weniger Tage entdeckt und zur Anzeige gebracht wurde - wir kommen in der Folge noch auf diesen Punkt zurück -, war die Erinnerung an das Geschehen bei allen Beteiligten noch frisch, und die untersuchenden Beamten konnten sich auf vorhandenes Faktenwissen stützen. Wir kennen daher vielfach nicht nur den Monat und den genauen Wochentag einer Entbindung, sondern manchmal sogar die Stunde, in der sie erfolgte. So manche Datenangabe aus den Akten bedarf allerdings erst einer Bearbeitung, bevor sie systematisiert werden kann. Bei

[1] StLA, AG-Prot. 9103/1836.

der Feststellung eines Zeitpunktes orientierten sich Angeklagte sowie Zeuginnen und Zeugen oft an feststehenden, aber auch an beweglichen Feiertagen, die sie zum relevanten Datum in Beziehung setzten. Wann etwa der „Osterdienstag 1804“ oder die „erste Fastenwoche 1788“ genau anzusetzen war, setzt natürlich entsprechende kalendarische Berechnungen voraus.[2] Auf diese Weise konnte bei 288 Frauen der Monat, in den ihre Niederkunft fiel, zweifelsfrei geklärt werden.

Abb. 11:

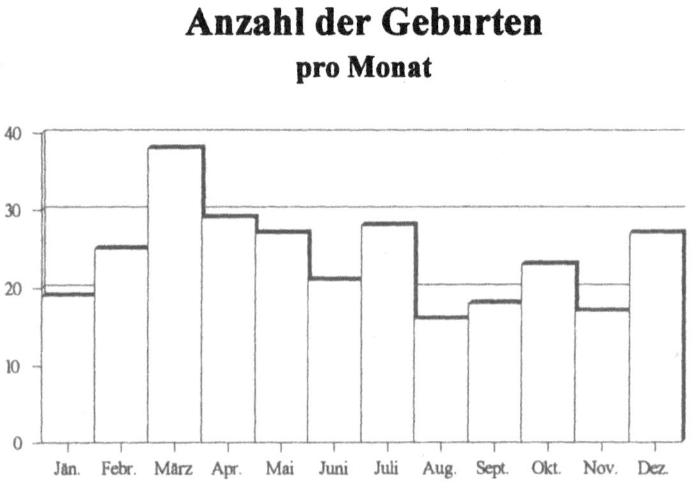

Wie die Graphik deutlich ausweist, bestanden hinsichtlich der Geburtenanzahl teilweise beträchtliche Unterschiede zwischen den einzelnen Kalendermonaten. Am wenigsten Entbindungen, nämlich nur 16 an der Zahl, wurden für den Monat August festgestellt; demgegenüber wissen wir von 38 Frauen, daß ihre Niederkunft in den Monat März fiel. Überdurchschnittlich hohe Geburtenhäufigkeit wiesen auch die Monate April, Mai und Juli sowie Dezember auf. Für diese Besonderheiten können zwar verschiedene Deutungsversuche angeboten werden, eine exakte Erklärung muß jedoch unterbleiben. Werfen wir vor-

[2] Die Basis dafür bildete: Hermann Grotefend: Taschenbuch der Zeitrechnung des deutschen Mittelalters und der Neuzeit. Durchges. v. Jürgen Asch. 12. erw. Aufl. Hannover 1982.

derhand einen Blick auf das vom Geburtstermin rückgerechnete Datum der Konzeption, so ergeben sich erste wertvolle Aufschlüsse. Besonders häufig kam es demnach in den Monaten August, September und Oktober zu einer Empfängnis, einer Zeit also, in der Feld- und Erntearbeiten den Frauen vielfältige Kontakte außer Haus möglich machten. Auch die überaus hohe Anzahl von Konzeptionen im Monat Juni wird wohl am ehesten auf den bäuerlichen Arbeitsverlauf mit seinen speziellen Tätigkeiten während des Sommers zurückzuführen sein. Verhältnismäßig oft fand die Zeugung eines Kindes auch im Monat März statt. Hier könnte man auf die ausgelassene Stimmung der letzten Faschingstage verweisen, wenngleich davon nach kalendarischer Gesetzmäßigkeit eher der Monat Februar betroffen sein müßte, was aber wiederum in der Statistik der Geburten keinen Niederschlag findet. Die Wintermonate, vor allem aber November und Dezember, boten anscheinend am wenigsten Gelegenheit zu sexuellen Kontakten: Die Arbeit konzentrierte sich auf das Innere des Hauses, die Vorweihnachtszeit verhinderte diverse Geselligkeiten.[3]

Werfen wir einen Blick auf jene Fälle, in denen die Angeklagten bzw. ihre Liebhaber klare Aussagen über den Termin der Konzeption treffen konnten, so erhalten wir zumindest für zwei dieser Feststellungen deutliche Bestätigung:[4] Überaus häufig hören wir davon, die Empfängnis habe *„während des Weizenschnitts"*, *„nach dem Haferschnitt"* oder zu *„Anfang der Heumahd"* stattgefunden, also während der Sommer- und Erntearbeiten. Zum anderen ist bemerkenswert, daß tatsächlich die Tage des Faschings eine wesentliche Rolle für das Entstehen von intimen Beziehungen spielten. So manche Frau erinnerte sich nur zu gut daran, bei einer Lustbarkeit am „Faschingsonntag" ein Liebesabenteuer erlebt zu haben.

All diese Überlegungen gehen von der Tatsache aus, daß ein geborenes Kind bis zu seiner vollen Reife ausgetragen worden war. Gerade das bestritten aber viele Kindesmütter mit dem Verweis, daß ein Unfall oder eine zu große körperliche Anstrengung zu einer verfrühten Entbindung geführt hätte. Wollen wir auch diese, freilich meist unbeweisbaren Angaben in Erwägung ziehen, so ergäbe sich ein zusätzlicher Erklärungsansatz für die hohe Geburtenhäufigkeit während der Frühjahrs- und der ersten Sommermonate. Durch den vermehrten Arbeitseinsatz speziell in dieser Zeit könnte eine vorzeitige Niederkunft her-

---

3 Carola Lipp kommt ausgehend von der monatlichen Verteilung der illegitimen Geburten in Schwaben des 19. Jahrhunderts zu ganz ähnlichen Ergebnissen. Vgl. dies.: Dörfliche Formen generativer und sozialer Reproduktion. In: Wolfgang Kaschuba und C. Lipp: Dörfliches Überleben. Zur Geschichte materieller und sozialer Reproduktion ländlicher Gesellschaft im 19. und frühen 20. Jahrhundert. Tübingen 1982, S. 403 f. Dieter Blanke nennt ebenfalls Mai und Juni als die Monate mit den meisten Konzeptionen, den November hingegen als Tiefpunkt der Zeugungstätigkeit, was er - nicht ganz nachvollziehbar - als „Nachklänge der animalischen Brunst" interpretiert. Vgl. ders.: Kindestötung, S. 126. Gleichermaßen Otto Wittschieben: Das Findelwesen in Steiermark. Graz 1907. (= Statistische Mitteilungen über Steiermark. 17.) S. 37 f.

4 Die vorgeblichen Daten einer Konzeption werden deshalb nur unterstützend und nicht generell als Ausgangspunkt dieser Überlegungen genommen, da sie zum einen zahlenmäßig in geringerem Maße vorhanden und zum anderen auch wesentlich unverläßlicher sind als die zweifelsfrei feststellbaren Termine einer erfolgten Geburt.

vorgerufen worden sein. Unerklärbar bliebe allerdings, warum die nachfolgenden, ebenfalls belastungsintensiven Erntemonate von dieser Erscheinung offenbar nicht betroffen waren. Auch die je nach Jahreszeit sich unterschiedlich darbietenden Möglichkeiten, eine Schwangerschaft und Geburt zu verbergen, könnten mit eine Rolle gespielt haben. Im Winter, wenn sich die Mitglieder einer Hausgemeinschaft im engeren Raum des Hofes bewegten, mochte die Verheimlichung einer Entbindung wesentlich schwieriger gewesen sein als im Sommer, wenn die Arbeit im Freien keine lückenlose Überwachung zuließ. Die niedrigen Geburtenraten in den Herbstmonaten lassen sich aber mit dieser Argumentationslinie ebenfalls nicht in Übereinstimmung bringen.

Eine im Anschluß vorgenommene Analyse der Wochentage, an denen eine verheimlichte Geburt stattfand, erbringt gleichfalls eine nicht uninteressante Erkenntnis. Am häufigsten gelang die Verheimlichung einer Entbindung nämlich an einem Sonntag bzw. in der Nacht zu einem Sonntag. Unterstrichen wird dieses Ergebnis noch dadurch, daß mehrmals übrige genannte Wochentage zugleich hohe kirchliche Feiertage darstellten, die damit einen ganz ähnlichen Charakter wie ein Sonntag aufwiesen. Die Vermutung, die Erinnerung an Vorfälle, die sich speziell an Sonn- und Feiertagen zutrugen, sei ausgeprägter und damit terminlich leichter bestimmbar gewesen, vermag dieses Phänomen zum Teil natürlich zu erklären. Von großer Bedeutung war daneben aber sicherlich, daß gerade Sonn- und Feiertage vom üblichen Arbeitsrhythmus beträchtlich abwichen. Die Hausgemeinschaft hatte sich häufig überhaupt zum Kirchgang entfernt, eine Absonderung der Gebärenden konnte aber auch sonst leichter vonstatten gehen, da sie kein volles Arbeitspensum zu erfüllen hatte. Als Maria Kreutzer am Vormittag des 21. November 1819 in ihrer Schlafkammer gebar, befanden sich ihre Dienstbauern beim sonntäglichen Gottesdienst, auch die Oberkrainerin Agnes Kragl entband an einem Sonntag, dem Annatag 1835, während die übrigen Hausleute am Nachmittag die Kirche aufgesucht hatten.[5] An einem normalen Werktag hingegen gestaltete es sich für eine Frau schon wesentlich schwieriger, längere Zeit unbemerkt von den anderen abwesend zu bleiben. Es ist so gesehen bestimmt kein Zufall, daß von 27 der im Dezember verzeichneten Geburten allein elf davon auf die Weihnachtsfeiertage entfielen!

Betrachten wir die ungefähre Tageszeit einer Niederkunft, so begegnet uns keine Überraschung. Die meisten verborgenen Entbindungen fanden zur Nachtzeit statt, häufig aber auch am frühen Morgen bzw. gegen Abend. Der Maßstab zur Bestimmung war hier natürlich fließend und variierte unter anderem je nach Jahreszeit. Immerhin rund 80 Frauen gelang es aber, selbst untertags eine erfolgte Geburt zumindest kurzfristig zu verbergen.

---

[5] StLA, AG-Prot. 4315/1820; AG-Prot. 16321/1835.

10.2. ORT

Die Feststellung, an welcher Lokalität eine Entbindung vor sich ging, konnte wesentlichen Einfluß auf die Beurteilung eines Sachverhalts haben. Befand sich die Frau zum Zeitpunkt der Niederkunft abseits einer ihr zumindest theoretisch Schutz und Hilfe bietenden Hausgemeinschaft, etwa im Wald, auf dem Feld oder in einem entfernten Wirtschaftsgebäude, so bestand auf jeden Fall Erklärungsbedarf für diese Absonderung. Gebar die Angeklagte an ihrer üblichen Liegestatt oder zumindest innerhalb eines Wohnhauses, geriet sie zwar nicht in Verdacht, vorsätzlich eine entlegene Örtlichkeit zur Vertuschung ihrer Entbindung aufgesucht zu haben, sie mußte sich aber wieder rechtfertigen, warum sie keine Mitbewohnerinnen oder Mitbewohner zu ihrer Hilfe herbeigerufen hatte.

In 291 Fällen erhalten wir Nachrichten über den Ort einer Geburt. Wie die nachfolgende Graphik zeigt, ist eine genaue Differenzierung der einzelnen Daten, zum einen wegen des verschiedenartigen Informationsgehaltes der Akten, zum anderen wegen der Überschneidung der einzelnen Zuordnungen, nicht leicht zu treffen. Auch die jeweils unterschiedliche Größe und Organisation eines Hauswesens läßt keine allgemeingültigen Definitionen zu.

Abb. 12:

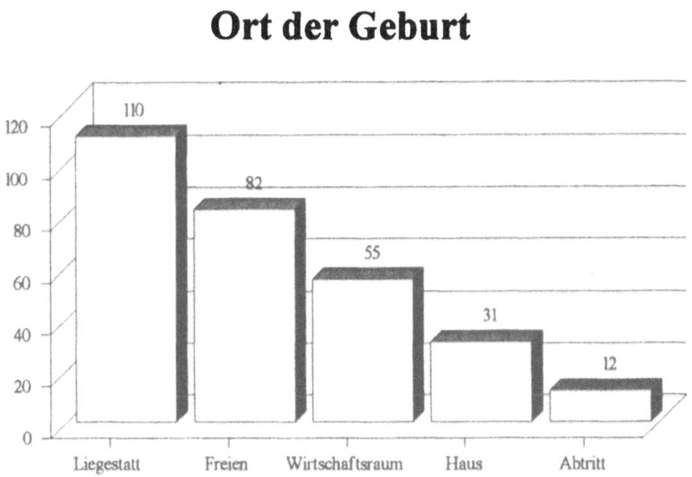

Die überwiegende Mehrheit der angeklagten Frauen, nämlich fast 40%, befand sich zum Zeitpunkt der Entbindung an ihrer Liegestatt. Der vorderhand damit erweckte Anschein von Vergleichbarkeit bzw. Übereinstimmung gilt allerdings nur bedingt. Für die Untersuchungsgerichte bedeutete die Niederkunft einer Frau an ihrem üblichen Lager, daß ihr nicht unbedingt vorzuwerfen war, die Geburt des Kindes mit allen Mitteln verborgen zu haben. Die Unschuldsvermutung wurde unter diesen Umständen eher ausgesprochen bzw. dieses Faktum der Angeklagten zugute gehalten. Nicht berücksichtigt bleibt bei dieser Betrachtungsweise jedoch, daß die Liegestatt einer Frau de facto räumlich völlig unterschiedlich gelegen und ausgestattet sein konnte.

Von einem großen Teil der Angeklagten wissen wir, daß sie in einem Bett in einer ihnen zugewiesenen Schlafkammer im Wohnhaus ihr Kind zur Welt brachten.[6] Wie ein solches Nachtlager beschaffen sein konnte, erfahren wir anläßlich eines Lokalaugenscheins im Zuge der Untersuchung der in der Oststeiermark beheimateten Maria Schrey: Die Dienstmagd bettete sich bei ihrer Geburt *„auf einem Leintuche, unter demselben befand sich ein mit Maisstroh gefüllter Strohsack und dann bei einem Schuh hoch Halmstroh, dann erst die enggeschlossenen Bettbretter"*.[7] Die meisten anderen Frauen waren hier schon weniger gut ausgestattet, sie ruhten in der Regel auf bloßem Stroh, das nur mit einem Bettlaken bedeckt wurde. Manchmal war die Schlafstätte der Frauen auch in der Stube oder in der Küche eingerichtet, das Lager von Maria Wregar befand sich beispielsweise auf der Ofenbank in der Stube, Maria Verhofschegg schlief in einem Tafelbett in der Küche.[8]

Doch noch andere Räumlichkeiten eines Wohnhauses wurden als Nachtlager, vor allem für Dienstboten, genutzt. Einige Mägde mußten mit einem Bett im kalten Vorhaus bzw. in der „Laube" vorliebnehmen; Maria Jankovetz und Agnes Kragl schliefen und gebaren sogar im Keller, in Räumen mit einem Boden aus bloßer Erde bzw. Sand.[9] Sehr häufig verwendete man auch Teile des Dachbodens als Liegestatt. Von einem solchen Verschlag, der Maria Miuschek im Hause ihrer Eltern als Schlafgelegenheit diente, erfahren wir, daß er bloß mit Brettern notdürftig verschalt und demgemäß zugig und kalt war.[10] Wie sich solche Bedingungen auf den empfindlichen Organismus eines neugeborenen Kindes auswirken mußten, ist leicht vorstellbar.

Oft waren die Frauen jedoch gar nicht im Wohnhaus selbst beherbergt, sondern mußten in einem Wirtschaftsgebäude des Hofes ihr Lager aufschlagen. Ihr Bett stand zum Beispiel im Stall, oder sie lagen, gar nur auf einem Strohsack, am Heuboden, im Getrei-

---

6 Die Situation in Oberbayern Ende des 19. Jahrhunderts ist übrigens eine ganz andere: Regina Schulte stellt fest, daß nur wenige Mägde in ihrer Schlafkammer gebaren. Vgl. dies.: Das Dorf im Verhör, S. 155.

7 StLA, Bezirksgericht Feldbach, Fasz. 75: Herrschaft Fürstenfeld, Kriminalsachen 1847.

8 StLA, AG-Prot. 330/3212/1818; AG-Prot. 5201/1840.

9 StLA, AG-Prot. 7538/1822; AG-Prot. 16321/1835.

10 StLA, AG-Prot. 9661/1838.

dekasten, auf der Dreschtenne oder in einer Streuhütte. All diese Formen waren gesetzlich durchaus legitim, die Unterbringung des Gesindes blieb bis ins 20. Jahrhundert durch die Dienstbotenordnungen praktisch ungeregelt und variierte je nach der Ausstattung eines Anwesens und dem Gutdünken der Hausleute.[11]

Von 31 Frauen wissen wir, daß sie zwar innerhalb des Wohnhauses, nicht jedoch in ihrem Schlafraum gebaren. Untertags setzte das in der Regel voraus, daß sich die Angeklagte allein auf dem Gehöft befand und unter Umständen bei der häuslichen Arbeit von den Wehen überrascht worden war. Tatsächlich kam es mehrmals in einer Küche zur Entbindung, direkt bei der Tätigkeit am Herd. Ursula Goriup erzählte den Untersuchungsbeamten in Canale: *„Es gehe nun schon in das siebente Monat, daß sie an einem Samstag gegen sieben Uhr morgens in der Küche für die Arbeiter, welche das Hausdach ausbesserten, das Frühstück bereitete und sich vor dem ungefähr eine Quarta /nach dem Augenschein bey acht Zoll/ vom Boden erhöhten Herde befand. Auf einmal habe sie die Geburtswehen und Schmerzen am Rücken empfunden, sich deshalben auf den Herd niedergekniet, beyde Arme auf eine alldort befindliche Bank gestützet und in solcher Stellung nach wenigen Augenblicken geboren, indem das Kind und zugleich auch die Nachgeburt auf den Herd gefallen seyen."*[12]

Bei einer zur Nachtstunde stattgefundenen Niederkunft erwartete das Gericht natürlich eine plausible Erklärung, warum sich die Frau von ihrer Liegestatt entfernt und andere Räumlichkeiten aufgesucht hatte, ohne ebenfalls in der Nähe befindliche Hausbewohnerinnen und -bewohner zur Hilfe zu holen. Ursula Fuhrmannin wollte beispielsweise nur deshalb die Stube verlassen haben, um im Vorraum frische Luft zu schnappen, die Dienstmagd Rosina Rosenfelner hatte sich ihrer Angabe nach vom Bett erhoben, um sich in der Küche eine Salbe gegen ihre Bauchschmerzen zu bereiten.[13]

Die Entbindung von zwölf Frauen erfolgte auf dem Abtritt. Teilweise versuchten sich die Angeklagten damit zu rechtfertigen, sie hätten lediglich den Drang dazu verspürt, sich zu erleichtern, und das Kind sei unversehens von ihnen gefallen. Andere wiederum mußten ihren Vorsatz, den Säugling nach der Geburt in der Senkgrube oder im Kanal verschwinden zu lassen, klar einbekennen. Fast alle Frauen, deren Niederkunft auf dem Abort vor sich ging, lebten entweder in einer größeren Stadt oder in einem Herrschaftsgebäude. Eine Bauernmagd, die für die Geburt einen Abtritt aufsuchte, war ein Einzelfall. Das mag zum einen daher rühren, daß sie bei einer böswilligen Absicht wesentlich mehr Möglichkeiten hatte,

---

11 Noch die Landarbeiterordnung 1922 gestattete ausdrücklich das Schlafen in den Stallungen. Erst in der Landarbeitsordnung von 1949 wird die Errichtung von Wohnungen in Kellerräumen oder Stallungen explizit untersagt. Vgl. D. Kreuziger: Dienstboten und Gesindewesen, S. 141-144; Walter Hartinger: Bayerisches Dienstbotenleben auf dem Land vom 16. bis 18. Jahrhundert. In: Zeitschrift für bayerische Landesgeschichte 38 (1975), S. 632 f.; T. Meyer: Dienstboten in Oberkärnten, S. 147-151.

12 StLA, AG-Prot. 13420/1824. Zur Erläuterung: 8 Zoll sind etwa 21 Zentimeter.

13 StLA, AG-Prot. 4328/1806; AG-Prot. 11078/1836.

ihr Kind unbemerkt zu gebären und zu beseitigen als eine städtische oder herrschaftliche Dienstbotin. Zum anderen darf aber auch vermutet werden, daß viele Landbewohner über gar keinen speziellen Abort verfügten, sondern ihre Notdurft auf dem Düngerhaufen oder an anderen Plätzen im Freien verrichteten; mehrere Belegstellen weisen in diese Richtung. Das würde auch die gesamt gesehen überaus geringe Anzahl dieser Fälle in Innerösterreich erklären, während in einzelnen Regionen Deutschlands, so etwa in Oberbayern und in Württemberg, aber auch in Wien eine Niederkunft im „heimlichen Gemach" wesentlich häufiger festzustellen war.[14]

Bei 55 Frauen ging die Geburt in einem wirtschaftlich genutzten Raum vor sich, der meistens deutlich separiert vom Wohnhaus lag. Sehr häufig suchten die Angeklagten im Stall Zuflucht, der gerade zur Winters- oder Nachtzeit auch Schutz vor Kälte bot. Agnes Poterbujesch entband im Ziegen- und Schafstall ihrer Hausleute, das Kind der Dienstmagd Margareth Schleglin erblickte im Pferdestall das Licht der Welt.[15] Auch der Heustadel, die Tenne oder diverse Dachböden scheinen immer wieder als Orte der Geburt auf. Notdürftig wurde eine Unterlage aus Spreu oder Kleidungsstücken bereitet, um sich im Augenblick der Niederkunft darauf niederlassen zu können. Maria Baumannin begab sich bei Eintreten der Wehen in den Rübenkeller, Katharina Ritscherin wählte die Holzhütte ihrer Dienstgeber als Entbindungsort, und Ursula Mausser gebar ihre Tochter in der etwa hundert Schritte von ihrem Dienstort entfernten Dörrstube.[16] Es ist augenscheinlich, daß schon die Beschaffenheit dieser Räumlichkeiten an sich viele Gefahren für ein neugeborenes Kind bereithielt. Am Boden der letztgenannten Dörrstube lagen beispielsweise Steine und Holz. Da Ursula Mausser ihrer Angabe nach stehend geboren hatte, erlitt das Kind im Fallen vermutlich seine bei der Obduktion festgestellten tödlichen Kopfverletzungen.

Die meisten Angeklagten mußten letztendlich zugeben, einen solchen Geburtsort absichtlich aufgesucht zu haben, um die Niederkunft vor den Hausleuten zu verbergen. Einige Frauen beharrten aber darauf, sich nur zufällig in einem abgesonderten Wirtschaftsgebäude befunden zu haben. Anna Prandstetter gab beispielsweise vor, daß sie gerade am Heuboden Futter für das Vieh habe holen wollen, als die Geburtswehen sie zum Bleiben zwangen.[17] Um ihre Anwesenheit auf einem als Stauraum genutzten Dachboden zu erklären, machte Katharina Tischler sogar übernatürliche Kräfte verantwortlich: *„Als sich abends die Sonne geneigt habe, seye ihr vorgekommen, als ob ihr jemand zugerufen hätte,*

---

14 Vgl. R. Schulte: Das Dorf im Verhör, S. 155; C. Kaiser: Opfer oder Täterinnen, S. 79; F. Hartl: Wiener Kriminalgericht, S. 366.

15 StLA, AG-Prot. 330/106/1818; AG-Prot. Fasz. 20, 549/1795 und 104/1796.

16 StLA, AG-Prot. 4964/1804; AG-Prot. 9263/1790; AG-Prot. 12266/1837.

17 StLA, AG-Prot. 5997/1836.

daß sie auf den Boden hinauf gehen solle, sie habe dieser Stimme gefolgt und seye ganz lustig hinaufgegangen, ohne auf ihre Entbindung oder die Tötung des Kindes zu denken."[18]

82 Frauen brachten ihr Kind unter freiem Himmel zur Welt. In rund der Hälfte der Fälle fand die Geburt in unmittelbarer Nähe zu einem bewohnten Gebäude statt, also etwa auf dem Hof, im Hausgarten oder in der Nähe der Stallungen. Maria Tistlerin entfernte sich an einem kalten Februarabend aus der Stube, um auf dem Düngerhaufen ihre Notdurft zu verrichten, wobei sie ihrer Aussage nach unversehens Kindesmutter wurde, Maria Luszar zog sich mit Vorbedacht in einen abgelegenen Gartenwinkel zurück, in welchem sie das Neugeborene auch gleich verscharrte.[19]

Viele Frauen befanden sich zum Zeitpunkt ihrer Niederkunft jedoch weit von jeder Behausung und menschlichen Hilfe entfernt. Sie gebaren völlig allein und ohne Schutz unter zum Teil härtesten Witterungsbedingungen im Wald, auf einer Weide oder auf dem Feld. Gestanden die Angeklagten nicht ein, absichtlich einen solch öden Ort aufgesucht zu haben, so entschuldigten sie sich häufig damit, bei der Arbeit im Freien von den Wehen überrascht worden zu sein. Die Dienstmagd Margareth Mulz wusch gerade eine Viertelstunde weit vom Dorf entfernt am Fluß die Wäsche, als sie an einem kalten Dezembertag einen Knaben entband, Franziska Defranza wiederum sammelte im Wald Holz und Laub.[20] Als Begründung für ihren Aufenthalt im Freien gaben die unter Kindsmordverdacht stehenden Frauen mehrfach auch an, vor Schmerzen nicht mehr fähig gewesen zu sein, eine beabsichtigte Wegstrecke fortzusetzen. Die Näherin Maria Tscherne wollte etwa Mitte März bei heftigem Schneetreiben in ein benachbartes Dorf um Arbeit. Noch vor Erreichung ihres etwa eine Stunde weit entfernt liegenden Zieles wurde sie in einem Gebüsch neben der Straße Mutter eines Kindes.[21] Selbst bei allem guten Willen der Frau hatte ein unter solchen Verhältnissen geborenes Kind keine große Chance zu überleben.

10.3. NÄHE UND BEISTAND ANDERER MENSCHEN

Das Gericht versuchte in seiner Sachverhaltsdarstellung weiters zweifelsfrei zu klären, ob die Gebärende in irgendeiner Weise Gelegenheit gehabt hätte, menschliche Hilfe in Anspruch zu nehmen. Die folgenden Ausführungen nehmen allerdings nur auf den Moment der Entbindung Bezug. Mutmaßungen darüber anzustellen, ob und inwieweit es der Ange-

---

18 StLA, AG-Prot. 8139/1838.

19 StLA, AG-Prot. 2171/1805; AG-Prot. 9988/1836.

20 StLA, AG-Prot. 7842/1816; AG-Prot. 15155/1823.

21 StLA, AG-Prot. 12217/1835.

klagten bereits bei den ersten Anzeichen der Wehen noch möglich gewesen wäre, sich jemandem anzuvertrauen, würden an dieser Stelle zu weit führen.

Rund ein Viertel der Beschuldigten gab vor, beim Eintritt der Geburt keine Person in ihrer Nähe gewußt zu haben. Das galt zum einen natürlich für jene Frauen, die sich gerade im Freien, fern einer menschlichen Behausung, aufhielten. Zum anderen und weit häufiger konnte es vorkommen, daß sich eine Hochschwangere allein zu Hause befand. Wie bereits festgestellt, war das oft an Sonn- und Feiertagen der Fall, aber auch die Feld- und Erntearbeiten speziell während der Sommermonate machten den erhöhten Einsatz der Hausbewohnerinnen und Hausbewohner abseits des Hofes erforderlich. Als Domenica Crajevich entband, bebauten ihr Stiefbruder und dessen Frau gerade das Feld; sie selbst blieb zu Hause zurück, um auf deren drei Monate alten Säugling achtzugeben und die übrigen Geschäfte zu besorgen.[22] Lag das Haus einschichtig, konnten nach Darstellung der Frauen auch keine unmittelbaren Nachbarn zur Hilfe herbeigeholt werden. Die allein lebende Tagwerkerin Maria Koßem entschuldigte sich etwa damit, daß ihre Keusche in einer Entfernung von 50 Schritten von den übrigen Niederlassungen stand und sie vor Schmerzen nicht mehr in der Lage gewesen sei, laut und hörbar genug zu rufen.[23]

Sicherlich sind all diese Angaben nur mit Vorbehalt in Betracht zu ziehen. Es verwundert etwa immer wieder, daß Frauen, die sich zusammen mit Kindern allein in einem Haus aufhielten, diese nicht dazu angehalten hatten, in der näheren Umgebung für sie Hilfe zu suchen. Auch die genaue Hinterfragung der Tatsache, warum letztendlich eine Hochschwangere ohne menschliche Gesellschaft an einem Ort verblieben war, läßt sehr oft die Vermutung aufkommen, daß diese Sitution von der Betreffenden mit voller Absicht herbeigeführt wurde. Maria Gamsin wies zum Beispiel die gebotene Unterstützung seitens ihres Vaters als unnötig zurück, schickte ihn nach Hause und verblieb allein in einem abgelegenen Weingartenhaus, wo ihr dann wenige Stunden später selbstverständlich niemand mehr helfen konnte.[24]

Die überwiegende Mehrheit der Angeklagten mußte aber ohnehin bekennen, daß sich zum Zeitpunkt ihrer Entbindung sehr wohl Menschen in ihrer Nähe befunden hatten und es theoretisch möglich gewesen wäre, Hilfe von ihnen zu erbitten. Uns sind etwa 180 Kindesmütter bekannt, die auf diese Weise offenbar willentlich auf Beistand bei ihrer Niederkunft verzichteten. Wir müssen uns allerdings bewußt sein, daß auch hier Unschärfen nicht auszuschließen sind und über Schuld oder Unschuld einer Angeklagten nicht so einfach zu befinden ist.

---

22 StLA, AG-Prot. 14221/1837.

23 StLA, AG-Prot. 3414/1807.

24 StLA, AG-Prot. 4536/1807.

Neben der bloßen Anwesenheit einer Person mußte diese in den Augen der Frauen nämlich noch bestimmte Voraussetzungen mitbringen, um von ihr ins Vertrauen gezogen und um Hilfe gebeten zu werden. Selbst das Gericht räumte ein, es sei einer Hochschwangeren aus Gründen der Schamhaftigkeit nicht ohne weiteres zuzumuten, sich in ihrer Notlage an einen Mann zu wenden. Es legte daher vor allem Augenmerk darauf, wo sich die weiblichen Angehörigen eines Hauswesens zum Zeitpunkt der Geburt befanden. Das Alter und der Status einer möglichen Helferin konnten ebenfalls entscheidend sein: Als Maria Muhrin vor ihrer 13jährigen Mitmagd die Geburt verheimlichte, zeigte der Neuberger Kriminalrichter dafür Verständnis, denn diese sei keine *„mannbare Weibsperson"* gewesen, der sie sich in ihrer heiklen Situation bedenkenlos hätte zuwenden können.[25] Auch die Tatsache, daß eine Entbindung in einem fremden Haus, etwa in einer Gastwirtschaft, vor sich ging und die Betreffende Scheu zeigte, sich dem guten Willen ihr weitgehend unbekannter Menschen anzuvertrauen, wurde als Milderungsumstand entsprechend gewürdigt.

Selbstverständlich spielten auch persönliche Motive eine Rolle, wenn eine Gebärende - vorgeblich oder tatsächlich - gerade einer bestimmten anwesenden Person gegenüber ihre Schwäche nicht zugeben wollte. Eva Jevschnigin erklärte dem Landgericht in Mahrenberg/Radlje o. D., warum sie die Geburt ihrer Tochter lieber allein durchmachen wollte: *„Als sie die Wehen empfunden, sey sie, um Hilfe zu suchen, in das Gastzimmer gegangen, allein dieses war voll mit Fuhrleuten, der Hauswirt und Wirtin hätten noch geschlafen, nur allein die Dirne sey wach gewesen, dieser dagegen wollte sich Inquisitin nicht anvertrauen, weil selbe gegen sie, Inquisitin, sich immer böse und feindselig bezeiget."*[26] Besonders groß war die Scheu einer Magd natürlich, sich in ihren Nöten an einen unnahbar scheinenden Dienstgeber zu wenden. Margareth Kristan arbeitete im Hause des Gubernialsekretärs Fradenek in Laibach. In ihrem Verhör bekannte die Frau, daß sie jederzeit in der Lage gewesen wäre, ihre im Nebenzimmer schlafende Dienstfrau zu wecken, *„allein diese war immer grob gegen sie, daher sie sich nicht traute, sie zu rufen und verhielt sich so viel möglich still."*[27]

Häufig begründeten Angeklagte das gegen sie sprechende Faktum, im kritischen Augenblick niemanden aus ihrer Nähe zu sich geholt zu haben, mit ihrer Bewegungsunfähigkeit durch die heftigen Geburtsschmerzen.[28] Außerstande, sich von ihrer Liegestatt auch nur zu erheben oder gar die Distanz von einem Stockwerk zum anderen oder von einem Gebäude zum anderen zu überwinden, seien sie nicht in der Lage gewesen, andere Mitbewohnerinnen und Mitbewohner aufzusuchen und sich ihnen mitzuteilen. An Hilferu-

25 StLA, AG-Prot. 1835/1792.
26 StLA, AG-Prot. 919/1804.
27 StLA, AG-Prot. 5991/1838.
28 Vgl. dazu auch O. Ulbricht: Kindsmörderinnen vor Gericht, S. 66.

fen hätten sie Schwäche und Ohnmacht überhaupt gehindert oder jene seien viel zu schwach gewesen, um gehört zu werden. Anna Maria Almer, Dienstmagd bei einem Müller, beteuerte etwa, am Morgen in der Schlafkammer um ihre Dienstfrau gerufen zu haben, das Geklapper des Mühlrades habe aber ihre Schreie übertönt.[29] Auch die Taglöhnerin Maria Kraschouz versicherte dem Krainer Kriminalgericht, sie habe sich während der nächtens eingetretenen Wehen äußerst mühevoll zum Fenster geschleppt und dreimal nach ihrer Nachbarin gerufen, die aber darauf nicht reagierte.[30]

Klingen solche Fälle noch plausibel, so lagen die Umstände bei Katharina Zettler wiederum klar auf der Hand: Obwohl im Raum neben ihrer Kammer, nur durch eine Bretterwand getrennt, eine Inwohnerin schlief, die überdies von den Hausleuten in Hinblick auf die Schwangerschaft der Dienstmagd bereits gewarnt worden war, machte Katharina Zettler keinen Versuch, von dieser Frau Unterstützung zu erhalten.[31] Mehrmals erfahren wir, daß eine umsichtige Dienstgeberin andere Mitmägde beauftragt hatte, ein Auge auf eine offensichtlich Hochschwangere zu werfen. Die Bäuerin von Anna Roscher befahl etwa der Kuhdirne des Hofes, bei der Stubentür zu wachen, um das Verhalten der Frau zu beobachten, doch trotz dieser Vorsichtsmaßnahme ging die Entbindung von allen unbemerkt vor sich.[32]

Generell ist festzustellen, daß die gegenseitige Kontrolle in einem Hauswesen überhaupt sehr groß war. Eine länger dauernde, nicht erklärbare Abwesenheit einer Person untertags, aber auch nachts, wurde von den übrigen Mitbewohnern in der Regel peinlich genau notiert. Als Anna Nißin sich eines späten Abends vom Haus in den Garten begab, um dort heimlich zu gebären, rief bereits kurz darauf ihre Dienstfrau nach ihr, der das Ausbleiben ihrer Magd im Freien zu lange erschien.[33] Wurde das Fehlen einer für hochschwanger gehaltenen Frau bemerkt, so geschah es mehrmals, daß die Hausleute ganz gezielt auf die Suche nach der Verschwundenen gingen. Aus dem Gerichtsprotokoll über Rosalia Kostomai entnehmen wir: „*Den 18ten Februar abends, als es zu dämmern anfing, wurde Inquisitin vermißt und konnte alles Nachsuchens ohngeachtet nicht aufgefunden werden. Nach beendigtem Abendessen wurde das Aufsuchen derselben wiederholt und von den vorangeführten drei Zeugen* [nämlich Dienstbauer, Dienstbäuerin sowie deren Schwester] *in dem Kuhstalle auf dem Boden sitzend gefunden.*“[34]

Es war daher oft einem Zufall zuzuschreiben, daß sich gerade im Augenblick der Entbindung die Aufmerksamkeit der nächsten Umgebung auf irgendeinen anderen Gegenstand

29 StLA, AG-Prot. 3531/1820.
30 StLA, AG-Prot. 15343/1837.
31 StLA, AG-Prot. 1948/1817; Aflenz, Herrschafts- und Marktarchiv, Sch. 11, H. 89: Strafsachen 1784-1835.
32 StLA, AG-Prot. 6081/1822.
33 StLA, AG-Prot. 3650/1813.
34 StLA, AG-Prot. 7022/1824.

richtete. Die Geburt von Ursula Jack blieb beispielsweise unentdeckt, weil sich die übrige Familie in der Stube betend um den aufgebahrten Altbauern versammelt hatte, den Absichten von Maria Urmacher kam es zugute, daß gerade am Tag ihrer eigenen Niederkunft auch ihre Dienstfrau Mutter wurde, der sich die gesamte Fürsorge des Hauses zuwandte.[35]

Besonders wenn eine Hochschwangere vor der Geburt verschiedene Krankheitszustände vorschützte oder Argwohn über ihren Zustand herrschte, konnte sie sich der permanenten Beobachtung durch ihre Mitbewohnerinnen kaum entziehen. Buchstäblich zwischen zwei Krankenbesuchen brachte Maria Anna Vechar ihr Kind zur Welt: Sie lag gerade in den Wehen, als ihr die Dienstbäuerin eine Suppe an ihre Liegestatt brachte, beim nachfolgenden Besuch hatte Maria Anna Vechar den neugeborenen Knaben bereits im Bettstroh verborgen.[36] So scheinbar lückenlos die Überwachung einer dem Haus zugehörigen Person auch war, so unfaßbar mutet es immer wieder an, daß Frauen im Augenblick der höchsten Qual ihre Schmerzen nach außen offenbar vollständig unterdrückten und niemand an ihnen wahrnahm, was sie gerade an körperlicher Pein durchstanden.

Auf diese Weise konnte es geschehen, daß Geburten selbst in Räumlichkeiten, in denen sich zugleich andere Personen aufhielten, völlig verborgen vor sich gingen. Uns begegnen nicht weniger als 17 Fälle, in denen eine Frau direkt neben ihren Mitbewohnerinnen, die sich manchmal sogar im gleichen Bett befanden, einem Kind das Leben schenkte! Während die Kärntner Dienstmagd Anna Schwabin stehend neben ihrem Bett gebar, das Kind nottaufte und schließlich in ihrer Truhe versteckte, ruhte daneben die Stallmagd des Hauses, die am nächsten Tag von all diesem Geschehen nichts bemerkt haben wollte. Ihr Dienstherr, ein Handwerksmeister, konnte sich die Situation durchaus erklären: *„Es sey die Kuhdirne schon alt, recht dumm, voller Eigensinn und grob, wegen ihr hätte bei der Nacht was immer beschehen können, sie hätte sich darum nicht bekümmert.“*[37] Anna Menhart teilte ihr Bett, in dem sie nach zweistündigen, heftigen Geburtswehen kniend niederkam, mit der neunjährigen Tochter ihrer Dienstgeber, zugleich hielt sich die Altbäuerin in der Stube auf: *„Die alte Mutter der Dienstgeber, Maria Gatschnig, gibt an, bei ihrem leisen Schlaf habe sie wohl wahrgenommen, daß Inquisitin im Bette unruhig sey und daß sie schwer atme, allein auf keine Entbindung gedacht.“*[38]

Geradezu skurril mutet schließlich der Fall der Krainerin Maria Leutschitsch an. Die 20jährige Bauerntochter zweifelte angeblich bis zuletzt an ihrer Schwangerschaft und schob die Veränderung ihres Körpers auf eine Krankheit. Von heftigen Bauchschmerzen ergriffen, vermeinte sie ihrer Todesstunde nahe zu sein und ließ durch ihre Mutter den Geistlichen zu sich rufen. Maria Leutschitsch beichtete, kommunizierte und empfing die

35 StLA, AG-Prot. 1248/1816; AG-Prot. 13300/1823.
36 StLA, AG-Prot. 10726/1837.
37 StLA, AG-Prot. 5600/1807.
38 StLA, AG-Prot. 8604/1824.

letzte Ölung. Zur gleichen Zeit, als der anwesende Kooperator die vermeintlich Todkranke mit den Sterbesakramenten versah, brachte die Frau, von allen Anwesenden unbemerkt, ein Kind zur Welt: „*Während dem, als der Geistliche nach vollendeter Funktion das letzte Kreuz über sie machte und an ihrem Krankenlager noch betete, schoß auf einmal und unversehens eine Feichtigkeit durch ihre Schamteile von ihr, worauf sie sich etwas erleichtert fühlte, [...] und weder der Geistliche noch die andern Leute, die um sie herum knieten, schienen diese gähe Veränderung an ihr wahrgenommen zu haben.*" Nachdem sich der Kooperator und die versammelte Menge entfernt hatten, schlug Maria Leutschitsch die Bettdecke zurück und erblickte „*zu ihrem größten Erstaunen ein Kind auf ihrem Lager in einem weißlichten Unrate liegen*".[39] Unabhängig davon, ob man der Kindesmutter ihre Verwunderung über die ohne ihr Wissen erfolgte Entbindung glauben will oder nicht, bleibt es doch unbegreiflich genug, daß keine der in nächster Nähe befindlichen, die Gebärende sogar umringenden Personen den Vorfall bemerkt hatte!

Ein gewisser Widerspruch läßt sich bei all diesen Beispielen nicht von der Hand weisen: Einerseits können wir unzweifelhaft eine starke Einbindung der Frauen in das Hauswesen mit all seinen Vor- und Nachteilen bemerken. Die Mitbewohnerinnen und Mitbewohner waren über jeden ihrer Schritte weitgehend unterrichtet, ein Privatleben im heutigen Sinn gab es nicht, selbst intime Details gelangten wie selbstverständlich zur Kenntnis aller Interessierten. Andererseits begegnen wir jedoch einer ausgeprägten Passivität der Menschen; das Wissen oder der bloße Argwohn der Beteiligten bedeutete noch lang kein Handeln. Oft scheint es sogar, daß ganz bewußt weggesehen wurde, um mit dem Vorschützen gänzlicher Ahnungslosigkeit auf die eigene Unschuld pochen zu können. Wie sonst konnte es etwa geschehen, daß Juliana Ederin von ihren Hausleuten, welche die Schwangerschaft ihrer Magd vermuteten und deren Wehklagen über heftige Bauchschmerzen nachts in der angrenzenden Stube sehr wohl hörten, trotzdem völlig allein gelassen wurde? Dem Appellationsgericht erschien eine solche Handlungsweise übrigens ebenfalls nicht opportun, das säumige Bauernpaar wurde zur Bestrafung an die zuständige politische Obrigkeit zitiert.[40]

Wir müssen uns davon ausgehend die Frage stellen, ob eine Gebärende, selbst wenn sie sich rechtzeitig an jemanden wandte, tatsächlich immer auf Wohlwollen und Hilfsbereitschaft rechnen durfte, wie von Gesetzes wegen offenbar vorausgeschickt wurde. Wie bereits einigemale angeklungen ist, hatten die Frauen ja beträchtliche Zweifel an der Nächstenliebe ihrer Mitmenschen, und zwar mit Recht, wie die folgenden Beispiele beweisen. Die hochschwangere Inwohnerin Helena Kobatschauka wurde in einer Nacht im April im Landgerichtsbezirk Haasberg/Planina pri Rakeku von den Wehen überfallen. Sie offenbarte

39 StLA, AG-Prot. 10205/1823.
40 StLA, AG-Prot. 4300/1791.

ihrer Hauswirtin ihre Lage und bat sie um Hilfe, diese wies sie jedoch kurzerhand aus dem Haus. Die 34jährige Frau, die zum erstenmal Mutter wurde, gebar kurz darauf im Garten unter freiem Himmel, das lebende Kind verscharrte sie in einem Schneehaufen.[41] Maria Altin erging es nicht besser: Ihr Dienstbauer und zugleich Vater ihres Kindes vertrieb die Magd, als sie bereits unter dem Eindruck der nahen Geburt stand und vor Schmerzen keiner Arbeit mehr nachgehen konnte, an einem kalten Februartag vom Hof. Auch sie entband allein und hilflos in einem Waldstück im Schnee; ihre Tochter erfror, unversorgt am Boden liegengelassen.[42]

Gleichermaßen erschütternd liest sich die Leidensgeschichte der Maria Kostel. Zusammen mit ihrer Mutter, die von Almosen lebte, machte sich die Dienstmagd beim Eintritt der Wehen im Morgengrauen auf, um in Laibach einen Ort für ihre Entbindung zu suchen. Für eine Aufnahme in die Gebäranstalt fehlten ihr die nötigen Unterlagen, außerdem schämte sich Maria Kostel, von angehenden Ärzten begutachtet zu werden. In der Vorstadt baten die beiden eine ihnen bekannte Frau um Beistand. Obwohl die Niederkunft jederzeit zu erwarten war, schickte diese die Bittstellerinnen fort. Mit Mühe erreichten Maria Kostel und ihre Mutter das Haus einer ihnen ebenfalls bekannten Steinmetzmeisterin. Die Frau verwehrte ihnen mit den Worten: *„Mein Haus ist kein Spital, gehet, wohin ihr wollt"*, den Eintritt. Als Maria Kostel wenige Minuten darauf stehend im Hof, mit dem Rücken an die Scheune gelehnt, gebar, beobachteten die Handwerksmeisterin und deren Dienstmagd die Vorgänge genau durch das Fenster, boten aber keinerlei Hilfeleistungen an. Die Hausherrin verbot ihrer Magd sogar, der Erschöpften nach der Geburt ein Kissen zu reichen, damit sich diese darauf ausruhen hätte können, sondern beschimpfte Mutter und Tochter nur aus dem Inneren des Hauses.[43]

Der Gesetzgeber hatte also eine zu hohe Meinung von den Menschen, wenn er meinte, jede hilfesuchende Frau könnte mildtätige Aufnahme finden. Freilich lassen aber die meisten Schilderungen vermuten, daß eine Kindbetterin zumindest auf eine Erstversorgung hoffen durfte; vor allem, wenn wir davon hören, daß Frauen wegen ihrer vorgeschützten Krankheitszustände von ihren Mitbewohnerinnen umsorgt wurden, können wir eine gewisse Beziehung unter den einzelnen Mitgliedern einer Hausgemeinschaft annehmen.

---

41 StLA, AG-Prot. 5978/1790.

42 StLA, AG-Prot. 2187/1807. Das unmenschliche Verhalten ihres Kindesvaters wurde Maria Altin übrigens als Milderungsgrund für ihre Strafe anerkannt.

43 StLA, AG-Prot. 7739/1824.

10.4. ZEITLICHER VERLAUF

Um ein Urteil darüber abzugeben, ob eine Kindesmutter vor ihrer Entbindung noch ausreichend Gelegenheit gehabt hätte, bei gutem Willen die nötigen Vorbereitungen für ihre und ihres Kindes Sicherheit zu treffen, muß ein Blick auf den zeitlichen Verlauf einer Geburt geworfen werden. Die Klärung der Frage, wann die Wehen einsetzten, ist allerdings nicht leicht zu bewerkstelligen. Viele Frauen wollten die ersten Schmerzen nicht als Vorboten der herannahenden Niederkunft erkennen, sondern als allgemeine Krankheitszustände oder Schwangerschaftsbeschwerden deuten; ob diese Irrmeinung eigener Überzeugung entsprang oder bloß als Ausflucht zu werten ist, muß hier dahingestellt bleiben.

Generell kann aber davon ausgegangen werden, daß wohl kaum eine Frau regelrecht von einem Moment auf den anderen von der Niederkunft überrascht wurde. Freilich können normale Geburten hinsichtlich ihrer Dauer große Schwankungen aufweisen, im Durchschnitt benötigt eine Erstgebärende jedoch vierzehn Stunden, eine Mehrfachgebärende acht Stunden, um ein Kind auf die Welt zu bringen.[44] Zumindest ihrer Aussage nach eine Ausnahme bildete die 25jährige Untersteirerin Ursula Petschnigg, die vor dem Landgericht Rann beteuerte, Wehen und Geburt hätten bloß eine halbe Stunde gedauert;[45] die zum zweitenmal gebärende Grazer Dienstmagd Anna Ruißin ging sogar noch weiter, sie gab vor, erst eine Viertelstunde vor der Entbindung Bauchschmerzen und Drücken empfunden zu haben.[46] Der Wahrheitsgehalt dieser Angaben kann nicht überprüft werden, im eigenen Interesse gaben die Frauen natürlich so kurze Zeitspannen wie möglich an.

In der Regel erfahren wir jedoch, daß die Frauen zumindest mehrere Stunden, ja manchmal sogar Tage vor der Entbindung unter oft heftigsten Schmerzen zu leiden hatten. Theresia Hatzin wurde von den ersten Geburtswehen schon vier Tage vor der Entbindung überfallen, Maria Cuagna wußte seit fünf Tagen aus den anwachsenden Schmerzen um das Herannahen der Niederkunft.[47] Wir können darauf aufbauend behaupten, daß zumindest bei einer folgerichtigen Interpretation der eingetretenen Beschwerden und bei einiger - natürlich eine gewisse Sachkenntnis voraussetzenden - Umsicht meistenteils Möglichkeit genug bestand, sich um entsprechende Hilfe zu bemühen.

Die zeitliche Dauer der letzten Phase der Geburt, die mit dem Eintreten des Kopfes in das Becken beginnt, zu bestimmen, fiel den Frauen naturgemäß schwer. Mehrere Kindesmütter versuchten, die Zeitspanne zu einem ihnen geläufigen Maßstab, nämlich zu einem Gebet, in Beziehung zu setzen: So schätzte Gertraud Faidiga, ihre Entbindung sei *„in einer*

---

44 Vgl. E. Shorter: Der weibliche Körper, S. 93.
45 StLA, AG-Prot. 7193/1824.
46 StLA, AG-Prot. 3937/1814.
47 StLA, AG-Prot. 10249/1788; AG-Prot. 8573/1824.

kürzeren Zeit, als man das Vater Unser betet", vor sich gegangen.[48] Angaben, die sich an der üblichen Zeitmessung orientierten, waren nicht viel präziser: Der Bogen reichte von einer *„halben Viertelstunde"* bis zu *„einer ganzen Glockenstunde"*, auch Entbindungen, die sich über mehrere Stunden hinzogen, waren keine Seltenheit. Mehrmals beschrieb eine Angeklagte auch eine angebliche Sturzgeburt. Im engeren Sinn versteht man darunter eine überstürzte Geburt (Partus praecipitatus), also eine Art verkürzte Austreibungsperiode, die mit einer einzigen Wehe eingeleitet und beendet wird. Im weiteren Sinn bezeichnet man damit allerdings auch eine mehr oder weniger schnell ablaufende Geburt mit Herausstürzen des Kindes aus den Gebärwegen.[49]

Es hat den Anschein, den Gerichten sei nicht so sehr an der tatsächlichen Feststellung der zeitlichen Dauer einer Geburt gelegen gewesen, die ja an sich nur Rückschlüsse auf die Schwere und Kompliziertheit einer Niederkunft zuließ. Vielmehr ist anzunehmen, daß auch das wache Bewußtsein einer Frau bei der Entbindung überprüft werden sollte: War sie in der Lage, genaue Auskunft über den Beginn und das Ende der Geburt zu erteilen, so durfte von ihr erwartet werden, daß sie gefaßt genug war, das neugeborene Kind zu versorgen.

10.5. KOMPLIKATIONEN UND SCHMERZWAHRNEHMUNGEN

Das Gericht interessierte in weiterer Folge nicht nur, wann die ersten Wehen einsetzten, sondern ebenso in welcher Form und Intensität sich diese äußerten. Wir werden dabei mit einer sehr interessanten Verdrängungstaktik konfrontiert: Die Frauen mußten zwar zugeben, stunden- und auch tagelang an Schmerzen gelitten zu haben, die sie nach außen hin oft nicht verbergen konnten, sie wollten aber gegenüber anderen, ja bisweilen nicht einmal gegenüber sich selbst den wahren Ursprung derselben zugeben. Nicht immer mußte diese vorgeschützte eigene Ahnungslosigkeit stimmen, vereinzelt klingt sie jedoch durchaus plausibel, als eine Art verzweifelter Flucht vor einer unabänderlichen Tatsache, die aber nicht zur Kenntnis genommen werden wollte. Wie konnte es sonst etwa geschehen, daß Maria Leutschitsch ob ihrer entsetzlichen Bauchschmerzen glaubte, sterben zu müssen und deshalb den Geistlichen holen ließ, damit er sie mit der letzten Ölung versehe? Hätte sie tatsächlich realisiert, daß sie wenig später entbinden würde, wäre dies wohl unterblieben, schließlich erregte sie mit ihrer Handlung im ganzen Hause höchste Aufmerksamkeit und alle Familienmitglieder scharten sich in der Folge um sie.[50]

---

48 StLA, AG-Prot. 15545/1835.
49 Vgl. J. Gerchow: Die ärztlich-forensische Beurteilung von Kindesmörderinnen, S. 83.
50 StLA, AG-Prot. 10205/1823.

Auch die Tatsache, daß einige der hochschwangeren Frauen beim Eintritt der Wehen versuchten, mit allerlei Heilmitteln einem scheinbaren Ursprung der Schmerzen beizukommen, weist in diese Richtung. Die Dienstmagd Johanna Grasch hatte ihrer Angabe nach bis zuletzt keine Überzeugung von ihrer nahen Entbindung: *„Sie habe wirklich geglaubt, daß die Schmerzen von Winden herrühren und daher Knoblauch gegessen und sich damit gerieben."*[51] Eine ähnliche Erklärung suchte die 20jährige Maria Weber, die ihr heftiges Bauchgrimmen auf den Genuß von zu wenig ausgebackenem Brot und darauf getrunkenem Wasser zurückführte und mit einem Umschlag aus Wermut lindern wollte. Der beigezogene Sachverständige mußte zugeben, daß diese Darstellung der Angeklagten durchaus einige Glaubwürdigkeit verdiente.[52]

Die meisten Beschuldigten konnten aber doch nicht leugnen, die eingetretenen Schmerzen als Vorboten der nahen Niederkunft erkannt und nur gegenüber ihrer Umgebung auf andere Ursachen zurückgeführt zu haben. Anna Nißin schützte etwa vor, an Rotlauf zu leiden, als sie von ihren Hausleuten befragt wurde, warum sie schon so früh ihre Liegestatt aufsuche, Elisabeth Leitner wollte ihre Dienstgeber wiederum davon überzeugen, nur aufgrund ihrer Wassersucht bettlägerig zu sein.[53] Die Frauen durften in der Regel auf eine entsprechende Pflege ihrer Mitbewohnerinnen und -bewohner vertrauen: Man reichte ihnen stärkende Speisen, Tee oder Branntwein, „rauchte" sie oder versorgte sie mit Salben und Umschlägen. Um ihren Zustand zu verbergen, mußten die Hochschwangeren freilich darauf achten, daß ihnen dabei niemand zu nahe kam. Die Dienstbäuerin von Eva Leitner erinnerte sich etwa im nachhinein, daß ihre Magd erschrocken abgewehrt hatte, von ihr am Körper mit Salbe eingeschmiert zu werden.[54] Ob und inwieweit die nähere Umgebung einer Gebärenden daraus nicht Verdacht in bezug auf die unmittelbar bevorstehende Entbindung schöpfte, muß abermals unbeantwortet bleiben.

Die Intensität der ohne Hilfe ertragenen Geburtsschmerzen konnten die Angeklagten kaum in Worte fassen. Wir erhalten nur einen ungefähren Eindruck davon, wenn wir etwa hören, daß Frauen im Übermaß der Qual ihre Kinder selbst aus dem Muttermund zogen, was vor allem bei Steißgeburten vorkam. Mindestens fünf Frauen gebaren ihr Kind auf solche Weise; nachdem die Tochter von Anna Plötnerin minutenlang im Geburtskanal gesteckt war, zog diese das Kind an den Beinen heraus.[55] Den untersuchenden Gerichtsbeamten fehlte offenbar die Vorstellungskraft für eine solche Leidensfähigkeit einer Gebärenden: *„Bei den wenigen Geburten, wo zuerst die Füße des Kindes kommen, ist die Ge-*

---

51 StLA, AG-Prot. 1452/1823. Vgl. E. Hammer: Grazer Kindsmörderinnen, S. 150-155.

52 StLA, AG-Prot. 6936/1820.

53 StLA, AG-Prot. 3650/1813; AG-Prot. 7293/1823.

54 StLA, AG-Prot. 7293/1823.

55 StLA, AG-Prot. 2989/1792. Zum enormen Risiko solcher Geburten vgl. Françoise Loux: Das Kind und sein Körper. Volksmedizin - Hausmittel - Bräuche. Aus dem Französischen übers. v. H. Kober. Mit einem Nachwort v. Kurt Lüscher. Frankfurt/Main, Berlin u. Wien 1983, S. 95 f.

burt so schwer, daß solche ohne der größten Anstrengung nicht stattfinden kann", meinte etwa der Bezirkskommissar von Feldbach ungläubig auf eine ähnliche Erzählung von Anna Haas.[56] Auch der Sohn von Theresia Jankin zeigte sich zuerst mit den Füßen. Nach Angabe der Mutter riß sein Kopf bei der Geburt ab und verblieb noch einige Zeit im Mutterleib, da der Knabe bei der Entbindung bereits faulig gewesen war.[57] Vier Frauen brachten darüber hinaus Zwillinge zur Welt, was ebenfalls ein beträchtliches Risiko für die Mutter darstellte. Es scheint so gesehen nicht verwunderlich, daß viele Beschuldigte darauf hinwiesen, im Moment der Entbindung das Bewußtsein verloren zu haben und damit außerstande gewesen zu sein, Verantwortung für das Neugeborene zu übernehmen.

Überraschend ist jedoch, daß in einigen Fällen eine genau entgegengesetzte Argumentationslinie eingeschlagen wurde: Gerade weil kaum oder überhaupt gar keine Schmerzen empfunden worden wären, hätten die Gebärenden darauf verzichtet bzw. keine Zeit mehr gehabt, fremden Beistand zu holen. Solche Aussagen werden übrigens durch die ärztliche Fachmeinung teilweise unterstützt. Joachim Gerchow kommt aufgrund seiner Beobachtungen zum Ergebnis, *„daß die oft schmerzfreie Sturzgeburt im gerichtsmedizinischen Sinne bei der verdrängten Schwangerschaft ein besonders häufiges Ereignis darstellt und offensichtlich gleichsam als Symptom der Verdrängung bzw. deren Auswirkung aufgefaßt werden darf."*[58]

Einigemale ging diese Negierung sogar so weit, daß Angeklagte regelrecht eine ihnen unbewußt gebliebene Geburt vorschützten. Gertraud Dobernigg war - ihrer Erzählung nach - eines Abends wegen heftiger Rückenschmerzen auf dem Weg zu ihrer Liegestatt gewesen: *„Weil die Gewölbtür hart aufgehe, habe sie mit einem Fuß selbe aufgestoßen, worauf sie einen Platscher gehört und bemerkt habe, daß etwas von ihr gefallen seye. Sie seye sogleich in die Küche um Licht gegangen und habe inner der Gewölbtür ein Kind liegen gefunden."*[59] Wir werden in der Folge noch sehen, daß ein solcher Fall aber eine Ausnahme darstellte. Fast alle Frauen wußten im Augenblick der Geburt sehr wohl, was mit ihnen geschah.

Wieviel die Kindesmütter bei ihrer Entbindung tatsächlich zu leiden hatten und wie sehr sie davon mitgenommen wurden, kann allgemeingültig nicht beantwortet werden. Wir müssen uns an dieser Stelle noch einmal daran erinnern, daß die diesbezüglichen Ermittlungen von Männern ausgeführt und aufgezeichnet wurden. Ihnen fehlte zum einen die nötige Erfahrung und das Verständnis, um Frauen über den Geburtsakt zu befragen; zum an-

---

56 StLA, AG-Prot. Bezirksherrschaft Feldbach, Fasz. 204: Riegersburg, Verbrechen der Herrschaft Stein 1846-1849.

57 StLA, AG-Prot. 100/10386/1818.

58 J. Gerchow: Die ärztlich-forensische Beurteilung von Kindesmörderinnen, S. 83 f.

59 StLA, AG-Prot. 4338/1823.

deren müssen wir davon ausgehen, daß es für die Angeklagte peinigend und beschämend war, einem Mann ausführlich intimste Vorgänge und Empfindungen zu schildern.[60]

10.6. GEBÄRPOSITION

Erstaunlich oft und manchmal auch sehr detailliert erfahren wir aus den Akten, welche Stellung die Frau während des Geburtsaktes einnahm. Die Aufmerksamkeit, mit der sich die Gerichte dieser Frage zuwandten, kam nicht von ungefähr: Je nach Gebärposition konnte das Risiko, daß ein Kind auf natürliche Weise beim Austreten aus dem Mutterleib Verletzungen mit möglicherweise letalem Ausgang davontrug, sehr unterschiedlich sein.

Von den meisten Frauen hören wir, daß sie stehend geboren hatten. Die zum sechstenmal niedergekommene Margaretha Schoba wußte, warum: *„Sie habe noch nicht anders als stehend geboren, weil es leichter vor sich geht“.*[61] Mit dem Rücken an einen festen Widerstand gepreßt und mit den Händen an verschiedene Gegenstände geklammert, versuchten die Frauen sich Halt zu verschaffen und so die Geburt zu erleichtern. Bei Zunahme der Wehen ergriff Maria Jurschitsch die Tür ihrer Kammer und hielt sich so eine Zeitlang aufrecht stehend, bis sie vor Schmerzen überwältigt zusammenbrach, Magdalena Hörmann nahm einen Baum, Agnes Panzer einen Weingartenstecken zur Hilfe.[62]

Die häufige Beschreibung einer in weitgehend aufgerichteter Körperhaltung vor sich gegangenen Entbindung darf aber auch nicht überbewertet werden. Es ist durchaus möglich, daß diese Gebärposition in den Akten besonders hervorgehoben wurde, weil gerade sie die größte Verletzungsgefahr für das Kind in sich barg. Bei einer üblichen Kopfgeburt prallte das Neugeborene mit dem Schädel oder dem Genick auf dem Boden auf, von dessen Beschaffenheit es oft abhing, ob das Kind den Sturz überlebte. Durch die Heftigkeit eines ungebremsten Falles aus dem Mutterleib war es auch möglich, daß die Nabelschnur zu nahe am Körper des Säuglings abriß und innere Blutungen verursachte.

Am zweithäufigsten gebaren die Frauen in gebeugter bzw. hockender Stellung. Mit den Händen, mit dem Rücken oder mit dem Kopf stützten sie sich an alles, was dafür brauchbar erschien: an eine Türschwelle, an das Bett, an einen Zaun oder an eine Weinpresse. Vorgeblich in Erwartung ihrer Notdurft brachte so manche Frau ihr Kind auch hok-

---

60 Vgl. dazu S. Kienitz: Sexualität, Macht und Moral, S. 220 f.

61 StLA, AG-Prot. 1752/1836. Tatsächlich gebaren die Frauen in der frühen Neuzeit vorzugsweise im Stehen oder in der Hocke. Vgl. E. Shorter: Der weibliche Körper, S. 75-77; Ines Albrecht-Engel; Christine Loytved: Gebärpositionen in der Geschichte und Völkerkunde aus medizinischer Sicht. In: Frauenalltag - Frauenforschung. Beiträge zur 2. Tagung der Kommission Frauenforschung in der Deutschen Gesellschaft für Volkskunde, Freiburg, 22.-25.5.1986. Frankfurt/Main u.a. 1988, S. 347-353.

62 StLA, AG-Prot. 4738/1838; AG-Prot. 555/1819; AG-Prot. 3913/1836.

kend auf dem Düngerhaufen, auf dem Abtritt oder über einem Nachttopf zur Welt. Der Sohn von Johanna Pucher fiel bei der Geburt beispielsweise in die irdene Nachtschüssel seiner Mutter, das Kind von Maria Sadravetz stürzte in eine metertiefe Grube, in der sich Kleie und Kehricht befanden. Die Frau hatte sich *„in fast sitzender Stellung hockend und mit den Händen auf den Knien gestemmt, das Gesicht unterspreizt"*, im Garten über der nämlichen Vertiefung niedergelassen.[63] Auch hier bestand natürlich großes Risiko für das Kind, während des Geburtsvorganges - mit oder ohne Wissen und Wollen der Mutter - Schaden zu nehmen.

Oftmals wählten die Frauen auch eine liegende Haltung, wenn sie die Zeichen der herannahenden Entbindung verspürten. Nicht immer bot sich den Kreißenden dafür eine weiche Liegestatt dar, Maria Millos ruhte beispielsweise rücklings auf dem Düngerhaufen, Maria Klamer legte sich über einen Stuhl in ihrer Kammer.[64] In Rücken-, aber auch in Seitenlage verharrten sie, bis das Kind ausgetreten war. Die Möglichkeit eines zufälligen Todes des Neugeborenen war auch in dieser Position gegeben: Hatte die Gebärende eine Dekke über sich gebreitet oder trug sie schwere Kleidungsstücke, so konnte die Gefahr bestehen, daß das Kind erstickte. Andererseits stellen Gerichtsmediziner fest, daß es bei Geburten in liegender Stellung kaum zu Ohnmachten in Folge eintretender Blutverteilungsstörungen kommt.[65]

Mehrere Frauen gaben zu Protokoll, sich bei der Entbindung auf einem Knie oder auf beiden Knien niedergelassen zu haben. Als ihre Fruchtblase sprang, richtete sich Anna Menhart in ihrem Bett auf, hielt sich mit beiden Händen am unteren Ende des Bettes fest und verblieb so zwei Stunden lang, bis das Kind kam.[66] Von einigen Angeklagten erfahren wir, daß sie in sitzender Stellung entbanden. Das war vor allem dann der Fall, wenn die Mütter auf dem Abtritt gebaren und das Neugeborene durch die Öffnung in die Senkgrube fiel. Aber auch auf Möbelstücken oder auf der bloßen Erde ging die Entbindung vor sich. Gertraud Maiditsch erzählte: *„Als sie es vor Schmerzen kaum mehr habe aushalten können, habe sie sich mit dem halben Arsch auf einen bey einer Spanne hohen Fußschemel gesetzet, die Füsse auf den Boden gestrecket und sich sogestaltig angestrengt. In diesem Augenblicke sey das Kind von ihr geschossen und auf den Boden gefallen."*[67] Wie der Nachsatz zeigt, barg diese Gebärposition ebenso erhebliches Risiko für das Kind.

63 StLA, AG-Prot. 7730/1836; AG-Prot. 14479/1835.

64 StLA, AG-Prot. 10373/1835; AG-Prot. 12471/1835.

65 Vgl. Gustav Adebahr: Kindstötung. In: Kurzgefaßtes Lehrbuch der Rechtsmedizin für Mediziner und Juristen [...]. Hrsg. v. Wolfgang Schwerd. 2. überarb. u. erg. Aufl. Köln 1976, S. 96.

66 StLA, AG-Prot. 8604/1824.

67 StLA, AG-Prot. 9256/1819.

10.7. AKTIVITÄTEN VOR DER GEBURT

Häufig erhalten wir von den Kindesmüttern eine mehr oder weniger genaue Beschreibung vom gesamten Verlauf des Tages ihrer Niederkunft. Die Aussagen sprechen für sich: Um ihren hochschwangeren Zustand zu verbergen, gingen die Frauen meistens, oft buchstäblich bis zur letzten Minute, ihren gewöhnlichen Arbeiten nach.[68] Schon unter dem Eindruck der nahen Geburt stehend, zwangen sie sich dazu, durch ihre Geschäftigkeit jeden aufkommenden Verdacht zu zerstreuen und den Eindruck völliger Integrität zu vermitteln. Werfen wir zum Beispiel einen Blick auf die Dienstmagd Maria Schmoling: *„Am Tage der Geburt habe sie das Kraut abputzen müssen, von dieser Bottung drei Steine, im erhobenen Gewichte von 107 Pfund, abgehoben und wieder auf das Kraut geleget, am nämlichen Vormittag mehrere Schäffer Hafer vom Stadl in die Keusche getragen und nachmittag etlich 20 Strähn nebst Wäsche zu dem über einen Hügel bei drei Büchsenschuß weit entferneten Brunn getragen, an dem sie bei drei Stund gewaschen habe. Bei dieser letzten Arbeit habe sie Schmerzen bekommen, seye mit den Strähnen in einem Schaffe auf dem Kopfe nach Hause und habe sich, da die Schmerzen immer zunahmen, in ihr gewöhnliches Bett gelegt.“* Kurz darauf, während die übrigen Hausleute beim Abendessen saßen, gebar Maria Schmoling eine Tochter.[69]

Die angeklagten Frauen scheuten selbst wenige Stunden vor der Geburt vor keiner Art der Arbeit zurück, auch körperlich anstrengendste Tätigkeiten - Flachs brecheln, Getreide schneiden, Erdäpfel graben - befinden sich auf der Liste. Wie bereits angedeutet, konnte es sogar dazu kommen, daß eine Hochschwangere direkt am Feld, unmittelbar bei ihrer Arbeit, entband. Nahezu unglaublich klingt der Fall der Dienstmagd Katharina Winkler. Sie brachte gerade mit den übrigen Hausleuten auf der Wiese das Heu ein, als die Geburtsschmerzen überhand nahmen: *„Sie seye mit dem Knechte Rup auf einer Seite der Wiese, die anderen Leute, d. i. die Bauerin, der Knecht Philipp und die Töchter, aber auf der anderen Seite der Wiese gewesen. Der Rup habe das Heufuder gefaßt, und sie habe ihm das Heu mit der Gabel auf den Wagen geworfen.“* Unter dem Vorwand, ihre Notdurft verrichten zu müssen, zog sich die Frau ins nahe Gebüsch zurück und gebar unbemerkt von den anderen innerhalb kürzester Zeit einen Knaben. Nach nicht einmal einer Viertelstunde kehrte Katharina Winkler auf die Wiese zurück, ergriff ihre Heugabel und führte ihre Tätigkeit fort, als ob nichts geschehen wäre![70]

Daß ein solches Verhalten fast übermenschlicher Anstrengungen bedurfte, liegt auf der Hand. Die Angeklagten gaben vor Gericht auch zu, daß es ihnen viel Mühe und Über-

---

[68] Gleiche Beobachtungen machen R. Schulte: Das Dorf im Verhör, S. 152-154; G. Ammerer: Abtreibung, Kindsmord und Kindsweglegung, S. 81; H. Klar: Verbrechen aus verlorener Ehre, S. 51.

[69] StLA, AG-Prot. 161/1819.

[70] StLA, AG-Prot. 1869/1820.

windung bereitet hatte, die gewöhnlichen Tätigkeiten bis zuletzt fortzuführen. Doch die Angst davor, mit einer Bitte um Schonung Verdacht erregen zu können, war stärker als jede körperliche Pein. Theresia Radlerin, die den ganzen Tag vor ihrer Entbindung bis weit in den Abend hinein mit der Heuarbeit beschäftigt war, litt unter so heftigen Schmerzen, daß sie sich - wie sie sagte - kaum das Weinen verbeißen konnte. Mit Bestürzung nahm sie wahr, *„daß das Kind über und über sich im Leib rühre und gerne herausgewesen wäre"*; sie unterdrückte jedoch ihre Wehen und hielt bis zum Ende des Arbeitstages aus, wo sie sich dann unbemerkt zurückziehen konnte.[71]

Nur von wenigen Frauen erfahren wir, daß sie am Tag ihrer Niederkunft im Bett blieben und sich ausruhten. Unter Vorspiegelung verschiedener Krankheitszustände erbaten sie Freistellung von ihrer Arbeit. Besonders gelegen kam es ihnen dabei natürlich, wenn die Niederkunft auf einen Sonn- oder Feiertag fiel, die Hausgemeinschaft sich zum Gang in die Kirche oder ins Wirtshaus zerstreute und weniger auf sie geachtet wurde. Bei der geringsten Äußerung eines Verdachtes waren die Frauen jedoch bereit, sofort aufzustehen, um ihren vorgeblich nicht schwangeren Zustand durch Arbeitsleistung zu demonstrieren. Die Küchenmagd Elisabeth Hartlieb legte sich in Erwartung der nahen Geburt an einem Vormittag zu Bett, worauf sie von ihrer Dienstgeberin zur Rede gestellt wurde, ob sie etwa schwanger sei. Die Magd verneinte dies hastig, stand wieder vom Bett auf und verrichtete ihre gewöhnlichen Arbeiten weiter. In der darauffolgenden Nacht brachte sie dann ihr Kind zur Welt.[72]

10.8. AKTIVITÄTEN NACH DER GEBURT

Ein Blick auf das Tätigkeitsfeld einer Wöchnerin unmittelbar nach ihrer verborgenen Niederkunft konfrontiert uns mit einer sehr ähnlichen Situation. Das Bild ist freilich etwas uneinheitlicher, da manche Entbindung bereits nach kürzester Zeit bemerkt wurde und so für die Kindesmutter jede Heimlichkeit ohnehin von selbst ihr Ende fand. In jenen Fällen aber, in denen die Angeklagten über Tage hinweg ihre Umgebung über das tatsächliche Geschehen im Unklaren halten konnten, begegnen wir ebenfalls einer unerhörten Willenskraft, die es den Frauen ermöglichte, ihr gewohntes Alltagsleben weiterzuführen und das vorgeschriebene Arbeitspensum zu erfüllen. Katharina Zettler, eine Dienstmagd, die in der Nacht zum 28. Juni 1816 ihr erstes Kind geboren hatte, meinte dazu: *„Es ist nicht so leicht hergegangen, nur der Wille, die Sache zu verheimlichen, verdoppelte meine Anstrengung, und*

---

[71] StLA, AG-Prot. 5709/1804.
[72] StLA, AG-Prot. 6953/1838.

so geschah es, daß ich mich des Morgens von allen Schwächen erholte, wieder aufstehen und zu meiner Arbeit gehen konnte.“[73]

Sofort nach der Geburt mußten die ersten Anstrengungen unternommen werden, um alle verräterischen Spuren zu beseitigen: Die Leiche des Kindes sowie die Nachgeburt hatten zu verschwinden, blutbeschmierte Kleidung und verunreinigtes Bettzeug waren zu waschen, Fußböden und Abtritte zu reinigen. Die übrige Arbeit im Haus oder auf dem Feld durfte ebenfalls nicht vernachlässigt werden. Nur ein Beispiel unter vielen stellte die Bauernmagd Maria Urmacher dar: Gegen 23 Uhr wurde die Frau Mutter eines Mädchens, drei Stunden später vergrub sie die Kindesleiche in einer Wiese, nach weiteren zwei Stunden begann sie nicht nur wie üblich mit ihrem Tagwerk am Hof, sondern half sogar bei der gleichzeitig stattfindenden Entbindung ihrer Dienstfrau.[74]

Es mußte aber nicht nur den gewohnten Arbeitsanforderungen entsprochen werden, auch gesellschaftliche Verpflichtungen durften nicht vernachlässigt werden. So kam es, daß sich so manche Wöchnerin nur kurze Zeit, nachdem sie ein Kind geboren und getötet hatte, auf den Weg zum sonntäglichen Gottesdienst machte! Zu verweisen ist auch noch auf jene Frauen, die im Freien, abseits einer Straße, entbunden hatten. Bei kalter Witterung hatten sie überhaupt keine Möglichkeit, sich zu erholen, sie nahmen ihren Fußmarsch sofort wieder auf und schleppten sich oft Stunden bis zu einer Unterkunft. Mina Zekoll befand sich etwa an einem eisigen Wintertag zusammen mit ihrer Tante auf dem Weg nach Göttenitz/Gotenica. Während ihre Verwandte vorausging, gebar die Frau unbemerkt ein Kind, das sie im Schnee liegenließ. Um nicht zu lange zurückzubleiben und sich damit zu verraten, schloß Mina Zekoll wieder zu ihrer Begleiterin auf und setzte die beträchtliche Strekke, die noch dazu über bergiges Gelände führte, weiter fort.[75]

Doch es bereitete den Frauen unverkennbar mehr Mühe, sich nach einer erfolgten Niederkunft auf den Beinen zu halten, als es sie das bereits in hochschwangerem Zustand Überwindung gekostet hatte. Kennen wir rund 60 Wöchnerinnen, denen es unter Aufbietung aller Kräfte gelang, ihr Leben im wesentlichen wie bisher fortzusetzen, so ist uns auch die gleiche Zahl an Kindesmüttern bekannt, die aus Erschöpfung nicht mehr umhin konnten, zumindest einen Tag, manchmal auch länger, auf ihrer Liegestatt zu verbringen. Geschwächt durch den Blutverlust und von Fieberanfällen geschüttelt, wurde so manche Angeklagte von der Untersuchungskommission aufgefunden. Bisweilen mußte eine Frau aufgrund der ihr zugemuteten Belastungen fast selbst ihr Leben lassen: Maria Kussin befand sich zwei Wochen in derart schlechtem Zustand, daß ihr unmittelbar bevorstehender Tod befürchtet wurde, sie endete schließlich im Wahnsinn; Anna Derschei war nach ihrer Nie-

[73] StLA, Aflenz, Herrschafts- und Marktarchiv, Sch. 11, H. 89: Strafsachen 1784-1835.
[74] StLA, AG-Prot. 13300/1823.
[75] StLA, AG-Prot. 9739/1823.

derkunft so schwach, *„daß man in den zwei nächsten Tagen ihr zweimal die geweihte Kerze vorhielt."*[76] Wir wissen allerdings nur von einer einzigen Frau, die an den Folgen ihrer Entbindung starb: Margareth Ferleschin wurde drei Wochen später nach schwerem Leiden zu Grabe getragen.[77] Es ist aber zu vermuten, daß die tatsächliche Zahl an Todesfällen weit höher liegt, vor 1800 endeten schließlich etwa 1% bis 1,5% aller Geburten mit dem Tod der Mutter.[78]

---

76 StLA, AG-Prot. 1987/1815; AG-Prot. 12163/1822.

77 StLA, AG-Prot. Fasz. 20, Nr. 327/1797.

78 Vgl. E. Shorter: Der weibliche Körper, S. 90-92 u. S. 118.

11. DIE TAT

11.1. MUTTERLIEBE ALS NATÜRLICHE KONSTANTE?

Gerade bei einem Delikt wie dem Kindsmord wird seitens der Gesetzgeber und Rechtsprecher immer wieder die besondere „Widernatürlichkeit“ und „Monstrosität“ dieses Verbrechens betont, da doch eine Frau völlig gegen ihre mütterlichen Instinkte und Prinzipien handelte.[1] Weiblichkeit war im bürgerlichen Verständnis gleichbedeutend mit unbedingter Selbstaufgabe für die Obsorge und Pflege der Nachkommen, ein gewaltsamer Übergriff einer Mutter auf ein Wesen, das ihr nach den geltenden Verhaltensregeln im Leben das Wertvollste sein mußte, konnte nur als höchste Entartung betrachtet werden. Die Frage ist, ob dieses ideale Bild einer liebenden und aufopfernden Mutter auch für die unteren sozialen Schichten generell angewandt werden kann. Edward Shorter und Arthur E. Imhof meinen dazu etwa, daß Mütter aus bäuerlichen und unterbäuerlichen Schichten der frühen Neuzeit ihren Kindern in der Regel keine tiefen Empfindungen entgegenbrachten, auch Elisabeth Badinter bemerkt in Übereinstimmung damit, daß Mutterliebe keinen Grundbestandteil der weiblichen Natur darstelle, sondern erst im späten 18. und im frühen 19. Jahrhundert als gesellschaftliche Norm festgeschrieben worden sei.[2]

Abseits von wirtschaftlichen und sozialen Zwängen eines begangenen Kindsmordes soll daher im folgenden die Gefühlsebene zwischen Mutter und Neugeborenem untersucht

---

1 Vgl. dazu das Kapitel „Vom Wesen des Weibes“ in Maya Borkowsky: Krankheit Schwangerschaft? Schwangerschaft, Geburt und Wochenbett aus ärztlicher Sicht seit 1800. Zürich 1988, S. 23-28; Maria Dörfler: Mütter und Mutterbilder. In: Familie. Ideal und Realität. Hrsg. v. Elisabeth Vavra. Katalog zur Niederösterreichischen Landesausstellung 1993. Horn 1993, S. 32-47; M. Lorenz: Das Delikt des Kindsmords, S. 141 f.; O. Ulbricht: Kindsmord und Aufklärung, S. 260; E. Dietrich: Übeltäter, Bösewichter, S. 138 f.

2 Vgl. Edward Shorter: Die Geburt der modernen Familie. Aus d. Amerik. übers. v. G. Kilpper. Reinbek bei Hamburg 1977, S. 196-203 sowie ders.: Der Wandel der Mutter-Kind-Beziehungen, S. 256-287; A. E. Imhof: Leib und Leben, S. 76-78; Elisabeth Badinter: Die Mutterliebe. Geschichte eines Gefühls vom 17. Jahrhundert bis heute. Aus d. Franz. übers. v. F. Griese. München u. Zürich 1981. Vgl. dazu auch Philippe Ariès: Geschichte der Kindheit. München 1992, S. 209-218 sowie Lloyd deMause: Evolution der Kindheit. In: Hört ihr die Kinder weinen. Eine psychogenetische Geschichte der Kindheit. Hrsg. von Lloyd deMause. Frankfurt/Main 1980, S. 12. Eine Zusammenfassung dieses Diskurses findet sich bei: R. Sieder: Sozialgeschichte der Familie, S. 38-48 sowie Beatrix Bastl: Der Herr gibt, der Herr nimmt. Bemerkungen zur Geschichte von Kindheit und Tod im Mittelalter und in der frühen Neuzeit. In: Triumph des Todes? Ausstellungskatalog. Hrsg. v. Museum Österreichischer Kultur. Eisenstadt 1992, S. 64-72.

werden. Das Unterfangen kann sich nur auf einige wenige Beispiele stützen, Empfindungen wurden von den Angeklagten höchst selten klar artikuliert und müssen bisweilen zwischen den Zeilen gelesen werden. Es ist aber unverkennbar, daß Frauen, die vorsätzlich einen Kindsmord unternahmen, in eine deutliche Distanz zu ihrem Neugeborenen gingen und dieses nicht individualisieren wollten. Das begann damit, daß sie das zur Welt gebrachte Wesen gar nicht ansahen oder näher untersuchten. Sie verweigerten damit ganz einfach, sich von der tatsächlichen Existenz eines lebenden und auf die mütterliche Hilfe angewiesenen Kindes zu überzeugen, jede emotionale Bindung durch die Kenntnisnahme persönlicher Eigenheiten desselben - etwa äußeres Erscheinungsbild oder Geschlecht - wurde verhindert.[3] Barbara Hutterin äußerte sich in ihrem Protokoll unmißverständlich, daß sie das Kind deswegen nicht ansah, weil sie schon den Gedanken gefaßt hatte, es zu töten, Appollonia Sendlhoferin, von ihrem Liebhaber im Stich gelassen, erzählte über die Umstände der Tat: *„[...] als sie das Kind mit dem Besen in das Vortuch gekehret, habe es ihr /gezimt/ geschunen, als ob es noch schnaufe, gewiß könne sie es aber nicht sagen, weil sie das Kind weder angeschauet noch angegriffen habe, sie habe gedacht, was helfe ihr das Anschauen, weil ihr der Mensch nichts giebt dazu."* Appollonia Sendlhoferin behandelt ihr Neugeborenes wie lästigen Müll: Zuallererst schüttet sie Kehricht über dasselbe, in der Absicht, es damit zu ersticken, schließlich greift sie noch zum Besen, um die Spuren zu beseitigen: Kind und „übriger" Abfall werden völlig undifferenziert in ein Tuch *„hineingewuzelt"* und in die Mistgrube geworfen.[4]

Wir begegnen einigemale Frauen, die keinen Hehl daraus machten, für ihr zur Welt gebrachtes Kind nur Abscheu empfunden zu haben. Anna Prandstetter sagte vor Gericht ganz offen, das Neugeborene wie ein Tier behandelt und keine Liebe, sondern lediglich einen unglaublichen Haß gegen dasselbe gefühlt zu haben.[5] Schuld an dieser Aversion trugen zum einen die erlittenen Qualen der Entbindung. Juliana Mosser gab zu, sie habe wegen der heftigen Geburtsschmerzen wider das Kind eine unwiderstehliche Abneigung gefaßt, was sie unter anderem zur Erstickung des Säuglings bewog, Katharina Lettenigg hatte nach Zeugenaussagen noch gerufen: *„Also du, Teufel, hast mir solche Schmerzen gemacht"*, bevor sie ihr Kind tötete.[6] Zum anderen konnte das Neugeborene als eigentliche Ursache allen Unglücks angesehen und für die erlittene Ungemach - soziale Degradierung, wirtschaftliches Elend, Abwendung des Liebhabers - direkt verantwortlich gemacht werden. Maria Altin, die, von ihrem Kindesvater und zugleich Dienstgeber rücksichtslos aus dem Haus geworfen, im Wald auf einem Schneehaufen entbinden mußte, richtete sich in ihrer Ver-

---

3 Zur Wichtigkeit des Augenkontaktes als Faktor der Aggressionshemmung vgl. M. W. Piers: Kindermord, S. 425 f.

4 StLA, AG-Prot. 11555/1816; AG-Prot. 4664/1792. Vgl. auch K. Grütter: Kindstötung in Basel, S. 113.

5 StLA, AG-Prot. 5997/1836.

6 StLA, AG-Prot. 5989/1838; AG-Prot. 5762/1816.

zweiflung gegen das einzige Wesen, das noch schwächer war als sie selbst, *„da sie kein Mitleiden mit ihrem Kinde hatte, weil auch dessen Seele mit ihr, Inquisitin, keines hatte."*[7]

Es war auch möglich, daß die Kindesmütter geradezu körperlichen Widerwillen gegenüber dem neugeborenen, verunreinigten Kind empfanden. Johanna Rabelbauer ließ den Säugling nach der Geburt unter anderem zappelnd und hilflos am Boden liegen, weil ihr vor dem nassen und blutenden Kind ekelte, ja sie griff nicht einmal ein, als sich demselben Hühner näherten und es *„am Kopfe gepeckt hätten"*.[8] Dieses Grauen vor der Berührung mit dem Körper des - lebenden oder toten - Neugeborenen begegnet uns in Ansätzen auch wieder, wenn die Kindesleiche gefunden wurde: Einige der Angeklagten betonten im Verhör, daß sie gezwungen worden seien, dieselbe auszugraben und in ihren Armen nach Hause zu tragen, was offenbar als Strafe angesehen wurde.

Es wäre völlig verfehlt, all diese Äußerungen auf die bloße Grausamkeit weniger, sozusagen krankhaft normwidrig agierender Frauen zurückführen zu wollen. Wir wissen von einigen von ihnen, daß sie als durchaus liebevolle und pflichtschuldige Mütter zu ihren bereits geborenen Kindern galten. Medizinische Studien zeigen überdies, daß nach der Geburt eines Kindes mütterliche Empfindungen unter Umständen mehrere Wochen bis sogar Monate auf sich warten lassen und gerade in der ersten Zeit nach einer Entbindung häufig Gefühle der Ablehnung dem Neugeborenen gegenüber auftreten.[9] So erfaßten die Frauen bisweilen erst Tage nach ihrer Tat die tatsächliche Tragweite ihres Handelns, und sie bekundeten heftige Reue über ihr Verbrechen und Mitleid mit dem getöteten Kind - ob aus vollster Überzeugung oder bloß wegen der erwarteten Linderung der Strafe bleibt freilich ungewiß.

11.2. GESCHLECHT DES NEUGEBORENEN

Den Gerichten war das Geschlecht des getöteten Neugeborenen selten eine Erwähnung wert. Lediglich in 210 Fällen finden wir eine Notiz darüber. Bei einer Gegenüberstellung kommen auf 102 Knaben 108 Mädchen. Dieses zahlenmäßig ausgewogene Verhältnis läßt nur einen Schluß zu: Die Frage, ob das Kind männlichen oder weiblichen Geschlechts war, spielte für die Mutter im Augenblick der Tötung überhaupt keine Rolle.[10] Bei der bewußten

---

7 StLA, AG-Prot. 2187/1807.

8 StLA, AG-Prot. 1409/1824.

9 Vgl. Christa Nairz: Depressive Tendenzen in der Schwangerschaft und nach der Geburt des ersten Kindes unter besonderer Berücksichtigung des Sozialkontakts. Graz, Naturwiss. Diss. 1991, S. 25; Sigurd Graf von Pfeil: Das Kind als Objekt der Planung. Eine kulturhistorische Untersuchung über Abtreibung, Kindestötung und Aussetzung. Göttingen 1979, S. 221 f.

10 Das wird anderorts bereits für das Spätmittelalter festgestellt. Vgl. K. Roetzer: Abtreibung, Kindstötung

und bis zum Tode führenden Vernachlässigung von Kindern in ihren ersten Lebenswochen oder -monaten ist nämlich sehr wohl festzustellen, daß solchen Praktiken, die auch als „Himmeln" bezeichnet werden, in erster Linie Mädchen zum Opfer fielen.[11] Bei einem Kindsmord unmittelbar bei der Geburt zählte für die Mutter aber nur die Existenz des Kindes als Wesen an sich, auf weitere Differenzierungen achtete sie nicht. Unterstrichen wird das Ergebnis durch die Aussagen mehrerer Frauen, die befragt über das Geschlecht ihres getöteten Neugeborenen außerstande waren, eine Auskunft darüber zu geben. Sie hätten das Kind bei der Geburt gar nicht recht angesehen, sondern seien nur bestrebt gewesen, es möglichst rasch beiseite zu schaffen. Margaretha Zapfel nahm das Geschlecht ihres Kindes zum Beispiel erst wahr, nachdem sie dem Säugling das Genick gebrochen hatte,[12] einzelne Kindsmörderinnen mußten überhaupt von anderen Personen - etwa den Hausleuten oder der Untersuchungskommission - im nachhinein über das Geschlecht ihres Kindes aufgeklärt werden.

Lediglich ein einzigesmal treffen wir auf einen Hinweis, daß das Geschlecht des geborenen Kindes bedeutsam für seine weitere Zukunft sein konnte: Die in Pisino im Jahre 1807 untersuchte Lucia Pusar erzählte in ihrem Verhör, der Kindesvater habe ihr während der Schwangerschaft mehreremale gesagt, er sei bereit, einen Sohn anzunehmen und zu erziehen, von einem Mädchen wollte er hingegen nichts wissen. Lucia Pusar brachte jedoch Zwillinge unbekannten Geschlechts, und zwar angeblich tot, zur Welt; sie versuchte daraufhin, ihre Entbindung zu vertuschen, um nicht den Unwillen ihres Liebhabers auf sich zu ziehen.[13] Es bleibt also auch in diesem Fall unklar, ob tatsächlich das Geschlecht der Kinder mit ein Auslöser für ihren Tod war.

11.3. TODESURSACHEN

Auf der Klärung der Frage, welcher Art ein Neugeborenes ums Leben gekommen war, basierte nicht nur die Entscheidung über Schuld oder Unschuld einer Angeklagten, sondern bei einer Verurteilung auch die Festsetzung ihres Strafmaßes. Wie wir bereits gehört haben, unterschied das Franziszeische Strafgesetzbuch genau zwischen einem Kindsmord durch

---

sowie Kindsaussetzung, S. 104.

11 Vgl. Ulrich Pfister: Die Anfänge von Geburtenbeschränkung in Europa: Wege zu einer umfassenden Analyse. In: Ehe, Liebe, Tod. Zum Wandel der Familie, der Geschlechts- und Generationsbeziehungen in der Neuzeit. Hrsg. v. Peter Borscheid und Hans J. Teuteberg. Münster 1983, S. 231; Vgl. auch M. Beth: Kindesmörderin. In: Handwörterbuch des deutschen Aberglaubens. Hrsg. v. Hanns Bächtold-Stäubli unter Mitwirkung v. Eduard Hoffmann-Krayer. Bd 4. Berlin u. Leipzig 1932 (Unveränderter Nachdruck 1987) Sp. 1389.

12 StLA, AG-Prot. 4829/1821.

13 StLA, AG-Prot. 55/1807.

bloße Unterlassung des bei der Geburt nötigen Beistandes und einer tatsächlichen gewaltsamen Handanlegung an das Neugeborene. Während im ersten Fall fünf bis maximal zehn Jahre schwerer Kerker drohten, betrug die Strafe für eine effektive Tötung zehn bis 20 Jahre Kerker. De facto wurden die meisten Kindsmörderinnen vor Gericht nur wegen Verweigerung der lebensnotwendigen Geburtshilfe zur Verantwortung gezogen. Das mußte allerdings nicht bedeuten, daß sie keinerlei Gewalt an ihrem Kind verübt hatten. Es ließ sich aber anhand des Obduktionsberichtes oft nicht zweifelsfrei feststellen, wodurch der Tod eines Säuglings wirklich hervorgerufen worden war. Spielten augenscheinlich mehrere Umstände zusammen, entschied man sich für das praktisch immer zutreffende Faktum der unterlassenen Hilfeleistung, um die Angeklagte nicht ungerechtfertigt zu belasten.

Die folgende Differenzierung der festgestellten Todesarten eines Neugeborenen ist daher mit großer Vorsicht zu betrachten. Um der oben geschilderten Vereinheitlichung zu entgehen, liegt das Hauptaugenmerk in erster Linie auf der grundsätzlichen Bereitschaft, eine gewisse Form von Gewalt auszuüben, und nicht so sehr auf dem tatsächlich todbringenden Erfolg dieser Handlung. Widersprüche zwischen der Aussage der Angeklagten und dem Gutachten der Sachverständigen wurden in der Regel zu Gunsten des objektiver scheinenden medizinischen Befundes entschieden. Grundlage für die Darstellung bilden auf diese Weise rund 200 Fälle, in denen die Kindesmutter eine Lebendgeburt eingestand bzw. die beigezogenen Ärzte und Hebammen anhand des vorgefundenen Leichnams diese Tatsache als wahrscheinlich bestätigten. Wenn wir uns die Schwierigkeiten einer oft unter primitivsten Umständen durchgeführten Sektion vor Augen halten - wir werden an anderer Stelle noch darauf zurückkommen -, müssen wir bei den solcherart erzielten Ergebnissen aber unbedingt einen entsprechenden Unsicherheitsfaktor einkalkulieren.

Es ist davon auszugehen, daß sich etwas mehr als die Hälfte der verdächtig scheinenden Todesfälle auf eine unterlassene Hilfeleistung bei der Geburt gründete. Ein Neugeborenes mußte ordnungsgemäß abgenabelt und gereinigt werden, es benötigte Wärme und - zumindest nach einigen Stunden - Nahrung. Die Frage, in welchem Maße die vernachlässigte Pflege und Fürsorge des Säuglings auf Willkür oder Zufall beruhte, war äußerst schwer zu beantworten und muß auch hier ausgeklammert bleiben. Seitens der Angeklagten konnten immer wieder eigene Schwäche sowie gänzliche Unwissenheit vorgeschützt werden, während beispielsweise sichtbare körperliche Verletzungen an einem Kind nicht so einfach zu erklären waren.

Die unterbliebene Versorgung eines Neugeborenen konnte verschiedene Folgen zeigen, in der Regel konstatierten die Sachverständigen jedoch eine Verblutung des Säuglings durch die nicht vorgenommene Unterbindung des Nabelstrangs. Dieser war im Laufe der Entbindung entweder von selbst gerissen - wenn etwa das Neugeborene aus dem Mutterleib zu Boden fiel - oder die Kindesmutter hatte ihn mit bloßen Händen oder mit Hilfe eines

Werkzeugs durchtrennt, ohne die entstandene Blutung fachgerecht zu stillen. Ob und wie lange ein Säugling mit nicht verbundener Nabelschnur überleben könne, darüber gingen die ärztlichen Meinungen auseinander. 1812 heißt es in einem gerichtsmedizinischen Gutachten, ein Kind müßte in diesem Fall bereits nach wenigen Minuten sterben; Ausnahmen hielt man für denkbar, wenn etwa der gekappte Nabelstrang durch die Lage des Neugeborenen an dessen Bauch gepreßt oder durch Partikel - etwa Erde - verstopft worden wäre.[14] Auch wenn die Mutter mit ihren Händen das Kind von der Plazenta getrennt hatte, wollte man die Folgen für das Neugeborene nicht zwingend als nachteilig sehen: Durch die Quetschung und Dehnung des Nabelschnurgewebes vor dem Zerreißen würden die Gefäße verengt, was die Blutung erheblich verminderte und ein längerfristiges Überleben begünstigte.[15] 1824 stellten Sachverständige in einem Obduktionsbefund wiederum fest, ein Kind könnte mit nicht unterbundenem Nabelstrang je nach den Begleitumständen rund eine Stunde aushalten, der erlittene Blutverlust wäre für den kleinen Organismus aber absolut tödlich.[16] Aus den Sachverhaltsdarstellungen in den Appellationsgerichtsprotokollen erhalten wir gleichfalls kein einheitliches Bild. Einerseits erfahren wir von Neugeborenen, die anscheinend in Folge der durchtrennten Nabelschnur innerhalb kürzester Zeit so geschwächt waren, daß sie nicht überlebten. Katharina Ritscherin beteuerte, ihr Söhnchen habe auf diese Weise nach der Geburt *„nur ein kleins bißl' gelebet, nicht lang, gar nicht lang"*.[17] An anderer Stelle hören wir wieder, daß Kinder mehrere Stunden bei Bewußtsein blieben. Nach der Beschreibung von Gertraud Novack gab ihr Kind trotz widrigster Umstände noch mindestens zwei Stunden lang deutliche Lebenszeichen von sich, *„in welcher Zeit selbes immer heftig geweint hätte, darauf sey das Weinen immer schwächer und schwächer geworden, bis solches nach ungefähr einer Viertlstunde ganz aufgehört habe."*[18]

Die weitverbreitete Lehre vom Tod durch die unabgebundene Nabelschnur muß durch die Medizin inzwischen als widerlegt angesehen werden.[19] Während im Gebiet des Erzstiftes Salzburg dieses neue Wissen bereits Anfang des 19. Jahrhunderts rezipiert wurde und Einfluß auf den Ausgang von Strafprozessen hatte,[20] blieb man in Innerösterreich davon unberührt und judizierte auf der Basis bereits überholter ärztlicher Lehrmeinungen.

---

14 StLA, AG-Prot. 1417/1812.

15 StLA, AG-Prot. 4729/1812.

16 StLA, AG-Prot. 8573/1824.

17 StLA, AG-Prot. 9263/1790.

18 StLA, AG-Prot. 5733/1823.

19 Vgl. O. Ulbricht: Kindsmörderinnen vor Gericht, S. 69; Heinrich von Fabrice: Die Lehre von der Kindsabtreibung und vom Kindesmord. Gerichtsärztliche Studien. 2., neubearb. Aufl. v. A. Weber. Berlin 1905, S. 259-266.

20 Vgl. G. Ammerer: „Die steinerne Agnes", S. 361.

Wurde ein Kind nach der Geburt nicht von der Plazenta getrennt, sondern blieb durch die Nabelschnur mit ihr verbunden, drohte nach Meinung der Ärzte ebenfalls über kurz oder lang sein Tod. Den Gerichtsmedizinern fehlte aber das Wissen um die Details: Meinte man noch 1810, durch die offenen Gefäße des Mutterkuchens müßte das Kind im Verlaufe einer nur kurzen Zeitspanne verbluten, so heißt es 1835 in einem Gutachten, daß ein Neugeborenes auf diese Weise wohl einen ganzen Tag überleben könnte![21] Wir sehen allein darin, daß auf die damalige ärztliche Fachmeinung nicht blind vertraut werden darf.

Eine unterlassene Hilfeleistung bei der Geburt verursachte bisweilen auch ein Erstikken des Säuglings. Der angesammelte und nicht entfernte Schleim in der Mund- und Rachenhöhle behinderte die Atmung; kam das Kind unglücklich mit Mund und Nase am Boden zu liegen, wurden die Luftwege oft zusätzlich durch Blut oder Teile der Plazenta verstopft. Bei einer Entbindung im Bett konnte es geschehen, daß der Säugling, unter einer schweren Decke oder bloß unter den Röcken der Kindesmutter befindlich, ebenfalls nicht ausreichend Luft bekam und sein Leben lassen mußte. Im Laufe des Strafprozesses gegen Maria Sadu stellten die Sachverständigen zusammenfassend fest, ihr Sohn sei vermutlich erstickt, und führten dazu aus: *„Dieses kann erfolgen, wenn das Kind auf dem Gesichte zwischen den Schenkeln der Mutter liegen bleibt oder wenn Blutabgang, Kot, Tücher, Dekken usw. der Luft den Zugang zum Kinde verschließen oder wenn die Fruchthäute nicht entfernt, zäher Schleim aus der Mundhöhle nicht ausgeräumt werde u.a.m. Das Kind wird schwach, ohnmächtig, und die Folge ist der Tod.“*[22]

Fand die Niederkunft bei frostiger Witterung in einem ungeheizten Raum oder gar im Freien statt, so bedeutete die unterlassene Hilfeleistung für das Kind in der Regel seinen Tod durch Erfrieren. Das Kind von Agnes Korren kam in einer kalten Dezembernacht zur Welt. Die Ärzte befanden nach der Obduktion des kleinen Mädchens: *„Selbes erlitt keine mechanische Gewalttätigkeit und starb auch an keiner Verblutung, sondern vielmehr gleich nach einer der Natur ganz überlassenen Entbindung vielleicht in der strengen Kälte durch den schnellen Wechsel der Temperatur am blutigen Schlagflusse.“*[23]

Ein Kind mußte bei bloß verweigertem Beistand nach der Geburt nicht unbedingt sofort sterben; bei entsprechend starker Konstitution überlebte es manchmal mehrere Stunden. Um diesen Todeskampf nicht mitansehen zu müssen, verließen viele Mütter das Neugeborene ganz einfach am Ort der Geburt, ohne sich weiter darum zu kümmern. Maria Prach bedeckte ihren am Stallboden liegenden, noch zappelnden Sohn mit Farnkraut, dann begab sie sich rasch ins Wohnhaus.[24] Die Kärntner Bauernmagd Barbara Hutterin ging sogar so weit, ihren Sohn in eine Truhe neben ihrem Bett zu sperren, damit sie nicht unmit-

---

21 StLA, AG-Prot. 1476/1810; AG-Prot. 10373/1835. Vgl. auch AG-Prot. 8573/1824.
22 StLA, AG-Prot. 13289/1837.
23 StLA, AG-Prot. 6265/1836.
24 StLA, Ag-Prot. 7385/1824.

telbar mit seinem Sterben konfrontiert wurde.[25] Mit der Beseitigung des belastenden Objektes aus dem eigenen Blickfeld versuchten die Frauen wohl einen Teil der Verantwortung von sich abzugeben. Sie wollten nicht miterleben, wann und wie ihr Kind sein Leben verlor; je weniger sie davon wußten, desto geringer stellte sich ihr Anteil an der Schuld dar. Das Neugeborene war ja eigentlich nicht durch ihre Hand gestorben, es war vielmehr ein Opfer der Umstände geworden. Der Unrechtsgehalt einer solchen Tötung durch Unterlassung wurde von den Kindesmüttern daher nicht so hoch eingeschätzt wie ein Mord durch Gewaltanwendung.[26]

Bei knapp 50% der auf unnatürliche Weise ums Leben gekommenen Neugeborenen müssen wir annehmen, daß ihnen seitens der Mutter Gewalt zugefügt wurde und diese Übergriffe ihren Tod verursachten oder doch zumindest erheblich beschleunigten. In fast allen Fällen unterbrachen die Frauen in irgendeiner Form die Atmung des Säuglings.[27] Das kam sicher nicht von ungefähr: Das primäre Bedürfnis der Gebärenden war es, unentdeckt zu bleiben, jedes Schreien des Kindes mußte daher verhindert werden. Die meisten Angeklagten erdrosselten ihre Neugeborenen, zum Teil mit ihren bloßen Händen, zum Teil mit Stoffstreifen oder Stricken, die gerade zur Hand waren. Gertraud Rotschnigg bediente sich zu diesem Zweck ihres Strumpfbandes, Maria Dollanzin schlang die Bänder ihres Vortuches um den Hals ihres Sohnes, und Anna Kodella strangulierte ihre Tochter mit deren Nabelschnur.[28] Die 19jährige Dienstmagd Juliana Ederin beschrieb vor dem obersteirischen Landgericht Landskron ihre Tat. Sie hatte unmittelbar nach der Geburt *„das lebende Kind, so ein Bub war, sogleich mit einer Hand bei dem Hals ergriffen und [...] durch einen guten Vaterunser lang frey und ziemlich fest gehalten, weil sie solches erwürgen wollen, das Kind hätte auch mit beiden Füßen gezucket, mit dem Maul drei oder vier Schöpfer gemacht und wäre hin gewesen“.*[29]

Immer wieder betonten die Angeklagten, daß gar keine Kraftanstrengung und nur wenige Augenblicke Zeit dazu nötig gewesen seien, das ohnehin schwache Leben des Neugeborenen auszulöschen. Die Kärntner Bürgerstochter Maria Leitgeb erschreckte mit ihrer ungewöhnlichen Vorgangsweise daher sogar die medizinischen Sachverständigen: Sie hatte die Kehle ihres Kindes mit einem Band so eng zusammengeschnürt, daß diese nur mehr fingerdick war![30]

---

25 StLA, AG-Prot. 11555/1816.

26 Vgl. auch O. Ulbricht: Kindsmörderinnen vor Gericht, S. 75 f.

27 In anderen Studien wird ebenfalls auf die Häufigkeit des Erstickens bzw. Erdrosselns hingewiesen. Vgl. C. Kaiser: Opfer oder Täterinnen, S. 77; K. Roetzer: Abtreibung, Kindstötung sowie Kindsaussetzung, S. 93; D. Blanke: Kindestötung, S. 127 f.

28 StLA, AG-Prot. 8183/1819; AG-Prot. 3435/1807; AG-Prot. 2174/1815.

29 StLA, AG-Prot. 4300/1791.

30 StLA, AG-Prot. 4757/1808.

Auch durch Ersticken wurde der Tod eines Neugeborenen überaus häufig bewirkt: Maria Starz steckte ihren Sohn einfach unter das Bettstroh und legte ihre Füße auf das Kind, Magdalena Hörmann stopfte Moos in den Rachen ihrer Tochter.[31] Die 23jährige Ausseer Dienstmagd Anna Maria Walkner tötete zwei Säuglinge auf die gleiche Weise: *„Gleich wie sie das noch lebende Kind zu sich hinaufnahm, sey sie demselben mit einem Finger in den Mund gefahren, worauf es schrie, worauf sie ihm den Mund und die Nase zuhielt, lange sey sie mit dem Finger nicht im Mund geblieben, sey dem Kind damit auch in den Hals hinabgekommen, dies tat sie, um das Schreyen zu verhündern und um es umzubringen, nämlich den Atem zu benehmen und es zu ersticken."*[32] Bisweilen wurde ein Neugeborenes von seiner Mutter regelrecht erdrückt: Sie legte sich entweder mit ihrem ganzen Körper auf das Kind oder quetschte es gegen einen harten Gegenstand, etwa eine Bettwand oder Mauer.

Wenn die Frauen das Neugeborene in den Abtritt fallen ließen, erstickte das Kind in Kot und Unrat. Bei Obduktionen vorgefundene geschluckte Partikel von menschlichen Exkrementen in den Mägen der Säuglinge lassen uns das Grauen eines solchen Todes erahnen. Nicht minder qualvoll war es für das Kind, wenn es lebendig begraben wurde. Elisabeth Rotar verscharrte ihren noch lebenden Sohn in der Erde. Der robuste Säugling führte einen verzweifelten Todeskampf: Als er gefunden wurde, fanden sich zwischen seinen verkrampften Fingerchen Erde und ausgerissenes Wurzelwerk.[33]

Nicht selten geschah es, daß Neugeborene von ihren Müttern ertränkt wurden: Sie warfen sie in stehende oder fließende Gewässer oder drückten sie mit dem Kopf in eine Schüssel voll Wasser. Anna Haas schob ihre Tochter unter die Eisdecke des Waschteiches ihres Dienstherrn, die 21jährige Maria Kerner ertränkte ihren Sohn am Dachboden in einem mit Wasser gefüllten Bottich.[34]

Ein - wenn auch sehr geringer - Teil der Kindsmörderinnen schreckte selbst vor der gewaltsamen Beibringung schwerster innerer und äußerer Verletzungen am Neugeborenen nicht zurück. Sie brachen dem Kind etwa das Genick oder die Schädelknochen bzw. fügten ihm klaffende, blutende Wunden zu. Elisabeth Steyrer zerschmetterte den Körper ihres Sohnes, als sie ihn bei Haus im Ennstal auf einen steinernen Brückenpfeiler warf, die Bettlerin Maria Mayer packte ihr Kind an den Füßen und schlug es mit dem Kopf gegen die Mauer einer Hütte.[35]

---

31 StLA, AG-Prot. 8103/1836; AG-Prot. 555/1819.

32 StLA, AG-Prot. 8544/1835.

33 StLA, AG-Prot. 4746/1838.

34 StLA, Bezirksgericht Feldbach, Fasz. 204: Riegersburg, Verbrechen der Herrschaft Stein 1846-1849; AG-Prot. 6245/1838.

35 StLA, Haus und Gröbming, Herrschaftsarchiv, Sch. 154, H. 388: Kindesmord 1738-1834; AG-Prot. 9103/1836.

Den Hinweis, daß ein Neugeborenes von seiner Mutter erstochen wurde, finden wir nur zweimal. Theresia Neppel, eine 21jährige Schulmeisterstochter aus Leutschach, stieß das Rasiermesser ihres Bruders in den Hals ihres neugeborenen Knaben. Lange Zeit gab sie vor, das Kind nur mit einem Nagel verletzt zu haben; um ihr Leugnen zu entschuldigen, meinte die als schwachsinnig eingestufte Frau: „*Von diesem Messer habe sie destwegen so lange nichts gesagt, weil sie glaubte, die Strafe werde destwegen größer ausfallen, weil das Messer groß ist.*“[36] In der Tatbeschreibung gab Theresia Neppel zu Protokoll, sie habe mit der Klinge so zugestoßen, „*wie man ein Schweindl absticht*“; auch an anderer Stelle hören wir davon, daß eine Täterin ihr Kind „*ausbluten*“ lassen wollte oder es „*wie ein Tier*“ behandelte.[37] Bei einer Bauernmagd müssen wir von völlig anderen Maßstäben ausgehen, was etwa Grausamkeit oder sogenannte Blutrünstigkeit betrifft. Für sie gehörte es zum selbstverständlichen Alltag, Tiere zu schlachten und zu verarbeiten. Der Schritt, gegen ein menschliches Wesen mit ähnlicher Härte und Erbarmungslosigkeit vorzugehen, war daher wohl nicht so groß, wie wir heute vielleicht annehmen.[38]

Freilich gab es vereinzelt bestialische Gewaltakte, wo selbst langgedientes Gerichtspersonal sein Entsetzen nicht verbergen konnte. Die 28jährige Theresia Hatzin war die Tochter eines wohlhabenden Bauern bei Klöch. Obwohl die Frau von ihrer Familie nichts zu fürchten hatte, beschloß sie ihr Kind bei der Geburt zu töten, da sie sich seines Vaters, eines dem Trunke ergebenen Müllerjungen, schämte. Nach der Entbindung ließ sie ihren - als besonders gesund und widerstandsfähig beschriebenen - Sohn auf dem Dung im Hofe liegen, damit ihn die dort befindlichen Schweine auffressen sollten. Tatsächlich entdeckten die Tiere sofort das zappelnde Kind und bissen ihm sowohl beide Arme bis zu den Ellbogen als auch beide Beine bis zu den Knien ab! Erst als das gellende Schreien des zu diesem Zeitpunkt noch immer lebenden Knaben selbst Theresia Hatzin zuviel wurde, trieb die Frau die Schweine weg, packte den blutenden Rumpf und drückte ihm die Kehle zu. Der untersteirische Bannrichter Franz Edler von Haratinger wollte solche Grausamkeit wider alle gesetzlichen Bestimmungen mit 50 Jahren Anschmiedung im Grazer Schloßberg bestraft wissen; Theresia Hatzin büßte für ihre Tat letztendlich aber nur sieben Jahre im Kerker.[39]

Bei den meisten Kindsmorden finden wir jedoch eine Reihe von Fakten, die trotz des unternommenen Tötungsdeliktes zur Entlastung der Täterinnen dienen müssen. Die meisten Frauen legten nicht aktiv Hand an ihr Kind, sondern ließen es vielmehr durch ihre Passivität umkommen. Wandten sie tatsächlich Gewalt an, so geschah dies in erster Linie unblutig. Ein solches Bewerten und Abwägen verschiedener Methoden, einen Mord zu begehen, ist zwar grundsätzlich problematisch, da ja immer auf das gleiche Ergebnis abgezielt

36 StLA, AG-Prot. 4297/1822.
37 StLA, AG-Prot. 1882/1816; AG-Prot. 5997/1836.
38 Vgl. ähnliche Beispiele bei M. Lorenz: Das Delikt des Kindsmords, S. 95 f.
39 StLA, AG-Prot. 10249/1788; AG-Prot. 9367/1788; AG-Prot. Fasz. 20, Nr. 120/1795.

wurde. Es bedurfte aber sicher geringerer Überwindungskraft, ein Neugeborenes bloß durch Zuhalten des Mundes zu ersticken, als es direkt mit einer Waffe oder einem Gegenstand zu attackieren. Für blindwütige Brutalität gab es auch kein Motiv: Die Tat entsprang in der Regel ja nicht persönlicher Aggression gegen das geborene Kind.[40] Otto Ulbricht sieht in dieser nur bedingten Gewaltanwendung bei der Tötung des Neugeborenen übrigens ein Zeichen dafür, daß die meisten Kindesmütter bei der Entbindung durchaus zurechnungsfähig waren und ruhig und beherrscht agierten.[41]

11.4. BESEITIGUNG DER KINDESLEICHE

Für die Verheimlichung einer erfolgten Entbindung war es von größter Wichtigkeit, das corpus delicti, also den Körper des geborenen Kindes, verschwinden zu lassen. Fehlte dieses Beweisstück, so konnte eine des Kindsmordes angeklagte Frau kaum des Verbrechens überführt werden. Indem eine Obduktion des Leichnams nicht möglich war, mußte auch die zweifelsfreie Bestimmung einer Lebend- oder Totgeburt unterbleiben, die Unschuldsbeteuerungen der Beschuldigten waren nicht widerlegbar. Nur vereinzelt wurde diese Regel durchbrochen, wenn die vor Gericht stehenden Frauen den Kindsmord selbst eingestanden und beschrieben.

Doch zumeist kam der Körper des Säuglings früher oder später zum Vorschein, in etwa 14% der untersuchten Fälle blieb er jedoch vollkommen unauffindbar. Auf welche Art und Weise versuchten nun die Frauen, sich der Leiche des Neugeborenen zu entledigen? Grundsätzlich ist dazu zu bemerken, daß dieser Prozeß meist in mehreren Schritten vor sich ging. Kurz nach der Entbindung besaßen viele Kindesmütter nicht genug Geistesgegenwart und Kraft, ein gutes Versteck zu finden bzw. aufzusuchen, und die Leiche wurde nur notdürftig nahe am Ort der Geburt verdeckt gehalten. Ja, der Fundort mancher Kinder verrät, daß die Mütter bei der Beseitigung der Spuren teilweise sogar ohne jede rationale Überlegung und ohne Weitblick, sondern regelrecht panikartig vorgingen. Wir hören von sogenannten Verstecken, bei denen klar vorauszusehen war, daß die Leiche innerhalb kürzester Zeit gefunden werden würde. Die Dienstmagd Maria Tistlerin legte ihr ermordetes Kind in der Nacht auf den Düngerhaufen im Hof, lediglich mit einem gefrorenen Mistbrokken bedeckt. Der Körper wurde von ihren Hausleuten am nächsten Morgen sofort be-

---

[40] J. Gerchow erklärt aktive Aggression gegen das Kind sogar als bloße Folge des durch besondere äußere Umstände verhindertes Passivbleiben. Vgl. ders.: Die ärztlich-forensische Beurteilung von Kindsmörderinnen, S. 88.

[41] Vgl. O. Ulbricht: Kindsmord und Aufklärung, S. 263.

merkt.[42] Anna Nißin ließ ihre Tochter überhaupt offen auf dem Schnee im Hausgarten liegen, ohne sie in irgendeiner Weise zu verbergen.[43] Bei diesen Beispielen zeigt sich deutlich, daß der Kindsmord nicht von langer Hand vorbereitet sein konnte. Die Frauen hatten sich ganz offenbar gedanklich nie mit den Folgen ihres Handelns auseinandergesetzt oder gar Pläne entwickelt, wie ihre Tat am besten verheimlicht werden könnte. Körperlich geschwächt und mental mit der Situation völlig überfordert, waren sie außerstande, von einem Augenblick zum anderen eine klare Entscheidung zu treffen.

Erst nach Stunden oder manchmal Tagen, wenn die Lage in Ruhe überdacht war und sich die Gelegenheit als günstig erwies, wurde das Kind an anderer, sicher scheinender Stelle verborgen. Da die Wöchnerinnen in den meisten Fällen - etwa durch ihr kränkliches Aussehen oder die Veränderung ihres Körpers - ohnehin schon Argwohn erregt hatten und mit besonderer Aufmerksamkeit beobachtet wurden, mußten sie mit großer Vorsicht vorgehen. Die Abwesenheit der Hausleute beim Kirchgang wurde dabei etwa ausgenützt, aber auch bestimmte Arbeiten außer Haus dazu verwendet, den Leichnam unbemerkt wegzuschaffen. Die Frauen standen dabei unter unvorstellbarem Druck, stete Furcht vor Entdekkung ließ sie nicht zur Ruhe kommen und bisweilen immer wieder neue Verstecke gebrauchen. Folgen wir nur der Erzählung der Krainer Tagwerkerin Maria Koßem: Nachdem sie sich vom Tod ihres Kindes überzeugt hatte, *„habe sie es auf die Seite geleget und habe es frühmorgens, da es Tag geworden, in einen Fetzen gewickelt und unter der Bank in der Stube geleget, wo sie es zwey Tage gelassen, als sie aber befürchtet, daß das tote Kind übel riechen dürfte, habe sie es so eingehüllt auf die Holzlage getan, allwo sie es abermal einen Tag liegen gelassen, als sie aber gesorget, daß es daselbst vor den Katzen nicht sicher seyn dürfte, so habe sie selbes bey der Droschtenne begraben, an welchem Orte das Kind noch vier Tage eingescharrt geblieben seye."* Erst dann wurde die erfolgte Niederkunft der Frau aufgedeckt und die Leiche zur Obduktion wieder ausgegraben.[44] Ähnlich liest sich auch die Schilderung von Anna Vogrinz, die den Leichnam ihres Sohnes sogar jeden Tag an einen anderen Ort brachte. Sonntag verbarg sie ihn im Heu an ihrer Liegestatt, Montag versperrte sie ihn in ihrer Truhe, Dienstag versteckte sie ihn im Freien unter Laub und am Tag darauf begrub sie ihn schließlich in einem Gartenwinkel.[45] Bei Anna Kodella ging die Angst sogar soweit, daß sie ihr totes Kind eingewickelt einen ganzen Arbeitstag lang unter ihrer Jacke bei sich trug.[46]

Betrachten wir jene Orte, an denen die Leichen der vermeintlich getöteten Kinder aufgefunden wurden. Nur wenige Säuglinge - vorsichtig geschätzt etwa 7% - befanden sich an

---

42 StLA, AG-Prot. 2171/1805
43 StLA, AG-Prot. 3650/1813.
44 StLA, AG-Prot. 3414/1807.
45 StLA, AG-Prot. 1306/1811.
46 StLA, AG-Prot. 2174/1815.

der Liegestatt der Kindesmutter, verborgen im Bettstroh oder unter der Matratze. Bei fast allen diesen Frauen war die Geburt sofort bemerkt worden, und sie hatten ihrer Angabe nach noch keine Zeit gefunden, für das Kind ein sicheres Versteck zu suchen. Eine Ausnahme bildete hier allerdings die Dienstmagd Margareth Kristan: Sie behielt den Leichnam ihres Sohnes über drei Wochen bei sich in ihrem Strohsack. Der unerträgliche Gestank des bereits in Verwesung übergegangenen Körpers bewog die anderen Hausbewohner schließlich zum Nachforschen, wobei sie auf den grausigen Fund trafen.[47]

Ebenfalls nur ein geringer Teil der Kindesleichen - knapp 5% - wurde in der Senkgrube eines Abtritts entdeckt. Lediglich jene Frauen, die direkt dort gebaren, warfen den Körper des Säuglings anschließend in die Kloake. Die Wahrscheinlichkeit, daß das Kind dort gefunden wurde, war unterschiedlich hoch. In den Städten gab es zum einen regelmäßige Kanalreinigungen, wobei die Arbeiter den Unrat der einzelnen Häuser auf einen Sammelplatz transportierten. Auf diese Weise wurde man etwa in Graz auf die Leiche des Kindes von Maria Anna Wadik aufmerksam.[48] Auch Pasqua Massutti aus Triest warf den Körper ihres Sohnes in den Abtritt. Dieser verstopfte jedoch die Abflußröhre, worauf Kanalarbeiter mit Kolben nachstießen und den blutigen Leichnam bemerkten.[49] Andere Abtrittschläuche führten wiederum direkt in einen Wasserlauf, was für die Beseitigung der Leiche günstiger war. Anna Ruißin, Köchin aus der Grazer Vorstadt, half dem noch nach: Sie schüttete Wasser in den Abort, um den Körper ihres - noch lebenden - Kindes damit umso gewisser in die Mur zu schwemmen.[50] Im kleinstädtischen Raum bot die Senkgrube eines Abtrittes kein gutes Versteck, da das Kind leicht an der Oberfläche schwimmend gesehen werden konnte. Maria Köckin versuchte daher, die Leiche ihres Säuglings mit einem Stock im Kot unterzutauchen, Clara Flucher schüttete Sand und Kehricht hinterher, um alle Spuren zu verwischen.[51]

Blieb den Frauen nicht viel Zeit zu überlegen, so wählten sie mehrmals auch einen Ort im Haus, um den Leichnam ihres Kindes zumindest vorübergehend zu verbergen. Wir wissen aus etwas mehr als 11% der Kriminaluntersuchungen, daß das sogenannte corpus delicti innerhalb des Wohnbereiches gefunden wurde. Am häufigsten deponierten die Kindesmütter den Säugling kurzerhand in der Truhe oder im Kasten mit ihren persönlichen Habseligkeiten, in Kleidungsstücken vergraben, aber auch unmittelbar neben Nahrungsmitteln liegend. Die Kärntner Dienstmagd Barbara Hutterin erzählte beispielsweise, sie habe ohne weitere Umstände am nächsten Tag aus der nämlichen Truhe für sich Brot geholt sowie eine Woche später frische Kleider zum Kirchgang, ohne sich um die Kindesleiche

47 StLA, AG-Prot. 5991/1838.
48 StLA, AG-Prot. 5609/1808. Vgl. zur Kanalräumung in Graz: G. Schreiner: Graz, S. 128 f.
49 StLA, AG-Prot. 13301/1823.
50 StLA, AG-Prot. 3937/1814.
51 StLA, AG-Prot. 815/1808; AG-Prot. 576/1817.

weiter zu kümmern.[32] Mehrmals nützten die Frauen Löcher im Mauerwerk oder Vorsprünge in der Dachkonstruktion, ja auch ein Kamin und ein ungeheizter Küchenofen wurden dazu verwendet, das Geheimnis zu bewahren. Im Falle der Maria Schrey, Wirtschafterin an der Franzmühle bei Wilfersdorf, fertigte das Landgericht Fürstenfeld beim Lokalaugenschein sogar eine genaue Skizze der räumlichen Verhältnisse an, die hier nicht vorenthalten werden soll.

Abb. 13:

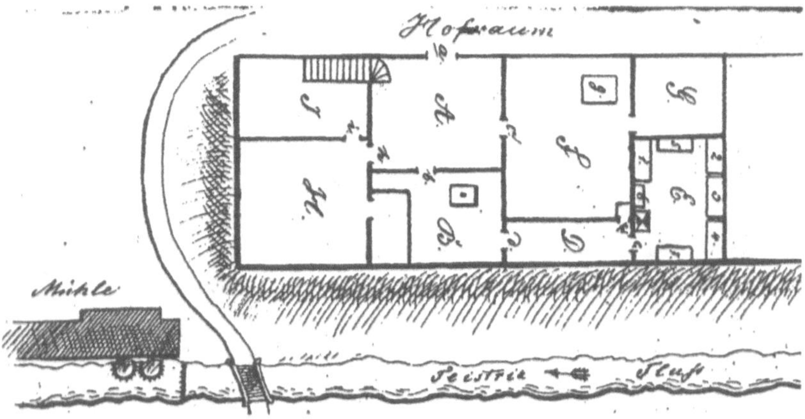

Die Buchstaben A, B und D bezeichnen Vorraum, Küche und Gang, G und F stehen für Milchkammer und Speisezimmer, der Wohnbereich des Müllers ist mit I und H markiert. Die Kennziffer E beschreibt nun die Mägdekammer, in der in vier Betten insgesamt sieben Personen untergebracht waren. Maria Schrey entband in ihrem Bett, über das sie als einzige allein verfügte, sichtbar gemacht durch die Zahl eins. Zuerst versperrte sie den neugeborenen Knaben gleich in ihrer daneben stehenden Truhe, welche die Nummer sechs trägt. Als es der Wöchnerin in der Folge nicht gelang, die Leiche unbemerkt in einem Schaff außer Haus zu bringen, steckte sie den Körper des Kindes in den Kamin der Mägdekammer, der sich gleich neben ihrer Truhe befindet und mit dem Buchstaben k lokalisiert ist. Dort entdeckte die sogenannte Saudirne den Knaben, legte ihn zuerst ins Speisezimmer,

32 StLA, AG-Prot. 11555/1816.

trug ihn dann ins Milchgewölbe, bis ihn schließlich der Hausherr im Bodenzimmer versperrte.[53] Dieses ratlose Hin- und Herschaffen einer Kindesleiche ist symptomatisch für viele Fälle, wie wir in der Folge noch sehen werden.

Bei rund 6% der angestellten Nachforschungen fand man das tote Kind in einem Kellerraum verborgen. Der Leichnam wurde entweder unter verschiedenen Gegenständen versteckt oder aber gleich in der Erde vergraben. Der Körper des von Elisabeth Rabler geborenen Kindes lag anfangs in einem Winkel des Krautkellers, bedeckt von einigen Gemüsestauden. Als die Frau nach einigen Tagen in eben diesem Keller für die Leiche eine Grube ausheben wollte, wurde sie von einer Mitmagd dabei überrascht und der Obrigkeit übergeben.[54]

Häufiger geschah es schon, daß die Leiche eines Säuglings in einem Wirtschaftsgebäude verborgen gehalten wurde, etwa 14% der Wöchnerinnen glaubten darin ein gutes Versteck zu finden. Tenne oder Heustadel boten etwa viele Möglichkeiten an, das corpus delicti in Stroh- und Laubhaufen verschwinden zu lassen, auch winkelige Ställe hielten viele Nischen bereit. Versteckte eine Kindesmutter den toten Körper im Schweinestall, so kam noch ein weiteres Moment dazu: Überaus leicht konnte es geschehen, daß ein Schwein die Leiche entdeckte und auffraß. Maria Gamsin und Katharina Kofler verfolgten beide diesen Gedanken, als sie ihre Kinder nach der Geburt in den Koben warfen. Die Rechnung der beiden ging auf: Die darin befindlichen Tiere verzehrten die kleinen Körper völlig, die Untersuchungskommission konnte keinerlei Spuren mehr ausfindig machen.[55]

Rund 13% der Wöchnerinnen versuchten, die Leiche eines Neugeborenen durch die Versenkung in stehende oder fließende Gewässer zu beseitigen. Für ihre Absicht war das übrigens die beste Methode: Ein Viertel der solcherart aus dem Gesichtskreis geschaffenen Kinder konnte nicht mehr aufgefunden werden. Frauen im küstennahen Bereich warfen den Körper natürlich ins Meer. Maria Smilovich aus dem Bezirk Pola/Pula kippte den Leichnam bei Tagesanbruch ganz einfach mit dem sonstigen Inhalt ihres Nachttopfes in die Adria; die Gebeine blieben für immer verschwunden.[56] Maria Wunkinn warf die Leiche ihrer kleinen Tochter in einem Gehölz bei Pettau in den sogenannten Wolfsteich; damit das Bündel zu Boden sinken sollte, beschwerte sie es mit einem Mauerziegel. Nach fünf Wochen trieb der Körper jedoch wieder an der Oberfläche und wurde von Grundstücksvermessern entdeckt.[57]

Die meisten Kindesleichen, nämlich rund 43%, wurden im Freien verborgen bzw. in weiterer Folge vergraben. Eine solche Erdbestattung unbemerkt zu erreichen, war das Ziel

53 StLA, Bezirksgericht Feldbach, Fasz. 75: Herrschaft Fürstenfeld, Kriminalsachen 1847.
54 StLA, AG-Prot. 8096/1822.
55 StLA, AG-Prot. 4536/1807; AG-Prot. 9080/1824.
56 StLA, AG-Prot. 4686/1824.
57 StLA, AG-Prot. 2011/1787.

fast aller Wöchnerinnen; viele scheiterten jedoch auf dem Weg dorthin und wurden vorher entlarvt. Die gebrauchten Verstecke sind zu mannigfaltig, um sie alle aufzuzählen: Die Säuglinge wurden in Felsenhöhlen geworfen, unter Bienenhütten gelegt, in hohle Bäume gesteckt oder einfach mit Steinen, Moos oder Farnkraut bedeckt liegen gelassen. Auch der Düngerhaufen bot sich auf den ersten Blick als günstige Möglichkeit an, den Leichnam rasch verschwinden zu lassen. Die Bauerntochter Ursula Jack hatte dabei allerdings nicht bedacht, daß ihre Eltern in den nächsten Tagen die Gülle auf den Feldern verteilen wollten; überstürzt suchte sie am Dunghaufen mit der Mistgabel nach dem schon halb verwesten Körper ihres Sohnes und wurde dabei ertappt.[58] Wollte die Kindesmutter die Leiche im Acker, in einer Wiese oder im Wald verscharren, fehlten ihr oft die notwendigen Werkzeuge. So manche Frau grub daher mit ihren bloßen Händen das Grab für ihr Neugeborenes. Die 21jährige Dienstmagd Marianna Wisiak erzählte dem Krainer Kriminalrichter, was nach der Ermordung ihres Töchterchens weiter geschah: *„Hierauf habe sie das tote Kind auf die Erde unter sich gelegt, grub mit beyden Händen in die ganz lockere Erde eine Vertiefung in Form eines Grabes, so daß das Kind darin liegen konnte, auf dasselbe legte sie sodann die kleinen Aeste von Farnkraut, bedeckte es dann mit Moos und endlich mit der Erde [...].“*[59] Die Untersteirerin Helena Tschankin schreckte auch nicht davor zurück, ihr Neugeborenes in einem *„lebendigen Ameishaufen“* zu begraben; wider Erwarten konnte der Körper des Kindes jedoch weitgehend unversehrt geborgen werden.[60]

Wurde eine Leiche nicht ausreichend tief verscharrt oder gar nur mit Zweigen oder Laub bedeckt irgendwo liegen gelassen, so konnte es leicht geschehen, daß Haus- oder Raubtiere den Körper entdeckten, verschleppten und auffraßen. Ursula Muschitsch hatte nach ihrer Entbindung ihre Tochter bloß eilig in einem Wald im Schnee vergraben. Als sich ein Nachbar drei Tage später auf den Weg machte, das Kind zu suchen, fand er die angezeigte Stelle leer; zahlreiche Fuchsfährten und blutige Schleifspuren machten ihm aber bald klar, was geschehen war.[61]

Gerade in einer von Religiosität geprägten ländlichen Gesellschaft drängt sich natürlich die Frage auf, ob und inwieweit die Frauen das Bedürfnis hatten, ihre Kinder in geweihter Erde zu bestatten.[62] Die angestellten Überlegungen in bezug auf Nottaufe und ewige Seligkeit des Neugeborenen zeigen uns, daß sich viele Mütter selbst im Moment der Geburt oder der Tötung des Kindes der christlichen Grundsätze sehr wohl bewußt waren. Auf die Wahl des Begräbnisortes hatten diese Gedanken aber kaum Einfluß, dieser wurde

58 StLA, AG-Prot. 1248/1816.
59 StLA, AG-Prot. 8440/1821.
60 StLA, AG-Prot. 5240/1787.
61 StLA, AG-Prot. 785/1813.
62 Zu den Ängsten einer Bestattung auf freiem Feld in der christlichen Kultur vgl. Philippe Ariès: Geschichte des Todes. München 1991, S. 59-62.

vielmehr von zweckdienlichen Erwägungen bestimmt. Vielerorts herrschte auch Ratlosigkeit vor, ob denn nun ein ungetauftes Kind überhaupt auf dem Gottesacker seine Ruhestätte finden dürfte. Maria Grazin verscharrte ihren Sohn auf der Wiese, da sie nicht glaubte, daß ein totgeborenes Kind ohne empfangene Taufe in geweihter Erde begraben werden könnte; zudem wußte sie von ihrer eigenen Mutter, daß diese ihre Totgeburten ohne Beiziehung eines Geistlichen einfach im Garten verscharrt hatte. Sicherheitshalber hob Maria Grazin das Grab ihres Kindes aber direkt neben einem auf der Weide aufgestellten Kreuze aus.[63] Diese Vorgangsweise können wir auch in einigen anderen Fällen beobachten. Wenn das Neugeborene schon nicht auf dem Friedhof liegen sollte, so doch zumindest in seiner unmittelbaren Nähe. Maria Rebernig vergrub ihr Töchterchen in Ulrichsberg *„nahe an der St. Leonharder Gottesackermauer"*, Maria Neuholdin bereitete ihrem Kind das Grab nächst der Totenkammer knapp außerhalb des Friedhofs von St. Stefan im Rosental.[64]

Andere Kindesmütter wiederum hatten keinerlei Vorbehalte, ihre Säuglinge, natürlich in aller Heimlichkeit, in geweihter Erde zu bestatten, seien sie nun getauft oder nicht.[65] Apollonia Leskouschegg erzählte, sie habe nach der Entbindung *„das Kind samt der Nachgeburt in ein altes Tüchl eingewickelt und es um drei Uhr in der Nacht auf den Freydhof getragen, wo sie es mit den Händen in ein frisch zugemachtes Grab vergraben habe"*.[66] Maria Leitgeb besorgte für ihr kleines Kind sogar eine Schachtel und vergrub es in der Abenddämmerung mit dem Spaten am Friedhof von Hermagor. Das wurde ihr übrigens zum Verhängnis, da sich eine Zeugin nicht erklären konnte, was die Frau mit einem solchen Werkzeug am Gottesacker zu suchen habe, und entsprechende Nachforschungen anstellte.[67] Otto Ulbricht sieht diese bewußt durchgeführte Bestattung von Neugeborenen als Argument dafür, daß die Kinder seitens ihrer Mütter nicht - wie Regina Schulte meint - als Stück geschichtsloser Natur, sondern durchaus als normale menschliche Wesen mit sozialer Existenz wahrgenommen wurden.[68]

Die innerösterreichischen Quellen bieten zwar tatsächlich Belege, die diese Annahme unterstützen, noch häufiger zeigt sich aber eine gewisse Gleichgültigkeit gegenüber dem weiteren Schicksal des Leichnams des Neugeborenen, der zusammen mit anderen verräte-

---

63 StLA, AG-Prot. 8247/1791.

64 StLA, AG-Prot. 8495/1815; AG-Prot. 3701/1791. Vgl. auch Hanns Hubert Hofmann: Acta, ein vergraben gefundenes, ermordetes Kindt betreffend, Anno 1746. Eine soziokulturelle und rechtshistorische Studie aus dem Leben der Unterständischen. In: Volkskultur und Geschichte. Festgabe für Josef Dünninger zum 65. Geburtstag. Hrsg. v. Dieter Harmening u.a. Berlin 1970, S. 79.

65 Auch in Hamburg wurden im 18. Jahrhundert die meisten toten Neugeborenen auf dem Kirchhof gefunden. Vgl. H. Rodegra, M. Lindeman, M. Ewald: Kindermord und verheimlichte Schwangerschaft, S. 280.

66 StLA, AG-Prot. 935/1822.

67 StLA, AG-Prot. 4757/1808.

68 Vgl. O. Ulbricht: Kindsmord und Aufklärung, S. 157 f. Vorbehalte dagegen zeigt M. Lorenz: Das Delikt des Kindsmords, S. 96 f.

rischen Spuren wie der Plazenta, Blut oder blutiger Kleidung rasch und möglichst effektiv beseitigt werden sollte. Meistens wurden die Leiche des Neugeborenen und die Nachgeburt von der Kindesmutter überhaupt gemeinsam und am gleichen Ort verborgen. Manche Frau beschrieb dabei sogar völlig undifferenziert, sie habe einfach *„alles von ihr Abgegangene"* zusammengerafft und versteckt.[69] Kam es zu einer getrennten Beseitigung, so konnte das etwa daran liegen, daß die Plazenta erst mit einiger Verzögerung von der Kindesmutter abging. Wir dürfen daher nur einigemale davon ausgehen, daß Frauen ganz bewußt das Neugeborene von der Nachgeburt separierten. Maria Leitgeb, die ihr Kind am Friedhof begrub, hatte beispielsweise die Plazenta bloß in den Abtritt des Hauses geworfen.[70] Auf einen alten Brauch verwies die aus der Pfarre Wenigzell gebürtige Magdalena Grabner bei ihrem Vorgehen: Sie versteckte die Nachgeburt unter einem gleich beim Hausdach befindlichen grünen Baum. Ihren toten Knaben wollte sie hingegen bei einer Kirche begraben.[71]

Wurde die verheimlichte Geburt bzw. der Kindsmord offenbar, so sah sich plötzlich auch die Umgebung der Kindesmutter mit dem Problem konfrontiert, die Leiche auf irgendeine Weise beizusetzen. Die Ansichten in der Landbevölkerung über den Verbleib ungetaufter Kinder divergierten hier ganz beträchtlich, nicht minder ratlos zeigten sich bisweilen die Geistlichen. So manche Leiche wurde an Ort und Stelle gleich wieder eingegraben, weil die Finder nicht wußten, was mit dem entseelten Körper zu geschehen hätte! In einigen Gemeinden war es üblich, daß Neonaten an eigenen Begräbnisstätten verscharrt wurden, eine gehörige Bestattung wurde ihnen aber verweigert. Nach dem spätmittelalterlichen Kirchenrecht durften ungetauft verstorbene Kinder nicht innerhalb der Grenzen eines geweihten Friedhofes beigesetzt werden.[72] In Chiapovano ordnete der Kaplan etwa an, das Kind der Marianna Riavitz an der Außenseite der Mauer des Kirchhofes beerdigen zu lassen, im Dorfe Dobasnizza/Dubašnica auf der Insel Veglia/Krk war es üblich, die totgeborenen Kinder bei einer verfallenen Kirche zu begraben.[73] Nicht von ungefähr kam daher der Vorschlag des Liebhabers von Margareth Stenouz: Die Mutter solle das tote Kind nicht bloß auf dem Gottesacker liegen lassen, sondern unbedingt ein Fläschchen mit Wasser als

---

69 StLA, AG-Prot. 9080/1824.

70 StLA, AG-Prot. 4757/1808.

71 StLA, AG-Prot. 946/1820. Aus der Oststeiermark erfahren wir aus der Mitte des 18. Jahrhunderts, daß ein Ortsgeistlicher Anweisung gab, einen abortierten Fötus unter einem grünen Baum zu begraben. Vgl. Stein zu Fürstenfeld, Herrschaftsarchiv, Sch. 1, H. 2: Banntaidingsprotokoll des Landgerichtes Märktl unter Straden 1737-1792. Vgl. zu diesem Brauch u.a.: F. Loux: Das Kind und sein Körper, S. 115; Jacques Gélis: Die Geburt. Volksglaube, Rituale und Praktiken von 1500-1900. Aus d. Franz. übertr. v. C. Wilhelm. München 1989, S. 257.

72 Vgl. dazu Martin Illi: Wohin die Toten gingen. Begräbnis und Kirchhof in der vorindustriellen Stadt. Zürich 1992, S. 57 f.; F. Loux: Das Kind und sein Körper, S. 229 f.

73 StLA, AG-Prot. 11267/1823; AG-Prot. 14510/1835. Anfang des 18. Jahrhunderts hören wir anläßlich eines Kindsmordes in Rothenfels ebenfalls von einem *„unschuldigen Kinder Freydhof"*. Rotenfels, Herrschaftsarchiv, Sch. 103, H. 384: Kindesmorde 1683-1817.

Zeichen der empfangenen Nottaufe dazustellen, damit der Körper nicht wieder aus der geweihten Erde entfernt werde.[74]

Doch wir vernehmen auch völlig Gegenteiliges: Als Agnes Poterbujesch aus der Oberkrainer Pfarre Billichgratz/Polhov Gradec verlauten ließ, ihre totgeborene Tochter auf der Gemeindeweide verscharrt zu haben, herrschte große Aufregung. Die Frau wurde sofort von ihren Nachbarn angewiesen, das Kind wieder auszugraben und auf den geweihten Gottesacker zu übertragen, weil sonst nach Meinung des Dorfes *„jene ganze Gegend von Hagel und anderem Ungewitter bedrohet gewesen wäre"*[75]. Tatsächlich können wir in den meisten Fällen beobachten, daß der Leichnam eines ungetauften Neugeborenen am Friedhof beigesetzt wurde und der Ortspfarrer dagegen nichts einzuwenden hatte, sondern vielmehr für ein ordentliches Begräbnis sorgte.[76] Man scheute auch nicht die Mühe, den kleinen Körper mit Kleidungsstücken zu versehen und eigens für ihn eine hölzerne Truhe anzufertigen.

Oft erfolgte eine Bestattung freilich zu früh, wenn nämlich die gerichtsmedizinische Beschau noch nicht durchgeführt worden war.[77] So konnte es geschehen, daß eine Leiche mehrfach und mitunter auch an verschiedenen Orten ein- und wieder ausgegraben wurde. Katharina Winkler hatte anfangs etwa ihren Sohn am Ort der Geburt auf einer Wiese beerdigt. Am nächsten Tag erfuhr ihr Dienstgeber vom Vorgefallenen, ließ das Kind ausgraben und von seinen Knechten am Friedhof zu Nöring bestatten. Als er der Obrigkeit einige Tage später die Anzeige darüber erstattete, wurde die Leiche abermals exhumiert, um nach der Obduktion endgültig beigesetzt zu werden.[78] Die Arbeit der Gerichtsmediziner wurde durch derartige Vorkommnisse natürlich erheblich erschwert.

Auch die Geistlichen verhielten sich nicht immer den bestehenden Vorschriften gemäß, namentlich aus dem Herzogtum Krain vernehmen wir mehrmals heftige Klagen über widerrechtlich vorgenommene Beisetzungen toter Kinder. Welche Intentionen einen Pfarrer zu einer solchen Mißachtung der polizeilichen Richtlinien bewegen konnten, erhellt uns der Fall von Helena Wernellin. Die Leiche ihres Neugeborenen wurde von der Dienstfrau der Magd mit zerquetschtem Kopf aufgefunden. Unentschlossen über ihre weitere Vorgehensweise wandte sich die Bäuerin an den Geistlichen zu Radmannsdorf, der ihr den Rat erteilte, das Kind heimlich im neuen Gottesacker begraben zu lassen, um keine gerichtli-

74 StLA, AG-Prot. 7843/1816.

75 StLA, AG-Prot. 330/106/1818.

76 Martin Illi bestätigt dieses Auseinanderklaffen von kirchenrechtlichen Bestimmungen und tatsächlicher Anwendung für den Bereich der Stadt Zürich. Vgl. ders.: Wohin die Toten gingen, S. 57 f.

77 Vgl. z. B. Innerösterreichische Gubernialverordnung vom 3. April 1788 in: Johann Nepomuk Hempel-Kürsinger: Alphabetisch-chronologische Übersicht der k. k. Gesetze und Verordnungen vom Jahre 1740 bis zum Jahre 1821, als Haupt-Repertorium über die [...] politischen Gesetzsammlungen. Wien 1825-1828, Bd. 5, S. 532 f.

78 StLA, AG-Prot. 1869/1820.

chen Unkosten zu machen. Die Anweisung des Stadtvikars wurde befolgt, eine Woche später erhielt das Landgericht allerdings durch Zufall Kenntnis von der unerlaubten Verscharrung. Der zur Verantwortung gezogene Kleriker entlastete sich damit, daß er erst seit kurzer Zeit Seelsorger in Radmannsdorf sei und Sorge hatte, sich den Unwillen der noch mit Vorurteilen behafteten Bevölkerung zuzuziehen, wenn er gleich bei seinem Amtsantritt die Veranlassung zu einer Kriminaluntersuchung gäbe. Sowohl der Krainer Bannrichter Karl Krobath als auch das Appellationsgericht akzeptierten übrigens diese Rechtfertigung ohne Anstand.[79] Bisweilen zog die vorschriftswidrige Bestattung von ärztlich nicht beschauten Leichen aber auch Konsequenzen für die Geistlichen nach sich. Das Appellationsgericht wies die verantwortlichen Gubernien an, jeden zuwiderhandelnden Seelsorger zur angemessenen Verantwortung zu ziehen und gehörig zu belehren.[80] Auch die bischöflichen Ordinariate bat man um entsprechende Unterstützung. Worin konkret jedoch die Sanktionen gegen inkorrekte Kleriker bestanden, erfahren wir nicht.

11.5. GESTÄNDNIS DER TAT

Grundvoraussetzung für die Begehung eines Verbrechens war Vorsätzlichkeit. Nur wenn eine Frau der Absicht überführt werden konnte, daß sie ihr Kind bei der Geburt wissentlich ums Leben kommen ließ, durfte ihr der Tod desselben als verbrecherischer Kindsmord angelastet werden.[81] Waren ihre Handlungen hingegen von unbedachter Nachlässigkeit oder schlichter Unwissenheit geleitet, reichte das nicht aus, um sie zu kriminalisieren. Das Gericht hatte nun drei Möglichkeiten, einer Angeklagten den bösen Willen nachzuweisen: Am wichtigsten war zweifellos die Erwirkung eines Geständnisses, in dem die Verdächtige klar und aus eigenem Antrieb heraus die Absicht ihres Tuns einbekannte. Fehlte dieser Beweis, so konnte noch versucht werden, die Schuld durch Zeugenaussagen oder aus dem sogenannten Zusammentreffen der Umstände zu belegen, was sich schon wesentlich schwieriger gestaltete.

Von 322 Angeklagten, bei denen diese Frage beantwortet werden kann, legten über 35%, nämlich 115 Frauen, das Geständnis ab, den Tod ihres Kindes gewollt und verursacht zu haben. Nicht immer kam es allerdings sofort zu einem solchen Bekenntnis, oftmals wurde die Böswilligkeit des Vorhabens in den ersten Verhören noch geleugnet und erst unter dem Eindruck der belastenden Indizien zugegeben. Im Vergleich zu anderen Regionen ist dieser Prozentsatz an Delinquentinnen, die ein umfassendes Bekenntnis ihrer Tat

---

79 StLA, AG-Prot. 6356/1791.

80 Vgl. etwa StLA, AG-Prot. 4328/1806; AG-Prot. 11555/1816; AG-Prot. 15458/1836.

81 StGB 1787, §§ 2-4; StGB 1803, 1. Teil, § 1.

ablegten, trotzdem sehr hoch: Otto Ulbricht hat auf der Basis von norddeutschen Kriminalprotokollen von 1680 bis 1810 einen Anteil von nur 10% voll geständigen Kindsmörderinnen ermittelt.[82] Die Frauen gaben vor allem dann unumwunden einen Kindsmord zu, wenn aufgrund der Tötungsart offensichtlich war, daß dem Neugeborenen Gewalt angetan wurde. Die Vermutung von Otto Ulbricht, daß ein Geständnis in erster Linie in Folge der realistischen Einschätzung der Lage abgelegt wurde, kann damit nur unterstützt werden.[83]

Um volle Beweiskraft zu erlangen, mußte das Geständnis der Beschuldigten allerdings bestimmte Voraussetzungen aufweisen:[84] Sachlich durfte es etwa nicht von den sonstigen über das Verbrechen bekannten Umständen abweichen. Ebenfalls nicht ausreichend war es, wenn bloß die Selbstbezichtigung der Angeklagten vorlag, es aber keinerlei weitere Spuren des Kindsmordes zu entdecken gab. So konnte es vorkommen, daß selbst eine voll geständige Tatverdächtige gar nicht verurteilt wurde! Am eindrucksvollsten ist sicher das Schicksal von Maria Kussin, die dem Kriminalrichter überzeugend darstellte, daß der von ihr geborene Knabe nach der Entbindung noch gezappelt und geweint hätte und sie ihn vorsätzlich zu Tode kommen ließ, um ihren Dienstplatz zu behalten. Das Gutachten der Ärzte stellte aber einwandfrei fest, daß das Kind bereits tot zur Welt gekommen war; der spätere Wahnsinn der Maria Kussin machte dann deutlich, daß sie ihr Geständnis wohl schon in geistiger Umnachtung abgelegt haben mußte. Die Frau wurde des ihr angeschuldeten Verbrechens vollkommen freigesprochen.[85] Auch Maria Staritsch, die mehrmals einbekannte, ihr lebendes Neugeborenes erwürgt zu haben, wurde trotzdem wieder aus dem Untersuchungsarrest entlassen, da die Leiche des Säuglings nirgendwo aufgefunden und die Wahrheit ihrer Behauptung damit nicht überprüft werden konnte.[86] Diese Beispiele sind allerdings als Ausnahmen zu werten, in der Regel zog ein Geständnis der Angeklagten auch ihre Verurteilung nach sich.

In den übrigen 207 Fällen, in denen es zu keinem Schuldbekenntnis kam, lag die Situation schon ganz anders. Lediglich 15% der Frauen wurden trotz ihres hartnäckigen Leugnens, den Tod ihres Kindes weder in irgendeiner Weise gewollt noch befördert zu haben, als Kriminalverbrecherinnen überführt. Nicht sehr zimperlich ging man dabei während der Anwendung des Josephinischen Strafgesetzbuches vor: Von den als Kindsmörderinnen verurteilten Frauen, die wir diesbezüglich kennen, war nicht weniger als ein Drittel bis zum Ende des Strafprozesses bei ihrer Unschuldsbeteuerung verblieben. Die Begründung eines Schuldspruches ließ daher manchmal eine gewisse Logik vermissen. Maria Franklin zum

---

82 Allerdings ist dazu zu bemerken, daß in diesem Zeitraum in Norddeutschland generell noch die Todesstrafe für Kindsmord drohte. Vgl. O. Ulbricht: Kindsmörderinnen vor Gericht, S. 74.
83 Vgl. O. Ulbricht: Kindsmörderinnen vor Gericht, S. 74.
84 KGO 1788, §§ 116-121; StGB 1803, 1. Teil, §§ 389-402.
85 StLA, AG-Prot. 1987/1815. Vgl. dazu auch G. Ammerer: Kindsmord und Gerichtsmedizin, S. 144 f.
86 StLA, AG-Prot. 4598/1836.

Beispiel, 1790 wegen zweifachen Kindsmordes beim Landgericht Stein angeklagt, wies die Verantwortung hinsichtlich des unglücklichen Ausgangs ihrer beiden Geburten weit von sich. Das Appellationsgericht meinte dazu, daß die Frau wegen ihres Leugnens und aufgrund der fehlenden Beweise tatsächlich nicht als vorsätzliche Kindsmörderin angesehen werden dürfte. Als Konsequenz verurteilte es Maria Franklin allerdings nach dem überhaupt nicht zur Debatte stehenden § 112 wegen Abtreibung der Leibesfrucht - zumindest ihr zweites Kind war ganz bestimmt lebend zur Welt gekommen - zu vierjährigem schwerem Kerker.[87] Nachdem der Angeklagten eine böswillige Absicht nicht zur Last gelegt werden konnte, hätte sie niemals eine Strafe wegen eines Kriminalverbrechens erhalten dürfen. Nicht nur dieses Urteil war juristisch schlichtweg falsch, mit dem Lavieren zwischen einzelnen Paragraphen und deren zudem höchst zweifelhaften Auslegung umging man noch so manch anderesmal die gesetzlich erforderliche Beweiserbringung für einen verbrecherischen Kindsmord und fällte Schuldsprüche auf einer mehr als wackligen Basis.

Erst zur Zeit des franziszeischen Strafgesetzbuches wurde hier mit der gebotenen Vorsicht zu Werk gegangen und die Sachlage eingehend geprüft, bevor eine geltende Unschuldsvermutung durch allgemein überzeugende Beweise aufgehoben schien. Nehmen wir nur den Fall der Köchin Anna Ruißin, die 1814 wegen versuchten Kindsmordes vor dem Stadtgericht Graz stand. Ihr wurde zur Last gelegt, ihr Neugeborenes bei der Entbindung in den Abort geworfen zu haben. In den Verhören leugnete die Angeklagte aber jede böse Absicht und schob den Umstand, daß der Säugling beinahe in Kot und Unrat erstickt wäre, auf einen unglücklichen Zufall. Trotzdem sprach man sie aufgrund der Zeugenaussagen und dem Zusammentreffen der Umstände schuldig: Da die Ärzte die Nabelschnur klar als durchgeschnitten erkannten, konnte das Kind nicht unversehens bei der Geburt in den sogenannten Abtritt-Schlauch gefallen sein. Außerdem bestätigten mehrere durch das Kindergeschrei aufmerksam gemachte Hausbewohnerinnen und Hausbewohner, daß Anna Ruißin, die ihrer eigenen Darstellung nach vor Schwäche dem Säugling nicht zur Hilfe kommen konnte, ganz im Gegenteil Wasser in den Abtritt geschüttet hatte, um auf diese Weise das Kind durch den Abfluß in die Mur zu schwemmen. Der Nachweis eines vorsätzlich geplanten Verbrechens lag damit für das Gericht offen auf der Hand, Anna Ruißin büßte dafür drei Jahre in der Grazer Karlau.[88]

Nicht immer konnte ein Fall aber so eindeutig abgeschlossen werden. Zu Schwierigkeiten kam es oft, wenn eine Angeklagte bei der ersten Einvernahme die begangene Straftat zwar eingestand, bei ihren nächsten Verhören aber plötzlich nichts mehr davon wissen wollte. Das franziszeische Strafgesetz schrieb nämlich vor, daß ein Geständnis, um formale Gültigkeit zu besitzen, vor dem Kriminalgericht abgelegt oder zumindest bestätigt werden

---

[87] StLA, AG-Prot. 6629/1790.
[88] StLA, AG-Prot. 3937/1814.

mußte.[89] Die Näherin Maria Starz gab unmittelbar nach ihrer Verhaftung unumwunden zu, ihren neugeborenen Knaben vorsätzlich erstickt zu haben, dem Bezirkskommissar von Thurn am Hart wiederholte sie ihr Bekenntnis. Vor dem Kriminalgericht in Laibach widerrief sie aber plötzlich alles bisher Gesagte: Sie habe nie behauptet, ihr Kind getötet zu haben, sie sei bei der Ablegung des Geständnisses verwirrt und fieberkrank gewesen und von den Beamten unter Druck gesetzt worden. Das Obergericht kam nach einer Prüfung der Sachlage zum Schluß, daß diese Angaben der Angeklagten keine Glaubwürdigkeit verdienten. Die Zweifel konnten aber nicht ganz ausgeräumt werden, es bedurfte noch der Bestätigung durch die Oberste Justizstelle, bevor der vom Appellationsgericht verhängte Schuldspruch tatsächlich seine Rechtskraft erlangte.[90]

11.6. DIE GESTÄNDIGE KINDSMÖRDERIN

11.6.1. Tatmotive

Gestand eine Angeklagte den ihr zur Last gelegten Kindsmord ein, so versuchte sie, auf Anweisung des Gerichts ihre hauptsächlichen Beweggründe für die Tat in Worte zu fassen. Wir wissen natürlich hier genausowenig wie in anderen Bereichen, inwieweit die Aussagen der Frauen tatsächlich auf Wahrheit beruhten oder ob sie als Verteidigungsstrategien anzusehen sind. Gerade bei der Motivfindung ist die Gefahr einer Verzerrung besonders groß, da zu vermuten ist, daß oftmals Suggestivfragen der Beamten die Antworten beeinflußten. Es gab ja gewisse zeitbedingte Vorstellungen von den Intentionen der „typischen Kindsmörderin“, die wohl auch Auswirkungen auf den Gang und damit das Ergebnis eines Verhörs zeigten.

Meist war es ein Zusammenspiel verschiedener Faktoren, die eine Delinquentin straffällig werden ließen, im folgenden finden daher Mehrfachnennungen Berücksichtigung. Allgemein festzustellen ist, daß die Gerichte offenbar erst im Laufe der Zeit Interesse daran entwickelten, auch die Frage zu klären, aus welchen Motiven heraus es zu einem Kindsmord gekommen war. Während sich Ende des 18. Jahrhunderts die Ermittlungen nahezu ausschließlich auf den Verbrechenshergang konzentrierten, begann man in den Jahrzehnten danach auch vermehrt Wert auf die Erforschung der Tathintergründe zu legen.[91]

---

89 StGB 1803, 1. Teil, § 399 lit. a; vgl. KGO 1788, §§ 116, 120.

90 StLA, AG-Prot. 8103/1836.

91 Ähnlich G. Ammerer: Kindsmord und Gerichtsmedizin, S. 136; R. v. Dülmen: Frauen vor Gericht, S. 85 sowie W. Wächtershäuser: Das Verbrechen des Kindesmordes, S. 24.

Abb. 14:

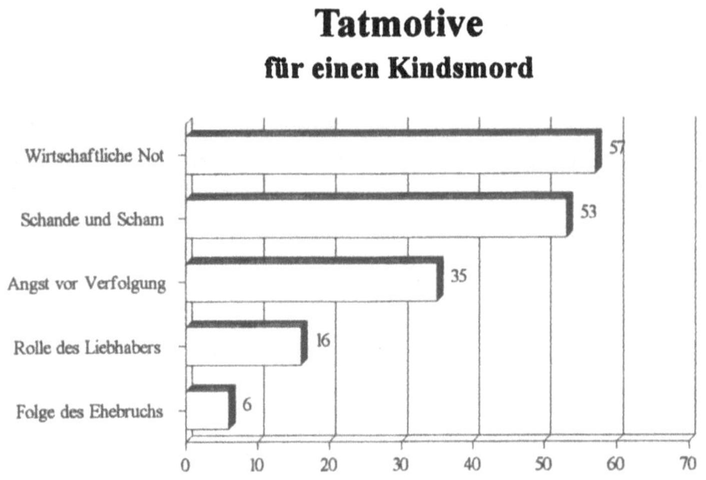

Am häufigsten verwiesen Kindsmörderinnen auf wirtschaftliche Motive. Damit weicht die Situation in Innerösterreich deutlich von der anderer Gebiete Österreichs bzw. Deutschlands ab, in denen materielle Not weitaus seltener als ausschlaggebend für einen Kindsmord genannt wird.[92] Dieser Unterschied ist aber nicht nur durch regionale Besonderheiten, sondern wohl auch durch den angesetzten Untersuchungszeitraum zu erklären. Herma Klar, die sich mit dem Kindsmord in Nordwürttemberg in der ersten Hälfte des 19. Jahrhunderts beschäftigt, weist beispielsweise dem Motiv der Armut ein viel stärkeres Gewicht zu, als dies noch Cornelia Kaiser und Clemes Zimmermann tun, die die Lebenswelt von Kindsmörderinnen Württembergs für die frühe Neuzeit aufarbeiten.[93] Auch Karin Stukenbrock stellt bei ihrer Darstellung der Abtreibungsproblematik in Deutschland zur Zeit der Aufklärung fest, daß das Motiv der Armut in der zweiten Hälfte des 18. Jahrhunderts neu in Erscheinung tritt, während Angst vor Schande und Strafe bereits früher eine Rolle spielten.[94]

---

[92] Für Salzburg vgl. G. Ammerer: „Die steinerne Agnes", S. 345; zur übrigen Situation in Deutschland vgl. R. v. Dülmen: Frauen vor Gericht, S. 87-89.

[93] Vgl. H. Klar: Verbrechen aus verlorener Ehre, S. 83 f.; C. Kaiser: Opfer oder Täterinnen, S. 78; C. Zimmermann: „Behörigs Orthen angezeigt", S. 82.

[94] Vgl. K. Stukenbrock: Zeitalter der Aufklärung, S. 106 f. Ähnlich auch O. Ulbricht: Kindsmord und Aufklärung, S. 172.

Mindestens 57 der vor Gericht gestellten Kindsmörderinnen wurden ihrer Darstellung nach durch den Gedanken an ihre eigene Armut und finanzielle Not zur Tötung des Neugeborenen bewegt. Sie sahen sich nicht in der Lage, mit ihren kärglichen Mitteln das Kind zu ernähren, Unterstützung durch Angehörige oder durch den Vater des Kindes fehlte ihnen ebenso. Wie wir an anderer Stelle noch sehen werden, kamen sowohl die lokalen Behörden wie Bezirksobrigkeiten und Kreisämter als auch das Appellationsgericht bei einer Bewertung der Sachlage zum gleichen Schluß. Ihrer Erfahrung nach stellte *„Mangel an der gehörigen Unterkunft und Versorgung unehelicher Kinder und der zum Fall gebrachten Mütter"* unzweifelhaft das Hauptmotiv jedes begangenen Kindsmordes dar.[95]

Es gab zwar gesetzliche Regelungen, die eine Versorgung mittelloser Wöchnerinnen gewährleisten sollten, doch diese konnten in der Praxis nicht durchgesetzt werden. Die in der Kurrende vom 8. September 1784 wiederverlautbarten Bestimmungen der Constitutio Criminalis Theresiana sahen vor, daß zur Bezahlung des Wochenbettes und zur Erhaltung des unehelichen Kindes grundsätzlich der ausgeforschte Kindesvater heranzuziehen sei. Falls dieser kein ausreichendes Vermögen besaß, traf die Verpflichtung einer Unterstützung die Eltern der unehelichen Mutter. Konnte auch dieser Personenkreis seiner Aufgabe nicht nachkommen, so mußte jene Gemeinde, in der sich die geschwängerte Frau aufhielt, die Kosten der Verpflegung für Mutter und Kind übernehmen.[96] Als Alternative bot sich der Schwangeren noch die unentgeltliche Aufnahme in ein Gebär- und Findelhaus an, allerdings unter Einhaltung bestimmter Bedingungen.

War der Liebhaber der Frau nicht bereit, Verantwortung zu übernehmen, mußte der Rechtsweg beschritten werden, um die Vaterschaft zu beweisen und die gesetzlich zustehenden Ansprüche einzuklagen. Davor schreckten die meisten Kindesmütter jedoch zurück, ja zum Großteil besaßen sie nicht einmal Kenntnis einer solchen Möglichkeit. Außerdem hätte selbst ein gerichtliches Vorgehen nur selten Erfolg gebracht, da die Kindesväter als Angehörige der unteren sozialen Schichten ohnehin keine ausreichenden Mittel ihr eigen nannten, um die Erhaltung von Mutter und Kind sicherzustellen. Gleiches galt natürlich für das Anrecht, bei den eigenen Anverwandten Unterstützung einzufordern, das de facto von keiner Frau aus ländlich bäuerlichem Umfeld tatsächlich in Anspruch genommen wurde. Was nun die Versorgung durch die Gemeinde betraf, so können wir mit gutem Grund annehmen, daß diese für eine bedürftige Kindesmutter wohl eher als Abschreckung denn als Erleichterung empfunden wurde. Der Barmherzigkeit einer Dorfgemeinschaft preisgegeben zu sein, die mit Unwillen auf jede derartige Belastung reagierte, war mit vollkommener Erniedrigung und sozialer Selbstaufgabe gleichzusetzen. Außerdem kam unter Joseph II. den Pfarrern im Rahmen der Armeninstitute die bestimmende Rolle im

95 StLA, Gub.-Fasz. 47, 1822-1825.
96 StLA, P+K 1784-IX-8 Gub.

Fürsorgewesen zu.[97] Da die Geistlichen daneben aber die moralische Instanz eines Ortes darstellten, scheuten sich wohl viele der - aus der Sicht der Kirche - „gefallenen Mädchen" vor einer Bitte um Unterstützung. Wie bereits dargestellt, konnten die Gebär- und Findelhäuser die prekäre Lage einer ledigen Mutter ebenfalls nicht nennenswert entschärfen. Für das riesige Gebiet von Innerösterreich standen lediglich drei derartige Einrichtungen in Graz, Laibach und Triest zur Verfügung, die im wesentlichen der dortigen städtischen Bevölkerung vorbehalten blieben. So wurden im Grazer Gebärhaus zwischen 1785 und 1791 durchschnittlich nur 160 Frauen pro Jahr entbunden, während die jährliche Rate an unehelich geborenen Kindern in der Steiermark in diesem Zeitraum fast 2.500 betrug![98]

Erschwerend kam hinzu, daß die meisten Kindsmörderinnen als Mägde im Dienst standen. Eingebunden in eine fremde Hausgemeinschaft und damit örtlich und menschlich von ihrer eigenen Familie entfernt, arbeiteten sie für einen jährlichen Lohn, der es ihnen nicht erlaubte, Rücklagen für die Zukunft zu schaffen. Im Falle einer Mutterschaft mußten sie nicht nur fürchten, ihre Arbeitsstelle und damit ihre einzige Erwerbsquelle zu verlieren, sondern unter Umständen sogar damit rechnen, künftig aufgrund ihrer bedenklichen Moralität nur mehr bedingt als Arbeitskraft geschätzt zu werden. Maria Wernig, elternlos, ohne Geschwister und seit ihrem sechsten Lebensjahr im Dienst, schilderte dem Krainer Kriminalgericht, was ihr vor der Tötung ihrer kleinen Tochter durch den Kopf ging: *„Wie sie ihre Schwangerschaft fühlte, fing sie nachzudenken an, daß, so wie es in Krain gewöhnlich ist, sie mit ihrem unehelichen Kinde niemand in den Dienst, ja nicht einmal gern in die Wohnung aufnehmen werde, weil solche Personen allgemein verachtet und von der Geistlichkeit verfolgt werden."*[99] Die Situation in anderen Gebieten Innerösterreichs war nicht viel besser. Die Oststeirerin Elisabeth Rabler, ebenfalls völlig alleinstehend, wußte, daß in ihrer Umgebung die Bauern, die selbst mit wirtschaftlichen Schwierigkeiten zu kämpfen hatten, keine Person mit einem unehelichen Kind in den Dienst nehmen wollten,[100] und auch aus Kärnten vernehmen wir ähnliche Klagen.

Wie berechtigt diese Befürchtungen waren, zeigt die Tatsache, daß einige der vor Gericht gestellten Frauen, die ehedem als Dienstmägde gearbeitet hatten, bei den ersten Anzeichen ihrer Schwangerschaft von den Hausleuten kurzerhand entlassen worden waren. *„Weil sie bei ihnen dick geworden"*, wies man Maria Zierlerin gleich zweimal von ihren bäuerlichen Dienststellen.[101] Eine schwangere Magd konnte die bei Vertragsabschluß ver-

---

97 Vgl. E. Bruckmüller: Sozialgeschichte Österreichs, S. 328.

98 Gustav Mittelbach: Aus dem I. Sterberegister des Grazer Zivilspitals (1788-1820) und dem Geburts- und Taufprotokoll des Gebärhauses aus derselben Zeit. In: BlHK 45 (1971), S. 106; O. Zwiedineck-Südenhorst: Illegitimität, S. 22.

99 StLA, AG-Prot. 11246/1838.

100 StLA, AG-Prot. 8096/1822.

101 StLA, Donnersbach, Herrschaftsarchiv, Sch. 60, H. 154: Landgerichtsprotokolle 1788-1789 sowie Sch. 68, H. 166: Kriminalprozesse 1796-1838.

einbarte volle Arbeitsleistung nicht mehr erbringen und war daher aus wirtschaftlichen Gesichtspunkten untragbar. Insbesondere Frauen, die schon einmal geboren hatten, gaben sich keiner Illusion über die weitere Zukunft hin. So konnte es geschehen, daß etwa Maria Mayer, die wegen der Geburt ihres ersten unehelichen Kindes ihren Dienst verloren hatte und nunmehr ihr Dasein als Bettlerin und Vagantin fristete, bei ihrer neuerlichen Entbindung keinerlei Hoffnung mehr für sich und ihre Nachkommenschaft sah: *„Es sey ihr halt gerad damals der Gedanke gekommen, daß sie das Kind nicht werde versorgen können und daß es gleich so gut wäre, wenn sie es frisch umbringe."*[102] Gerade für Frauen, die zusätzlich ältere Kinder ernähren mußten, stellte sich die ökonomische Lage als besonders schwierig dar, sodaß das Motiv der wirtschaftlichen Not hier wohl in jedem Fall zum Tragen kam.

Die Meinung von Otto Ulbricht, der dem Motiv der wirtschaftlichen Not weitgehend seine Glaubwürdigkeit abspricht, kann daher nicht geteilt werden. Er argumentiert dahin, daß jeder ledigen Mutter gewisse schichtspezifische Überlebensstrategien zur Verfügung standen, nämlich zum einen der Ammendienst und zum anderen das Betteln.[103] Dem muß entgegengehalten werden, daß im städtischen oder stadtnahen Bereich zwar sehr wohl die Möglichkeit bestand, Ammendienste zu leisten,[104] im ländlichen Raum, aus dem die meisten Kindsmörderinnen stammten, fehlte diese Perspektive aber fast vollständig. Es ist leicht vorstellbar, welche Überwindung es eine Dienstmagd oder Bauerntochter kosten mußte, mit einem Säugling auf dem Arm ihre gewohnte Umgebung zu verlassen und in einer fremden Stadt, in der sie niemanden kannte, ihre Dienste anzutragen.

Aus der obigen Schicksalsbeschreibung von Maria Mayer ersehen wir, daß das Betteln ebenfalls keine Alternative zur Problemlösung darstellen konnte, ja ganz im Gegenteil für viele Frauen sogar abschreckend wirkte! Wir erinnern uns, daß die meisten Kindsmörderinnen wegen ihrer bisherigen Lebensführung gelobt wurden und in gutem Ansehen im Dorf standen. Welche Erniedrigung mußte es für sie bedeuten, nunmehr als Randexistenz ohne festen Wohnsitz herumzuziehen und auf die Mildtätigkeit anderer Menschen zu hoffen. Darüber hinaus war die Gefahr groß, dauerhaft in die Nichtseßhaftigkeit abzugleiten und nie mehr in ein geordnetes Leben zurückzufinden. Von der Dienstmagd Maria Becheimin erfahren wir beispielsweise ausdrücklich, daß gerade die Angst, mit ihrem unehelichen Kind betteln zu müssen, sie zu der Tötung des Neugeborenen bewog.[105] Für

---

102 StLA, AG-Prot. 9103/1836.

103 Vgl. Otto Ulbricht: Kriminelle Frauen in der Frühen Neuzeit: Brandstifterinnen, Hausdiebinnen und Kindsmörderinnen. In: „Der Stand der Frauen, wahrlich, ist ein harter Stand". Frauenleben im Spiegel der Landesgeschichte. Hrsg. v. Elke Imberger. Schleswig 1994. (= Veröffentlichungen des Schleswig-Holsteinischen Landesarchivs. 39.) S. 40; ders.: Kindsmord und Aufklärung, S. 111 f.

104 Vgl. zur regelrechten Organisation des Ammendienstes in Berlin Anfang des 19. Jahrhunderts: B. Harms-Ziegler: Illegitimität und Ehe, S. 328 f.

105 StLA, AG-Prot. Fasz. 20, 263/1793.

Frauen, die bereits ihr zweites Kind erwarteten, wurde diese Möglichkeit der Subsistenzsicherung noch zusätzlich erschwert. Die Bettlerin Elisabeth Steyerer erzählte, daß ihr die Leute in der Umgebung drohten, keine Almosen mehr zu geben, sollte sie noch ein weiteres Kind bekommen.[106] Nicht zu vergessen ist schließlich die zunehmende Kriminalisierung des Bettelns durch die Obrigkeit. In der frühen Neuzeit besaßen die Behörden noch kein effektives Instrumentarium zur Eindämmung des Bettelns, um 1800 war das Überwachungssystem des Staates aber bereits so perfektioniert, daß kaum jemand durch dieses engmaschige Netz schlüpfen konnte.[107]

Wenn Otto Ulbricht weiter argumentiert, daß wohl auch Kindsmörderinnen im Besitz von Sachwerten - konkret Aussteuerstücken - gewesen wären, die sie zu Geld machen und damit ihren Nachwuchs versorgen hätten können, ist dabei nur auf die schon angesprochenen Vermögensverhältnisse der Frauen zu verweisen, die eine solche Möglichkeit nur bedingt zuließen. Die meisten Angeklagten besaßen eben keine ausreichenden Rücklagen irgendwelcher Art, selbst der zu erwartende jährliche Dienstlohn konnte unter Umständen die Kosten, die ein Pflegeplatz für ein einziges Kind verursachte, gar nicht decken.

Immer wieder taucht in den Darstellungen der Angeklagten das Gefühl der Scham und Schande als Beweggrund auf, ein unehelich geborenes Kind ums Leben kommen und verschwinden zu lassen. In der aufklärerischen Diskussion zum Kindsmord kam ja gerade dem Motiv der Rettung der Geschlechtsehre die größte Bedeutung zu.[108] Interessant ist hier ein gewisser Widerspruch: Während der gefürchtete Ehrverlust als bestimmende oder zumindest begleitende Ursache von mindestens 53 Frauen genannt wurde, stuften ihn lokale Behörden oder Gerichte in seiner Bedeutung eher gering ein. Auch in einigen deutschen Untersuchungen wird das Motiv der Schande als kaum entscheidend für einen Kindsmord interpretiert.[109] Trotzdem muß der Meinung von Gerhard Ammerer, der auf der Basis von Salzburger Kriminalrechtsquellen des ausgehenden 18. Jahrhunderts generell festzustellen glaubt, daß es für Frauen aus unterbäuerlichen Schichten überhaupt keine Ehre im ständischen Sinn zu verlieren gab, entschieden widersprochen werden.[110] Einfache Bauernmägde fürchteten den Ehrverlust und die Demütigung durch ihre Umgebung sehr wohl, sie wollten

106 StLA, Haus und Gröbming, Herrschaftsarchiv, Sch. 154, H. 388: Kindesmord 1738-1834.

107 Vgl. Helfried Valentinitsch: Fremd und arm in der Steiermark in der Barockzeit. Zur Sozialdisziplinierung von Unterschichten und Randgruppen der Gesellschaft. In: Lust und Leid. Barocke Kunst, barokker Alltag. Katalog zur Steirischen Landesausstellung 1992. Graz 1992, S. 282.

108 Vgl. H. Cyrus: Das „vorsätzlich verheimlichen", S. 95 f. sowie T. Koss: Kindesmord im Dorf, S. 59-62; Zu Johann Heinrich Pestalozzi und seiner Abhandlung „Über Gesetzgebung und Kindermord" vgl. Dieter Hoof: „Und der Pfarrer befahl augenblicklich, die Schwangere aus dem Dorf fortzuschaffen". Kindsmordvorgänge in Stadt und Landschaft Zürich im 18. Jahrhundert. In: Zürcher Taschenbuch (1985), S. 50-77.

109 Vgl. C. Kaiser: Opfer oder Täterinnen, S. 79; R. Schulte: Das Dorf im Verhör, S. 149; gegenteilig O. Ulbricht: Kindsmord und Aufklärung, S. 163.

110 Vgl. G. Ammerer: Abtreibung, Kindsmord und Kindsweglegung, S. 80.

durch das Bekanntwerden ihrer moralischen Verfehlung nicht verspottet oder gar ausgegrenzt werden. Gerade weil sie keine materiellen Besitztümer ihr eigen nennen konnten, fußte ihr Ansehen im Dorf - neben ihrer ökonomischen Produktivität - zum Teil auf ihrer moralischen Integrität.[111] Daß gegen Ende des 18. Jahrhunderts in Gebieten mit Anerbenrecht wegen Mangel des Gesindes Dienstboten *„nahezu ermuntert wurden, uneheliche Kinder zu zeugen"*, und daher etwaige Schuld- und Schamgefühle der nicht verheirateten Mütter *„mehr als unwahrscheinlich"* gewesen seien,[112] muß in diesem Zusammenhang bezweifelt werden. Besonders schwer wog die Angst vor der gesellschaftlichen Mißbilligung, wenn die Kindesmütter bisher moralisch hoch angesehen und geschätzt worden waren, auch persönliche Elemente - wie etwa zu hohes Alter oder Schwängerung durch einen verheirateten Mann - konnten verstärkend wirken.

Eine nicht unwesentliche Rolle für die Ächtung der unehelichen Mutterschaft in einem Gemeinwesen spielte der örtliche Klerus, der in einigen Fällen durch sein nicht unbedingt christlich zu nennendes Verhalten den Ausschlag für eine Verzweiflungstat gab. Die Ängste der Kindsmörderinnen entsprangen durchaus nicht nur unbestimmten Ahnungen, sondern konnten von den Betroffenen konkret begründet werden. Neben harten Scheltworten und demütigender Behandlung mußten die Frauen auch existentiell bedrohende Folgen fürchten. So verheimlichte Maria Trampusch aus Mahrenberg ihre Entbindung, weil ihr der Pfarrer von Remschnigg/Remšnik für den Fall einer weiteren Niederkunft allen Ernstes angedroht hatte, sie in das Zuchthaus sperren zu lassen![113]

Die Befürchtung, nach der Niederkunft entweder gar nicht oder in erniedrigender Weise vor der versammelten Kirchengemeinde *„vorgesegnet"* zu werden, beunruhigte die Frauen ebenfalls in großem Maße. Man verstand unter der sogenannten Vorsegnung oder Fürsegnung den ersten Kirchgang der Wöchnerin; durch die feierliche Segnung des Priesters sollte sie wieder in die Pfarrgemeinschaft aufgenommen werden, aus der sie durch die Geburt vorübergehend ausgeschieden war. Im Volksglauben galt eine Kindbetterin bis zur Ausführung dieses Zeremoniells als unrein; ihre Anwesenheit konnte Schaden verursachen, zugleich war auch sie besonderen Gefährdungen durch böse Mächte ausgesetzt.[114] Der Seelsorger von Maria Hilf in der Wüste/Sveta Maria v pušari verkündigte am Neujahrstag

---

111 Gleiches meinen auch R. v. Dülmen: Frauen vor Gericht, S. 94 f. u. C. Zimmermann: „Behörigs Orthen angezeigt", S. 83-85.

112 Vgl. G. Ammerer: „Die steinerne Agnes", S. 346.

113 StLA, AG-Rep. 1827-1828.

114 Vgl. Balthasar Fischer: Muttersegen. In: Lexikon für Theologie und Kirche. 2., neu bearb. Aufl. Hrsg. v. Josef Höfer und Karl Rahner. Bd 7. Freiburg 1961, Sp. 714; F. Lüers: Aussegnung. In: Handwörterbuch des deutschen Aberglaubens. Hrsg. v. Hanns Bächtold-Stäubli unter Mitwirkung v. Eduard Hoffmann-Krayer. Bd 1. Berlin u. Leipzig 1927 (Unveränderter Nachdruck 1987) Sp. 729 f.; Ingo Schneider: Zur Interdependenz von Volksfrömmigkeit, Volksglaube und Kirchenbrauch bei Geburt, Taufe und Aussegnung in Tirol. In: Fruchtbarkeit und Geburt in Tirol. Hrsg. v. Otto Dapunt. Oberschleißheim bei München 1987, S. 58-64; M. Borkowsky: Krankheit Schwangerschaft? S. 252-254.

1824 am Schluß der Predigt, daß keine unehelich schwangere Frau in seiner Pfarre geduldet oder gar vorgesegnet werde. Kunigunde Hlebitsch, die Stieftochter eines ansässigen Schmiedemeisters, nahm sich diese Drohung so zu Herzen, daß sie ihr neugeborenes Kind ertränkte.[115] In der Heimat von Maria Weber im Landgerichtsbezirk Oberburg/Gornji Grad wurden ledige Mütter vom Pfarrer immer an Sonn- und Feiertagen beim Hauptgottesdienst vorgesegnet und auf diese Weise vor dem ganzen Kirchenvolk beschämt und zur Schau gestellt.[116] Joseph II. hatte zwar schon 1784 festgesetzt, bei einer Vorsegnung sei kein Unterschied zwischen ehelichen und unehelichen Müttern zu machen,[117] diese Anordnung zeigte offensichtlich jedoch keine Wirkung. Auch die Verhängung von als Ehrenstrafen konzipierten Kirchenbußen über ledige Mütter kam selbst in der Mitte des 19. Jahrhunderts noch immer vor, obwohl sie den Geistlichen schon 1779 verboten worden war.[118]

Daß diese Vorwürfe gegenüber den Geistlichen wegen ihrer zutiefst unchristlichen Handlungsweise durchaus nicht damit abgetan werden können, indem sie bloß auf subjektive und damit möglicherweise verzerrte Wahrnehmungen der Angeklagten zurückgeführt werden, beweisen die hierauf Bezug nehmenden Kommentare der Gerichtsbehörden. Mehrmals wurde seitens der untersuchenden Beamten betont, gerade im ländlichen Raum sei *„strenger Eifer der Geistlichkeit gegen gefallene Mädchen"* nur allzu bekannt und beschwöre so manches Unglück herauf. Vor allem in Krain beklagte man die Unnachsichtigkeit der Seelsorger und wies darauf hin, daß die Schmähung einer unehelichen Mutterschaft erst durch die Haltung der Geistlichen ausgelöst würde bzw. zur Eskalation gelange.[119] Das Krainer Gubernium wurde vom Appellationsgericht anläßlich eines durch die Hartherzigkeit eines Ortspfarrers mitveranlaßten Kindsmordes unter anderem dazu aufgefordert, den Klerikern dringend eine *„dem Geiste unserer Religion und dem Wohle der bürgerlichen Gesellschaft"* entsprechende Vorgangsweise anzuempfehlen.[120] Theoretisch gab es gegen allzu blindwütig agierende Geistliche sogar gesetzliche Handhaben. Gelangte das Appellationsgericht zur Kenntnis gravierender Übertretungen obrigkeitlicher Anordnungen wie der Verhängung von Kirchenbußen oder dergleichen, konnte es durchaus geschehen, daß es die zuständigen Gubernien aufforderte, den Fall zu untersuchen und den betreffenden Seelsorger bei einer tatsächlichen Pflichtüberschreitung zur gebührenden Verantwortung zu ziehen. Ob und in welcher Form allerdings der Aufforderung des Obergerichtes Folge geleistet wurde, entzieht sich unserer Kenntnis.

---

115 StLA, AG-Prot. 7340/1824.

116 StLA, AG-Prot. 3958/1821. Vgl. AG-Prot. 1016/1838.

117 Innerösterreichische Gubernialverordnung vom 21. Oktober 1784. In: M. Macher: Handbuch der k. k. Sanität-Gesetze und Verordnungen, Bd 1, S. 225.

118 Verordnung vom 27. Februar 1779. Vgl. J. N. Hempel-Kürsinger: Haupt-Repertorium, Bd 5, S. 204 f.

119 StLA, AG-Prot. 8594/1819; AG-Prot. 8440/1821; AG-Prot. 9661/1838.

120 StLA, AG-Prot. 7843/1816.

Neben der allgemeinen Sorge um die Meinung der Öffentlichkeit wurden die Kindsmörderinnen bisweilen aber auch durch ganz konkrete, personenbezogene Ängste zu ihrer Tat bewogen. Wir wissen von 35 Frauen, die unter anderem aus Furcht vor ihnen nahestehenden Menschen beschlossen, ihr geborenes Kind zu töten. In erster Linie wollten sie dabei dem Zorn ihrer Eltern entgehen,[121] als zweitwichtigste Autorität, die um keinen Preis etwas von einem Fehltritt erfahren sollte, galt die Dienstgeberschaft. Vor Gericht stellten zwar alle einvernommenen Angehörigen und Dienstgeberinnen und Dienstgeber in Abrede, jemals Drohungen ausgestoßen oder gar Anlaß zur Furcht gegeben zu haben, doch scheint diese an den Tag gelegte Warmherzigkeit etwas zu nachdrücklich demonstriert, um durchwegs wahr zu sein.

Die in der Fachliteratur vereinzelt geäußerte Meinung, daß weniger die Furcht vor informellen Sanktionen als vielmehr die Angst vor formeller Bestrafung durch die Obrigkeit wegen Unzucht und Hurerei ausschlaggebend für einen Kindsmord war,[122] kann für den Beginn des 19. Jahrhunderts nicht mehr bestätigt werden. Verstöße gegen die geltenden moralischen Normen wurden ab dem vom Gedankengut der Aufklärung geprägten Josephinischen Strafgesetzbuch von 1787 nur mehr als „Schwere Polizeiübertretungen" geahndet. Ein Ehebruch konnte nicht mehr von Amts wegen, sondern nur mehr auf Grund einer Klage des beleidigten Ehegatten verfolgt werden. Kein einziger Tatbestand stellte die außereheliche Geschlechtsbeziehung Unverheirateter unter Strafe, lediglich Prostitution war verboten.[123]

Einen nicht unerheblichen Anteil an der Entschlußfassung zu einem Kindsmord trugen die direkten und indirekten Handlungsweisen der Kindesväter. In mehreren Fällen hatte das Verhalten des Liebhabers nach den Worten der Frau Einfluß auf ihre Entscheidung, das von ihm empfangene Kind zu töten. Zum einen konnte es dazu kommen, wenn sich der Kindesvater bei Eintreten der Schwangerschaft offen von seiner Geliebten abwandte und sie rücksichtslos im Stich ließ. Zum anderen ließ sich so manche Delinquentin von ihrem Partner zur Tat anstiften oder wurde zumindest in ihrem geplanten Vorhaben bestärkt.

Doch nicht nur das Verhalten, auch die Person des Kindesvaters konnte entscheidend für einen Kindsmord sein. Das trifft beispielsweise auf all jene Fälle zu, bei denen die Tat zur Vertuschung einer außerehelichen Beziehung dienen sollte. Indem die Frucht eines Seitensprungs beseitigt wurde, hoffte die Frau zugleich, den ehelichen Frieden zu wahren und das Ansehen im Dorf beibehalten zu können. Gleichermaßen problematisch war die

---

121 Ähnliche Feststellungen gibt es für das Gebiet von Baden-Württemberg. Vgl. C. Kaiser: Opfer oder Täterinnen, S. 78.

122 Vgl. G. Ammerer: Abtreibung, Kindsmord und Kindsweglegung, S. 80.

123 Vgl. Egon Conrad Ellrichshausen: Die uneheliche Mutterschaft im altösterreichischen Polizeirecht des 16. bis 18. Jahrhunderts dargestellt am Tatbestand der Fornication. Berlin 1988. (= Schriften zur Rechtsgeschichte. 42.) S. 85 f. Vgl. auch StGB 1803, 2. Teil, §§ 247-259.

Situation für eine werdende Mutter, wenn sie sich ihres Kindesvaters schämte. Das konnte etwa der Fall sein, wenn der Mann einen besonders schlechten Ruf genoß, sozial deklassiert war oder bereits für eine eigene Familie zu sorgen hatte.

11.6.2. Legitimationsversuche

Neben den bewußtgemachten und artikulierten Motiven für einen begangenen Kindsmord führten die Delinquentinnen immer wieder bestimmte Elemente des Tathergangs an, durch die sie ihre auf sich geladene Schuld verringert sahen. Im wesentlichen begegnen wir dabei fünf Argumentationslinien, wobei auf den Bereich „Nottaufe und religiöse Bußfertigkeit" aufgrund seiner Häufigkeit besonderes Augenmerk gelegt wird.

Mehrmals verwiesen die Frauen darauf, daß sich das getötete Kind gleich nach der Geburt als sehr kraftlos und fast ohne Bewegung und Atem gezeigt habe, der Schritt vom Leben zum Tod sei also kein so großer gewesen. Agnes Vogrinz meinte in ihrem Verhör, ihr Kind sei ohnehin schon schwach zur Welt gekommen und, als sie ihm den Kopf mit einem Tuch verhüllte, sofort gestorben.[124] Theresia Radlerin - sie hatte bereits versucht, ihr Kind durch die Einnahme von sogenanntem Schleifsteinwasser abzutreiben - führte ihre Überlegungen nach der Geburt noch genauer aus: *„Nach diesem habe sie das lebende Kind bei einer Viertelstund liegen lassen, es war ein Mädel, klein und kleber, außer der Schwachheit habe ihm nichts gefehlet, nur habe es am ganzen Leib schneeweiß ausgesehen, da sey ihr dann wieder der Gedanken gekommen, das Kind nicht nach Haus zu tragen, sondern ins Wasser zu werfen, weil selbes ganz weiß, somit krank ausgesehen."*[125] Zum einen sollte die Tat also beschönigt werden, indem die Delinquentinnen deutlich herausstrichen, daß fast keine Gewaltanwendung nötig gewesen war, die ohnedies schwache Lebensflamme auszulöschen. In Ergänzung dazu wurde mit dem Verweis auf die Kränklichkeit des Neugeborenen der Eindruck zu erwecken versucht, daß solches über kurz oder lang auch ohne ihr Zutun verstorben wäre.[126]

Als zweiter Punkt springt bei einigen Fällen die vorgebliche tätige Reue ins Auge, mit der das Verbrechen ungeschehen gemacht werden sollte. Die Frauen beteuerten, sie hätten sofort nach geschehener Tat, von plötzlichen Gewissensbissen ergriffen, verzweifelte Anstrengungen unternommen, das Kind doch noch zu retten, wären aber dabei erfolglos geblieben. Anna Haas kam ihren Worten gemäß nach dem Verbrechen nicht zur Ruhe, trotz eisiger Kälte sowie Ohnmachts- und Fieberanfällen verließ sie ihre Liegestatt: *„Allein es drückte mich in meinem Herzen, und es trieb mich an, meinem Kind zu helfen, und so gieng*

---

124 StLA, AG-Prot. 1306/1811.
125 StLA, AG-Prot. 5709/1804.
126 Vgl. auch H. Klar: Verbrechen aus verlorener Ehre, S. 54.

ich wieder hinaus zum Waschteich, um es heraus zu nehmen, wenn es noch leben sollte. Ich grief durch das Loch im Eis hinein, allein ich fand es nicht mehr."[127] Das Gericht nahm diese durch nichts zu beweisenden Rettungsversuche nur mit äußerster Skepsis zur Kenntnis, an seiner Bewertung des Kindsmordes änderten sie nichts: Die Tat war vollbracht und konnte nicht mehr zurückgenommen werden.

Zum dritten ist mehrmals zu beobachten, daß Delinquentinnen die Verantwortung für ihre Handlung gleichsam an eine höhere Macht abschieben wollten.[128] Nicht allein sie selbst trugen Schuld am Tod ihres Kindes, als ausschlaggebend wurde vielmehr empfunden, daß Gott sie im Moment der Tat verließ und so der Teufel über sie die Überhand gewinnen konnte. Erklärungen, daß „*Gott sie gestraft*" oder „*ein böser Geist*" den unseligen Gedanken an die Tötung des Kindes eingegeben hätte, sollten die Unmenschlichkeit des eigenen Verhaltens verständlicher machen. Als die Taglöhnerin Maria Wunkinn die Erdrosselung ihrer Tochter zu entschuldigen versuchte, meinte sie: „*Vielleicht habe es schon Gott so haben wollen oder sie hiezu der böse Feind verführet*", Rosalia Kostomai erzählte sehr plastisch, „*es habe der Teufel um sie getanzt*" und sie zur Tat angestiftet.[129]

Auch in jenen Fällen, in denen eine Kindesmutter dem Neugeborenen bei der Entbindung keine Hilfe leistete, kam der Glaube an das vorherbestimmte und unabänderbare Schicksal eines Menschen zum Tragen. Die Frau übertrug quasi die Entscheidung über das Leben des Kindes an die göttliche Vorsehung. Die Krainerin Maria Klantschitscharza fügte ihrer Schilderung des Geburtsvorganges bei, sie habe das Kind hilflos liegen gelassen, damit es umkomme, „*wenn nicht Gott oder sonst ein Zufall es rettete*".[130]

Es ist zu vermuten, daß es sich bei derartigen Aussagen nicht durchwegs um bloße rational durchdachte Verteidigungsstrategien handelte, sondern es scheint zum Teil sehr einleuchtend, daß die Delinquentinnen in ihrem anerzogenen Bewußtsein, von der göttlichen Allmacht durchdrungen zu sein, all ihre Handlungen in einer fast fatalistischen Sichtweise auf die direkte oder indirekte Lenkung durch metaphysische Kräfte zurückführten. Wir befinden uns damit in einem schwer zu beurteilenden Grenzbereich: Wenngleich die Mütter - in ihrem eigenen Interesse - die generelle Bedeutungslosigkeit ihrer Person übertrieben herausstrichen, läßt sich andererseits nicht verkennen, daß gerade Frauen in unteren sozialen Schichten kaum gelernt hatten, selbstverantwortlich zu agieren. Sie waren in jeder Hinsicht Befehlsempfängerinnen, sei es im engeren Rahmen der Hausgemeinschaft, sei es innerhalb größerer Gemeinwesen wie eines Dorfes oder einer Pfarre. Gerade bei einer Tat

127 StLA, Bezirksgericht Feldbach, Fasz. 204: Riegersburg, Verbrechen der Herrschaft Stein 1846-1849.

128 Hinweise dazu auch bei R. v. Dülmen: Frauen vor Gericht, S. 85 f.; G. Ammerer: Abtreibung, Kindsmord und Kindsweglegung, S. 89; ders.: „Die steinerne Agnes", S. 352; ders.: Kindsmord und Gerichtsmedizin, S. 151 sowie W. Wächtershäuser: Das Verbrechen des Kindesmordes, S. 28 f.

129 StLA, AG-Prot. 2011/1787; AG-Prot. 7022/1824.

130 StLA, AG-Prot. 330/8868/1818.

von solcher Tragweite suchten die Delinquentinnen daher nach einer willensgebenden Autorität, die sie - wie auch sonst - entlasten konnte.

11.6.2.1. Nottaufe und religiöse Bußfertigkeit

Tötete eine Mutter ihr ungetauftes Neugeborenes, so beging sie in den Augen der Kirche nicht nur eine Todsünde, sondern sie entzog dem Kind auch dessen ewiges Seelenheil. Ohne die heiligen Sakramente empfangen zu haben, blieb es noch mit der Erbsünde behaftet und konnte nicht an der Auferstehung teilhaben. Nach der katholischen Lehre wanderten die Seelen der seit der Verkündigung des Evangeliums ungetauft verstorbenen Unmündigen in den Limbus, die sogenannte Vorhölle, also an einen Neutralort, wo sie weder Leid noch himmlische Freude empfanden.[131] Durch die sogenannte Nottaufe, die von jedem Laien gespendet werden durfte, konnte dem allerdings Abhilfe geschaffen werden. Zu diesem Zweck übergoß man das Neugeborene mit klarem Wasser, wobei gleichzeitig die Taufformel zu sprechen war.[132]

In den weltlichen Gerichtsakten war die Frage, ob das neugeborene Kind ohne Taufe verstarb, nicht vordringlich, trotzdem erhalten wir in nicht weniger als 78 Fällen Informationen über geschehene oder unterbliebene Nottaufen. Interessant ist, daß diese Problematik vor allem in den ersten Jahren des Untersuchungszeitraumes thematisiert wurde, ab den 1820er und 1830er Jahren richtete sich deutlich weniger Aufmerksamkeit darauf.[133] Von 42 Kindesmüttern wissen wir, daß sie ihren Kindern vor deren Tod die Nottaufe erteilten oder zumindest einen Versuch dazu unternahmen. Eine besondere regionale Konzentration ist dabei nicht festzustellen. Bei der Nottaufe behalfen sich die Frauen mit einfachsten Mitteln: In Ermangelung von Weihwasser besprengten sie das Kind mit Trinkwasser oder machten bloß das Kreuzzeichen über den Körper. Maria Tscherne taufte ihr Kind, indem sie ihm zweimal eine Handvoll frisch gefallenen Schnees auf die Stirn warf, Theresia Hatzin verwendete dafür Wasser aus einer Mistlacke, und Agnes Kragl hoffte, daß die Benetzung des Kindes mit ihren vom Waschen nassen Händen für dessen Seelenheil ausreichen würde.[134]

---

131 Vgl. Peter Gumpel: Limbus. In: Lexikon für Theologie und Kirche. 2., neu bearb. Aufl. Hrsg. v. Josef Höfer und Karl Rahner. Bd 6. Freiburg 1961, Sp. 1057-1059.

132 Vgl. Joseph Frankenstein: Über die Nottaufe in Vergangenheit und Gegenwart. In: Fruchtbarkeit und Geburt in Tirol. Hrsg. v. Otto Dapunt. Oberschleißheim bei München 1987, S. 85-90. Vgl. auch die entsprechenden Instruktionen über die Durchführung einer Nottaufe speziell für steirische Hebammen: Heidemarie Krenn: Der steirische Hebammenstand in der zweiten Hälfte des 18. Jahrhunderts. Graz, Diplomarbeit am Institut für Geschichte 1992, S. 103 f.

133 Ende des 19. Jahrhunderts fanden in oberbayrischen Gerichtsakten Nottaufen überhaupt keine Erwähnung mehr. Vgl. R. Schulte: Das Dorf im Verhör, S. 159.

134 StLA, AG-Prot. 12217/1835; AG-Prot. 10249/1788; AG-Prot. 16321/1835.

Mütter, die an ihrem Neugeborenen die Nottaufe vollzogen hatten, legten häufig unmittelbar danach Hand an ihr Kind. Während im allgemeinen die Tötung durch Unterlassung des bei der Geburt nötigen Beistandes leicht überwog, starben hingegen überproportional viele notgetaufte Kinder durch tatsächliche Gewaltanwendung. Theresia Mayer sagte aus, ihr Kind gleich nach der Geburt mit Weihwasser besprengt, getauft und anschließend erwürgt zu haben. Sie war der Meinung, die Ermordung des Neugeborenen könnte kein so großes Verbrechen sein, wenn sie das Kind vorher nottaufe und ihm dadurch den Himmel verschaffe. Ihre Erklärung wurde vom Gericht tatsächlich als Milderungsgrund anerkannt.[135] Noch in der Theresiana wurde übrigens bestimmt, daß Mütter, die ihr Kind ohne vorher erteilte Taufe töteten, wesentlich strenger bestraft werden sollten als Täterinnen, die dem Neugeborenen zumindest das ewige Seelenheil sicherten.[136] Wir können annehmen, daß viele Kindsmörderinnen eine Nottaufe sehr bewußt in Hinblick auf die geplante Tötung des Kindes vornahmen und damit versuchten, ihre auf sich geladene Schuld zu verringern.[137] Zugleich verraten diese Frauen damit ein gewisses Maß an Überlegung und Vorbedachtheit ihrer Handlungsweisen.

Eine unterbliebene Nottaufe des verstorbenen Kindes wurde in der Regel mit der Übereilung bei der Geburt und der damit verbundenen Sinnesverwirrung entschuldigt. Die Bedeutung der Taufe schien jedoch allgemein bekannt zu sein, und die Kindesmütter beklagten, zumindest die Seelen ihrer Kinder nicht gerettet zu haben. Das Bestreben, einem neugeborenen Kind so schnell wie möglich die heiligen Sakramente zu spenden, trat vor allem dann zutage, wenn ein Kind einen Mordversuch überlebte und rechtzeitig gefunden wurde. Dabei schoß man bisweilen über das Ziel hinaus: Als die Wirtin Theresia Ziegelschuster aus dem steirischen Ehrenhausen ein Neugeborenes im Wasser liegen fand, achtete sie nur auf die nötige Taufe, vergaß darüber allerdings, das Kind anderweitig zu versorgen, worauf dieses starb.[138] Auch der Sohn der Maria Kollarin überstand zwar die Übergriffe seiner Mutter unversehrt, nicht jedoch den während des strengsten Winterfrostes unternommenen halbstündigen Marsch zur notwendig scheinenden ordentlichen Taufe in die nächste Pfarrkirche.[139] In diesen Fällen ist es nicht zu leugnen, daß weniger auf das physische Überleben der Kinder, als vielmehr auf deren Rettung im Jenseits Wert gelegt wurde.

135 StLA, AG-Prot. 3243/1813. An anderer Stelle konnte das Appellationsgericht diesen „Aberglauben" wiederum nicht genug rügen. Vgl. StLA, Gub.-Fasz. 47, 1822-1825.

136 CCTh, Art. 87, § 6. Vgl. auch eine ähnlich lautende Resolution aus dem beginnenden 18. Jahrhundert bei: Joan Baptista Suttinger de Thunhof: Consuetudines Austriacae ad stylum excelsi regiminis infra Anasum accomodatae. Norimbergae 1716, S. 58-61. Für diesen Hinweis danke ich Markus Steppan.

137 Gegenteiliger Ansicht war das Wiener Kriminalgericht. Seiner Meinung nach sprach gerade der Umstand, daß die Täterin die Nottaufe unterlassen hatte, für die Tötungsabsicht der Kindesmutter. Vgl. F. Hartl: Wiener Kriminalgericht, S 190.

138 StLA, AG-Prot. Fasz. 20, Nr. 760/1803; AG-Prot. 1918/1804.

139 StLA, AG-Prot. 3174/1804. Vgl. dazu auch Klaus O. Mayr: Kriminalität in einer ländlichen Gesellschaft. Rechtsprechung in Kärnten im Zeitalter des aufgeklärten Absolutismus 1740-1792. Klagenfurt,

Die schlichte Gottesfürchtigkeit der Angeklagten tritt uns nicht nur in ihren Überlegungen zur Nottaufe, sondern auch in ihren Gedanken über Bestrafung und Buße für ihr begangenes Unrecht entgegen. Aus den Worten einiger Angeklagten geht deutlich hervor, daß es ihnen ein vordringliches Ansinnen war, Vergebung vor dem Richtstuhl Gottes zu finden. Margareth Milovcich-Talian erklärte bei ihrer Einvernahme, sie wolle aufrichtig gestehen, um Verzeihung vor Gott zu erlangen,[140] bei Theresia Mayer heißt es noch deutlicher: *„Gott und das Gericht wolle es ihr verzeihen und ihr, wenn es möglich ist, eine Barmherzigkeit zukommen lassen. Sie wolle gern die Strafe leiden, wenn sie nur hiedurch ihre Tat versöhne und hiefür seiner Zeit in den Himmel aufgenommen werde."*[141]

Bisweilen erwogen die Kindsmörderinnen sogar im Moment ihres Rechtsbruchs, daß sie später für ihr Verbrechen ja beichten und damit die geistliche Absolution von ihren Sünden erlangen könnten, womit das Gleichgewicht wieder hergestellt wäre. Maria Mayer - sie spendete ihrem Sohn vor der Tötung noch die heiligen Sakramente - erklärte dem Kriminalgericht in Klagenfurt, sie habe zum Zeitpunkt ihrer Tat an keine Strafe, sondern bloß daran gedacht, daß sie ihr Vergehen durch einige Beichtgänge wohl einmal werde abbüßen können.[142] Wie dies konkret aussehen konnte, demonstrierte Maria Stockin: Sie floh aus dem Untersuchungsarrest in Murau, weil sie eine Kirchfahrt nach Maria Pfarr unternehmen und beichten wollte.[143] Ihr war es wichtiger, zuerst mit Gott ins reine zu kommen, bevor sie sich bereit fand, sich einer weltlichen Strafe zu unterwerfen. Cecilia Dreißgerin machte sich überhaupt schon am Tag nach ihrer Entbindung aus dem Landgerichtsbezirk Stein auf, um eine dreitägige Wallfahrt nach Maria Trost zu unternehmen und Verzeihung für ihre Schuld zu erbitten.[144] Es scheint fast, daß den meisten Täterinnen vor allem daran gelegen war, die auf sich geladene Todsünde zu sühnen, wobei die weltliche Gerichtsbarkeit bloß als ein Mittel dazu verstanden wurde.

11.6.3. Vorbedacht der Handlung

Bekannte eine Frau den ihr angelasteten Kindsmord ein, so ging die nächste Frage des Gerichtes in der Regel dahin, wie lange ihr verbrecherischer Vorsatz schon bestanden habe. Es machte für die Bewertung der Tat einen erheblichen Unterschied, ob die Delinquentin den Kindsmord bereits von langer Hand geplant hatte oder erst im Augenblick der Entbindung die Tötung des Neugeborenen beschloß. Im Strafgesetzbuch des Jahres 1803 heißt es

---

140 Diplomarbeit am Institut für Geschichte 1986, S. 326.
141 StLA, AG-Prot. 14509/1835.
142 StLA, AG-Prot. 3243/1813.
143 StLA, AG-Prot. 9103/1836.
144 StLA, AG-Prot. 5125/1807.
StLA, AG-Prot. Fasz. 20, 263/1797; AG-Prot. Fasz. 20, 41/1798.

dazu unter anderem: *„Im allgemeinen ist das Verbrechen desto größer, je reifer die Ueberlegung, je geflissentlicher die Vorbereitung, womit das Verbrechen unternommen wird [...].“*[145] Das Geständnis, das Vorhaben schon einige Zeit vor der Ausführung im Sinn gehabt zu haben, wirkte sich daher als ein für das Strafmaß erschwerender Umstand aus.

Rund 40% der überführten Kindsmörderinnen gaben zu, den Gedanken an das Verbrechen schon während der Schwangerschaft gehegt zu haben. Maria Prach mußte etwa dem Landgericht Oberrohitsch gestehen, daß sie bereits zum Zeitpunkt der Wahrnehmung ihres Zustandes, also etwa im dritten Monat nach der Empfängnis, den Entschluß gefaßt hatte, die Geburt zu verbergen und das Kind auf die Seite zu schaffen.[146] Meist dauerte die Entscheidungsfindung aber länger, hin und her gerissen zwischen bösem Vorsatz und Schuldgefühlen befand sich die Schwangere oft in einem monatelangen Gewissenskonflikt, der unmittelbar bis zur Entbindung andauern konnte. Anna Maria Walkner erzählte dem steirischen Kriminalrichter über die letzten Tage vor ihrer Niederkunft: *„Sie habe schon früher den Gedanken gehabt, das Kind ums Leben zu bringen, sie suchte ihn aber zu unterdrücken, als sie die große Qual der Geburt fühlte, kam ihr wieder dieser Gedanke, doch dachte sie sich wieder, der Herrgott habe ihr das Leben geschenkt, sie wolle es dem Kind auch schenken, kaum war aber die Geburt vorüber, so konnte sie sich des Gedankens nicht entwehren, es ums Leben zu bringen.“*[147]

60% der befragten Kindsmörderinnen gaben zu Protokoll, vor dem Eintritt der Geburt nie eine verbrecherische Absicht gehabt und die Tötung des Kindes jäh und ohne lange Überlegung vollbracht zu haben. Der Wahrheitsgehalt dieser Aussagen kann letztendlich nicht überprüft werden. Gegen die meisten dieser Frauen spricht nämlich, daß sie konsequent ihre Schwangerschaft verheimlichten, weder Hilfe bei der Niederkunft suchten, noch vorbereitende Handlungen für die Zeit nach der Geburt des Kindes getroffen hatten. Freilich mußten diese Punkte nicht in unmittelbarem Zusammenhang stehen und wurden zum Teil auch anderweitig erklärt, Verdachtsmomente blieben allerdings in jedem Fall bestehen.

Häufig klingt es aber sehr glaubhaft, wenn Delinquentinnen beteuerten, bis zuletzt den Gedanken an die Zukunft verdrängt und aus einer plötzlichen Panikreaktion heraus gehandelt zu haben. Die 20jährige Dienstmagd Maria Kerner versicherte mehrmals, *„der unglückliche Gedanken, das Kind zu ermorden, seye ihr erst gekommen, als das Kind schon da war und zu schreyen angefangen habe. Vor ihrer Entbindung habe sie auf diesen Gedanken gar nicht kommen können, weil sie niemals überdacht habe, was sie in dem Fall tun solle, wenn sie wirklich schwanger wäre, daß aber ihre Entbindung so nahe war, habe*

---

145 StGB 1803, 1. Teil, § 36.
146 StLA, AG-Prot. 7385/1824.
147 StLA, AG-Prot. 8544/1835.

sie gar nicht geglaubt.“[148] Plötzlich mit den Tatsachen konfrontiert, blieb keine Zeit, ruhig zu überlegen und die Folgen ihrer Handlungsweise lange abzuwägen. Es scheint, daß viele Frauen erst mit dem Blick auf das vor ihnen liegende, hilflose Neugeborene ihre Lage realisierten und damit schlichtweg überfordert waren. Dazu kam die konstatierte physische, aber auch psychische Ausnahmesituation der Geburt.[149] Einigemale betonten die Delinquentinnen, daß sie fast besinnungslos vor Schmerzen und dadurch nicht fähig gewesen seien, einen klaren Gedanken zu fassen, und in dieser Verwirrung den Säugling kurzerhand töteten.

Konnten sie das Gericht von der Wahrhaftigkeit ihrer Darstellung überzeugen, so wurde ihnen die *„Gemützerrüttung, welche gewöhnlich durch die Niederkunft verursacht wird“*, als mildernder Umstand in Rechnung gestellt. Die urteilenden Richter gingen davon aus, daß für eine in den Geburtswehen liegende Frau keine normalen Maßstäbe Geltung hatten, und hielten Urteilsvermögen und rationelle Überlegung durch den unvorstellbaren Schmerz in höchstem Maße für eingeschränkt. Das Appellationsgericht erläuterte mehrmals, wie es die Zurechnungsfähigkeit der Angeklagten zum Zeitpunkt der Entbindung einschätzte. Durch die Anstrengung der Geburtsarbeit sah es *„alle Triebe des Körpers und der Seele“* gesteigert, die Reizbarkeit des Gemütes sowie die Tätigkeit des Nervensystems erhöht und schließlich die Überlegungskraft, wenn nicht ganz unterdrückt, so doch geschwächt und für Fehlentscheidungen anfällig.[150] Dieses Entgegenkommen war nun nicht mehr gültig, wenn man vermuten mußte, daß die Angeklagte bereits während ihrer Schwangerschaft und damit in ruhiger Überlegung und im Vollbesitz ihrer geistigen Kräfte den Entschluß zu ihrer Tat gefaßt hatte.

---

148 StLA, AG-Prot. 6245/1838.

149 Vgl. C. Nairz: Depressive Tendenzen, S. 25. Der sogenannte „Postpartum Blues“ tritt allerdings erst ab dem dritten Tag nach der Entbindung auf, die Postpartum-Depression erst nach zwei Wochen. Vgl. ebda, S. 28 f. Zum Einfluß des Geburtsvorganges auf die weibliche Psyche vgl. auch G. Faust: Kindestötung, S. 19 f.

150 StLA, AG-Prot. 9103/1836. Ähnliche Fälle bei G. Ammerer: Kindsmord und Gerichtsmedizin, S. 149 f. Das Motiv der Sinnesverwirrung bei der Geburt wurde und wird seitens der Kriminalisten allerdings zunehmend problematisiert. Vgl. A. Amschl: Das Verbrechen des Kindesmordes, S. 78 f.; ders.: Abtreibung und Kindesmord. In: Archiv für Kriminal-Anthropologie und Kriminalistik 43 (1911), H. 1/2, S. 86; H. Gummersbach: Kriminologische und rechtliche Beurteilung der Kindestötung, S. 369 f. Gegenteilig: W. Kürbitz: Kindesmord, S. 306.

11.7. DIE NICHT GESTÄNDIGE ANGEKLAGTE

11.7.1. Verteidigungsstrategien

Bekannte eine Angeklagte das ihr zur Last gelegte Verbrechen nicht ein, so stand sie natürlich unter dem Druck, das Gericht durch eine plausible Erklärung des Sachverhalts von ihrer Unschuld am Tode des Kindes zu überzeugen. In den meisten Fällen behaupteten die Beschuldigten, ihr Kind sei bereits leblos zur Welt gekommen; rund 120 Frauen, damit mehr als 55% der nicht geständigen Kindsmörderinnen, zogen sich auf diesen Standpunkt zurück. Die Verteidigungsstrategie einer vorgeblichen Totgeburt finden wir auch in anderen Gebieten Mitteleuropas weitaus am stärksten vertreten.[151]

Wie hoch war nun tatsächlich die Wahrscheinlichkeit, daß eine Frau ein totes Kind zur Welt brachte? Otto Ulbricht geht für Norddeutschland des 18. Jahrhunderts von einem mutmaßlichen Anteil von 8% Totgeburten bei ledig und ohne Hilfe Gebärenden aus.[152] Innerösterreichische Vergleichszahlen belegen, daß 1854 in Kärnten 2,4% aller unehelich geborenen Kinder tot zur Welt kamen, in Krain waren es 3,1%, in der Steiermark 3,8% und im Küstenland 5%.[153] Die Beteuerung einer Totgeburt konnte daher in den meisten Fällen wohl nicht stimmen.

Durch verschiedene Erläuterungen, betreffend die Periode der Schwangerschaft, den Akt der Geburt oder die äußere Erscheinung des Neugeborenen, versuchten die Angeklagten, die Glaubwürdigkeit ihres Vorgebens zu erhöhen. Das Gericht verlangte beispielsweise eine detaillierte Schilderung, auf welche Art sich die Wöchnerinnen vom Tode ihres Kindes überzeugt hatten. Barbara Kreinerin erzählte dem Landgericht von St. Georgen an der Stiefing, sie habe das Neugeborene gewiß eine Viertelstunde lang beobachtet, weil es aber keinen Atem von sich gab und an seinen Gliedmaßen schon erkaltet war, als leblos erkannt.[154] Elisabeth Rotar beteuerte sogar, durch Rütteln und dreimaliges Einblasen von Luft in den Mund des Kindes Anstrengungen unternommen zu haben, um dasselbe wieder zum Leben zu erwecken, jedoch vergebens.[155] Die Behauptung der zum zweitenmal wegen Kindsmordes belangten Frau, sie habe Beatmungsversuche an ihrem Kind unternommen,

---

151 Im norddeutschen Bereich schützten ebenfalls zwischen 50% und 60% der Inquisitinnen eine Totgeburt vor. Vgl. O. Ulbricht: Kindsmörderinnen vor Gericht, S. 64-71; R. v. Dülmen: Frauen vor Gericht, S. 34 u. S. 85; K. Roetzer: Abtreibung, Kindstötung sowie Kindsaussetzung, S. 119.

152 Vgl. O. Ulbricht: Kindsmörderinnen vor Gericht, S. 72.

153 Vgl. F. S. Hügel: Findelhäuser und Findelwesen, S. 240; Ähnliche Werte auch bei K. O. Mayr: Kriminalität, S. 311. Gesamtösterreichisch vgl. B. Bolognese-Leuchtenmüller: Bevölkerungsentwicklung, Teil 2, S. 85.

154 StLA, AG-Prot. 4590/1791.

155 StLA, AG-Prot. 4746/1838.

war übrigens ausgesprochen geschickt und wohl nicht zufällig: Damit konnte sie nämlich das Vorhandensein von Luft in den Lungen des Säuglings erklären.[156]

Auch die genaue Beschreibung des Körpers des Neugeborenen sollte die untersuchenden Beamten davon überzeugen, daß das Kind bereits im Mutterleib gestorben sein mußte. Maria Kostel betonte etwa, ihr Sohn sei bei der Geburt *„ganz schlatzig"* und aufgedunsen gewesen, Elisabeth Possarnigg hatte wiederum bemerkt, daß der zur Welt gekommene Säugling *„am ganzen Körper und im ganzen Angesichte voll blauer Brandflecken war und hohle Augen hatte"*.[157] Verifiziert konnten solche Schilderungen nur werden, wenn die Kindesleiche sofort nach der Entbindung gefunden wurde; zu einem späteren Zeitpunkt gestaltete sich jede nähere Bestimmung der Todesstunde als unmöglich.

Unregelmäßigkeiten während der Schwangerschaft und Abweichungen im Verlauf des Geburtsvorganges deuteten die Frauen ebenfalls als Zeichen dafür, daß das zur Welt gebrachte Kind bereits leblos gewesen sein mußte; besonders Mütter, die schon einmal entbunden hatten, pochten auf ihre diesbezügliche Erfahrung. Maria Franklin war sich sicher, daß ihr Drittgeborenes nicht leben konnte, weil das *„von ihr gegangene Geblüte kalt gewesen sey"*, Barbara Natlatschen, die zum viertenmal Mutter wurde, wunderte sich darüber, daß diesmal das Neugeborene zusammen mit der Nachgeburt von ihr gegangen sei, was sie nur durch das bereits im Mutterleib erfolgte Absterben des Fötus erklären konnte.[158]

Befragt um die Ursachen, von einem toten Kind entbunden worden zu sein, führten die Frauen immer wieder eine zeitlich zu frühe Niederkunft an. Die Frucht sei noch nicht vollkommen ausgetragen und damit nur eingeschränkt lebensfähig gewesen. Maria Klamer gab etwa zu Protokoll, ihr Kind wäre tot und bloß als ein schwarzer Blutklumpen von ihr gegangen; nachdem sie das Neugeborene in einen reißenden Bach geworfen und damit allen Nachforschungen entzogen hatte, konnte ihr niemand das Gegenteil beweisen.[159]

Eine dermaßen verfrühte bzw. unglücklich verlaufene Entbindung begründeten die Angeklagten mit verschiedensten Unregelmäßigkeiten bzw. Unglücksfällen im Verlauf der Schwangerschaft. Besonders häufig verwiesen sie auf die Strapazen der bäuerlichen Arbeitswelt, die zweifellos zahlreiche Gefahrenquellen für das Leben eines Ungeborenen bereithielt. Verheben, Stöße gegen den Unterleib durch Arbeitsgerät oder störrische Tiere oder einfach zu große Kraftanstrengung werden fast durchwegs als ein Erklärungsmuster für die fortwährende Schwächung oder gar Abtötung der Leibesfrucht noch im Mutterleib angeführt. Die Dienstmagd Katharina Pichlerin wurde beim Melken von einer Kuh umgeworfen und auf den Bauch getreten, eine Woche später entband sie ein angeblich totes

---

156 Die medizinische Praxis zeigt freilich, daß sogenanntes Lufteinblasen nur selten die Lungen ausdehnen kann. Vgl. H. v. Fabrice: Kindsabtreibung und Kindesmord, S. 185-189.

157 StLA, AG-Prot. 7739/1824; AG-Prot. 2546/1820.

158 StLA, AG-Prot. 6629/1790; AG-1509/1820.

159 StLA, AG-Prot. 12471/1835.

Kind; die Taglöhnerin Maria Jankovitsch verletzte sich wieder ihren Angaben nach beim Flachsbrecheln mit einer Hacke so schwer, daß sie fortan keine Kindsregungen mehr verspürte.[160]

Das Heben und Tragen von gefüllten Wasserbehältern, diversen Feldfrüchten, Holz, aber auch nasser Wäsche war nach der Darstellung vieler anderer hochschwangerer Frauen verhängnisvoll. Besonders oft klagten die Kindesmütter über das Herausheben der Steine aus der sogenannten „Kraut-Bottung“: Gesäuertes Kraut wurde, um es haltbar zu machen, in tiefen Gruben eingelagert und mit Steinen luftdicht abgeschlossen. War nur mehr wenig Vorrat vorhanden, mußten sich die Frauen weit in die Mulde hineinbeugen, um die Beschwerung abzudecken.

Gleichermaßen häufig erklärten die Angeklagten den Tod eines Ungeborenen durch einen Sturz, etwa auf eisigem Boden, über eine glatte Stiege oder vom Baum beim Abernten von Früchten. Um sicherzugehen, berichtete die 18jährige Mariana Riavitz dem Görzer Kriminalgericht gleich von zwei hintereinander erfolgten Stürzen, einmal beim Kirchgang und einmal in der häuslichen Stube; beobachtet hatte sie freilich niemand dabei.[161] Auch erlittene körperliche Gewalt durch andere Personen war nach Meinung einiger Kindesmütter ausschlaggebend für ihre Totgeburt gewesen. Anna Miklautschitsch erzählte gar, sie sei im siebenten Monat ihrer Schwangerschaft von einem Soldaten in der Nähe von Neustadtl zu Boden geworfen, mit Fäusten traktiert, mit Füßen getreten und schließlich vergewaltigt worden, worauf sie ein *„ganz schwarzes, totes Kind"* zur Welt brachte.[162]

Seltener machten die Angeklagten eigene Krankheitszustände für das verfrühte Ende ihres Neugeborenen verantwortlich. Agnes Poterbujesch glaubte etwa, daß die Ruhr, an der sie wenige Tage vor der Entbindung gelitten hatte, Schuld am Tode ihrer Tochter trug, Lucia Pusar erinnerte sich an ausgestandene Fieberanfälle während ihrer Schwangerschaft.[163] Gerade wenn eine Beschuldigte zu Protokoll gab, wegen verschiedener Beschwerden Arzneien zu sich genommen oder andere Hausmittel erprobt zu haben, geriet sie leicht in den Verdacht, damit gezielt das Leben ihres Ungeborenen geschwächt oder es gar getötet zu haben. Nicht nur körperliche Verletzungen, sondern auch seelische Belastungen und Gemütserregungen wurden als Ursachen für eine Totgeburt angesehen. Die Kaufmannswitwe Maria Grazin deutete ihre zu frühe Niederkunft als Folge zweier erlittener Schockzustände, einmal wollte sie sich über einen zu ihren Füßen niedergefallenen Epileptiker erschreckt haben, ein zweitesmal über ein lautstarkes Handgemenge; Maria Stockin brachte den Tod ihres Kindes gar mit ihrem Ekel vor einer im Suppentopf gefundenen to-

160 StLA, AG-Prot. 4415/1820; AG-Prot. 7538/1822.
161 StLA, AG-Prot. 11267/1823.
162 StLA, AG-Prot. 10217/1819.
163 StLA, AG-Prot. 330/106/1818; AG-Prot. 55/1807.

ten Spinne in Zusammenhang.[164] Speziell hinsichtlich des letzten Falles negierte der beigezogene Bezirksarzt jedoch jede kausale Verbindung zwischen den beiden Begebenheiten.

Überhaupt unterzog das Gericht jede aufgestellte Behauptung über körperliche Schwerstarbeiten oder erlittene Unfälle einer genauen Überprüfung. Hausbewohnerinnen und -bewohner hatten sich zu äußern, ob die Angeklagte tatsächlich angegebene gesundheitsschädliche Aufgaben durchgeführt hatte, Zeuginnen und Zeugen für diverse Unglücksfälle wurden ausgeforscht und verhört und sogar angebliche Unfallorte genau untersucht. Als Maria Collich beispielsweise glaubhaft machen wollte, auf der Weide von einer Eiche gefallen zu sein, wurde ihr das zum Verhängnis: Beim Lokalaugenschein zeigte sich, daß dort überhaupt keine Bäume, sondern bloß Gestrüpp und Buschwerk zu finden waren.[165] In den meisten Fällen bewahrheiteten sich die Angaben der beschuldigten Frauen, zumindest in bezug auf das erlittene Mißgeschick, aber sehr wohl. Der harte Arbeitsalltag mit all seinen Bedrohungen für den körperlichen Organismus von Mutter und Kind blieb ein unbestrittenes Faktum; die Bewertung der konkreten Auswirkungen auf das Leben eines Ungeborenen hatten dann freilich die beigezogenen Ärzte zu treffen.

Etwa 15% der Frauen schützten Unkenntnis vor, ob ihr Kind nun lebend oder schon tot zur Welt gekommen sei. Sie erklärten in der Regel, während des Geburtsvorganges vor Schmerzen nicht bei Sinnen gewesen zu sein, bei Wiedererlangen des Bewußtseins hätten sie keine Lebenszeichen am Neugeborenen mehr entdeckt, ohne genau sagen zu können, wann der Tod desselben nun eingetreten wäre. Die 26jährige Dienstmagd Gertraud Medvescheg führte dem Krainer Kriminalgericht dazu näher aus: *„Durch den Schmerz, welchen ihr die Geburt, welche die erste war, verursacht, sei sie ohnmächtig geworden und wisse daher nicht, ob das Kind tot oder lebendig zur Welt kam, als sie aber wieder zu sich gekommen, habe sie das Kind tot auf dem Boden liegen gefunden."*[166]

Ein Viertel der Angeklagten gestand dem Gericht zwar, deutliche Lebenszeichen an ihrem Neugeborenen verspürt zu haben, an seinem kurz darauf erfolgten Tod aber trotzdem keine Schuld zu tragen. Häufig entschuldigten sich die Frauen damit, durch Ohnmachtsanfälle oder vor Entkräftung und Schmerzen selbst vollkommen hilflos gewesen zu sein und damit keinerlei Möglichkeit gehabt zu haben, dem Kind durch sofortige lebensnotwendige Handreichungen Beistand zu leisten. Tatsächlich ist es medizinisch erwiesen, daß es vor allem nach einer Geburt in aufrechter Haltung zu einem übermäßigen Blutdrang nach dem Unterleib kommt, wobei die damit verbundene Anämie des Gehirns zu tiefer Erschöpfung und Ohnmacht führen kann.[167] Agnes Vouck brachte ihren Erstgeborenen Ende November

---

164 StLA, AG-Prot. 8247/1791; AG-Prot. 5125/1807.

165 StLA, AG-Prot. 10725/1837.

166 StLA, AG-Prot. 4105/1838.

167 Vgl. H. v. Fabrice: Kindsabtreibung und Kindesmord, S. 285; J. Gerchow: Die ärztlich-forensische Beurteilung von Kindesmörderinnen, S. 24.

in einer Scheune zur Welt; vor dem Landgericht Osterwitz/Ojstriska rechtfertigte sie sich, daß es ihr unmöglich gewesen wäre, sich des Kindes anzunehmen, denn die Kälte und die Geburtsschmerzen hätten sie derart geschwächt, daß sie sich selbst nicht bewegen konnte; als sie wieder in der Lage war, sich aufzurichten, fand sie das Neugeborene bereits tot.[168]

Daneben beteuerten viele Angeklagte, überhaupt nicht gewußt zu haben, welche Notwendigkeiten bei einem neugeborenen Kind zu beachten seien. Bezüglich der Unterbindung der Nabelschnur erklärten über 30 Frauen, nie davon gehört zu haben, daß eine solche vorgenommen werden müßte. Vom Gericht wurde diese vorgeschützte Unkenntnis bei Frauen, die zum erstenmal entbanden, meist weitgehend zur Kenntnis genommen. Bei Maria Muster etwa, die nicht einmal zugeben wollte, von der Existenz einer Nabelschnur etwas bemerkt zu haben, beschied das steirische Kriminalspruchgericht, daß sie als Erstgebärende unmöglich mit der bei Geburten erforderlichen Hilfeleistung vertraut sein konnte.[169] In diesem Fall trat § 2 des Franziszeischen Strafgesetzbuches in Kraft, der besagte, eine aus Unwissenheit begangene oder unterlassene Handlung sei nicht als Verbrechen anzusehen.[170] Bei höherem Alter der Kindesmutter, bei vorhergegangenen Schwangerschaften oder bei deutlich widersprechenden Tatumständen erhob man jedoch beträchtliche Zweifel an der Wahrhaftigkeit einer vorgegebenen gänzlichen Ahnungslosigkeit über die Beschaffenheit des kindlichen Organismus. So stellte das Appellationsgericht in der Kriminaluntersuchung gegen die Dienstmagd Anna Menhart unmißverständlich klar: *„Daß jedes Tier, so auch der Mensch, durch Verblutung, wenn der Blutlauf nicht gehemmt wird, notwendig sterben müsse, kann keinem 14jährigen, geschweige einem 21jährigen Individuo, ohne als blödsinnig zu erscheinen, unbekannt seyn und da Inquisitia beim Zerreißen der Nabelschnur die Ende in ihren Händen, den Blutlauf aus dem Kinde, wenngleich im Finstern nicht sehen, doch notwendig fühlen konnte und mußte und diesen zu hemmen weder unmittelbar selbst bis zu ihrer erst später eingetretenen angeblichen Ohnmacht etwas vorgekehrt [...] hat, so kann sie sich [...] mit der Unwissenheit der im § 122 bezeichneten verbrecherischen Unterlassung nicht entschuldigen.“*[171]

Otto Ulbricht meint, daß diese Unkenntnis seitens der Angeklagten nicht vorgetäuscht gewesen sei: Wenn die Frauen gewußt hätten, wie der Nabelstrang abzubinden gewesen wäre, so würden sie dies getan haben, um dem Gericht damit zu dokumentieren, es wäre ihr Bemühen gewesen, das Leben des Kindes zu erhalten, auch wenn sie dieses in Wirklichkeit getötet hatten. Als zusätzliches Argument führt Otto Ulbricht an, daß die Frauen als Mägde ja oft bei Geburten von Kühen oder Pferden anwesend waren, bei den Tieren

168 StLA, AG-Prot. 6927/1823.
169 StLA, AG-Prot. 6944/1838.
170 StGB 1803, 1. Teil, § 2 lit. g.
171 StLA, AG-Prot. 8604/1824.

aber keine Abbindung der Nabelschnur vorgenommen wurde.[172] Zum Teil ist dieser Meinung sicher beizupflichten; bei den Beschuldigten, die bereits selbst einmal geboren hatten, kann sie allerdings nicht zutreffen. Ebenso müssen wir aus jenen Fällen, in denen Angeklagte frei heraus eingestanden, das Kind vorsätzlich durch die unterlassene Unterbindung der Nabelschnur getötet zu haben, den Schluß ziehen, daß vielfach sehr wohl konkretes Wissen um die Bedeutung der notwendigen Handreichungen nach der Geburt bestand.

Mehrere Beschuldigte verteidigten sich damit, daß ihr Kind zwar lebensfähig gewesen wäre, aber durch die Strapazen der Geburt oder durch ein dabei geschehenes Unglück sterben mußte. Das konnte zum einen der Fall sein, wenn das Neugeborene infolge einer Sturzgeburt aus dem Mutterleib auf eine harte oder kantige Oberfläche fiel und sich dabei tödliche Verletzungen zuzog. Barbara Schuttei gebar beispielsweise stehend im Freien, wobei das Kind mit dem Kopf direkt auf eine durch den Hof verlaufende Felsader, die nur notdürftig mit Farnkraut bestreut war, aufprallte.[173] Zum anderen konnte der Fall eintreten, daß sich Frauen in den Schmerzen der Geburt nicht mehr anders zu helfen wußten und das Kind mit ihren eigenen Händen aus dem Leib zogen, wobei sie jenem irreparable Schäden verursachten. Die Worte der 22jährigen Bauerntochter Maria Wregar aus dem Bezirk Thurn am Hart geben uns einen ungefähren Eindruck von all dem Grauen und der Qual, die eine Gebärende dabei zu erleiden hatte. Im Freien, bewegungsunfähig, vor Schmerzen zusammengekrümmt und sich an einem Baum anklammernd, erwartete sie die Geburt ihres Kindes: *„Endlich sey nach einem heftigen Wehe das Kind mit dem Kopfe vorgekommen, aber auch mit den Schultern zwischen den Beinen stecken geblieben. Um sich in diesem schmerzhaften Zustande zu helfen, habe sie, fortan sich mit der linken Hand am Zwetschgenbaume anhaltend, mit der rechten Hand das Kind an der Gurgel ergriffen und aus ihrem Leibe gezogen. Es sey dann vor ihr an das Gras gefallen, mit dem Gesicht nach dem Himmel gekehrt."*[174] Ein ähnlicher Fall veranlaßte die damit befaßten Mitglieder des Appellationsgerichtes bloß zum lapidaren Kommentar, es müßte noch ausreichend geklärt werden, *„welche Absicht die Inquisitin hatte, als sie das Kind aus der Gebärmutter hervorgezochen."*[175] Weiter kann männliche Ignoranz und Gefühllosigkeit wohl kaum noch gehen!

Elf angeklagte Frauen stritten bei ihrer Einvernahme überhaupt ab, jemals geboren zu haben. Sie stellten meist auch eine bestandene Schwangerschaft schlichtweg in Abrede, allerhöchstens gaben sie zu, im ersten oder zweiten Monat derselben einen Blutsturz und damit eine Fehlgeburt erlitten zu haben. Selbst die widersprechende Meinung der sie untersuchenden Ärzte und Hebammen, die eindeutige Spuren einer Entbindung erkannten, so-

---

172 Vgl. O. Ulbricht: Kindsmörderinnen vor Gericht, S. 68 f.

173 StLA, AG-Prot. 2129/1847.

174 StLA, AG-Prot. 330/3212/1818.

175 StLA, AG-Prot. 6947/1819.

wie die Auffindung der Leiche eines voll entwickelten Neugeborenen in ihrer unmittelbaren Umgebung brachten die Angeklagten nicht von ihren Aussagen ab. Magdalena Hödl wollte dem Landgericht Gleichenberg gar weismachen, sie wäre *„noch eine reine Jungfer"*, ihre ausgebliebene Menses führte sie auf zu hastiges Trinken in erhitztem Zustand zurück; in der Gegenüberstellung mit ihrem Liebhaber mußte sie dann zumindest die erste Behauptung wieder revidieren.[176]

Als bemerkenswerte Ausnahme ist der Fall von Maria Donat, einer 22jährigen Magd aus dem Bezirk Belaj, zu werten. Vor dem Haus ihrer Dienstgeber wurde eine Plazenta gefunden, die zu Hilfe geholte Hebamme überzeugte sich davon, daß die Frau tatsächlich vor kurzem geboren hatte. Doch Maria Donat beteuerte, kein Kind von menschlicher Gestalt zur Welt gebracht zu haben, sondern bloß eine sogenannte Molenschwangerschaft gehabt zu haben: *„Die Inquisitin beschreibt dann die zwei Blutklumpen, die von ihr gegangen seyen, sie konnte sich gar nicht vorstellen, daß es etwas anders sey, da sie daran nichts anders bemerkte, als zwei Stücke gestocktes Blut, sie glaubte, daß aus diesen zwei Stücken in der Folge das Kind gewachsen wäre, wenn sie solche durch neun Monate im Leibe gehabt hätte."* Die örtliche Hebamme fühlte sich in der Beurteilung der Sachlage überfordert. Sie hatte bei ihrer Ausbildung zwar von der Existenz einer Mole gehört, in der diese als ein faustgroßer Fleischklumpen beschrieben wurde; in ihrer Praxis war ihr jedoch noch kein derartiger Fall begegnet. Erst ein beigezogener Arzt schaffte dann einigermaßen Klarheit: Seiner Meinung nach wurden die körperlichen Veränderungen an Maria Donat - zerrissenes Hymen, faltiger Bauch, Milch in den Brüsten - durch die Geburt eines zumindest mehrere Monate alten Kindes hervorgerufen, *„weil die Mola nur ein verhältnismäßig zu einer reifen Geburt unbedeutender Körper sey."*[177] Tatsächlich versteht man unter einer Mole ein befruchtetes Ei, in dem der Embryo degeneriert ist. Sie zeigt in ihrem Inneren eine mit glatter Haut ausgekleidete, mit Flüssigkeit gefüllte Höhle, worin zuweilen kleine weißliche Fäden als Embryoreste zu finden sind. Die Symptome, welche die Mole bewirkt, sind denen der Schwangerschaft ganz ähnlich; ihr Abgang entspricht dem eines Fötus der früheren Schwangerschaftsperioden, vereinzelt können sich aber auch Spuren wie bei der Entbindung eines ausgetragenen Kindes zeigen.[178] Nachdem im Falle der Maria Donat die Kindesleiche nicht zu entdecken war und die Angeklagte unabänderlich bei ihrer Darstellung der Sachlage verblieb, wurde die Frau „ab instantia" losgesprochen.

Daß Frauen regelrecht die Wahrnehmung ihres Geburtsvorganges verweigerten und bis zuletzt auf der Behauptung beharrten, sie hätten ihr Kind als solches nicht erkannt, kam in Innerösterreich lediglich in wenigen Ausnahmefällen vor. Josepha Zheuna sprach etwa

---

176 StLA, Trautmannsdorf, Herrschafts- und Familienarchiv, Sch. 227, H. 1190 sowie Sch. 227, H. 1191: Herrschaft Gleichenberg: Mord, Selbstmord, Kindsmord, 1. Hälfte des 19. Jahrhunderts.

177 StLA, AG-Prot. 16632/1835.

178 Vgl. H. v. Fabrice: Kindsabtreibung und Kindesmord, S. 106 f.

bis zuletzt bloß davon, *„daß etwas aus den Schamteilen hervortrat und in den Abtritt fiel"*, Agnes Pichhonca wollte nur bemerkt haben, daß *„ein dicker Klumpen aus dem Leib geschossen"* und im Kot versunken wäre.[179] Das Neugeborene wurde damit entpersonalisiert und zum bloßen Objekt degradiert, der eigentliche Begriff „Kind" fehlt in den Erzählungen und findet sich durch andere Ausdrücke ersetzt.[180] Regina Schulte legt in ihren Untersuchungen diesem Aspekt das Hauptgewicht bei: Sie sieht darin eine gemeinsame Strategie unter den Kindsmörderinnen, die nicht nur vor ihrer Außenwelt, sondern auch vor sich selbst die Identität des Kindes bestritten und die Entbindung als bloßen „Kotabgang" und das Kind als ein „Stück geschichtsloser Natur" erfuhren.[181] Es ist in diesem Zusammenhang freilich darauf zu verweisen, daß - wie bereits erwähnt - im ländlichen Raum Innerösterreichs kaum Entbindungen auf dem Abtritt stattfanden, während Regina Schulte ihre Argumentation vor allem auf Geburtsvorgänge an diesem Ort stützt. Allerdings geht sie in ihrer Darstellung ganz offensichtlich davon aus, daß das Kind ohne Zutun der Mutter direkt aus deren Leib in den Abtritt fiel. Gerade das wurde von Sachverständigen bei einem Lokalaugenschein aber immer wieder bestritten, da es sich mit der Gebärposition einer Frau in den meisten Fällen nicht vereinbaren ließ! Nahm daher eine Kindsmörderin den Säugling nach der Geburt in die Hand, um ihn in die Kotgrube zu werfen, bzw. war sie sogar gezwungen, zu diesem Zweck die Nabelschnur zu durchtrennen, so wird die Plausibilität von Regina Schultes Argumentationsstrang erheblich erschüttert, da die Frau damit in unmittelbaren Kontakt zu ihrem Neugeborenen treten und es als solches wahrnehmen mußte.

11.7.1.1. Übereilung

Eine der häufigsten Entschuldigungsgründe der Angeklagten, warum sie weder ihre Schwangerschaft mitgeteilt oder auch Vorbereitungen zur Entbindung getroffen hätten, war die Behauptung, ihre Niederkunft noch nicht so nahe geglaubt zu haben. Mehr als 135 Frauen gaben zu Protokoll, vor dem errechneten Geburtstermin von den Wehen überrascht worden zu sein. Durch die unvermutet über sie hereinbrechenden Ereignisse seien sie weder zu einer klaren Überlegung in der Lage gewesen, noch hätten sie Unterstützung herbei-

---

179 StLA, AG-Prot. 11356/1838; AG-Prot. 6531/1788.

180 Die gleiche Beobachtung macht Christine Burckhardt-Seebas in ihrem Aufsatz: Von der kulturellen Natur der Geburt. In: Innovation und Wandel. Festschrift für Oskar Moser zum 80. Geburtstag. Hrsg. v. Burkhard Pöttler, Helmut Eberhart, Elisabeth Katschnig-Fasch. Graz 1994, S. 71.

181 Vgl. R. Schulte: Das Dorf im Verhör, S. 157. C. Kaiser und H. Klar übernehmen im wesentlichen diese Erklärungsmuster. Vgl. C. Kaiser: Opfer oder Täterinnen, S. 79 f. u. H. Klar: Verbrechen aus verlorener Ehre, S. 59. Vgl. dazu auch G. Ammerer: „Die steinerne Agnes", S. 347. C. Zimmermann findet für die Theorie von R. Schulte keine Hinweise. Vgl. ders.: „Behörigs Orthen angezeigt", S. 101.

rufen können. Die scheinbar mangelnde Reife eines Säuglings diente auch als Erklärung für eine Totgeburt bzw. für das baldige Eintreten seines natürlichen Todes nach der Entbindung. Die folgende Darstellung berücksichtigt ausschließlich die Aussagen der beschuldigten Kindsmörderinnen. Wie wir später anhand der Obduktionsberichte der Neugeborenen sehen werden, bot sich die Wahrheit nämlich manchmal etwas anders dar.

Bei einer überstürzten Niederkunft können wir im wesentlichen zwei Arten unterscheiden: Zum einen bekannten die Angeklagten ein, ihre nahende Geburt zwar ungefähr erwartet zu haben, letztendlich aber durch Zufall an einem unwegsamen Ort von den Wehen überfallen worden zu sein, sodaß sich ihnen keine Gelegenheit mehr bot, menschliche Hilfe zu suchen. Noch häufiger war es allerdings, daß Angeklagte überhaupt vorgaben, um Wochen, ja sogar um Monate zu früh Kindesmutter geworden zu sein. Einsetzende Schmerzen seien daher nicht als Geburtswehen interpretiert, sondern als bloß vorübergehendes Übel aufgefaßt worden, ohne es - den Ernst der Lage verkennend - für nötig gehalten zu haben, sich schon jemandem anzuvertrauen. Obwohl die untersuchenden Gerichte solche Angaben mit einer gewissen Skepsis zur Kenntnis nahmen, vor allem, wenn die herbeigezogenen Mediziner sie nicht bestätigen konnten, waren sie bisweilen doch bereit, ihnen Glauben zu schenken. Anna Schwabin, die 27jährige Magd eines Lebzelters, brachte zu ihrer Rechtfertigung vor, sie habe ihre Niederkunft erst in rund einem Monat vermutet. Das Appellationsgericht akzeptierte diese Erklärung, denn eine genaue Berechnung des Geburtstermins könnte, so meinte es, von einer des Lesens und Schreibens unkundigen Dienstbotin nicht erwartet werden.[182] Tatsächlich zeigen uns die Antworten der Frauen auf Fragen, die etwa den Termin der Konzeption oder der ersten Kindsbewegungen betreffen, daß für sie der Begriff „Zeit" eine andere Kategorie darstellte, die nicht unbedingt in Zahlen gemessen wurde, sondern sich in erster Linie am bäuerlichen Jahrlauf oder allenfalls an kirchlichen Festtagen orientierte.[183] Die Magd Anna Nißin gab etwa zu Protokoll, daß sie sich *„seit der Anbauzeit des türkischen Weizens"* in gesegneten Umständen wußte und *„um die Haferschnittzeit"* das Leben ihres Kindes verspürte.[184] Eine exakte Berechnung des Geburtstermins war aus solchen ungefähren Angaben kaum möglich, auch wenn das entsprechende Wissen dazu bestanden hätte.

Einige Angeklagte schützten nämlich überhaupt Unkenntnis darüber vor, wie lange eine Schwangerschaft zu dauern habe. Die 32jährige Bauerntochter Maria Jordan aus der Bezirksobrigkeit Landstraß/Kostanjevica na Krki sagte frei heraus, es wäre ihr nicht bekannt, *„wie lange das Kind im Mutterleibe bleibe"*, Helena Wernellin wiederum erklärte dem Landgericht Radmannsdorf/Radovljica, sie sei davon überzeugt gewesen, daß eine Leibes-

---

182 StLA, AG-Prot. 5600/1807.
183 Ähnliches bestätigt auch O. Ulbricht: Kindsmörderinnen vor Gericht, S. 72 f.
184 StLA, AG-Prot. 3650/1813.

frucht ein volles Jahr zu ihrer Reife benötige.[185] Inwieweit wir diese Äußerungen eklatanter Unwissenheit und Unerfahrenheit tatsächlich für wahr halten dürfen, muß dahingestellt bleiben. Einerseits müßte man meinen, daß durch das enge Zusammenleben in einer Hausgemeinschaft die Schamgrenzen niedrig angesetzt waren und Frauen untereinander Einblicke in intimste Bereiche erhielten. Andererseits bemerken wir aber immer wieder deutliche Hemmungen, über Sexualität und Körperlichkeit zu sprechen; unverheiratete Frauen wurden in der Regel zur Geburtshilfe nicht beigezogen, sodaß sie keinerlei Erfahrungen sammeln konnten. Es ergibt sich hier ein gewisser Widerspruch, der vorderhand nicht zu klären ist.

11.7.2. Verheimlichte Geburt und ihre Motivationen

Gestanden die Angeklagten einen vollbrachten Kindsmord nicht ein, so wurde ihnen zumindest die Verheimlichung ihrer Niederkunft zur Last gelegt. Es gibt nur vereinzelt Ausnahmefälle, in denen eine Frau trotz ordnungsgemäßer Meldung ihrer herannahenden Entbindung in den Ruf eines Verbrechens geraten konnte; verurteilt wurde jedoch keine einzige. Die Witwe Maria Jurschitsch hatte beispielsweise nie einen Hehl aus ihrer Schwangerschaft gemacht. Beim Eintreten der Wehen teilte sie sich ihrer Mutter mit, die daraufhin das Haus verließ, um die Hebamme zur Hilfe zu holen. Allein gelassen, gebar die Frau kurz darauf stehend in ihrer Kammer, wobei sie in einem Ohnmachtsanfall wohl auf das Kind fiel. Sie konnte der Hebamme nur mehr den toten Säugling vorweisen, worauf sie des Kindsmordes verdächtig schien.[186] Üblicherweise verbarg eine vor der Niederkunft stehende Frau jedoch ihren Zustand und vermied die Beiziehung fremder Hilfe.

Wollten die Mütter in der Folge nur die Geburt eines toten oder eines ohne ihre Schuld verstorbenen Kindes zugeben, so wurde von ihnen in jedem Fall eine überzeugende Erklärung verlangt, warum sie ihre bevorstehende oder bereits erfolgte Entbindung nicht ordnungsgemäß anzeigten, sondern ganz im Gegenteil die Angelegenheit vertuschten und die Leiche des Neugeborenen insgeheim verscharrten. Zum einen treffen wir hier auf die gleichen Motivationen, die uns bereits als Begründungen für einen Kindsmord genannt werden, nämlich Furcht vor Eltern, Dienstgeber und Pfarrer sowie Scham über den offenbar werdenden Ehrverlust. Wirtschaftliche Überlegungen fehlen zwar nicht völlig, doch treten sie in anderer Form auf, etwa in der angeblichen finanziellen Unvermögenheit, die anfallenden Kosten für eine ordnungsgemäße Bestattung des Kindes zu tragen. So gab Maria Kostel, die dienstlose Tochter einer Bettlerin, bei ihrer Einvernahme in Laibach unumwun-

185 StLA, AG-Prot. 13394/1830; AG-Prot. 6356/1791.
186 StLA, AG-Prot. 4738/1838.

den zu, daß sie keinen Kreuzer besitze und somit nicht in der Lage gewesen sei, über einen halben Gulden für eine Beerdigung zu bezahlen. Aus diesem Grund habe sie ihr Neugeborenes einfach im Fluß versenkt. In einem Nachsatz fügte die Frau hinzu, daß es eigentlich *„auch einerlei seye, ob das tote Kind begraben oder in das Wasser geworfen werde"*.[187] Glaubten die Frauen, daß ihre Schwangerschaft weitestgehend unbekannt geblieben war und bot sich günstige Gelegenheit zur Beseitigung der Leiche, so kannten sie kaum moralische Bedenken bei ihrem Vorgehen, da das Kind ohnehin tot war und nichts mehr für sein Fortkommen getan werden konnte, im Gegensatz dazu aber die eigene Zukunft auf dem Spiel stand.

Einiges Interesse verdient, daß mehrere Kindesmütter ihre verheimlichte Entbindung explizit mit der für sie beschämenden Tatsache begründeten, ihrer Umgebung gestehen zu müssen, ein totes Kind zur Welt gebracht zu haben. Als die oststeirische Dienstmagd Juliana Finkin diese Entschuldigung vorbrachte, glaubte ihr das Appellationsgericht, denn seinen Erkundigungen nach galt es in der Heimatgemeinde der Beschuldigten - St. Kind in der Herrschaft Kornberg - tatsächlich als besonders schimpflich für eine Frau, wenn sie eine Totgeburt erlitt.[188] Geradezu grotesk nimmt sich schließlich die Erzählung der im Bezirk Wernberg beheimateten Anna Stotz aus, wonach sie es nicht wagte, jemanden ins Vertrauen zu ziehen, da sie des öfteren gehört hätte, *„daß Mütter, die tote Kinder zur Welt brächten, zur Strafe des Nachts im Freydhofe auf Toten-Beinen liegen müßten, wogegen sie sich gar sehr gefürchtet und deswegen sowohl das Kind verborgen als auch die Niederkunft verheimlicht hätte."*[189] Eine Bestätigung für das tatsächliche Bestehen eines solchen Aberglaubens konnte nicht gefunden werden.

Paradox ist es schließlich, wenn einige der vor Gericht gestellten Frauen gerade die Angst, eines Kindsmordes verdächtigt zu werden, als Beweggrund für die Verschweigung ihrer Geburt anführten. Nachdem sie keine Zeugen für die Wahrheit ihrer Aussagen hatten, hielten sie es für besser, überhaupt das gesamte Geschehen zu vertuschen, als üblen Verdächtigungen ausgesetzt zu sein. Maria Gerschina versuchte das Krainer Kriminalgericht davon zu überzeugen, daß sie nach einem heftigen Sturz nur ein lebloses Kind entbunden hatte: *„Daß sie ihre Niederkunft nicht anzeigte, sei aus Furcht vor der Strafe geschehen, weil ihr Kind tot war und man hätte sagen können, daß sie es umgebracht habe."*[190] Wie der weitere Verlauf der Dinge zeigte, ging die Rechnung für die Frau nicht auf, und sie ge-

187 StLA, AG-Prot. 7739/1824. Vgl. auch H. Rodegra, M. Lindeman, M. Ewald: Kindermord und verheimlichte Schwangerschaft, S. 286 f.

188 StLA, AG-Prot. Fasz. 20, 5579/1808; Bezirksgericht Feldbach, Fasz. 196: Kriminalsachen, Poppendorf 1844, Riegersburg 1840-1842, Fürstenfeld 1793-1819.

189 StLA, AG-Prot. 5272/1820.

190 StLA, AG-Prot. 9249/1836.

riet durch ihr Verhalten erst recht in den Verdacht, ihrem Neugeborenen etwas zuleide getan zu haben.

11.8. ANSTIFTUNG, MITWISSER- UND MITTÄTERSCHAFT

Prinzipiell verursacht nicht nur die unmittelbare Begehung einer verbrecherischen Handlung Schuld, sondern überhaupt jede aus bösem Vorsatz entspringende Mitwirkung.[191] Gerade beim Delikt des Kindsmordes sind wir aber ab dem Inkrafttreten des Strafgesetzbuches von 1803 mit einer speziellen Situation konfrontiert: Nur für die Kindesmutter selbst konnte der im Verhältnis günstigere § 122 in Anwendung kommen, jede Mittäterschaft wurde hingegen als Mithilfe zum gemeinen Mord gewertet.[192] Doch in der Regel wußte ohnehin kaum jemand vom geplanten Vorhaben eines Kindsmordes bzw. von seiner tatsächlichen Realisierung. Die Frage an eine Angeklagte, ob sie zu ihrer Tat von jemandem angestiftet worden sei oder gar genaue Anleitung erhalten habe, wurde von ihr meistens verneint. Es ist geradezu typisch für dieses Delikt, daß die Frauen völlig alleinverantwortlich agierten, weil ihnen ja jede Person fehlte, der sie ihre verzweifelte Lage anvertrauen konnten.[193]

Die einzige Ausnahme bildeten hier bisweilen die Kindesväter, von denen einige ihre Partnerinnen offen bis verdeckt aufgefordert hatten, die Leibesfrucht doch zu beseitigen. Der Begriff „Anstiftung" ist dabei freilich sehr weit gefaßt. Zum einen bezogen sich die meisten Ratschläge auf die Abtreibung des noch Ungeborenen, ob und inwieweit ein illoyaler Liebhaber auch die Möglichkeit eines Kindsmordes einschloß, muß dahingestellt bleiben. Zum zweiten entpuppte sich das Überwälzen der Schuld in manchen Fällen auch als bloße Schutzbehauptung der Angeklagten, und eine vorgebliche Aufforderung zur Tat stellte sich mehr als eigene Interpretation denn als konkrete Instruktion heraus. Die Kindsmörderin Maria Knauder hatte anfangs vor dem Landgericht Hartneidstein beteuert, sie wäre zu ihrer Tat vornehmlich durch das Zureden des Kindesvaters verleitet worden. Im weiteren Verlauf der Untersuchung relativierte sie diese Anschuldigung jedoch dahin, *„daß sie halt gedacht habe, er wünsche es, weil er ihr während der Krankheit obige Sachen zur Abtreibung angeraten habe; daß aber für den Fall, wenn das Kind zur Welt kommen sollte,*

191 KGO 1788, § 7; StGB 1803, 1. Teil, § 5.

192 Ein Hofdekret vom 4. November 1808 bestimmte ausdrücklich, daß jede andere Person als die leibliche Mutter, die ein neugeborenes Kind tötete oder vorsätzlich umkommen ließ, das im § 117 bestimmte Verbrechen des Mordes beging. Vgl. H. Hoegel: Geschichte des österreichischen Strafrechtes, Bd 2, S. 241.

193 Vgl. auch Gerd Schwerhoff: Köln im Kreuzverhör. Kriminalität, Herrschaft und Gesellschaft in einer frühneuzeitlichen Stadt. Bonn u. Berlin 1991, S. 412; R. v. Dülmen: Frauen vor Gericht, S. 43.

zwischen ihnen nichts verabredt worden seye, so wie er auch von der Tötung selbst keine Wissenschaft hatte, wohl aber solche vermuten konnte."[194] In Einzelfällen wurde die Ausführung der Tat auch auf den Ratschlag einer mehr oder weniger bekannten Person zurückgeführt, etwa einer Dorfbewohnerin oder der örtlichen Hebamme. Allen sogenannten Anstifterinnen und Anstiftern war jedoch gemeinsam, daß sie zum Zeitpunkt der Prozeßführung bereits verstorben waren und sich daher nicht mehr gegen irgendwelche Vorwürfe zur Wehr setzen konnten.

Zwar nicht ausschlaggebend für das Vorhaben, aber doch von einigem Einfluß konnte es sein, wenn die werdende Mutter Kenntnis von anderen, möglicherweise sogar unentdeckt gebliebenen, Kindsmorden aus ihrer Umgebung besaß. Magdalena Grabner erzählte diesbezüglich der Bezirksherrschaft Vorau eine weitschweifige - und zugegebenermaßen etwas märchenhaft anmutende - Geschichte über den Prozeß ihrer Entscheidungsfindung: „*Bey dem Getraidschnitte habe sie sich aus Müdigkeit etwas entfernt von den übrigen in dem Gebüsche niedergesetzt, da sey ein altes Weiblein vorüber gegangen, welches sie weinen sah und ihre Schwangerschaft bemerkte, selbes habe sie mit den Worten angeredet: Sey getröstet, schau! Ich habe in meiner Jugend auch zwei Kinder gehabt, beyde umgebracht und in heiligen Orten begraben, ohne daß ein Mensch hiervon etwas erfahren habe.*"[195] Mit dem Bewußtsein der Kindesmutter darüber, daß ihr unrechtmäßiges Handeln keinen Einzelfall darstellte, sondern bloß in einer Reihe mit anderen stünde, sank die Hemmschwelle für die Ausführung des Verbrechens. Die Verwerflichkeit einer Tat schien geringer zu sein, wenn sie bereits von mehreren verübt worden war, ja es lag damit der Gedankengang nahe, einen Kindsmord geradezu für herkömmlich zu halten.

Neben den verbalen Anstiftungen zur Tat und größtenteils in Überschneidung damit kennen wir rund 35 Fälle, in denen zumindest von einer partiellen Mitwisserschaft an einer unter bedenklichen Umständen stattgefundenen Geburt ausgegangen werden kann, einigemale vermutete das Gericht sogar eine regelrechte Mittäterschaft an der realen Ausführung des Verbrechens. Eine genaue zahlenmäßige Aufschlüsselung ist hier aber sehr schwierig. Die in Frage stehende Beteiligung konnte zum einen graduell höchst unterschiedlich sein, zum anderen war eine Komplizenschaft - wie oben bereits angedeutet - ausgesprochen schwer beweisbar: Fehlten stichhaltige Beweise, so reichte die alleinige Aussage der Kindesmutter, die ja selbst höchstes Interesse haben mußte, einen Teil der Verantwortung von sich abzulenken, für eine Überführung nicht aus. So kam es trotz der angesprochenen mehrfachen Verdächtigungen kaum zu einer rechtskräftigen Verurteilung wegen Mithilfe an einer Kindstötung.

194 StLA, AG-Prot. 10292/1823.
195 StLA, AG-Prot. 946/1820.

Der Mitwisserschaft an einem vermeintlichen Kindsmord machte sich strenggenommen schon jemand verdächtig, der Kenntnis von einer nicht ordnungsgemäß verlaufenen Niederkunft besaß und keine entsprechende Anzeige an die Behörde erstattete. Nehmen wir nur den Fall der Johanna Rabelbauer: Sie entband auf einer Almhütte in der Gegend von Bretstein und ließ ihr Kind durch die Unterlassung der erforderlichen Hilfeleistung umkommen. Zwei sogenannte Brentlerinnen[196] auf der Hütte wußten von den verdächtigen Umständen dieser Geburt und entdeckten auch Verletzungen am Körper des neugeborenen Mädchens. Trotzdem unterließen sie jede Meldung an die Obrigkeit, weil sie immer bei ihrem Vieh beschäftigt waren und keine Zeit dazu hatten. Ohne weitere Umstände vergruben sie die Leiche des Kindes im Milchkeller und ließen die Angelegenheit damit auf sich beruhen.[197]

So konnte es auch geschehen, daß nahe Angehörige der Kindesmutter oder ihre Dienstgeberinnen und Dienstgeber, im zweckdienlichen Vertrauen auf eine vorgebliche Totgeburt und in erster Linie in Sorge um den Ruf des Hauses, trotz Kenntnis einer verheimlichten Niederkunft schwiegen und den Sachverhalt nicht näher hinterfragt wissen wollten. Als Katharina Neppel von der Entbindung ihrer Tochter Theresia erfahren hatte, wusch sie die Leiche des Säuglings und wollte sogar ihre Dienstmagd dazu bewegen, sie heimlich auf dem Friedhof zu begraben.[198] Da der Beteiligten aber keine böse Absicht nachgewiesen werden konnte, wurde sie auch nicht weiter vom Kriminalgericht belangt.

Von einem tatsächlichen Handanlegen anderer Personen an das Neugeborene wurde höchst selten ausgegangen, in knapp zehn Fällen standen derartige Überlegungen zur Debatte. Dabei versuchte eine Angeklagte bisweilen, sich selbst als Opfer darzustellen. Nicht sie hätte den Mord gewollt oder gar vollbracht, sondern sie wäre vielmehr durch die Strapazen der Geburt geschwächt und nicht in der Lage gewesen, das Verbrechen zu verhindern. Die meisten Mitwisser- oder gar Mittäterschaften wurden, wie wir bereits gehört haben, von den Kindesvätern getragen.[199] Mehrmals hatte das Gericht auch den Verdacht, daß eine Komplizenschaft zwischen der Gebärenden und ihrer Mutter bestand.[200] Abgesehen von der bloßen Vertuschung der fragwürdigen Entbindung beteiligten sich diese Frauen auch aktiv an der Tötung des Säuglings.

Welche Motivation konnte nun eine Großmutter haben, ihr Enkelkind zu ermorden? Bei Elisabeth Raunig, die ihre Tat dem Kärntner Kriminalgericht eingestand, spielten handfeste wirtschaftliche Überlegungen die wichtigste Rolle. In ihrer Einvernahme sagte die 70jährige Keuschlerin, sie wollte nicht, daß die Arbeitskraft ihrer Tochter durch das Neu-

---

196 Eine „Brentlerin“ ist eine Sennerin.

197 StLA, AG-Prot. 1409/1824.

198 StLA, AG-Prot. 4297/1822.

199 Vgl. dazu Kapitel 8.4.

200 Vgl. auch M. Meumann: Findelkinder, Waisenhäuser, Kindsmord, S. 127.

geborene geschmälert würde.[201] Doch die Beweggründe entsprangen nicht nur purem Egoismus, meist war eine Mutter auch davon überzeugt, mit ihrer Handlung im Sinne und für das Wohl ihrer Tochter gesorgt zu haben. Bei Katharina Pöcher, der Ehefrau des hochangesehenen Kameralverwalters und Anwalts der Staatsherrschaft Seckau, die zumindest mithalf, Schwangerschaft und Niederkunft ihrer Tochter zu verbergen, wenn nicht sogar das Kind zu töten, bildete die Sorge um die Zukunft der 24jährigen Theresia sicher eine wesentliche Antriebsfeder für ihr Verhalten. Als Mutter eines unehelichen Kindes - noch dazu von einem jungen Unterförster - hätte die Frau wohl kaum mehr die Chance auf eine standesgemäße Heirat gehabt.[202]

Nicht immer war sich die Untersuchungskommission allerdings sicher, ob die Selbstbezichtigung einer Mutter nicht auch dazu dienen könnte, bloß ihre Tochter zu entlasten. Die schwerkranke Elisabeth Raunig nahm etwa die alleinige Schuld am Tod ihres Enkelkindes auf sich, ließ aber in einem Nebensatz verlauten: *„Es ist besser, daß man mich vernichtet als meine Tochter.“* Tatsächlich starb die betagte Frau noch vor Verlesung des Urteils, ihre Tochter Ursula wurde wegen mangelnder Beweise von jedem Verbrechen losgesprochen und wieder nach Hause entlassen.[203] Die Gesetzgebung nahm übrigens auf derartige Gewissenskonflikte bei gefühlsmäßig stark mit der Angeklagten verbundenen Personen Rücksicht: Kein naher Familienangehöriger durfte vom Gericht gezwungen werden, Zeugnis über die Beschuldigte abzulegen. Allen Verwandten in auf- und absteigender Linie, Geschwistern und Geschwisterkindern, Ehegatten sowie im ersten Grad verschwägerten Personen wurde die Freiheit zugestanden, sich einer Aussage zu entschlagen.[204] Die Betroffenen machten von diesem Recht auch überaus häufig Gebrauch.

Schwestern, Mitmägde oder andere Hausangehörige konnten ebenfalls vereinzelt in den Ruf einer Mittäterschaft geraten,[205] in einem Fall werden wir sogar mit einem regelrechten Komplott konfrontiert, an dem nicht nur der Kindesvater sowie ein Familienangehöriger, sondern auch die Ortshebamme beteiligt waren. Als die verheiratete Margareth Milovcich-Talian in Abwesenheit ihres Ehemannes von Peter Milovcich geschwängert wurde, bestachen die beiden die Hebamme mit Geld und Naturalien, das Kind bei der Entbindung verschwinden zu lassen; auch der Schwiegervater der Frau besaß Kenntnis vom geplanten Vorhaben. Die Hebamme erwürgte den Knaben, der im Keller verscharrt wurde. Obwohl die Tat im ganzen Dorf zumindest gerüchteweise bekannt war, zog sie keine unmittelbaren Konsequenzen nach sich und wurde erst 17 Jahre später ge-

---

201 StLA, AG-Prot. 13931/1827.

202 StLA, AG-Prot. 3156/1815; AG-Prot. 350/1816.

203 StLA, AG-Prot. 13931/1827.

204 KGO 1788, § 123; StGB 1803, 1. Teil, § 377.

205 M. Lorenz und O. Ulbricht betonen, daß gerade Schwestern von Kindsmörderinnen eine oft nicht durchschaubare Rolle spielten. Vgl. M. Lorenz: Das Delikt des Kindsmords, S. 68 f.; O. Ulbricht: Kindsmord und Aufklärung, S. 148 f.

richtlich verfolgt.[206] Es ist aber nachdrücklich zu betonen, daß das geschilderte Beispiel eine absolute Ausnahme darstellt: In der Regel bestanden keinerlei Mitwisser- und schon gar nicht Mittäterschaften, am wenigsten auf derart breiter Basis. Gab es Mutmaßungen über ein Verbrechen, so wurden diese auch laut geäußert und gelangten früher oder später zu Ohren der Obrigkeit. Daß eine Kindsmörderin von ihrer Familie oder von ihrer gesamten Hausgemeinschaft gedeckt wurde, kam überaus selten vor.

11.9. KINDSMORD - DIE ALTERNATIVE ZUM SUIZID?

Indirekt können wir jeder Frau, die im Augenblick ihrer Niederkunft willentlich auf jede menschliche Hilfe verzichtete, einen gewissen Fatalismus und Bereitschaft zum Suizid unterstellen. Die werdende Mutter wußte, daß bei eintretenden Komplikationen bei der Geburt nicht nur das Leben des Kindes, sondern auch ihr eigenes im höchsten Maße gefährdet war. Stellte im 18. und 19. Jahrhundert eine Entbindung schon für eine Frau, die hinreichende Unterstützung und Pflege erhielt, ein beträchtliches Risiko dar - rund 1% bis 1,5% der Wöchnerinnen starben -, um wieviel größer war dann die Wahrscheinlichkeit, daß eine allein Gebärende zugrunde gehen mußte. Indem die Frau Hilfe durch fachkundige Hände verweigerte, nahm sie weit furchtbarere Qualen der Geburt in Kauf, die sie unter widrigsten Umständen, an völlig ungeeigneten Örtlichkeiten, ertragen wollte. Selbst der Raubbau an ihrer Gesundheit, den sie dabei betrieb und der zu bleibenden Schädigungen führen konnte, schreckte sie nicht ab. All diese Komponenten lassen nur einen Schluß zu: Die Verheimlichung der Niederkunft hatte für die Angeklagten weit höhere Priorität als ihr eigenes Wohl. Die Entdeckung des Kindes war für sie gedanklich gleichbedeutend mit dem Ende ihrer Existenz, die Furcht vor ihrer physischen Vernichtung war daher sekundär.

Uns fehlt jede Information darüber, wieviele Frauen bereits bei Wahrnehmen ihrer Schwangerschaft den Freitod überlegten bzw. wie hoch die Zahl der Wöchnerinnen war, die in Folge einer verheimlichten Niederkunft selbst zugrunde gingen.[207] Auch aus den Akten ersehen wir nur selten, daß eine Kindesmutter offen über ihre Selbstmordgedanken sprach. Anna Kallischnig war eine der wenigen, die vor Gericht unumwunden zugab, ihr sei sehr wohl bekannt gewesen, daß ihr die Entbindung ohne Hilfe gefährlich werden könnte, allein sie wollte lieber auf ihr Leben verzichten, als ihre Schande offenbar werden

---

206 StLA, AG-Prot. 14509/1835.

207 In Kärnten wissen wir für die Zeit von 1740 bis 1782 neben 16 vermuteten Kindsmorden allein von drei Selbstmorden schwangerer Frauen sowie von einem Todesfall bei einer verheimlichten Geburt. Vgl. K. O. Mayr: Kriminalität, S. 309-311.

zu lassen.[208] Auch die 18jährige Anna Plötnerin gestand ein, die Möglichkeit ihres eigenen Todes während der Niederkunft immer vor Augen gehabt und diese Eventualität durchaus akzeptiert zu haben: *„Auch seye sie kleinmütig geworden und habe gedacht, sie sollte samt dem Kinde zu Grunde gehen."* Daher verzichtete die Frau auf jeden Hilferuf, obwohl sie ihre Tochter unter entsetzlichen Schmerzen in Steißlage zur Welt brachte.[209]

Anna Wölferin ging über diese passive Haltung hinaus, sie setzte bereits erste Schritte, um sich zusammen mit ihrem neugeborenen Sohn zu töten. Als das Schreien des Säuglings die Hausleute alarmierte, wollte sie mit dem Kind den Tod in der Mur suchen. In Ortsunkenntnis lief die Frau in der Dunkelheit jedoch zu einem seichten Bach, in den sie den Knaben warf, sie selbst kehrte *„vor Schmerzen und Schrecken beinahe außer Sinnen"* wieder zum Haus zurück.[210] Maria Klantschitscharza, die wegen zweifacher Kindestötung belangt wurde, erwog beidemale während ihrer Schwangerschaft, ob sie nicht ins Wasser gehen sollte. In ihrer Überlegung bot der Kindsmord jedoch eine Alternative zum Selbstmord. Sie meinte wörtlich, es seye *„ihr schwer gewesen, zu wählen, sich oder das Kind umzubringen"*.[211] Die Tötung des Neugeborenen war für die Frau gleichbedeutend mit der Rettung ihres Lebens.

Die Selbstmordabsichten der Kindesmütter konnten übrigens trotz gleicher Rechtslage vom untersuchenden Gericht völlig konträr bewertet werden. Das Josephinische Strafgesetzbuch führte den Selbstmord noch immer unter den Kriminalverbrechen gegen das menschliche Leben auf. Bei einem versuchten Suizid sah der Gesetzgeber eine zeitlich unbestimmte Anhaltung im Gefängnis vor, bis die Verbrecherin durch eindringliche Unterweisungen, daß die Selbsterhaltung gegen Gott, den Staat und die eigene Person verpflichtend sei, geläutert zu sein schien.[212] Sowohl bei Anna Plötnerin als auch bei Anna Wölferin nahm man nun auf diese Bestimmungen Bezug. Im ersten Fall interpretierte das Appellationsgericht die Tötung des Kindes nur als Folge des versuchten Suizides und meinte versöhnlich, daß durch den beabsichtigten Selbstmord die Untersuchte mehr Mitleid als Strafe verdienen würde. Anna Plötnerin wurde ab instantia vom Verbrechen des Kindsmordes losgesprochen. Bei Anna Wölferin schlug sich der Versuch, sich und dem Kind das Leben zu nehmen, jedoch gerade gegenteilig als ein die Strafe erschwerendes Begleitdelikt nieder! Das Obergericht verhängte über diese Delinquentin eine fünfjährige Kerkerstrafe. Die moralische Einschätzung eines versuchten Suizides blieb damit ganz offensichtlich der reinen Willkür der Obrigkeit überlassen.

---

208 StLA, AG-Prot. 10726/1817.

209 StLA, AG-Prot. 2989/1792.

210 StLA, AG-Prot. 1918/1804.

211 StLA, AG-Prot. 330/8868/1818.

212 KGO 1788, §§ 123-125. Die Bestimmungen des StGB 1803, 2. Teil, §§ 90 u. 91, stimmen damit weitgehend überein.

Es konnte auch geschehen, daß einer angeklagten Frau erst während der Untersuchungshaft bewußt wurde, welches Verbrechen sie begangen hatte, und sie aus Schmerz über ihre Tat nicht mehr weiterleben wollte. Die Dienstmagd Maria Stockin hatte ihr Kind nach der Geburt absichtlich verbluten lassen. Vor Gericht brach die 23jährige Frau völlig zusammen, sie weinte unausgesetzt, wurde von Ohnmachtsanfällen heimgesucht und befand sich in größter Verzweiflung. Schließlich bat Maria Stockin um einen Priester, denn *„sie könne ohnehin nicht mehr leben, sey verdammt und wolle sich selbst ersticken"*.[213] Daß derart geäußerte Selbstmordabsichten unbedingt ernst zu nehmen waren, führt uns auf traurige Weise die 1825 in der Oststeiermark vor Gericht gestellte Anna Mochler vor Augen: Die Dienstmagd erhängte sich noch vor Einleitung der Kriminaluntersuchung im Polizeiarrest von Kirchberg an der Raab.[214]

In wieder eine andere Richtung weist der Fall der oststeirischen Keuschlerin Magdalena Salch. Bei ihr tauchte der Verdacht auf, sie habe das Geständnis eines Kindsmordes bloß deshalb abgelegt, *„um nur gleich von der Herrschaft gehängt werden zu können."* Das Einbekennen eines Schwerverbrechens, um hingerichtet zu werden, war für potentielle Selbstmörderinnen und Selbstmörder in früheren Zeiten durchaus nicht ungewöhnlich.[215] Da der Suizid vergleichsweise schimpflicher und gotteslästerlicher galt als andere todeswürdige Verbrechen, konnte es geschehen, daß Lebensüberdrüssige mit dem Verweis auf ihre angebliche Straftat von einem Gericht quasi erzwingen wollten, ihrem Dasein ein Ende zu setzen. Die innerösterreichische Regierung sah sich zu Anfang des 18. Jahrhunderts sogar veranlaßt, aufgrund der aus solchen Beweggründen begangenen „Kind-Mordtaten" eine Verschärfung in der Strafpraxis anzukündigen.[216] Mit dem zunehmenden Abgehen von der Todesstrafe und der veränderten Bewertung des Selbstmordes spielte diese Denkweise freilich kaum eine Rolle mehr im Gerichtsleben. Auch bei Magdalena Salch zerschlug sich das aufgebrachte Gerücht bald, wenngleich die Nachforschungen zeigten, daß die Frau die Todesstrafe zur Ahndung ihres Verbrechens noch immer für gültig hielt.[217]

An dieser Stelle soll auch auf die unrichtigen Selbstbezichtigungen von Magdalena Hanßlin und Anna Koschuhar verwiesen werden. Wie bereits an anderer Stelle ausgeführt, wollte Magdalena Hanßlin durch ihr Geständnis eines zweifachen Kindsmordes nur erreichen, im Arrest ausreichende ärztliche Pflege und damit Heilung von ihrer Krankheit zu erhalten. Anna Koschuhar, die in Unfrieden mit ihren Eltern lebte, sich von der Polizei ver-

---

213 StLA, AG-Prot. 5125/1807.

214 StLA, Feldbach, Stadtarchiv, Sch. 1a, H. 8b: Kriminaltabellen des Marktgerichtes Feldbach 1825-1842.

215 Vgl. W. Wächtershäuser: Das Verbrechen des Kindesmordes, S. 125 sowie K. Roetzer: Abtreibung, Kindstötung sowie Kindsaussetzung, S. 108 f.

216 Verlautbarung einer kaiserlichen Resolution vom 5. November 1712: StLA, Vordernberg, Marktarchiv, Sch. 16, H. 47: Strafrecht und Strafprozeß 1702-1842.

217 StLA, Lamberg, Familienarchiv, Sch. 364, H. 24: Bezirksherrschaft Feistritz, Schwere Polizei-Übertretungen: Untersuchung von Todesfällen 1829-1847.

folgt fühlte und ohne finanzielle Mittel ihr Dasein fristete, erhoffte sich von einer Arretierung ebenfalls eine Verbesserung ihrer traurigen Lage.[218] Hier zielte das Vorgeben eines begangenen Verbrechens zwar nicht mehr auf den unmittelbaren Selbstmord ab, die initiativen Beweggründe - Lebensunfähigkeit und Hoffnungslosigkeit - sind aber gleich. Die beiden Frauen übertrugen die Verantwortung für die eigene Lebensführung ganz einfach an die Gerichte.

218 StLA, AG-Prot. 3570/1822; AG-Prot. 330/9751/1818.

12. DIE ENTDECKUNG DER TAT

12.1. WANN WIRD DIE TAT OFFENBAR?

Die Feststellung, wie lange es einer Wöchnerin gelingen konnte, einen Kindsmord bzw. eine Geburt vor ihren Mitmenschen zu verheimlichen, bereitet mehr Schwierigkeiten, als es auf den ersten Blick scheinen mag. Mutmaßungen über das Geschehen wurden meist sehr bald angestellt. Bevor es aber zu konkreten Schritten kam, wartete man lieber zu und sammelte weitere Beweise, bis die Sachlage eindeutig schien. Selbst diese erreichte Aufklärung mußte noch keine Anzeige an die Behörden bedeuten, ja es konnte noch Tage dauern, bis die Bezirksobrigkeit ebenfalls in Kenntnis des erfolgten Rechtsbruches gelangte. Für die folgende Darstellung wird daher jener Zeitpunkt zum Maßstab genommen, an dem sich die nähere Umgebung einer Kindesmutter Gewißheit über die stattgefundene Geburt verschaffte und in irgendeiner Weise darauf reagierte.

Rund 27% der verheimlichten Entbindungen wurden noch am gleichen Tag, oft innerhalb kürzester Zeit, entdeckt. Die Wöchnerinnen hatten meist noch keine Gelegenheit gefunden, die Spuren zu beseitigen und die Leiche zu verstecken, sodaß sie relativ leicht überführt werden konnten. Der Kindsmord von Maria Kerner kam beispielsweise bereits eine Stunde später auf, als ihre Dienstfrau sich um die scheinbar kranke Magd kümmern wollte. Nachdem die Bäuerin im Bett und in der ganzen Kammer Blutlachen bemerkte, vermutete sie sofort eine Geburt, ließ nach der Hebamme rufen und suchte das Kind, das sie schließlich ertränkt in einem nahe stehenden Wasserbottich fand.[1]

Bei einem Drittel der verheimlichten Geburten verging zumindest ein Tag bis maximal eine Woche, bis sich die Umgebung vom Vorgefallenen überzeugt hatte. In vielerlei Hinsicht typisch ist hier der Fall der Krainer Bauerntochter Maria Sadu. Sie gebar in der Nacht zum Ostersonntag in ihrem Bett auf dem Dachboden des väterlichen Hauses. Am nächsten Tag schützte sie Krankheit vor und blieb beim Herdfeuer sitzen, während die übrige Familie in die Kirche ging. Am Abend entdeckte ihre Schwägerin dort, wo Maria Sadu gesessen war, Blutflecken. Am nächsten Morgen, dem Ostermontag, legte die Schwägerin daher besonderes Augenmerk auf Maria Sadu. Sie fand sie bleich und schwächlich, schöpfte daraus den Verdacht einer verheimlichten Entbindung und teilte dies ihrem Ehe-

---

1 StLA, AG-Prot. 6245/1838.

mann mit. Da Maria Sadu aber wie üblich mit den anderen den Gottesdienst besuchte, zerstreute sich ihr Argwohn kurzzeitig wieder. Am Dienstag kam es schließlich zum Eklat: Die Schwägerin sagte ihr auf den Kopf die erfolgte Geburt zu, die leugnende Wöchnerin wurde mit Gewalt festgehalten und von der Familie am Körper untersucht, wobei man Spuren abgesonderter Muttermilch bemerkte. Der Vater begann auf seine lauthals schreiende Tochter einzuschlagen, der Lärm lockte wiederum Nachbarn herbei, und die Sache wurde in der Folge im ganzen Dorf bekannt. Am Mittwoch wurde Maria Sadu schließlich vom Gemeinderichter verhört, der die Leiche des Kindes entdeckte und die Anzeige an die Bezirksobrigkeit erstattete.[2] Lagen die Dinge also nicht so klar auf der Hand, zog man erst eine defensive Haltung vor. Unterschwellig vorhandenes Mißtrauen steigerte sich aber von Tag zu Tag, mit gespannter Aufmerksamkeit wurde jede Handlung und jede Bewegung überwacht, bis man sich endlich sicher genug glaubte und es zu einer offenen Anschuldigung kam.

In rund 28% der Fälle verstrich immerhin eine Woche bis zu einem Monat, ehe die Kindesmutter die Konsequenzen ihrer Tat fürchten mußte. Auch hier gilt das bisher Gesagte: Verdacht war zwar vorhanden, oft kam die Angelegenheit aber erst ins Rollen, wenn beispielsweise die Kindesleiche gefunden wurde oder sonstige neue Indizien auftauchten.[3] Wenn sich niemand dafür verantwortlich fühlte, eine Meldung an die Obrigkeit zu erstatten, konnte gleichfalls einige Zeit vergehen, bis der „allgemeine Ruf" zufällig zu Ohren der Behörde gelangte und diese entsprechende Nachforschungen anstellte. Agnes Pilko widerstand den immer dringlicher werdenden Fragen ihrer Nachbarinnen um ihre heimliche Entbindung durch ganze vier Wochen, erst dann gab sie alles zu und wies das tote Kind vor, worauf die Untersuchung gegen sie eingeleitet wurde.[4]

10% der vermeintlichen Kindsmorde blieben selbst mehrere Monate, manchmal sogar Jahre unentdeckt. Maria Knauder wurde es zum Verhängnis, daß ein Bauer sieben Monate nach ihrer Geburt in seinem Keller Grabungen durchführte und dabei zufällig auf die Gebeine ihres Kindes stieß;[5] im Zuge der Kriminінaluntersuchung gegen Gertraud Flaschier wiederum traf man nicht nur auf die Überreste ihres vor neun Wochen getöteten Sohnes, sondern auch gleich auf das Skelett eines von ihr vor zwei Jahren ebenfalls heimlich geborenen Säuglings.[6] Wie im letztgenannten Fall konnten so lange zurückliegende Straftaten eigentlich nur dann aufgeklärt werden, wenn die Kindesmutter von sich aus ein entsprechendes Geständnis ablegte und den Begräbnisort des Leichnams anzeigte.

---

2 StLA, AG-Prot. 13289/1837.

3 Bestätigt auch durch Ergebnisse aus Baden-Württemberg. Vgl. C. Kaiser: Opfer oder Täterinnen, S. 80.

4 StLA, AG-Prot. 6229/1816.

5 StLA, AG-Prot. 10292/1823.

6 StLA, AG-Prot. 2966/1815; AG-Prot. 5790/1815.

Wie bereits angedeutet, mußte die erlangte Gewißheit von einer erfolgten Entbindung nicht in jedem Fall sofort eine Anzeige an die Obrigkeit nach sich ziehen. Die Angelegenheit wurde bisweilen erst einmal inoffiziell unter den Beteiligten geordnet, sei es nun aus Nachlässigkeit oder aus einer gewissen Solidarität mit der Angeklagten heraus. Man stellte die Beteuerung der Wöchnerin, ein totes Kind geboren zu haben, nicht weiter in Frage, begrub den Leichnam und betrachtete die Sache damit als erledigt. Erst mit einiger Verspätung und oft auf Umwegen erfuhr die Bezirksobrigkeit vom Vorgefallenen. Die Kärntner Dienstmagd Katharina Winkler hatte am 16. Juli 1819 auf dem Feld geboren. Noch am gleichen Tag wurden ihre Dienstgeber aufmerksam, fanden beim Nachforschen das tote Kind und ließen es am folgenden Tag durch ihre Knechte am Friedhof von Nöring begraben. Anzeige wurde aber erst am 25. Juli, und zwar durch den örtlichen Schullehrer, erstattet.[7] Im Falle der Ursula Fuhrmannin hörte das Landgericht Gonobitz/Slovenske Konjice erst acht Wochen später von ihrer heimlichen Niederkunft, obgleich sowohl ihre Dienstgeber als auch ihre Familie und deren Nachbarn Kenntnis davon besaßen; bei Elisabeth Schlack konnte das Krainer Stadt- und Landrecht erst zwei Jahre nach dem Fund der Kindesleiche seine ersten Erhebungen anstellen.[8]

Bisweilen wurde seitens der Umgebung einer Kindesmutter mit einer derartigen Passivität reagiert, die jede Bemühung um Aufklärung zunichte machte. Eine Mitmagd von Elisabeth Possarnigg entdeckte beispielsweise fünf Wochen nach deren Entbindung beim Ausraufen der Rüben ein im Acker vergrabenes Neugeborenes. Ohne das Kind näher anzusehen, arbeitete sie weiter, mit dem Vorhaben, die Leiche abends abzuholen und dem Gericht zu melden. Zu diesem Zeitpunkt war der Körper aber bereits verschwunden: Elisabeth Possarnigg hatte das Geschehen beobachtet, die Leiche selbst ausgegraben und einem Schwein zum Fraß vorgeworfen. Das Beweismittel war damit beseitigt, die Frau konnte des Verbrechens des Kindsmordes nicht mehr überführt werden.[9] Die hier und auch in mehreren anderen Fällen erkennbare Verhaltensweise, eindeutige Zeichen einer Geburt über längere Zeit hindurch einfach zu ignorieren bzw. in weiterer Folge um eine Kindesleiche kein allzu großes Aufhebens zu machen und den Fund eher beiläufig mitzuteilen, läßt sich nur schwer erklären. Wog das Faktum an sich so gering, oder wollte man vermeiden, in direkten Zusammenhang mit der Angelegenheit gebracht zu werden, vielleicht sogar selbst ins Gerede zu kommen und dazu noch Unannehmlichkeiten mit einer Behörde zu haben?

Für die zuletzt geäußerte Vermutung spricht einiges. Werfen wir zum Beispiel einen Blick auf die Kriminaluntersuchung gegen Josepha Schugel: Unter Vorspiegelung von

---

7 StLA, AG-Prot. 1869/1820.

8 StLA, AG-Prot. 4328/1806; AG-Prot. 7326/1836.

9 StLA, AG-Prot. 2546/1820.

Krankheitszuständen war sie bei einer Bäuerin zu Untersavenstein/Dolenji Boštanj eingekehrt und brachte dort auf der Treppe zum Wohnhaus ein Kind zur Welt, das sie in den Schweinehof fallen ließ, wo es fast gänzlich aufgezehrt wurde. Als sich die Hauswirtin Gewißheit über Geburt und Tod des Säuglings verschafft hatte, wies sie die Frau in einer ersten Reaktion sofort von ihrem Hof, erst dann erstattete sie pflichtgemäß Anzeige. Beim vorgenommenen Lokalaugenschein konnten von der Kommission keinerlei Indizien mehr festgestellt werden, da alle Blutspuren an Mauer und Treppe von der Bäuerin bereits fein säuberlich beseitigt worden waren, *„damit die auf der ganz nahen Straße Vorübergehenden wegen dieser Unreinlichkeit von ihr keine üble Meinung hätten."*[10] Die Befürchtung der Hausfrau, daß die auf ihrem Grund und Boden verübte Tat auch ein schlechtes Licht auf sie selbst werfen und ihre Ehrbarkeit in Frage stellen könnte, ist unübersehbar. Auf ähnlich gelagerte Verhältnisse treffen wir bei der Bauernmagd Ursula Fuhrmannin. Als ihre Dienstgeber die im Stall versteckte Kindesleiche entdeckten, meldeten sie den Vorfall nicht etwa, sondern warfen Ursula Fuhrmannin kurzerhand - selbstverständlich mit dem toten Säugling - aus dem Haus.[11] Wir dürfen nicht vergessen, daß bei Bekanntwerden einer verheimlichten Geburt eine Menge unangenehmer Fragen auf die Dienstgeber der betreffenden Frau zukamen: Sie mußten sich etwa darüber rechtfertigen, warum sie nicht ausreichend über die Sittlichkeit ihrer Magd gewacht hatten bzw. warum sie nicht auf ihre Schwangerschaft eher acht gaben, ihr ins Gewissen redeten, nötige Schritte zu ihrer Obsorge einleiteten und vieles mehr. Die ungesetzliche Tat eines Mitglieds der Hausgemeinschaft war - überspitzt formuliert - ein Beweis vom Versagen des Familienoberhauptes und schädigte das Ansehen des gesamten Hofes.[12]

Die unmittelbaren Reaktionen der Umgebung, wenn diese von einem Kindsmord erfuhr, sind leider nur unzureichend dokumentiert, sodaß wir die Akzeptanz dieses Deliktes bzw. die Haltung gegenüber der Täterin in der ländlichen Gesellschaft schwer einschätzen können. Einerseits begegnen wir natürlich blankem Entsetzen über das Verbrechen: Maria Kussin wurde bei Auffindung der Kindesleiche von ihrem Dienstgeber erbost mit einem Stock geprügelt, die Taglöhnerin Agnes Kragl mußte von ihren Nachbarinnen bitterste Vorwürfe wegen ihrer sündhaften Handlung über sich ergehen lassen.[13] Im allgemeinen scheint es jedoch, daß eher nüchterne, rationale Überlegungen bei der Aufdeckung eines Kindsmordes im Vordergrund standen und nicht so sehr heftige emotionale Bewegungen. Vor allem Frauen kamen der Wöchnerin mit großer Menschlichkeit entgegen. Sie brachten

---

10 StLA, AG-Prot. 11981/1838.

11 StLA, AG-Prot. 4328/1806.

12 Auch Richard van Dülmen meint: *„Ein uneheliches Kind belastete daher einen Hof nicht nur ökonomisch, sondern auch moralisch."* Ders.: Frauen vor Gericht, S. 81. Im Widerspruch dazu: G. Ammerer: Abtreibung, Kindsmord und Kindsweglegung, S. 80.

13 StLA, AG-Prot. 1987/1815; AG-Prot. 16321/1835.

die frisch Entbundene zuallererst ins Bett und ließen ihr die nötige Pflege zuteil werden. Die Wortwahl der Angeklagten und der Zeuginnen im Verhör läßt darauf schließen, daß dies nicht unwillig, sondern durchaus sorgsam geschah: Die Kindbetterinnen werden nicht einfach *„weggeschafft"*, sie werden *„am Arm geführt"* und *„geleitet"*. Als der Ehemann von Gertraud Faidiga voll Wut über die Tat seiner Frau über diese herfallen wollte, hielten ihn seine Mutter und seine Schwester zurück und redeten ihm zu, doch *„keinen Zorn an seinem krank darnieder liegenden Weibe"* zu üben und sie nicht aus dem Haus zu werfen. Obwohl vorher immer Spannungen zwischen Gertraud Faidiga und ihrer Schwiegermutter bestanden hatten, nun im Augenblick der Not hielt diese zu ihr.[14]

Auch im Fall der Anna Nißin ist die Sprache überaus verräterisch: Ihr Kind wurde gleich am Morgen nach der Entbindung von den Dienstgebern gefunden. Die Magd berichtete darüber: *„Ihre Herrnleute machten sie brav aus, daß sie so dumm wäre und nichts gesagt hätte, und sie fing an zu weinen."*[15] Der Vorwurf des Bauernpaares zielte nicht auf den Kindsmord ab, er betraf vielmehr das Verhalten der Magd, die sich ihnen in ihrem Zustand nicht anvertrauen wollte! Regina Schulte macht für die oberbayrische dörfliche Gesellschaft des ausgehenden 19. Jahrhunderts ganz ähnliche Beobachtungen, auch in ihren Akten findet sich keine moralische Verurteilung der eigentlichen Kindestötung. Ausgehend davon erklärt Regina Schulte die feststellbare Untätigkeit der näheren Umgebung einer in gutem Leumund stehenden Kindsmörderin - zumindest ansatzweise - als Zeichen von Solidarität mit der Rechtsbrecherin.[16] Otto Ulbricht hat dafür den sehr treffenden Begriff von „wissender Passivität" geprägt, dem sich auch Gerd Schwerhoff anschließt.[17] In Distanz dazu gehen allerdings Clemens Zimmermann und Markus Meumann, die der Ansicht sind, daß sich gerade beim Delikt des Kindsmordes offizielle und bäuerliche Moral deckten und damit jedes einschlägige Verbrechen auch vom Dorf eindeutig verurteilt worden wäre.[18] Obwohl wir für Innerösterreich kein allgemeingültiges Bild entwerfen können und Widersprüchlichkeiten nicht zu leugnen sind, zeigt es sich in Einzelfällen doch, daß die Tat von der Umgebung einer Kindsmörderin - zumindest bei deren sonstigem Wohlverhalten und allgemeiner Anerkennung - zwar nicht akzeptiert, andererseits aber auch nicht mit deutlicher Abscheu oder mit rigoroser Abwendung von ihrer Person quittiert wurde.

---

14 StLA, AG-Prot. 15545/1835.

15 StLA, AG-Prot. 3650/1813; Bezirksgericht Feldbach, Fasz. 62: Kriminalsachen 1785-1816.

16 Vgl. R. Schulte: Das Dorf im Verhör, S. 175. Bestätigt für die frühe Neuzeit von R. v. Dülmen: Frauen vor Gericht, S. 9.

17 Vgl. O. Ulbricht: Kindsmord und Aufklärung, S. 118; Gerd Schwerhoff: „Mach, daß wir nicht in eine Schande geraten!" Frauen in Kölner Kriminalfällen des 16. Jahrhunderts. In: Geschichte in Wissenschaft und Unterricht 44 (1993), H. 6, S. 470. Ähnlich auch H. Klar: Verbrechen aus verlorener Ehre, S. 65 u. K. O. Mayr: Kriminalität, S. 324 f.

18 Vgl. C. Zimmermann: „Behörigs Orthen angezeigt", S. 69; M. Meumann: Findelkinder, Waisenhäuser, Kindsmord, S. 103. Ebenso E. Formella: Rechtsbruch und Rechtsdurchsetzung, S. 53 u. G. Ammerer: Abtreibung, Kindsmord und Kindsweglegung, S. 89.

12.2. WARUM WIRD DIE TAT BEKANNT?

Wollen wir uns mit der Frage auseinandersetzen, durch welche Momente die Umgebung einer Wöchnerin Verdacht schöpfte und eine Geburt vermutete, so dürfen wir keine eindeutigen Antworten erwarten. In den meisten Fällen treffen wir auf ein Bündel von sich wechselseitig ergänzenden Faktoren, ohne jedoch genau sagen zu können, welches Indiz den Ausschlag gab. Beginnen wir mit dem Moment der Entbindung: Nicht jeder werdenden Mutter gelang es, sich beim Einsetzen der Wehen unbemerkt zurückzuziehen. Da in fast allen Fällen der Zustand einer hochschwangeren Frau zumindest beargwöhnt wurde, interpretierte man ein länger andauerndes Verschwinden meist richtig, holte Nachbarinnen oder die Hebamme herbei und ließ die vorgeblich Kranke sofort untersuchen. Den Mitbewohnerinnen von Maria Pacor kam es beispielsweise seltsam vor, daß die Frau immer wieder den Abtritt aufsuchte und ganze Viertelstunden darin verbrachte. Nachdem eine Zeugin schließlich gewaltsam die Tür aufgebrochen hatte und Maria Pacor zitternd und blutverschmiert vorfand sowie im ganzen Raum Blutspuren entdeckte, hatte sie keine Zweifel mehr an einer gerade erfolgten Geburt.[19] Auch wenn sich eine Gebärende bei vernünftiger Überlegung darüber im klaren sein mußte, daß ihre Lage bereits entdeckt war und sie keine Möglichkeit einer längerfristigen Verheimlichung ihrer Entbindung mehr hatte, ging sie mitunter bis zur letzten Konsequenz. Um Maria Turus kümmerte sich bereits eine von Nachbarinnen herbeigerufene Hebamme. Trotz deren Anwesenheit im Zimmer gebar die Frau unbemerkt; als sie einen Moment allein gelassen wurde, sprang sie aus dem Bett, um die Leiche des Säuglings zu verstecken. Durch die dabei entstandenen Geräusche alarmiert, kehrte die Hebamme zurück ins Zimmer, und Maria Turus wurde gestellt.[20]

In den meisten Fällen blieb aber zumindest der unmittelbare Geburtsakt weitgehend unbemerkt. Doch die Spuren der Entbindung waren auch in den nächsten Stunden und Tagen nicht so einfach zu verbergen. Vor allem blutgetränkte Kleidung und Bettwäsche, aber ebenso Blutlachen am Ort der Geburt, falls sie nicht mehr rechtzeitig entfernt werden konnten, weckten die Aufmerksamkeit der Hausgemeinschaft. Die Hausfrau von Josepha Prislan schöpfte etwa Verdacht, als sie bemerkte, daß ihrer Magd das Blut an den Beinen herabrann, das sich die Frau mit den Füßen notdürftig abzuwischen versuchte.[21] Angesprochen auf die Ursache dieses heftigen Blutganges schützten die meisten Wöchnerinnen eine mit besonderer Heftigkeit eingetretene Menstruation vor. Maria Zheuna trat geradezu die Flucht nach vorne an: Demonstrativ verwies sie auf die Blutspuren an ihrer Kleidung und hob sogar ihren Rock mit den Worten hoch: „*Da, schau, jetzt habe ich wieder das*

---

19 StLA, AG-Prot. 7272/1838.
20 StLA, AG-Prot. 8077/1836.
21 StLA, AG-Prot. 1016/1838.

Monatliche bekommen, jetzt werden die Leute sich nicht mehr die Zunge wetzen."[22] Um die besondere Menge des abgegangenen Blutes zu erklären, verwiesen die Frauen häufig auf ein mehrmonatiges Ausbleiben ihrer Menses, die nun plötzlich und mit außergewöhnlicher Intensität wiedergekehrt wäre. Über die Blutlachen auf der Stiege zu ihrer Liegestatt zur Rede gestellt, rechtfertigte sich zum Beispiel die Magd Maria Urmacher, „*daß sie die ihr durch zwei Monate weggebliebene Reinigung um so stärker bekommen habe*", was ihre Dienstfrau als Begründung vorderhand auch zur Kenntnis nahm.[23]

Doch zu den bemerkten Blutspuren kamen üblicherweise noch weitere Anhaltspunkte. Der Umgebung einer Wöchnerin entging es zumeist natürlich nicht, daß deren Leibesfülle von einem Tag zum anderen deutlich abgenommen hatte. Um diesen Verdächtigungen von vornherein zu entgehen, versuchten einige Kindesmütter, durch gezieltes Präparieren ihrer Kleidung den vormaligen Körperumfang weiterhin vorzutäuschen. Agnes Maizen erhielt von ihrem Liebhaber den Rat, nach der Geburt „*den Leib mit Fetzen zu umwinden*", um die Veränderung ihrer Gestalt zu kaschieren und alles in Vergessenheit geraten zu lassen, auch Anna Schwabin wurde unterstellt, durch „*Ausschoppen*" ein scheinbares Fortdauern ihrer bekannten Schwangerschaft fingiert zu haben.[24] Gelang dies nicht, so nahmen einige Frauen wieder zur Theorie der verstockten Menses ihre Zuflucht: Diese hätte ihnen kurzzeitig den Leib aufgetrieben, der endlich eingetretene Blutgang hätte die ungesunde Anschwellung des Körpers beseitigt.

Abgesehen von diesen speziellen Kennzeichen erregte auch die allgemeine schlechte körperliche Verfassung der Wöchnerinnen Argwohn. Ihr leidendes Aussehen, ihre unübersehbare Schwäche, oft verbunden mit Fieber und Schüttelfrost, wurde von ihnen zwar auf verschiedenste Krankheitszustände geschoben, ganz ausgeräumt konnten die Zweifel damit jedoch nicht werden. Durch gezieltes Nachforschen und hartnäckiges Fragen versuchte man sich Gewißheit über den tatsächlichen Zustand der vermeintlich Kranken zu verschaffen.

Klare Verhältnisse lagen vor, wenn an den Brüsten der Wöchnerin eine Milchabsonderung beobachtet wurde. Eine Nachbarin entdeckte die verheimlichte Entbindung von Maria Wregar, als sie die Frau dabei überraschte, wie sie hinter dem väterlichen Haus aus ihren Brüsten Milch ausdrückte.[25] Doch selbst in einer solch ausweglos scheinenden Situation gab Maria Leutschitsch immer noch nicht auf: Sie wollte der Untersuchungskommission weismachen, ihre Milchabsonderung wäre durchaus nichts Außergewöhnliches, sondern sie bekäme regelmäßig alle Jahre, ohne zu gebären, Milch in ihre Brüste![26] Eine solche Erklä-

22 StLA, AG-Prot. 11356/1838.
23 StLA, AG-Prot. 13300/1823. Vgl. auch T. Koss: Kindesmord im Dorf, S. 25 f. u. S. 49.
24 StLA, AG-Prot. 11995/1824; AG-Prot. 5600/1807.
25 StLA, AG-Prot. 330/3212/1818.
26 StLA, AG-Prot. 10205/1823.

rung war nach den damaligen medizinischen Lehrmeinungen gar nicht so abwegig. 1836 interpretierte man die Milchabsonderung einer Frau, die weder schwanger war, noch geboren hatte, als Zeichen einer gehemmten Menses: Das Menstruationsblut würde in die Brüste geleitet und nähme dort eine weiße Farbe an.[27]

Wollte sich die Umgebung einer Wöchnerin durch deren körperliche Visitierung von den Spuren der vorangegangenen Entbindung Überzeugung verschaffen, so wurde dabei nicht zimperlich vorgegangen. In einigen Fällen erfahren wir dezidiert, daß man geradezu Gewalt anwandte, um Brüste oder Schamteile einer Frau zu untersuchen. Bald nachdem Theresia Mayer auf dem Dachboden geboren hatte, schöpfte ihre Dienstfrau Verdacht. Sie rief eine Nachbarin und eine andere Magd herbei und wollte die Frau stellen, die jedoch die Flucht ergriff. Die Magd wurde durch mehrere Räume verfolgt, schließlich festgehalten und in die Kammer geschleppt. Theresia Mayer versteckte sich unter der Bettdecke und preßte die Schenkel fest zusammen, die Frauen überwältigten sie aber und hoben ihr schließlich die Röcke hoch.[28] Selbst die Gegenwart von Männern stellte keinen Hinderungsgrund dar, intime Körperzonen einer Frau bloßzulegen. Bei Maria Sadu war es sogar der eigene Vater, der sie festhielt und zugleich ihren Busen abtastete.[29] Einzelne Szenen erinnern an ein regelrechtes Kesseltreiben: Bei Katharina Kofler, einer Magd aus St. Ruprecht im Kärntner Landgerichtsbezirk Landskron, wurde schon lange eine Schwangerschaft vermutet. Eines Nachts bemerkte sie, daß sich Leute um das Haus ihrer Dienstgeber versammelten; mehrere Frauen aus der Nachbarschaft betraten ihre Kammer und verlangten von ihr, sich unverzüglich von ihnen untersuchen zu lassen. Trotz der anfänglichen Weigerung von Katharina Kofler setzten sie ihr Vorhaben in die Tat um, genau beobachtet von zahlreichen Personen, die von draußen durch das Fenster ins Zimmer schauten. Zweckdienliche Erkenntnisse brachte dieser Übergriff keine.[30]

In mehreren Fällen führte die Auffindung der Plazenta zu angestellten Nachforschungen über eine verheimlichte Entbindung. Von der Niederkunft der Johanna Grasch erfuhren die Hausleute beispielsweise, weil die offenbar nur notdürftig verscharrte Nachgeburt von den Hunden wieder ausgegraben und auf dem Hof herumgeschleppt wurde.[31] Außergewöhnlich ist der Fall der in Graz bedienstet gewesenen 27jährigen Rosalia Waltnerin: Sie gebar heimlich und ohne Hilfe auf dem Abtritt, das voll ausgetragene Kind fiel in die Senkgrube. Kurz darauf begab sich die Magd zu einer Hebamme am Lendplatz, der sie eine erlittene Fehlgeburt vortäuschte und anvertraute, daß ihr nunmehr *„ein Darm aus dem Leibe hänge"*. Die Hebamme zeigte die Begebenheit sofort dem Grazer Magistrat an, die Lei-

---

27 Vgl. J. Gélis: Die Geburt, S. 35; vgl. auch M. Lorenz: Das Delikt des Kindsmords, S. 125 f.

28 StLA, AG-Prot. 3243/1813.

29 StLA, AG-Prot. 13289/1837.

30 StLA, AG-Prot. 9080/1824.

31 StLA, AG-Prot. 1452/1823.

che des Kindes wurde ausgeforscht, Rosalia Waltnerin wegen Kindsmordes verurteilt.[32] Was die Dienstmagd zu ihrer Handlungsweise, mit der sie letztendlich ihre Tat selbst aufdeckte, bewogen hat, darüber können nur Mutmaßungen angestellt werden. Es wäre etwa möglich, daß sich die Frau aus Furcht vor einer Sepsis an die Hebamme wandte, um von der Nachgeburt befreit zu werden. Wahrscheinlicher ist aber wohl, daß Rosalia Waltnerin den Vorgängen einer Geburt weitgehend ratlos gegenüberstand und sich die noch bei ihr verbliebene Nachgeburt nicht erklären konnte; ihre Wortwahl würde zumindest darauf hindeuten.

Das wichtigste Indiz für die Aufdeckung eines vermuteten Kindsmordes war aber ohne Frage die Auffindung der Leiche des Neugeborenen.[33] Bei den meisten Wöchnerinnen summierten sich zwar - wie oben dargestellt - einzelne Verdachtsgründe, bevor aber der Körper des Säuglings nicht aufgefunden und damit die Sachlage nicht zweifelsfrei erwiesen war, leitete man selten offizielle Schritte ein. Überaus deutlich läßt sich das etwa am Beispiel der im Landgericht Slattenegg/Slatnik im Neustadtler Kreis verhafteten Bauernmagd Helena Anschur nachvollziehen: Bereits unmittelbar nach der Entbindung bemerkten Dienstgeber und Hausleute ihre deutlich geringere Leibesfülle, außerdem zeigte sich an ihren Brüsten Milch. Nachdem Helena Anschur auf die Anfragen ihrer Umgebung aber beharrlich leugnete, geboren zu haben, ließ man die Angelegenheit auf sich beruhen, und erst, als zwei Wochen später die Leiche des getöteten Kindes zufällig entdeckt wurde, informierte man die Obrigkeit.[34]

Ein Fall war also intern in der Regel bereits geklärt und abgeschlossen, bevor es zu einer Meldung nach außen kam. Die Wöchnerin wurde über aufgetretene Verdachtsmomente erst einmal zur Rede gestellt, in der Folge einer Leibesvisitation unterzogen, man rang ihr bei entsprechend vorgefundenen Merkmalen einer Entbindung das Geständnis ab und ließ sich letztendlich von ihr die versteckte Leiche des Neugeborenen vorweisen. Nur wenn alle Fragen ausreichend beantwortet schienen, ging man über bloße Mutmaßungen hinaus und wagte eine offene Anschuldigung.[35]

Oftmals kamen gezielte Nachforschungen überhaupt erst mit der unerwarteten Auffindung einer Kindesleiche ins Rollen. Wurde der Körper eines toten Säuglings von Hirten entdeckt oder von einem Fischer an Land gezogen, so wußte die Dorfgemeinschaft in der

32 StLA, AG-Prot. 6765/1789.

33 Das gilt auch für den deutschen Raum. Vgl. R. v. Dülmen: Frauen vor Gericht, S. 32 f.; K. Roetzer: Abtreibung, Kindstötung sowie Kindsaussetzung, S. 115. Vgl. zur Situation in Kärnten Ende des 18. Jahrhunderts: K. O. Mayr: Kriminalität, S. 318-321.

34 StLA, AG-Prot. 6961/1807.

35 Übereinstimmend dazu O. Ulbricht: Kindsmord und Aufklärung, S. 118 f. Silke Göttsch stellt in ihren Untersuchungen über die Anzeige eines Gattenmordes genau das gleiche Phänomen fest. Vgl. dies.: „nachdem das Gerücht überall gegangen...". Sprechen über Kriminalität in der ländlichen Gesellschaft des 18. Jahrhunderts. In: Innovation und Wandel. Festschrift für Oskar Moser zum 80. Geburtstag. Hrsg. v. Burkhard Pöttler, Helmut Eberhart, Elisabeth Katschnig-Fasch. Graz 1994, S. 162-164.

Regel auf Anhieb die vermeintliche Kindesmutter zu nennen. Nur selten tippte sie dabei falsch: In den Appellationsgerichtsprotokollen ersehen wir lediglich zweimal, daß anfangs eine falsche Spur verfolgt worden war.[36] In allen übrigen Fällen erwies sich die öffentliche Meinung als richtig. Auch sie setzte sich aus verschiedenen Faktoren zusammen. Neben den bereits angeführten Verdachtsmomenten, die sich auf die nach außen sichtbaren Veränderungen des weiblichen Körpers gründeten, spielten die beobachtete Moralität der Beschuldigten, genauso aber Fundort sowie Beschaffenheit der Kindesleiche eine nicht zu unterschätzende Rolle. Glaubte man bei einer Frau Sittenlosigkeit und Hang zur sexuellen Ausschweifung zu konstatieren, so wurde sie in den Augen der Dorfgemeinschaft offenbar zu vielerlei Schandtaten fähig gehalten.

War der Säugling innerhalb der Grenzen eines Hofkomplexes versteckt, so war mit Sicherheit anzunehmen, daß nur ein Mitglied der Hausgemeinschaft als Täterin in Frage kommen konnte. Die Dienstfrau von Maria Kussin stieß zufällig bei der Eiersuche am Dachboden ihres Wohngebäudes auf die Leiche eines Neugeborenen. Nachdem sie ihre Magd bereits einmal wegen ihrer Leibesfülle zur Rede gestellt hatte und diese in den letzten Tagen auch kränklich erschien, lagen die Verhältnisse klar auf der Hand.[37] Schwieriger war es schon, wenn man den Körper abseits eines Hauses, etwa auf einer Wiese oder im Wald, vergraben fand. Nähe und Zugänglichkeit der Stelle für eine mögliche Verdächtige wurden hier genau ins Kalkül gezogen, Erinnerungen über ihre beobachtete Anwesenheit an bestimmten Plätzen ausgetauscht. Schließlich blieb das Verscharren des Leichnams auch nicht immer unbemerkt und so manche Zeugin, die sich insgeheim über eine bestimmte Handlung einer Frau gewundert hatte, erhielt bei näherem Augenschein schneller Aufklärung über das Geschehen, als ihr lieb war. Einer Nachbarin von Maria Jankovitsch war es bereits seltsam erschienen, daß diese scheinbar ziellos bei einem Birnbaum umhergegangen war; als ihre genauere Suche tatsächlich die Leiche eines dort vergrabenen Kindes zutage brachte, erstattete sie Anzeige.[38] Dieser Vorfall führt uns deutlich vor Augen, daß innerhalb eines Dorfes selbst die geringste Abweichung von der Norm registriert wurde, neugierige Augen und Ohren waren fast überall.

Die Bauerntochter Magdalena Hödl geriet nicht nur wegen des plötzlichen Verlustes ihres Körperumfanges ins allgemeine Gerede, bedeutsam war auch, daß die Kindesleiche an einer Quelle, die bloß wenige Schritte von ihrem Elternhaus entfernt war, gefunden wurde. Verstärkt wurde dieser Verdacht zudem, da Nachbarn eine deutliche Vergleichbarkeit zwischen dem Aussehen von Magdalena Hödl und jenem des aufgefundenen Kindes erkennen wollten - übrigens kein Einzelfall, wie man meinen möchte: Auch gegen Anna

---

36 StLA, AG-Prot. 1417/1812; AG-Prot. 10544/1837.
37 StLA, AG-Prot. 1987/1815.
38 StLA, AG-Prot. 7538/1822.

Jaukin wurde als ein Indiz vorgebracht, daß die Gesichtszüge eines aufgefundenen toten Kindes den ihren ganz ähnlich waren; bei einem laut ärztlichem Gutachten zu früh geborenen und erst bis zum sechsten oder siebenten Monat der Reife gelangten Kind doch etwas schwer nachzuvollziehen.[39]

Freilich konnte es auch vorkommen, daß sich Dorf- oder Stadtbewohner über die unmittelbare Zuweisung eines toten Säuglings unentschlossen zeigten, etwa weil die Kindbetterin nicht ihrem Umfeld angehörte, sondern bloß eine auf der Wanderschaft begriffene Frau gewesen war.[40] In solchen Fällen mußte zur Ausforschung der Schuldigen eigens ein Steckbrief erstellt werden. Nicht jede Suchmeldung hatte allerdings entsprechenden Erfolg, gerade wenn Leichen durch reißende Flüsse über längere Strecken befördert worden waren oder nur mehr skelettierte Überreste aufgefunden wurden, ist ein Warten auf einen Widerruf der in Umlauf gesetzten Steckbriefe meist vergebens. Auch das Appellationsgericht hatte sich mehr als einmal mit Leichenfunden von offensichtlich getöteten Neugeborenen zu beschäftigen, ohne in der Lage zu sein, den Sachverhalt aufzuklären. In der Regel ist jedoch anzunehmen, daß eine aufgefundene Kindesleiche früher oder später auch eine entsprechende Kriminaluntersuchung nach sich zog.

12.3. WER ERSTATTET ANZEIGE AN DIE OBRIGKEIT?

Die Frage, durch wen ein vermuteter Kindsmord an die lokale Gerichtsbehörde angezeigt wurde, kann nur zum Teil geklärt werden. Die Appellationsgerichtsprotokolle halten nämlich im günstigsten Fall nur fest, welche Person die Bezirksobrigkeit von den Vorkommnissen informierte, wer auf Dorfebene entsprechende Aktivitäten setzte, erfahren wir kaum.[41] Es darf daher nicht verwundern, daß der größte Teil der Anzeigen von sogenannten offiziellen Stellen erstattet wurde, nämlich von Gemeinderichtern, Gerichtsdienern, aber auch von Wundärzten und Hebammen. Sie erhielten entweder durch meist nicht näher genannte Zuträgerinnen und Zuträger Kenntnis von einem vermeintlichen Kindsmord, oder sie wurden durch ihre Funktion direkt zur Erforschung der Sachlage beigezogen und waren durch ihren Eid dazu verpflichtet, festgestellte Unregelmäßigkeiten zu melden. Wurden

---

39 StLA, Trautmannsdorf, Herrschafts- und Familienarchiv, Sch. 227, H. 1190 sowie Sch. 227, H. 1191: Herrschaft Gleichenberg: Mord, Selbstmord, Kindsmord, 1. Hälfte des 19. Jahrhunderts; Bezirksgericht Feldbach, Fasz. 62: Kriminalsachen 1785-1816; AG-Prot. 6477/1787.

40 Vgl. zu den diesbezüglichen Verhältnissen in Hamburg: H. Rodegra, M. Lindeman, M. Ewald: Kindermord und verheimlichte Schwangerschaft, S. 278 f.

41 Ob daher nach Ansicht O. Ulbrichts in erster Linie die Dienstherrschaft zur Aufdeckung eines Kindsmordes beitrug oder ob diese Rolle eher dem dörflichen Gemeinwesen zukam, wie R. Schulte und H. Klar behaupten, ist kaum zu beurteilen. Vgl. O. Ulbricht: Kindsmord und Aufklärung, S. 121.

etwa Hebamme oder Arzt zur Untersuchung einer vermeintlichen Kindbetterin gerufen und bemerkten sie untrügliche Zeichen einer erfolgten Geburt, so durften sie nicht zögern, die nötigen Schritte einzuleiten. Genauso erfuhr der Dorfrichter, der in der Regel ja selbst der bäuerlichen Schicht entstammte, oft gesprächsweise von einem geäußerten Verdacht; seinem Aufgabenbereich oblag es nun, sich Gewißheit über eine tatsächliche Ungesetzlichkeit zu verschaffen und diese an höherer Stelle anzuzeigen.

Häufig geschah es, daß die Bezirksgerichte von den Ortsgeistlichen auf ein mögliches Verbrechen aufmerksam gemacht wurden. Gab es im Dorf Gerüchte über eine verheimlichte Entbindung oder fand man gar ein totes Neugeborenes, so wurde in vielen Fällen zuerst beim örtlichen Seelsorger Rat gesucht und die Leiche in den Pfarrhof gebracht. Erst der Pfarrer verwies dann die Zeugen weiter an die zuständigen weltlichen Obrigkeiten oder zeigte selbst den Vorfall bei Gericht an. Nachdem zum Beispiel die Hebamme von Bischoflack das tote Kind der Ursula Krischai überantwortet bekam, wandte sie sich vorerst an den Stadtpfarrer. Dieser trug ihr auf, den Körper dem Landgericht zu überbringen.[42] In über 50 Beispielfällen läßt sich sehr gut nachvollziehen, daß der Geistliche offenbar die erste Ansprechperson darstellte, die man bei beunruhigenden Vorfällen am ehesten ins Vertrauen zog. Nicht das Gericht wurde zunächst informiert, sondern der Pfarrer, auf dessen Anweisungen hin sich die folgenden Handlungen gründeten.

Doch mit einem bloßen Ratschlag oder einer gerichtlichen Anzeige mußte die Initiative eines Geistlichen bei einem vermuteten Kindsmord noch lange nicht zu Ende sein. Oftmals erfahren wir, daß sich ein Ortspfarrer selbst an den Untersuchungen beteiligte, mehr oder weniger inoffiziell Erkundigungen anstellte und Befragungen durchführte. Bei auftauchenden Gerüchten ließen mehrere Seelsorger die beschuldigte Frau einmal zu sich rufen, um Gewißheit über die Sachlage zu erhalten. Auf ihre Vorhaltungen hin ließ so manche Angeklagte vom bisherigen Leugnen ab und bekannte ihr Unrecht ein. „*Jetzt seye sie gescheiter geworden, und auch der Pfarrer habe ihr gesagt, daß sie die Wahrheit reden solle*“, meinte beispielsweise Anna Koschuhar später vor Gericht.[43] Die Geistlichen beauftragten Hebammen und Ärzte, um die Mutterschaft einer Verdächtigen festzustellen, und sie informierten sich bei diversen Hausgenossinnen und Hausgenossen sowie in der Nachbarschaft. Maria Glatz gab dem Pfarrer in der Teichen auf sein Befragen vor, bei einem Keuschler in St. Ruprecht ordnungsgemäß entbunden worden zu sein. Der Geistliche begnügte sich jedoch nicht mit ihrer Aussage, holte beim gedachten Zeugen Auskunft ein und erfuhr die Unwahrheit des Gesagten, worauf er das Gericht informierte.[44]

42 StLA, AG-Prot. 3895/1805.
43 StLA, AG-Prot. 330/9751/1818.
44 StLA, AG-Prot. 6287/1821.

Als dritte größere Gruppe, von der eine Anzeige ausging, können wir schließlich die Dienstgeberschaft ausmachen. Nach dem geltenden Gesellschaftsmodell war der Hausherr indirekt verantwortlich für die gesamte unter seinem Dache befindliche Gemeinschaft, und er trat meist auch als ihr Sprecher nach außen auf. Als beispielsweise eine Mitmagd von Maria Gruber durch deren eigenes Geständnis von der verheimlichten Geburt erfuhr, war es nicht die Zeugin, die sich an die Obrigkeit wandte, sondern der Dienstherr der beiden. Erst auf seine Veranlassung hin wurde die Magd ebenfalls einvernommen.[45] Doch überraschenderweise erfahren wir mehrmals auch ganz dezidiert, daß die Frau des Hauses die Angelegenheit in die Hand nahm. Fragen der Mutterschaft fielen sozusagen in ihren Handlungsbereich, in dem sie Maßnahmen setzen durfte und aus dem der Hausherr aufgrund seines Geschlechts ausgeschlossen blieb.

Daß sich eine Kindsmörderin aus eigenem Schuldgefühl heraus freiwillig der Obrigkeit stellte, ohne durch den Druck der Umstände dazu gezwungen worden zu sein, passierte sehr selten. Ursula Schneeberger suchte zwar eigens den Bezirkskommissar von Gottschee auf, um ihr verübtes Verbrechen zu bekennen, allerdings nur, weil sie ihre Chancenlosigkeit erkannte, ungeschoren davonzukommen.[46] Interessanterweise geschah es aber mehrmals, daß eine Angeklagte im Zuge ihres Verhörs gleich andere, weiter zurückliegende einschlägige Straftaten zugab, von denen man sonst nie erfahren hätte! Elisabeth Schnallerin befand sich eigentlich wegen eines Kindsmordes in Untersuchung, im weiteren Verlauf bekannte sie auch eine vor drei Jahren unternommene Abtreibung ein; Maria Klantschitscharza erzählte dem Krainer Kriminalgericht, nicht nur vor wenigen Wochen ihre Tochter ermordet, sondern bereits vor zwölf Jahren ihr erstgeborenes Kind ums Leben gebracht zu haben.[47] Das Verlangen danach, sich durch ein Geständnis endlich von einer offenbar jahrelang quälenden Last zu befreien, wog sichtlich schwerer als jede rationale Überlegung, die eigene Schuld zu minimieren. Gerd Schwerhoff, der in Kölner Kriminalakten auf das gleiche Phänomen stößt, spricht in diesem Zusammenhang von einem geradezu „manischen Bekenntnisdrang" der Menschen der frühen Neuzeit.[48]

Die Überlegung, daß etwa mißgünstige Nachbarinnen oder eifersüchtige Nebenbuhlerinnen aus persönlichen Motiven heraus gezielt Anzeigen erstatteten, kann nicht bestätigt werden. Die agierenden Personen werden aus den knappen Aktennotizen zu wenig konkret skizziert, um solche Mutmaßungen anstellen zu können. Subjektive Faktoren wie Sympathie oder Antipathie spielten sicherlich eine Rolle in der Verfolgung bzw. bei der Meldung eines bestimmten Verdachtes, sie lassen sich aber nicht festhalten oder gar messen. Nicht so sehr Einzelgestalten treten hervor, als vielmehr die Gemeinschaft und die in ihr kursie-

---

45 StLA, AG-Prot. 4314/1820.
46 StLA, AG-Prot. 10622/1835.
47 StLA, AG-Prot. 4405/1787; AG-Prot. 330/8868/1818.
48 Vgl. G. Schwerhoff: Köln im Kreuzverhör, S. 417.

renden Gerüchte bzw. der „allgemeine Ruf" eines verübten Kindsmordes. Im Gespräch untereinander wurden verschiedene Informationsteile zusammengesetzt, verdichtet und durch persönliche Meinungen ergänzt, bis immer mehr Personen davon erfuhren und irgendwann auch die Obrigkeit entsprechende Kenntnis erhielt. Regina Schulte sieht darin eine regelrechte *„interne Justiz des Geredes im Dorf"* und meint in weiterer Folge sogar, daß das ländliche Gemeinwesen bis zu einem gewissen Grad darüber bestimmen konnte, ob eine Frau als Kindsmörderin vor den Richter kam.[49] Diese Überlegung, der sich im übrigen auch Clemens Zimmermann anschließt,[50] ist - wie die obigen Beispiele von wochen-, ja sogar jahrelang verzögerten Anzeigen dargestellt haben - sicher nicht so einfach von der Hand zu weisen.

Lediglich in vier Ausnahmefällen dürfen wir davon ausgehen, daß die Anzeige eines vermeintlichen Kindsmordes an die Obrigkeit in der Absicht geschah, der bezichtigten Frau Schaden zuzufügen. Es kommt nicht von ungefähr, daß sich alle diese Angeklagten in höherer sozialer Stellung befanden! Maria Grazin war die überaus wohlhabende Witwe eines bürgerlichen Handelsmannes zu Voitsberg. Seit mehr als zwei Jahren unterhielt sie eine verbotene Liebesbeziehung zu einem ebenfalls hoch angesehenen verheirateten Bürger der Stadt, einem Tischlermeister, von dem sie ein totes Kind zur Welt brachte. Obwohl die Umstände der Geburt durch Zeuginnen und sogar eine beigezogene Hebamme ausreichend geklärt schienen, wurde der ganze Fall, nachdem über zweieinhalb Monate vergangen waren, plötzlich aufgerollt und das Paar sogar in Untersuchungsarrest genommen.[51] All diese Tatsachen sprechen dafür, daß hier wohl jemand Maria Grazin und dem ungetreuen Ehemann einen ordentlichen Denkzettel verpassen wollte. Noch deutlicher liegen die Umstände bei Anna Bömitsch: In einer mit einem fingierten Namen unterzeichneten Anzeige wurde die reiche Witwe beschuldigt, vor über 30 Jahren einen Kindsmord begangen zu haben. Nachforschungen führten zu keinem zweckdienlichen Ergebnis, und die Untersuchungskommission gelangte zum Schluß, die aufgestellte Behauptung dürfte wohl nur der Racheakt eines abgewiesenen Bewerbers um die Hand der Frau gewesen sein.[52]

Die meisten angeklagten Kindsmörderinnen waren aber weder wohlhabend, noch entstammten sie einer einflußreichen Familie. Sie waren mittellose Dienstmägde ohne jedes gesellschaftliche Ansehen und besaßen damit einfach nicht genug Wichtigkeit in der dörf-

---

49 Vgl. R. Schulte: Das Dorf im Verhör, S. 174 f. sowie dies.: Bevor das Gerede zum Tratsch wird. In: Frauengeschichte - Geschlechtergeschichte. Hrsg. v. Karin Hausen und Heide Wunder. Frankfurt/Main u. New York 1992. (= Geschichte und Geschlechter. 1.) S. 69 f. Zu den Mechanismen des „weiblichen" Geschwätzes im allgemeinen vgl. Pia Holenstein u. Norbert Schindler: Geschwätzgeschichte(n). Ein kulturhistorisches Plädoyer für die Rehabilitierung der unkontrollierten Rede. In: Dynamik der Tradition. Studien zur historischen Kulturforschung IV. Hrsg. v. Richard van Dülmen. Frankfurt/Main 1992, S. 47-62.

50 Vgl. C. Zimmermann: „Behörigs Orthen angezeigt", S. 89.

51 StLA, AG-Prot. 8247/1791.

52 StLA, AG-Prot. 10554/1823.

lichen Gesellschaft, um für sie ein regelrechtes Netz von Intrigen zu spinnen. Tauchten daher Anschuldigungen auf, so waren sie auch durch entsprechende Tatsachen begründet und basierten nicht auf haltlosen Spekulationen.

Interessant ist, daß offenbar vielerorts eine gewisse Scheu herrschte, sich direkt an die lokalen Autoritäten zu wenden und einen Verdacht klar auszusprechen. Die Entdeckung einer verheimlichten Geburt und eines toten Kindes wurde anfangs oft nur formlos weitererzählt, bevor jemand in der Informationskette schließlich offizielle Schritte einleitete. Nehmen wir nur den Fall der Bauerntochter Maria Gerschina: Der Hausknecht überraschte die Frau, als sie gerade ihr totes Kind im Schuppen verstecken wollte. Der Mann setzte bloß seine Dienstgeberin davon in Kenntnis und ging weiter seiner Arbeit nach, ohne sich im mindesten um den Fortgang der Sache zu kümmern. Am Abend sprach er mit einer Nachbarin über diese Begebenheit, diese machte ihrem Gatten davon Mitteilung, der sich wiederum an den Pfarradministrator wandte. Erst der Geistliche erstattete dann Anzeige an die Bezirksobrigkeit Adelsberg.[53] Man wollte ganz augenscheinlich offenen Konfrontationen aus dem Weg gehen und selbst nicht gern die Schuld an der Verhaftung einer - eventuell unschuldigen - Person tragen. Vor allem, wenn Dienstboten den Interessen ihrer Arbeitgeber zuwider handelten, mußten sie mit Vorwürfen rechnen. Als die Tochter des Schulmeisters von Leutschach, Theresia Neppel, ihr Kind erstach, wurde die Magd von der Hausfrau gebeten, die Leiche zu beerdigen. Erschrocken zog die Frau ihren Mitknecht ins Vertrauen. Auf ihr Drängen hin zeigte dieser das geschehene Verbrechen dem Pfarrer an, worauf die gerichtliche Untersuchung eingeleitet und Theresia Neppel verhaftet wurde. Der Knecht mußte nun von seinen Dienstgebern harten Tadel über sich ergehen lassen, daß er durch seine Illoyalität *„ihr Leben verkürzt habe"*.[54]

Offene Parteinahme und Engagement konnten also Unannehmlichkeiten mit sich bringen und wurden, wenn möglich, vermieden. Bevor intern geäußertes Mißtrauen nach außen drang, war in jedem Fall eine gewisse Hemmschwelle zu überwinden und die Tat mußte weitgehend erhoben vorliegen. Auf diese Weise geschah es nicht selten, daß eine formelle Anzeige erst eine gewisse Zeit nach den ersten Verdachtsmomenten und auch dann erst auf Umwegen an die örtlichen Behörden gelangte, was die folgenden sachdienlichen Erhebungen natürlich erschwerte.

---

53 StLA, AG-Prot. 9249/1836.

54 StLA, AG-Prot. 4297/1822.

13. DIE ERFORSCHUNG DES SACHVERHALTS

13.1. DIE HEBAMME

Der örtlichen Hebamme, sei sie nun geprüft oder ungeprüft, kam im Verlauf einer verheimlichten Geburt bzw. eines vermuteten Kindsmordes eine überaus große Bedeutung zu.[1] Sie stellte zum einen eine besondere Vertrauensperson für die Frauen im Dorf dar, die sich in heiklen Situationen um Rat an sie wandten, zum anderen waren die untersuchenden Gerichte auf ihr Urteil als Sachverständige angewiesen. Das Bild der Hebammen erscheint in den Akten weitgehend positiv gezeichnet, in einigen Fällen erhalten wir jedoch auch Kenntnis unglaublicher Inkompetenz und Ignoranz. Inwieweit sich die ländliche Bevölkerung Innerösterreichs überhaupt auf ausgebildete Geburtshelferinnen stützen konnte bzw. ob die Dichte der Hebammenversorgung Auswirkungen auf die Kindsmordrate zeigte, kann an dieser Stelle nicht beantwortet werden.

„Wehemütter" wurden bisweilen schon aktiv, wenn sie erste Anzeichen einer Schwangerschaft an einer unverheirateten Frau zu bemerken glaubten. Sie sprachen die werdenden Mütter direkt auf ihren Zustand an, auch wenn diese ihn allgemein zu verbergen suchten, und sie wiesen Dienstgeberinnen und Dienstgeber sowie Familienangehörige auf eine wahrscheinlich zu erwartende Geburt der Hausgenossin hin. Ahnte meist schon die gesamte nähere Umgebung einer werdenden Mutter, wie es um sie bestellt war, um wieviel größer muß dann - aufgrund ihrer Erfahrungen - erst das Wissen einer Hebamme um eine bestehende Schwangerschaft eingeschätzt werden. Trotzdem leitete auch sie keine offiziellen Schritte ein, indem sie etwa die Obrigkeit vom fragwürdigen Verhalten einer unehelich Schwangeren informierte, was eigentlich ihre Pflicht gewesen wäre. Wir müssen mit Otto Ulbricht übereinstimmend feststellen, daß die Hebammen durchaus nicht auf die Funktion eines obrigkeitlichen Kontrollorgans reduziert werden dürfen;[2] sie waren parteiisch wie jedes andere Dorfmitglied auch.

---

1 Vgl. dazu den allgemeinen Überblick „Hebammen und Kindstötungen" bei H. Krenn: Der steirische Hebammenstand, S. 42-44 sowie dies.: „Beystandt in Kindtsnöthen" - Grazer Hebammen in der frühen Neuzeit und die Anfänge des staatlich reglementierten Hebammenwesens. In: Historisches Jahrbuch der Stadt Graz 23/24 (1993), S. 46-48. Zur Funktion der Hebamme als „Kontrollorgan etatistischer Bevölkerungspolitik" vgl. L. N. Trallori: Vom Lieben und vom Töten, S. 158-163.

2 Vgl. O. Ulbricht: Kindsmord und Aufklärung, S. 137.

Zu einer Anzeige durch die Hebamme kam es meist erst, wenn es bereits zu spät war. Schöpften Dienstgeber oder Nachbarn Verdacht, daß eine Geburt stattgefunden hatte, wurde sofort um die Wehemutter geschickt. Ihrer Autorität war es oft zu verdanken, daß die Wöchnerin schließlich die Entbindung gestand und die Leiche des Säuglings vorwies. Typisch ist etwa eine Situation, wie sie sich uns bei Maria Dollanzin darstellt: Nachdem die Magd ihrer Dienstfrau ihre kurz vorhergegangene Niederkunft ableugnete, rief die Bäuerin eine sogenannte Afterhebamme aus der Nachbarschaft zur Hilfe. Diese überzeugte sich vom Vorgefallenen und setzte der Wöchnerin so lange zu, bis Maria Dollanzin endlich ihr totes Kind aus dem Versteck zog.[3] Der Wehemutter vertrauten sich die Frauen noch am ehesten an: Intime Details über die genauen Umstände der Geburt erfuhr das - männlich besetzte - Gericht oft nur durch sie. Auch ein Schuldeingeständnis fiel gegenüber der Hebamme leichter.

So verwundert es nicht, daß die Zeugenschaft der Hebamme einen zentralen Punkt in jedem Kindsmordprozeß darstellte. Auch bei der Auffindung einer unbekannten Kindesleiche war sie - neben dem Ortsgeistlichen - die erste Ansprechperson, von der man Aufklärung über eventuell bestehende illegitime Mutterschaften erwarten durfte. Als in Peggau im Mühlgang die Leiche eines neugeborenen Mädchens gefunden wurde, bat die Bezirksobrigkeit unverzüglich die geschworene Hebamme um ihre Meinung. Tatsächlich hatte diese einen konkreten Verdacht, der sich in weiterer Folge als richtig erwies.[4]

Im Zuge der eingeleiteten gerichtlichen Voruntersuchung bzw. im Verlauf des Strafprozesses übernahm eine Wehemutter mehrere Funktionen. Ihr oblag es neben dem Arzt, die Angeklagte körperlich zu untersuchen und anhand der vorgefundenen Merkmale prinzipiell darüber zu urteilen, ob und wann eine Niederkunft stattgefunden bzw. welchen Grad der Reife eine abgegangene Leibesfrucht allem Anschein nach erreicht hatte. Zusätzlich suchte man bei ihr Rat über den vermeintlichen Hergang einer Geburt. Ihre Fachmeinung wurde beispielsweise erbeten, wenn es zu einem Lokalaugenschein über eine auf dem Abtritt stattgefundene Entbindung kam und es galt, die Behauptung der Beschuldigten, das Kind sei zufällig bei der Verrichtung der Notdurft in den Unrat gefallen, zu verifizieren.

Selbstverständlich kümmerte sich eine Hebamme auch um die Leiche eines Neugeborenen. Neben den Ärzten gab sie ihre Meinung darüber ab, ob das Kind lebend oder tot zur Welt gekommen sei bzw. warum es gestorben sein könnte und verwies auf festgestellte Verletzungen am Körper des Säuglings. Nicht immer waren Mediziner und Geburtshelferinnen allerdings einer Ansicht, es läßt sich aber nicht deutlich erkennen, auf wessen Stimme mehr Gewicht gelegt wurde. Interessant ist, daß häufig nicht nur zwei Ärzte als Sachverständige beigezogen, sondern auch zwei Hebammen gebeten wurden, die Ange-

---

[3] StLA, AG-Prot. 3435/1807.

[4] StLA, AG-Prot. 4174/1811.

klagte sowie die Kindesleiche zu untersuchen und ihre Auffassungen darzulegen. Offenbar sollte in jeder Beziehung sichergegangen werden, daß die Objektivität gewahrt blieb und das abgegebene Fachurteil absolute Stichhaltigkeit garantierte. Diese Aufgaben übertrug das Gericht natürlich nur an geprüfte Geburtshelferinnen, Afterhebammen gestand es keinerlei Kompetenz zu. Als beispielsweise die Dienstmagd Elisabeth Leitnerin in den Verdacht eines Kindsmordes geriet, weil die herbeigerufene Afterhebamme sie beschuldigte, durch ihr Verhalten den Tod ihres Kindes herbeigeführt zu haben, zeigte sich das Appellationsgericht unbeeindruckt: *„Auf die Meinung der ungeprüften Hebamme kann gar nicht gesehen werden, da sie als Kunstverständige nicht angesehen werden kann.“*[5]

Tatsächlich werden wir einigemale mit Fällen eklatanter Unwissenheit und Ungeschicklichkeit seitens der sogenannten Bauernhebammen konfrontiert. Schon die angewandten Methoden einer Afterhebamme zur Geburtshilfe nehmen sich bisweilen recht unkonventionell aus, zum Beispiel die Verwendung einer Laubhacke zur Durchtrennung der Nabelschnur.[6] Maria Trug, die in der Gegend von Duel am Wörthersee inoffiziell Geburtshilfe leistete und von der Familie der Anna Stotz zur Untersuchung der vermeintlich Kranken herbeigebeten wurde, war wenige Stunden vor deren Entbindung offenbar nicht in der Lage, ihre bestehende Schwangerschaft mit Gewißheit festzustellen. Als sie nur zwei Stunden nach der erfolgten Niederkunft wiederum zu Anna Stotz gerufen wurde, gab sie abermals vor, die Zeichen der Geburt nicht zu erkennen, selbst in den nächsten beiden Tagen sah sie sich bei ihren Besuchen zu keinen weiteren Nachforschungen veranlaßt.[7]

Doch um die geprüften Hebammen war es manchmal nicht viel besser bestellt. Im Zuge der vorgenommenen Untersuchungen am Körper der Wöchnerinnen bzw. an der Leiche des Kindes werden wir ebenfalls mit Äußerungen fachlicher Inkompetenz konfrontiert. Hilflos standen die Hebammen dem Phänomen einer sogenannten Molenschwangerschaft gegenüber, sie zeigten sich unkundig über den Zusammenhang zwischen Geburt und Milchabsonderung und interpretierten Totenflecken am Leichnam eines Säuglings als gewaltsam beigebrachte Druckstellen.[8] Juliana Finkin wurde überhaupt nur deswegen in Kriminaluntersuchung gezogen, weil die geschworene Hebamme steif und fest behauptet hatte, bei einer Frau, deren Kind schon im Mutterleib gestorben sei, könnte keine Produktion der Milchdrüsen mehr einsetzen; bei der Angeklagten habe sich aber *„Spinne in den Brüsten“* gezeigt, was die Geburt eines lebenden Kindes beweise. Erst als andere Geburtshelfer auf die Unsinnigkeit dieser Annahme hinwiesen, sah sich Juliana Finkin vom Verdacht eines Verbrechens befreit.[9]

---

5 StLA, AG-Prot. 7293/1823.
6 StLA, AG-Prot. 4738/1838.
7 StLA, AG-Prot. 5272/1820.
8 StLA, AG-Prot. 16632/1835; AG-Prot. 12163/1822.
9 StLA, Bezirksgericht Feldbach, Fasz. 196: Kriminalsachen, Poppendorf 1844, Riegersburg 1840-1842,

Selbst approbierte Wehemütter schienen nicht immer in der Lage, eine stattgefundene Geburt zu erkennen. Elisabeth Rauchenberger stand sogar im Dienste einer geprüften Hebamme, die aber weder aus der zunehmenden Leibesfülle ihrer Magd die richtigen Schlüsse zog, noch deren Niederkunft bemerkte. Während Maria Turus entband, saß - beinahe unglaublich - eine eigens herbeigerufene Hebamme neben ihrem Bett im Zimmer, ohne den Geburtsakt wahrzunehmen![10] Geprüfte Hebammen fühlten sich bei Aufdeckung eines vermeintlichen Kindsmordes genauso überfordert wie alle anderen Beteiligten, und sie wußten oft nicht, welche Handlungsweisen von ihnen verlangt wurden. Die Geburtshelferin von Aflenz hatte bei der Auffindung der Leiche des von Katharina Zettler geborenen Kindes nicht nur angeordnet, den Körper wiederum im Erdreich zu begraben, sie verabsäumte in der Folge auch, der Obrigkeit Meldung zu erstatten.[11] Die Frage bleibt freilich offen, ob all diese Hebammen nicht doch sehr wohl Kenntnis vom Vorgefallenen besaßen und nur aus anderen Gründen - etwa Solidarität mit der Verdächtigen oder Nachlässigkeit und Desinteresse - wider besseres Wissen schwiegen.

Wir müssen außerdem einigemale feststellen, daß die örtliche Hebamme in bezug auf ihre Menschenfreundlichkeit nicht im besten Licht stand, zumindest nach den Aussagen der angeklagten Kindsmörderinnen. Nicht immer kamen sie ihren Pflichten im ausreichenden Maße nach: Die Mutter von Ursula Raunig hatte zwar rechtzeitig um die Geburtshelferin geschickt, diese folgte der Bitte aber nicht, weil sie in die Kirche gehen wollte.[12] Darüber hinaus verlangten die Hebammen für ihre Dienste eine entsprechende Bezahlung, auch von armen Kindbetterinnen, wie vorwurfsvoll bemerkt wurde. So manche Frau entschuldigte sich daher damit, eine kundige Geburtshelferin nicht gerufen zu haben, weil sie sich außerstande sah, deren Aufwendungen angemessen zu entschädigen. Freilich hören wir im Fall der Oststeirerin Maria Schrey, daß das geforderte Honorar doch nicht so hoch sein konnte: Bei der ersten Geburt der Magd im Jahre 1845 hatte die beigezogene Hebamme für ihre Leistungen einen Gulden verlangt.[13] Theoretisch sollten approbierte Hebammen allerdings mit einem offiziellen jährlichen Gehalt von der Gemeinde abgefunden werden und nicht für jeden Einsatz extra Entgelt erhalten.[14]

Auch mit mangelndem Entgegenkommen seitens der Hebammen versuchten die vor Gericht stehenden Frauen zu erklären, warum sie sich ihnen nicht anvertraut hatten. Maria Magerlin verheimlichte Schwangerschaft und Entbindung angeblich nur deshalb vor der

---

Fürstenfeld 1793-1819; AG-Prot. 5579/1808.

10 StLA, AG-Prot. 4380/1791; AG-Prot. 8077/1836.

11 StLA, AG-Prot. 1948/1817; Aflenz, Herrschafts- und Marktarchiv, Sch. 11, H. 89: Strafsachen 1784-1835.

12 StLA, AG-Prot. 13931/1827.

13 StLA, Bezirksgericht Feldbach, Fasz. 75: Herrschaft Fürstenfeld, Kriminalsachen 1847.

14 Vgl. dazu H. Krenn: Der steirische Hebammenstand, S. 113-116.

örtlichen Geburtshelferin, weil diese grob und ihr nicht gewogen gewesen sei.[15] Wir können solche Vorwürfe freilich leichthin als lügenhafte Versuche der Angeklagten abtun, die eigene Schuld zu minimieren. Doch viele dieser Aussagen bergen andererseits wieder Wahrscheinliches in sich: Hebammen waren Menschen wie alle anderen; von unterschiedlichem Charakter begegneten sie aus ihrer Sicht schwächeren und scheinbar moralisch gefallenen Menschen auch auf verschiedene Weise. Es ist daher nicht möglich, sie als homogenen Berufsstand zu verstehen, sondern ihre Rolle wird von Fall zu Fall anders einzuschätzen sein.

13.2. DER GERICHTSMEDIZINER

13.2.1. Untersuchung der Angeklagten

Um eine verdächtige Frau eines Kindsmordes beschuldigen zu können, mußte man sich vorweg vergewissern, daß die Betreffende tatsächlich Spuren einer vorhergegangenen Entbindung aufwies. Zusammen mit den Hebammen nahmen die beigezogenen Gerichtsärzte eine solche Routineuntersuchung vor. In den Gerichtsakten werden über die angefertigten Gutachten in der Regel nur wenige Worte verloren, ein besonderes Interesse gewann die Frage allerdings dann, wenn die Angeklagte jede Mutterschaft abstritt und eine Kindesleiche nicht gefunden werden konnte. Im Fall der Maria Covatsch, Dienstmagd beim Pfarrer von Heiligenkreuz/Sveti Križ bei Görz, stand beispielsweise Aussage gegen Aussage. Die Hebamme und die Ärzte konstatierten eindeutig eine kürzlich erfolgte Geburt. Als Beweise nannten sie die Quetschung und Dehnung der äußeren Geschlechtsteile, die Zerreißung des Schamlippenbändchens, die Erweiterung des Muttermundes, die faltige Bauchdecke sowie den Lochienfluß. Auch auf die Brustwarzen der Angeklagten setzten sie Schröpfköpfe an, um die Milchabsonderung zu demonstrieren. Doch ihre Mühe war vergebens: Da keine Spur eines Neugeborenen zu entdecken war und Maria Covatsch hartnäckig eine Entbindung ableugnete bzw. im Gegenzug sogar die Sachverständigen der Inkompetenz beschuldigte, reichten die Indizien für ihre Verurteilung nicht aus.[16]

Problematisch war die körperliche Untersuchung einer Angeklagten allemal, wenn die vermutete Entbindung schon längere Zeit zurücklag. Maria Anna Wadik stand im begründeten Verdacht, geboren und die Leiche des Kindes in den Abtritt geworfen zu haben. Die Tat wurde allerdings erst sechs Wochen später bekannt, die herbeigezogenen Fachleute sa-

15 StLA, AG-Prot. 6019/1807.

16 StLA, AG-Prot. 15341/1837. Vgl. zu den Zeichen einer kürzlich erfolgten Entbindung: H. v. Fabrice: Kindsabtreibung und Kindesmord, S. 308-314.

hen sich daher außerstande, untrügliche Zeichen einer Geburt zu finden und die Beschuldigte ihres Verbrechens zu überführen.[17]

Wie bereits angesprochen, konnten die am Körper einer Kindesmutter vorgefundenen Merkmale zum Teil auch Klarheit darüber schaffen, ob sie ein ausgetragenes oder ein unreifes Kind zur Welt gebracht hatte. Eine Untersuchung der Verdächtigen Maria Klamer kam etwa zu dem Ergebnis, daß aufgrund ihrer kaum erweiterten Vagina ihre Behauptung, nur einen Abortus erlitten zu haben, wohl seine Richtigkeit haben dürfte.[18] Zusätzlich erlaubte die Untersuchung einer Wöchnerin auch Rückschlüsse darauf, ob ihre Entbindung schwer oder leicht vor sich gegangen war, was wiederum für die Frage Bedeutung besaß, ob eine Angeklagte die Geburt mutmaßlich bei klarem oder eher bei getrübtem Bewußtsein erlebt hatte. Bei der 26jährigen Erstgebärenden Gertraud Medvescheg stellten Ärzte und Hebamme etwa einen Riß des Perineums bis zum Anus fest, sodaß sie ohne weiteres bestätigten, die Angeklagte habe durch den Schmerz *„einer so grausamen Zerfleischung"* die Besinnung verlieren können.[19]

13.2.2. Obduktion der Kindesleiche

Einer der wichtigsten Bestandteile der Taterhebung eines vermuteten Kindsmordes war die anatomische Untersuchung der Leiche des Neugeborenen. Dazu mußte nach den gesetzlichen Bestimmungen mindestens ein „Kunstverständiger" zugezogen werden; sofern es keine zeitliche Verzögerung mit sich brachte, sollte nach Möglichkeit noch ein zweiter Mediziner sein Gutachten abgeben.[20] Tatsächlich finden wir diese Regel praktisch immer befolgt: Nicht nur örtlich ansässige Wundärzte und Geburtshelfer äußerten ihre Fachmeinung, auch studierte Bezirks- und Kreisphysiker wurden um ihr Urteil bemüht.[21] Gab es Widersprüche oder konnten Sachverhalte nicht eindeutig geklärt werden, wandte man sich zusätzlich an das Protomedikat oder an die Universitäten, um sich von der medizinisch-chirurgischen Fakultät ein Superarbitrium, also einen definitiven Befund, erstellen zu lassen.[22] Um den Tatbestand bei Katharina Sever zu klären, waren beispielsweise zwei Chir-

---

17 StLA, AG-Prot. 5609/1808; ebenso AG-Prot. 8620/1821.

18 StLA, AG-Prot. 12471/1835.

19 StLA, AG-Prot. 4105/1838. Zur Gefährlichkeit von Dammrissen vgl. E. Shorter: Der weibliche Körper, S. 194 f. sowie S. 308-310.

20 StGB 1803, 1. Teil, § 240; KGO 1788, § 27. Vgl. allgemein zur Rolle der Gerichtsmedizin in Kindsmordprozessen: G. Ammerer: Kindsmord und Gerichtsmedizin, S. 137-141.

21 Zur Unterscheidung zwischen Chirurgen und studierten Ärzten vgl. u. a. Werner F. List: Die Entwicklung der Chirurgie in Graz und der Steiermark bis zur Gründung der medizinischen Fakultät an der Karl-Franzens-Universität. In: Beiträge zur steirischen Medizingeschichte. Wien, Köln u. Graz 1988, S. 51-72.

22 Vgl. zur Einrichtung des Protomedikates: Elfriede Turk: Der Ausbau des Sanitätswesens in Steiermark unter Maria Theresia und Josef II. (mit Ausnahme des Spitalwesens). Graz, Phil. Diss. 1952, S. 51 f.

urgen und Geburtshelfer, ein Doktor der Medizin und zugleich Magister der Geburtshilfe, ein weiterer Physikus und nicht zuletzt zwei Hebammen involviert, der Fall von Johanna Grasch aus Gösting bei Graz beschäftigte ebenfalls nicht weniger als vier Sachgutachter.[23] Das alles hatte natürlich auch seinen Preis: 1848 verlangte ein Wundarzt aus der Oststeiermark für die Obduktion eines Kindes insgesamt fünf Gulden und zwölf Kreuzer. Die Gerichtsmediziner kannten übrigens keine Bedenken, sogar für die Abnützung der Sektionsinstrumente eine Vergütung einzufordern: Im konkreten Fall waren es nicht weniger als 36 Kreuzer, die dafür in Rechnung gestellt wurden![24]

Da die Verwesung eines kindlichen Organismus unter gewissen Bedingungen rasch voranschritt, mußte seitens des Gerichtes unbedingt darauf geachtet werden, daß eine entdeckte Kindesleiche nach der offiziellen Anzeige unverzüglich von einem Arzt seziert wurde und nicht durch die Saumseligkeit einzelner involvierter Personen wertvolle Erkenntnisse unwiederbringlich verlorengingen. Tatsächlich konnte dieses Vorhaben fast immer verwirklicht werden: Manchmal fand die Autopsie bereits wenige Stunden nach Auffindung des Leichnams statt, im Regelfall verging etwa ein Tag, bis die Sachverständigen einschritten. Ob man den Körper des Kindes bis zur amtlichen Beschau in irgendeiner Weise konservierte, ist aus den Quellen nicht ersichtlich. Lediglich einmal entnehmen wir aus einer Notiz, daß in Chiapovano ein totes Neugeborenes, um die Fortschreitung der bereits eingetretenen Verwesung zu verhindern, in ein mit Wasser gefülltes Gefäß gelegt und sodann in einer Truhe versperrt wurde.[25]

Die Kindesleiche als wichtigstes corpus delicti mußte darüber hinaus dem allgemeinen Zugriff entzogen werden. Wie man das bewerkstelligte, hing offenbar ganz von den örtlichen Gegebenheiten ab. Der Körper konnte zum einen in Privathäusern sichergestellt werden. Das Kind von Anna Haas wurde beispielsweise in einer versperrten Kammer des Bauernhofes ihres Dienstgebers aufbewahrt, ehe die Gerichtsmediziner ihre Untersuchungen vornahmen.[26] Auch im Pfarrhof und natürlich in der Totenkammer wurden die Leichen vor der Sektion aufgebahrt. Trotz aller Vorsichtsmaßnahmen konnten äußere Einflüsse nicht immer abgewehrt werden: In Weinberg bei Hartberg kam es etwa 1821 zum Skandal, als durch das nicht vergitterte Fenster der Totenkammer in der Nacht ein Tier eindrang und den Körper eines dort liegenden Neugeborenen stark verstümmelte. Das Appellationsgericht verlangte die sofortige Instandsetzung des Raumes und sprach eine scharfe

sowie J. Wimmer: Gesundheit, Krankheit und Tod, S. 44 f.

23 StLA, AG-Prot. 10579/1838; AG-Prot. 1452/1823.

24 StLA, Bezirksgericht Feldbach, Fasz. 204: Riegersburg, Verbrechen der Herrschaft Stein 1846-1849.

25 StLA, AG-Prot. 13420/1824.

26 StLA, Bezirksgericht Feldbach, Fasz. 204: Riegersburg, Verbrechen der Herrschaft Stein 1846-1849.

Rüge an die örtlichen Behörden aus, da durch ihre Nachlässigkeit eine ordnungsgemäße Autopsie verhindert worden war.[27]

Wo im Endeffekt die Öffnung der Leiche durchgeführt wurde, darüber erhalten wir nur vereinzelt Nachricht. Mehrmals obduzierte man den Körper gleich in unmittelbarer Nähe seines Fundortes, meist im Haus der Kindesmutter.[28] Im Falle der Gertraud Medvescheg wissen wir, daß die Ärzte die Leiche direkt an der Liegestatt der Magd unter der Dachtraufe vor dem Dreschboden sezierten, das Kind von Maria Tistlerin wurde zu diesem Zweck zumindest in die Stube ihres Dienstgebers gebracht.[29] Autopsien fanden aber auch in Amtsgebäuden und in den Wohnungen der örtlichen Chirurgen statt, zweimal hören wir sogar davon, daß die anatomische Untersuchung eines Neugeborenen in einer Kapelle vor sich ging![30] Befand sich gerade kein Sachverständiger in greifbarer Nähe, so konnte man auch den umgekehrten Weg gehen: Man wartete nicht tagelang auf einen von weit her kommenden Chirurgen, sondern die Kindesleiche wurde kurzerhand verschickt, um ein Gutachten zu erhalten.[31]

Wie Gerichtsmediziner die Sektion eines Körpers durchzuführen hatten, darüber gab es genaue Instruktionen.[32] Im Falle eines vermuteten Kindsmordes lag es an den Ärzten, die Frage einer Lebend- oder Totgeburt zu klären, den Grad der Reife bzw. der Lebensfähigkeit eines Säuglings zu bestimmen und ein Gutachten über dessen Todesursache abzugeben. Zu diesem Zweck nahmen die Gerichtsmediziner zuerst einmal die äußere Besichtigung des Leichnams vor. Sie stellten die Maße einzelner Körperteile fest, beschrieben jede kennbare Verfärbung oder Verletzung der Epidermis und befaßten sich insbesondere mit dem Zustand der Nabelschnur. In einem zweiten Schritt folgte die sogenannte innere Beschau. Dabei wurden Gehirn-, Brust- und Bauchhöhle geöffnet, die vorgefundenen Organe untersucht und zum Teil verschiedenen Experimenten unterworfen.

Leider befolgten die herangezogenen Wundärzte die gesetzlichen Bestimmungen nur höchst unzureichend. Immer wieder hören wir heftige Klagen seitens der Gerichte über gravierende Mängel bei der Leichenbeschau.[33] Vorschriftswidrig wurde oft auf die anatomische Zergliederung des Körpers verzichtet, und die Ärzte begnügten sich nur mit dem

---

27 StLA, AG-Prot. 6593/1821.

28 Auch Maren Lorenz hat für Deutschland des 18. Jahrhunderts festgestellt, daß es keinen festen Ort für die Sektion gab. Vgl. dies.: Das Delikt des Kindsmords, S. 35 f. Vgl. auch T. Koss: Kindesmord im Dorf, S. 53.

29 StLA, AG-Prot. 4105/1838; AG-Prot. 2171/1805.

30 StLA, AG-Prot. 12217/1835; AG-Prot. 8103/1836.

31 StLA, AG-Prot. 7022/1824.

32 Vgl. z. B. das 7. Kapitel der Leichenbeschauinstruktion vom 15. Februar 1815. Abgedruckt in: M. Macher: Handbuch der k. k. Sanität-Gesetze und Verordnungen, Bd 2, S. 70-77.

33 Kritik an der Ineffizienz der ärztlichen Gutachten gab es auch anderorts. Vgl. G. Ammerer: Abtreibung, Kindsmord und Kindsweglegung, S. 91-93; ders.: „Die steinerne Agnes“, S. 349 f.; ders.: Kindsmord und Gerichtsmedizin, S. 144.

äußeren Augenschein, aus dem sie alles Nötige zu erkennen glaubten. Auch die angefertigten Obduktionsbefunde wiesen bisweilen derartige Mängel auf, daß die Einschaltung weiterer Sachverständiger unumgänglich war. Selbst auf die Fachkenntnis der meisten Mediziner durfte nicht unbedingt vertraut werden: Unerklärbare Widersprüche zwischen den Behauptungen einzelner Ärzte und ständige Zurechtweisungen seitens der medizinischen Fakultäten zeigen die Wissenslücken in manchen Bereichen nur zu deutlich auf. Das Bezirksgericht Feldbach gab 1816 im Zuge eines Kindsmordprozesses sogar das harte Urteil ab, *„daß die Landchyrurgen fast meistens in anatomischer und medizinischer Hinsicht beynahe nichts verstehen."*[34] Dieser Aspekt ist bei den folgenden Darstellungen nicht aus den Augen zu verlieren.

Die Reife und damit die prinzipielle Lebensfähigkeit eines Neugeborenen konnte von den Sachverständigen noch am ehesten zweifelsfrei diagnostiziert werden. Man achtete dabei etwa auf die Größe und auf das Gewicht der Leiche, berücksichtigte die Ausbildung der Haare sowie der Finger- und Zehennägel, nahm den Muskel- und Knochenbau sowie die Verknorpelung der Ohrmuscheln in Augenschein und vergewisserte sich bei männlichen Säuglingen, ob sich die Hoden noch im Unterleib oder bereits im Skrotum befanden. Selbst wenn der Leichnam verstümmelt, verwest oder gar vollkommen skelettiert war, trauten sich einige Ärzte noch zu, eine mögliche Frühgeburt zu erkennen. Sie verglichen dabei die vorgefundenen Gebeine mit den Gerippen von notorisch reifen bzw. unreifen Kindern oder prüften die Härte und Dichte der Knochen, vor allem jener der Schädeldecke.

Ein Urteil darüber zu fällen, ob und wie lange ein Säugling während bzw. nach der Geburt überhaupt am Leben gewesen war, stellte schon deutlich höhere Anforderungen an die Gerichtsmediziner. Zur Klärung dieser Frage stützte man sich vor allem auf die Ergebnisse der hydrostatischen Lungenprobe.[35] Die Lungenschwimmprobe, die auch heute noch angewandt wird, war in Deutschland seit den 1680er Jahren bekannt.[36] Wann sie in Innerösterreich gebräuchlich wurde, kann nicht genau bestimmt werden, vor dem 18. Jahrhundert dürfte das jedoch nicht der Fall gewesen sein.[37] Die Lungenflügel wurden dem Körper

---

34 StLA, Bezirksgericht Feldbach, Fasz. 5: Kriminalakten 1816-1831. Genaue Angaben zur Ausbildung der Chirurgen ab 1786 bei: Herbert Hans Egglmaier: Das medizinisch-chirurgische Studium in Graz. Ein Beispiel für den Wandel staatlicher Zielvorstellungen im Bildungs- und Medizinalwesen. Graz 1980. (= Dissertationen der Universität Graz. 50.) S. 72-104 sowie E. Turk: Der Ausbau des Sanitätswesens, S. 31-42 u. S. 49-58.

35 Vgl. dazu G. Ammerer: Kindsmord und Gerichtsmedizin, S. 137-140; O. Ulbricht: Kindsmörderinnen vor Gericht, S. 72; R. v. Dülmen: Frauen vor Gericht, S. 34 f.

36 Erstmals durchgeführt wurde sie 1682/83 bei Leipzig. Vgl. H. v. Fabrice: Kindsabtreibung und Kindesmord, S. 165; K. Roetzer: Abtreibung, Kindstötung sowie Kindsaussetzung, S. 120; G. Adebahr: Kindstötung, S. 93 f.

37 Kindsmordprozesse aus dem ausgehenden 17. Jahrhundert scheinen in Innerösterreich noch weitgehend ohne medizinische Untersuchung der Leichname durchgeführt worden sein. In steirischen Gerichtsakten konnte die erste Beschreibung einer Lungenschwimmprobe erst für das Jahr 1749 entdeckt werden. Vgl. Gutenhaag, Herrschaftsarchiv, Sch. 3, H. 33: Kindesmorde 1648-1749. Vgl. auch H. Valentinitsch: Ge-

entnommen und in reines, kaltes Wasser gelegt. Schwammen sie - sowohl in Verbindung mit als auch ohne Herz - an der Oberfläche, so mußten sie mit Luft gefüllt sein; das Neugeborene hatte also geatmet. In Ergänzung dazu drückte man einzelne Lungenstücke unter Wasser zusammen; das Aufsteigen der Bläschen verriet darin befindliche Luft. Zusätzlich überprüfte man meist die Konsistenz des Lungengewebes. Zu diesem Zweck wurde die Lunge durchgeschnitten: War Luft im Gewebe, so erzeugte sie dabei ein deutlich vernehmbares Knistergeräusch, außerdem entstand eine Art blutiger Schaum.[38]

Die Atem- und Schwimmprobe stellte aber in den Augen der Justiz kein unumstrittenes Indiz dar. Schon 1788 wurde ein allein darauf beruhender Beweis einer Lebendgeburt vom Appellationsgericht nicht anerkannt, 1793 heißt es gar in einem Gutachten, die Wasserprobe mit der Lunge wäre längst verworfen.[39] Auch in den folgenden Jahren tauchten immer wieder Zweifel an ihrer absoluten Verläßlichkeit auf. Vor allem, wenn der Leichnam zum Zeitpunkt der anatomischen Untersuchung bereits in Verwesung übergegangen war, erbrachte die hydrostatische Lungenprobe keine Gewißheit, da in diesem Fall das Schwimmen des Organs genauso durch die entstandenen Faulgase verursacht werden konnte. Auch der Einwand, die lufthaltigen Lungen müßten nicht unbedingt das Leben eines Kindes außerhalb des Mutterleibes anzeigen, da es durchaus möglich wäre, daß dasselbe schon vor oder während der Geburt geatmet hatte, wurde immer wieder vorgebracht.[40]

Fanden die Ärzte am Körper des Säuglings Sugillationen, also Blutunterlaufungen, so schlossen sie daraus gleichermaßen auf das Leben des Kindes, da gewaltsame Eindrücke im Gewebe eines toten Körpers keine Spuren dieser Art mehr hinterließen. Wurde in der Speiseröhre bzw. im Magen geschluckte Materie - beispielsweise Erde - entdeckt, bildete das ein weiteres untrügliches Zeichen für eine Lebendgeburt. Klarheit herrschte nach Meinung der Sachverständigen auch, wenn die Gedärme der Leiche mit Kindspech verunreinigt bzw. die Urinblase von Harn entleert war.[41]

Am schwierigsten war es jedoch für die Gerichtsmediziner, die Todesursache eines Kindes festzustellen und davon ausgehend das Verschulden der Mutter einzuschätzen. Anhand der vorgefundenen inneren und äußeren Abnormitäten an der Leiche - Blutleere, Kontusionen, Frakturen etc. - versuchten sie sich einen ungefähren Eindruck vom Vorgefallenen und dessen mittelbaren und unmittelbaren Auswirkungen auf den kindlichen Organis-

schichte des Kindsmordes in Innerösterreich, S. 587.

38 Vgl. dazu H. v. Fabrice: Kindsabtreibung und Kindesmord, S. 172-177 sowie S. 182-185.

39 StLA, AG-Prot. 10012/1788; Oberradkersburg, Herrschaftsarchiv, Sch. 118a, H. 461a: Kriminalakten 1771-1800; AG-Prot. Fasz. 20, Nr. 377/1793.

40 Eine genaue Besprechung aller Kritikpunkte gegen die Atem- und Schwimmprobe bei: H. v. Fabrice: Kindsabtreibung und Kindesmord, S. 185-222. Im Gegensatz dazu O. Ulbricht, der die Zuverlässigkeit der Lungenprobe energisch verteidigt. Vgl. ders.: Kindsmord und Aufklärung, S. 237 f.

41 Tatsächlich kann die Prüfung der Sugillationen nur zweifelhafte, die letztgenannte Harnblasenprobe sogar überhaupt keine Gewißheit eines postfötalen Lebens geben. Vgl. H. v. Fabrice: Kindsabtreibung und Kindesmord, S. 225 f. sowie S. 234 f.

mus zu verschaffen. Bei vielen Verletzungen konnte nicht exakt zugeordnet werden, ob sie das Kind noch im Mutterleib, im Zuge des Geburtsaktes oder erst später erlitten hatte. Eine Reihe von Angeklagten gab ja an, daß ihnen in hochschwangerem Zustand ein Unglück widerfahren bzw. der Säugling ohne ihr Zutun bei einer Sturzgeburt auf die Erde gefallen sei.[42] Die Verifizierung dieser Aussagen stellte oft ein unlösbares Problem dar. Besonderes Augenmerk wurde in jedem Fall auf den Zustand der Nabelschnur gelegt: Stand der Körper des Neugeborenen nicht mehr in Zusammenhang mit der Plazenta, wie hatte er sich davon gelöst? Bei einem durchgeschnittenen Nabelstrang konnte die Mutter für eine eingetretene Verblutung verantwortlich gemacht werden, zerriß die Nabelschnur jedoch zufällig während des Geburtsvorgangs, so entlastete dies die vermeintliche Kindsmörderin wieder in gewissem Maße.

Selbst eine ordnungsgemäß durchgeführte Sezierung eines Leichnams konnte nur dann aussagekräftige Erkenntnisse liefern, wenn sich der untersuchte Körper noch in gutem Zustand befand und nicht bereits der Verwesung unterworfen war. Genau hier lag aber ein weiteres wesentliches Problem: Ein großer Teil der toten Neugeborenen wurde nicht sofort entdeckt, es dauerte zumindest einige Tage, bis eine Autopsie vorgenommen werden konnte. In fast 40% aller Obduktionsbefunde finden wir daher den ausdrücklichen Hinweis, daß die Zersetzung der Weichteile schon begonnen hatte bzw. nur mehr Reste des Korpus vorzufinden waren! Manchmal stieß man überhaupt nur mehr auf ein Häufchen Knochen: Im Falle der Katharina Jaksetitsch standen die Gerichtsmediziner beispielsweise recht hilflos vor einer Hirnschale und einem Schlüsselbein, um davon ausgehend ihr Gutachten zu treffen.[43]

Wie schnell sich ein Leichnam zersetzte, hing von verschiedenen Faktoren ab. Im Sommer, speziell in den Gebieten des Küstenlandes, waren die Ärzte bereits nach wenigen Tagen außerstande, ein verläßliches Gutachten abzugeben; im Winter bzw. in kühlen, gebirgigen Regionen konnten zwei bis drei Wochen vergehen, ohne daß sich der Organismus entscheidend veränderte. Wo sich der tote Körper während dieser Zeit befand, spielte ebenfalls eine wesentliche Rolle. Wurde das Kind etwa in den Abtritt geworfen oder in einem Dunghaufen versteckt, standen die Chancen für die Sachverständigen schlecht, da der Faulungsprozeß hier besonders rasch vor sich ging. Lag die Leiche mehrere Tage im Wasser oder war sie in feuchter Erde begraben worden, hinterließ das ebenfalls deutliche Spuren. Nur zwei kurze Beispiele: Lucia Perentin aus Isola/Izola hatte ihren toten Säugling Mitte September in einem Berg Abfall vergraben; da dieser Ort zudem nach Süden gewendet war, konnte bereits zwei Tage später aufgrund der Verwesung keine Obduktion

---

42 Vgl. zum Problem einer vorgeschützten Sturzgeburt O. Ulbricht: Kindsmörderinnen vor Gericht, S. 67 f.; M. Lorenz: Das Delikt des Kindsmords, S. 38 f.; H. v. Fabrice: Kindsabtreibung und Kindesmord, S. 291-299; J. Gerchow: Die ärztlich-forensische Beurteilung von Kindesmörderinnen, S. 29 f.

43 StLA, AG-Prot. 1138/1824.

mehr durchgeführt werden![44] Anders bei Josepha Prislan aus dem untersteirischen Sannegg: Ihr Sohn war Anfang März von ihr in die Sann geworfen worden. Als man ihn drei Wochen später fand, war eine anatomische Öffnung der Leiche noch ohne weiteres möglich: Die herrschende frostige Witterung hatte den organischen Verfall erheblich verzögert.[45]

Nicht bloß der fortschreitende Faulungsprozeß erschwerte bzw. verunmöglichte die Arbeit der Ärzte, große Schwierigkeiten gab es auch, wenn nicht mehr der gesamte Leichnam des Kindes angetroffen werden konnte, sondern Teile des Körpers überhaupt fehlten. In immerhin rund 10% der Fälle waren die Neugeborenen durch Tierfraß verstümmelt, manchmal wurden den Sachverständigen gar nur mehr einzelne Extremitäten präsentiert. Wenn eine Kindesmutter den Säugling im Freien offen liegen ließ oder lediglich leicht mit Gesträuch bedeckte, wurde er häufig von Wildtieren entdeckt und angefressen oder von Raubvögeln ausgeweidet. Innerhalb des Hofbereiches waren es vor allem Schweine, aber auch Hunde, Katzen, Ratten und sogar Hühner, die den toten Körper verunstalteten. Als Josepha Schugel gebar und ihr Kind den Schweinen vorwarf, konnte eine herbeigeeilte Zeugin den Tieren nur mehr dessen Hände und einen Fuß aus dem Rüssel reißen; die Leiche von Appolonia Leskouscheggs Tochter hatten Hunde am Friedhof wieder ausgegraben, in eine Scheune geschleppt und bis auf Kopf und Hände verzehrt.[46] Jedes ärztliche Gutachten erledigte sich damit von selbst.

Mit einer befremdenden Tatsache werden wir übrigens im Verlaufe des Strafprozesses gegen Anna Kallischnig konfrontiert: Ihr neugeborener Sohn wurde mit fein säuberlich abgeschnittenen Händen aufgefunden! Die 18jährige Bauernmagd aus dem untersteirischen Lechen/Legen beteuerte vor Gericht erschrocken, dies nicht getan zu haben; sie verwies vielmehr auf ihren Liebhaber, einen Mitknecht, der ihr den Kindsmord angeraten und die Beseitigung der Leiche vorgenommen hatte. Dieser konnte über seinen Anteil am Verbrechen aber nicht mehr einvernommen werden, da ihm gleich nach Aufkommen der Tat die Flucht geglückt war.[47] Wir bleiben also auf Mutmaßungen angewiesen, welchen Zweck der Mann mit seiner Handlung verfolgte und dürfen in erster Linie wohl eine abergläubische Praktik dahinter vermuten. Leichenteile ungeborener oder neugeborener und ungetaufter Kinder spielten noch im 18. und 19. Jahrhundert in der Zaubermedizin eine große Rolle. Besonders begehrt waren die Kinderfinger, die beispielsweise einem Dieb bei seinen Unternehmungen leuchten, wahrsagen oder Schlösser öffnen sollten. Mit den Händen toter Kinder glaubte man schließlich Kropf und Muttermale zu heilen.[48]

---

44 StLA, AG-Prot. 3579/1836.

45 StLA, AG-Prot. 1016/1838.

46 StLA, AG-Prot. 11981/1838; AG-Prot. 935/1822.

47 StLA, AG-Prot. 10726/1817.

48 Vgl. dazu Fritz Byloff: Volkskundliches aus Strafprozessen der österreichischen Alpenländer mit besonderer Berücksichtigung der Zauberei- und Hexenprozesse 1455 bis 1850. Berlin u. Leipzig 1929. (= Quellen zur deutschen Volkskunde. 3.) S. 11 f.; Bernhard Kummer: Kind. In: Handwörterbuch des

Das bisher Gesagte läßt es bereits vermuten: War eine wegen Kindsmordes belangte Frau nicht geständig, ihr Neugeborenes vorsätzlich ums Leben gebracht zu haben, so konnte ihr anhand des ärztlichen Befundes kaum das Gegenteil bewiesen werden! Werfen wir zuallererst einen Blick auf jene Angeklagten, die vor Gericht vorschützten, nur ein totes Kind entbunden zu haben. Wir erinnern uns, daß ja nicht weniger als 120 Wöchnerinnen mit Bestimmtheit behaupteten, nach der Geburt keinerlei Lebenszeichen an ihrem Kind wahrgenommen zu haben. In über 60% dieser Fälle konnte seitens der Ärzte überhaupt keine fundierte Aussage über eine stattgefundene Lebend- oder Totgeburt getroffen werden, da der Leichnam entweder teilweise oder gänzlich verschwunden bzw. zu stark verwest war. In weiteren 15% mußten die Sachverständigen zugeben, daß die Erklärung der beschuldigten Kindesmutter durchaus ihre Richtigkeit haben könnte oder zumindest durch die vorgefundenen Tatsachen nicht eindeutig widerlegt würde. Lediglich bei etwas mehr als 20% der sezierten Leichname sprachen sich die Mediziner dahingehend aus, daß das Kind bei der Geburt allem Anschein nach gelebt und geatmet hätte und die Rechtfertigung der vor Gericht stehenden Frau nicht der Wahrheit entspräche.

Freilich bedeutete der Nachweis einer Lebendgeburt noch lange nicht, daß die Verdächtige damit eines Verbrechens überführt war. Wenn wir nämlich all jene 207 Strafprozesse, in denen die Beschuldigten hartnäckig leugneten, ihrem Kind etwas Böses angetan zu haben, als Basis heranziehen und auf die Frage hin untersuchen, ob die Ärzte ausgehend von der Obduktion der Kindesleiche zweifelsfrei dessen Ermordung konstatieren konnten, so erleben wir eine Überraschung: Nur in rund 4% waren die Mediziner in der Lage, eine natürliche Todesursache mit Sicherheit auszuschließen! In all den übrigen Fällen brachte eine Autopsie entweder keine verwertbaren Ergebnisse oder es lag im Bereich des Möglichen, daß festgestellte Abnormitäten und Verletzungen auch zufällig und nicht durch die Hand der Mutter entstanden waren.[49]

Stimmten die Aussagen der Sachverständigen mit jenen der Kindesmütter nicht überein, so wurde nicht automatisch zugunsten der ärztlichen Fachmeinung und damit gegen die Angeklagte entschieden. Obwohl etwa zwei Ärzte mit aller Entschiedenheit ausgeführt hatten, daß das Kind von Domenica Crajevich erwürgt worden war und die vorgefundenen Druckstellen unmöglich auf natürlichem Wege während des Geburtsvorganges entstanden sein konnten, reichte das nach Ansicht des Appellationsgerichtes nicht für die Verurteilung der Frau aus.[50] Ähnlich auch die Situation bei Josepha Kalluscha, einer Bauerntochter aus

---

deutschen Aberglaubens. Hrsg. v. Hanns Bächtold-Stäubli unter Mitwirkung v. Eduard Hoffmann-Krayer. Bd 4. Berlin u. Leipzig 1932 (Unveränderter Nachdruck 1987) Sp. 1336 f.; P. Ariès: Geschichte des Todes, S. 458.

49 Anderslautend Gerhard Ammerer, der meint, daß Obduktionsbefunde bei Kindsmordprozessen in der Mehrzahl der Fälle eindeutige Ergebnisse erbrachten. Vgl. ders.: Kindsmord und Gerichtsmedizin, S. 141.

50 StLA, AG-Prot. 14221/1837.

Adelsberg: In ihrem Obduktionsbefund hielten die Mediziner fest, daß die tödlichen Kopfverletzungen ihres Kindes durch gewaltsame Handanlegung und keineswegs durch Zufall oder durch bloße Nachhilfe mit den Händen herbeigeführt worden waren. Josepha Kalluscha wies eine solche Unterstellung weit von sich - und wurde wegen mangelnder Beweise losgesprochen.[51]

13.2.3. Analyse der Nachgeburt

Auf den ersten Blick erscheint es relativ belanglos, sich bei einem vermuteten Kindsmord mit dem Verbleib der in den Akten auch als sogenanntes „Kindshäusl“ oder „Bettl“ bezeichneten Nachgeburt zu beschäftigen. Doch erfahren wir immer wieder, daß die untersuchenden Gerichtsbeamten neben der Auffindung der Kindesleiche genauso bestrebt waren, die Reste der Nachgeburt sicherzustellen und den Sachverständigen zur Untersuchung zu übergeben. Selbst das Appellationsgericht maß diesem Punkt große Bedeutung bei, es ließ beispielsweise einen ihm zugekommenen Kindsmordprozeß zur Ergänzung zurückstellen, da unter anderem Nachforschungen hinsichtlich der Beschaffenheit der Nachgeburt unterlassen worden waren.[52] Es bedurfte überhaupt eines zügigen Handelns, um brauchbare Erkenntnisse aus der Untersuchung eines „Kindshäusls“ zu gewinnen: Die Verwesung schritt hier besonders rasch vor sich, und so manches Beweisstück hatte sich bis zur Aufnahme der ersten gerichtlichen Schritte buchstäblich aufgelöst. So führte etwa die Saumseligkeit der steirischen Bezirksherrschaft Negau im Falle der Maria Gamsin dazu, daß die Nachgeburt und damit jenes Indiz, auf das die Verhaftung der Angeklagten gegründet war, beim ersten Lokalaugenschein gar nicht mehr existierte, sondern bereits von Würmern verzehrt worden war, da man sie nach ihrem Fund lediglich an einer Stange aufgehängt hatte![53]

Um den Zersetzungsvorgang zu verzögern und die ursprüngliche Beschaffenheit der Plazenta und der Eihäute länger zu erhalten, konservierten die Sachverständigen die Nachgeburt in frischem Wasser. Tatsächlich konnte das „Kindshäusl“ in Zweifelsfällen ein nicht unwesentliches Beweismittel zur Klärung des Tatbestandes darstellen. Konstatierte man eine Verblutung durch den nicht unterbundenen Nabelstrang, so stellte sich die vordringliche Frage, auf welche Weise das Kind von der Plazenta getrennt worden war. Aufschluß brachte hier zum einen die genaue Untersuchung der beiderseitigen Bruch- oder Schnittstellen der Nabelschnur.

Zum anderen war die Feststellung hilfreich, zu welchem Zeitpunkt der Abgang der Nachgeburt erfolgte, also zugleich mit dem Kind oder etwas später. Im ersteren Fall blieb

---

[51] StLA, AG-Prot. 9045/1835; AG-Prot. 5998/1836.
[52] StLA, AG-Prot. 11356/1838.
[53] StLA, AG-Prot. 4536/1807.

die Nabelschnur unter Umständen ja unversehrt. Bisweilen konnte es aber auch vorkommen, daß eine Frau erst nach dem Verlauf von Stunden von der Nachgeburt befreit wurde. Marianna Wisiak befand sich gerade mit ihren Mitmägden auf dem Feld, um Getreide zu schneiden, als sie rund fünf Stunden nach der Geburt erneut heftige Schmerzen überfielen: *„Während sie ihre Arbeit fortsetzte, fiel von ihr zwischen den Füßen die Nachgeburt auf die Erde, welche sie, ohne daß es eine von den übrigen Schnitterinnen gesehen hätte, in die lockere Erde vergrub und damit bedeckte."*[54] Mit dem Verweis auf derartige Unregelmäßigkeiten, also auf ein zu spätes oder zu frühes Abgehen der Nachgeburt, versuchten einige Frauen auch ihre Behauptung einer Tot- oder Fehlgeburt zu unterstützen. Es lag nun an den Sachverständigen, aus der Untersuchung von Kind und „Häusl" ein Urteil über den Wahrheitsgehalt ihrer Aussagen zu treffen.

Vor allem, wenn die Leiche des Neugeborenen gar nicht oder nicht sofort aufgefunden werden konnte, bildete die Nachgeburt - neben der körperlichen Visitation der Kindesmutter - oft den einzigen Anhaltspunkt dafür, daß die Geburt eines zumindest mehrere Monate im Mutterleib befindlichen Kindes vor sich gegangen sein mußte und nicht bloß ein Abortus stattgefunden hatte. Die Untersteirerin Josepha Prislan wollte dem Landgericht Sannegg etwa glaubhaft machen, sie hätte kein reifes Kind zur Welt gebracht, sondern es wäre bloß eine Art Fleischklumpen von ihr abgegangen. Da anfangs ungeachtet aller Nachforschungen keine Kindesleiche, sondern nur die Nachgeburt entdeckt wurde, gründete das Gericht seine Beweisführung über das angebliche Verbrechen eben auf dieses eine verfügbare Indiz: *„Da überdies der vorgefundene Mutterkuchen so vollkommen ausgebildet war, wie man ihn bei allen natürlichen Geburten wahrnimmt und die daran befindlichen langen Häute auf einen bedeutenden Körper, den sie früher in sich schlossen, schließen lassen, so müsse man annehmen, daß die Inculpatin ein vollkommen ausgetragenes Kind geboren habe, denn beim Abgange von krankhaften Gewächsen und Molen sei die Nachgeburt nie in normalem Zustande und meistens fehle sie ganz."* Die abgegebene Fachmeinung des Chirurgen erwies sich als richtig. Nach drei Wochen sah ein Fischer zufällig das tote, vollkommen ausgebildete und nach dem Obduktionsbefund lebend geborene Kind von Josepha Prislan in einem sumpfigen Seitenarm der Sann treiben; die Frau wurde in der Folge des Kindsmordes überführt.[55]

Für eine rechtskräftige Verurteilung reichte die alleinige Untersuchung der Nachgeburt jedoch nicht aus. Fehlte das corpus delicti, also der Körper des Säuglings, wagte das Gericht nicht, trotz weitgehend eindeutiger Angaben der untersuchenden Ärzte, ein definitives Urteil über die Ausbildung und Lebensfähigkeit eines Neugeborenen abzugeben. Die Magd Maria Covatsch stand vor dem Görzer Kriminalgericht wegen Kindsmordes in Untersu-

54 StLA, AG-Prot. 8440/1821.
55 StLA, AG-Prot. 1016/1838.

chung, da im Abort des Pfarrhofes, an dem sie diente, eine frische Nachgeburt aufgefunden wurde und ihr Körper Merkmale einer kürzlich überstandenen Geburt zeigte. Obwohl die zu Rate gezogene Hebamme überzeugt war, daß das geborene Kind vollständig ausgebildet und lebensfähig zur Welt gekommen sein mußte, weil die Nachgeburt die gewöhnliche Größe und die Nabelschnur die entsprechende Festigkeit aufwies, außerdem im Falle einer Fehlgeburt sich die Plazenta nicht so einfach aus der Gebärmutter gelöst hätte, kam eine Überführung der vermeintlichen Täterin nicht zustande, da keine Spur der Kindesleiche entdeckt wurde.[56]

Fassen wir noch einmal zusammen: Legte eine Angeklagte kein umfassendes Geständnis ab, so konnte sie in der Regel nur dann eines Verbrechens überführt werden, wenn die Obduktion der Kindesleiche zweifelsfrei ergab, daß das Neugeborene eines unnatürlichen Todes gestorben war. Die Gerichtsmediziner vermochten einen solchen Nachweis jedoch nur sehr selten zu erbringen: Einerseits ließ der schlechte Zustand der sezierten Leichname kein klares Urteil über eine Lebendgeburt oder gar eine wahrscheinliche Todesursache zu. Andererseits mußten die Sachverständigen fast immer die Möglichkeit einbeziehen, Verletzungen könnten auch auf zufälligem Wege und ohne Absicht der Kindesmutter beigebracht worden sein. Andere Indizien, wie unzweifelhafte Spuren einer Entbindung am Körper einer Wöchnerin oder die Untersuchung der Nachgeburt, wurden lediglich unterstützend herangezogen, konnten aber keinen Schuldspruch bewirken. Daß eine Angeklagte also ohne entsprechendes Bekenntnis ihrer bösen Absicht bloß aufgrund des ärztlichen Attestes als Beweis ihrer Tat ins Gefängnis wanderte, war praktisch nicht möglich.

---

[56] StLA, AG-Prot. 15341/1837. Vgl. auch die Untersuchungsakten gegen Maria Donat und Maria Kostel: *„Aus der Nachgeburt lasse sich auf die Lebensfähigkeit des Kindes kein Schluß machen."* AG-Prot. 16632/2835; AG-Prot. 7739/1824.

14. VERHAFTUNG UND RECHTSVOLLZUG

14.1. UNTERSUCHUNGSARREST

Wurde bei einer Behörde Anzeige über einen vermeintlichen Kindsmord erstattet, so zog das in der Regel die sofortige Verhaftung der Beschuldigten nach sich.[1] Es konnte durchaus geschehen, daß Frauen noch am Tag ihrer Entbindung in den Untersuchungsarrest geführt wurden, in anderen Fällen wartete man damit aber auch zu, bis sich die Wöchnerinnen ausreichend von den Strapazen der Geburt erholt hatten.[2] Maria Tistlerin durfte sich nach der Entdeckung ihres Verbrechens noch eine Woche *„wegen erforderlicher Wartung, Reinigung und Körpersschwäche"* bei ihren Dienstgebern aufhalten, bei Anna Jaukin hatte das Landgericht Feldbach 1787 nach Anweisung des Appellationsgerichtes sogar darauf zu achten, daß ihr Strafantritt erst nach vollendeter sechswöchiger „Reinigungszeit" erfolgte.[3] Zum Teil setzte sich diese Sonderbehandlung auch während der Untersuchungshaft fort. Das erste Verhör wurde erst dann geführt, wenn die Angeklagte physisch und psychisch dazu in der Lage erschien, ja wir haben sogar Hinweise darauf, daß einige Wöchnerinnen zumindest in der ersten Zeit zur Wiederherstellung ihrer Kräfte mit besserer und reichlicherer Kost verpflegt wurden.

Gerade auf dem flachen Land mangelte es aber oft an entsprechend eingerichteten Untersuchungsgefängnissen, und die benutzten Ausweichquartiere entsprachen keineswegs den gesetzlichen Erfordernissen.[4] Im Dorf Herpelje/Hrpelje in Innerkrain gab es zum Beispiel weder ein Gefängnis noch eine damit vergleichbare Behausung. So wurde die dort eingezogene Marinka Dobrilla ganz einfach in einem Getreideschuppen untergebracht, überdies zusammen mit ihrem Liebhaber und ihrer Mutter, die beide der Mittäterschaft verdächtig waren und deshalb unbedingt getrennt von ihr festgesetzt hätten werden müssen.

---

1 KGO 1788, § 45; StGB 1803, 1. Teil, § 281. Zum Verlauf eines Strafverfahrens in josephinischer und franziszeischer Zeit vgl. die detaillierten Schilderungen bei F. Hartl: Wiener Kriminalgericht, S. 151-235.

2 Dieser Rücksichtnahme begegnen wir auch an anderen Orten. Vgl. K. Roetzer: Abtreibung, Kindstötung sowie Kindsaussetzung, S. 130 f.

3 StLA, AG-Prot. 2171/1805; AG-Prot. 6477/1787. Diese Zeitspanne ist nach Victor Fossel der mosaischen Ordnung für Kindbetterinnen entnommen. Während dieser sechs Wochen sollte eine Neuentbundene nicht das Haus verlassen. Vgl. ders.: Volksmedizin, S. 58. Vgl. auch StLA, Aflenz, Herrschafts- und Marktarchiv, Sch. 11, H. 89: Strafsachen 1784-1835.

4 Vgl. dazu jeweils das 5. Hauptstück der KGO 1788 und des StGB 1803, 1. Teil.

Es verwundert daher nicht, daß die drei Beschuldigten in der Folge klar aufeinander abgestimmte Versionen aller Tathergänge erzählten.[5] Auch von einigen anderen Angeklagten erfahren wir, daß sie Gelegenheit hatten, sich mit weiblichen und männlichen Mitgefangenen über ihr bestmögliches Verhalten vor Gericht zu beraten.

Begünstigt durch derartige Unzulänglichkeiten geschah es natürlich immer wieder, daß dringend Tatverdächtige noch vor oder während der gegen sie laufenden Untersuchung entflohen. Wir wissen von nicht weniger als 29 angeklagten Kindsmörderinnen, die auf diese Weise das Weite suchten; die meisten von ihnen wurden aber schon nach kurzer Zeit wieder in sicheren Gewahrsam geführt. Mehrere Steckbriefe zeugen davon, daß nicht nur die Gefängnisse und das zur Verfügung stehende Aufsichtspersonal kleinerer Orte meistens unzulänglich waren, sondern auch die Sicherheit der Landgerichte und Kriminalarreste mehr als zu wünschen übrig ließ. So konnte sich etwa Maria Senkl in Begleitung eines männlichen Mitgefangenen und *„mittels Durchbrechung des Arrestes"* aus dem Landgericht Halbenrain befreien, die wegen Kindsmordes verurteilte und vor der Einlieferung ins Grazer Provinzialstrafhaus stehende Anna Kallischnig entfloh unter Mithilfe des Landgerichtsdieners der Herrschaft Lechen.[6] Selbst die Kasematten des Grazer Schloßbergs waren nicht sicher. Maria Anna Eplin, einer aus Vorderösterreich eingelieferten Kindsmörderin, gelang 1801 die Flucht aus dem Kerker, in dem sie noch fast 30 Jahre hätte zubringen sollen.[7]

Als die Angeklagte Elisabeth Koschier aus dem Untersuchungsarrest des Landgerichtes Reifnitz/Ribnica entwich, erhalten wir im Zuge der darüber angestellten Erhebungen auch eine genaue Beschreibung der bisherigen Unterbringung der Gefangenen. Das Ergebnis ist ernüchternd: Keine der im Schloß Reifnitz vorhandenen Arrestzellen besaß eine Heizmöglichkeit, die Räume waren feucht, da sie nur einen Boden aus bloßer Erde hatten, es fehlte an ausreichender Lüftung durch Fensteröffnungen, selbst eine Liegestätte war nicht überall eingerichtet.[8]

Die Angeklagten hatten nicht nur unter dem schlechten Zustand der Untersuchungsgefängnisse zu leiden, auch die Pflichtvergessenheit einiger Wärter konnte ihnen zu schaffen machen.[9] Maria Starz malte ein äußerst düsteres Bild von ihren Arrestaufenthalten im Schloß Arch/Raka und in der Bezirksobrigkeit Thurn am Hart. Trotz heftiger Kopfschmerzen und Fieber habe sie keine angemessene Betreuung erhalten, das Zimmer, in dem sie

---

5 StLA, AG-Prot. 660/1792.

6 StLA, Trautmannsdorf, Herrschafts- und Familienarchiv, Sch. 118, H. 854: Herrschaft Gleichenberg: Steckbriefe, 1. Hälfte des 19. Jahrhunderts; AG-Rep. 1822; Steckbriefe, Fasz. 27, 1818-1820; AG-Rep. 1816-1818.

7 StLA, AG-Prot. Fasz. 20, 483/1801; Steckbriefe, Fasz. 22, 1798-1801.

8 StLA, AG-Prot. 3927/1805; Trautmannsdorf, Herrschafts- und Familienarchiv, Sch. 121, H. 861: Herrschaft Gleichenberg: Steckbriefe, 1. Hälfte des 19. Jahrhunderts.

9 Vgl. dazu auch H. Hoegel: Freiheitsstrafe, S. 33-35.

untergebracht war, sei voll Ungeziefer gewesen und in den ersten drei Tagen sei ihr bloß ein ungenießbarer Brei als Nahrung vorgesetzt worden. Schließlich fühlte sich die Frau noch den permanenten Nachstellungen der Gefangenenwärter ausgesetzt, die sie beschimpften bzw. anzügliche Bemerkungen über sie machten. Resümierend meinte sie: *„Es sei von Seite der Obrigkeit mit ihr ärger verfahren worden als mit einem Viehe."*[10] Daraufhin angeordnete Zeugeneinvernahmen brachten zwar keine unmittelbare Bestätigung dieser Vorwürfe, doch wir hören auch von anderer Seite Klagen: Anna Koroschezin wurde im Landgericht Oberradkersburg ungerechtfertigt zur Zwangsarbeit herangezogen, die Kärntnerin Anna Stotz hatte man beim Bezirksgericht Landskron gar ein halbes Jahr lang mit dem Fuß an einen Stein geschlossen, sodaß sie sich kaum bewegen konnte.[11] Eine solche Ankettung der Gefangenen war zwar gesetzlich erlaubt, wurde sonst aber nur bei Schwerverbrechern angewandt.[12]

Nicht jede Angeklagte mußte jedoch die gesamte Zeit bis zur Fällung eines rechtskräftigen Richtspruches im Untersuchungsarrest verbleiben. Das Gesetz sah zwar nur vor, daß eine Person, die wegen ihres angeschuldeten Verbrechens maximal mit einem Jahr Kerker bestraft werden konnte, unter bestimmten Bedingungen - unbescholtener Ruf, keine Flucht- oder Verdunkelungsgefahr - während des laufenden Verfahrens nicht in Haft zu setzen sei,[13] doch finden wir diese Regel einigemale durchbrochen. Die Erklärungen für ein solches Entgegenkommen des Gerichts sind ganz unterschiedlicher Art. Zum einen lagen sie in der Person der Beschuldigten begründet: Während ihrer Kriminaluntersuchung blieb Theresia Pöcher ganz gewiß nur deshalb auf freiem Fuß, weil sie die Tochter des Kameralverwalters und Anwalts der Staatsherrschaft Seckau war.[14] Aber auch soziale Härtefälle wurden entsprechend berücksichtigt. Die Witwe Maria Millos hatte alleinverantwortlich zwei unmündige Kinder zu versorgen, weshalb man die Frau zwischen den Verhören immer wieder in Freiheit setzte.[15] Zum anderen konnte es zu einer verfrühten Haftentlassung kommen, wenn sich im Verlauf der Untersuchung immer deutlicher zeigte, daß die Angeklagte wahrscheinlich unschuldig war. Maria Uretscher hatte weder ihre Schwangerschaft verheimlicht noch vorsätzlich ohne Hilfe geboren; da sie überdies mit einem Bauern im Dorf verheiratet war und die Gefahr einer Flucht aus dem Ort daher nicht gegeben schien, entließ man sie nach anfänglicher Arretierung wieder zu ihrer Familie.[16] Doch selbst voll geständige Kindsmörderinnen konnten bei entsprechenden Umständen von einer langen Untersuchungshaft verschont bleiben. Hellena Kovatschin wurde im Jänner 1809 vom un-

10 StLA, AG-Prot. 8103/1836.
11 StLA, AG-Prot. Fasz. 20, 377/1793; AG-Prot. 5272/1820.
12 StGB 1803, 1. Teil, § 310.
13 StGB 1803, 1. Teil, § 306.
14 StLA, AG-Prot. 3156/1815; AG-Prot. 350/1816. Vgl. auch F. Hartl: Wiener Kriminalgericht, S. 203.
15 StLA, AG-Prot. 10373/1835.
16 StLA, AG-Prot. 3677/1821.

tersteirischen Landgericht Oberrohitsch verhaftet. Wegen des Einfalls der französischen Armee[17] unterbrach man jedoch Mitte Mai das laufende Verfahren und schickte die Frau nach Hause. Erst im Jänner des darauffolgenden Jahres wurde das Verhör mit ihr fortgesetzt und Hellena Kovatschin letztendlich wegen Kindsmordes zu einer mehrjährigen Kerkerstrafe verurteilt.[18]

Wieviel Zeit verging nun durchschnittlich vom Erstatten einer Anzeige bis zum Finden bzw. Bestätigen eines Urteils durch das Appellationsgericht? Als Mittelwert, bezogen auf 293 Kriminaluntersuchungen, wurde knapp sechseinhalb Monate errechnet.[19] Am schnellsten gelangte man zweifellos 1847 bei Maria Schrey zu einem Ergebnis: Am 21. April zeigte der Chirurg die vor zwei Tagen stattgefundene Geburt der Bezirksobrigkeit Kalsdorf an, bereits eine Woche später faßte das Erstgericht einen sogenannten Ablassungsbeschluß, der am 6. Mai vom Obergericht in Klagenfurt bestätigt wurde.[20] Am längsten, nämlich drei Jahre und neun Monate, dauerte der Prozeß gegen Maria Ladovaz. Das Verbrechen gelangte am 27. März 1833 zur Kenntnis der Bezirksobrigkeit in Pisino, trotzdem kam es erst am 27. Dezember 1836 zu einem definitiven Urteilsspruch der Obersten Justizstelle, nachdem die Erhebungsakten zweimal zur Ergänzung an das Stadt- und Landrecht in Rovigno zurückgesandt worden waren.[21]

Ein zweiter Blick auf die zeitliche Dauer der einzelnen Kriminaluntersuchungen zeigt uns, daß die Behörden während der Anwendung des Josephinischen Strafgesetzbuches wesentlich rascher zu einer Entscheidung gelangten als in den Jahren danach. Während das Appellationsgericht zwischen 1787 und 1803/1804 bereits nach etwas mehr als vier Monaten das tatsächliche Urteil vorlegte, vergingen unter der Geltungsdauer des Franziszeischen Strafgesetzbuches durchschnittlich sieben Monate. Der Schluß auf eine abnehmende Effizienz der staatlichen Stellen wäre aber mit Sicherheit verfehlt: Wie wir unter anderem aus der Verfahrensabwicklung und der Urteilspraxis ersehen können, wurde im Laufe des 19. Jahrhunderts seitens der Gerichte wesentlich verantwortungsvoller vorgegangen, man holte Gutachten verschiedener Sachverständiger ein, prüfte Indizien und Zeugenaussagen eingehender und fällte bei unklar scheinender Sachlage kein vorschnelles Urteil, sondern retournierte die Akten an die lokalen Behörden mit der Bitte um Ergänzung der fehlenden Punkte. Auf diese Weise gelangten rund 8% aller wegen Kindsmordes

---

17 Vgl. dazu Hans Pirchegger: Geschichte der Steiermark. Mit besonderer Rücksicht auf das Kulturleben. Graz 1949 (Unveränderter Nachdruck 1983) S. 228-231.

18 StLA, AG-Prot. 1476/1810.

19 In Wien arbeitete man wesentlich schneller: Strafverfahren waren hier durchschnittlich binnen zwei bis drei Monaten abgeschlossen. Vgl. F. Hartl: Wiener Kriminalgericht, S. 179 f.

20 StLA, Bezirksgericht Feldbach, Fasz. 75: Herrschaft Fürstenfeld, Kriminalsachen 1847; Fürstenfeld, Stadtarchiv, Bd. 66: Kriminal-Ratsprotokoll 1847.

21 StLA, AG-Prot. 5145/1836; Österreichisches Staatsarchiv, Allgemeines Verwaltungsarchiv: Oberste Justiz, Innerösterreichischer Senat, Karton 39.

durchgeführter Kriminaluntersuchungen als zu mangelhaft recherchiert von Klagenfurt wieder zurück an die Erstgerichte.[22] Dort wurden weitere Erhebungen veranlaßt und auf der Basis dieser Erkenntnisse ein neues Urteil gesprochen bzw. das alte beibehalten und die Unterlagen wiederum zur Bestätigung an das Appellationsgericht gesandt. All das brauchte natürlich seine Zeit.

Immer wieder werden aber Klagen über ungerechtfertigte Verzögerungen im Lauf einer Prozeßführung laut. Die Verantwortung dafür ist ausschließlich in den einzelnen Ländern zu suchen, im Gegensatz dazu können wir beobachten, daß das Appellationsgericht in Klagenfurt die eingesandten Akten äußerst pflichtbewußt innerhalb kürzester Zeit bearbeitete.[23] Nur ein Beispiel: Gertraud Novack wurde wegen Verdacht des Kindsmordes am 18. Juni 1822 bei der Bezirksobrigkeit Haasberg im Adelsberger Kreis eingeliefert. Das Kriminalgericht ließ auf sein Urteil bis zum 18. April des Folgejahres warten, während das Obergericht den Prozeß nach Erhalt der Unterlagen in nicht einmal einer Woche abschloß.[24] Im übrigen arbeiteten auch die Zentralstellen in Wien sehr rasch, selbst wenn die Oberste Justizstelle eingeschaltet werden mußte, verlängerte sich der Gang einer Untersuchung nicht nennenswert.

Nicht vergessen dürfen wir aber allemal, daß auch nach der Schöpfung eines Urteils immer eine gewisse Zeit verstrich, bis dieses zu den Angeklagten gelangte und sie im Fall einer Unschuldserklärung oder einer Lossprechung tatsächlich in Freiheit gesetzt wurden. Um alle Postwege zu überwinden und den bürokratischen Erfordernissen gerecht zu werden, vergingen im Regelfall zwei bis drei Wochen. Obwohl zum Beispiel Anna Leschniggin vom Appellationsgericht bereits am 15. April 1796 für unschuldig befunden worden war, dauerte es bis zum 7. Mai, bis sie das Gefängnis des Landgerichtes Oberradkersburg endlich verlassen durfte.[25]

Mehr als einmal sandte das Appellationsgericht scharfe Rügen an verschiedene untergeordnete Dienststellen in den Ländern wegen unverantwortlicher Saumseligkeit in ihrer Arbeitsweise. Das Krainer Kriminalgericht hatte sich etwa dafür zu verantworten, warum es in der Untersuchung gegen Maria Poßnigg grundlos über ein halbes Jahr einfach aussetzte; harte Vorwürfe trafen auch das Kärntner Kriminalgericht, als es in der Prozeßführung gegen Ursula und Elisabeth Raunig sogar ein ganzes Jahr ohne jede Aktion verstreichen ließ und damit die Entscheidungsfindung erst über 28 Monate nach Beginn der Strafverfolgung möglich machte.[26] Einen besonders schleppenden Verlauf zeigten die Kri-

---

22 Vgl. dazu die Bestimmungen der KGO 1788, § 174, sowie des StGB 1803, 1. Teil, § 438.

23 Nach dem StGB 1803, 1. Teil, § 421, wurde ein Urteil innerhalb von acht Tagen nach dem Ende einer Untersuchung erwartet, nur bei komplizierten Fällen tolerierte man eine Frist von 30 Tagen.

24 StLA, AG-Prot. 5733/1823.

25 StLA, AG-Prot. Fasz. 20, 145/1796; Oberradkersburg, Herrschaftsarchiv, Sch. 118a, H. 461: Kriminalakten 1771-1800.

26 StLA, AG-Prot. 330/3211/1818; AG-Prot. 13931/1827.

minaluntersuchungen im Küstenland: Im Durchschnitt wurden hier achteinhalb Monate benötigt, um zu einem Ende zu finden. Die Behörden in Kärnten und Krain lagen mit etwa sieben Monaten ebenfalls knapp über dem Durchschnitt, während in der Steiermark in der Regel fünfeinhalb Monate vergingen, bis ein vom Appellationsgericht bestätigtes Urteil gefällt war.

Das Obergericht in Klagenfurt beließ es nicht nur bei bloß verbalen Zurechtweisungen pflichtvergessenen Gerichtspersonals, es setzte auch Taten. Bis Appolonia Leskouschegg von dem ihr zur Last gelegten Kindsmord aus Beweismangel losgesprochen wurde, verstrichen fast zwei Jahre. Die Schuld daran trug der Kriminalrichter von Neucilli, Franz Repolust, der den Fortgang der Untersuchung über 13 Monate ohne ausreichende Begründung ruhen ließ; Appolonia Leskouschegg befand sich während dieser ganzen Zeit in Haft. Das hatte für Franz Repolust ernste Konsequenzen. Er mußte nicht nur die gesamten angefallenen Verpflegungskosten der Arrestantin übernehmen, die sonst von dieser zu tragen gewesen wären, ja Appolonia Leskouschegg erhielt vom Kriminalrichter sogar eine Entschädigungszahlung für die Zeit, die sie ungerechtfertigt im Gefängnis verbringen mußte! Als die Frau über ihre Forderungen befragt wurde, verlangte sie an Verdienstentgang für jeden Tag 20 Kreuzer, ihre erlittene Schmach durch den langen Gefängnisaufenhalt wollte sie mit 50 Gulden bezahlt wissen. Am Ende heißt es sehr selbstbewußt: „*Ich glaube, mit meinem Anspruche um so weniger übertrieben zu erscheinen, als ich mir meine Freyheit auf eine so lange Zeit und wider mein Verschulden um vieles Geld nicht bezahlen ließe*" - tatsächlich die Worte einer 28jährigen Bauernmagd? Franz Repolust mußte Appolonia Leskouschegg letztendlich die nicht unbeträchtliche Summe von 130 Gulden bezahlen, und zwar innerhalb einer Frist von 14 Tagen.[27]

Ungerechtfertigter besonders langer Untersuchungsarrest konnte einer verurteilten Kindsmörderin auch als mildernder Umstand bei der Bemessung ihrer Kerkerstrafe zugute kommen. Weil etwa Katharina Sever wegen ihrer permanenten Kränklichkeit über längere Zeit hinweg zu einem Verhör nicht tauglich schien und sich ihr Strafprozeß daher ein ganzes Jahr lang hinzog, wurde sie einer besonderen Gnade für würdig befunden und entschieden, daß beim zugesprochenen Strafmaß der gesamte „Inquisitionsarrest" einberechnet werden sollte.[28] Ein solches Vorgehen war ja sonst nicht üblich, weshalb jede sich über Gebühr hinziehende Untersuchungshaft eine Angeklagte zusätzlich belastete.

27 StLA, AG-Prot. 935/1822. Die Summe errechnete sich aus 390 Tagen, gerechnet mit je 20 Kreuzern. Die ebenfalls geforderten 50 fl für die erlittene Schmach wurden nicht akzeptiert.

28 StLA, AG-Prot. 10579/1838.

14.2. DAS VERHÖR

Wie Otto Ulbricht dargestellt hat, zeigte sich im Gerichtssaal die mehrfache Unterlegenheit einer Kindsmörderin: Sie stand als Untertanin vor der mächtigen Obrigkeit, als Dienstmagd vor dem gelehrten bürgerlichen Juristen und als Frau vor dem gesellschaftlich übergeordneten Mann.[29] Die protokollierten Aussagen einer Angeklagten müsen aus dieser speziellen Verhörsituation heraus verstanden werden. Wir wissen nicht, auf welche Weise die Antworten auf bestimmte Fragen zustande gekommen sind und inwieweit sie Authentizität beanspruchen dürfen.[30] Gerade bei den Akten des Appellationsgerichtes ist dieser Unsicherheitsfaktor besonders groß. Wie bereits angesprochen, kam das Obergericht selbst nie in direkten Kontakt mit der beschuldigten Frau. Seine zusammenfassenden Darstellungen und sein Urteil beruhten einzig auf den - uns meist unbekannten - Mitteilungen und Wahrnehmungen der Untersuchungsbeamten des Erstgerichtes. Dezidierte Hinweise auf den Verlauf einer Vernehmung sind daher selten. Nur vereinzelt wagte es eine beschuldigte Kindsmörderin, ihr Unbehagen und ihre Hilflosigkeit zu artikulieren. Maria Starz klagte beim Krainer Kriminalgericht nicht nur über ihre unwürdige Behandlung im Untersuchungsarrest, sie vermittelte auch einen kurzen Eindruck von ihren Wahrnehmungen während des Verhörs. So behauptete sie, sich nicht mehr an ihre gemachten Angaben erinnern zu können, da während ihrer Befragung ständig Bewegung im Raum war, Schreiber aus und ein gingen, sie verwirrten und mit der Bezahlung von Gerichtskosten bedrängten. Tatsächlich ergab eine Überprüfung der zuständigen Beamten, daß das gesamte Verhör ohne Zeugen geführt worden war, die sogenannten Beisitzer wurden erst am Ende zur Leistung ihrer Unterschrift geholt, um zumindest formell den geforderten Bestimmungen zu entsprechen.[31]

Ein weiteres Instrument zur Verunsicherung und Diskriminierung von Angehörigen unterer sozialer Schichten vor Gericht war die Sprache. Eine Angeklagte gab ihre Aussagen natürlich in ihrem regional gebräuchlichen Dialekt zu Protokoll, aufgezeichnet und wohl auch vorgelesen wurden sie allerdings in hochdeutsch. In Innerösterreich erfuhr diese ohnehin schon prekäre Situation eine weitere Verschärfung: Die Bevölkerung weiter Teile dieses Gebietes konnte überhaupt nicht Deutsch! In Krain, in der Untersteiermark, in Südkärnten sowie im Norden von Istrien und Görz sprachen die meisten der am Land lebenden Bewohnerinnen und Bewohner slowenisch, im Süden von Istrien und Görz sowie im Ge-

---

29 Vgl. O. Ulbricht: Kindsmörderinnen vor Gericht, S. 56.

30 Vgl. dazu Silke Göttsch: Zur Konstruktion schichtenspezifischer Wirklichkeit. Strategien und Taktiken ländlicher Unterschichten vor Gericht. In: Erinnern und Vergessen. Vorträge des 27. Deutschen Volkskundekongresses Göttingen 1989. Hrsg. v. Brigitte Bönisch-Brednich, Rolf W. Brednich und Helge Gerndt. Göttingen 1991. (= Schriftenreihe der Volkskundlichen Kommission für Niedersachsen. 6.) S. 443-445.

31 StLA, AG-Prot. 8103/1836.

biet von Triest herrschte die italienische Sprache vor, daneben verständigten sich viele im Küstenland beheimatete Menschen auch auf friulanisch und kroatisch.[32]

Die Appellationsgerichtsakten geben zwar nur wenige, dafür aber eindrucksvolle Hinweise über die Schwierigkeiten, die aufgrund einer unzureichenden Verständigung mit den Beschuldigten entstehen konnten. Natürlich war eine Angeklagte bereits beim Lokalaugenschein oder bei der körperlichen Untersuchung durch Arzt und Hebamme durch fehlende Sprachkenntnisse benachteiligt, bei einem Verhör wird dies aber am augenfälligsten. War der untersuchende Kriminalrichter der Sprache der vor Gericht gestellten Frau unkundig, mußte ein Dolmetscher beigezogen werden.[33] Doch auch das reichte vielfach nicht aus: Gewisse dialektale Ausdrücke ließen sich oft nur mangelhaft übersetzen, sie wurden daher zusätzlich im originalen Wortlaut in die deutschsprachigen Akten übernommen, um keine Fehldeutungen entstehen zu lassen. Ab 1837 scheinen in den Registraturen des innerösterreichischen Appellationsgerichtes außerdem italienischsprachige Protokolle der Kriminalgerichte Görz, Triest und Rovigno auf, in denen die Beschlußfassung des Erstgerichtes mitgeteilt und erläutert wird.

Daß es trotzdem zu Mißverständnissen kam, die sich negativ auf das Schicksal einer Angeklagten auswirken konnten, beweist der Fall der Untersteirerin Maria Prach. Sie hatte sich 1824 vor dem Landgericht Oberrohitsch zu verantworten, da sie heimlich im Stall einen Knaben zur Welt gebracht und das noch lebende Kind dort versteckt und im Stich gelassen hatte. Um den genauen Sachverhalt entbrannte nun ein heftiger Streit: Zwei Nachbarinnen gaben bei der ersten Vernehmung angeblich zu Protokoll, daß sie das Neugeborene in einer Vertiefung im Boden fanden und auf dessen Körper ein fast 30 Kilogramm schweres, mit Kartoffeln gefülltes Faß gelastet hätte. In ihrer zweiten Einvernahme machten sie diese Angabe rückgängig und beteuerten, das Faß sei nicht auf, sondern bloß neben dem Kind gelegen. Das Appellationsgericht schöpfte bei diesem Widerspruch den Verdacht, die beiden Frauen könnten in einem heimlichen Einverständnis mit Maria Prach stehen, und verlangte, der Prozeß müßte neu aufgerollt werden. Die Beiziehung des Cillier Bannrichters Franz Malle ergab nun, daß wohl eine sprachliche Ungenauigkeit Schuld an dieser scheinbaren Unvereinbarkeit der Fakten tragen dürfte. Die Bauersfrauen artikulierten sich nämlich auf slowenisch, das der Kriminalrichter aber nur schlecht verstand und sich behelfsmäßig von einem Beisitzer und einem Aktuar übersetzen lassen mußte. Mit einiger Verzögerung war damit die Sachlage zugunsten von Maria Prach geklärt.[34] Es ist aber zu

---

32 Vgl. dazu August Pitreich: Slovenisch und Deutsch in der österreichischen Justiz. Geschichtlicher Überblick über die Einbürgerung der slovenischen Sprache in den Gebrauch bei den Gerichten Krains, Untersteiermarks und Kärntens. In: ZHVSt 22 (1926), S. 32 f.; B. Bolognese-Leuchtenmüller: Bevölkerungsentwicklung, Teil 2, S. 28 f.

33 StGB 1803, 1. Teil, §§ 356, 359.

34 StLA, AG-Prot. 7385/1824.

vermuten, daß die „Sprachlosigkeit" einer Angeklagten so manch anderesmal zu weit größeren Nachteilen für sie geführt hatte.

Bei den durchgeführten Verhören wurden nicht nur die Aussagen einer Verdächtigen protokolliert, sondern auch ihre besonderen Verhaltensweisen vor Gericht festgehalten.[35] Das Appellationsgericht nahm diese ergänzenden Bemerkungen der Kriminalgerichte allerdings erst ab den 1830er Jahren konsequent zur Kenntnis, vorher scheinen nur vereinzelt Hinweise über als besonders wichtig eingestufte Beobachtungen auf. Das Benehmen der angeklagten Kindsmörderinnen während der Verhöre bzw. während des Untersuchungsarrestes wurde fast durchwegs gelobt. Man beschrieb ihr Verhalten in der Regel als *„anständig"*, *„ruhig"* und *„folgsam"*, auch Gottesfürchtigkeit und Offenheit wollte man besonders hervorgehoben wissen. Nur selten begegnen wir daneben Klagen über angeblich schlechtes Betragen der inkriminierten Frauen: Ursula Raunig hätte sich etwa halsstarrig und boshaft gezeigt, bei Maria Pujas glaubte der Kriminalrichter wieder, Frechheit und Dreistigkeit festzustellen.[36]

Entsprach das Verhalten der Verdächtigen nicht den an sie gestellten Anforderungen, so scheuten die Untersuchungsgerichte nicht davor zurück, entsprechende Maßregeln zu ergreifen. Das war durchaus legal: Die Kriminalgerichtsordnung 1788 ordnete an, daß eine verhörte Person, die Sinnesverwirrung vortäuschte, Antworten verweigerte oder erwiesene Unwahrheiten von sich gab, mit bis zu 30 Stockstreichen bestraft werden durfte.[37] Das Strafgesetzbuch aus dem Jahr 1803 weitete aus, daß Beschuldigte auch wegen boshaften und beleidigenden Benehmens vor Gericht Züchtigung verdienten, allerdings setzte es in diesem Fall - genauso wie bei fortwährendem Leugnen feststehender Tatsachen - 20 Streiche als Obergrenze fest. Die übrigen Richtlinien aus josephinischer Zeit übernahm es jedoch ohne Reduzierung des Strafmaßes.[38] Als sich Maria Pacor hinsichtlich ihrer einzelnen Dienstgeber und der dort zugebrachten Zeiten in Widersprüche verwickelte, sah sich das Kriminalgericht in Triest bereits dazu veranlaßt, sie mit zehn Rutenstreichen zu bestrafen![39] Margaretha Mulz erging es in Laibach nicht besser: Sie litt an Epilepsie und hatte ihrer Darstellung nach während eines Krampfanfalles ihr Kind zur Welt gebracht, das deshalb unversorgt bleiben mußte. Das Kriminalgericht glaubte ihr jedoch nicht. Gegen jede gesetzliche Vorschrift - Margaretha Mulz war wegen ihrer Krankheit nicht zur körperlichen Züchtigung geeignet - wurden ihr deshalb zehn Rutenstreiche verabreicht. Das Appellationsgericht nahm den Vorfall mit Mißfallen zur Kenntnis und erteilte dem Kriminal-

35 KGO 1788, §§ 108, 115; StGB 1803, 1. Teil, §§ 362, 373.
36 StLA, AG-Prot. 13931/1827; AG-Prot. 5146/1836.
37 KGO 1788, §§ 109 f.
38 StGB 1803, 1. Teil, §§ 363-365.
39 StLA, AG-Prot. 7272/1838.

richter aufgrund seines ungehörigen Vorgehens eine scharfe Rüge - für Margaretha Mulz freilich nur ein schwacher Trost.[40]

Unwillkürlich drängt sich bei einer solchen Behandlungsweise der Gedanke an Folter auf: Anfänglich durch Einschüchterung mit dem Hinweis auf physische Mißhandlung, später durch die Beibringung tatsächlicher Verletzungen sollte das für eine Verurteilung so notwendige Schuldbekenntnis erzwungen werden. Das dämmerte selbst so manchem Kriminalrichter. Bevor man etwa im Landgericht Trautmannsdorf gegen Magdalena Hödl mit roher Gewalt vorgehen wollte, versicherte man sich beim Appellationsgericht um dessen Rechtmäßigkeit. In einem Bericht wurde auf die haltlosen Ausflüchte der Angeklagten verwiesen, weswegen *„man sie vielleicht mit Schlägen züchtigen könnte, wodurch manchmal das Geständnis des Verbrechens selbst erwirket wird; allein in Erwegung, daß dieses immer nur eine Art von Tortur, die durch die weisesten Gesetze längst abgeschafft und daß wahrscheinlich auch mäßige Stockstreiche nichts fruchten würden, wollte ich dieses letzte Mittel ohne ausdrücklicher Weisung des hohen Obergerichts nicht in Anwendung bringen".*[41] Nachdem in Klagenfurt die Zustimmung erteilt worden war, bestanden auch beim Landgericht keine Hemmungen mehr, durch die Verabreichung von Prügel in der Wahrheitsfindung weiterzukommen.

Ein besonderes Augenmerk des Untersuchungsgerichtes galt der bezeugten Reue über das verübte Verbrechen, wobei es in den meisten Fällen seine Zufriedenheit nicht verhehlen konnte: Die zur Verantwortung gezogenen Frauen waren sich ihrer Schuld bewußt, die sie aufrichtig und verzweifelt zu bedauern schienen.[42] Oft mußte ein Verhör wegen des heftigen Weinens der Angeklagten unterbrochen werden, nicht wenige Kindsmörderinnen gestanden in deutlicher Gefühlsbewegung und schmerzvoller Erinnerung ihre Tat, die sie gern wieder ungeschehen machen wollten. Die Ansicht von Claus Kappl, der in diesem Zusammenhang meint, daß der Tötungsakt im Zustand psychischer Verwirrung seine sofortige Verdrängung erfahren und im Bewußtsein der Täterin niemals jene moralische Reflexionsebene erreicht hätte, in der die Empfindung von Reue möglich gewesen wäre, kann daher nicht geteilt werden.[43] Gerhard Ammerer bezweifelt in weiterer Folge sogar, ob eine Angeklagte aus unterbäuerlicher Schicht überhaupt einen Wortschatz individuellen Gefühlsausdrucks besessen habe, mit dem sie Trauer oder Schuldbewußtsein äußern konnte.[44]

---

40 StLA, AG-Prot. 7842/1816.

41 StLA, Trautmannsdorf, Herrschafts- und Familienarchiv, Sch. 227, H. 1190 sowie Sch. 227, H. 1191: Herrschaft Gleichenberg: Mord, Selbstmord, Kindsmord, 1. Hälfte des 19. Jahrhunderts.

42 Während in Innerösterreich an der Ehrlichkeit solcher Gemütsbewegungen nicht gezweifelt wurde, interpretierten deutsche Gutachter, aber auch das Wiener Kriminalgericht Tränen und Trauer bei Kindsmörderinnen häufig als Täuschungsmanöver. Vgl. M. Lorenz: Das Delikt des Kindsmords, S. 144; F. Hartl: Wiener Kriminalgericht, S. 201.

43 Vgl. C. Kappl: Die Not der kleinen Leute, S. 191.

44 Vgl. G. Ammerer: Abtreibung, Kindsmord und Kindsweglegung, S. 89 f.

Auch diese Bedenken müssen an dieser Stelle zurückgewiesen werden. So tritt Gerd Schwerhoff gleichfalls dafür ein, von der zum Teil kolportierten Theorie einer „archaischen Lieblosigkeit" einer Kindsmörderin abzugehen und die zwischen den Zeilen sehr wohl lesbaren aufgewühlten Gefühle einer Angeklagten sorgsamer wahrzunehmen.[45] Im Fall der Maria Temlin, einer 40jährigen Dienstmagd, finden wir eine genaue Beschreibung ihres äußerlich wahrnehmbaren Seelenzustandes; der Kriminalrichter merkte an, daß die Angeklagte *„während des Verhörs öfters auf die Knie gefallen und flehentlich, ihr zu helfen, gebeten habe, daß sie aus Furcht, vielleicht auch aus Gewissensangst, heftig mit den Lippen und am ganzen Leibe zitterte; er glaube daher, daß aus diesen ergreifenden Gemütsbewegungen mit einiger Sicherheit auf ihre innere Reue geschlossen werden könne."*[46]

Nur vereinzelt sah sich die Untersuchungskommission veranlaßt, die mangelnde Einsicht und Reumütigkeit einer vermeintlichen Rechtsbrecherin zu rügen. Wir dürfen Wahrnehmung und Wirklichkeit aber in keinem Fall vermischen und müssen uns an dieser Stelle noch einmal in Erinnerung rufen, daß wir lediglich auf subjektive Sichtweisen einzelner Individuen Bezug nehmen und nicht mehr als ihre Auffassungen rezipieren.

14.3. URTEILSPRAXIS

Wie bereits einleitend bemerkt, basierten Rechtsprechung und Vollzug bei Kriminalverbrechen im hier behandelten Zeitraum von 1787 bis 1849 auf zwei Strafgesetzbüchern: Das Josephinische Gesetzbuch „über Verbrechen und derselben Bestrafung" trat mit kaiserlichem Patent am 13. Jänner 1787 in Kraft. Schon 16 Jahre später, nämlich am 3. September 1803, verlautbarte Franz I. ein neues Strafgesetzbuch, das mit 1. Jänner 1804 allgemein in Wirkung treten sollte. Bereits anhängige Verfahren bzw. Untersuchungen, die auf Straftaten Bezug nahmen, die vor diesem Stichtag begangen worden waren, konnten weiterhin auf der Grundlage der bisher geltenden gesetzlichen Bestimmungen geführt werden, sofern sich diese für die Angeklagten vergleichsweise als günstiger erwiesen.

14.3.1. Verurteilungen nach dem Josephinischen Strafgesetzbuch

Von den in der Untersuchung insgesamt aufscheinenden 771 Frauen, über die wegen des Verbrechens des Kindsmordes vom innerösterreichischen Appellationsgericht zwischen 1787 und 1849 ein Richtspruch gefunden wurde, zog man für die Verurteilung von 85 De-

[45] Vgl. G. Schwerhoff: Frauen in Kölner Kriminalfällen, S. 466.
[46] StLA, AG-Prot. 1692/1818.

linquentinnen das Josephinische Strafgesetzbuch heran. Bei acht dieser Angeklagten wissen wir allerdings nichts über den letztendlich getroffenen gerichtlichen Beschluß; alle übrigen Urteile sind erhalten. In 75 Fällen besitzen wir dabei nicht nur Angaben der obergerichtlichen, sondern auch der erstgerichtlichen Entscheidung, das heißt, wir können die beiden Instanzen und ihre Rechtsprechung direkt miteinander vergleichen. In einem ersten Schritt wird nun ein Gesamtbild der vom Appellationsgericht ausgehenden und exekutierten Gerichtsentscheide gezeichnet, in einem zweiten Schritt sollen Unterschiede bzw. Parallelen zu den Urteilen der Erstgerichte herausarbeitet werden.

Abb. 15:

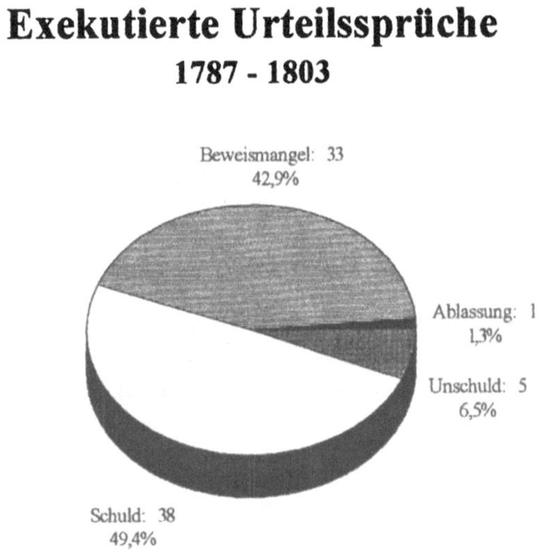

Von 77 Frauen, deren Strafprozeß wir bis zum Ende verfolgen können, befand das Appellationsgericht fünf des Kriminalverbrechens des Kindsmordes als vollkommen unschuldig. Sie wurden entweder mit sofortiger Wirkung aus dem Arrest entlassen oder an die politische Behörde übergeben, um sie wegen ihrer verheimlichten Geburt zur Verantwortung zu ziehen. Vom Ersatz der Kriminalkosten waren selbstverständlich alle diese Frauen befreit. Eine Angeklagte erlebte das Ende ihres Kriminalprozesses nicht mehr:

Margareth Ferleschin starb bereits drei Wochen nach ihrer Entbindung, das Verfahren gegen sie wurde eingestellt.[47]

Bei weiteren 33 Angeklagten fiel der Richtspruch nicht so deutlich zu ihren Gunsten aus: Das Appellationsgericht schloß die Kriminaluntersuchung lediglich wegen Fehlens hinlänglicher Beweise, was durchaus keiner Schuldloserklärung der gerichtlich belangten Person gleichkam. Die Frauen wurden zwar aus dem Kriminalarrest entlassen, mußten aber bei Vorhandensein entsprechender finanzieller Mittel dem Gericht die angefallenen Kosten erstatten. Außerdem konnte beim Auftreten neuer Beweise, die zum Zeitpunkt der ersten Urteilsschöpfung noch nicht bekannt gewesen waren, das Verfahren gegen sie jederzeit wieder aufgenommen werden.[48] In der Regel wurden diese vermeintlichen Delinquentinnen, die zwar nicht des Kriminalverbrechens des Kindsmordes zweifelsfrei überführt werden konnten, aber dennoch einer Übeltat höchst verdächtig schienen, zumindest mit einer Strafe wegen ihrer verheimlichten Schwangerschaft bzw. Geburt belegt. Das Stadtgericht von Radkersburg verurteilte Ursula Verschitzin beispielsweise wegen ihrer „politischen Verbrechen" über den bereits ausgestandenen Untersuchungsarrest hinaus noch zu einem Monat „gelinden" Gefängnisses mit öffentlicher Arbeit in Eisen.[49]

38 vor Gericht stehende Frauen wurden vom Appellationsgericht als Verbrecherinnen verurteilt. Wie bereits angemerkt, fehlt im Josephinischen Strafgesetzbuch eine explizite Bestimmung für das Delikt des Kindsmordes. Demgemäß konnte es geschehen, daß die unterschiedlichsten Paragraphen für einen Schuldspruch herangezogen wurden. Bei klarer Beweislage fußten die meisten Entscheidungen zwar korrekterweise auf dem § 92, also dem Verwandtenmord, fehlten jedoch wichtige Indizien, zeigte man sich ratlos. So fand einmal § 95, der sich eigentlich auf Straftaten bezieht, die im Zorn, in Übereilung, in Raufhändeln und Tumulten begangen werden, Anwendung;[50] bei Maria Franklin, die ihren Sohn wegen unterlassener Hilfeleistung umkommen ließ, berief sich das Obergericht wiederum auf § 112, der das Verbrechen der Abtreibung behandelt,[51] auch Urteilssprüche gegen Kindsmörderinnen, die auf gesetzlichen Bestimmungen für Kindesweglegung (§§ 116-118) basierten, waren keine Seltenheit[52]. Die Erstgerichte zeigten sich bei der Heranziehung einzelner Gesetzespassagen besonders erfinderisch. So mußte etwa der untersteirische Bannrichter Franz Edler von Haratinger darauf hingewiesen werden, daß ein Kindsmord auf keinen Fall als Meuchelmord nach dem § 101 zu behandeln sei und eine von ihm auf dieser

---

47 StLA, AG-Prot. Fasz. 20, 327/1797.
48 StGB 1787, 1. Teil, § 181.
49 StLA, AG-Prot. 7163/1791; Oberradkersburg, Herrschaftsarchiv, Sch. 118a, H. 461a: Kriminalakten 1771-1800.
50 StLA, AG-Prot. 3524/1790.
51 StLA, AG-Prot. 6629/1790.
52 Vgl. StLA, AG-Prot. 5978/1790; AG-Prot. 6128/1792; AG-Prot. 10155/1789; AG-Prot. 12980/1788.

Grundlage ausgesprochene Verurteilung auf 50jährige Anschmiedung juristisch fehlerhaft war.[53]

Dieses uneinheitliche Bild setzt sich weiter fort, wenn wir das für einen Kindsmord ausgesprochene Strafmaß betrachten. Bei den oben erwähnten 38 verurteilten Frauen reichte der Bogen von einem Monat gelinden Gefängnisses bei einem Landgericht bis zum 30jährigen harten Kerker auf dem Grazer Schloßberg! Diese eklatanten Abweichungen sind zum einen sicher auf unterschiedlich schwer empfundene Varianten des Verbrechens - etwa besonders grausame Tötungsart oder auffallend verwerflicher Lebenswandel der Täterin - zurückzuführen, zum anderen sind sie aber zweifellos eine Folge der differenten Handhabung nicht klar definierter gesetzlicher Vorschriften. Zusätzlich verkompliziert wurde die Sachlage dadurch, daß die Kriminalgerichtsordnung 1788 vorsah, jedes Verbrechen, das nur aus dem Zusammentreffen von Verdachtsumständen, nicht jedoch durch ein Geständnis bewiesen war, um einen Grad milder als nach den üblichen Vorschriften zu bestrafen.[54] Diese Bestimmung ließ bei der Urteilsschöpfung einen noch breiteren Variationsrahmen offen.

Abb. 16:

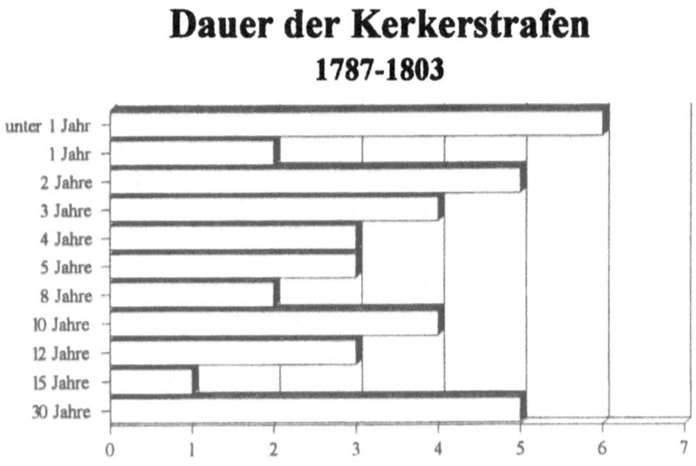

---

53 StLA, AG-Prot. 10249/1788. Zur sog. Anschmiedung vgl. H. Hoegel: Freiheitsstrafe, S. 11 f.

54 KGO 1788, § 148.

Sechs Kindsmörderinnen wurden zu Gefängnisstrafen unter einem Jahr, und zwar in der Dauer zwischen einem Monat und acht Monaten, verurteilt. Am häufigsten verhängte das Appellationsgericht Freiheitsentzug zwischen einem Jahr und fünf Jahren: 17 Frauen sollten auf diese Weise entweder im landgerichtlichen Arrest oder im Zuchthaus für ihre Tat büßen. Das nächste angewandte Strafmaß, von dem zwei Frauen betroffen waren, lag bereits bei acht Jahren Kerker, vier weitere Angeklagte wurden zu zehn Jahren Freiheitsentzug verurteilt. Als nächste Abstufungen folgen zwölf und 15 Jahre Gefängnis, die ungemilderte Regelstrafe von 30 Jahren Kerker traf immerhin noch fünf Kindsmörderinnen.

Je nach der zeitlichen Länge der Gefängnisstrafen variierte auch deren Härtegrad: Für Delinquentinnen, die bis zu maximal zwei bis drei Jahren Freiheitsentzug verurteilt wurden, bestimmte man in der Regel „gelinderes Gefängnis". Nach dem Strafgesetzbuch 1787 bedeutete dies, daß die Arrestantin mit leichten Eisen zu belegen war und eine im Verhältnis bessere Nahrung erhielt. Wurde der Freiheitsentzug auf mehrere Jahre ausgesprochen, so bedeutete das hingegen meist „hartes" Gefängnis: Die angelegten Eisen besaßen größeres Gewicht, die Speisen waren von minderer Qualität, Fleischgerichte gab es nur zweimal in der Woche.[55] Der höchste Härtegrad, nämlich sogenanntes schwerstes Gefängnis, wurde - zumindest seitens des Appellationsgerichtes - niemals über eine Kindsmörderin verhängt.

Auch der Ort, an dem die Verurteilten ihre gesetzliche Strafe abzubüßen hatten, divergierte je nach der Dauer derselben. Eine Gefängniszeit von mehreren Monaten oder von wenigen Jahren wurde üblicherweise direkt im Landgerichtsarrest abgesessen, Delinquentinnen mit länger andauernden Gefängnisstrafen hatten diese meistens in einer sogenannten Provinzialanstalt abzubüßen. Für Strafzeiten, die über mehrere Jahrzehnte reichten, waren die Kasematten des Grazer Schloßbergs als Aufenthaltsort vorgesehen.[56] Übrigens hatte das Appellationsgericht von den Zuchthäusern nicht die beste Meinung, was die Läuterung einer dort festgesetzten Delinquentin betraf. Gegen die Einweisung von Maria Hoferin auf den Schloßberg wandte es unter anderem ein, daß diese dort anstatt gebessert nur noch mehr verdorben werden dürfte,[57] in der Urteilsbegründung von Agnes Kojenzin heißt es sogar ganz unverblümt: *„Ich verurteilte sie zu gelindem Gefängnis, um sie bey dem Landgericht in der Strafe erhalten zu können, weil es für die Folgen zu gefährlich wäre, sie als ein 20jähriges Mädchen, die noch von Schamhaftigkeit begleitet beschrieben wird, in das Zuchthaus abzugeben."*[58] Interessant ist übrigens, daß sich selbst geständige Kindsmör-

---

55 StGB 1787, 1. Teil, §§ 26-30. Vgl. dazu auch H. Hoegel: Freiheitsstrafe, S. 11 f.

56 Vgl. KGO 1788, §§ 188-190 sowie H. Hoegel: Freiheitsstrafe, S. 39 f.

57 StLA, AG-Prot. 4718/1804. In Graz befand sich bis 1809 das Zuchthaus ebenfalls auf dem Schloßberg, und zwar im Zeughaus und in der auf dem oberen Platz gelegenen Kaserne. Erst dann wurde die Anstalt in das frühere Jagdschloß Karlau verlegt. Vgl. Helfried Valentinitsch: Das Grazer Zucht- und Arbeitshaus 1734-1783. Zur Geschichte des Strafvollzugs in der Steiermark. In: Festschrift Hermann Baltl. Hrsg. v. Kurt Ebert. Innsbruck 1978, S. 505.

58 StLA, AG-Prot. 5706/1790. Vgl. dazu auch G. Ammerer: „Die steinerne Agnes", S. 347.

derinnen von den übrigen im Zuchthaus einsitzenden Straftäterinnen und Straftätern deutlich distanziert sehen wollten: Maria Kollarin bat etwa, sie nicht auf den Schloßberg zu bringen, *„wo allerhand schlechtes Gesindel seyn soll."*[59] Obwohl also selbst eines Verbrechens überwiesen, fühlte sie sich anderen Gesetzesbrecherinnen und Gesetzesbrechern moralisch überlegen.

In fast jedem Fall war eine Gefängnisstrafe mit der Ableistung öffentlicher Arbeit verbunden. Bei der Festsetzung der Art und Schwere derselben sollte auf die physische Konstitution der Verurteilten Rücksicht genommen werden. Als zusätzliche Verschärfung der Strafe galt die körperliche Züchtigung der Delinquentinnen, durchgeführt meist zu Beginn, in der Mitte und am Ende ihrer Strafzeit; Theresia Hatzin sollte darüber hinaus in jedem Jahr ihrer 30jährigen Kerkerzeit am Tag ihres begangenen Verbrechens 30mal mit Ruten geschlagen werden.[60] Auch die Verschärfung des Freiheitsentzuges durch Fasten - in regelmäßigen Abständen erhielt die Arrestantin lediglich Wasser und Brot - wurde ausgesprochen.

Neben diesen definitiven und tatsächlich exekutierten Gerichtsurteilen interessiert natürlich, ob bzw. inwieweit die Entscheidungen der Erstgerichte davon abwichen oder damit konform gingen. Beachtung verdient auch die Diskussion innerhalb des Appellationsgerichtshofes, denn auch hier herrschte durchaus nicht immer Einigkeit. Ein Vergleich zwischen den Urteilen der ersten bzw. zweiten Instanz zeigt, daß die Erstgerichte eher dazu neigten, eine Angeklagte schuldig zu sprechen.[61] Während das Appellationsgericht vergleichsweise nur 37 Frauen als zweifelsfrei überführt erkannte, fällten die Erstgerichte insgesamt 42mal einen Schuldspruch. Umgekehrt kam es dagegen kaum vor, daß die Behörde zweiter Instanz ein Urteil des Land- oder Bannrichters zu Ungunsten der inkriminierten Frau revidierte. Da eine getroffene Abänderung erstgerichtlicher Entscheidungen durch das Appellationsgericht in der Regel nicht näher begründet wurde und die Abweichungen auch zahlenmäßig kaum ins Gewicht fallen, muß eine Interpretation im wesentlichen unterbleiben. Es scheint jedoch, daß das Obergericht eine größere Verantwortung gegenüber den Angeklagten entwickelte und bei unklarer Rechts- oder Sachlage davor zurückscheute, eine möglicherweise schuldlose Frau zur Verbrecherin zu erklären. Im übrigen ist die größere Milde des Obergerichtes kein spezifisches Kennzeichen bei Kindsmordprozessen, sondern kam auch bei anderen Straftaten zum Tragen.[62]

Hinsichtlich Schuld oder Unschuld gingen selbst unter den Mitgliedern des Appellationsgerichtshofes die Meinungen auseinander. Mehrfach lautete der Urteilsentwurf des vor-

---

59 StLA, AG-Prot. 3174/1804.

60 StLA, AG-Prot. 10249/1788.

61 Otto Ulbricht kommt für Kindsmörderinnen in Schleswig-Holstein des ausgehenden 18. Jahrhunderts zu einem konträren Ergebnis. Vgl. ders.: Kindsmord und Aufklärung, S. 359-362.

62 Vgl. F. Hartl: Wiener Kriminalgericht, S. 253 f.

tragenden Referenten anders als der tatsächliche Richtspruch. Da die den einzelnen Untersuchungen beigezogenen Juristen des Obergerichtes nicht namentlich mit ihrer Rechtsmeinung angeführt sind, lassen sich hier jedoch keine weiterreichenden Analysen treffen. Zweimal sah sich sogar die Oberste Justizstelle zum Eingreifen veranlaßt, indem sie ein Urteil des Appellationsgerichtes revidierte.[63]

Abb. 17:

Urteile von Erst- und Obergericht
1787-1803

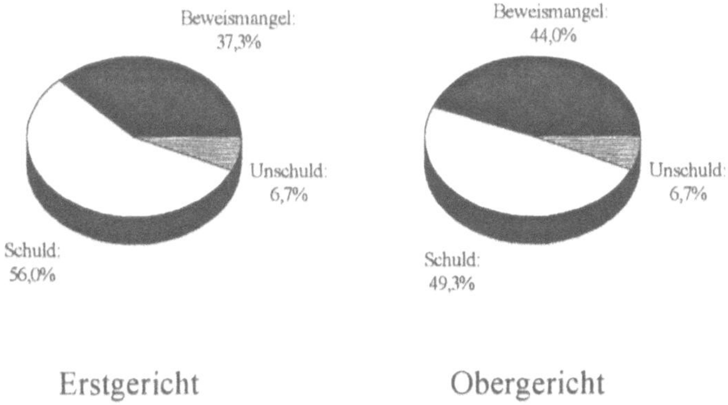

Was nun die Dauer der ausgesprochenen Gefängnisstrafen betrifft, deutet eine Gegenüberstellung verschiedener Gerichtsentscheidungen auf eine weitgehende Orientierungslosigkeit unter den agierenden Richtern hin. Grundsätzlich ist zu bemerken, daß die Urteile der ersten Instanz gesamt gesehen etwa gleich streng ausfielen wie jene der übergeordneten Behörde, allerdings verhängte das Erstgericht sechsmal eine Gefängnisstrafe von 30 Jahren, einmal eine über 31 Jahre und einmal setzte es sogar 50 Jahre Kerker fest, während das Appellationsgericht von derart hohen Strafen eher Abstand nahm.

[63] StLA, AG-Prot. Fasz. 20, 144/1801 sowie AG-Prot. Fasz. 20, 14/1802; AG-Prot. Fasz. 20, 89/1796.

Abb. 18:

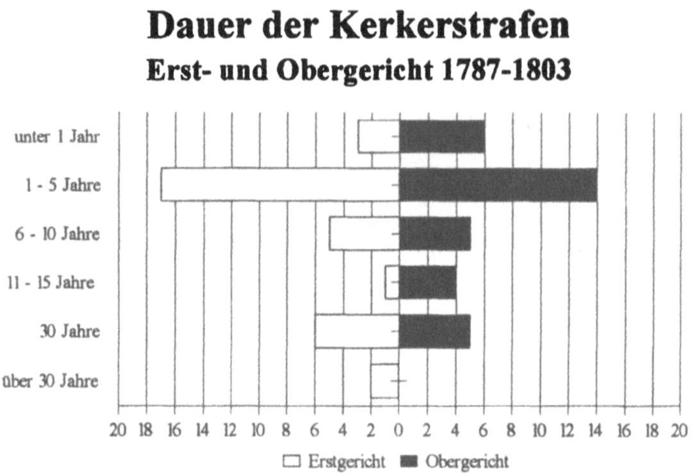

Um die Verwirrung zu illustrieren, die bisweilen der endgültigen Festsetzung eines Strafmaßes vorausging, soll hier nur der Fall der Bauerntochter Ursula Nemitzin herausgegriffen werden. Die zu Pettau verhaftete 17jährige Frau wurde vom Bannrichter Adolbrand Deicher wegen Kindsmordes nach dem § 95 des Strafgesetzes zu zwei Jahren gelinden Gefängnisses, verschärft mit öffentlicher Arbeit in minder schweren Eisen verurteilt. Der Referent des Appellationsgerichtes judizierte hingegen auf der Basis des § 92 und befand, daß die Delinquentin grundsätzlich schuldig wäre, mit 30 Jahren hartem Gefängnis und öffentlicher Arbeit zu büßen. In Anbetracht der zahlreichen Milderungsgründe, die für Ursula Nemitzin sprachen, etwa deren jugendliches Alter und ihr vorheriger guter Lebenswandel, war der Dezernent jedoch zu einer geradezu unglaublichen Herabsetzung der 30 Jahre harten Gefängnisses auf nur 30 Monate gelinden Gefängnisses bereit! Aber die übrigen Mitglieder des Appellationsgerichtshofes teilten diese Auffassung wiederum nicht. Die Strafe, die letztlich über Ursula Nemitzin ausgesprochen wurde, lautete auf zehn Jahre hartes Gefängnis mit öffentlicher Arbeit; eine nähere Begründung dieses abgeänderten Schiedsspruches erfolgte nicht.[64]

[64] StLA, AG-Prot. 3734/1791.

Noch eine Reihe anderer Delinquentinnen war von dieser offensichtlichen Inkonsequenz in der Bemessung einer Freiheitsstrafe in teilweise ähnlich krassem Ausmaße betroffen. Nur in etwas mehr als 40% der insgesamt vergleichbaren Fälle herrschte hinsichtlich des endgültigen Urteils durchgehend Übereinstimmung zwischen den einzelnen untersuchenden Gerichten. Am allerdeutlichsten divergierten die Ansichten unzweifelhaft bei der Bemessung der Strafdauer der als schuldig erkannten Delinquentinnen: Von den hier in Frage stehenden Strafprozessen gab es lediglich 15%, bei denen in Folge des Instanzenzuges keine Änderung der festgesetzten Gefängnisstrafen vorgenommen wurde!

Wie sind solche Widersprüche in den Gerichtsentscheiden nun erklärbar? In einem ersten Schritt muß sicher auf die unzureichende Rechtslage hingewiesen werden. Da keine explizite gesetzliche Bestimmung für das Delikt des Kindsmordes bereitstand, waren die urteilenden Richter versucht, auf sachverwandte Bereiche auszuweichen und diese entsprechend zu adaptieren. Auch die Frage, ob eine Angeklagte nun zweifelsfrei überführt war oder nur aus Zusammentreffen der Umstände verurteilt werden konnte, bedurfte einiger Überlegung. Das Vorgehen der Urteilssprecher wurde dabei zum einen durch ihre jeweiligen juristischen Kenntnisse bestimmt; wie wir anhand mehrerer Beispiele erkennen können, gab es hier - trotz vorgeschriebener Ausbildung[65] - bisweilen Unzulänglichkeiten, was etwa Fragen der Subsumierung eines Sachverhalts oder der Beweisführung einer strafbaren Handlung betraf. Zum anderen darf aber auf keinen Fall die persönliche Gesinnung eines Richters außer Acht gelassen werden. Durch die relative Freiheit, die ihm seitens des Gesetzes eingeräumt wurde, besaß er die Möglichkeit, eigene Vorstellungen und Überzeugungen zu gesellschaftlicher Devianz und Strafvollzug in die Handhabung und Beschließung einer Kriminaluntersuchung einfließen zu lassen. Gerade in der Bewertung des Kindsmorddeliktes prallten nun die unterschiedlichen Anschauungen aufklärerischer und konservativer Strafrechtstheoretiker und -praktiker besonders heftig aufeinander.

Generell ist festzuhalten, daß hinsichtlich der Urteilssprechung der Land- und Bannrichter der verschiedenen innerösterreichischen Länder keine Besonderheiten zu erkennen sind. Wenn wir hingegen die einzelnen Gerichtsentscheidungen im zeitlichen Verlauf betrachten, so scheint es, daß gegen Ende der Geltungsperiode des Josephinischen Strafgesetzbuches in der Urteilspraxis bereits ein weitgehender Konsens gefunden wurde, zumindest sind eklatante Abweichungen von der Norm nicht mehr zu bemerken.

---

65 Vgl. F. Hartl: Wiener Kriminalgericht, S. 66-68; E. Planer: Recht und Richter, S. 156-159.

14.3.2. Verurteilungen nach dem Franziszeischen Strafgesetzbuch

Zwischen 1804 und 1849 sind uns 686 wegen Kindsmordes inkriminierte Frauen bekannt, über die auf der Grundlage des Franziszeischen Strafgesetzbuches ein Urteil wegen des ihnen vorgeworfenen Kriminalverbrechens gefällt wurde. Von 316 dieser Angeklagten kennen wir den Ausgang ihres Strafprozesses.

Abb. 19:

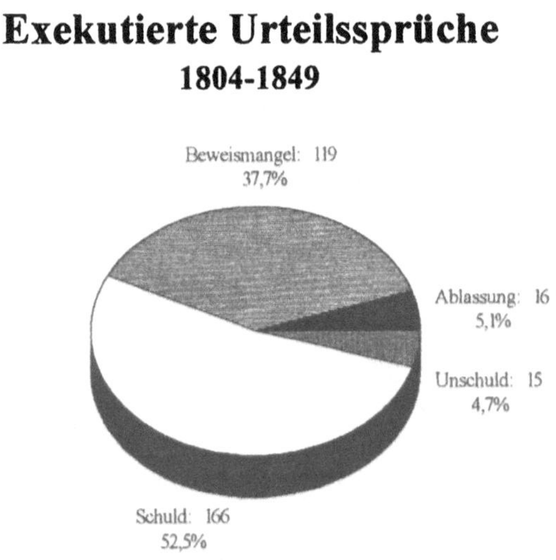

In 16 Fällen faßte das Appellationsgericht einen Ablassungsbeschluß, das heißt, man nahm von einer Fortführung der Untersuchung Abstand, die vor Gericht gestellte Frau wurde auf freien Fuß gesetzt oder allenfalls einer politischen Behörde überantwortet. Eine solche Ablassung erfolgte in der Regel auf der Grundlage des § 273 des Strafgesetzbuches, in dem es unter anderem heißt: *„Sofern also gegen jemanden der Verdacht eines Verbrechens gefaßt und der Erforschung der wider ihn entstandenen Anzeigungen nachgegangen, dabey aber der Ungrund des Verdachtes entdecket worden wäre, soll sogleich von weiterer Untersuchung gegen ihn abgelassen werden."*[66]

[66] StGB 1803, 1. Teil, § 273.

Die Strafverfolgung gegen Catharina Tergosich wurde beispielsweise wegen Mangel eines verbrecherischen Gegenstandes eingestellt, nachdem die Vorerhebungen zutage brachten, daß sie bei der Geburt sehr wohl die Hilfe einer Hebamme gesucht hatte und einzig deshalb verdächtig schien, da sie durch ihre ungeschickte Körperhaltung den Säugling, der bald darauf starb, zu Boden fallen ließ.[67] Aber auch, wenn das Appellationsgericht erkannte, daß eine Fortführung der Kriminaluntersuchung zu keinem anderen Ergebnis als zu einer bloßen Lossprechung wegen mangelnder Beweise führen würde, sah es sich zu einem Ablassungsbeschluß veranlaßt: Obwohl etwa laut ärztlichem Gutachten unzweifelhaft erhoben war, daß der Sohn von Johanna Pucher bei der Geburt gelebt hatte, verzichtete man darauf, die Frau länger wegen des Deliktes des Kindsmordes festzuhalten, da man sich keine Möglichkeit vorstellen konnte, ihr die Böswilligkeit ihrer Vorgangsweise - der Knabe fiel bei der Entbindung in die irdene Nachtschüssel und zog sich dabei seine tödlichen Verletzungen zu - selbst bei weiterer Nachforschung nachzuweisen.[68]

Ein Ablassungsbeschluß von der Fortsetzung einer Kriminaluntersuchung wurde auch dann ausgesprochen, wenn das Verbrechen durch Verjährung bereits erloschen war. Bei der gewaltsamen Tötung eines im unehelichen Stande empfangenen Kindes betrug die Verjährungsfrist zehn Jahre, bei unterlassener Hilfeleistung fünf Jahre.[69] Margareth Milovcich-Talian mußte dem Kriminalgericht in Rovigno auf die Anzeige eines Geistlichen hin zwar bekennen, daß sie ihr aus einer ehebrecherischen Beziehung stammendes Kind nach der Entbindung mit Hilfe der Hebamme erwürgt hatte; nachdem die Tat aber bereits 17 Jahre zurücklag, konnte über sie keine Strafe mehr verhängt werden.[70] Verbrechen und Strafe erloschen natürlich ebenfalls, wenn die in Untersuchung stehende Person starb.[71] Die wegen Kindsmordes vom Landgericht Feldbach verhaftete Anna Plachl verschied 1843 noch vor ihrer Aburteilung, worauf die Akten geschlossen wurden.[72]

15 weitere Frauen erkannte das Appellationsgericht im Sinne des § 427 des Strafgesetzbuches als unschuldig und befreit von jedem Verdacht des Kindsmordes. So konnte Hellena Blaschnigg das Gericht davon überzeugen, daß sie als unerfahrene 17jährige nicht gewußt habe, wie bei und nach der Geburt eines überdies noch nicht voll ausgetragenen und wohl schon im Mutterleib verstorbenen Kindes vorzugehen sei.[73] Freilich bewahrte ein Freispruch vom Delikt des Kindsmordes nicht immer vor einer Verurteilung wegen der

67 StLA, AG-Prot. 12100/1824.
68 StLA, AG-Prot. 7730/1836.
69 StGB 1803, 1. Teil, §§ 206 f.
70 StLA, AG-Prot. 14509/1835.
71 StGB 1803, 1. Teil, §§ 201 f.
72 StLA, AG-Rep. 1843-1844.
73 StLA, AG-Prot. 10957/1823.

schweren Polizeiübertretung der Geburtsverheimlichung: Die Oststeirerin Klara Schmidt büßte dafür noch immerhin mit drei Monaten strengen Arrestes.[74]

Nicht weniger als 119 Frauen wurden vom Verdacht des Kindsmordes aufgrund der unzureichenden Beweislage losgesprochen. Das Franziszeische Strafgesetzbuch übernahm diesbezüglich die bereits geltenden Bestimmungen: Die verdächtigen Personen wurden mit einer nachdrücklichen Ermahnung zwar entlassen, konnten beim Bekanntwerden neuer gegen sie sprechender Indizien aber jederzeit wieder eingezogen werden und waren überdies zur Begleichung der Kriminalkosten verpflichtet.[75] Gestand eine inkriminierte Frau das Verbrechen nicht ein, konnte die Kindesleiche nicht gefunden werden oder war diese bereits in einem solchen Maße verwest, daß eine ordnungsgemäße ärztliche Beschau keine verläßlichen Erkenntnisse mehr brachte, so bestand seitens des Gerichtes keine Möglichkeit, die Angeklagte zweifelsfrei eines Kindsmordes zu überführen. Für eine Verurteilung durch die politische Behörde reichte es in den meisten Fällen aber allemal.

Von 166 Angeklagten wissen wir, daß sie als Kindsmörderinnen verurteilt wurden. Damit überwiegen die Schuldsprüche vergleichsweise zwar bei weitem, dieses Ergebnis darf aber nicht überbewertet werden: Aufgrund der Quellenlage sind eines Verbrechens überführte und bestrafte Delinquentinnen leichter faßbar, wodurch es zu Verzerrungen kommen kann. Die zur Darstellung ebenfalls mit herangezogenen Akten und Repertorien des steiermärkischen Guberniums geben etwa nur Auskunft über die ins Grazer Zuchthaus abgegebenen schuldigen Angeklagten, schweigen aber über alle anderen Fälle, in denen wir oft in Unkenntnis über den Ausgang eines Kriminalverfahrens bleiben, sofern der diesbezügliche Appellationsgerichtsakt nicht erhalten ist.

Trotzdem dürfen wir annehmen, daß tatsächlich mehr als die Hälfte der vor Gericht gestellten Frauen schuldig gesprochen wurde. Im Auftrag des Grazer Guberniums fertigte das innerösterreichische Appellationsgericht 1824 eine Zusammenstellung aller in den letzten zehn Jahren wegen Kindsmordes geführten Kriminaluntersuchungen an. Daraus entnehmen wir, daß in Klagenfurt zwischen 1814 und 1823 63 diesbezügliche Strafprozesse beschlossen wurden. In fünf Fällen kam es zu einer Unschuldserklärung, 22 Angeklagte wurden aufgrund der unzureichenden Beweislage losgesprochen, 36 Frauen hingegen - und damit 57% - rechtskräftig als Kindsmörderinnen verurteilt.[76] Die prozentuelle Verteilung der unterschiedlichen Prozeßausgänge deckt sich damit im wesentlichen mit den für den gesamten Zeitraum von 1804 bis 1849 errechneten Werten.

---

74 StLA, Bezirksgericht Feldbach, Fasz. 73: Herrschaft Fürstenfeld, Kriminalsachen 1820-1850.

75 StGB 1803, 1. Teil, §§ 428, 449 sowie 14. Hauptstück: „Von Wiederaufnehmung der Untersuchung wegen neuer Umstände". Vgl. auch F. Hartl: Wiener Kriminalgericht, S. 233 f.

76 StLA, Gub.-Fasz. 47, 1822-1825. Vgl. zu den Urteilen des Kärntner Stadt- und Landrechts zwischen 1830 und 1840: R. Melzer: Geschichte der Findlinge, S. 318.

Ein Blick auf die Kriminalstatistik zeigt uns, daß der Kindsmord ein Delikt war, das ausgesprochen schwer bewiesen werden konnte. 1828 endeten in Innerösterreich im Durchschnitt nämlich nur etwa 22% der insgesamt durchgeführten Kriminaluntersuchungen mit einem Losspruch wegen Beweismangels, fast 65% aller vor Gericht gestellten Personen wurden hingegen verurteilt, 10% für unschuldig erklärt.[77] Die Abweichungen machen deutlich, daß nicht die Ineffizienz der Gerichte, sondern vielmehr die besonderen Umstände dieser Verbrechensart eine Überführung weit seltener zuließen.

§ 122 des Strafgesetzbuches sah - wie bereits ausgeführt - für Kindsmord schwere Kerkerstrafen von mindestens fünf Jahren bis zur lebenslänglichen Inhaftierung vor; die Bemessung variierte nach der Ehelich- bzw. Unehelichkeit des Kindes sowie nach dessen Tötungsart. Bei 145 Schuldsprüchen kennen wir die Länge des verhängten Freiheitsentzuges: Der Bogen reicht dabei von einem Jahr Gefängnis bis zur 20jährigen Anhaltung im Kerker.

Abb. 20:

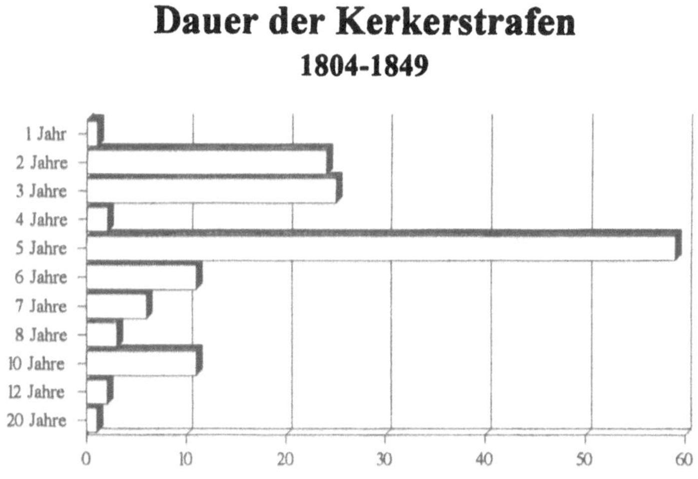

[77] Das Ergebnis für die Steiermark fiel am deutlichsten aus: Nur 10% aller Verdächtigen wurden ab instantia losgesprochen. Vgl. Statistische Tafeln, 1828.

Die Zusammenstellung zeigt, daß in 76% aller Verurteilungen nur die Mindeststrafe ausgesprochen bzw. diese sogar noch beträchtlich unterschritten wurde![78] Das Obergericht besaß nämlich die Befugnis, gesetzmäßige Strafen zwischen fünf und zehn Jahren bis auf zwei Jahre zu verringern, ein ursprüngliches Strafmaß zwischen zehn und 20 Jahren durfte es bis auf fünf Jahre herabsetzen. Darüber hinaus bestand noch die Möglichkeit eines Ansuchens an die Oberste Justizstelle um die Gewährung einer außerordentlichen Strafmilderung.[79]

Am glimpflichsten von allen kam die Steirerin Constantia Jaritz davon: Wegen versuchten Kindsmordes lieferte man sie 1835 ins Grazer Zuchthaus ein, im Jahr darauf durfte sie dieses bereits wieder verlassen.[80] 24 Angeklagte hatten ihre Tat mit zwei Jahren Gefängnis zu sühnen, 25 weitere saßen für ihr Verbrechen drei Jahre ein und zwei Kindsmörderinnen wurden zu jeweils vier Jahren Freiheitsentzug verurteilt. Die bei weitem am häufigsten ausgesprochene Strafe lautete auf fünf Jahre Kerker: Nicht weniger als 59 Delinquentinnen, damit über 40% im relativen Vergleich, waren davon betroffen. Elf Frauen verbrachten für die Tötung ihres Kindes sechs Jahre in einer Strafanstalt, sechs Kindsmörderinnen hatten siebenjährigen Kerker, drei weitere achtjährigen Kerker zu verbüßen. Das nächste verhängte Strafmaß, zu dem immerhin noch elf Frauen verurteilt wurden, betrug zehn Jahre Gefängnis. Noch längerer Freiheitsentzug war selten: Nur zwei Verurteilte mußten zwölf Jahre im Gefängnis zubringen. Eine Ausnahme in jeder Hinsicht stellt schließlich Maria Sedlar dar: Als Mörderin ihres ehelichen Kindes traf sie lebenslänglicher schwerster Kerker, der allerdings von der Obersten Justizstelle auf 20 Jahre schweren Kerker gemildert worden war.[81]

Das Franziszeische Strafgesetzbuch kannte die gleichen Strafverschärfungen, die auch in den Jahren zuvor angewandt worden waren, also generelle Anhaltung zur Arbeitsleistung bzw. im besonderen körperliche Züchtigung und Fasten.[82] Über mindestens zehn Kindsmörderinnen sprachen Erst- bzw. Oberrichter eine zusätzliche Leibesstrafe in Form von Rutenstreichen aus. Interessanterweise fallen sämtliche diese Verurteilungen in die ersten Jahre des 19. Jahrhunderts, nach 1816 haben wir keinen Hinweis mehr darauf, daß eine Delinquentin im Kerker körperlich gezüchtigt worden wäre.[83] Von der Zufügung eines körperlichen Schmerzes versprach sich so mancher Gerichtsbeamte trotzdem weitaus mehr

---

78 Friedrich Hartl bemerkt übereinstimmend damit eine besondere Beschuldigtenfreundlichkeit des Wiener Kriminalgerichtes bei den Delikten der Abtreibung und des Kindsmordes. Vgl. ders.: Wiener Kriminalgericht, S. 189 u. S. 366.

79 StGB 1803, 1. Teil, §§ 441, 443.

80 StLA, AG-Rep. 1835-1836; Gub.-Rep. 1834-1836.

81 StLA, AG-Prot. 11485/1823.

82 StGB 1803, 1. Teil, §§ 16-22.

83 Auch für das Wiener Kriminalgericht wird ab 1810 ein generelles Zurückgehen dieser Strafverschärfung festgestellt. Außerdem durften Frauen laut eines Hofdekretes aus dem Jahr 1812 nur mehr von Geschlechtsgenossinnen gezüchtigt werden. Vgl. F. Hartl: Wiener Kriminalgericht, S. 411.

für die Besserung einer Delinquentin als von einem bloßen Freiheitsentzug auf bestimmte Dauer. Bei der Bezirksobrigkeit Fürstenfeld meinte man dazu ganz unverhohlen: *„Wir haben oft in Erfahrung gebracht, daß liederliche Dirnen [...] nach überstandener Strafe nur lachen und sich gar nichts daraus machen; das eingreifendste Mittel für diese verdorbenen Weibspersonen sind Rutenstreiche, nur diese Strafe allein ist vermögend, derlei ledige Weibspersonen von gleichen Vorgehungen abzuschrecken und abzuhalten, niemals aber eine bloße Arrest-Strafe."*[84]

Abb. 21:

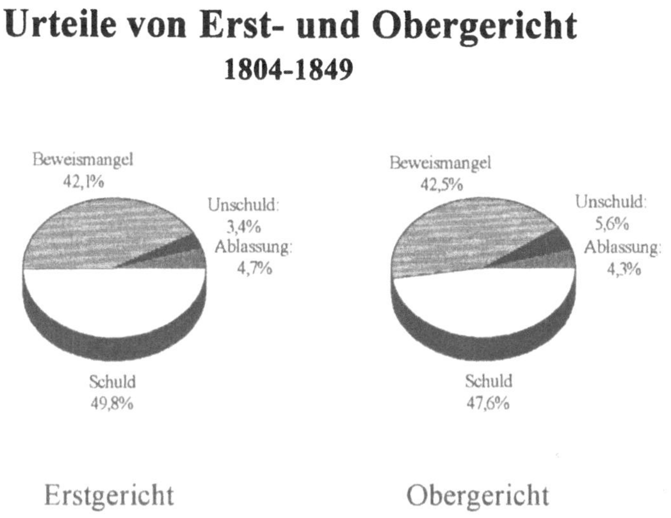

Wenn wir analog zu den herrschenden Verhältnissen in der Geltungsperiode des Josephinischen Strafgesetzbuches einen Vergleich hinsichtlich der Urteilspraxis zwischen Erst- und Appellationsgericht während der Zeit von 1804 bis 1849 anstellen, so stimmen die Ergebnisse im wesentlichen überein. In den meisten der 233 unmittelbar komparablen Fällen lauten die Entscheidungen gleich, es kann lediglich auf 20 voneinander differierende Richtsprüche verwiesen werden, in denen einigemale die Oberste Justizstelle um einen endgültigen Beschluß gebeten werden mußte. Über die prinzipielle Frage von Schuld oder

[84] StLA, Bezirksgericht Fürstenfeld, Fasz. 10: Polizeiübertretungen bis 1850.

Unschuld änderten sich die Sichtweisen also nicht merklich. In einer Gesamtdarstellung heben sich die Unterschiede fast vollständig auf.[85]

Abb. 22:

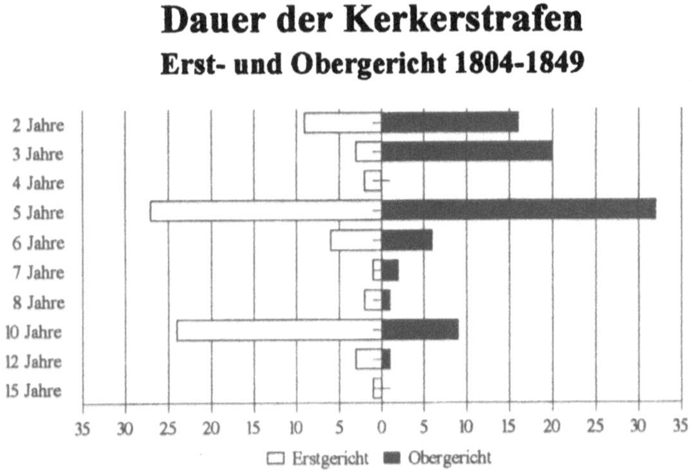

In der Festsetzung der Dauer einer Kerkerstrafe bei einem übereinstimmend gefällten Schuldspruch gingen die Meinungen schon deutlicher auseinander, auch zwischen dem Vorschlag des zuständigen Referenten des Appellationsgerichtshofes und dessen endgültiger Beschlußfassung herrschte nicht immer Einklang. Uns liegen 78 Beispielfälle vor, in denen sowohl Ober- als auch Erstgericht Freiheitsentzug auf eine bestimmte Zeit aussprachen, wobei die Urteile der zweiten Instanz wiederum - wie bereits in den Jahren zuvor bemerkt - wesentlich nachsichtiger ausfielen als jene der ersten. Während das Appellationsgericht vergleichsweise nur über neun Frauen zehnjährigen Kerker verhängte, wurden vom Erstgericht noch 24 Delinquentinnen zu einer Strafe solcher Höhe verurteilt. Allerdings ist dabei zu berücksichtigen, daß die Behörden erster Instanz nur die gesetzmäßig mögliche Gefängnisstrafe aussprechen und allenfalls eine Empfehlung über eine Milderung

[85] Die Prozentzahlen von Abb. 21, betreffend die Urteile des Appellationsgerichtes, decken sich nicht mit jenen von Abb. 19 bzw. Abb. 23, da nicht für alle Strafprozesse sowohl erst- als auch obergerichtliche Entscheidungen vorliegen und die Bezugsgröße daher eine andere ist.

abgeben durften, eine definitive Herabsetzung blieb dem Obergericht vorbehalten. Übrigens hatte man von seiten des Gesetzes nunmehr auch bei allzugroßen Abweichungen im Strafmaß Abhilfe geschaffen: Falls das Urteil des Obergerichtes eine um fünf Jahre längere Kerkerstrafe vorsah als das Kriminalgericht, griff die Oberste Justizstelle ein, um die Dauer des Freiheitsentzuges festzusetzen.[86]

Tatsächlich suchte das Appellationsgericht bei mehreren Urteilsschöpfungen um Bestätigung bzw. Rat in Wien an.[87] Eine Vorlage der Untersuchungsakten an die Oberste Justizstelle war unter anderem dann verpflichtend, wenn das zuständige Kriminalgericht auf die Entlassung einer Beschuldigten erkannt hatte, das Obergericht sie aber für schuldig hielt. Die Dienstmagd Eva Suppanz wurde beispielsweise vom Krainer Stadt- und Landrecht wegen mangelnder Beweise losgesprochen, das Appellationsgericht teilte diese Meinung jedoch nicht und verhängte eine zweijährige Kerkerstrafe. Die Oberste Justizstelle entschied zu Gunsten der Angeklagten, Eva Suppanz durfte den Untersuchungsarrest mit einer guten Ermahnung verlassen.[88] Die höchste Instanz in Wien wurde auch eingeschaltet, wenn das Appellationsgericht befand, daß eine Verurteilte einer außerordentlichen, ihre eigenen Kompetenzen überschreitenden Strafmilderung würdig sei; so geschah es etwa im Fall der 25jährigen Maria Theresia Gruber. Das Obergericht stimmte mit dem untersteirischen Bannrichter zwar darin überein, daß die Frau der Tötung ihres Kindes schuldig zu sprechen sei und sie nach dem Gesetz zehn- bis 20jähriger Kerker zu treffen habe, aufgrund der besonderen Tatumstände - Maria Theresia Gruber wurde jahrelang von ihrem Pflegevater sexuell mißbraucht und im Augenblick der Geburt im Stich gelassen - bat es um eine Herabsetzung der Strafe auf drei Jahre. Die Oberste Justizstelle sah jedoch keine Veranlassung zu einem solchen Entgegenkommen und bestimmte fünf Jahre schweren Kerker im Grazer Zuchthaus.[89] Schließlich wurden die zentralen Behörden in Wien noch in einem dritten möglichen Fall aktiv, nämlich in der Bestätigung bzw. Milderung eines auf lebenslänglichen Freiheitsentzug lautenden Urteils: Maria Sedlar mußte den Mord an ihrem in der Ehe empfangenen Kind auf diese Weise nur mit 20 Jahren schweren Kerkers sühnen.[90]

Werfen wir nun einen vergleichenden Blick auf die jeweils rechtskräftigen Urteilssprüche unter dem Josephinischen bzw. unter dem Franziszeischen Strafgesetzbuch, so ergibt sich wenig Bemerkenswertes. Zwischen 1804 und 1849 gab es lediglich um fünf Prozentpunkte weniger Aufhebungen wegen Beweismangels und demgemäß auch mehr Schuldsprüche. Unter der Anwendung des Franziszeischen Strafgesetzbuches dürfte eine

---

86 Vgl. StGB 1803, § 443 lit. b.

87 Vgl. die gesetzlichen Bestimmungen: StGB 1803, 1. Teil, § 443.

88 StLA, AG-Prot. 12444/1823.

89 StLA, AG-Prot. 100/7644/1818.

90 StLA, AG-Prot. 11485/1823.

Verurteilung also zumindest geringfügig wahrscheinlicher gewesen sein als in den Jahren zuvor. Die Abweichungen hinsichtlich der gefällten Freisprüche sind ebenfalls minimal, einzig die Kategorie der mit einem Ablassungsbeschluß nicht bis zu einem Ende geführten Kriminaluntersuchungen ist nunmehr zahlenmäßig angewachsen.

Abb. 23:

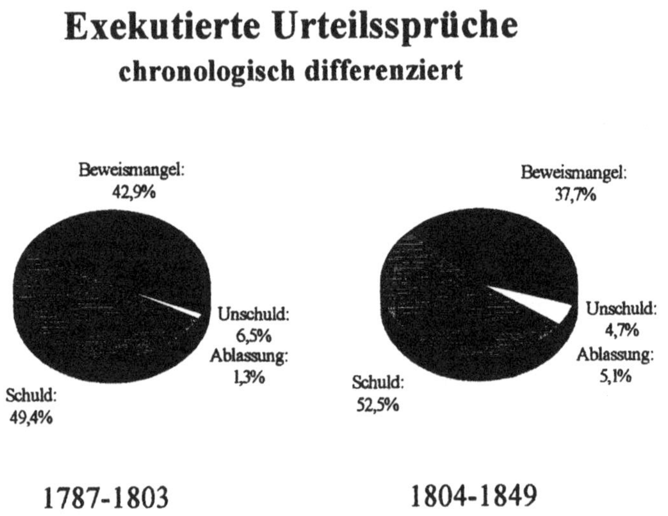

Eine Gegenüberstellung der Dauer der ausgesprochenen Kerkerstrafen zwischen 1787 bis 1803 und 1804 bis 1849 bringt hier schon interessantere Ergebnisse zutage: Während unter dem Josephinischen Strafgesetzbuch oft besonders niedrige, also nur mehrmonatige, aber auch besonders hohe, also über zehnjährige, Gefängnisstrafen verhängt wurden, pendelte sich das Strafmaß während der Geltungsperiode des Franziszeischen Strafgesetzbuches bei einem Mittelwert ein. Extreme Abweichungen nach oben oder nach unten gab es praktisch kaum mehr.

Abb. 24:

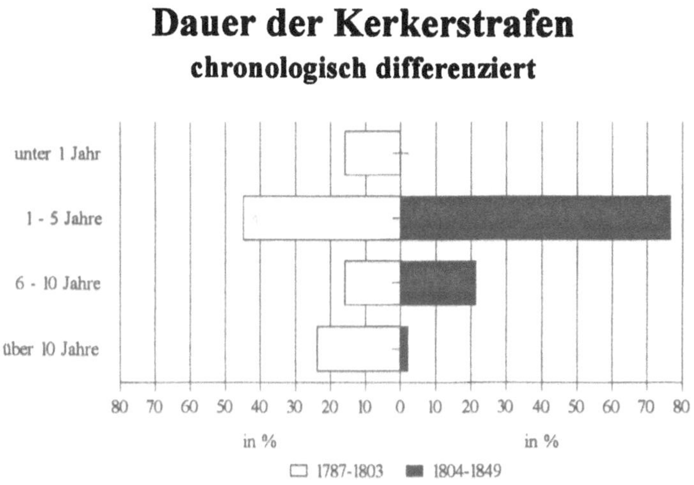

Zum Abschluß soll noch den Fragen nachgegangen werden, ob in der Rechtsprechung zwischen 1804 und 1849 Unterschiede im chronologischen Verlauf feststellbar sind bzw. ob sich für einzelne Länder Besonderheiten nachweisen lassen. Um im ersten Fall Klarheit zu gewinnen, scheint es am zweckmäßigsten, mehrere Jahrgänge einander direkt gegenüberzustellen.

Tab. 1:

	Ablassung	Unschuld	Schuld	Beweismangel
1807	-	7,6%	46,2%	46,2%
1815	-	16,7%	33,3%	50,0%
1822	-	20,0%	40,0%	40,0%
1836	11,8%	11,8%	41,2%	35,2%

Wie wir der Tabelle entnehmen können, gibt es keinen Entwicklungsstrang, der sich kontinuierlich durchzieht. Wir können also nicht behaupten, daß etwa um 1840 das Beweisverfahren bereits verfeinerter und damit die Überführung einer mutmaßlichen Delinquentin wahrscheinlicher war als 30 Jahre zuvor. Die Chancen einer inkriminierten Frau, aufgrund der unzureichenden Indizien mit einer bloßen Ermahnung und einer politischen Strafe davonzukommen, hatten sich nicht verschlechtert.

Eine Aufschlüsselung der Untersuchungsergebnisse nach regionalen Gesichtspunkten ist nicht aussagekräftig. Da für Angeklagte, die vor einem steirischen Gericht standen, noch zusätzliche Quellen, insbesondere die Akten des Guberniums und hier speziell der Verwaltung des Grazer Strafhauses, herangezogen werden konnten, ist der Maßstab für dieses Land ein anderer als für Kärnten, Krain und das Küstenland. Aus diesem Grund kennen wir zwar überdurchschnittlich viele schuldig gesprochene steirische Kindsmörderinnen, dürfen daraus aber keine weiteren Schlüsse ziehen.

14.4. LEBEN HINTER GITTERN

Wie sah nun das Schicksal einer Kindsmörderin nach ihrer Verurteilung aus? Wir haben diesbezüglich nur wenig Informationen, die meisten beziehen sich auf Delinquentinnen, die ihre Strafe im Grazer Zuchthaus verbüßten, wohin sie aus den jeweiligen Kriminalarresten „mittels Vorspann" gebracht wurden. Aus dem Monat September des Jahres 1826 ist ein sogenannter „Spinn-Ausweis" aus dem steirischen Provinzialgefangenenhaus Karlau erhalten geblieben.[91] Die Insassinnen des Strafhauses waren ja dazu angehalten, durch verschiedene handwerkliche Tätigkeiten zu den Erhaltungskosten der Anstalt beizutragen. Diesen Aufzeichnungen entnehmen wir, daß sich im Herbst 1826 14 Kindsmörderinnen in der Karlau befanden. Von Maria Arrich erfahren wir beispielsweise, daß sie nicht nur als Spinnerin, sondern auch als Wäscherin Einsatz fand, Margaretha Zapfel versah ihren Dienst als „Hasplerin", die Schulmeisterstochter Theresia Neppel übte wiederum das Amt einer Krankenwärterin aus, außerdem oblag ihr die Aufsicht über die Hauswäsche sowie die Leitung der Näherei.[92]

20 Jahre später erhalten wir erneut einen kurzen Einblick in den Strafvollzug: Tabellen über alle in den Jahren 1846 und 1847 in der Karlau befindlichen Sträflinge informieren nicht nur über das jeweilige Kriminalverbrechen einer Delinquentin, sondern auch über ih-

[91] StLA, Gub.-Fasz. 47, 1822-1825.
[92] Österreichisches Staatsarchiv, Allgemeines Verwaltungsarchiv: Oberste Justiz, Innerösterreichischer Senat, Karton 39.

re Gemütsbeschaffenheit und ihr Verhalten in der Strafe.[93] Alle 15 im Index aufscheinenden Kindsmörderinnen erhalten von der Zuchthausverwaltung das Zeugnis, sich ruhig und zufriedenstellend im Kerker zu benehmen. Anläßlich eines am 18. Mai 1849 angefertigten Verzeichnisses von insgesamt 50 aus der Strafanstalt von Laibach nach Graz überstellten Häftlingen begegnen wir abermals fünf Kärntner Kindsmörderinnen, die den Rest ihrer Gefängnisstrafe nunmehr in der Steiermark verbüßen sollten: Maria Sorger hatte etwa von ihrer sechsjährigen Kerkerstrafe noch fünf Jahre und 29 Tage abzusitzen, Henriette Glantzer konnte einer Freilassung in zwei Jahren, fünf Monaten und 17 Tagen entgegensehen.[94]

Schon einmal, nämlich 1821, als das Klagenfurter Zuchthaus aufgelöst wurde, war es zu einer Verlegung von Kärntner Häftlingen gekommen, damals transportierte man sie nach Laibach.[95] Im Zuge dieser Überstellung ereignete sich ein Vorfall, der uns hinter die Kulissen bloßer Tabellen und Listen blicken läßt und uns einen trostlosen und von Gewalt geprägten Gefängnisalltag zeigt. Unter den Gefangenen, die im Jänner 1822 bei Schneegestöber in einer strapaziösen, zwei Tage dauernden Reise nach Laibach gebracht wurden, befand sich auch Gertraud Kögler, die im Jahr 1820 vom Landgericht Althofen wegen Kindsmordes zu sechs Jahren schweren Kerkers verurteilt worden war. In der Nacht nach ihrer Ankunft brachte sie in der Gefängniszelle unbemerkt von ihrer Zellengenossin und den Aufsehern abermals ein Kind zur Welt. Sie gebar es hockend über dem sogenannten Nachtkübel, das Kind stürzte in das Gefäß und starb durch die dadurch erlittenen Verletzungen einige Stunden später. Gertraud Kögler hatte dieses Kind von einem Wärter des Klagenfurter Strafhauses empfangen[96] und ihre Schwangerschaft dort verborgen gehalten, um Konflikten mit dem Aufsichtspersonal auszuweichen; in Laibach angekommen, zögerte sie dann aus Scham, sich in der ersten Nacht völlig fremden Menschen anzuvertrauen. Es erscheint beinahe unglaublich, daß der Zustand von Gertraud Kögler - ihr geborenes Kind war immerhin voll ausgetragen und reif - sowohl der Strafhausverwaltung in Klagenfurt als auch jener in Laibach verborgen bleiben konnte. Das Gericht zeigte Verständnis für ihre besondere Notlage und stellte das Verfahren aus Beweisnot ein.[97] Wir haben übrigens keine Nachricht darüber, ob sich das Appellationsgericht im Anschluß an die Urteilsfindung zur Einleitung disziplinärer Schritte gegen den Vater des Kindes oder gegen das Strafhauspersonal in Klagenfurt und Laibach, das die Schwangerschaft der Frau nicht erkennen konnte oder wollte, veranlaßt sah.

---

93 StLA, Gub.-Fasz. 47, 1841-1846 sowie Gub.-Fasz. 47, 1847-1849.

94 StLA, Gub.-Fasz. 47, 1847-1849.

95 Zufolge Entschließung vom 7. Juli 1821 wurde das Klagenfurter Zuchthaus, das während des Krieges 1809 demoliert worden war, aufgehoben. Vgl. H. Hoegel: Freiheitsstrafe, S. 41.

96 Vgl. Helga Olexinski: Die Geschichte der Armen- und Krankenpflege in Kärnten, unter besonderer Berücksichtigung der Klagenfurter Versorgungsanstalten. Wien, Phil. Diss. 1969, S. 132.

97 StLA, AG-Prot. 4136/1820; AG-Prot. 6792/1822.

Es handelt sich dabei um keinen Einzelfall. Im Jahr 1845 kam es in der Grazer Karlau zu einem ähnlichen Skandal: Maria Gabrovetz, wegen Kindsmordes zu fünf Jahren schweren Kerkers verurteilt, wurde von einem Wachmann mit Namen Joseph Skok in Gegenwart einer Mitgefangenen vergewaltigt und geschwängert! Die beiden Frauen waren gerade damit beschäftigt gewesen, das Schlafzimmer der weiblichen Sträflinge auszukehren; Joseph Skok, der zu diesem Zeitpunkt schon über ein halbes Jahr als Wachmann in der Karlau diente und nach der Einschätzung der Zuchthausverwaltung als unverläßlich galt, hatte von seinem vorgesetzten Korporal - entgegen dem Verbot der Leitung der Strafanstalt - den Auftrag bekommen, die Insassinnen zu beaufsichtigen. Der Korporal erhielt aufgrund seines Dienstvergehens achttägigen Hausarrest, die Strafhausverwaltung selbst wies empört jeden Verdacht zurück, nötige Vorsichtsmaßnahmen versäumt zu haben. Joseph Skok wurde nicht bestraft: Noch im gleichen Monat, als es zu oben genannter Gewalttätigkeit kam, entließ ihn die Zuchthausleitung mit dem allgemeinen Verweis auf seine mangelnde Vertrauenswürdigkeit; ob und inwieweit man dabei schon Kenntnis seines Übergriffes auf Maria Gabrovetz hatte, wird nicht klar. Offenbar kam die Angelegenheit jedoch erst ins Rollen, als die Schwangerschaft der Frau augenscheinlich wurde. Trotz der angestellten Erhebungen konnte Joseph Skok zu diesem Zeitpunkt nicht mehr ausgeforscht werden. Maria Gabrovetz brachte am 5. Mai 1845 im Strafhaus in der Karlau ihr Kind zur Welt. Der Knabe, der in der Taufe den Namen Josef erhielt, wurde am darauffolgenden Tag in die Grazer Findelanstalt abgegeben. Übrigens hatte die Frau Gesellschaft im Wochenbett: Zur gleichen Zeit entband nämlich auch eine Mitgefangene, die wegen Diebstahls einsaß; sie war ebenfalls während ihrer Haft von einem Gerichtsdiener geschwängert worden.[98]

Nicht alle Kindsmörderinnen mußten das volle Ausmaß der über sie verhängten Kerkerstrafe absitzen, einige gelangten in den Genuß einer Strafnachsicht. Wir wissen zumindest von 18 Frauen, die sich um eine entsprechende Begnadigung bemühten, freilich wurde nicht jedem Ansuchen stattgegeben. Besonders während der Anwendungsperiode des Josephinischen Strafgesetzbuches zeigte man sich allerdings sehr großzügig: Die Bürgerstochter Maria Hrastovezin, die 1799 zu 30 Jahren Kerker verurteilt worden war, durfte bereits nach vier Jahren den Grazer Schloßberg in Freiheit verlassen, auch Theresia Hatzin verbüßte de facto nur sieben Jahre ihrer insgesamt 30jährigen Gefängnisstrafe![99]

Welche Voraussetzungen die Bittstellerinnen für die Gewährung einer solchen Strafnachsicht zu erfüllen hatten und wie dabei vorgegangen werden konnte, zeigt anschaulich das Beispiel von Theresia Herbst. Die 26jährige Dienstmagd war 1837 wegen Kindsmordes zur Verbüßung einer fünfjährigen Kerkerstrafe in die Karlau eingeliefert worden. Im Sep-

98 StLA, Gub.-Fasz. 47, 1841-1846.

99 StLA, AG-Prot. Fasz. 20, 78/1799; AG-Prot. Fasz. 20, 320/1803; Luttenberg, Marktarchiv, Sch. 93, H. 169: Strafsachen 1571-1853; AG-Prot. 10249/1788; AG-Prot. Fasz. 20, Nr. 120/1795.

tember 1841 suchte die Frau beim Landrecht um Begnadigung an. Das steirische Landrecht und zugleich Kriminalspruchgericht holte in der Folge bei der Strafhausleitung entsprechende Informationen über Theresia Herbst ein. Das Urteil lautete überaus günstig: Die Gefangene legte nach dem Zeugnis des Verwalters und des Kuraten ein ruhiges, stilles Betragen an den Tag und erwies sich zudem als fromm und gläubig. Mitleid erweckte auch die häufige Kränklichkeit der Frau. Seit ihrem Aufenthalt in der Karlau hatte sie mehrmals an heftigem rheumatischem Fieber gelitten. Nach einer Beratung kam das steirische Landrecht zum Schluß, für Theresia Herbst eine Strafnachsicht von einem halben Jahr zu befürworten. Die Entscheidung wurde dem Appellationsgericht in Klagenfurt mitgeteilt; dieses wollte der Delinquentin überhaupt ihre gesamte noch offene Strafe, die zu jenem Zeitpunkt noch knapp über ein Jahr betrug, nachsehen. Die unterbreiteten Vorschläge gelangten nun nach Wien zur Vorlage an den Kaiser. Ferdinand I. entschied, Theresia Herbst gnadenhalber sofort aus dem Strafhaus zu entlassen. Mittlerweile waren freilich einige Monate vergangen, und man schrieb bereits Jänner 1842, als das Vorhaben endlich in die Tat umgesetzt werden konnte.[100]

Daß nicht nur die Person der Antragstellerin eine Rolle spielte, sondern darüber hinaus soziale und ökonomische Faktoren ausschlaggebend für eine Strafnachsicht sein konnten, zeigt wiederum der Fall von Juliana Ederin, die 1791 zu zehn Jahren Kerker verurteilt worden war. 1793 brachte ihr Ziehvater ein Gnadengesuch für die Arrestantin ein: Als alter kinderloser Mann wäre er nicht mehr imstande, sein bei Niklasdorf gelegenes Bauerngut weiter zu bewirtschaften, weshalb er den Wunsch äußerte, Juliana Ederin im Fall ihrer Freilassung seinen Besitz zu übertragen. Der Bannrichter und das Appellationsgericht stimmten überein, dem Ansuchen kurzerhand stattzugeben, da sie der Frau diese einmalige Gelegenheit nicht vorenthalten wollten. Noch im gleichen Jahr konnte Juliana Ederin wieder an den elterlichen Bauernhof zurückkehren.[101]

So manche Kindsmörderin erlebte den Tag ihrer Freilassung jedoch überhaupt nicht. Uns sind nicht weniger als 15 Frauen bekannt, die während ihrer Gefängniszeit in der Grazer Karlau verstarben. Zwei Jahre nach ihrer Einlieferung verschied Magdalena Grabner aus Vorau; für sie wären noch drei Jahre Kerker auszustehen gewesen.[102] Die über 40jährige Josepha Prislan hatte bereits zweimal vergebens versucht, eine Strafnachsicht zu erwirken, 1845 ereilte sie schließlich nach sieben Jahren Haft der Tod im Gefängnis.[103] Es gibt keine Aufzeichnungen über vorhergegangene Krankheiten oder direkte Todesursachen; die vereinzelt erhalten gebliebenen „Notizen über die k. k. Provinzial-Strafanstalt zu Grätz" führen die Todesfälle nur aufgeschlüsselt nach dem Geschlecht an. Für die Jahre

100 StLA, AG-Prot. 12789/1837; AG-Rep. 1841-1842; Gub.-Rep. 1837-1839 sowie 1840-1842.
101 StLA, AG 2828/1791; AG-Prot. Fasz. 20, 534/1793.
102 StLA, AG-Prot. 946/1820; Gub.-Rep. 1819-1821 sowie 1822-1824.
103 StLA, AG-Rep. 1839-1840 sowie 1841-1842; Gub.-Rep. 1843-1845.

1834 bis einschließlich 1844 liegen uns die gesamten Mortalitätsraten des Grazer Strafhauses vor: Den höchsten Wert wies das Jahr 1839 auf, als 11,1% aller Häftlinge, nämlich 15 Personen, starben; die geringste Rate entfiel auf das Jahr 1842, in dem es nur bei 3,1% der Sträflinge zu einem Todesfall kam.[104] Aufgrund der unzulänglichen Ausstattung und Einrichtung des Kriminalgefängnisses - mangelnde Hygiene, häufige Überbelegungen, ungesunde Arbeit - dürfen diese Zahlen auch nicht verwundern.[105]

14.5. WIEDER IN FREIHEIT

Hatte eine Delinquentin ihre Strafe abgesessen, so wurde sie „mit gebundener Marschroute" an ihren Heimatort verschoben. Wie eine verurteilte Kindsmörderin nun von ihrer Umgebung aufgenommen wurde bzw. welches Verhalten man gegen eine zwar verdächtig scheinende, letztendlich aber aus Beweismangel losgesprochene Frau an den Tag legte, darüber können wir im wesentlichen nur Mutmaßungen anstellen. Freilich gäbe es die Möglichkeit, anhand von Pfarrmatriken den weiteren Lebensverlauf einer solchen Frau zu verfolgen und beispielsweise zu eruieren, ob sie trotz ihrer Vergangenheit einen Ehepartner finden konnte, weitere Kinder zur Welt brachte und wann bzw. wie sie ihr Leben beschloß. Der Arbeitsaufwand wäre hier jedoch gewaltig und das Ergebnis in Relation dazu wohl eher bescheiden; aus diesem Grund wird auf diese Ergänzung verzichtet.

Als Quelle stehen uns aber immerhin die sogenannten Ausweise über das Betragen der entlassenen Sträflinge zur Verfügung.[106] Diese Informationsblätter mußten von der jeweiligen Bezirksobrigkeit, in welche ein ehemaliger Häftling verschoben worden war, jedes Vierteljahr dem zuständigen Kreisamt vorgelegt werden. Darin berichtete die lokale Behörde unter anderem über den gegenwärtigen Aufenthaltsort, die Erwerbsart und das Verhalten einer wieder in Freiheit gesetzten Gefangenen. Auf diese Weise können wir das Schicksal der abgeurteilten Kindsmörderin Helena Rannhofer vom Zeitpunkt ihrer Entlassung durch sechs Jahre hindurch verfolgen. Die ledige Dienstmagd war wegen ihres Verbrechens zu zwei Jahren schweren Kerkers verurteilt worden, im Februar 1837 hatte sie ihre Strafe abgesessen. Ihren ersten Aufenthalt nahm Helena Rannhofer in der Gemeinde Rötsch im Bezirk Admontbichl, nicht weit von ihrer Heimatgemeinde Lavantegg entfernt. Die 23jährige Frau verdingte sich dort als Magd und stand unter der Aufsicht des Gemeinderichters, der ihr ein gutes Führungszeugnis ausstellte. Zwei Jahre später arbeitete Helena

104 StLA, Gub.-Fasz. 47, 1841-1846.

105 Vgl. dazu etwa Hannes Stekl: Österreichs Zucht- und Arbeitshäuser 1671-1920. Institutionen zwischen Fürsorge und Strafvollzug. Wien 1978. (= Sozial- und Wirtschaftshistorische Studien. 12.) S. 141.

106 Vgl. dazu H. Hoegel: Freiheitsstrafe, S. 49.

Rannhofer für einen Bauern in Lavantegg, wo sie bis 1842 verblieb; ihr Verhalten gab nie einen Anlaß zur Klage. Aus der Tabelle des nachfolgenden Jahres erfahren wir, daß die Frau samt ihren Angehörigen nach Kärnten, und zwar in den Bezirk Althofen, ausgewandert war. Die dortige Behörde wurde dazu angehalten, die Polizeiaufsicht über Helena Rannhofer fortzuführen.[107]

Wir können nun über diesen Ortswechsel verschiedene Hypothesen anstellen: Möglicherweise brachte die Dorfgemeinschaft der verurteilten Kindsmörderin eine derartige Ablehnung entgegen, daß diese selbst Jahre nach ihrem versuchten Wiedereinstieg in die Gemeinschaft keinen anderen Ausweg sah als die Flucht in eine fremde Umgebung. Helena Rannhofer unternahm diesen Schritt allerdings nicht allein, sondern wurde von ihren Angehörigen begleitet. Das deutet zum einen darauf hin, daß die Frau von ihrer Familie trotz ihrer Missetat einen festen Rückhalt erhielt; zum anderen liegt allemal die Vermutung nahe, nicht nur Helena Rannhofer, sondern auch ihre näheren Anverwandten hätten das Stigma gesellschaftlicher Außenseiter erhalten und wären im Dorf nunmehr unerwünscht gewesen. All diese Interpretationsversuche schießen aber vielleicht weit über das Ziel hinaus: Wir dürfen schließlich nicht vergessen, daß es Helena Rannhofer bereits kurz nach ihrer Entlassung gelungen war, sich als Dienstmagd zu verdingen und sie auch in den folgenden Jahren keine Schwierigkeiten hatte, eine Arbeitsstelle zu finden. Dies wäre wohl nicht möglich gewesen, wenn sich alle Dorfbewohnerinnen und Dorfbewohner gegen sie verschworen hätten.

Im Zuge der 1835/1836 durchgeführten Kriminaluntersuchung gegen Josepha Kalluscha aus dem Bezirk Adelsberg in Krain erfahren wir, daß sich schon 15 Jahre zuvor deren Schwester Maria Anna beim Kriminalgericht in Laibach wegen eines Kindsmordes zu verantworten gehabt hatte. Da man damals jedoch keine Kindesleiche finden konnte, war die Frau wegen Beweismangels losgesprochen worden. Nunmehr begegnen wir Maria Anna Kalluscha als Zeugin; sie war mittlerweile verheiratet, ihrem Zunamen nach zu schließen mit dem Mann, der sie im Jahr 1818 geschwängert hatte. Mit ihrer Familie lebte sie noch immer in ihrem Heimatdorf. Doch ihre Tat war nicht vergessen: Die einvernommenen Nachbarn erinnerten sich nur zu gut, daß auch Maria Anna Kalluscha vor Gericht gestanden hatte und ihre Unschuld nicht beweisen konnte.[108]

Reichhaltige Informationen über ihre Lebensumstände nach einer Verurteilung bzw. Lossprechung vom Verbrechen des Kindsmordes erhalten wir natürlich von Frauen, die abermals mit dem Gesetz in Konflikt gerieten. Bei Magdalena Hödl und Maria Zierlerin waren es bloße Verdächtigungen, weswegen sich die Gerichte kurzfristig mit ihnen be-

---

107 StLA, Admontbichl, Herrschaftsarchiv, Sch. 69, H. 180: Kriminaltabellen 19. Jahrhundert sowie Sch. 76, H. 194: Ausweise betreffend das Betragen entlassener Sträflinge 1837-1842; Gub.-Rep. 1834-1836 sowie 1837-1839.

108 StLA, AG-Prot. 9045/1835; AG-Prot. 5998/1836; AG-Prot. 5251/1819.

schäftigten, zugleich ein Indiz dafür, daß sie als generell fragwürdig scheinende Personen unter strengerer Bewachung der Dorfgemeinschaft standen, die jede Unregelmäßigkeit sofort an die Obrigkeit meldete. Magdalena Hödl, eine Bauerntochter zu Risola unter der Landgerichtsherrschaft Gleichenberg, wurde 1813 von dem ihr angeschuldeten Kindsmord aus Beweisnot losgesprochen, da sie konsequent geleugnet hatte, jemals schwanger gewesen zu sein oder gar geboren zu haben. Drei Jahre später verbreitete sich in ihrer Heimatgemeinde das Gerücht, die Frau sei abermals in anderen Umständen und habe bereits Verschiedenes zur Abtreibung ihrer Leibesfrucht unternommen. Ob sich diese Beschuldigungen bewahrheiteten oder nicht, entzieht sich unserer Kenntnis. Wir sollten uns aber auf jeden Fall die Situation nach dem Losspruch der Angeklagten im Jahre 1813 vor Augen rufen: Damals hatte Magdalena Hödl in ihrem Verhör ihre Nachbarn, die gegen sie aussagten, ihr schlechtes Betragen beklagten und ihre bestandene Schwangerschaft mit Bestimmtheit konstatierten, in einer Gegenüberstellung offen als Lügner beschimpft und überdies behauptet: *„Die Nachbarn haben mich ungerechterweise hineingebracht."*[109] Nachdem die Frau nun wieder aus dem Untersuchungsarrest nach Hause entlassen worden war, bestand also ein überaus großes Konfliktpotential zwischen ihr und der Dorfgemeinschaft, das jederzeit zum Ausbruch kommen konnte. Ganz sicher hatte die Umgebung von Magdalena Hödl großes Interesse daran, die Frau nun endlich eines Verbrechens zu überführen, für das ihr der allgemeinen Meinung nach ohnehin schon längst eine Strafe gebührt hätte.

Auch Maria Zierlerin wurde im März des Jahres 1802 wegen ihrer neuerlichen Schwangerschaft von der Bezirksherrschaft Donnersbach verhört. Die 34jährige Dienstmagd hatte erst im Vorjahr ihre einjährige Strafe wegen Kindsmordes beim Landgericht Wolkenstein abgesessen. Wie es ihr seither ergangen war, erzählte sie wie folgt: *„Wie zu Lichtmessen 1801 meine Strafzeit aus war, bin ich hernach, wie ich schon gesagt, bei dem Herrn Landgerichtspfleger Aust als Brentlerin in Dienst eingestanden und bis zum heurigen neuen Jahr alldort verblieben. Von dort bin ich heuer zum neuen Jahr zum Pofer am Ritzenberg in Dienst gegangen, der mich aber gleich nach Heiligen Drey König dem Luidolt als Brentlerin in Dienst überlassen, der mich aber vor 14 Tagen, weil ich schwanger bin, wieder entlassen und mich dermalen bei dem Gmainhart am Ritzenberg befinde, der mich aus Barmherzigkeit indessen zu sich genommen."* Die neuerliche Schwangerschaft von Maria Zierlerin resultierte aus einer Vergewaltigung: Der Kutscher des Landgerichtspflegers, ein ihrer Aussage nach liederlicher Spieler und Trinker, war bei der Arbeit im Heustadel über sie hergefallen. Obwohl die Frau einen ebenfalls dort befindlichen Arrestanten als Zeugen angeben konnte, ignorierte das Gericht diese Darstellung völlig. Die

---

109 StLA, Trautmannsdorf, Herrschafts- und Familienarchiv, Sch. 226a, H. 1189b, Sch. 227, H. 1190 sowie Sch. 227, H. 1191: Herrschaft Gleichenberg: Mord, Selbstmord, Kindsmord, 1. Hälfte des 19. Jahrhunderts.

Dienstmagd beteuerte ihre Unschuld, keine weiteren sexuellen Kontakte unterhalten zu haben, zudem ihr der Landgerichtspfleger ausdrücklich eingeschärft hatte, sich nach ihrer Entlassung mustergültig zu benehmen. Offenbar wurde in der Sache nichts weiter gegen sie unternommen, es ist auch mehr als zweifelhaft, daß der betreffende Kutscher jemals zur gebührenden Verantwortung gezogen wurde.[110]

Regina Schulte meint zur Situation in Oberbayern gegen Ende des 19. Jahrhunderts, daß eine Verurteilung wegen Kindsmordes durchaus nicht den Ausschluß der Frau aus der Dorfgemeinschaft bedeuten mußte,[111] auch Klaus O. Mayr äußert sich - allerdings basierend auf nur 16 Kärntner Beispielfällen aus dem ausgehenden 18. Jahrhundert - recht optimistisch: *„Anders als Diebinnen, Mörderinnen konnten sich Kindsmörderinnen wieder in die Gesellschaft integrieren.“*[112] Hannelore Cyrus zeichnet wiederum ein düsteres Bild, sie zitiert einen Juristen des 18. Jahrhunderts, der die verheerenden sozialen Folgen nach einer Entlassung zu kennen glaubte: *„Keine Herrschaft würde eine Magd, auf der der Makel einer erlittenen Zuchthausstrafe haftet, mieten, kein Gesinde mit einer solchen dienen wollen.“*[113]

Für Innerösterreich trifft die letzte Aussage sicher nicht zu, allerdings sollte die so selbstverständliche Wiedereingliederung von Kindsmörderinnen auch nicht überbetont werden. Selbst wenn die ehemals inkriminierten Frauen nach außen hin ihr Leben offenbar gleichförmig fortsetzen konnten, das Wissen der Dorfgemeinschaft um einen derartigen Vorfall oder bloß um ein darüber kursierendes Gerücht blieb jahrzehntelang bestehen. Dem kollektiven Gedächtnis konnte keine Frau entkommen, die einmal auch nur im entferntesten Verdacht gestanden war, ihre Leibesfrucht auf unrechtmäßige Weise beseitigt zu haben.

---

110 StLA, Donnersbach, Herrschaftsarchiv, Sch. 60, H. 154: Landgerichtsprotokolle 1788-1789.

111 Vgl. R. Schulte: Das Dorf im Verhör, S. 176 sowie dies.: Die Kindsmörderin Anna H. Eine Fallgeschichte aus dem bayerischen Dorfalltag im 19. Jahrhundert. In: Journal für Geschichte (1981), H. 5, S. 24.

112 K. O. Mayr: Kriminalität, S. 324.

113 Dieser Jurist ist allerdings Verteidiger einer angeklagten Kindsmörderin, der - zum Vorteil seiner Mandantin - möglicherweise eine übertrieben trostlose Zukunft entwirft. H. Cyrus: Das „vorsätzlich verheimlichen“, S. 106.

15. VERBREITUNG DES KINDSMORDDELIKTES

Unbestritten ist, daß der Kindsmord das am häufigsten von Frauen begangene Tötungsdelikt in der frühen Neuzeit darstellte. Einige Historikerinnen und Historiker meinen, das Verbrechen des Kindsmordes wäre in dieser Zeit als eine regelrechte Massenerscheinung zu bewerten. Alfred Felber versteigt sich dabei sogar zu der Behauptung, daß der Kindsmord im 18. Jahrhundert zu einer *„Seuche"* bzw. zu einem *„alltäglichen Verbrechen"* geworden wäre,[1] Ernst Schubert spricht davon, der Kindsmord hätte *„einen heute kaum mehr vorstellbaren Umfang"* angenommen,[2] und Ann Jones fällt aufgrund amerikanischer Verhältnisse des 17. und 18. Jahrhunderts das Urteil, eine Kindestötung wäre in den unteren sozialen Schichten als *„notwendiges Übel"* verstanden worden[3]. Meist wird darüber hinaus in der Forschung ein stetiges Ansteigen der Häufigkeit des Kindsmorddeliktes gegen Ende des 17. bzw. im Verlauf des 18. Jahrhunderts angenommen.[4]

Eine konträre Ansicht vertritt hingegen Otto Ulbricht, der überzeugend belegen kann, daß sich zum einen die Zahl der Kindsmorde in Deutschland in der frühen Neuzeit sehr wohl in Grenzen hielt und zum anderen im 18. Jahrhundert durchaus kein Zunehmen dieser Verbrechensart konstatiert werden kann.[5] Gerd Schwerhoff urteilt aufgrund seiner Kenntnis von Kölner Kriminalfällen damit übereinstimmend: *„Entgegen den Thesen von der Allgegenwart des Kindsmordes in vormodernen Zeiten erscheint mir dieses Verhalten ein extre-*

---

1 A. Felber: Unzucht und Kindsmord, S. 95 u. S. 98. Kritiklos übernommen von S. v. Pfeil: Das Kind als Objekt, S. 208.

2 Ernst Schubert: Arme Leute, Bettler und Gauner im Franken des 18. Jahrhunderts. Neustadt/Aisch 1983. (= Veröffentlichungen der Gesellschaft für fränkische Geschichte. IX. 26.) S. 128.

3 Ann Jones: Frauen, die töten. Aus dem Amerikan. übers. v. E. D. Drolshagen. Frankfurt/Main 1986, S. 82. Vgl. zu den widersprechenden Aussagen über die Verhältnisse im angelsächsischen Raum: Peter Laslett: Verlorene Lebenswelten. Geschichte der vorindustriellen Gesellschaft. Aus d. Engl. übers. v. W. Astelbauer. Wien, Köln u. Graz 1988. (= Kulturstudien. 13.) S. 209 f.; W. L. Langer: Infanticide, S. 360 f.; R. Sauer: Infanticide and Abortion in Nineteenth-Century Britain. In: Population Studies 32 (1978), S. 82 u. S. 85.

4 Vgl. W. Wächtershäuser: Das Verbrechen des Kindesmordes, S. 110; H. Rodegra, M. Lindeman, M. Ewald: Kindermord und verheimlichte Schwangerschaft, S. 276; H. Rodegra stützt sich dabei auf die Feststellungen zeitgenössischer Presseberichte. Vgl. ders.: Kindestötung und Verheimlichung der Schwangerschaft. Eine sozialgeschichtliche und medizinsoziologische Untersuchung mit Einzelfallanalysen. Herzogenrath 1981. (= Studien zur Geschichte der Sozialmedizin und Psychiatrie. 1.) S. 13; G. Radbruch u. H. Gwinner: Geschichte des Verbrechens, S. 303; Dieter Hoof: „Hier ist keine Gnade weiter, bei Gott ist Gnade." Kindsmordvorgänge in Hannover im 18. Jahrhundert. In: Hannoversche Geschichtsblätter N. F. 37 (1983), S. 49.

5 Vgl. O. Ulbricht: Kindsmord und Aufklärung, S. 176-188 sowie S. 195.

mer und nicht allzu häufig gewählter Ausweg gewesen zu sein."[6] Ausgehend von Württemberg definiert Clemens Zimmermann den Kindsmord als ein sehr seltenes, nichtsdestoweniger aber für die weibliche Gewaltkriminalität bezeichnendes Delikt,[7] Markus Meumann bestätigt diese Aussage für Hannover und Hildesheim[8]. Auch Claudia Ulbrich folgt dieser Argumentation und verweist darauf, daß Kindsmordzahlen nicht nur in Relation zu anderen Kapitalverbrechen, sondern in erster Linie in bezug auf die Zahl der Geburten gesehen werden müssen.[9]

Viel diskutiert wird auch die Frage, in welchem zahlenmäßigen Verhältnis sich die gerichtlich verfolgten Kindsmorde zu den tatsächlich begangenen, aber unentdeckten Straftaten befanden. Wilhelm Wächtershäuser geht davon aus, *„daß kein anderes schweres Delikt eine dem Kindermord auch nur einigermaßen vergleichbare Dunkelziffer aufweist."* Er begründet seine Aussage zum einen durch die Person des Opfers: Die Existenz des Neugeborenen sei in der Regel nur der Mutter bekannt, weshalb das Kind auch von niemandem vermißt werden könnte. Im Fall etwaiger Mitwisserschaften - zum Beispiel von Familienmitgliedern, Kindesvater oder Dienstgebern - hätten diese wiederum gute Gründe, über die Angelegenheit zu schweigen. Zum zweiten geht Wilhelm Wächtershäuser davon aus, daß nur ein Bruchteil aller getöteten Kinder gefunden wurde, da sich vor allem bei Geburten unter freiem Himmel zahlreiche Möglichkeiten boten, die kleinen Leichname dauerhaft zu beseitigen.[10] Otto Ulbricht bestreitet diese Argumente und spricht ganz im Gegenteil von einer eher geringen Dunkelziffer beim Delikt des Kindsmordes. Schon allein die Verheimlichung der Schwangerschaft gelinge der werdenden Mutter kaum, noch schwieriger sei es für sie gewesen, ein sicheres Versteck für das tote Kind zu finden.[11]

Ausgehend von der Situation in Innerösterreich muß wohl eher die zweite Position unterstützt werden. Wir haben zwar gesehen, daß es sehr wohl möglich war, Kindsmorde über Jahre hinweg oder sogar dauerhaft zu vertuschen. So gelangten im Verlauf von Kindsmorduntersuchungen eine Reihe weiterer, bisher unentdeckt gebliebener einschlägi-

---

6 G. Schwerhoff: Frauen in Kölner Kriminalfällen, S. 466; ders.: Geschlechtsspezifische Kriminalität im frühneuzeitlichen Köln. In: Von Huren und Rabenmüttern. Weibliche Kriminalität in der Frühen Neuzeit. Hrsg. v. Otto Ulbricht. Köln, Weimar u. Wien 1995, S. 94; ders.: Köln im Kreuzverhör, S. 410.

7 Vgl. C. Zimmermann: „Behörigs Orthen angezeigt", S. 70.

8 Vgl. M. Meumann: Findelkinder, Waisenhäuser, Kindsmord, S. 141.

9 Vgl. Claudia Ulbrich: Weibliche Delinquenz im 18. Jahrhundert. Eine dörfliche Fallstudie. In: Von Huren und Rabenmüttern. Weibliche Kriminalität in der Frühen Neuzeit. Hrsg. v. Otto Ulbricht. Köln, Weimar u. Wien 1995, S. 305.

10 Vgl. W. Wächtershäuser: Das Verbrechen des Kindesmordes, S. 109 f. Übereinstimmend damit auch H. Rodegra: Kindestötung und Verheimlichung der Schwangerschaft, S. 13; Keith Wrightson: Infanticide in Earlier Seventeenth-Century England. In: Local Population Studies 15 (1975), S. 13. Für den Beginn des 20. Jahrhunderts gibt es deutsche Schätzungen, daß das Verhältnis der begangenen zu den bestraften Kindsmorden mindestens 10:1 bis sogar 25:1 betragen dürfte. Vgl. D. Blanke: Kindestötung, S. 108 f.

11 Vgl. O. Ulbricht: Kindsmord und Aufklärung, S. 177 f. Diese Meinung teilt auch G. Schwerhoff: Geschlechtsspezifische Kriminalität, S. 94; ders.: Köln im Kreuzverhör, S. 416 f.

ger Straftaten ans Licht der Öffentlichkeit, die ansonsten nie belangt worden wären. Genauso kennen wir verschiedentlich Notizen über Leichenfunde, die keinen möglichen Kindesmüttern zugeordnet werden konnten. Allerdings ist die Zahl dieser Beispiele insgesamt gesehen nicht sehr groß, außerdem hatte es selbst in diesen Fällen immer wieder Gerüchte und Verdächtigungen über etwaige Unregelmäßigkeiten gegeben. Wir können also davon ausgehen, daß tatsächlich die meisten Kindsmorde von der Umgebung sehr wohl bemerkt worden sind und die Dunkelziffer dieses Deliktes nicht besonders hoch gesetzt werden muß; schon allein das Faktum, daß kaum eine Schwangerschaft vor den Augen des Dorfes verborgen bleiben konnte, weist in diese Richtung.

Häufig begegnen wir in den Appellationsgerichtsprotokollen stereotypen Klagen darüber, wie außerordentlich verbreitet das Verbrechen des Kindsmordes in der ländlichen Bevölkerung Innerösterreichs gewesen sei. Wir lesen hier etwa, *„daß Abtreibung der Leibesfrucht und mitunter auch der Kindesmord bei dem ledigen Volke vorzüglich in einigen Gegenden Steyermarks im Schwunge sey"*, anderorts stellten die Behörden in Klagenfurt wieder fest, daß *„die Kindsmorde in der Provinz Krain [...] in neuerer Zeit sehr überhand zu haben scheinen"*.[12] Es gilt nun, den Wahrheitsgehalt solcher allgemein aufgestellten Behauptungen zu überprüfen und den tatsächlichen Anteil, den das Delikt des Kindsmordes an der gesamten weiblichen Kriminalität in Innerösterreich gegen Ende des 18. sowie zu Beginn des 19. Jahrhunderts ausmachte, zumindest ansatzweise zu umreißen.[13] Auf Kriminalstatistiken kann dabei nicht zurückgegriffen werden. Für das Gebiet des Habsburgischen Österreichs werden diese zwar ab 1819 erstmals veröffentlicht, das Delikt des Kindsmordes scheint aber nicht gesondert auf, sondern zählt zu den übrigen Tötungsdelikten.[14] Wir sind daher auf andere Zugänge angewiesen. Zum einen wird anhand der Kriminaltabellen zweier steirischer Landgerichte, nämlich Aussee und Feldbach, errechnet, in welchem zahlenmäßigen Verhältnis die untersuchten Kindsmörderinnen zu den sonstigen gerichtlich belangten Straftäterinnen standen, zum zweiten werden die in der Grazer Karlau ein-

---

12 StLA, AG-Prot. 100/7644/1818; AG-Prot. 8103/1836.

13 Vergleichbare Zahlen aus Deutschland sind nur für das 16. bis 18. Jahrhundert aufgearbeitet. Vgl. R. v. Dülmen: Frauen vor Gericht, S. 59-72; G. Schwerhoff: Frauen in Kölner Kriminalfällen, S. 462; Wolfgang Behringer: Mörder, Diebe, Ehebrecher. Verbrechen und Strafen in Kurbayern vom 16. bis 18. Jahrhundert. In: Verbrechen, Strafen und soziale Kontrolle. Studien zur Historischen Kulturforschung III. Hrsg. v. Richard van Dülmen. Frankfurt/Main 1990, S. 131; ders.: Weibliche Kriminalität in Kurbayern in der Frühen Neuzeit. In: Von Huren und Rabenmüttern. Weibliche Kriminalität in der Frühen Neuzeit. Hrsg. v. Otto Ulbricht. Köln, Weimar u. Wien 1995, S. 65 f.; Jan Peters: Frauen vor Gericht in einer märkischen Gutsherrschaft (2. Hälfte des 17. Jahrhunderts). In: Von Huren und Rabenmüttern. Weibliche Kriminalität in der Frühen Neuzeit. Hrsg. v. Otto Ulbricht. Köln, Weimar u. Wien 1995, S. 246 f. Aus Österreich gibt es Werte aus der zweiten Hälfte des 19. Jahrhunderts: E. Dietrich: Übeltäter, Bösewichter, S. 146.

14 Vgl. Statistische Tafeln, 1828; Arno Pilgram: Kriminalität in Österreich. Studien zur Soziologie der Kriminalitätsentwicklung. Wien 1980, S. 49.

sitzenden, wegen der Tötung ihres Kindes verurteilten Frauen den anderen weiblichen Gefangenen gegenübergestellt.

15.1. KINDSMORDFÄLLE IN DEN LANDGERICHTEN AUSSEE UND FELDBACH

Selten erlauben es die überkommenen Quellenbestände, fundierte Aussagen über Gesamtausmaß, Zusammensetzung und längerfristige zeitliche Entwicklung der obrigkeitlich verfolgten kriminellen Handlungen in einem Landgerichtsbezirk zu treffen. Bei Aussee und Feldbach haben wir diesbezüglich jedoch Glück. Um 1840 hatte das Landgericht Feldbach eine Fläche von circa 556 km^2. In diesem Gebiet befanden sich 14 Bezirke, 22 Pfarren und 101 Ortschaften mit einer Einwohnerzahl von insgesamt 40.000. Im Landgerichtsbezirk lagen das Magistrat Feldbach, Hainfeld, Johnsdorf, Riegersburg, Kornberg, Kirchberg sowie Teile der Bezirke Freiberg, Feistritz, Hohenbrugg, Kalsdorf, Neudau, Stein, Vasoldsberg und Welsdorf.[15] Das Landgericht Aussee war wesentlich kleiner: 1840 umfaßte es den Bezirk und die Herrschaft Pflindsberg ohne Hinterberg und Grubegg, den Markt Aussee, die Dörfer Altaussee und Fischerndorf sowie 18 andere zerstreute Ortschaften, was einer Fläche von 325 km^2 entsprach. In diesem Gebiet befanden sich 763 Häuser mit insgesamt 5.101 Bewohnerinnen und Bewohnern.[16]

Für das Landgericht des landesfürstlichen Marktes Aussee liegt uns ein Protokoll aller durchgeführten Kriminaluntersuchungen von 1804 bis inklusive 1842 vor.[17] Diese Aufzeichnungen informieren nicht nur über Namen und persönliche Daten eines bzw. einer Verdächtigen, sondern auch über die Art der Straftat, die Verhöre und Zeugeneinvernahmen und schließlich das gefaßte Urteil. Die herrschenden Verhältnisse im Landgericht Feldbach sind ähnlich gut erschlossen: Hier verfügen wir über lückenlos geführte, im Jahr 1816 beginnende und bis ins Jahr 1850 reichende Kriminaltabellen.[18] Diese wurden von der lokalen Behörde vierteljährlich angefertigt und an das Kreisamt zur Weiterleitung an das

---

15 StLA, Göth'sche Serie, Sch. 3, H. 44: Feldbach, Bezirk sowie Sch. 10, H. 244: Feldbach, Bezirk und Magistrat; Vgl. auch J. Steiner-Wischenbart: Feldbach, S. 121.

16 Vgl. G. Göth: Herzogtum Steiermark, Bd 3, S. 37 f. sowie StLA, Göth'sche Serie, Sch. 6, H. 125: Aussee, Bezirk, Pfarre, Gült und Markt. Zu den Landgerichtsgrenzen vgl. Steirische Gerichtsbeschreibungen. Als Quellen zum Historischen Atlas der österreichischen Alpenländer. (I. Abteilung. Landgerichtskarte: Steiermark.) Hrsg. v. Anton Mell und Hans Pirchegger. Graz 1914. (= Quellen zur Verfassungs- und Verwaltungsgeschichte der Steiermark. I.) S. 20-22.

17 StLA, Aussee, Markt- und Pfarrarchiv, Sch. 185, H. 263: Kriminalprotokoll 1804-1842.

18 StLA, Feldbach, Stadtarchiv, Sch. 1a, H. 8a: Kriminaltabellen des Marktgerichtes Feldbach 1816-1824 sowie Sch. 1a, H. 8b: Kriminaltabellen des Marktgerichtes Feldbach 1825-1842 sowie Sch. 1a, H. 8c: Kriminaltabellen des Marktgerichtes Feldbach 1843-1850.

innerösterreichische Appellationsgericht übersandt.[19] Neben den Personalien der vermeintlichen Straftäterinnen und Straftäter enthielten sie ebenfalls Einzelheiten über das angelastete Verbrechen, über den Fortgang der gerichtlichen Untersuchung sowie über den letztlich gefaßten Richtspruch.

In der Zeitspanne zwischen 1804 bis inklusive 1842, also im Verlauf von 39 Jahren, nahm man im Landgericht Aussee 40 Frauen als vermeintliche Kriminalverbrecherinnen in Untersuchung. Sie hatten sich in der Regel wegen einer, manchmal aber auch wegen mehrerer Straftaten zu verantworten; in der Folge können wir daher 45 erhobene Anklagen differenzieren.

Abb. 25:

Genau zwei Drittel aller vom Landgericht Aussee gegen Frauen geführten Kriminaluntersuchungen betrafen das Delikt des Diebstahls oder der Diebstahlsbeteiligung. Die übrigen Verbrechensarten fallen kaum ins Gewicht, sieht man von fünf Betrügerinnen, drei Deserteursforthelferinnen und zwei Kindesweglegerinnen ab. Wegen Kindsmordes wurde im Landgericht Aussee zwischen 1804 und 1842 nur eine einzige Frau belangt! Damit be-

[19] StGB 1803, 1. Teil, § 550. Vgl. dazu auch A. Pilgram: Kriminalität in Österreich, S. 65-67.

findet sich dieses Delikt von der Seltenheit seines Auftretens her in einer Reihe mit Bigamie, Raub, Mord und öffentlicher Gewalttätigkeit.

Wie sieht die Situation nun im Landgericht Feldbach aus? Hier wurden im Zeitraum von 35 Jahren 122 vermeintliche Delinquentinnen, die sich wegen insgesamt 129 Straftaten zu rechtfertigen hatten, ins Verhör gezogen.

Abb. 26:

Auch hier fanden fast 64% aller Untersuchungen, nämlich genau 82 an der Zahl, wegen des Verdachts des Diebstahls oder der Diebstahlsbeteiligung statt. Erst mit großem Abstand folgten dann die nächsten Deliktgruppen: Zwölf Frauen verhörte man wegen eines angeschuldeten Kindsmordes, neun Verhaftungen erfolgten wegen vermuteter Brandstiftung und jeweils acht Angeklagte standen im Ruf einer Kindesweglegung bzw. einer verübten betrügerischen Handlung. Einer öffentlichen Gewalttätigkeit bezichtigte man drei Frauen, wegen der einzelnen Delikte Mord, Abtreibung sowie Raub wurden je zwei weibliche Täter vor Gericht gestellt, ein einzigesmal kam es zur Untersuchung einer Verleumderin.

Während also Strafverfolgungen wegen Kindsmordes im obersteirischen Landgerichtsbezirk Aussee zu Beginn des 19. Jahrhunderts praktisch überhaupt keine Rolle mehr spielten,[20] scheinen sie in der Oststeiermark deutlich verbreiteter zu sein. Nach den Feldbacher Kriminaltabellen stellte der Kindsmord zumindest zahlenmäßig das am zweithäufigsten untersuchte Delikt dar. Trotzdem umfaßte sein relativer Anteil an den insgesamt erfaßten Verbrechen auch hier nur 9,3%. Es übertrifft damit die übrigen Verbrechensarten de facto nur um wenige Prozentpunkte. Wirklich signifikant ist hingegen in jedem Fall die überaus hohe Menge an verfolgten Eigentumsvergehen, sowohl im Landgericht Aussee als auch im Landgericht Feldbach. Ergänzend muß hier allerdings bemerkt werden, daß Frauen häufig in Gemeinschaft mit anderen Diebstähle verübten bzw. ihre Mithilfe zur Verfügung stellten. Wegen einer einzigen konkreten Tat konnten also unter Umständen eine ganze Reihe von Personen zur Verantwortung gezogen werden. Ein solches Phänomen ist bei einem Kindsmord selbstverständlich nicht anzutreffen.

Nicht zu vergessen ist freilich, daß die ermittelten Deliktzahlen jeweils zur Einwohnermenge eines Landgerichtsbezirkes in Bezug gesetzt werden müssen. In Aussee kommt damit auf 5.100 Personen ein einziger Kindsmordfall, in Feldbach verteilen sich zwölf Kriminaluntersuchungen auf eine Bevölkerung von 40.000, was einem Verhältnis von 1 zu 3.333 entspricht. Interessant ist in diesem Zusammenhang auch ein Blick auf die Pfarrmatriken: In Feldbach vermeldete der Pfarrer, daß zwischen 1830 und 1840 pro Jahr durchschnittlich 104 eheliche und 22 uneheliche Kinder zur Welt kamen.[21] Der Pfarrer von Aussee notierte für den gleichen Zeitraum 90 eheliche sowie 26 uneheliche Neugeborene.[22] Der Prozentsatz an Kindern, die nicht legitimierten Verbindungen entsprossen, war daher in der Obersteiermark mit 22% um fünf Punkte höher als in der Oststeiermark.

15.2. KINDSMÖRDERINNEN IM GRAZER STRAFHAUS

Eine Analyse der Arrestantinnenlisten der Grazer Karlau in der ersten Hälfte des 19. Jahrhunderts konfrontiert uns wieder mit völlig anderen Ergebnissen. Im Auftrag des innerösterreichischen Guberniums in Graz, dem es daran gelegen war, wirksame Methoden zur Verhinderung des Kindsmordes zu finden, wurde im August 1823 von der Verwaltung des Strafhauses Karlau ein Verzeichnis über alle wegen dieses Deliktes einsitzenden Gefangenen erstellt.[23] Daraus ersehen wir, daß von 52 zu diesem Zeitpunkt in der Karlau befindli-

20 Die Lage im 17. und 18. Jahrhundert ist nämlich noch eine andere: Aus einem Verzeichnis der beim Landgericht Aussee von 1579 bis 1786 durchgeführten Kriminaluntersuchungen kennen wir sehr wohl eine ganze Reihe von Prozessen wegen Kindsmordes. Vgl. StLA, Aussee, Markt- und Pfarrarchiv, Sch. 185, H. 263: Kriminalprotokoll 1804-1840.

21 StLA, Göth'sche Serie, Sch. 10, H. 244: Feldbach, Bezirk und Magistrat.

22 StLA, Göth'sche Serie, Sch. 6, H. 125: Aussee, Bezirk, Pfarre, Gült und Markt.

23 StLA, Gub.-Fasz. 47, 1822-1825.

chen weiblichen Häftlingen genau 11, also 21%, wegen Kindsmordes verurteilt worden waren.[24]

Bestätigt, ja sogar noch übertroffen wird dieses Ergebnis, wenn wir den bereits erwähnten, im September 1826 in der Strafanstalt erstellten „Spinn-Ausweis" betrachten. Diese Zusammenstellung, welche die tägliche Arbeitsleistung der damals 53 Insassinnen verzeichnete, führte sogar 14 uns bekannte Kindsmörderinnen namentlich auf. Über ein Viertel aller weiblichen Gefangenen in der Karlau hatte also aufgrund dieses Deliktes seine Strafe zu verbüßen.

Abb. 27:

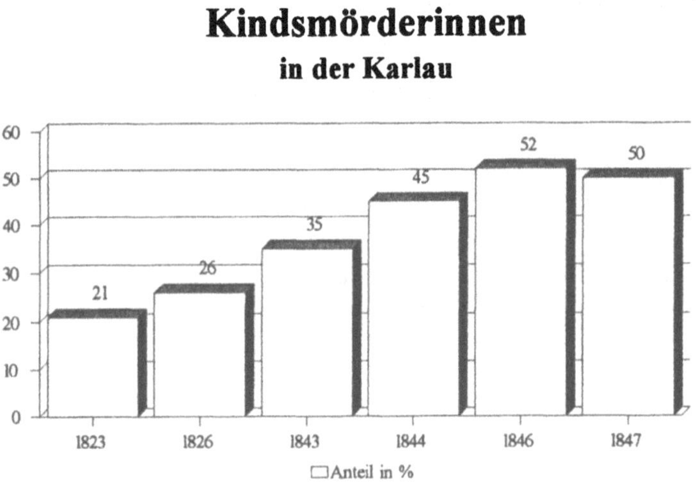

Nächste Nachrichten über Anzahl und Zusammensetzung der Häftlinge im Grazer Strafhaus besitzen wir erst aus den 1840er Jahren. Am 31. Oktober 1843 saßen 34 Frauen in der Karlau ein. Darunter befanden sich 13 Diebinnen, zwei Betrügerinnen, zwei Brand-

[24] Laut den Aufzeichnungen der Strafhausverwaltung waren es sogar zwölf Frauen, die als Kindsmörderinnen gezählt wurden. Wir wissen aber aus anderen Quellen mit Bestimmtheit, daß Theresia Niedersdaheim nicht wegen dieses Deliktes, sondern wegen versuchter Abtreibung der Leibesfrucht und Teilnahme am Gattenmord ihre zwölfjährige Kerkerstrafe zu verbüßen hatte. Vgl. dazu StLA, Göß, Staatsherrschaft, Fasz. 36, H. 106: Kriminaltabellen Rötelstein, Tragöß 1803-1842; Gub.-Rep. 1819-1821 sowie 1831-1833.

stifterinnen und eine Räuberin, vier Frauen waren wegen Mordes, Totschlages bzw. öffentlicher Gewalttätigkeit verurteilt worden. Das Verbrechen des Kindsmordes hatten zwölf Gefangene begangen. Lag also dieses Delikt 1843 in der relativen Häufigkeit mit 35% nach Diebstahl noch knapp an zweiter Stelle, so hatten sich die Verhältnisse zum gleichen Stichtag im Folgejahr bereits drastisch geändert: 15 Insassinnen von insgesamt 33 waren Kindsmörderinnen, dagegen wurde nur mehr auf neun Diebinnen, drei Brandstifterinnen, eine Betrügerin sowie vier der Rubrik „Mord, Totschlag, öffentliche Gewalttätigkeit" zugehörige Verbrecherinnen verwiesen. Das heißt, daß 1844 nicht weniger als 45% aller steirischen Kriminalgefangenen wegen Kindsmordes einsaßen.

Doch selbst dieser Wert wird in den Jahren 1846 und 1847 weiter überboten: 1846 betrug der Anteil an Kindsmörderinnen unter den weiblichen Straftätern in der Grazer Karlau nämlich unglaubliche 52%, 1847 waren es genau 50%! Auch in den Statistiken dieser Jahrgänge rangierte der Diebstahl in der Häufigkeit der verübten Delikte an zweiter Stelle, mit großem Abstand folgten dann erst die anderen aufgeschlüsselten Verbrechensarten.

Abb. 28:

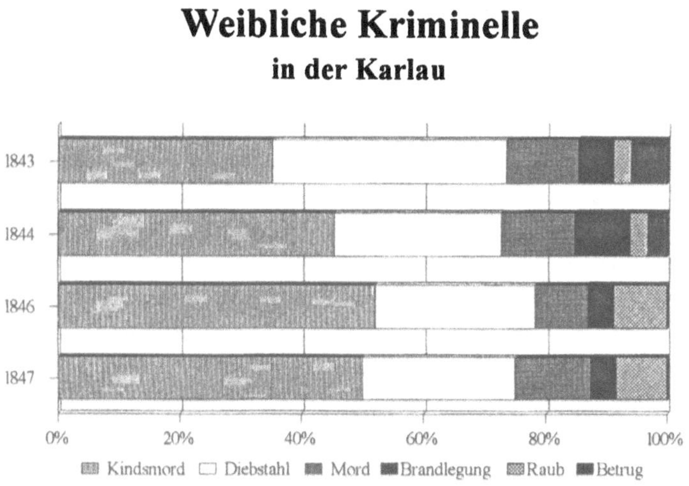

Anläßlich der im Mai 1849 vorgenommenen Verlegung der Kärntner Sträflinge aus dem Strafhaus von Laibach nach Graz bekommen wir auch einen kleinen Einblick in die Verhältnisse dieses Landes. Wir können daraus schließen, daß das bisher Gesagte auch für Kärnten unbedingt Geltung beanspruchen kann: Von insgesamt zehn weiblichen Kärntner Gefangenen war die Hälfte wegen Kindsmordes verurteilt worden, an sonstigen Delikten finden wir nur Diebstahl, Raub und Raubmord.

Resümieren wir also: Das Studium der Kriminaltabellen der Landgerichte Aussee und Feldbach führt zum Ergebnis, daß das Delikt des Kindsmordes einerseits mit 2,2% im Verhältnis völlig unterrepräsentiert ist, andererseits mit 9,3 Prozentpunkten von der Häufigkeit her zwar an zweiter Stelle steht, aber ebenfalls gesamt gesehen eher geringe Bedeutung besitzt. Die Zahlen aus der Grazer Karlau vermitteln uns wieder ein ganz anderes Bild. Hier hören wir in den 1820er Jahren von mindestens 20 bis 25% büßenden Kindsmörderinnen, 20 Jahre später betrug ihr Anteil sogar über 50%!

Wie läßt sich nun ein solches Ungleichgewicht erklären? Wir müssen dabei bedenken, daß ein Diebstahl im Vergleich zu einem Kindsmord mit einem weitaus geringeren Strafmaß belegt war. Nach dem Strafgesetzbuch von 1803 drohte einer Diebin im günstigsten Fall nur sechs Monate schwerer Kerker,[25] während als gesetzliches Mindestmaß für Kindsmord fünf Jahre festgeschrieben war. Das Gesetz sah nun vor, daß eine Strafe, die nicht über sechs Monate im schweren Kerker bzw. nicht über ein Jahr im Kerker des ersten Grades zu dauern hatte, auch beim zuständigen Kriminalgericht verbüßt werden konnte und eine Ablieferung an das Provinzialstrafhaus nicht zwingend vorgesehen war.[26] Das heißt, praktisch sühnte ein guter Teil der wegen Diebstahls verurteilten Frauen für ihre Tat gar nicht in der Grazer Karlau, sondern verblieb bei dem Gericht, das ihre Kriminaluntersuchung durchgeführt hatte. Auch bei einer Überstellung an die Provinzialstrafanstalt konnte eine Diebin in der Regel damit rechnen, bereits nach kürzerer Zeit in Freiheit entlassen zu werden als eine Kindsmörderin. Letztere schien damit in den Statistiken mehrerer Jahre hindurch auf, wobei sie immer wieder aufs neue gezählt wurde. Verblieb eine Kindsmörderin beispielsweise zehn Jahre in der Karlau, so wog sie damit zehn andere Verbrecherinnen auf, die nur jeweils ein Jahr einsitzen mußten. Unter diesen Gesichtspunkten sind die Ergebnisse aus den Grazer Strafhausakten natürlich entsprechend zu relativieren. Aber auch hinsichtlich der Kriminaltabelle von Aussee ist zu bemerken, daß sie nicht den Regelfall darstellte: Gerade in den obersteirischen Gebirgsgegenden war das Delikt des Kindsmordes äußerst selten, während beispielsweise für den Grazer Kreis und für die Untersteiermark eine weit höhere Verbreitung festzustellen ist. Unter diesen Umständen erscheint der aus den Feldbacher Kriminaltabellen errechnete Wert von rund 9% untersuchter

[25] StGB 1803, 1. Teil, § 157.
[26] StGB 1803, 1. Teil, §§ 457 f.

Kindsmorde im Verhältnis zur weiblichen Gesamtkriminalität noch am wahrscheinlichsten, wenngleich wir auch hier keine verbindlichen Aussagen treffen können.

15.3. CHRONOLOGISCHE ENTWICKLUNG DES KINDSMORDDELIKTES

Eine Gesamtdarstellung über das Ansteigen oder Absinken der Kindsmordhäufigkeit in Innerösterreich im Verlauf des Untersuchungszeitraums von 1787 bis 1849 kann an dieser Stelle aufgrund der indifferenten Quellenlage nicht geleistet werden. In den ersten Jahrgängen der Appellationsgerichtsrepertorien werden bloß Delikte sowie dazugehörige Aktenzahlen, nicht aber die Namen der Straftäterinnen angeführt. Fehlt daher der dazugehörige Akt, so kennen wir nur das Faktum, wissen aber nicht, ob nicht ein und derselbe Fall unter mehreren Aktenzahlen behandelt wird. Erst ab 1816 ist die Ordnung in den Repertorien eine andere, sodaß wir mit Sicherheit ausschließen können, ein verübtes Verbrechen mehrmals zu zählen. Außerdem kann in jedem Fall nur auf absolute Zahlen zurückgegriffen werden, Vergleiche zu anderen Missetaten lassen sich nicht ziehen. Ausschlaggebend für die Zuteilung zu einem bestimmten Jahrgang ist die erstmalige Erwähnung einer Delinquentin in den entsprechenden Repertorien.

Wenn wir nun diese Eintragungen der vor dem innerösterreichischen Appellationsgericht stattgefundenen Kriminaluntersuchungen wegen Kindsmordes chronologisch durch die Jahre von 1816 bis 1849 verfolgen, so bekommen wir folgendes Bild vermittelt: Im Durchschnitt urteilte das innerösterreichische Appellationsgericht über 20 Kindsmordprozesse im Jahr. Extreme Abweichungen von dieser Norm sind selten und lassen sich hauptsächlich durch faktische Gegebenheiten erklären. Die relativ geringen Zahlen der Jahre 1817 bis 1822 müssen wir darauf zurückführen, daß in diesem Zeitraum ein eigenes küstenländisches Appellationsgericht in Fiume bestand und daher aus diesem Landesteil keine Kriminaluntersuchungen nach Klagenfurt gelangten. Der absolute Spitzenwert des Jahres 1835 mit 40 Kindsmorduntersuchungen ergibt sich wiederum aus dem Fehlen der Appellationsgerichtsrepertorien der beiden Vorjahre: Delinquentinnen, die vermutlich bereits 1833 oder 1834 erfaßt worden sind, gelangen uns durch diese Lücke erst mit dem Jahr 1835 zur Kenntnis, wodurch sich die entsprechende Maßzahl verzerrt. Schließlich sind die außergewöhnlich niedrigen Werte der Jahre 1848 und 1849 unzweifelhaft als Folge der politischen Ereignisse zu deuten, die eine konsequente und ordnungsgemäße Verfolgung von Straftaten zeitweilig erschwerte bzw. unmöglich machte.

Abb. 29:

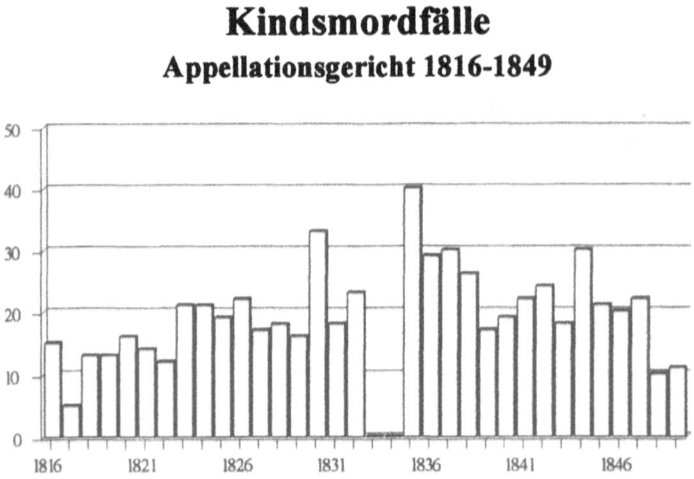

Ganz allgemein können wir also feststellen, daß sich im Verlauf von 35 Jahren keine nennenswerte Entwicklung abzeichnet. Die Kindsmordhäufigkeit am Ende des Beobachtungszeitraums ist weder signifikant höher noch niedriger als zu Beginn. Das zunehmend gehäufte Auftreten von Kindsmörderinnen in der Grazer Karlau - es betrug 1846/47 um 50% - findet daher in den Appellationsgerichtsakten keine Entsprechung. Überdurchschnittlich hohen Werten begegnen wir hingegen in den 1830er Jahren, durch das kurzzeitige Aussetzen der Quellen gerade in diesem Zeitraum ist jedoch nicht zu beurteilen, ob es sich dabei tatsächlich um eine durchgehende Erscheinung oder nicht vielmehr um punktuelle und weitgehend zufällige Abweichungen handelt.[27]

Für die Jahre 1814 bis 1823 besitzen wir zusätzlich eine Aufstellung des innerösterreichischen Appellationsgerichtes über die in dieser Dekade abgeführten Kriminaluntersuchungen wegen Kindsmordes in der Steiermark bzw. im Klagenfurter Kreis.[28]

---

[27] Friedrich Hartl bemerkt beim Wiener Kriminalgericht für die Jahre 1808 bis 1810 ein massives Auftreten von Kindsmorden und Kindesweglegungen; für die Jahre ab 1830 stellt er wiederum eine Abnahme dieser Delikte fest. Vgl. ders.: Das Wiener Kriminalgericht, S. 272 f.

[28] StLA, Gub.-Fasz. 47, 1822-1825.

Abb. 30:

Kindsmordfälle
Grazer Gubernium 1814-1823

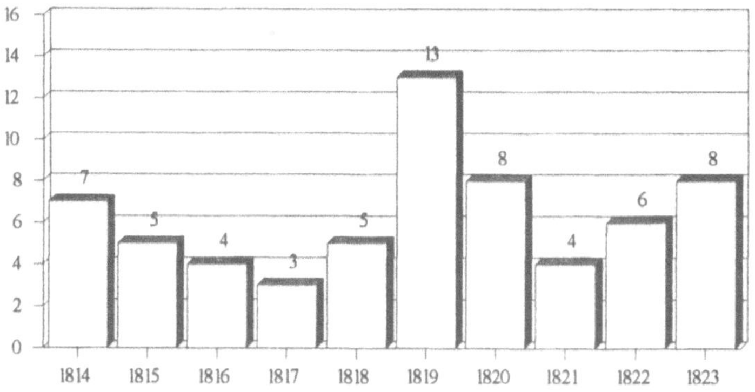

Wie die Graphik deutlich zeigt, ist die zeitliche Verteilung der insgesamt 63 Kindsmorde sehr unregelmäßig. Das Appellationsgericht selbst glaubte aus dieser Zusammenstellung ein Ansteigen der Anzahl der Kindsmorde herauslesen zu können, da die Jahre 1819 bis 1823 zusammengenommen deutlich mehr Straftäterinnen ausweisen als die fünf Jahre zuvor. Trotz dieser zweifellos bestehenden Tatsache scheint ein solcher Schluß nicht zulässig, da die vergleichbaren Zeiträume viel zu kurz sind, um allein auf dieser Basis eine kontinuierliche Entwicklung annehmen zu dürfen. Außerdem werden wir abermals nur mit absoluten Zahlen konfrontiert und kennen den Verlauf der Gesamtkriminalität nicht. Nicht zuletzt müssen wir uns die Frage stellen, inwieweit die Ursachen für veränderte statistische Werte nicht auch in den sich wandelnden Rahmenbedingungen zu suchen sind. Es ist davon auszugehen, daß im Verlauf des 19. Jahrhunderts die Kontrollmechanismen der obrigkeitlichen Behörden an Effektivität zunahmen und der Grad der Überwachung größer wurde. Steigende Kindsmordzahlen müssen daher nicht unbedingt auf eine Eskalation dieses Deliktes hindeuten, sondern können lediglich ein Indikator dafür sein, daß früher unbekannt gebliebene Fälle nunmehr vor ein Kriminalgericht gelangten.

Wie wichtig diese beiden Faktoren tatsächlich waren, ersehen wir aus einer Tabelle über die vom Krainer Stadt- und Landrecht durchgeführten Kindsmorduntersuchungen.[29] Zwischen 1821 und 1841 fällte dieses Kriminalgericht Urteile in insgesamt 3.759 Strafprozessen; 138 davon betrafen Kindsmorde, was einen Anteil von 3,7% ausmacht. Während dieses Zeitraumes nahm die absolute Zahl der Kindsmorde permanent zu: Zwischen 1822 bis 1831 standen 44 Frauen in Untersuchung, in den zehn Jahren darauf waren es bereits 91. Betrachten wir hingegen den relativen Anteil der Kindsmorde an der Krainer Gesamtkriminalität, so zeigt sich, daß sich das Verhältnis dieses Deliktes zu den anderen Verbrechensarten im Laufe dieser 20 Jahre überhaupt nicht verändert hatte! Der höchste Wert von 7,3% lag vielmehr schon im Jahr 1825, die niedrigste Marke von 1,4% fiel in das Jahr 1834. Wir können daher auch von dieser Basis ausgehend behaupten, daß es in der ersten Hälfte des 19. Jahrhunderts zu keiner Verschärfung der Kindsmordproblematik kam.

Abb. 31:

Wenn wir nun ergänzend dem Ansatz von Otto Ulbricht folgen und die Zahl der in jedem Jahr untersuchten Kindsmorde in Relation zu den unehelichen Geburten betrachten,[30]

---

[29] Vgl. R. Melzer: Geschichte der Findlinge, S. 315.

[30] Vgl. O. Ulbricht: Kindsmord und Aufklärung, S. 211.

bestätigt sich die Annahme der geringen Frequenz an Kindsmorden und ihrer regelmäßigen Verteilung über die Jahre in jeder Weise. Diese Gegenüberstellung kann für den gesamten Zeitraum von 1816 bis 1849 allerdings nur für die Steiermark geleistet werden, da für die übrigen innerösterreichischen Landesteile nicht gleichermaßen zuverlässiges Zahlenmaterial zur Verfügung steht. Der Vergleich zeigt nun, daß das Verhältnis der Kindsmorde zu den unehelichen Geburten durchschschnittlich 1 zu 1.250 betrug.[31] In der Verteilung der Werte auf die einzelnen Jahre lassen sich keine signifikanten Besonderheiten ausmachen, den engsten Zusammenhang (1 zu 539) ließ das Jahr 1830 erkennen, am weitesten (1 zu 3.831) klafften die Vergleichszahlen im Jahr 1848 - das allerdings aufgrund seiner Quellenlage problematisch ist - auseinander. Das heißt, in der Steiermark kam es in der ersten Hälfte des 19. Jahrhunderts nur bei einer von mehr als tausend unehelichen Geburten zum Verdacht eines Kindsmordes! In Norddeutschland bewegte sich Ende des 18. Jahrhunderts dieses Verhältnis hingegen um etwa 1 zu 110, was aber ebenfalls noch als gering eingestuft wird.[32] Wir können also davon ausgehen, daß der Kindsmord in der Steiermark, und zwar während des gesamten Untersuchungszeitraumes, ein verhältnismäßig selten auftretendes Delikt darstellte.

15.4. REGIONALE VERTEILUNG DER KINDSMORDFÄLLE

15.4.1. Innerösterreich

Wie bereits ausgeführt, besaß das innerösterreichische Appellationsgericht Zuständigkeit für die Länder Steiermark, Kärnten, Krain und das Küstenland. Im Untersuchungszeitraum von 1787 bis 1849 waren Teile dieser Gebiete allerdings zeitweilig aus dem österreichischen Herrschaftsgebiet ausgegliedert und standen unter französischer Verwaltung. Außerdem kam es zu Veränderungen in der Zuordnung einzelner Bezirke: Während Inneristrien - respektive die Grafschaft Mitterburg - anfangs dem Herzogtum Krain zugerechnet wird, fällt es später unter die Jurisdiktion des Rovigneser Kriminalgerichtes.[33] Ausschlaggebend für die hier vorgenommene Zuteilung ist in diesem Fall die zum Zeitpunkt der Strafverfolgung bestehende Regelung.

---

31 Die Zahlen der unehelichen Geburten in der Steiermark sind entnommen aus: O. Zwiedineck-Südenhorst: Illegitimität, S. 22 f. Vgl. dazu auch StLA, Gub.-Fasz. 47, 1822-1825. Hier wird eine ähnliche Berechnung angestellt, allerdings nur auf das Jahr 1822 bezogen.

32 Vgl. O. Ulbricht: Kindsmord und Aufklärung, S. 211.

33 Vgl. dazu Ludmil Hauptmann: Krain. In: Erläuterungen zum Historischen Atlas der Österreichischen Alpenländer. Hrsg. v. d. Akademie der Wissenschaften in Wien. 1. Abteilung: Die Landgerichtskarte. 4. Teil: Kärnten, Krain, Görz und Istrien. Wien 1929, S. 452 f.

Bis auf wenige Ausnahmen lassen sich alle vor dem Obergericht in Klagenfurt verhandelten Strafprozesse regional zuordnen. Die meisten, nämlich 331 an der Zahl, entfielen auf die Steiermark; aus Krain sind 211 Anklagen wegen Kindsmordes bekannt, aus dem Küstenland wissen wir von 126, aus Kärnten von 93 Fällen.

Abb. 32:

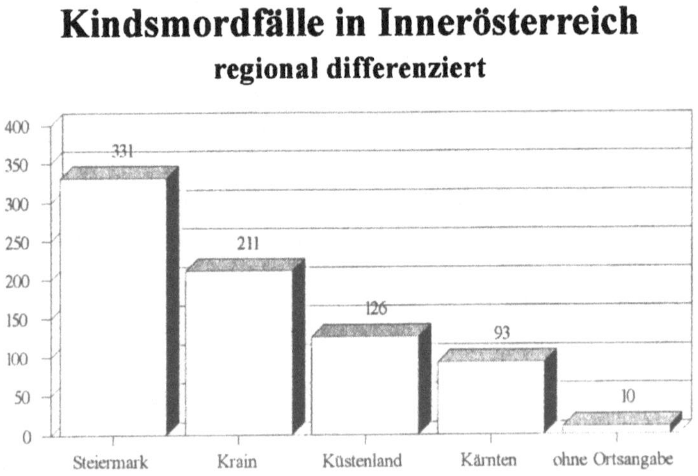

Dieses Ergebnis muß freilich quellenkritisch gelesen werden. Für die Steiermark standen für die Untersuchung neben den Akten des Appellationsgerichtes zusätzliche Materialien aus verschiedenen Archiven einzelner Herrschaften bzw. Gerichtsbehörden und Regierungsstellen zur Verfügung. Auf diese Weise konnten hier zeitliche Lücken besser überbrückt und unzureichende Informationen der Klagenfurter Behörden ergänzt werden. Für Krain, Kärnten und das Küstenland ließen sich die vorhandenen Unzulänglichkeiten der Appellationsgerichtsakten auf diese Weise nicht ausgleichen. Dazu kommt, daß die Steiermark von 1787 bis 1849 immer zum Sprengel des innerösterreichischen Appellationsgerichtes gehörte, während dies bei den anderen Ländern ja nicht der Fall war. Das Herzogtum Krain sowie der Villacher Kreis zählten fünf Jahre lang zum französischen Herrschaftsgebiet. Das Küstenland wurde durch den ersten Koalitionskrieg zwar anfangs um das venezianische Istrien erweitert, ab 1805 fiel es jedoch ebenfalls vorübergehend unter französische Verwaltung, außerdem bestand zwischenzeitlich ein eigenes küstenländisches Appellationsgericht.

Wenn wir nun die relative Verteilung der vom innerösterreichischen Appellationsgericht beurteilten Kindsmordprozesse betrachten und sie zu dem ermittelten Bevölkerungsstand der einzelnen Landesteile von Innerösterreich für das Jahr 1846 in Bezug stellen, erhalten wir schon ein wesentlich aussagekräftigeres Bild.

Abb. 33:

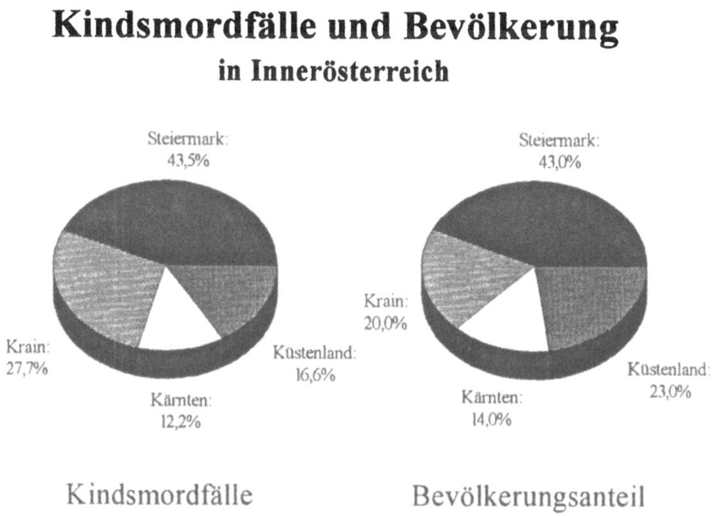

Während sich die Vergleichszahlen für Kärnten und für die Steiermark im wesentlichen decken, weisen Krain und das Küstenland augenfällige Abweichungen auf. Dem Herzogtum Krain, das nur einen relativen Anteil an der innerösterreichischen Bevölkerung von 20% innehatte, fallen hingegen 28% aller Kindsmordprozesse zur Last. Das ist umso bemerkenswerter, da durch die französische Zwischenherrschaft unzweifelhaft einige weitere Fälle für die Statistik verlorengegangen sind und der tatsächliche Anteil an Krainer Kindsmörderinnen wahrscheinlich noch um ein bis zwei Prozentpunkte höher anzusetzen ist. Im Gegensatz dazu scheint es auf den ersten Blick, daß das Küstenland über besonders wenige Kindsmorde zu klagen hatte: Bei einem Bevölkerungsanteil von 23% stammen nur 17% der vor das Klagenfurter Appellationsgericht gelangten Strafprozesse aus diesem Gebiet.

Doch dieser Eindruck erweist sich bei näherer Betrachtung als falsch: Erst ab September 1822 unterstand das gesamte Küstenland, also sowohl Görz/Gradiska, Triest als auch das ehemals venezianische sowie das österreichische Istrien mit der oben veranschlagten Bevölkerungszahl dauerhaft dem innerösterreichischen Appellationsgericht, vorher zählten jeweils nur Einzelteile über eine mehr oder weniger lange Zeitspanne zu seinem Sprengel. Wir dürfen für diese Landstriche also nicht den üblichen Maßstab heranziehen. Im folgenden wird daher für die Zeitspanne von 1823 bis 1849 die regionale Zusammensetzung der Kindsmordprozesse des Klagenfurter Obergerichtes noch einmal analysiert.

Abb. 34:

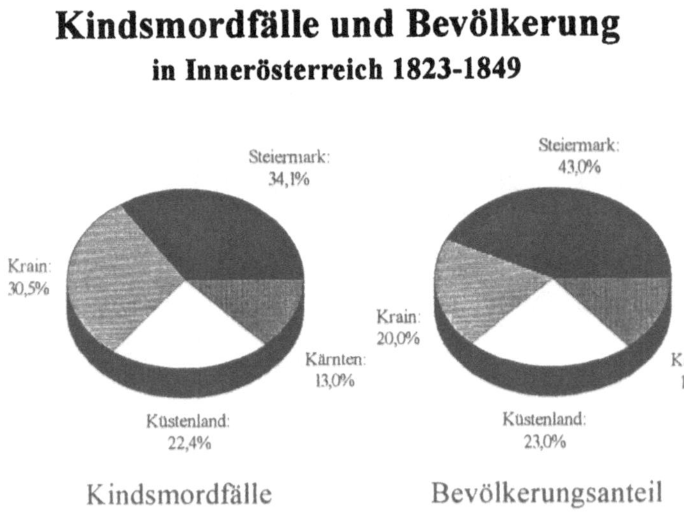

Der überproportional hohe Anteil von Kindsmorden in Krain bestätigt sich also: 30% aller Angeklagten zwischen 1823 und 1849 stammen aus diesem Herzogtum. Auch der Wert für Kärnten ist mit 13% gleichgeblieben, er entspricht der relativen Bevölkerung dieses Landes. Änderungen haben sich hingegen für das Herzogtum Steiermark ergeben: Nur 34% aller Kindsmordprozesse betreffen steirische Frauen, die damit unterrepräsentiert sind. Die oben ermittelte Richtzahl für Görz/Gradiska, Triest und Istrien muß ebenfalls revidiert werden: Nach der gänzlichen Einbindung aller küstenländischen Gebiete zeichnen sie nun für 22% aller Kriminalfälle verantwortlich, was im wesentlichen mit der Anzahl ihrer Einwohnerinnen und Einwohner korrespondiert.

Stellen wir die Anklagen wegen Kindsmordes der weiblichen Gesamtkriminalität gegenüber, so ergeben sich für Krain doppelt so hohe Werte wie für die Steiermark. Durch die Analyse der Verhältnisse des Landgerichts Feldbach haben wir für die Steiermark einen Anteil von rund 9% als ungefähren Anhaltspunkt ermittelt. Für Krain kennen wir nur die Zahl der insgesamt zwischen 1821 und 1841 durchgeführten Kriminalprozesse;[34] nehmen wir hierbei, wie auch für andere Gebiete errechnet, einen durchschnittlichen Frauenanteil von 20% an,[35] kommen wir zum Schluß, daß in Krain Kindsmörderinnen nicht weniger als 18% aller weiblichen Straftäterinnen ausmachten.

Noch deutlicher wird dieses Ergebnis, wenn wir den Kindsmordfällen die Anzahl der unehelichen Geburten gegenüberstellen. Für die Steiermark wurde diesbezüglich ja ein Verhältnis von 1 zu 1.250 errechnet, für Kärnten können wir - bezogen auf die Jahre 1830 bis 1840 - von einem Kindsmord bei 1.824 illegitimen Mutterschaften ausgehen. Geradezu unglaublich nimmt sich hingegen der Wert für Krain aus: Auf jede 74. uneheliche Geburt kam ein Kindsmord![36]

Wodurch kann nun die besonders hohe Quote von Kindsmordprozessen in Krain begründet werden? Ausgehend von der Voraussetzung, daß in allen innerösterreichischen Ländern die Behörden mit gleicher Effektivität arbeiteten und verdächtig scheinende Fälle zur Anzeige brachten, müssen die Ursachen wohl in den sozialen und wirtschaftlichen Verhältnissen des Herzogtums zu suchen sein. Wenn wir uns daran erinnern, daß mehrmals seitens verschiedener Delinquentinnen, aber auch seitens der weltlichen Behörden und des Appellationsgerichtes über die besonders schwierige Lage einer unehelichen Mutter in Krain geklagt wurde, haben wir damit bereits einen ersten Hinweis. Dem Kriminalobergericht in Klagenfurt entging die besondere Frequenz des Kindsmorddeliktes im Herzogtum Krain natürlich ebenfalls nicht. Bemerkenswert ist, daß es weit davon entfernt war, spezielle Charaktereigenschaften oder Mentalitätsunterschiede der - fast durchwegs slawischstämmigen - Frauen dafür verantwortlich zu machen. Ganz im Gegenteil rekurrierte es auf die Umgebung der Täterinnen: *„Die Begriffe des Landvolkes und der Geistlichkeit sind hier der Art, daß es für ledige Frauenzimmer wohl äußerst drückend und peinlich ist, das Unglück zu haben, ein uneheliches Kind zu bekommen. Ein Verhältnis, welches in den Nachbarsprovinzen wie Kärnten, Steiermark etc. bey weitem nicht so hart ist."*[37]

---

34 Vgl. R. Melzer: Geschichte der Findlinge, S. 315.

35 Vgl. W. Behringer: Mörder, Diebe, Ehebrecher, S. 101; R. v. Dülmen: Frauen vor Gericht, S. 126. F. Hartl beziffert ihn sogar etwas höher. Vgl. ders.: Wiener Kriminalgericht, S. 308 f.

36 Zwischen 1830 und 1840 kamen in Kärnten 16 Kindsmorde auf 29.185 uneheliche Geburten, in Krain standen hingegen 138 Kindsmorden 10.233 illegitime Mutterschaften gegenüber. Vgl. R. Melzer: Geschichte der Findlinge, S. 317 f.

37 StLA, AG-Prot. 9661/1838.

Die informelle Bestrafung einer illegitimen Mutterschaft gestaltete sich in Krain besonders streng, wofür nicht zuletzt nach zeitgenössischen Äußerungen die unnachgiebige Haltung des örtlichen Klerus verantwortlich zu machen war.[38] Tatsächlich fällt bei der Nennung von Motiven für einen Kindsmord auf, daß gerade Krainer Frauen überproportional häufig Furcht vor Schande und Ehrverlust als ausschlaggebend für ihre Tat nennen.

Betrachten wir davon ausgehend die Illegitimitätsraten von Krain und vergleichen wir sie mit denen anderer innerösterreichischer Länder, so finden wir das bisher Gesagte in jeder Hinsicht bestätigt. Ende des 18. Jahrhunderts machten die unehelichen Geburten im Land Steiermark 10% aus, Kärnten verzeichnete 14%. Um 1830 waren diese Werte in den beiden Ländern auf 20 bzw. 30% angewachsen, 1854 betrugen sie sogar schon 27 bzw. 37%. Das Herzogtum Krain wies hingegen eine deutlich niedrigere Anzahl lediger Kinder auf. Ende des 18. Jahrhunderts werden wir mit einer Illegitimitätsquote von 1,7% konfrontiert, 1830 betrug sie knapp 7%, im Jahr 1854 9%! Unterschritten werden diese Zahlen einzig von den Verhältnissen im Küstenland, wo in der ersten Hälfte des 19. Jahrhunderts für Istrien beispielsweise nur 4% uneheliche Geburten feststellbar sind.[39]

Diese sozialen Komponenten standen natürlich in engem Zusammenhang zur wirtschaftlichen Lage einer ledigen Mutter. In einem ohnehin armen Land wie Krain, in dem es keine dienstbotenintensiven landwirtschaftlichen Großbetriebe gab, mußte es namentlich für sozial deklassierte Personen schwer sein, einen regelmäßigen Lebensunterhalt zu erwirtschaften. Damit gewann auch das Motiv der materiellen Not für Krain eine unübersehbare Bedeutung.

15.4.2. Steiermark

Für die Steiermark wurden im Untersuchungszeitraum von 1787 bis 1849 insgesamt 331 Kindsmordfälle registriert. Nicht alle lassen sich jedoch regional einordnen, da Eintragungen im Appellationsgerichtsrepertorium bisweilen nur den kurzen Vermerk aufweisen, daß der Prozeß vom Grazer Landrecht als steirischem Kriminalspruchgericht abgehandelt wurde. Bei 297 Angeklagten erhalten wir jedoch Auskunft darüber, in welchem Teil des Landes der vermutete Kindsmord vor sich gegangen war. Ausschlaggebend für die folgende Einteilung ist also der Tatort und nicht der Geburtsort der Beschuldigten. Nur dieser An-

[38] Über die Zusammenhänge zwischen Illegitimität und Klerikalismus vgl. M. Mitterauer: Ledige Mütter, S. 36.

[39] Vgl. M. Mitterauer: Familienformen, S. 123-127; O. Zwiedineck-Südenhorst: Illegitimität, S. 24; Ernst Mischler: Das Armenwesen in Steiermark. Graz 1896. (= Statistische Mitteilungen über Steiermark. H. 1.) S. 168/169; J. Vincenz Goehlert: Die Entwicklung der Bevölkerung der Steiermark vom Jahre 1754 bis auf die Gegenwart. In: Statistische Monatsschrift 5 (1879), S. 63 f.; Statistische Tafeln, 1828; F. S. Hügel: Findelhäuser und Findelwesen Europas, S. 238.

satz läßt sich weiterverfolgen, da Angaben über die Heimatverhältnisse einer inkriminierten Frau häufig fehlen. Die Grundlage für die regionale Differenzierung bilden die in der Steiermark bestehenden Landgerichte, die zugleich als Erstgerichte fungierten.[40] Sie werden in weiterer Folge den fünf Kreisämtern des Herzogtums zugeordnet.

Abb. 35:

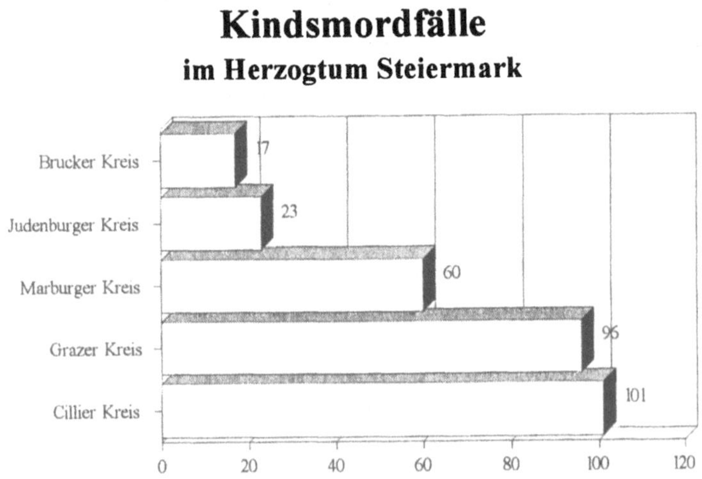

Die meisten Kindsmorde waren im Cillier und im Grazer Kreis zu verzeichnen; mit einigem Abstand folgte dann der Marburger Kreis. Die beiden obersteirischen Kreisämter Judenburg und Bruck hatten sich nur ausgesprochen selten mit diesem Delikt zu beschäftigen. Ziehen wir nun zur Überprüfung dieses Ergebnisses noch eine andere Quelle heran. 1824 ließ das steirische Gubernium einen Bericht darüber anfertigen, wie viele Kindsmorde in den letzten zehn Jahren in der Steiermark gemeldet worden waren. Daraus

40 Als Arbeitsbehelfe dienten dabei: Historischer Atlas der Österreichischen Alpenländer. Hrsg. v. d. Akademie der Wissenschaften in Wien. 1. Abteilung: Die Landgerichtskarte. Wien 1929; Hans Pirchegger: Steiermark. In: Erläuterungen zum Historischen Atlas der Österreichischen Alpenländer. Hrsg. v. d. Akademie der Wissenschaften in Wien. 1. Abteilung: Die Landgerichtskarte. 1. Teil: Salzburg, Oberösterreich, Steiermark. Wien 1917, S. 183-312; Steirische Gerichtsbeschreibungen; Spezialrepertorium von Steiermark. Bearbeitet auf Grund der Ergebnisse der Volkszählung vom 31. Dezember 1910. Hrsg. v. d. k. k statistischen Zentralkommission. Wien 1917. (= Spezialortsrepertorium der österreichischen Länder. 4.)

ergibt sich, daß im gesamten Herzogtum zwischen 1814 und 1823 53 Kriminaluntersuchungen wegen Kindsmordes geführt wurden. Davon entfielen fast 40% auf den Cillier Kreis, 34% der Kindsmörderinnen waren im Grazer Kreis, je 11% im Marburger sowie im Judenburger Kreis wohnhaft gewesen und gar nur 4% hatten ihren Aufenthalt im Brucker Kreis genommen.[41] Wir können also davon ausgehen, daß Kindsmorde in der Mittel- und Untersteiermark überproportional häufig, in der Obersteiermark hingegen lediglich vereinzelt vorkamen.

Zur Relativierung der obigen absoluten Zahlen ist es allerdings nötig, die einzelnen Kriminalfälle nicht nur nach den fünf Kreisämtern aufzuschlüsseln, sondern ihnen auch den Bevölkerungsstand der jeweiligen Landesteile gegenüberzustellen.[42]

Abb. 36:

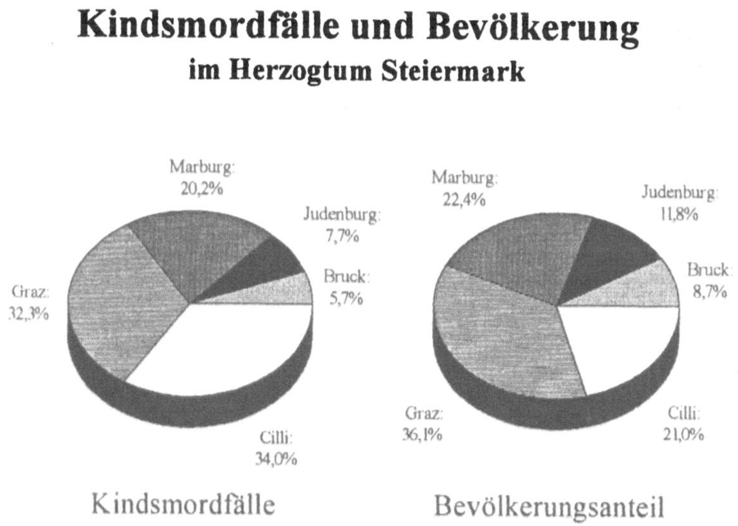

Wir sehen, daß die beiden obersteirischen Kreise Judenburg und Bruck trotz ihrer im Verhältnis geringen Bevölkerungszahl noch immer gut abschneiden und unterdurch-

---

41 StLA, Gub.-Fasz. 47, 1822-1825.

42 Als Basis zur Berechnung dienten C. Schmutz: Historisch Topographisches Lexikon sowie: Kommerz= und Zivil=Schema des Herzogtums Steyermark. Für Einheimische und Fremde, zur nähern Kenntnis dieses Landes, und vorzüglich der Hauptstadt Graz. Mit einem vollständigen Namen=Register der herrschaftlichen Oberbeamten in Steyermark, und andern sehr nützlichen Nachrichten. Graz 1803.

REGIONALE VERTEILUNG DER KINDSMORDE IN DER STEIERMARK:

Judenburger Kreis:

1 Aussee
2 Wolkenstein
3 Murau
4 Rothenfels
5 Frauenburg
6 Dürnstein
7 Neumarkt
8 Reifenstein
9 Judenburg
10 Admontbichl
11 Seckau

Brucker Kreis:

12 Gallenstein
13 Freienstein
14 Leoben
15 Bruck/Landskron
16 Wieden

Grazer Kreis:

17 Vorau
18 Thalberg
19 Pöllau
20 Neuberg
21 Hartberg
22 Thannhausen
23 Herberstein
24 Waldstein
25 Gratwein
26 Obervoitsberg
27 Eggenber
28 Graz
29 Fürstenfeld
30 Feldbach
31 Stein
32 Gleichenberg
33 St. Georgen/Stiefing
34 Oberwildon
35 Straß
36 Weinburg
37 Halbenrain
38 Radkersburg

Marburger Kreis:

39 St. Florian
40 Seggau
41 Eibiswald
42 Arnfels
43 Oberradkersb.
44 Mahrenberg
45 Faal
46 Marburg
47 Gutenhaag
48 Oberluttenber;
49 Friedau
50 Ankenstein
51 Pettau
52 Ebensfeld
53 Thurnisch

Cillier Kreis:

54 Puchenstein
55 Windischgraz
56 Lechen
57 Weitenstein
58 Windischfeistritz
59 Schönstein
60 Wöllan
61 Lemberg
62 Obergonobitz
63 Stattenberg
64 Oberrohitsch
65 Oberburg
66 Sannegg
67 Osterwitz
68 Pragwald
69 Cilli
70 Reifenstein
71 Plankenstein
72 Windischlandsberg
73 Montpreis
74 Tüfer
75 Laak
76 Reichenburg
77 Hartenstein
78 Pischätz
79 Rann

schnittlich wenig Kindsmordfälle aufweisen. Für das Gebiet des Marburger Kreises sind keine speziellen Abweichungen festzustellen. Der Grazer Kreis unterschreitet nunmehr den aufgestellten Vergleichswert. Durch die überaus zahlreiche Einwohnerschaft dieses Verwaltungsbezirkes finden nämlich auch die vermehrt auftretenden Kriminaluntersuchungen ihre Erklärung. Mit völlig anderen Ergebnissen werden wir jedoch im Cillier Kreis konfrontiert: Obwohl nur 21% der steirischen Bevölkerung in seinen Grenzen beheimatet waren, stammte mehr als ein Drittel aller Kindsmörderinnen des Herzogtums aus diesem Gebiet!

Stellen wir uns nun die Frage, worauf diese hohe Quote an Kindsmorden in der Untersteiermark zurückgeführt werden kann, erweist sich auch hier eine Betrachtung der regionalen Illegitimitätsraten als unentbehrlich. Während wir in der Obersteiermark Ende des 18. Jahrhunderts rund 25%, Mitte des 19. Jahrhunderts sogar fast 40% unehelichen Geburten begegnen, sind diese Werte in der Mittel- und Untersteiermark und hier besonders im Cillier Kreis auffallend gering. Ende des 18. Jahrhunderts kamen in Cilli auf 100 eheliche Geburten bloß drei bis vier uneheliche, im Verlauf des 19. Jahrhunderts stieg der Prozentsatz zwar auf 18 bis 19 an, lag aber damit immer noch um einiges unter dem Landesdurchschnitt.[43]

Der Zusammenhang zwischen der Illegitimitäts- und der Kindsmordquote, der sich bereits bei der Untersuchung der innerösterreichischen Verhältnisse gezeigt hat, bestätigt sich hier abermals in auffälliger Weise. Es scheint, daß eine hohe Rate unehelicher Geburten eine niedrige Anzahl von Kindsmordfällen zur Folge hat. Tatsächlich wird diese Annahme auch von anderer Seite unterstützt. Michael Mitterauer zitiert einen Bericht der Kärntner Herrschaft Leonstein aus dem Jahr 1802, in dem es heißt, daß es Geburtsverheimlichungen oder gar Kindestötungen in dieser Herrschaft nicht gebe, *„weil die ledigen Mütter weder eine Strafe noch Verachtung des Volkes zu erfahren haben."*[44] Auch Otto Ulbricht stimmt dieser Sichtweise speziell für die österreichischen Verhältnisse zu.[45] Je häufiger uneheliche Geburten in einem Gebiet vorkamen, umso selbstverständlicher mußte diese Erscheinung der Umgebung werden, die keinen nennenswerten Grund mehr haben konnte, Ausgrenzungen vorzunehmen und Sanktionen zu verhängen. Damit verlor das Motiv der Schande und des Ehrverlustes für die potentiellen Kindsmörderinnen zunehmend an Bedeutung. Wie Michael Mitterauer festgestellt hat, gingen hohe Illegitimitätsraten aber auch mit einer wirtschaftlichen Besserstellung der Landbevölkerung Hand in Hand. Bei ausreichender Nachfrage nach Arbeitskräften waren die Folgen eines vorehelichen Geschlechtsverkehrs weniger risikoreich, selbst eine ledige Mutter hatte gute Chancen, einen Arbeitsplatz zu

---

43 Vgl. O. Zwiedineck-Südenhorst: Illegitimität, S. 24.
44 Vgl. M. Mitterauer: Familienformen, S. 183.
45 Vgl. O. Ulbricht: Kindsmord und Aufklärung, S. 212 f.

finden.[46] Wir dürfen daraus schließen, daß in Gebieten mit einer hohen Quote an unehelichen Kindern materielle Not als Motiv für einen möglichen Kindsmord ebenfalls weitgehend ausgeschaltet werden konnte.

Worauf sind nun die hohen Illegitimitätsquoten in der Obersteiermark im Vergleich zum Süden des Landes zurückzuführen? Eine wesentliche Rolle spielten regional bedingte landwirtschaftliche Besonderheiten: Im gebirgigen Norden dominierte die Viehwirtschaft. Damit verbunden waren beträchtliche Betriebsgrößen, die eine hohe Anzahl an permanent beschäftigten Dienstboten erforderten. In der Mittel- und Untersteiermark herrschten Akkerbau und Weinbau vor; die landwirtschaftlichen Betriebe waren kleiner, man stützte sich bei auftretenden saisonalen Arbeitsspitzen weniger auf Dienstboten, sondern vielmehr auf Taglöhner. Diese unterschiedlichen Wirtschaftsformen hatten gravierende Auswirkungen auf das jeweilige Heiratsalter. Die Möglichkeit des Tagwerks garantierte größere ökonomische Selbständigkeit und begünstigte zeitlich frühere Eheschließungen, wodurch die Zahl vorehelicher Sexualkontakte gering gehalten wurde. Die verschiedenartige Regelung der Generationenabfolge verstärkte diese Entwicklung. In der Obersteiermark begegnen wir dem Anerbenrecht, der Hoferbe konnte in der Regel erst dann heiraten, wenn der Besitz übergeben wurde. Im hügeligen Unterland war hingegen die Realteilung üblich, was Familiengründungen erleichterte. Manfred Straka stellt auf der Basis der Theresianischen Seelenzählung des Jahres 1754 etwa fest, daß in der Obersteiermark mehr als die Hälfte aller Erwachsenen ihr Leben lang unverheiratet blieb, in der Untersteiermark waren es vergleichsweise knapp 36%, die Mittelsteiermark lag mit rund 42% unverheirateter Bevölkerung im Landesdurchschnitt. Die Zahlen einer weiteren Seelenzählung aus dem Jahr 1771 bestätigen dieses Bild. In der zweiten Hälfte des 18. Jahrhunderts waren damit im Judenburger und im Brucker Kreis rund 60% aller Frauen zwischen 20 und 40 Jahren unverheiratet, während im Cillier Kreis lediglich 35% der 20- bis 40jährigen nicht in einer ehelichen Gemeinschaft lebten![47]

Michael Mitterauer gibt daneben zu bedenken, daß der Grad der Übereinstimmung zwischen überregional geltenden Satzungen und sozialen Normen regionaler Gesellschaften ebenfalls einer Überprüfung bedürfe. In diesem Zusammenhang verdiene vor allem die Geltungskraft kirchlicher Moralvorschriften in lokalen Populationen besonderes Interesse.[48] Dieser Frage kann hier nicht weiter nachgegangen werden, genauso wie auch die Theorie,

---

46 Vgl. M. Mitterauer: Familienformen, S. 182 f.

47 Vgl. M. Straka: Seelenzählung 1754, S. 112-114 sowie ders.: Bevölkerungs- und Sozialgeschichte, S. 41 f. u. S. 53; ders. u. Walter Neunteufl: Die steirische Bevölkerung. In: Die Steiermark. Land, Leute, Leistung. Hrsg. v. d. Steiermärkischen Landesregierung. Graz 1971, S. 247 f.; Michael Mitterauer problematisiert allerdings diese Zahl der Unverheirateten, da die Seelenzählung keinen Unterschied zwischen ledig und verwitwet trifft und Manfred Straka diesen Faktor bei seinen Berechnungen nur teilweise berücksichtigt. Vgl. M. Mitterauer: Familienstruktur, S. 206; ders.: Ledige Mütter, S. 75 f.

48 Vgl. M. Mitterauer: Familienformen, S. 186.

ob und inwieweit mentale Verschiedenheiten der ethnischen Bevölkerungsgruppen auf Illegitimitätsraten Einfluß haben, nur der Vollständigkeit halber erwähnt werden soll.

15.4.3. Kärnten

Von 93 vermeintlichen Kindsmörderinnen wissen wir, daß sie aus dem Herzogtum Kärnten stammten. Auch sie werden den einzelnen Landgerichten zugeordnet, was allerdings gewisse Schwierigkeiten mit sich bringt. Während man im Klagenfurter Kreis die Landgerichtsorganisation bis 1848 beibehielt, bestand sie im Villacher Kreis nur bis 1812, dann wurde sie von den Franzosen aufgehoben. Als das Land 1814 wieder an die Habsburger gelangte, knüpfte man an die alte Regelung nicht wieder an, sondern übertrug die peinliche Gerichtspflege in erster Instanz dem Stadt- und Landrecht in Klagenfurt. Um eine bessere Vergleichbarkeit mit der Zeit vor 1809 zu gewährleisten, wurden die einzelnen Tatorte des Villacher Kreises den ehemals bestehenden Landgerichten zugeteilt und die neu eingerichtete Bezirksorganisation außer Acht gelassen.[49]

Insgesamt konnte für 41 Kärntner Kindsmordfälle eine Standortbestimmung getroffen werden; 22 davon entfielen auf den Klagenfurter Kreis, 19 auf den Villacher Kreis. Stellen wir die relative Anzahl an Kriminalfällen zur jeweiligen Bevölkerungsmenge eines Landesteils in Beziehung,[50] so zeigt es sich, daß der Klagenfurter Kreis im Verhältnis weniger Kindsmorde aufweist als der Villacher Kreis. Aufgrund des insgesamt geringen Zahlenmaterials und seiner großen Streuung können zwar keine generalisierenden Aussagen getroffen werden, festzuhalten ist aber, daß es gerade in einigen alpinen Regionen des Klagenfurter Kreises, so im Gurk- oder im Metnitztal, besonders hohe Illegitimitätsraten gab.[51] Michael Mitterauer nennt als ausschlaggebend für dieses Phänomen *„gesindereiche Großhöfe mit dominanter Viehzucht von wirtschaftlicher Seite, Anerbenrecht und fehlendes Ausgedinge von rechtlicher, starke Entkirchlichung im Rahmen einer Kleindiözese von der*

---

49 Die Grundlage bildete dafür: Historischer Atlas der Österreichischen Alpenländer; Erläuterungen zum Historischen Atlas der Österreichischen Alpenländer; Kärntner Gerichtsbeschreibungen. Vorarbeit zu dem von der kaiserlichen Akademie der Wissenschaften in Wien herausgegebenen Historischen Atlas der österreichischen Alpenländer. 1. Abteilung. Die Landgerichtskarte. 4. Teil. Kärnten. Hrsg. u. bearbeitet v. Martin Wutte. Klagenfurt 1912. (= Archiv für vaterländische Geschichte und Topographie. 20/21.); Spezialrepertorium von Kärnten. Bearbeitet auf Grund der Ergebnisse der Volkszählung vom 31. Dezember 1910. Hrsg. v. d. k. k statistischen Zentralkommission. Wien 1918. (= Spezialortsrepertorium der österreichischen Länder. 5.)

50 Als Maßstab dienen Werte aus dem Jahr 1830. Vgl. Gotbert Moro: Der Bevölkerungsstand in Oberkärnten von 1777 bis 1934. In: Archiv für vaterländische Geschichte und Topographie 24/25 (1936), S. 163.

51 Zur Topographie von Kärnten vgl. Herbert Paschinger: Kärnten. Eine geographische Landeskunde. Teil 1: Allgemeine Darstellung. Klagenfurt 1976.

REGIONALE VERTEILUNG DER KINDSMORDE IN KÄRNTEN:

religiösen Seite".[52] Wir begegnen also Komponenten, die bereits für steirische Verhältnisse als Erklärungsansatz für die Verbreitung unehelicher Geburten angeführt worden sind.

Abb. 37:

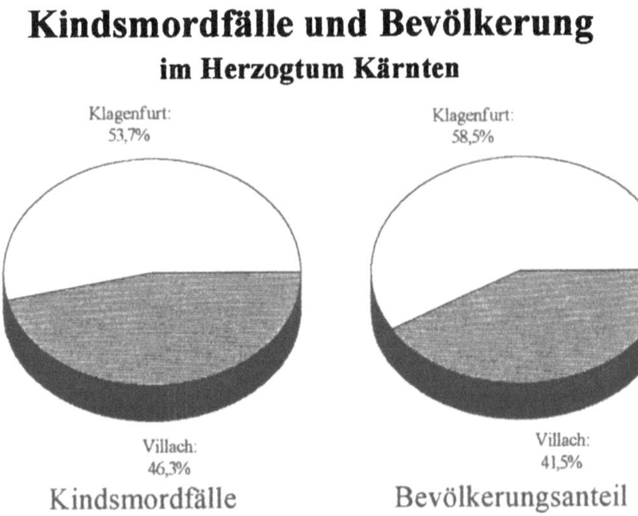

15.4.4. Krain

Wie bereits erwähnt, kamen 211 der vom Appellationsgericht untersuchten Kindsmörderinnen aus Krain. Bei den meisten von ihnen bleiben wir allerdings in Unkenntnis über ihren Aufenthaltsort zum Zeitpunkt der Tat, nur von 85 Frauen können wir genau bestimmen, in welchem Kreis bzw. in welchem Landgerichtsbezirk sie aufgegriffen wurden. Zwar gab es in Krain ab 1811 ebenfalls keine Landgerichte mehr, für die in den späteren Akten aufscheinenden Orte werden aber trotzdem die Landgerichtsgrenzen als relevanter Bezugsrahmen beibehalten.[53] Bei dem angestellten Vergleich der Kindsmordfälle mit den

---

[52] M. Mitterauer: Ledige Mütter, S. 81.

[53] Als Basis dafür wurden herangezogen: Historischer Atlas der Österreichischen Alpenländer; Landes-Regierungsblatt für das Herzogtum Krain. 2. Teil. VI. Stück, IX. Jahrgang 1857; Allgemeines Verzeichnis der Ortsgemeinden und Ortschaften Österreichs nach den Ergebnissen der Volkszählung vom 31. Dezember 1910 nebst vollständigem Namensverzeichnis. Hrsg. v. d. k. k. statistischen Zentralkom-

REGIONALE VERTEILUNG DER KINDSMORDE IN KRAIN:

Laibacher Kreis:

1 Radmannsdorf
2 Krainburg
3 Kreutz und Oberstein
4 Bischoflack
5 Görtschach
6 Flödnig
7 Laibach
8 Ponowitsch
9 Sonnegg

Adelsberger Kreis:

10 Billichgratz
11 Loitsch
12 Wippach
13 Haasberg
14 Adelsberg
15 Senosetsch
16 Schneeberg
17 Prem
18 St. Servolo
19 Mitterburg

Neustadtler Kreis:

20 Slattenegg
21 Scharfenberg
22 Savenstein
23 Ruckenstein
24 Gurkfeld
25 Landstraß
26 Wördel
27 Neustadtl
28 Seisenberg
29 Ortenegg
30 Reifnitz
31 Rupertshof
32 Möttling
33 Gottschee
34 Kostel
35 Pölland

Bevölkerungszahlen der einzelnen Landesteile ist zu berücksichtigen, daß die Werte für den Adelsberger Kreis je nach dem angesetzten Maßstab variieren können; 1811 bzw. 1814 wurden einige Gebiete dieses Kreises an das Küstenland abgetreten.[54] Die hier verwendeten Bevölkerungszahlen verstehen sich jedenfalls ohne das österreichische Istrien.[55]

Abb. 38:

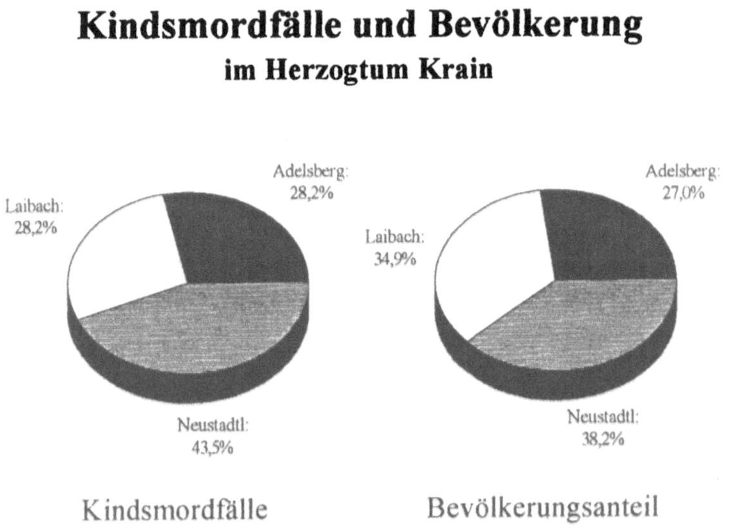

Eine Gegenüberstellung fällt eindeutig aus: 37 Kindsmorde, damit 44%, wurden im Neustadtler Kreis verfolgt, 24 Untersuchungen fanden im Laibacher Kreis statt, und 24 Angeklagte verhaftete man im Adelsberger Kreis. Für die Jahre 1821 bis 1841 können wir zusätzlich auf eine regionale Aufschlüsselung der vom Krainer Stadt- und Landrecht durchgeführten Kindsmordprozesse zurückgreifen.[56] Darin werden die gewonnenen Ergeb-

mission in Wien. Wien 1915; Gemeinde- und Ortschaftsverzeichnis der an den Reichsgau Kärnten angegliederten befreiten Gebiete Oberkrains und Unterkärntens. Bearb. u. hrsg. v. der Publikationsstelle Wien. Wien 1942; Oskar Gratzy, Edler von Wardengg: Repertorium zu J. W. Freiherrn von Valvasors „Die Ehre des Herzogtums Krain" (1689). In: Mitteilungen des Musealvereines für Krain 14 (1901), H. 4-6, S. 1-112.; Josephinische Landesaufnahme 1763-1787 für das Gebiet der Republik Slowenien. Landesbeschreibung. Bd 1 u. 2. Laibach 1995 f.; Der große Atlas. Slowenien. Laibach 1992.

54 Vgl. F. Hauptmann: Krain, S. 452 f.

55 Die Zahlen aus dem Jahr 1794 sind entnommen aus: E. Planer: Recht und Richter, S. 330.

56 Vgl. R. Melzer: Geschichte der Findlinge, S. 316.

nisse bestätigt und sogar noch übertroffen: Nicht weniger als 52% der insgesamt untersuchten 134 Kindsmorde entfielen auf den Neustadtler Kreis, 29% bezogen sich auf einen Tatort im Laibacher Kreis, und 19% der Fälle wurden von einer Bezirksobrigkeit aus dem Adelsberger Kreis übermittelt. Wir ersehen daraus, daß Innerkrain sowohl absolut als auch relativ die bei weitem höchste Anzahl an Kindsmordprozessen aufzuweisen hatte; Oberkrain zeigt hingegen Werte unter dem Durchschnitt. Die tatsächlichen Verhältnisse in Unterkrain abzuschätzen, fällt aufgrund der nicht einheitlichen Berechnungsbasis schwer.

Die Kindsmordzahlen sind abermals ein Indikator für die sozialen und ökonomischen Verhältnisse des Landes. Während wir im gebirgigen Oberkrain noch mit größeren Wirtschaftseinheiten und verhältnismäßiger Prosperität rechnen dürfen, war die Bevölkerung der übrigen Landesteile besonders einkommensschwach. Damit einher gingen wiederum unterschiedliche Illegitimitätsraten, die im Norden Krains noch relativ hoch, im Süden hingegen überaus niedrig waren.[57]

15.4.5. Küstenland

Aus dem Küstenland gelangten insgesamt 126 Kindsmordprozesse an das innerösterreichische Appellationsgericht. 57 Angeklagte standen in erster Instanz vor dem Kriminalgericht in Rovigno, das Kriminalgericht in Triest hatte 35 Strafverfahren durchgeführt, und 34 Frauen waren vom Görzer Kriminalgericht untersucht worden.[58]

Dieser Vergleich ist aber nicht sehr aussagekräftig, da aufgrund der im Küstenland ständig wechselnden Zuständigkeiten jeweils ein anderer Maßstab vorliegt. Aus Triest und Görz gelangten bereits Ende des 18. Jahrhunderts Kriminaluntersuchungen an das Obergericht in Klagenfurt, aus Rovigno erst ab 1816 bzw. 1823. Auch hinsichtlich der Bevölkerungsmenge der einzelnen Landesteile gibt es beträchtliche Unsicherheiten, weshalb hier Interpretationen nur mit großer Vorsicht geleistet werden können. Doch selbst wenn wir all diese Relationen in Betracht ziehen, scheinen in jedem Fall für Görz die wenigsten Kindsmorduntersuchungen auf, während für Istrien und für den Raum Triest deutlich höhere Werte zu erkennen sind. In diesem Zusammenhang soll noch einmal auf das gerade für das letztgenannte Gebiet besonders niedrige Heiratsalter hingewiesen werden, das die innerhalb Innerösterreichs geringsten Illegitimitätsraten zur Folge hatte.[59]

---

57 Vgl. M. Mitterauer: Ledige Mütter, S. 23-25.

58 Für die geographische Einordnung wurden verwendet: Historischer Atlas der Österreichischen Alpenländer; Erläuterungen zum Historischen Atlas der Österreichischen Alpenländer; Spezialrepertorium für das österreichisch-illyrische Küstenland. Bearbeitet auf Grund der Ergebnisse der Volkszählung vom 31. Dezember 1910. Hrsg. v. d. k. k statistischen Zentralkommission. Wien 1918. (= Spezialortsrepertorium der österreichischen Länder. 7.)

59 Vgl. B. Bolognese-Leuchtenmüller: Bevölkerungsentwicklung, S. 68.

REGIONALE VERTEILUNG DER KINDSMORDE IM KÜSTENLAND:

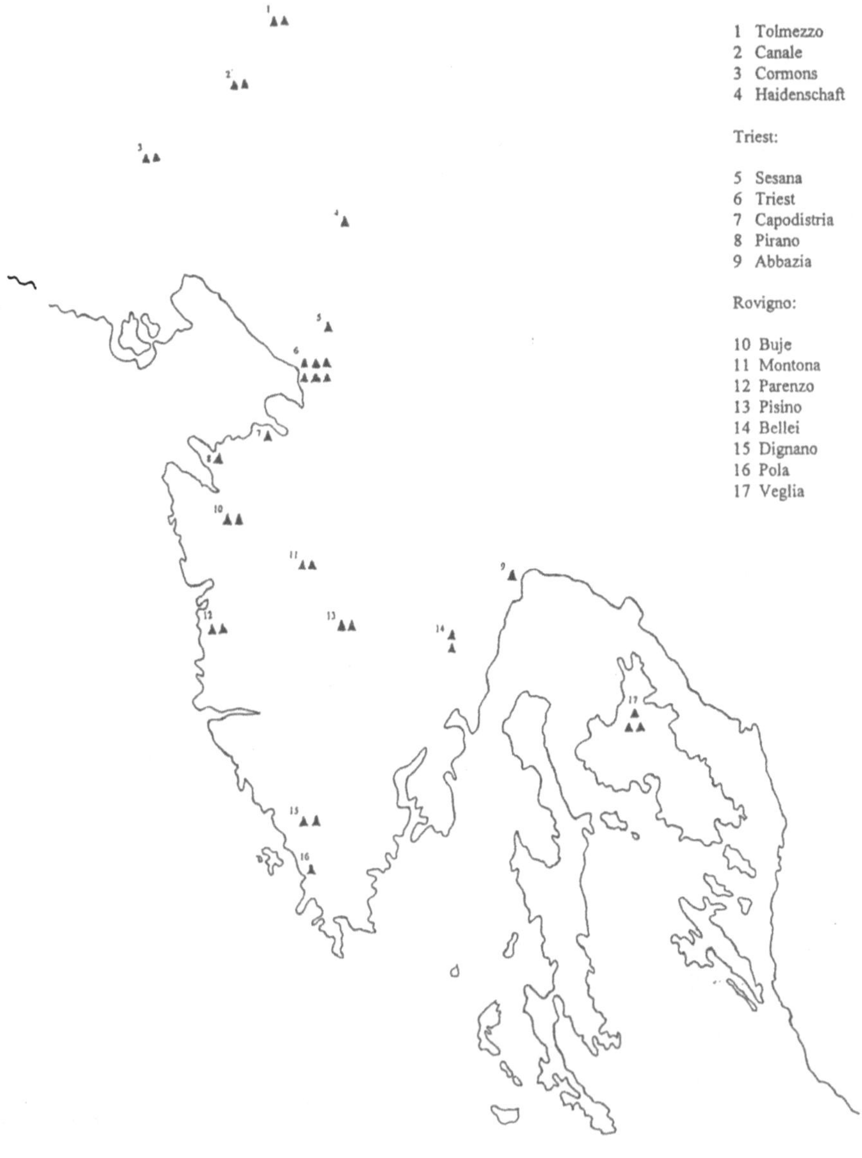

Görz:

1 Tolmezzo
2 Canale
3 Cormons
4 Haidenschaft

Triest:

5 Sesana
6 Triest
7 Capodistria
8 Pirano
9 Abbazia

Rovigno:

10 Buje
11 Montona
12 Parenzo
13 Pisino
14 Bellei
15 Dignano
16 Pola
17 Veglia

Abb. 39:

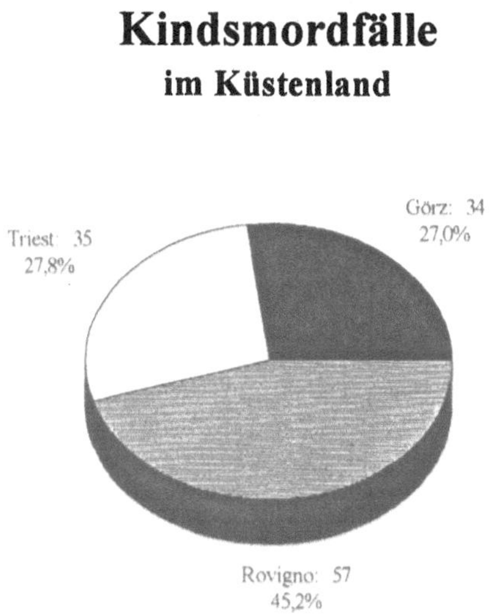

Sowohl für Innerösterreich als Gesamtheit als auch für die einzelnen Landesteile lassen sich also die gleichen Phänomene feststellen: Die Anzahl der Kindsmorde steht in engem Zusammenhang mit der günstigen wirtschaftlichen Situation bzw. der Häufigkeit unehelicher Geburten. Besorgniserregendes Ausmaß nahm die Verbreitung der Kindsmorde in der Regel freilich nicht an; einzig die Situation im Herzogtum Krain scheint nicht unbedenklich.

16. DER KINDSMORD, SEINE MOTIVE UND SEINE VERHÜTUNG ALS DISKUSSIONSGEGENSTAND

16.1. DIE INITIATIVE DES GRAZER GUBERNIUMS

In den Jahren 1823 und 1824 kam es auf Anregung des steiermärkischen Guberniums zu einer groß angelegten Aktion, mit deren Hilfe man nicht nur die Ursachen des Deliktes des Kindsmordes erforschen, sondern zugleich Vorschläge einholen wollte, wie dieses Verbrechen am besten einzudämmen bzw. dauerhaft zu bekämpfen sei.[1] Den Ausschlag dazu gab eine Besichtigung des Grazer Strafhauses in der Karlau durch den Landesgouverneur von Steiermark und Unterkärnten, Franz Graf von Hartig,[2] im August 1823, bei der dieser eine erhebliche Anzahl von Delinquentinnen, die eine Kerkerstrafe wegen Kindsmordes zu verbüßen hatten, festzustellen glaubte. Wie eine Rückfrage an die Strafhausverwaltung ergab, waren nach ihren Unterlagen nicht weniger als zwölf von insgesamt 52 Insassinnen, damit also 23%, verurteilte Kindsmörderinnen.[3]

Das Gubernium trat nun, bestätigt in seinem weiteren Vorhaben, an das innerösterreichische Appellationsgericht in Klagenfurt heran, unterbreitete seine Wahrnehmungen und bat um weitere Ratschläge. Die Antwort des Obergerichtes kam prompt und zeigte, daß man sich der Wichtigkeit dieses Problemkreises durchaus bewußt war: Nach Durchsicht der einschlägigen Untersuchungsakten erstellte das Appellationsgericht ein Gutachten über die seiner Meinung nach ausschlaggebenden Motive und Beweggründe für einen unternommenen Kindsmord. Als Hauptquelle des Verbrechens betrachtete man in Klagenfurt

1 Vgl. zum folgenden: StLA, Gub.-Fasz. 47, 1822-1825. In diesem Zusammenhang verweise ich auf die sogenannte Mannheimer Preisfrage aus dem Jahr 1780, die möglicherweise hier anregend gewirkt hat. Vgl. dazu aus der reichhaltigen Literatur: O. Ulbricht: Kindsmord und Aufklärung, S. 217-329; ders.: Reformvorschläge und Reformmaßnahmen auf dem Gebiet der Illegitimität und des Kindsmordes in Nordwestdeutschland. In: Das Volk als Objekt obrigkeitlichen Handelns. Hrsg. v. Rudolf Vierhaus. Tübingen 1992. (= Wolfenbütteler Studien zur Aufklärung. 13.) S. 125-146; R. v. Dülmen: Frauen vor Gericht, S. 104-108; Christine Wittrock: Abtreibung und Kindesmord in der neueren deutschen Literatur. Frankfurt/Main, Phil. Diss. 1978, S. 23-52; Beat Weber: Die Kindsmörderin im deutschen Schrifttum von 1770-1795. Bonn 1974. (= Abhandlungen zur Kunst-, Musik- und Literaturwissenschaft. 162.) S. 22-60; M. Schwarz: Kindestötung, S. 150-208.

2 Vgl. Schematismus für Steyermark und Kärnten auf das Jahr 1823. Graz o. J., S. 137.

3 Wie bereits angesprochen, war diese Antwort nicht völlig korrekt. Tatsächlich befanden sich 1823 nur elf Kindsmörderinnen in der Karlau, die als Nummer zwölf gezählte Frau büßte wegen versuchter Abtreibung und Mithilfe zum Gattenmord.

schlichtweg wirtschaftliche Armut und Bedürftigkeit, also die Unvermögenheit, *„worin sich die unehelichen Mütter als meistens dienende Personen befinden, sich und ihr Kind zu ernähren, da sie bedenken, daß sie mit ihrem Liedlohne unmöglich im Stande sind, das Kind zumal in den ersten Jahren zu ernähren und wohl wissen, daß sie zusamt dem Kinde nicht leicht einen Dienst finden."* Die Schlußfolgerungen des Appellationsgerichtes trafen zweifellos den Kern der Sache. Man realisierte also seitens des Gerichtes sehr wohl die sozialen und ökonomischen Zwänge, denen eine nicht verheiratete Kindesmutter unterworfen war, und wußte um die Nöte der sogenannten dienenden Klasse in jeder Hinsicht Bescheid.[4]

Erst an zweiter Stelle verwies das Obergericht dann auf den Antrieb durch moralische Wertvorstellungen und seelische Belastungen: *„Weniger dringend wirken Furcht vor Aeltern und Verwandten, dann Schande vor der Welt auf diese Verbrecherinnen und man wird in den Akten keine Spur gewahr, daß Aeltern und Verwandte wie einst durch Drohungen und Mißhandlungen Veranlassung zu Kindsmord gegeben hätten."* Wir haben anhand der vorliegenden Fälle allerdings gesehen, daß zumindest nach den Aussagen der Angeklagten das Motiv der Ehrenrettung nach wie vor eine große Rolle spielte, auch die Furcht vor den Sanktionen der Familie klingt entgegen den Beteuerungen des Appellationsgerichtes immer wieder durch.

Schließlich fügte man in Klagenfurt noch einen dritten Punkt an, welcher der mangelhaften Bildung und Erziehung der Landbevölkerung einen nicht unerheblichen Teil der Schuld zuschrieb: *„Dabei muß man auch bemerken, daß Rohheit und Unverstand ihren Anteil an diesen Verbrechen nach den Bemerkungen der Kriminalrichter haben, und es herrschte bei mehreren der Aberglaube, daß ihr Verbrechen weniger groß seye, wenn sie das Kind nottauften, indem damit dem Kinde der Himmel verschaffet wurde."* Auch hier ist den Überlegungen des Obergerichts nichts entgegenzusetzen, die Durchsicht der Appellationsgerichtsprotokolle erweist, daß unzureichende Aufgeklärtheit der bäuerlichen Bevölkerung mehr als einmal menschliche Katastrophen heraufbeschwörte.[5]

Noch im September des Jahres 1823 verfaßte das Grazer Gubernium davon ausgehend ein Rundschreiben an die fünf Kreisämter der Steiermark sowie an das Kreisamt zu Klagenfurt.[6] Darin wies es die lokalen Behörden an, mit besonders fähigen Bezirkskom-

---

4 Vgl. dazu auch die 1831 anläßlich eines Kindsmordes ergangene Anweisung des Appellationsgerichtes an das Klagenfurter Kreisamt, den Bezirksobrigkeiten einzuschärfen, erwerbslose schwangere Dienstmägde über die ihnen zustehende gesetzliche Fürsorge zu informieren. Abdruck dieses Zirkulars bei: T. Meyer: Dienstboten in Oberkärnten, S. 221.

5 Dem Ruf nach Verbesserung von Erziehung und Unterricht - also einer typisch aufklärerischen Forderung - begegnen wir übrigens auch als Hauptanliegen bei den Beantwortern der Mannheimer Preisfrage. Vgl. O. Ulbricht: Kindsmord und Aufklärung, S. 272.

6 Nach dem Wiener Kongreß blieb nur mehr der Klagenfurter Kreis an das steiermärkische Gubernium angegliedert.

missaren und Ortspfarrern Kontakt aufzunehmen, sich mit ihrer Hilfe ein Bild über die herrschenden Gegebenheiten zu verschaffen und gemeinsam Vorschläge zu entwerfen, auf welche Art und Weise das Delikt des Kindsmordes verhindert werden könnte. Die entsprechenden Maßregeln erwartete das Gubernium bis längstens Dezember desselben Jahres.

16.2. DIE VORSCHLÄGE DER KREISÄMTER

Als erstes erstattete das Kreisamt Klagenfurt seine Antwort.[7] Zunächst fühlte es sich bemüßigt, darauf hinzuweisen, daß sich die vom Grazer Gubernium gemachten Bemerkungen wohl nicht auf den Kreis Klagenfurt beziehen könnten, da aufgrund einer Durchsicht der Kriminaltabellen der letzten neun Jahre in diesem Teil Kärntens nur ein einziger Kindsmord verübt worden wäre. Hier irrte der Berichtleger allerdings gewaltig: Ein im Anschluß vom Appellationsgericht erstelltes Verzeichnis weist für die Jahre 1814 bis 1823 nicht weniger als zehn im Kreis Klagenfurt geführte Kriminaluntersuchungen wegen Kindsmordes nach!

Abgesehen davon unterbreitete das Kreisamt - basierend auf elf eingeholten Berichten von Kärntner Bezirkskommissaren und Geistlichen[8] - vier Vorschläge, wie seiner Meinung nach einem Anwachsen dieses Deliktes am wirksamsten beizukommen wäre. Ansetzend bei der als Grundmotiv erkannten wirtschaftlichen Not der unehelichen Kindesmütter wurde zum einen geraten, daß eine Bezirksobrigkeit bei Kenntnis einer unehelichen Schwangerschaft dem Fötus einen Vormund aus dem Kreis der Bevölkerung bestimmen sollte. Als Modell dazu diente § 166 ABGB, wo eine solche Vormundschaft - allerdings für die Zeit nach der Geburt - festgesetzt wird. Dieser gerichtliche Vormund des unehelichen Kindes sei nach Ansicht des Kreisamtes auch unbedingt dazu zu verhalten, die Patenschaft für das Neugeborene zu übernehmen, da die Landbevölkerung diese Aufgabe als besonders verantwortungsvoll ansehe und mit äußerster Gewissenhaftigkeit für das Wohl derjenigen Kinder sorge, die sie zur Taufe getragen habe. Auf eine sehr geschickte Weise versuchte das Klagenfurter Kreisamt also, einen von altersher gepflogenen Brauch für die Zwecke des Gemeinwohls einzusetzen.

Zum zweiten regte das Kreisamt an, die Einrichtung der Gebäranstalten stärker zu nützen und auszuweiten. Vermögenslose uneheliche Schwangere, die zur Bezahlung des Wochenbetts und zur Erhaltung des unehelichen Kindes nicht in der Lage wären, sollten nicht,

7 Kreishauptmann in Klagenfurt war damals Johann Friedrich Freiherr von Löhr. Vgl. Schematismus 1823, S. 168.

8 Eine Auswahl davon findet sich bei T. Meyer: Dienstboten in Oberkärnten, S. 225-227.

wie bisher, von der jeweiligen Gemeinde, in der sie geschwängert worden waren, verpflegt, sondern von der betreffenden Bezirksobrigkeit in das Gebärhaus gebracht werden. Dort bestand für die Frauen allerdings die Verpflichtung, sich für Übungen der angehenden Geburtshelfer und Hebammen zur Verfügung zu stellen, überdies mußten sie sich wenigstens vier Monate in der Findelanstalt als Ammen verwenden lassen. Dafür war zugleich die Versorgung ihrer Kinder im Findelhaus gesichert.

Der dritte und der vierte Punkt in der Liste des Klagenfurter Kreisamtes zielten auf die Hebung der moralischen Begriffe speziell unter den Menschen der „*unteren Volksklasse*" und damit auf die Eindämmung der unehelichen Geburtenzahlen ab. Dazu regte man einerseits an, Jugendliche ab dem 18. Lebensjahr, also zu einem Zeitpunkt, „*wo bey beiden Geschlechtern eigentlich der Geschlechtstrieb erst mit voller Kraft erwacht, wo sie der häuslichen Zucht schon entwachsen und sich selbst überlassen sind*", vermehrt dem Religionsunterricht zuzuführen. Die Ortsgeistlichen sollten dahin wirken, die in den Schulen vermittelten sittlichen Grundsätze nicht in Vergessenheit geraten zu lassen. Andererseits wollte man die hinsichtlich des „*nächtlichen Herumschwärmens*" lediger Personen bestehenden Vorschriften schärfer exekutiert wissen: Die Bezirksobrigkeiten waren ja dazu angehalten, unverheiratete Männer, die zum drittenmal bei einem verbotenen nächtlichen Stelldichein ertappt worden waren, zum Militär zu stellen, ledigen Frauen drohte eine polizeiliche Strafe.

Während also das Kreisamt Klagenfurt durchaus rationale Überlegungen anstellte und überwiegend sachliche Vorschläge unterbreitete, schlug der Kreishauptmann von Bruck an der Mur, Leopold Graf von Wagensperg,[9] in seiner Antwort an das innerösterreichische Gubernium deutlich stärker moralisierende Töne an. Als Hauptursache der um sich greifenden Kindsmorde erkannte er unzureichende Allgemeinbildung und geistige Verwahrlosung auf dem Lande. Gerade in der Obersteiermark gab es entlegene Ortschaften, die Anfang des 19. Jahrhunderts noch keine Schulen besaßen. Doch ungeachtet dessen sahen sich viele Angehörige ländlicher unterer Schichten aufgrund ihrer sozialen und wirtschaftlichen Verhältnisse ohnehin nicht in der Lage, ihren Kindern einen Schulbesuch zu ermöglichen, da diese als Arbeitskräfte dringend benötigt wurden. Der Kreishauptmann folgerte daraus: „*Hier wächst das arme Geschöpf größtenteils in der Gesellschaft des Viehes allein auf, ohne einen wahren Begriff der Moralität, der Religion, der Pflichten gegen sich selbst und gegen seine Nebenmenschen zu erlangen, es ist sich selbst überlassen, kennt keine Bedürfnisse und folget ohne aller weitern Überlegung ungehindert seinen Natur- und Geschlechtstrieben.*" Die einzige Möglichkeit, dieses Übel zu beseitigen, bildete nach Ansicht des Grafen von Wagensperg die Anstellung fähiger Volkslehrer, die allerdings „*nicht so sehr das Gedächtnis als vielmehr das Herz der jungen Pflanze bearbeiten*" sollten.

---

9 Vgl. Schematismus für Steyermark und Kärnten auf das Jahr 1824. Graz o. J., S. 40.

Von ebenfalls großer Bedeutung erschien dem Brucker Kreisamt die Eindämmung der angeblich besonders unter den Dienstboten grassierenden Ausschweifungen, Zügellosigkeiten und des überhandnehmenden Kleiderluxus. Zuallererst wollte man die sogenannten *„Frei- und Rummeltänze"*, also Tanzvergnügungen an Sonn- und Feiertagen, rigoros abgeschafft wissen, denn sie wurden für den Ort gehalten, *„wo manche Unschuld ihr Grab findet."* Unbedingt sollten auch die Dienstgeberinnen und Dienstgeber dazu angehalten werden, auf die Sittlichkeit ihres Gesindes zu achten, das - zumindest nach Meinung des obersteirischen Kreishauptmanns - in seiner Verdorbenheit nicht grell genug geschildert werden könnte. Auch der scheinbar festgestellte luxuriöse Aufwand, den so manche Magd mit ihrem Äußeren treibe, hätte vielfach dazu geführt, daß *„Mädchen ihre Tugend aufopfern und endlich so tief fallen, daß sie keinen bestimmten Vater anzugeben im Stande sind"*. Wir können bei dieser Anhäufung stereotyper Klagen allerdings nicht umhin, ihre tatsächliche Relevanz in Zweifel zu ziehen.[10] Zu klischeehaft klingen die Vorwürfe, die durch die in den Gerichtsprotokollen dargestellten Verhältnisse keine Bestätigung erhalten. Ganz im Gegenteil, übereinstimmend wurden die meisten der angeklagten Kindsmörderinnen wegen ihrer bisherigen moralisch einwandfreien Lebensführung gelobt. Kaum eine inkriminierte Frau befand sich in Unkenntnis, wen sie als Vater des geborenen Kindes anzusehen hatte, ja einige Liebesbeziehungen dauerten sogar über Jahre hinweg und resultierten nicht bloß aus einem einmaligen geselligen Beisammensein. Desgleichen entbehrt schließlich die Anschuldigung einer verschwenderischen Lebensführung und übertriebenen Putzwut seitens der Dienstmägde jeder Grundlage, wenn wir einen Blick auf die sogenannten Effektenverzeichnisse so mancher verhafteter Frau werfen: Die wenigen vorhandenen und zudem oft schadhaften Kleidungsstücke sprechen eine ganz andere Sprache.

Erst an dritter Stelle nannte das Kreisamt in Bruck wirtschaftliche Motive, allerdings ebenfalls durchsetzt von emotionalen Beweggründen, da das unschuldige Kind *„durch die Treulosigkeit seines Erzeugers schon der Dorn im Auge der Mutter wird, welche dasselbe mehr als Folge ihrer gegenwärtigen traurigen Lage als ihrer eigenen Verschuldung ansiehet"*. Um dem entgegenzutreten, schlug der Berichterstatter eine modifizierte Auslegung des § 163 ABGB vor, und zwar dahingehend, daß der politische Richter berechtigt wäre, schon beim Vorliegen einer nur im hohen Grad wahrscheinlichen Vaterschaft den Betroffenen dazu zu verhalten, einen ersten Unterhaltsbeitrag für Mutter und Kind zu leisten. Zur Schaffung einer solchen Übergangslösung sah sich das Kreisamt um so mehr berechtigt, als es die zu leistende Zahlung eines Liebhabers auch als eine Art Buße für seine begangene

---

10 Vgl. speziell zum Vorwurf des „Kleiderluxus" und seiner Ursprünge: Dagmar Müller-Staats: Klagen über Dienstboten. Eine Untersuchung über Dienstboten und ihre Herrschaften. Frankfurt/Main 1987, S. 83-95.

Unsittlichkeit auffaßte und die Frage der eigentlichen Vaterschaft dagegen eher als sekundär betrachtete.

Furcht vor Schande in der Gesellschaft oder vor Mißhandlung durch die Familie stufte der Brucker Kreishauptmann als Motiv für einen Kindsmord äußerst gering ein, außerdem ließen sich solche Beweggründe nach seinen Worten ohnehin nur bei gebildeteren Menschen entdecken. Nicht näher ausgeführt finden wir auch zwei weitere als Triebfedern für das Verbrechen genannte Übelstände, nämlich *„Nichtbefolgung und laue Handhabung der diesfalls bestehenden Gesetze"* und schließlich *„die absichtliche Enthaltung von dem ehelichen Stande"*. Es ist anzunehmen, daß sich der letzte Kritikpunkt vor allem auf das sozialwirtschaftlich bedingte hohe Heiratsalter obersteirischer Hoferben bezog.

Zusammenfassend wiederholte das Brucker Kreisamt am Ende seines Berichtes noch einmal jene Maßnahmen, die sich ihm zur Vermeidung eines Kindsmordes am effektivsten darstellten: Seitens des Gesetzgebers und der weltlichen Obrigkeit wünschte man sich die Erlassung einer umfassenden und strengen Dienstbotenordnung sowie die Abänderung und Wiederverlautbarung bestehender einschlägiger gesetzlicher Vorschriften, von den Geistlichen wurde erwartet, daß sie sowohl im Beichtstuhl als auch auf der Kanzel die Schwere des Verbrechens eindringlich vor Augen führten und an die Allgemeinheit stellte man die Forderung, jede unehelich Geschwängerte zu überwachen und unverzüglich an die zuständige Behörde zu melden.

Die im allgemeinen sehr harten und nicht unbedingt menschenfreundlichen Worte des Brucker Kreisamtes verwundern um so mehr, wenn wir einen Blick auf die Statistik werfen: Mit lediglich 17 Kriminaluntersuchungen wegen Kindsmordes zwischen 1787 und 1849 wies dieser Kreis eine überaus geringe Verbreitung des in Frage stehenden Deliktes auf! Woher der Kreishauptmann Graf von Wagensperg daher seine Erkenntnisse bezog und warum er vehement mit nicht belegbaren Stereotypen gegen ein Übel wetterte, mit dem er aus eigener Anschauung eigentlich kaum vertraut sein konnte, muß dahingestellt bleiben. Die Ursachen hierfür sind wohl eher in seiner eigenen Persönlichkeitsstruktur als in den tatsächlichen Umständen zu suchen.

Schon weitaus mehr Grund, sich Gedanken über die Lösung dieses Problems zu machen, hatte hier das Kreisamt in Cilli: Stellte doch dieser Teil des Landes mit gezählten 101 Kriminaluntersuchungen wegen Kindsmordes im nämlichen Zeitraum einen unangefochtenen Negativrekord auf! Tatsächlich konnte der untersteirische Kreishauptmann neben dem bisher Festgestellten auch mit einigen neuen Vorschlägen aufwarten.[11] Längerfristig gesehen, so meinte er, würde zweifellos die Errichtung von Gebär- und Findelhäusern in allen Kreisstädten das zweckmäßigste Mittel zur Eindämmung des Verbrechens des Kindsmordes darstellen. Um 1820 gab es in der Steiermark ja bloß eine solche Anstalt, die sich in

[11] Den Bericht verfaßte Balthasar Edler von Ziernfeld. Vgl. Schematismus 1824, S. 38.

Graz und damit rund hundert Kilometer von Cilli entfernt befand. Die Finanzierung dieser neuen Institutionen sollte dadurch gesichert werden, daß jeder ländliche Dienstbote drei Kreuzer, jeder städtische sechs Kreuzer und jeder Grund- und Hausbesitzer je nach Vermögen zwölf bis 20 Kreuzer jährlich beitragen müßte. Zusätzlich wollte das Kreisamt auch die *„Zuhälter"*, also die unehelichen Väter, mit einer Geldstrafe belegen, die ebenfalls - entweder in einer einmaligen Zahlung oder in Raten - dem Fonds des Gebär- und Findelhauses zuzuführen wäre. Bis es allerdings zur Verwirklichung eines solch groß angelegten Projektes kommen würde, sollte man sich im wesentlichen mit drei Maßnahmen behelfen.

Zum ersten empfahl auch das Kreisamt in Cilli, mit Hilfe der Seelsorger *„auf das zartere Gefühl"* der Frauen zu wirken und ihnen die Grausamkeit der begangenen Sünde durch entsprechenden Unterricht zu erklären. Ebenfalls notwendig erkannte es, die bisher erlassenen Polizeivorschriften gegen unsittlichen Lebenswandel mit aller Strenge zu vollziehen und insbesondere die Dienstgeberinnen und Dienstgeber zur Beachtung der geltenden Richtlinien - getrennte Schlafstätten für Mägde und Knechte - zu ermahnen. Ergänzend und vertiefend sollte darüber hinaus jeder Gemeindevorstand jährlich ein- bis zweimal die auf Kindsmord, Kindesweglegung, Abtreibung der Leibesfrucht sowie auf Verheimlichung der Geburt stehenden gesetzlichen Strafen dem männlichen und weiblichen Gesinde öffentlich kundmachen! Als Voraussetzung dafür erkannte der Kreishauptmann allerdings, daß diese Strafen in auszugsweisen Abdrucken in deutscher und slowenischer Sprache dem Gemeindevorstand mitgeteilt würden. In der Stadt Cilli wußte man also sehr wohl Bescheid, daß man bei den meisten eingesetzten Organen in den verstreuten Dorfflecken auf dem Lande weder eine ausreichende Kenntnis der deutschen Sprache und schon gar nicht entsprechendes Fachwissen voraussetzen durfte. Zum dritten verwies das Kreisamt in Cilli noch einmal auf die Gubernialkurrende vom 8. September 1784, wobei man sich vor allem von der Einhaltung der Verpflichtung, jede uneheliche Schwangerschaft bei sonstiger Strafandrohung an die Obrigkeit zu melden, Erfolg versprach.

Das zweite untersteirische Kreisamt, nämlich jenes in Marburg, konnte dem bisher Gesagten nicht viel Neues hinzufügen.[12] Auffallend ist jedoch, daß es die Hauptaufgabe zur Verhinderung eines Kindsmordes an die Ortsgeistlichen übertragen und damit offenbar an die Funktion der Pfarrer im Rahmen der josephinischen Armenfürsorge anknüpfen wollte. Die Seelsorger sollten nicht nur erzieherisch, sondern auch als Vertrauenspersonen vermittelnd noch vor dem Einschreiten einer weltlichen Behörde tätig werden, sei es etwa zur Schlichtung familiärer Konflikte bei Bekanntwerden einer unehelichen Schwangerschaft oder sei es, um die werdende Mutter über die Möglichkeiten der Versorgung nach der Entbindung zu informieren und erste dahingehende Schritte einzuleiten.

---

12 Dem Marburger Kreisamt stand zu jener Zeit Friedrich Christian Otto vor. Vgl. Schematismus 1824, S. 37.

Als grundsätzlich besonders bedeutsam erachtete das Marburger Kreisamt, daß die unternommenen Unterstützungsmaßnahmen für die Frauen auf eine ihre Ehre und ihr sittliches Gefühl schonende Weise ergriffen werden müßten. Aus diesem Grund lehnte es auch eine zwangsweise Ablieferung bedürftiger Schwangerer an ein Gebärhaus vehement ab und gab ebenfalls zu bedenken, daß in Fällen, wo eine Gemeinde dazu angehalten war, die Verpflegungskosten für eine Wöchnerin zu bestreiten, dies nicht in Form der auf dem Land sonst üblichen Naturalversorgung, verbunden mit Weiterreichung von Hof zu Hof, geschehen dürfte. Aufgrund der lieblosen Behandlung und der Vorwürfe, womit allgemein den ledigen Müttern von den Gemeindemitgliedern begegnet wurde, stellte diese Art der Unterstützung ganz im Gegenteil für viele Frauen ein Schreckensbild dar, dem sie unbedingt zu entgehen suchten. Die Beiträge der Gemeinde sollten der werdenden Mutter daher in Geld ausbezahlt und ihr damit eine für sie günstigere Möglichkeit der Unterkunft und Behandlung verschafft werden.

Das Kreisamt Graz stützte sich in seinem Bericht im wesentlichen auf die von ihm als vorbildlich betrachteten Ausführungen des Pfarrers in Stainz, Franz Prasch[13], und unterschied sich in seinem zugrundeliegenden Gedankengut ganz erheblich von den übrigen eingelangten Schreiben. Während allenthalben über angebliche Gottlosigkeit und Sittenverfall unter der Landbevölkerung geklagt und der mangelnden Unterweisung in die christliche Glaubenslehre wesentlicher Anteil an der Verbreitung der Kindsmorde gegeben wurde, stellte dies der Grazer Kreishauptmann, Franz Edler von Werner,[14] schlichtweg in Abrede. Er meinte vielmehr, *„daß jene irrig daran sind, die die Quelle dieses Verbrechens in der Irreligiosität suchen. Dieser Vorwurf trifft das Landvolk, zumal den weiblichen Teil in der Steiermark, Gottlob, nicht."* Zugeben mußte er freilich, daß die Zahl der unehelichen Geburten selbst unter den, seiner Meinung nach im Verhältnis zu den Städterinnen moralisch unbedingt höherstehenderen, Landbewohnerinnen zugenommen hatte. Dieses Phänomen erklärte der Berichterstatter teils mit sachlichen Argumenten, teils aber auch mit einem menschenfreundlichen Augenzwinkern, wobei er selbst vor Seitenhieben auf die Obrigkeit nicht zurückschreckte. Zuallererst verwies der Grazer Kreishauptmann auf die vermehrte Ehelosigkeit des Landvolkes, die er jedoch nicht wie sein Brucker Kollege kurzsichtig als *„absichtliche Enthaltung"* interpretierte, sondern sehr richtig in erster Linie auf gesetzliche Ehehindernisse und zunehmende Armut in den unteren Schichten zurückführte.[15] Ein Hinweis auf die sittliche Gefährdung durch Militärmannschaften, vor allem durch Reservisten, fehlte ebenfalls nicht; tatsächlich befanden sich verhältnismäßig viele sogenannte gemeine Soldaten unter den Vätern der getöteten Kinder. Seitens des Grazer Kreisamtes zeigte man

---

13 Franz Prasch war Pfarrer in Stainz von 1822 bis 1834, später wirkte er als Domprobst in Graz.

14 Vgl. Schematismus 1823, S. 160.

15 Bereits 45 Jahre zuvor kam ein Großteil der Beantworter der Mannheimer Preisfrage zum gleichen Ergebnis. Vgl. O. Ulbricht: Kindsmord und Aufklärung, S. 272 f.

allerdings Verständnis für die vor allem bei den niederen Chargen festgestellte moralisch leichtsinnigere Denkungsart, denn diese wäre doch einem Menschen, der durch seinen Beruf zu einem ewigen Zölibat verdammt sei, allgemein weniger zu verargen. Etwas verwunderlich klingt dann der dritte Punkt, worin das Kreisamt eine zunehmende Gefährdung der Moralität zu erkennen glaubte, nämlich durch die immer zahlreicher werdenden Unterbeamten der Bezirksobrigkeiten, allesamt *„junge Leute in den besten Jahren, gut genährt und zu schlecht bezahlt, um heuraten zu können"*. Offensichtlich konnte sich der Kreishauptmann einige Reformen in der Bürokratie und in militärischen Belangen gut vorstellen!

Vorerst begnügte er sich jedoch mit dem Hinweis, daß seiner Ansicht nach von einer strengeren Bestrafung sogenannter gefallener Mädchen unbedingt abzuraten sei. Eine solch unduldsame Vorgangsweise würde geschwängerte Frauen nur in Verzweiflung versetzen und *„das Verbrechen, dem man entgegenwirken will, desto sicherer herbeiführen, wo nicht gar die Mädchen zur Begehung eines noch größern, nämlich Abtreibung der Leibesfrucht, wobei nicht nur das Kind getötet, sondern auch das Leben der Mutter gefährdet wird, verleiten."* Interessanterweise bewertete also der Berichtleger einen Schwangerschaftsabbruch, völlig entgegen den gesetzlichen Bestimmungen, als ein für die Einzelperson, aber wohl auch für die Gesellschaft längerfristig bedrohlicheres Delikt als den Kindsmord.[16] Außerdem ist der Grazer Kreishauptmann der erste - und zugleich einzige - Beamte, der sich jemals nicht nur Sorgen über das Leben des zu gebärenden Kindes, sondern auch über jenes der Mutter machte!

Mit einiger Verspätung langte schließlich im Februar 1824 noch der Bericht des Judenburger Kreisamtes ein;[17] er stellte zugleich die eingehendste und detaillierteste Auseinandersetzung mit dem Thema dar, wobei ebenfalls nicht mit Kritik an bestehenden Wirtschafts- und Sozialverhältnissen gespart wurde. Der erste Abschnitt widmete sich den vermeintlichen Ursachen der als viel zu verbreitet erkannten unehelichen Geburten, die man in erster Linie auf die ökonomischen Strukturen der obersteirischen Gebirgsgegenden zurückführte. Anknüpfungspunkte waren hier etwa die zu hohen Belastungen der Höfe, die ein Ausweichen auf sogenannte Zulehenshuben lukrativer erscheinen ließen, die Größe der einzelnen Wirtschaften, in denen bisweilen über 20 Dienstboten beiderlei Geschlechtes auf engstem Raum lebten, das strenge Heimfallsrecht, das so manchen Hoferben dazu verführte, die Fruchtbarkeit seiner Auserwählten bereits vor der Ehe auf die Probe zu stellen, und die Almwirtschaft, bei der die Schwaigerinnen den männlichen Nachstellungen besonders ausgesetzt schienen. Bedenklich erachtete das Kreisamt auch die häufige Einbringung der rückständigen Abgaben und Steuern durch militärische Exekutionsmannschaften, wo-

16 Die gleiche Beobachtung macht M. Lorenz für Deutschland. Vgl. dies.: Das Delikt des Kindsmords, S. 140.

17 Er trägt die Unterschrift des Kreishauptmanns Franz Skamperl. Vgl. Schematismus 1824, S. 41.

bei es in obersteirischen Gegenden bereits mehrmals zu Mißständen und Übergriffen auf die weibliche Landbevölkerung gekommen wäre.

Neben diesen Überlegungen, die durchaus auch von seiten der Obrigkeit ein Umdenken erwarteten, fehlten natürlich nicht die üblichen Vorwürfe hinsichtlich Pflichtvergessenheit und Lasterhaftigkeit der Dienstboten: Insbesondere zu Zeiten der Aufdingung und an abgebotenen Feiertagen käme es gemeinhin zu Unmäßigkeiten. Auch das festgestellte „*Wohlleben des Dienstvolkes*" mit bis zu fünf Mahlzeiten am Tag hielt das Kreisamt der Moralität für überaus abträglich, indem „*durch das einstimmige Urteil der Ärzte bestättiget wird, daß je mehr und je besser sich jemand nährt, desto mehr sei derselbe zu sinnlichen Ausschweifungen geneigt*".

Konkret zum Problemkreis des Kindsmordes befand das Judenburger Kreisamt, daß dieses Verbrechen im obersteirischen Raum eigentlich nur durch wirtschaftliche Not hervorgerufen würde, da uneheliche Geburten bereits so verbreitet seien, daß Furcht vor Schande oder vor Mißhandlung durch Angehörige als Motive kaum mehr in Frage kämen. Aus diesem Grund sollten vor allem die Hausleute dazu bewegt werden, einer Magd bei entdeckter Schwangerschaft nicht sofort den Dienst aufzukünden, sondern ihr weiterhin Bleibe und Beistand zu gewähren. Am meisten versprach man sich jedoch davon, im Fall der gänzlichen Hilflosigkeit und Verlassenheit einer Wöchnerin ihre Erhaltung sowie die des Säuglings nicht mehr wie bisher der zuständigen Gemeinde aufzubürden, sondern nunmehr aus den Bezirkskassen zu finanzieren. Für diese Vorgangsweise sprachen mehrere Argumente: Die Bestreitung der Unkosten konnte umgelegt auf nur eine einzelne, gerade im Gebirge manchmal nur aus wenigen Häusern bestehende Gemeinde einige Schwierigkeiten bereiten, während eine Verteilung auf das gesamte Bezirksgebiet solche extremen Belastungen auszugleichen half. Außerdem kam jedem Bezirk ein Anwachsen der Population langfristig sogar zugute, indem der Bestand an verfügbaren Dienstboten und Soldaten gesichert blieb. Am schwersten wog jedoch die letzte Begründung: Während es bei Anwendung des gegenwärtigen Systems durchaus vorkommen konnte, daß lokale Gemeinwesen zur Umgehung eventuell anfallender Kosten eine der Niederkunft nahe Frau aus dem Gemeindegebiet ausschlossen, würde bei einer Ausweitung der Verteilungsbasis auf Bezirksebene eine solche direkte Konfrontation wegfallen. Das käme menschlich auch den betroffenen Kindesmüttern zugute, die dann nicht in demütigender Weise von der Mildtätigkeit ihrer unmittelbaren Umgebung abhingen, sondern durch eine übergeordnete und für sie gewissermaßen anonyme Stelle Unterstützung erhielten.

Fassen wir nun die wichtigsten Ergebnisse aller sechs kreisamtlichen Schriften noch einmal zusammen: Übereinstimmung herrschte im wesentlichen darin, daß dem Übel auf zwei Ebenen beizukommen sei. Grundsätzliches Ziel müsse die Förderung und Festigung der Sittlichkeit der Landbevölkerung sein, um die Zahl der unehelichen Schwangerschaften einzudämmen. In diese Richtung sollten vermehrt Volkspädagogen, Ortsgeistliche, aber auch lokale weltliche Behörden sowie Dienstgeberinnen und Dienstgeber wirken. Erst in zweiter Linie suchte man daran anknüpfend nach existenzsichernden Maßnahmen für eine ledige Kindesmutter. Die Pläne reichten hier etwa von der Einsetzung eines speziellen Vormunds für das Ungeborene über den Ausbau des Gebär- und Findelwesens bis zum Ersatz des gemeindeinternen Naturalversorgungssystems durch eine Bezirksverwaltungsbehörde.

Freilich schimmern in den einzelnen Darstellungen da und dort verräterische Details durch, die ganz und gar nicht ins verordnete Bild passen wollen, etwa wenn man in Judenburg zugeben mußte, daß in diesem Kreis zwar häufig uneheliche Geburten, aber kaum Kindsmorde vorkommen, da diese aus Motiven der Schande und Furcht nicht mehr begangen würden. Die Stringenz der direkt gezogenen Linie von sogenannter Sittenlosigkeit zum verbrecherischen Kindsmord leidet auch, nehmen wir die Aussage des Brucker Kreishauptmanns zum Beispiel, der zwar nicht genug über die Grundverdorbenheit der Bewohnerinnen und Bewohner in seinem zugewiesenen Gebiet wettern konnte, dafür aber kaum über die Verbreitung des in Frage stehenden Deliktes zu klagen hatte. Schließlich gibt uns noch der Grazer Kreishauptmann zu denken, der kurzerhand jeden Zusammenhang von möglicher pflichtvergessener Gottlosigkeit und Kindsmord weit von der Hand weist. Tatsächlich zeigt ein Blick in die Appellationsgerichtsakten, daß Illegitimitätsraten und Kindsmordhäufigkeit zueinander in Bezug standen, allerdings in ganz anderer Weise, als dies die Behörden des 19. Jahrhunderts wahrhaben wollten: Gerade in Gebieten mit vielen unehelichen Kindern gab es besonders wenig Kindsmorde zu beklagen, da die werdenden Mütter weit seltener unter Sanktionen zu leiden hatten als in Regionen mit streng moralischen Grundsätzen.

16.3. GUBERNIUM UND APPELLATIONSGERICHT KONTRA WIENER HOFKANZLEI

Bereits Ende Februar 1824 berichtete das Grazer Gubernium dem innerösterreichischen Appellationsgericht über die eingelangten kreisamtlichen Elaborate. Neben einer Einschätzung der Brauchbarkeit und möglichen Verwirklichung der wichtigsten Vorschläge hielt es dabei auch nicht mit eigenen Anmerkungen zurück. Wichtig war dem Gubernium etwa die Feststellung, daß die zweifellos bestehenden Mißstände, etwa im Unterrichtswesen oder in der Armenversorgung, durchaus nicht auf unzureichende gesetzliche Vorschriften, sondern bloß auf deren mangelhafte Umsetzung zurückzuführen wären. Insbesondere gegen die

Kindesväter als den eigentlichen Urhebern des Verbrechens müßte hier wesentlich strenger verfahren werden, sodaß diese nicht länger unbelangt davonkommen könnten. Allerdings schwächte das Gubernium ab, aufgrund der äußerst prekären Zeitverhältnisse bestehe prinzipiell ein höheres Kriminalitätsrisiko, und räumte gleichzeitig ein, in Anbetracht dessen sei die Zahl der tatsächlich verübten Kindsmorde eigentlich gar nicht so hoch. Das Gubernium nahm damit zwar einiges von seiner ursprünglichen Behauptung des *„so frequenten Verbrechens des Kindsmordes in der Steyermark"*, womit es die Einleitung der allgemeinen Diskussion ja begründet hatte, zurück, beharrte aber dennoch darauf, ein derart widernatürliches Verbrechen verdiene besondere Aufmerksamkeit. Überdies wollte man sich auch versichert wissen, daß nicht eine unbotmäßige Behandlung gefallener Mädchen von seiten einiger Gemeindevorsteher oder Seelsorger die Bemühungen der Staatsverwaltung an der Basis zunichte machen würde.

Von den eingelangten Ideen hielt das Gubernium nur weniges für realisierbar. Beifall fanden pragmatische Vorschläge wie die peinlichst genaue Befolgung der bestehenden Gesetze, die Erteilung eindringlicher Warnungen durch Kanzelreden und Verlautbarungen sowie die strikte Meldung der vermögenslosen unehelichen Schwangeren an die Obrigkeit. Nicht außer Acht lassen wollte man aber auch nachdrückliche Ermahnungen an die Ortsgeistlichen, die unehelichen Mütter mit aller Schonung zu behandeln, da dies nach Wissen des Guberniums gegenwärtig nicht immer der Fall zu sein schien. Die Vorschläge, schon für das ungeborene uneheliche Kind einen Vormund zu bestellen bzw. den Unterhaltsbeitrag für eine vermögenslose Wöchnerin nicht zu Lasten der Geburtsgemeinde gehen zu lassen, sondern auf einen ganzen Bezirk umzurechnen, wurden gleichfalls angenommen.

In Klagenfurt reagierte man grundsätzlich positiv auf den Entwurf des Guberniums, fügte jedoch da und dort Ergänzungen an. Die Bestellung eines Vormunds für ein ungeborenes Kind hielt man etwa für juristisch unmöglich, auch hinsichtlich der Wiederverlautbarung älterer, das Verbrechen des Kindsmordes betreffender gesetzlicher Vorschriften - konkret der Kurrende vom 8. September 1784 - hatte man Bedenken. Beifall fand allerdings die ins Auge gefaßte Neuorganisierung des Versorgungssystems bedürftiger Kindesmütter auf Bezirksbasis, als vorrangiges Ziel wurde dabei die sofortige Unterstützung einer Hilfesuchenden, etwa in Form eines unbürokratischen Vorschusses noch vor jeder Klärung der eigentlichen Zuständigkeit einer Behörde, gesehen.

Die vermehrte Nutzung und Einbindung der Gebär- und Findelhäuser hielt das Appellationsgericht prinzipiell für wünschenswert, bewertete aber gleichzeitig die bestehenden Bestimmungen, nämlich vermögenslose Schwangere nur unter der Bedingung aufzunehmen, daß sie sich als Anschauungsobjekt und Amme gebrauchen ließen, als äußerst hemmend für deren positive Akzeptanz in der weiblichen Bevölkerung. Die Verpflichtung, die Schwangerschaft einer bedürftigen ledigen Frau an den Seelsorger bzw. an die Bezirksobrigkeit zu melden, unterstützte man ebenfalls, sie sollte aber noch mit der Zahlung eines Strafgeldes bei Zuwiderhandeln verbunden werden. Ein - bisher noch nicht gehörter - Hinweis auf die unbedingt notwendige Hebung des vielerorts beklagten unsittlichen Lebenswandels der Landgeistlichkeit, die damit der Allgemeinheit kein gutes Beispiel geben könnte, beschloß letztendlich die Rückantwort des Appellationsgerichtes nach Graz.

Das innerösterreichische Gubernium sandte nun eine über 30seitige, überarbeitete und durch die Anmerkungen des Obergerichtes erweiterte Fassung aller angestellten Überlegungen und Verbesserungsvorschläge an die Wiener Hofkanzlei. Einzige Neuerung bestand darin, daß das Gubernium von den von Klagenfurt befürworteten Sanktionen bei unterlassener Meldung einer illegitimen Schwangerschaft abriet. Einerseits befürchtete man daraus resultierende Aversionen seitens der gemaßregelten Personen gegenüber den Kindesmüttern, andererseits sah man die Gefahr, daß Pflichtvergessene, um einer Strafe zu entkommen, bei der Vertuschung der verbrecherischen Tat behilflich werden könnten. Alles in allem ist zu bemerken, daß sowohl das Grazer Gubernium und auf seine Veranlassung hin die einzelnen Kreisämter als auch das innerösterreichische Appellationsgericht in fast zehnmonatiger Arbeit nicht Unwesentliches geleistet hatten: Die Liste der Diskussionsbeiträge, die meistens Offenheit für Reformen erkennen ließen und von großem Verständnis für die straffällig gewordenen Frauen geprägt waren, konnte sich sehen lassen.

Die Reaktion der Wiener Hofkanzlei im Juni 1824 war mehr als ernüchternd: Kein Wort der Anerkennung über die in der Provinz entwickelte Initiative zur Lösung eines als brisant empfundenen Problemkreises, sondern vielmehr ein Abschmettern aller Vorschläge, ja man stellte sogar die Frage, ob es die statistische Präsenz des Kindsmordes in den Kriminaltabellen überhaupt rechtfertigen würde, gerade dieser Verbrechensart so viel Aufmerksamkeit zu schenken! Die Tatsache, daß im Provinzialstrafhaus Graz zwölf Kindsmörderinnen Kerkerstrafen verbüßten, wurde als nicht hinreichender Beweis für eine eklatante Verbreitung dieses Deliktes erkannt, man verlangte vom Gubernium detaillierte Auskünfte darüber, wie sich die Entwicklung in den einzelnen Kreisämtern während der letzten zehn Jahre dargestellt hatte. Diese Kritik ging vollkommen am Wesentlichen vorbei: Wie auch das Gubernium in seinen letzten Ausführungen betont hatte, war der Kernpunkt der als notwendig erachteten Auseinandersetzung mit diesem Thema nicht so sehr die angestiegene Quantität des verbrecherischen Kindsmordes, Anlaß zur Besorgnis gab die besondere gesellschaftspolitische Relevanz, die diesem Delikt innewohnte. Viele Mißstände wirtschaftlicher und sozialer Art kamen gerade hier gebündelt zum Ausbruch und zeigten die Notwendigkeit eines Überdenkens mancher festgefahrener Wertungen und Maßregeln.

Zurückgezogen auf die Buchstaben des Gesetzes und offensichtlich in ihrer Eitelkeit getroffen, argumentierte die Wiener Hofkanzlei weiter: Die österreichische Staatsverwaltung habe wohl alles, was bezüglich eines zweckmäßigen Schul- und Religionsunterrichts gefordert werden könnte, unternommen, wenn es trotzdem nicht gelinge, die wohltätige Wirkung der erlassenen Bestimmungen hervorzubringen, liege die Schuld ganz allein in deren mangelhafter Umsetzung in der Provinz. Von einer Republizierung bestehender Gesetzesvorschriften erwartete man überhaupt keine Verbesserungen, da man annahm, daß dadurch die Wirksamkeit einer Instruktion nur noch weiter herabgesetzt würde.

Auch an den konkreten Entwürfen, wie man die wirtschaftliche Notlage einer unehelichen Kindesmutter mildern wollte, ließ die Hofkanzlei kein gutes Haar. Mit dem pragmatischen Hinweis, daß von der geltenden Jurisdiktion nicht abgewichen werden dürfte, wischte es die Argumente, die für eine bezirks- statt gemeindeweite Unterstützung der Wöchnerinnen sprachen, einfach vom Tisch. Die Feststellung einer Vaterschaft sollte einzig nach dem im ABGB verankerten Rechtsweg möglich sein, Übergangslösungen konnte man sich nicht vorstellen. Jede von Amts wegen ausgesprochene Empfehlung, eine uneheliche Schwangere der Bezirksobrigkeit zu melden, würde sich von vornherein ad absurdum führen, wenn es zugleich Beweggründe gäbe, ein Zuwiderhandeln nicht zu sanktionieren.

Zweifellos waren nicht alle der Wiener Hofkanzlei unterbreiteten Anregungen wirklich ausgereift und bis ins Detail durchdacht, auch über deren Realisierung herrschten manchmal wohl nur sehr unklare Vorstellungen, doch eine derartige Zurückweisung hatten sie nicht verdient. Die Zentralbehörde gab keinerlei Empfehlungen ab, in welche Richtung die Ideen weiterentwickelt oder verbessert werden könnten, sondern sie lehnte diese kurzerhand ohne sachliche Argumentation durch bloße Paragraphenreiterei ab. Ganz offensichtlich war sie keineswegs daran interessiert, dieses Thema weiter zu verfolgen oder gar Denkanstöße entgegenzunehmen.

In Befolgung der Anweisung des Hofkanzleidekretes bat nun das Grazer Gubernium das innerösterreichische Appellationsgericht um eine Zusammenstellung der zwischen 1814 und 1823 in den sechs Kreisen des Gouvernements geführten Kriminaluntersuchungen wegen Kindsmordes. Das Ergebnis - in Kurzform - lautete folgendermaßen:[18] In den letzten zehn Jahren hatten 63 diesbezügliche Strafprozesse stattgefunden, wobei sich tatsächlich ein Ansteigen der Häufigkeit zeigte. Auf die erste Hälfte der Dekade entfielen nämlich nur 38% der Gerichtsverfahren, wohingegen zwischen 1819 und 1823 die restlichen 62% der Anklagen verfolgt wurden.

Mit dieser Information wandte sich das Gubernium wieder an die Wiener Hofkanzlei. Abermals wurde seitens der Behörde in Graz betont, daß die ermittelten Zahlen zwar in Rücksicht auf den Untersuchungszeitraum und die Volksmenge nicht unbedingt Grund zur Beunruhigung gaben, hielt aber dennoch daran fest, daß zumindest die Anordnung einiger Vorsichtsmaßregeln nicht gänzlich überflüssig sein dürfte. Die Antwort der Hofkanzlei

[18] Im vorigen Kapitel wurden die Ergebnisse dieser Zusammenstellung eingehend ausgeführt.

kam prompt und umfaßte nur wenige, dafür aber unmißverständliche Zeilen. In Wien zeigte man sich selbstherrlich davon überzeugt, *„daß die Republizierung der bestehenden Vorschriften eben so wenig als die Erlassung neuer Anordnungen zur Hintanhaltung des erwähnten Verbrechens gegenwärtig nötig erscheine, da durch die entsprechende Handhabung der bestehenden Anordnungen so wie auch der Polizeiaufsicht auf die Verbesserung der Sittlichkeit und Moralität auf eine hinreichende Art gewirkt werden könne.“*

Damit wurde nach mehr als einem Jahr ein jäher Schlußpunkt hinter eine vielversprechend begonnene Diskussion gesetzt. Während die Gerichts- und Verwaltungsbehörden in der Provinz durch ihre praktische und überwiegend doch noch volksnahe Tätigkeit viele Probleme erkannten, die Reformen dringend notwendig erscheinen ließen, war den Regierungsvertretern in Wien dieses Verständnis offenbar abhanden gekommen. Eigenständige Entwicklungen und kritische Gedankengänge fanden hier sichtlich keinen Beifall, man versteckte sich vielmehr hinter den Zwängen der Bürokratie. Enttäuschung mußte das vor allem jenen aufgeklärten Beamten und verantwortungsvollen Geistlichen auf dem Lande bereitet haben, die sich voller Zuversicht auf die mögliche Veränderbarkeit von als unhaltbar erkannten Zuständen ernsthaft mit dem Problem auseinandergesetzt und den Kreisämtern konstruktive Vorschläge unterbreitet hatten. Bei stets negativer Resonanz seitens der allerhöchsten Stellen war ihre Initiative und Begeisterungsfähigkeit wohl bald geschwunden.

17. ZUSAMMENFASSUNG

Die Bewertung des Kindsmordes hat im Laufe der Jahrhunderte eine bemerkenswerte Wandlung erfahren. In den ersten Strafrechtskodifikationen des 16. Jahrhunderts wird die Ermordung eines Neugeborenen als qualifiziertes Tötungsdelikt betrachtet, gegen das selbst im Vergleich zu anderen Schwerverbrechen mit besonderer Härte vorgegangen werden sollte. Erst im Zeitalter der Aufklärung, als es zu einem generellen Umdenken in der Strafrechtspflege kam, änderte sich auch die Einstellung gegenüber dem Verbrechen des Kindsmordes; es ist sogar davon auszugehen, daß gerade dieses Delikt die Diskussion überhaupt erst in Gang brachte. Indem man die Beweggründe eines Kindsmordes in erster Linie an äußeren Determinanten festmachte, mußten in logischer Konsequenz zur Verbrechensverhinderung soziale Strukturen verändert werden und eine Bestrafung durfte nicht in der Vernichtung der Täterin münden.

Auf dieser Basis entstanden in Österreich das Josephinische und das Franziszeische Strafgesetzbuch, die erstmals eine Kindsmörderin nicht mit der Todesstrafe, sondern mit mehrjährigem Freiheitsentzug bedrohten. Zudem trugen die Veränderungen und Verfeinerungen der Gerichtsorganisation dazu bei, einheitliche Maßstäbe anzuwenden und eine Willkürjustiz weitgehend zu vermeiden. Mit der Institution des Appellationsgerichtes schuf Joseph II. eine zweite Instanz in Strafgerichtssachen, die alle schwerwiegenden Kriminalverfahren überprüfte und ein Urteil fällte. Für Innerösterreich, also die Herzogtümer Steiermark, Kärnten, Krain und das Küstenland, wurde ein solches Kriminalobergericht mit Sitz in Klagenfurt eingerichtet.

In der Zeit zwischen 1787 und 1849 standen nachweislich 771 Frauen wegen Verdacht des Kindsmordes vor dem innerösterreichischen Appellationsgericht. Eine besondere zeitliche Konzentration ist dabei nicht festzustellen, durchschnittlich behandelte das Obergericht 20 Kindsmordprozesse im Jahr. Der Gesetzgeber definiert dieses Delikt als Tötung des Neugeborenen durch die eigene Mutter bei oder kurz nach der Geburt. In der Praxis zeigte sich jedoch, daß die Grenzen zu anderen Kriminalverbrechen wie Kindesweglegung, Abtreibung oder gemeiner Mord von Fall zu Fall variieren konnten. Überschneidungen gab es vor allem während der Anwendung des Josephinischen Strafgesetzbuches, da hier auf eine ausdrückliche Regelung dieses Deliktes verzichtet und zur Aburteilung bloß geheime Instruktionen an die Gerichte ausgegeben wurden.

Anhand der in den Kriminalgerichtsordnungen vorgeschriebenen Fragestellungen bei einem Verhör läßt sich ein relativ klares Täterinnenprofil zeichnen. Kindsmord war eine Folge von unehelicher Mutterschaft; tötete eine verheiratete Frau ihr Neugeborenes, so entstammte es einer illegitimen Verbindung. Auf diese Prämisse nahm auch der Gesetzgeber Bezug, der bis zum Beginn des 19. Jahrhunderts den Kindsmord einer verehelichten Mutter als eigenen Tatbestand gar nicht kannte. Die meisten Angeklagten waren zwischen 21 und 25 Jahre alt; als allgemeines Durchschnittsalter wurde 26,6 Jahre ermittelt. Bemerkenswert sind dabei die innerhalb Innerösterreichs auftretenden regionalen Unterschiede. Während sich für Krain und Kärnten überdurchschnittlich hohe Werte ergeben, war das Alter von Kindsmörderinnen aus dem Küstenland besonders niedrig. Im chronologischen Verlauf können wir, wohl als Folge des ebenfalls steigenden Heiratsalters, eine stete Zunahme des Altersdurchschnitts beobachten.

Aus der religiösen Landschaft Innerösterreichs ergibt sich, daß praktisch alle Angeklagten Katholikinnen waren. Diese Tatsache erklärt die besondere Wertigkeit, die Kindsmörderinnen religiösen Praktiken zur Minderung ihrer Schuld zuerkannten: Nottaufe, christliches Begräbnis, Wallfahrt und Beichtgang wurden unter anderem als Punkte angeführt, um den Unrechtsgehalt einer Tat zu mildern.

Ihren Lebensunterhalt verdienten die Kindesmütter in erster Linie als Dienstmägde in einem bäuerlichen Hauswesen, lediglich für Krain und das Küstenland ist daneben, bedingt durch die sozialwirtschaftliche Struktur dieser Länder, ein hoher Anteil an mithelfenden Familienmitgliedern und Taglöhnerinnen festzustellen. Ihr Lebenslauf unterschied sich in der Regel nicht von dem anderer Frauen aus ländlicher unterer Schicht: Bereits von Kind auf in den Arbeitsprozeß integriert, hatten sie kaum Gelegenheit, entsprechende Bildung und Erziehung zu genießen. Die Verdienstmöglichkeiten waren gering, trotz permanenter Arbeitsleistung reichten die Erträge gerade zur Existenzsicherung aus, Ersparnisse konnten nicht erwirtschaftet werden. Von ihren Familien, die zum Großteil als Teilerwerbsbauern und Keuschler lebten, war finanzieller Rückhalt ebenfalls nur bedingt zu erwarten. Verschärft wurde diese ohnehin prekäre wirtschaftliche Situation, wenn eine Frau zwei oder mehr uneheliche Kinder zu versorgen hatte, was des öfteren der Fall war.

Vor ihrer Straftat genoß eine Kindsmörderin überwiegend einen guten Ruf; ihr Verhalten wurde durchwegs gelobt, sie war praktisch nie mit dem Gesetz in Konflikt gekommen. Demgemäß gab auch ihr Benehmen während des Verhörs keinen Anlaß zur Klage. Bei einem Teil der Angeklagten glaubte man jedoch seitens der Obrigkeit eingeschränkte Geisteskräfte wahrzunehmen.

Die Person des Kindesvaters wurde in einem Kriminalprozeß vollkommen vernachlässigt. Wir können daher nur feststellen, daß er im wesentlichen der gleichen sozialen Schicht wie seine Partnerin entstammte. Sehr wohl interessierte das Gericht aber die Verbindungslinien zwischen den Elternteilen, um die wechselseitige Verantwortung für die Straftat abzuklären. Eine Analyse der Beziehungsstrukturen ergibt kein klares Muster: Einerseits sind langfristige, gefühlsbetonte Verbindungen zu erkennen, andererseits ist genauso von flüchtigen Sexualkontakten auszugehen. Daß Geschlechtsverkehr erst mit der Aussicht auf eine zu erwartende Eheschließung des Paares aufgenommen wurde, ist nicht zu beobachten. Von einem bestehenden Autoritätsverhältnis zwischen Kindesmutter und Kindesvater ist ebenfalls nur bedingt auszugehen. Brutale Vergewaltigungen kamen selten vor, unterschwelliger Gewalt, unter anderem im Umgang mit geistig behinderten Frauen, begegnen wir jedoch häufig.

Kam es trotz praktizierter Empfängnisverhütung zu einer ungewollten Schwangerschaft, wurde diese von der werdenden Mutter im allgemeinen verborgen. Allenfalls der Kindesvater wußte um ihren Zustand, gerade auf seine Unterstützung konnte die Frau aber nicht hoffen. Den aufmerksamen Augen der Umgebung entgingen die eingetretenen Veränderungen am Körper der Schwangeren nur selten, dennoch blieben Hausgenossinnen und Hausgenossen passiv und setzten keine konkreten Schritte. Auch die werdende Mutter setzte sich gedanklich nicht mit der nahen Zukunft auseinander. Soweit dies beurteilt werden kann, unternahm sie kaum Abtreibungsversuche, sondern blieb weitgehend unschlüssig über ihr weiteres Vorgehen.

Um keine Aufmerksamkeit zu erregen, gingen die Frauen bis unmittelbar vor ihrer Niederkunft der täglichen Arbeit nach, ohne sich zu schonen. Beim Eintreten der Geburt fanden sie sich allein, oft sogar im Freien oder an einem abseitigen Ort wie in einem Stall oder in einem Wirtschaftsgebäude, wo sie unter zum Teil widrigsten Umständen und höchster Gefahr für die eigene Gesundheit ihr Kind zur Welt brachten. Die meisten Angeklagten leugneten vor Gericht allerdings jede Böswilligkeit ihrer Handlung, sie argumentierten, daß Übereilung und Schwäche sie daran gehindert hätten, jemanden um Hilfe zu rufen. Den Tod des Neugeborenen führten sie auf natürliche Ursachen zurück: Das Kind sei entweder schon im Mutterleib verstorben oder an den Strapazen der Entbindung ohne ihr Wissen und Wollen zugrunde gegangen.

Bekannte eine Delinquentin ihre Schuld ein, so beteuerte sie, das Verbrechen nicht von langer Hand geplant, sondern erst im Augenblick der Niederkunft, unter dem Eindruck des physischen Schmerzes und der geistigen Verwirrung, beschlossen zu haben. Als Motiv für ihre Tat führte sie in erster Linie wirtschaftliche Not an. Sie mußte fürchten, bei Bekanntwerden ihrer Mutterschaft den Dienst zu verlieren, auf die Unterstützung des Kindesvaters konnte sie nur selten hoffen, und die gesetzlichen Regelungen zugunsten unehelicher Schwangerer waren unzureichend und in der Praxis zudem kaum durchsetzbar. Eine große Rolle spielten auch Schamhaftigkeit und Angst vor gesellschaftlicher Ächtung bzw. Verfolgung durch die Geistlichkeit. Als Angehörige der unteren sozialen Schicht beruhte das

Ansehen, das sie in der Dorfgemeinschaft genoß, im wesentlichen auf ihrer moralischen Integrität. Kindsmord war in den Augen vieler Täterinnen eine Alternative zum Suizid: Durch die Beseitigung des Neugeborenen schien die Fortführung des eigenen Lebens wieder möglich.

Die Tötung des Kindes geschah in der Regel unblutig, entweder durch bloße Unterlassung der nötigen Hilfeleistung oder durch Ersticken oder Erdrosseln des Neugeborenen. Vor seinem Tod vermied die Mutter, in näheren Kontakt zu ihrem Kind zu treten und eine Beziehung zu ihm zu entwickeln; so konnte sie bisweilen nicht einmal sein Geschlecht nennen. Nur selten setzte sie sich bewußt mit dem Säugling auseinander, wenn sie ihm beispielsweise die Nottaufe erteilte, damit er an der ewigen Seligkeit teilhaben durfte. Nach der Entbindung wurde das Alltagsleben von der Wöchnerin sofort wieder aufgenommen. Sie beseitigte die Spuren der Entbindung und suchte ein Versteck für die Kindesleiche, das anfangs nahe des Ortes der Niederkunft gelegen war, etwa in der Schlafkammer oder im Wohnhaus. Erst später bei günstiger Gelegenheit brachte sie den Körper an einen ausgewählten Platz im Freien, wo sie ihn vergrub oder in einem Gewässer versenkte.

Genauso wie die Schwangerschaft blieb auch die Entbindung der Angeklagten nicht unbemerkt. Die Umgebung der Kindsmörderin scheute jedoch vor offenen Anschuldigungen zurück, bis nicht der ganze Sachverhalt geklärt schien. Einzelne Verdachtsmomente wurden zusammengesetzt, bis schließlich die Auffindung der Leiche des Neugeborenen alle Zweifel beseitigte und der Fall an die Obrigkeit gemeldet wurde. Manchmal verzögerte die inaktive Haltung einer Hausgemeinschaft bzw. eines Dorfes das behördliche Einschreiten allerdings beträchtlich und machte damit die Aufklärung eines vermuteten Verbrechens unmöglich. Zum einen ist diese scheinbare Gleichgültigkeit auf die Verfolgung eigener Interessen zurückzuführen; man sorgte sich, zumindest moralisch, wenn nicht gar rechtlich für das Geschehen verantwortlich gemacht zu werden. Zum anderen läßt sich bisweilen eine Art Anteilnahme für die Kindesmutter erahnen, die in dem von Otto Ulbricht geprägten Begriff der „wissenden Passivität“ ihre Entsprechung findet. Die Anzeige eines Kindsmordes wurde daher häufig von offiziellen Stellen wie dem Dorfpfarrer, dem örtlichen Wundarzt oder der geprüften Hebamme erstattet. Die letztgenannte fungierte zwar als obrigkeitliches Kontrollorgan, ihr kam aber auch eine Vermittlungsfunktion zwischen der Angeklagten und dem männlich besetzten Gericht zu. Noch schwerer zu fassen ist die Stellung der sogenannten Afterhebammen, die ihre Tätigkeit nicht amtlich ausübten und deren Umgang mit ledigen Schwangeren rein von ihrem persönlichen Gutdünken abhing.

Mit der Einleitung des Strafverfahrens war die Beweissicherung durch die ärztlichen Sachverständigen verbunden. Sie mußten vorerst anhand der körperlichen Beschaffenheit einer Verdächtigen abklären, ob diese tatsächlich vor kurzem Kindesmutter geworden war.

In weiterer Folge hatten sie die Sektion der Kindesleiche durchzuführen und insbesondere die sogenannte Lungenschwimmprobe vorzunehmen. Ihr Befund sollte die Frage beantworten, ob der Säugling lebend zur Welt gekommen war bzw. sein Tod auf Fremdverschulden beruhte. Die Gerichtsmediziner sahen sich dieser Aufgabe allerdings nicht gewachsen. Zum einen mangelte es ihnen an Sachkenntnis, um fundierte Gutachten zu erstellen; die aufklärerischen Bemühungen um ein verbessertes Gesundheitswesen zeigten - zumindest im ländlichen Raum - kaum Erfolg. Zum anderen wurden fast 40% der Leichen nur mehr in verstümmeltem oder bereits verwestem Zustand gefunden, wodurch jede Sektion ergebnislos blieb. Stritt daher eine vermeintliche Kindsmörderin das ihr zur Last gelegte Verbrechen kurzerhand ab, war sie allein anhand des medizinischen Befundes praktisch nicht zu überführen.

So verwundert es nicht, daß ein beträchtlicher Teil der Angeklagten, nämlich 40%, vom Appellationsgericht wegen Beweismangels nicht verurteilt werden konnte. Nur in 5% der Fälle war das Obergericht von der Unschuld einer Verdächtigen überzeugt, für mehr als die Hälfte aller Frauen endete der Kriminalprozeß mit einem Schuldspruch. Von der Anzeige bis zur Entscheidung des Appellationsgerichtes vergingen in der Regel sechseinhalb Monate, Verzögerungen waren ausschließlich den lokalen Behörden anzulasten. Hinsichtlich der Kerkerstrafen ergaben sich vor allem während der Anwendung des Josephinischen Strafgesetzbuches einige Differenzen zwischen Erst- und Obergericht, erst mit Inkrafttreten des Strafgesetzbuches von 1803 pendelte sich die durchschnittlich verhängte Strafdauer bei fünf Jahren Kerker ein. Nicht jede Kindsmörderin erlebte das Ende ihrer Strafzeit: Der schlechte Zustand vieler Untersuchungsarreste und Strafhäuser untergrub ihre Gesundheit und führte ihren frühen Tod herbei. Andere Frauen hatten wiederum Glück und wurden aufgrund einer besonderen Nachsicht vorzeitig entlassen. Wieder in Freiheit, schienen sie nach außen hin ihr bisheriges Leben fortzusetzen; ihre Tat wurde von der Umgebung aber wohl nie vergessen.

Kindsmord war in Innerösterreich zu Ende des 18. und zu Beginn des 19. Jahrhunderts im allgemeinen kein häufiges Delikt. Sein Anteil an der weiblichen Kriminalität betrug - nach einer vorsichtigen Schätzung - unter 10%; nur bei jeder tausendsten unehelichen Geburt kam es zu einem Kindsmord. Auch die Dunkelziffer an nicht entdeckten Verbrechen sollte nicht zu hoch angesetzt werden. Eine Ausnahme bildete allerdings das Herzogtum Krain, in dem eine deutlich dichtere Verbreitung dieses Deliktes anzunehmen ist: Kindsmörderinnen machten hier fast 20% aller Straftäterinnen aus, bereits bei jeder 74. unehelichen Geburt wurde der Verdacht eines Kindsmordes laut. Als Ursachen für dieses Ungleichgewicht kommen in erster Linie soziale und wirtschaftliche Komponenten in Frage: Krain wies im innerösterreichischen Vergleich eine überaus niedrige Illegitimitätsrate auf, uneheliche Mutterschaft wurde von der ländlichen Gesellschaft und vom örtlichen Klerus streng geahndet. Gravierende wirtschaftliche Probleme des Landes, die eine Versorgung des Nachwuchses erschwerten, verschärften die Situation zudem. Auch innerhalb des Herzogtums Steiermark können wir dieses Muster sehr deutlich beobachten. Während man in der Obersteiermark kaum über Kindsmorde zu klagen hatte, sah die Situation in den untersteirischen Gebieten schon anders aus: Nicht weniger als ein Drittel aller Kindsmörderinnen des Herzogtums stammte aus dem Cillier Kreis.

Im Sommer des Jahres 1823 kam es auf Initiative des Grazer Guberniums und mit Unterstützung des Klagenfurter Appellationsgerichtes zu einer groß angelegten Befragung unter den Kreishauptleuten, die ihrerseits Landrichter und Geistliche zu Rate zogen, auf welche Art dem Verbrechen des Kindsmordes am besten entgegengewirkt werden könnte. Den aufklärerischen Intentionen gemäß erwartete man sich vor allem von einer verbesserten Bildung und Erziehung der Landbevölkerung einigen Fortschritt, ein weiteres Augenmerk lag auf der Wahrung der Sittlichkeit der unverheirateten Jugend. Aber auch die ökonomische Basis einer ledigen Mutter sollte verbessert werden. Überlegungen gingen etwa dahin, in jeder Kreisstadt ein Gebär- und Findelhaus einzurichten, die Armenversorgung nicht mehr auf Gemeinde-, sondern auf Bezirksebene zu organisieren sowie einen Vormund für jedes noch ungeborene ledige Kind zu bestimmen. Die eingelangten Vorschläge wurden vom Grazer Gubernium und vom innerösterreichischen Appellationsgericht ergänzt und überarbeitet und schließlich mit großen Erwartungen im Frühjahr 1824 an die Wiener Hofkanzlei übersandt. Die Zentralbehörde wußte das Engagement in der Provinz allerdings nicht zu schätzen: Die Begutachter konnten sich keinen Grund vorstellen, warum an den bestehenden Verhältnissen etwas geändert werden sollte. Damit wurde eine Gelegenheit versäumt, aus den Fehlern der Vergangenheit zu lernen und das Schicksal so mancher künftigen ledigen Kindsmutter doch noch zum Guten zu wenden.

18. QUELLEN- UND LITERATURVERZEICHNIS

18.1. ARCHIVALISCHE QUELLEN:

Steiermärkisches Landesarchiv, Abteilung Karmeliterplatz:

Appellationsgericht, Repertorien, 1787-1832.
Appellationsgericht, Repertorien, 1835-1849.
Appellationsgericht, Fasz. 20, 1793-1803.

Appellationsgerichtsprotokoll 1569/1787.
Appellationsgerichtsprotokoll 2011/1787.
Appellationsgerichtsprotokoll 4405/1787.
Appellationsgerichtsprotokoll 4740/1787.
Appellationsgerichtsprotokoll 5240/1787.
Appellationsgerichtsprotokoll 6477/1787.
Appellationsgerichtsprotokoll 8812/1787.

Appellationsgerichtsprotokoll 6531/1788.
Appellationsgerichtsprotokoll 7620/1788.
Appellationsgerichtsprotokoll 9367/1788.
Appellationsgerichtsprotokoll 10012/1788.
Appellationsgerichtsprotokoll 10085/1788.
Appellationsgerichtsprotokoll 10249/1788.
Appellationsgerichtsprotokoll 12980/1788.

Appellationsgerichtsprotokoll 6765/1789.
Appellationsgerichtsprotokoll 10155/1789.

Appellationsgerichtsprotokoll 3524/1790.
Appellationsgerichtsprotokoll 4168/1790.
Appellationsgerichtsprotokoll 5082/1790.
Appellationsgerichtsprotokoll 5706/1790.
Appellationsgerichtsprotokoll 5978/1790.
Appellationsgerichtsprotokoll 6629/1790.
Appellationsgerichtsprotokoll 7968/1790.
Appellationsgerichtsprotokoll 9229/1790.
Appellationsgerichtsprotokoll 9263/1790.

Appellationsgerichtsprotokoll 1833/1791.
Appellationsgerichtsprotokoll 2828/1791.
Appellationsgerichtsprotokoll 3701/1791.
Appellationsgerichtsprotokoll 3734/1791.
Appellationsgerichtsprotokoll 4300/1791.
Appellationsgerichtsprotokoll 4380/1791.
Appellationsgerichtsprotokoll 4590/1791.
Appellationsgerichtsprotokoll 4960/1791.

Appellationsgerichtsprotokoll 6356/1791.
Appellationsgerichtsprotokoll 7163/1791.
Appellationsgerichtsprotokoll 7452/1791.
Appellationsgerichtsprotokoll 8247/1791.

Appellationsgerichtsprotokoll 600/1792.
Appellationsgerichtsprotokoll 1835/1792.
Appellationsgerichtsprotokoll 2989/1792.
Appellationsgerichtsprotokoll 4664/1792.
Appellationsgerichtsprotokoll 6128/1792.

Appellationsgerichtsprotokoll Fasz. 20, 36/1793.
Appellationsgerichtsprotokoll Fasz. 20, 118/1793.
Appellationsgerichtsprotokoll Fasz. 20, 216/1793.
Appellationsgerichtsprotokoll Fasz. 20, 263/1793.
Appellationsgerichtsprotokoll Fasz. 20, 269/1793.
Appellationsgerichtsprotokoll Fasz. 20, 308/1793.
Appellationsgerichtsprotokoll Fasz. 20, 377/1793.
Appellationsgerichtsprotokoll Fasz. 20, 495/1793.
Appellationsgerichtsprotokoll Fasz. 20, 534/1793.

Appellationsgerichtsprotokoll Fasz. 20, 100/1795.
Appellationsgerichtsprotokoll Fasz. 20, 120/1795.
Appellationsgerichtsprotokoll Fasz. 20, 336/1795.
Appellationsgerichtsprotokoll Fasz. 20, 431/1795.
Appellationsgerichtsprotokoll Fasz. 20, 438/1795.
Appellationsgerichtsprotokoll Fasz. 20, 452/1795.
Appellationsgerichtsprotokoll Fasz. 20, 478/1795.
Appellationsgerichtsprotokoll Fasz. 20, 508/1795.
Appellationsgerichtsprotokoll Fasz. 20, 549/1795.
Appellationsgerichtsprotokoll Fasz. 20, 571/1795.

Appellationsgerichtsprotokoll Fasz. 20, 21/1796.
Appellationsgerichtsprotokoll Fasz. 20, 65/1796.
Appellationsgerichtsprotokoll Fasz. 20, 89/1796.
Appellationsgerichtsprotokoll Fasz. 20, 102/1796.
Appellationsgerichtsprotokoll Fasz. 20, 104/1796.
Appellationsgerichtsprotokoll Fasz. 20, 143/1796.
Appellationsgerichtsprotokoll Fasz. 20, 145/1796.
Appellationsgerichtsprotokoll Fasz. 20, 150/1796.
Appellationsgerichtsprotokoll Fasz. 20, 155/1796.
Appellationsgerichtsprotokoll Fasz. 20, 364/1796.
Appellationsgerichtsprotokoll Fasz. 20, 385/1796.

Appellationsgerichtsprotokoll Fasz. 20, 148/1797.
Appellationsgerichtsprotokoll Fasz. 20, 263/1797.
Appellationsgerichtsprotokoll Fasz. 20, 326/1797.
Appellationsgerichtsprotokoll Fasz. 20, 327/1797.

Appellationsgerichtsprotokoll Fasz. 20, 19/1798.
Appellationsgerichtsprotokoll Fasz. 20, 40/1798.
Appellationsgerichtsprotokoll Fasz. 20, 41/1798.
Appellationsgerichtsprotokoll Fasz. 20, 100/1798.
Appellationsgerichtsprotokoll Fasz. 20, 251/1798.
Appellationsgerichtsprotokoll Fasz. 20, 382/1798.
Appellationsgerichtsprotokoll Fasz. 20, 396/1798.

Appellationsgerichtsprotokoll Fasz. 20, 37/1799.
Appellationsgerichtsprotokoll Fasz. 20, 57/1799.
Appellationsgerichtsprotokoll Fasz. 20, 149/1799.
Appellationsgerichtsprotokoll Fasz. 20, 174/1799.
Appellationsgerichtsprotokoll Fasz. 20, 205/1799.
Appellationsgerichtsprotokoll Fasz. 20, 211/1799.
Appellationsgerichtsprotokoll Fasz. 20, 266/1799.
Appellationsgerichtsprotokoll Fasz. 20, 78/1799.

Appellationsgerichtsprotokoll Fasz. 20, 49/1800.
Appellationsgerichtsprotokoll Fasz. 20, 59/1800.
Appellationsgerichtsprotokoll Fasz. 20, 130/1800.
Appellationsgerichtsprotokoll Fasz. 20, 132/1800.
Appellationsgerichtsprotokoll Fasz. 20, 137/1800.
Appellationsgerichtsprotokoll Fasz. 20, 148/1800.
Appellationsgerichtsprotokoll Fasz. 20, 186/1800.
Appellationsgerichtsprotokoll Fasz. 20, 225/1800.

Appellationsgerichtsprotokoll Fasz. 20, 33/1801.
Appellationsgerichtsprotokoll Fasz. 20, 144/1801.
Appellationsgerichtsprotokoll Fasz. 20, 197/1801.
Appellationsgerichtsprotokoll Fasz. 20, 483/1801.

Appellationsgerichtsprotokoll Fasz. 20, 14/1802.
Appellationsgerichtsprotokoll Fasz. 20, 257/1802.
Appellationsgerichtsprotokoll Fasz. 20, 279/1802.
Appellationsgerichtsprotokoll Fasz. 20, 311/1802.
Appellationsgerichtsprotokoll Fasz. 20, 350/1802.
Appellationsgerichtsprotokoll Fasz. 20, 571/1802.

Appellationsgerichtsprotokoll Fasz. 20, 43/1803.
Appellationsgerichtsprotokoll Fasz. 20, 159/1803.
Appellationsgerichtsprotokoll Fasz. 20, 320/1803.
Appellationsgerichtsprotokoll Fasz. 20, 375/1803.
Appellationsgerichtsprotokoll Fasz. 20, 760/1803.

Appellationsgerichtsprotokoll 919/1804.
Appellationsgerichtsprotokoll 1918/1804.
Appellationsgerichtsprotokoll 3174/1804.
Appellationsgerichtsprotokoll 4718/1804.
Appellationsgerichtsprotokoll 4964/1804.
Appellationsgerichtsprotokoll 5709/1804.
Appellationsgerichtsprotokoll 6484/1804.
Appellationsgerichtsprotokoll 7142/1804.

Appellationsgerichtsprotokoll 537/1805.
Appellationsgerichtsprotokoll 2171/1805.
Appellationsgerichtsprotokoll 3895/1805.
Appellationsgerichtsprotokoll 3927/1805.
Appellationsgerichtsprotokoll 4338/1805.
Appellationsgerichtsprotokoll 5519/1805.

Appellationsgerichtsprotokoll 2493/1806.
Appellationsgerichtsprotokoll 4328/1806.
Appellationsgerichtsprotokoll 6968/1806.

Appellationsgerichtsprotokoll 55/1807.
Appellationsgerichtsprotokoll 690/1807.
Appellationsgerichtsprotokoll 955/1807.
Appellationsgerichtsprotokoll 2187/1807.
Appellationsgerichtsprotokoll 3414/1807.
Appellationsgerichtsprotokoll 3435/1807.
Appellationsgerichtsprotokoll 3440/1807.
Appellationsgerichtsprotokoll 4536/1807.
Appellationsgerichtsprotokoll 5125/1807.
Appellationsgerichtsprotokoll 5600/1807.
Appellationsgerichtsprotokoll 6019/1807.
Appellationsgerichtsprotokoll 6961/1807.
Appellationsgerichtsprotokoll 7831/1807.

Appellationsgerichtsprotokoll 815/1808.
Appellationsgerichtsprotokoll 4757/1808.
Appellationsgerichtsprotokoll 5579/1808.
Appellationsgerichtsprotokoll 5609/1808.

Appellationsgerichtsprotokoll 145/1809.
Appellationsgerichtsprotokoll 1654/1809.
Appellationsgerichtsprotokoll 1654/1809.

Appellationsgerichtsprotokoll 1476/1810.
Appellationsgerichtsprotokoll 3872/1810.

Appellationsgerichtsprotokoll 39/1811.
Appellationsgerichtsprotokoll 1306/1811.
Appellationsgerichtsprotokoll 4174/1811.

Appellationsgerichtsprotokoll 1417/1812.
Appellationsgerichtsprotokoll 4729/1812.

Appellationsgerichtsprotokoll 785/1813.
Appellationsgerichtsprotokoll 3132/1813.
Appellationsgerichtsprotokoll 3243/1813.
Appellationsgerichtsprotokoll 3650/1813.

Appellationsgerichtsprotokoll 3937/1814.

Appellationsgerichtsprotokoll 1987/1815.
Appellationsgerichtsprotokoll 2174/1815.
Appellationsgerichtsprotokoll 2606/1815.
Appellationsgerichtsprotokoll 2966/1815.
Appellationsgerichtsprotokoll 3156/1815.
Appellationsgerichtsprotokoll 5081/1815.
Appellationsgerichtsprotokoll 5790/1815.
Appellationsgerichtsprotokoll 7031/1815.
Appellationsgerichtsprotokoll 8495/1815.

Appellationsgerichtsprotokoll 350/1816.
Appellationsgerichtsprotokoll 1246/1816.
Appellationsgerichtsprotokoll 1882/1816.
Appellationsgerichtsprotokoll 4727/1816.
Appellationsgerichtsprotokoll 5762/1816.
Appellationsgerichtsprotokoll 6119/1816.

Appellationsgerichtsprotokoll 6229/1816.
Appellationsgerichtsprotokoll 7781/1816.
Appellationsgerichtsprotokoll 7842/1816.
Appellationsgerichtsprotokoll 7843/1816.
Appellationsgerichtsprotokoll 11555/1816.

Appellationsgerichtsprotokoll 296/1817.
Appellationsgerichtsprotokoll 576/1817.
Appellationsgerichtsprotokoll 1948/1817.
Appellationsgerichtsprotokoll 10726/1817.

Appellationsgerichtsprotokoll 100/7644/1818.
Appellationsgerichtsprotokoll 100/10386/1818.
Appellationsgerichtsprotokoll 123/3692/1818.
Appellationsgerichtsprotokoll 330/106/1818.
Appellationsgerichtsprotokoll 330/2642/1818.
Appellationsgerichtsprotokoll 330/3211/1818.
Appellationsgerichtsprotokoll 330/3212/1818.
Appellationsgerichtsprotokoll 330/8868/1818.
Appellationsgerichtsprotokoll 330/9751/1818.
Appellationsgerichtsprotokoll 1692/1818.

Appellationsgerichtsprotokoll 161/1819.
Appellationsgerichtsprotokoll 555/1819.
Appellationsgerichtsprotokoll 2122/1819.
Appellationsgerichtsprotokoll 2321/1819.
Appellationsgerichtsprotokoll 3031/1819.
Appellationsgerichtsprotokoll 4349/1819.
Appellationsgerichtsprotokoll 5251/1819.
Appellationsgerichtsprotokoll 6947/1819.
Appellationsgerichtsprotokoll 7889/1819.
Appellationsgerichtsprotokoll 8183/1819.
Appellationsgerichtsprotokoll 8594/1819.
Appellationsgerichtsprotokoll 9256/1819.
Appellationsgerichtsprotokoll 9924/1819.
Appellationsgerichtsprotokoll 10217/1819.

Appellationsgerichtsprotokoll 18/1820.
Appellationsgerichtsprotokoll 946/1820.
Appellationsgerichtsprotokoll 1509/1820.
Appellationsgerichtsprotokoll 1869/1820.
Appellationsgerichtsprotokoll 2126/1820.
Appellationsgerichtsprotokoll 2437/1820.
Appellationsgerichtsprotokoll 2546/1820.
Appellationsgerichtsprotokoll 3531/1820.
Appellationsgerichtsprotokoll 4136/1820.
Appellationsgerichtsprotokoll 4314/1820.
Appellationsgerichtsprotokoll 4315/1820.
Appellationsgerichtsprotokoll 4415/1820.
Appellationsgerichtsprotokoll 4701/1820.
Appellationsgerichtsprotokoll 5272/1820.
Appellationsgerichtsprotokoll 5972/1820.
Appellationsgerichtsprotokoll 6642/1820.
Appellationsgerichtsprotokoll 6936/1820.
Appellationsgerichtsprotokoll 8585/1820.
Appellationsgerichtsprotokoll 9038/1820.
Appellationsgerichtsprotokoll 9087/1820.

Appellationsgerichtsprotokoll 2403/1821.
Appellationsgerichtsprotokoll 3677/1821.
Appellationsgerichtsprotokoll 3958/1821.
Appellationsgerichtsprotokoll 4829/1821.
Appellationsgerichtsprotokoll 6287/1821.
Appellationsgerichtsprotokoll 6300/1821.
Appellationsgerichtsprotokoll 6593/1821.
Appellationsgerichtsprotokoll 7975/1821.
Appellationsgerichtsprotokoll 8440/1821.
Appellationsgerichtsprotokoll 8620/1821.
Appellationsgerichtsprotokoll 8621/1821.
Appellationsgerichtsprotokoll 9403/1821.

Appellationsgerichtsprotokoll 935/1822.
Appellationsgerichtsprotokoll 2937/1822.
Appellationsgerichtsprotokoll 3317/1822.
Appellationsgerichtsprotokoll 3327/1822.
Appellationsgerichtsprotokoll 3570/1822.
Appellationsgerichtsprotokoll 3573/1822.
Appellationsgerichtsprotokoll 4297/1822.
Appellationsgerichtsprotokoll 6081/1822.
Appellationsgerichtsprotokoll 6792/1822.
Appellationsgerichtsprotokoll 7538/1822.
Appellationsgerichtsprotokoll 8096/1822.
Appellationsgerichtsprotokoll 12163/1822.

Appellationsgerichtsprotokoll 1250/1823.
Appellationsgerichtsprotokoll 1431/1823.
Appellationsgerichtsprotokoll 1452/1823.
Appellationsgerichtsprotokoll 4338/1823.
Appellationsgerichtsprotokoll 4593/1823.
Appellationsgerichtsprotokoll 5733/1823.
Appellationsgerichtsprotokoll 5847/1823.
Appellationsgerichtsprotokoll 6287/1823.
Appellationsgerichtsprotokoll 6927/1823.
Appellationsgerichtsprotokoll 7293/1823.
Appellationsgerichtsprotokoll 7867/1823.
Appellationsgerichtsprotokoll 8961/1823.
Appellationsgerichtsprotokoll 9739/1823.
Appellationsgerichtsprotokoll 9740/1823.
Appellationsgerichtsprotokoll 10205/1823.
Appellationsgerichtsprotokoll 10292/1823.
Appellationsgerichtsprotokoll 10554/1823.
Appellationsgerichtsprotokoll 10957/1823.
Appellationsgerichtsprotokoll 11267/1823.
Appellationsgerichtsprotokoll 11485/1823.
Appellationsgerichtsprotokoll 12081/1823.
Appellationsgerichtsprotokoll 12444/1823.
Appellationsgerichtsprotokoll 13300/1823.
Appellationsgerichtsprotokoll 13301/1823.
Appellationsgerichtsprotokoll 15155/1823.

Appellationsgerichtsprotokoll 995/1824.
Appellationsgerichtsprotokoll 1138/1824.
Appellationsgerichtsprotokoll 1408/1824.
Appellationsgerichtsprotokoll 1409/1824.
Appellationsgerichtsprotokoll 4686/1824.

Appellationsgerichtsprotokoll 5896/1824.
Appellationsgerichtsprotokoll 7022/1824.
Appellationsgerichtsprotokoll 7193/1824.
Appellationsgerichtsprotokoll 7340/1824.
Appellationsgerichtsprotokoll 7385/1824.
Appellationsgerichtsprotokoll 7739/1824.
Appellationsgerichtsprotokoll 8573/1824.
Appellationsgerichtsprotokoll 8604/1824.
Appellationsgerichtsprotokoll 9080/1824.
Appellationsgerichtsprotokoll 10417/1824.
Appellationsgerichtsprotokoll 11995/1824.
Appellationsgerichtsprotokoll 12100/1824.
Appellationsgerichtsprotokoll 13420/1824.
Appellationsgerichtsprotokoll 14080/1824.

Appellationsgerichtsprotokoll 9452/1825.
Appellationsgerichtsprotokoll 10081/1825.

Appellationsgerichtsprotokoll 11590/1827.
Appellationsgerichtsprotokoll 13931/1827.

Appellationsgerichtsprotokoll 13134/1829.

Appellationsgerichtsprotokoll 13394/1830.

Appellationsgerichtsprotokoll 8438/1835.
Appellationsgerichtsprotokoll 8474/1835.
Appellationsgerichtsprotokoll 8544/1835.
Appellationsgerichtsprotokoll 9045/1835.
Appellationsgerichtsprotokoll 10373/1835.
Appellationsgerichtsprotokoll 10622/1835.
Appellationsgerichtsprotokoll 12217/1835.
Appellationsgerichtsprotokoll 12471/1835.
Appellationsgerichtsprotokoll 14479/1835.
Appellationsgerichtsprotokoll 14509/1835.
Appellationsgerichtsprotokoll 14510/1835.
Appellationsgerichtsprotokoll 15545/1835.
Appellationsgerichtsprotokoll 15547/1835.
Appellationsgerichtsprotokoll 16040/1835.
Appellationsgerichtsprotokoll 16321/1835.
Appellationsgerichtsprotokoll 16632/1835.

Appellationsgerichtsprotokoll 1702/1836.
Appellationsgerichtsprotokoll 1752/1836.
Appellationsgerichtsprotokoll 3579/1836.
Appellationsgerichtsprotokoll 3913/1836.
Appellationsgerichtsprotokoll 4598/1836.
Appellationsgerichtsprotokoll 5145/1836.
Appellationsgerichtsprotokoll 5146/1836.
Appellationsgerichtsprotokoll 5299/1836.
Appellationsgerichtsprotokoll 5997/1836.
Appellationsgerichtsprotokoll 5998/1836.
Appellationsgerichtsprotokoll 6265/1836.
Appellationsgerichtsprotokoll 6334/1836.
Appellationsgerichtsprotokoll 7326/1836.
Appellationsgerichtsprotokoll 7688/1836.
Appellationsgerichtsprotokoll 7730/1836.

Appellationsgerichtsprotokoll 8077/1836.
Appellationsgerichtsprotokoll 8103/1836.
Appellationsgerichtsprotokoll 9103/1836.
Appellationsgerichtsprotokoll 9249/1836.
Appellationsgerichtsprotokoll 9988/1836.
Appellationsgerichtsprotokoll 10987/1836.
Appellationsgerichtsprotokoll 11078/1836.
Appellationsgerichtsprotokoll 15458/1836.

Appellationsgerichtsprotokoll 10544/1837.
Appellationsgerichtsprotokoll 10725/1837.
Appellationsgerichtsprotokoll 10726/1837.
Appellationsgerichtsprotokoll 12266/1837.
Appellationsgerichtsprotokoll 12789/1837.
Appellationsgerichtsprotokoll 13289/1837.
Appellationsgerichtsprotokoll 14221/1837.
Appellationsgerichtsprotokoll 15341/1837.
Appellationsgerichtsprotokoll 15343/1837.

Appellationsgerichtsprotokoll 1016/1838.
Appellationsgerichtsprotokoll 1622/1838.
Appellationsgerichtsprotokoll 4105/1838.
Appellationsgerichtsprotokoll 4738/1838.
Appellationsgerichtsprotokoll 4746/1838.
Appellationsgerichtsprotokoll 5989/1838.
Appellationsgerichtsprotokoll 5991/1838.
Appellationsgerichtsprotokoll 6245/1838.
Appellationsgerichtsprotokoll 6944/1838.
Appellationsgerichtsprotokoll 6953/1838.
Appellationsgerichtsprotokoll 7272/1838.
Appellationsgerichtsprotokoll 8139/1838.
Appellationsgerichtsprotokoll 9661/1838.
Appellationsgerichtsprotokoll 10579/1838.
Appellationsgerichtsprotokoll 11246/1838.
Appellationsgerichtsprotokoll 11356/1838.
Appellationsgerichtsprotokoll 11981/1838.

Appellationsgerichtsprotokoll 5201/1840.

Appellationsgerichtsprotokoll 6082/1841.

Appellationsgerichtsprotokoll 2129/1847.
Appellationsgerichtsprotokoll 2283/1847.

Verzeichnisse der von den Land- und Kriminalgerichten in Inner-Oesterreich nach dem Solarjahr quartaliter eingereichten Tabellen oder Berichte wegen eines Kriminalverbrechens nach überstandener Strafzeit in das Ausland abgeschafften Fremden.

Steiermärkisches Landesarchiv, Abteilung Bürgergasse:

Archiv der Innerösterreichischen Regierung, Patente und Kurrenden:

1749-XII-9.
1756-V-14.
1787-IX-29.
1833-VII-6.

Bezirksgericht Feldbach, Fasz. 5: Kriminalsachen 1816-1831.
Bezirksgericht Feldbach, Fasz. 61: Kriminalsachen 1830-1842.
Bezirksgericht Feldbach, Fasz. 62: Kriminalsachen 1785-1816.
Bezirksgericht Feldbach, Fasz. 73: Herrschaft Fürstenfeld, Kriminalsachen 1820-1850.
Bezirksgericht Feldbach, Fasz. 75: Herrschaft Fürstenfeld, Kriminalsachen 1847.
Bezirksgericht Feldbach, Fasz. 135: Herrschaft Kapfenstein, Kriminalsachen 1813-1847.
Bezirksgericht Feldbach, Fasz. 196: Kriminalsachen, Poppendorf 1844, Riegersburg 1840-1842, Fürstenfeld 1793-1819.
Bezirksgericht Feldbach, Fasz. 204: Riegersburg, Verbrechen der Herrschaft Stein 1846-1849.

Bezirksgericht Fürstenfeld, Fasz. 10: Polizeiübertretungen bis 1850.

Bezirksgericht Leibnitz, Fasz. 6: Straf- und Streitsachen, Miszellen 1830-1850.

Bezirksgericht Pöllau, Fasz. 63: Pöllau, Kriminalakten 1836-1850.
Bezirksgericht Pöllau, Fasz. 114: Herrschaft Herberstein, Schwere Polizeiübertretungen mit Deliktenregister und alphabetischem Verzeichnis der Verurteilten 1842-1850.

Gubernium, Fach I, Repertorium 1806.

Gubernium, Fach III, Repertorien, 1787-1850.

Gubernium, Faszikelreihe 47, 1787-1849.

Steiermärkisches Landesarchiv, Abteilung Hamerlinggasse:

Joanneumsarchiv, Patente und Kurrenden:

1784-IX-8.
1797-IX-29.
1810-V-1.

Admontbichl, Herrschaftsarchiv, Sch. 69, H. 180: Kriminaltabellen 19. Jahrhundert.
Admontbichl, Herrschaftsarchiv, Sch. 76, H. 194: Ausweise betreffend das Betragen entlassener Sträflinge 1837-1842.

Aflenz, Herrschafts- und Marktarchiv, Sch. 11, H. 89: Strafsachen 1784-1835.

Arnfels, Herrschaftsarchiv, Bd. 99, Landgerichtsprotokoll 1712/1731.

Aussee, Markt- und Pfarrarchiv, Sch. 185, H. 263: Kriminalprotokoll 1804-1840.
Aussee, Markt- und Pfarrarchiv, Sch. 185b, H. 263b: Justiz- und Kriminal-Geschäftsprotokoll 1833-1837.

Bruck an der Mur, Stadtarchiv, Sch. 022: Ratsprotokolle 1796.
Bruck an der Mur, Stadtarchiv, Sch. 45, H. 178: Straftaten, Polizeiübertretungen 1804/05.

Donnersbach, Herrschaftsarchiv, Sch. 60, H. 154: Landgerichtsprotokolle 1788-1789.
Donnersbach, Herrschaftsarchiv, Sch. 62, H. 160: Kriminalprozesse 1730-1768.
Donnersbach, Herrschaftsarchiv, Sch. 68, H. 166: Kriminalprozesse 1796-1838.

Eibiswald, Herrschafts-, Familien- und Marktarchiv, Sch. 8a, H. 69: Gerichtsverhandlungen 1753 - 1836.

Feldbach, Stadtarchiv, Sch. 1a, H. 8a: Kriminaltabellen des Marktgerichtes Feldbach 1816-1824.
Feldbach, Stadtarchiv, Sch. 1a, H. 8b: Kriminaltabellen des Marktgerichtes Feldbach 1825-1842.
Feldbach, Stadtarchiv, Sch. 1a, H. 8c: Kriminaltabellen des Marktgerichtes Feldbach 1843-1850.

Fürstenfeld, Stadtarchiv, Bd. 58: Kriminal-Ratsprotokoll 1836-1839.
Fürstenfeld, Stadtarchiv, Bd. 60: Kriminal-Ratsprotokoll 1841.
Fürstenfeld, Stadtarchiv, Bd. 63: Kriminal-Ratsprotokoll 1844.
Fürstenfeld, Stadtarchiv, Bd. 65: Kriminal-Ratsprotokoll 1846.
Fürstenfeld, Stadtarchiv, Bd. 66: Kriminal-Ratsprotokoll 1847.
Fürstenfeld, Stadtarchiv, Sch. 43, H. 97: Strafprozesse 1793-1820.

Göß, Staatsherrschaft, Fasz. 36, H. 106: Kriminaltabellen Rötelstein, Tragöß 1803-1842.

Göth'sche Serie, Sch. 3, H. 44: Feldbach, Bezirk.
Göth'sche Serie, Sch. 6, H. 125: Aussee, Bezirk, Pfarre, Gült und Markt.
Göth'sche Serie, Sch. 10, H. 244: Feldbach, Bezirk und Magistrat.

Groß Sankt Florian, Markt- und Pfarrarchiv, Sch. 14, H. 49: Landgerichtsprotokoll 1773-1823.

Gutenhaag, Herrschaftsarchiv, Sch. 3, H. 33: Kindesmorde 1648-1749.

Haus und Gröbming, Herrschaftsarchiv, Sch. 154, H. 388: Kindesmord 1738-1834.

Hohenbrugg an der Raab, Herrschaftsarchiv, Sch. 1a, H. 3b: Steckbriefprotokoll 1839-1844.

Hornegg, Herrschaftsarchiv, Sch. 44, H. 82: Gerichtsprotokolle 1787-1799.

Knittelfeld, Stadtarchiv, Sch. 81, H. 231: Steckbriefprotokoll 1837-1847.

Lamberg, Familienarchiv, Sch. 360, H. 10: Bezirksherrschaft Feistritz, Polizei, Schubsachen 1788-1835.
Lamberg, Familienarchiv, Sch. 361, H. 12: Bezirksherrschaft Feistritz, Schwere Polizei-Übertretungen 1811-1850.
Lamberg, Familienarchiv, Sch. 364, H. 23: Bezirksherrschaft Feistritz, Schwere Polizei-Übertretungen: Untersuchung von Todesfällen 1795-1825.
Lamberg, Familienarchiv, Sch. 364, H. 24: Bezirksherrschaft Feistritz, Schwere Polizei-Übertretungen: Untersuchung von Todesfällen 1829-1847.

Leoben, Stadtarchiv, Sch. 117, H. 453: Ratsprotokolle 1800.

Luttenberg, Marktarchiv, Sch. 93, H. 169: Strafsachen 1571-1853.

Mürzzuschlag, Markt- und Bezirksarchiv, Sch. 116, H. 289: Straf- und Untersuchungsakten 1844.

Oberradkersburg, Herrschaftsarchiv, Sch. 118a, H. 461a: Kriminalakten 1771-1800.

Rothenfels, Herrschaftsarchiv, Sch. 94a. H. 359c: Gerichtswesen.
Rothenfels, Herrschaftsarchiv, Sch. 103, H. 384: Kindesmorde 1683-1817.
Rothenfels, Herrschaftsarchiv, Sch. 103, H. 385: Abtreibung der Leibesfrucht und Kindesmorde 1689-1843.

Saurau, Familienarchiv, Sch. 216, H. 1504: Akten des Landgerichtes Wolkenstein 1593-1806.
Saurau, Familienarchiv, Sch. 217, H. 1508: Bannrichtersrechnungen des Landgerichtes Wolkenstein 1696-1790.

Sölk, Herrschaftsarchiv, Sch. 37, H. 209: Steckbriefprotokoll 1841-1842.

St. Georgen an der Stiefing, Herrschafts- und Marktarchiv, Sch. 7, H. 15: Landgerichtsvorfälle 1709-1799.
St. Georgen an der Stiefing, Herrschafts- und Marktarchiv, Sch. 8, H. 16: Landgerichtsvorfälle 1799-1807.
St. Georgen an der Stiefing, Herrschafts- und Marktarchiv, Sch. 8, H. 17: Landgerichtsvorfälle 1710-1807.

Stattenberg, Herrschaftsarchiv, Sch. 2, H. 11: Gerichtsfälle 1749-1791.

Stein zu Fürstenfeld, Herrschaftsarchiv, Sch. 1, H. 2: Banntaidingsprotokoll des Landgerichtes Märktl unter Straden 1737-1792.

Trautmannsdorf, Herrschafts- und Familienarchiv, Sch. 56, H. 494: Herrschaft Gleichenberg: Kriminaltabellen und darauf Bezug habende Akten 1790 ff.
Trautmannsdorf, Herrschafts- und Familienarchiv, Sch. 57d, H. 496/9: Herrschaft Gleichenberg: Justizakten 1806.
Trautmannsdorf, Herrschafts- und Familienarchiv, Sch. 117, H. 853: Herrschaft Gleichenberg: Steckbriefe, 1. Hälfte des 19. Jahrhunderts.
Trautmannsdorf, Herrschafts- und Familienarchiv, Sch. 118, H. 854: Herrschaft Gleichenberg: Steckbriefe, 1. Hälfte des 19. Jahrhunderts.
Trautmannsdorf, Herrschafts- und Familienarchiv, Sch.121, H. 860: Herrschaft Gleichenberg: Steckbriefe, 1. Hälfte des 19. Jahrhunderts.
Trautmannsdorf, Herrschafts- und Familienarchiv, Sch.121, H. 861: Herrschaft Gleichenberg: Steckbriefe, 1. Hälfte des 19. Jahrhunderts.
Trautmannsdorf, Herrschafts- und Familienarchiv, Sch.123, H. 864: Herrschaft Gleichenberg: Steckbriefe, 1. Hälfte des 19. Jahrhunderts.
Trautmannsdorf, Herrschafts- und Familienarchiv, Sch. 226a, H. 1189b: Herrschaft Gleichenberg: Mord, Selbstmord, Kindsmord, 1. Hälfte des 19. Jahrhunderts.
Trautmannsdorf, Herrschafts- und Familienarchiv, Sch. 227, H. 1190: Herrschaft Gleichenberg: Mord, Selbstmord, Kindsmord, 1. Hälfte des 19. Jahrhunderts.
Trautmannsdorf, Herrschafts- und Familienarchiv, Sch. 227, H. 1191: Herrschaft Gleichenberg: Mord, Selbstmord, Kindsmord, 1. Hälfte des 19. Jahrhunderts.

Vordernberg, Marktarchiv, Sch. 16, H. 47: Strafrecht und Strafprozeß 1702-1841.
Vordernberg, Marktarchiv, Sch. 23, H. 59: Repertorium zu den Gerichtsprotokollen 1818-1841.

Weißkirchen, Marktarchiv, Sch. 81, H. 163: Strafsachen 1788-1796.

Windischgraz, Stadtarchiv, Sch. 5, H. 33: Kriminalprozesse 1690-1819.

Steckbriefe, Fasz. 20, 1787 - 1792.
Steckbriefe, Fasz. 21, 1793 - 1797.
Steckbriefe, Fasz. 22, 1798 - 1801.
Steckbriefe, Fasz. 23, 1802 - 1805.
Steckbriefe, Fasz. 24, 1806 - 1814.
Steckbriefe, Fasz. 27, 1818 - 1820.
Steckbriefe, Fasz. 28, 1821 - 1822.
Steckbriefe, Fasz. 30, 1827 - 1830.
Steckbriefe, Fasz. 32, 1831 - 1832.
Steckbriefe, Fasz. 38, 1842.
Steckbriefe, Fasz. 39, 1843.
Steckbriefe, Fasz. 40, 1844.
Steckbriefe, Fasz. 41, 1845.
Steckbriefe, Fasz. 42, 1846.

Stiftsarchiv St. Lambrecht:

Landgericht St. Lambrecht, Sch. Prov. Nr. 82.
Landgericht St. Lambrecht, Sch. Prov. Nr. 100.

Österreichisches Staatsarchiv, Allgemeines Verwaltungsarchiv:

Oberste Justiz, Innerösterreichischer Senat, Karton 38.
Oberste Justiz, Innerösterreichischer Senat, Karton 39.
Oberste Justiz, Innerösterreichischer Senat, Karton 40.

18.2. GEDRUCKTE QUELLEN:

Gesetzestexte und zeitgenössische Kommentare:

Allgemeine Kriminal=Gerichtsordnung. Wien 1788.

Allgemeines bürgerliches Gesetzbuch für die gesamten deutschen Erbländer der Oesterreichischen Monarchie. Wien 1811.

Allgemeines bürgerliches Gesetzbuch. Erster Teil. Wien 1786.

Allgemeines Gesetz über Verbrechen und derselben Bestrafung. Wien 1787.

Blumblacher, Christophorus: Commentarius In Kaiser Karl des Fünften / und des H. Röm. Reichs Peinliche Halsgerichts=Ordnung / Worinnen umständlich / gründlich und klar ausgeführet und erkläret wird / Wie man Den ganzen Peinlichen Prozeß [...] bis zu Ende ordentlich führen / als auch nach Abführ= und Schließung desselben / allerhand Untaten gebührlich strafen solle. [...] Salzburg 1704.

Bundesgesetz vom 23. Jänner 1974 über die mit gerichtlicher Strafe bedrohten Handlungen (Strafgesetzbuch - StGB), BGBl Nr. 60/1974.

Constitutio Criminalis Theresiana oder der Römisch=Kaiserl. zu Hungarn und Böheim etc. Königl. Apost. Majestät Maria Theresiä Erzherzogin zu Oesterreich etc. peinliche Gerichtsordnung. Wien 1769.

Das Strafgesetz über Verbrechen, Vergehen und Uebertretungen, die Strafgerichts-Kompetenz-Verordnungen und die Preßordnung vom 27. Mai 1852 für das Kaisertum Oesterreich. Wien 1852.

Der Römischen Kayser= Auch Zu Hungarn und Böheim etc. Königl. Majestät Josephi Des Ersten / Erz=Herzogens zu Oesterreich / etc. Neue Peinliche Hals=Gerichts=Ordnung / Vor das Königreich Böheim / Markgraftum Mähren / und Herzogtum Schlesien. Freyburg 1711.

Der Römischen Kayserlichen / auch zu Hungarn und Böhaim / etc. königlichen Majestät Ferdinandi Des Dritten / etc. Erzherzogens zu Oesterreich: Unsers allergnädigsten Herrn. Neue peinliche Landgerichts=Ordnung in Oesterreich unter der Enns. Erster und Anderter Tail. Wien 1657.

Des Erzherzogtums Kärnten Neu aufgerichte Landgerichtsordnung / Im aintausendfünfhundert und Sibenundsibenzigisten Jahr. Graz 1578.

Des Löblichen Fürstentums Steyer Land und Peinlich Gerichts Ordnung. Im M.D.L.XXIIII. Jahr verbessert, erleütert, verglichen und aufgericht. Augsburg 1583.

Die peinliche Gerichtsordnung Kaiser Karls V. von 1532 (Carolina). Hrsg. u. erläutert v. Gustav Radbruch. Stuttgart 1960. (= Universal-Bibliothek. 2990/90a.)

Gesetzbuch über Verbrechen und schwere Polizey-Uibertretungen und dem Verfahren bey denselben. Wien 1803.

Hempel-Kürsinger, Johann Nepomuk: Alphabetisch-chronologische Übersicht der k. k. Gesetze und Verordnungen vom Jahre 1740 bis zum Jahre 1821, als Haupt-Repertorium über die [...] politischen Gesetzsammlungen. 10 Bd. Wien 1825-1828.

Kudler, Joseph: Erklärung des Strafgesetzes über schwere Polizey=Uebertretungen, mit Berücksichtigung der auf dasselbe sich beziehenden, später erlassenen Gesetze und Erläuterungen. Bd 1: Von schweren Polizey=Uebertretungen und deren Bestrafung. 3., verm. u. verb. Aufl. Wien 1831.

Land=Gerichts=Ordnung / Des Löblichen Hörzogtums Krain / Und der Angeraichten Herrschaften Windischen Mark / Möttling / Ysterreich / und Karst. Laibach 1707.

Macher, Mathias: Handbuch der kaiserl. königl. Sanität-Gesetze und Verordnungen mit besonderer Beziehung auf die innerösterreichischen Provinzen in chronologischer Ordnung mit einer sistematischen und alfabetischen Uebersicht [...]. 4 Bd. Graz, Laibach u. Klagenfurt 1846-1853.

Suttinger de Thunhof, Joan Baptista: Consuetudines Austriacae ad stylum excelsi regiminis infra Anasum accomodatae. Norimbergae 1716.

Zeitgenössische Schriften:

Bibliothek der neuesten medizinisch-chirurgischen Literatur für die k. k. Feldchirurgen. Hrsg. von J. Hunczovski und Dr. J. Ad. Schmidt. Bd 2. Wien 1791.

Costa, Ethbin Heinrich: Krains politische und soziale Zustände. In: Mitteilungen des historischen Vereins für Krain (1849), S. 14-17.

Fossel, Victor: Volksmedizin und medizinischer Aberglaube in Steiermark. Ein Beitrag zur Landeskunde. 2., unveränd. Aufl. Graz 1886.

Göth, Georg: Das Herzogtum Steiermark; geographisch=statistisch=topographisch dargestellt und mit geschichtlichen Erläuterungen versehen. 3 Bd. Wien u. Graz 1840-1843.

Gräff, Johann Christian: Versuch einer Geschichte der Kriminal=Gesetzgebung, der Land= und Banngerichte, Torturen, Urfehden, auch des Hexen= und Zauberwesens in der Steyermark. Graz 1817.

Gratzy, Edler von Wardengg, Oskar: Repertorium zu J. W. Freiherrn von Valvasors „Die Ehre des Herzogtums Krain" (1689). In: Mitteilungen des Musealvereines für Krain 14 (1901), H. 4-6, S. 1-112.

Hügel, Fr. S.: Die Findelhäuser und das Findelwesen Europas, ihre Geschichte, Gesetzgebung, Verwaltung, Statistik und Reform. Wien 1863.

Janisch, Josef Andr.: Topographisch-statistisches Lexikon von Steiermark mit historischen Notizen und Anmerkungen. 3 Bd. Graz 1878-1885.

Josephinische Landesaufnahme 1763-1787 für das Gebiet der Republik Slowenien. Landesbeschreibung. Bd 1 u. 2. Laibach 1995 f.

Kommerz= und Zivil=Schema des Herzogtums Steyermark. Für Einheimische und Fremde, zur nähern Kenntnis dieses Landes und vorzüglich der Hauptstadt Graz. Mit einem vollständigen Namen=Register der herrschaftlichen Oberbeamten in Steyermark, und andern sehr nützlichen Nachrichten. Graz 1803.

Landes-Regierungsblatt für das Herzogtum Krain. 2. Teil. VI. Stück, IX. Jahrgang 1857.

Melzer Raimund: Geschichte der Findlinge in Österreich mit besonderer Rücksicht auf ihre Verhältnisse in Illyrien. Leipzig 1846.

Schematismus für Steyermark und Kärnten auf das Jahr 1823. Graz o. J.

Schematismus für Steyermark und Kärnten auf das Jahr 1824. Graz o. J.

Schmutz, Carl: Historisch Topographisches Lexikon von Steyermark. 4 Bd. Graz 1822-1823.

Schreiner, Gustav: Graz. Ein naturhistorisch-statistisch-topographisches Gemälde dieser Stadt und ihrer Umgebungen. Graz 1843.

Valvasor, Johann Weichard: Die Ehre des Herzogtums Krain. III. Teil. Laibach-Nürnberg 1689 (Unveränderter Nachdruck 1971).

Versuch einer Darstellung der Oesterreichischen Monarchie in statistischen Tafeln. Bd 1. Wien 1828.

Waldau, Georg Ernst: Geschichte der Protestanten in Oestreich, Steiermark, Kärnten und Krain vom Jahr 1520 bis auf die neueste Zeit. Bd 2. Anspach 1784.

18.3. SEKUNDÄRLITERATUR

Adebahr, Gustav: Kindstötung. In: Kurzgefaßtes Lehrbuch der Rechtsmedizin für Mediziner und Juristen [...]. Hrsg. v. Wolfgang Schwerd. 2. überarb. u. erg. Aufl. Köln 1976, S. 92-96.

Albrecht-Engel, Ines; Loytved, Christine: Gebärpositionen in der Geschichte und Völkerkunde aus medizinischer Sicht. In: Frauenalltag - Frauenforschung. Beiträge zur 2. Tagung der Kommission Frauenforschung in der Deutschen Gesellschaft für Volkskunde, Freiburg, 22.-25. 5. 1986. Frankfurt/Main u.a. 1988, S. 347-353.

Allgemeines Verzeichnis der Ortsgemeinden und Ortschaften Österreichs nach den Ergebnissen der Volkszählung vom 31. Dezember 1910 nebst vollständigem Namensverzeichnis. Hrsg. v. d. k. k. statistischen Zentralkommission in Wien. Wien 1915.

Ammerer, Gerhard: „... daß die gerichtlichen Aerzte in ihren Compendien nie ein Kapitel vom Kindermord geschrieben hätten ..." - Kindsmord und Gerichtsmedizin im Zeitalter der Vernunft. In: Wiener Gespräche zur Sozialgeschichte der Medizin. Vorträge des internationalen Symposions an der Universität Wien 9.-11.11.1994. Hrsg. im Auftrag der Österreichischen Gesellschaft für Wissenschaftsgeschichte von H. Grössing, S. Horn u. T. Aigner. Wien 1996, S. 223-235.

Ammerer, Gerhard: „... dem Kinde den Himmel abgestohlen ..." Zum Problem von Abtreibung, Kindsmord und Kindsweglegung in der Spätaufklärung. Das Beispiel Salzburg. In: Das achtzehnte Jahrhundert und Österreich. Jahrbuch der Österr. Gesellschaft zur Erforschung des achtzehnten Jahrhunderts 6 (1992), S. 77-98.

Ammerer, Gerhard: „Die steinerne Agnes" - Eine Sage und ihr Motiv: Kindsmord. In: Mitteilungen der Gesellschaft für Salzburger Landeskunde 134 (1994), S. 339-363.

Ammerer, Gerhard: Kindsmord und Gerichtsmedizin in Österreich zur Zeit der Aufklärung. In: Mitteilungen der Österreichischen Gesellschaft für Wissenschaftsgeschichte 15 (1995), S. 127-160.

Amschl, Alfred: Abtreibung und Kindesmord. In: Archiv für Kriminal-Anthropologie und Kriminalistik 43 (1911), H. 1/2, S. 79-90.

Amschl, Alfred: Das Verbrechen des Kindesmordes nach österreichischem Recht. In: Archiv für Kriminal-Anthropologie und Kriminalistik 30 (1908), H. 1/2, S. 71-117.

Ariès, Philippe: Geschichte der Kindheit. München 1992.

Ariès, Philippe: Geschichte des Todes. München 1991.

Babor, Gerhard: Kindesmord, Kindesweglegung, Abtreibung. Aus den Gerichtsakten des Gerichtsarchivs Gaming-Scheibbs 1592/1848. Wien, Diplomarbeit am Institut für Geschichte 1993.

Babudieri, Fulvio: Industrie, commerci e navigazione a Trieste e nella regione Giulia dall'inizio del settecento ai primi anni del novecento. Milano 1982. (= Università di Trieste. Facoltà di scienze politiche. 22.)

Badinter, Elisabeth: Die Mutterliebe. Geschichte eines Gefühls vom 17. Jahrhundert bis heute. Aus d. Franz. v. F. Griese. München u. Zürich 1981.

Baltl, Hermann: Die Kärntner Landgerichtsordnung von 1577. Kodifikationsgeschichte, Charakter und Quellen. In: Carinthia I 139 (1949), S. 331-203.

Baltl, Hermann; Kocher, Gernot: Österreichische Rechtsgeschichte. Unter Einschluß sozial- und wirtschaftsgeschichtlicher Grundzüge. Von den Anfängen bis zur Gegenwart. 8., weitergeführte u. erg. Aufl. Graz 1995.

Baravalle, Robert: Die Inflation in der Steiermark zu Beginn Erzherzog Johanns Aufbauarbeit (1800-1820). In: ZHVSt 50 (1959), S. 29-71.

Bastl, Beatrix: Der Herr gibt, der Herr nimmt. Bemerkungen zur Geschichte von Kindheit und Tod im Mittelalter und in der frühen Neuzeit. In: Triumph des Todes? Ausstellungskatalog. Hrsg. v. Museum Österreichischer Kultur. Eisenstadt 1992, S. 64-82.

Beck, Rainer: Illegitimität und voreheliche Sexualität auf dem Land. Unterfinning, 1671-1770. In: Kultur der einfachen Leute. Bayerisches Volksleben vom 16. bis zum 19. Jahrhundert. Hrsg. v. Richard van Dülmen. München 1983, S. 112-150.

Becker, Peter: Voreheliche Sexualität und Heiratsverhalten im Gebiet der Abtei St. Lambrecht 1600-1849. Eine Untersuchung sozialer, wirtschaftlicher und demographischer Faktoren. Graz, Phil. Diss. 1988.

Behringer, Wolfgang: Mörder, Diebe, Ehebrecher. Verbrechen und Strafen in Kurbayern vom 16. bis 18. Jahrhundert. In: Verbrechen, Strafen und soziale Kontrolle. Studien zur Historischen Kulturforschung III. Hrsg. v. Richard van Dülmen. Frankfurt/Main 1990, S. 85-132.

Behringer, Wolfgang: Weibliche Kriminalität in Kurbayern in der Frühen Neuzeit. In: Von Huren und Rabenmüttern. Weibliche Kriminalität in der Frühen Neuzeit. Hrsg. v. Otto Ulbricht. Köln, Weimar u. Wien 1995, S. 63-82.

Benker, Gitta: „Ehre und Schande" - Voreheliche Sexualität auf dem Lande im ausgehenden 18. Jahrhundert. In: Frauenkörper, Medizin, Sexualität. Auf dem Weg zu einer neuen Sexualmoral. Hrsg. v. Johanna Geyer-Kordesch u. Annette Kuhn. Düsseldorf 1986, S. 10-27.

Beth, M.: Kindesmörderin. In: Handwörterbuch des deutschen Aberglaubens. Hrsg. v. Hanns Bächtold-Stäubli unter Mitwirkung v. Eduard Hoffmann-Krayer. Bd 4. Berlin u. Leipzig 1932 (Unveränderter Nachdruck 1987) Sp. 1388-1393.

Blanke, Dieter: Die Kindestötung in rechtlicher und kriminologischer Hinsicht. Kiel, Rechts- u. Staatswissenschaftl. Diss. 1966.

Bolognese-Leuchtenmüller, Birgit: Bevölkerungsentwicklung und Berufsstruktur, Gesundheits- und Fürsorgewesen in Österreich 1750-1918. Wien 1978. (= Wirtschafts- und Sozialstatistik Österreich-Ungarns. 1. Materialien zur Wirtschafts- und Sozialgeschichte. 1.)

Bolognese-Leuchtenmüller, Birgit: Bevölkerungspolitik zwischen Humanität, Realismus und Härte. In: Von der Glückseligkeit des Staates. Staat, Wirtschaft und Gesellschaft in Österreich im Zeitalter des aufgeklärten Absolutismus. Hrsg. v. Herbert Matis. Berlin 1981, S. 177-208.

Borkowsky, Maya: Krankheit Schwangerschaft? Schwangerschaft, Geburt und Wochenbett aus ärztlicher Sicht seit 1800. Zürich 1988.

Brandstetter, Bruno: Recht und Gericht im Markte Pöllau. (Unveröffentlichtes Manuskript). Graz 1967.

Bruckmüller, Ernst: Sozialgeschichte Österreichs. Wien u. München 1985.

Burckhardt-Seebas, Christine: Von der kulturellen Natur der Geburt. In: Innovation und Wandel. Festschrift für Oskar Moser zum 80. Geburtstag. Hrsg. v. Burkhard Pöttler, Helmut Eberhart, Elisabeth Katschnig-Fasch. Graz 1994, S. 67-78.

Byloff, Fritz: Die Land- und peinliche Gerichtsordnung Erzherzog Karls II. für Steiermark vom 24. Dezember 1574; ihre Geschichte und ihre Quellen. Graz 1907. (= Forschungen zur Verfassungs- und Verwaltungsgeschichte der Steiermark. VI. 3.)

Byloff, Fritz: Volkskundliches aus Strafprozessen der österreichischen Alpenländer mit besonderer Berücksichtigung der Zauberei- und Hexenprozesse 1455 bis 1850. Berlin u. Leipzig 1929. (= Quellen zur deutschen Volkskunde. 3.)

Cyrus, Hannelore: Das „vorsätzlich verheimlichen von Schwangerschaft und Niederkunft" oder von Frauen, die ihre „Geschlechtsehre" bewahren wollten. In: Beiträge zur Sozialgeschichte Bremens. H. 11 (1988): Criminalia. Bremer Strafjustiz 1810-1815, S. 91-131.

DeMause Lloyd: Evolution der Kindheit. In: Hört ihr die Kinder weinen. Eine psychogenetische Geschichte der Kindheit. Hrsg. von Lloyd deMause. Frankfurt/Main 1980, S. 12-111.

Der große Atlas. Slowenien. Laibach 1992.

Dietrich, Elisabeth: Übeltäter, Bösewichter. Kriminalität und Kriminalisierung in Tirol und Vorarlberg im 19. Jahrhundert. Innsbruck u. Wien 1995.

Dölemeyer, Barbara: Österreich. In: Gedruckte Quellen der Rechtsprechung in Europa (1800-1945). Hrsg. u. eingeleitet von Filippo Ranieri. Frankfurt/Main 1992, S. 718-763.

Dörfler, Maria: Mütter und Mutterbilder. In: Familie. Ideal und Realität. Hrsg. v. Elisabeth Vavra. Katalog zur Niederösterreichischen Landesausstellung 1993. Horn 1993, S. 32-47.

Dornheim, Jutta; Alber, Wolfgang: Ärztliche Fallberichte des 18. Jahrhunderts als volkskundliche Quelle. In: Zeitschrift für Volkskunde 78 (1982), S. 28-43.

Duden, Barbara: Die „Geheimnisse" der Schwangeren und das Öffentlichkeitsinteresse der Medizin. Zur sozialen Bedeutung der Kindsregung. In: Frauengeschichte - Geschlechtergeschichte. Hrsg. v. Karin Hausen und Heide Wunder. Frankfurt/Main u. New York 1992. (= Geschichte und Geschlechter. 1.) S. 117-128.

Dülmen, Richard van: Frauen vor Gericht. Kindsmord in der Frühen Neuzeit. Frankfurt/Main 1991.

Dülmen, Richard van: Theater des Schreckens. Gerichtspraxis und Strafrituale in der frühen Neuzeit. München 1985.

Egglmaier, Herbert Hans: Das medizinisch-chirurgische Studium in Graz. Ein Beispiel für den Wandel staatlicher Zielvorstellungen im Bildungs- und Medizinalwesen. Graz 1980. (= Dissertationen der Universität Graz. 50.)

Ehrlich, Werner: Die Strafgesetzgebung. In: Strafrechtssammlung des Nö. Landesmuseums im Schloß Greillenstein. Hrsg. v. Amt der Niederösterreichischen Landesregierung und vom Nö. Landesmuseum. [Wien] [1968]. (= Katalog des Nö. Landesmuseums. N. F. 37.) S. 15-25.

Ellrichshausen, Egon Conrad: Die uneheliche Mutterschaft im altösterreichischen Polizeirecht des 16. bis 18. Jahrhunderts dargestellt am Tatbestand der Fornication. Berlin 1988. (= Schriften zur Rechtsgeschichte. 42.)

Engelsing, Rolf: Das Vermögen der Dienstboten in Deutschland zwischen dem 17. und 20. Jahrhundert. In: Jahrbuch des Instituts für Deutsche Geschichte 3 (1974), S. 227-256.

Fabrice, Heinrich von: Die Lehre von der Kindsabtreibung und vom Kindesmord. Gerichtsärztliche Studien. 2., neubearb. Aufl. v. A. Weber. Berlin 1905.

Faust, Günther: Die Kindestötung. Eine kriminalbiologische Betrachtung aus der Sicht der Persönlichkeit und Konfliktlage der Täterin. Mainz, Medizin. Diss. 1967.

Felber, Alfons: Unzucht und Kindsmord in der Rechtsprechung der freien Reichsstadt Nördlingen vom 15. bis 19. Jahrhundert. Bonn, Rechts- u. Staatswiss. Diss. 1961.

Fischer, Balthasar: Muttersegen. In: Lexikon für Theologie und Kirche. 2., neu bearb. Aufl. Hrsg. v. Josef Höfer und Karl Rahner. Bd 7. Freiburg 1961, Sp. 714.

Flandrin, Jean-Louis: Familien. Soziologie - Ökonomie - Sexualität. Aus dem Franz. übers. v. E. Brückner-Pfaffenberger. Frankfurt/Main, Berlin u. Wien 1978.

Foregger, Egmont: Zur Constitutio Criminalis Theresiana. Nachwort zum vollständigen Nachdruck der Constitutio Criminalis Theresiana, Trattnersche Erstausgabe, Wien 1769. Graz 1993.

Formella, Eckhard: Rechtsbruch und Rechtsdurchsetzung im Herzogtum Holstein um die Mitte des 19. Jahrhunderts. Ein Beitrag zum Verhältnis von Kriminalität, Gesellschaft und Staat. Neumünster 1985. (= Quellen und Forschungen zur Geschichte Schleswig-Holsteins. 85.)

Frankenstein, Joseph: Über die Nottaufe in Vergangenheit und Gegenwart. In: Fruchtbarkeit und Geburt in Tirol. Hrsg. v. Otto Dapunt. Oberschleißheim bei München 1987.

Fresacher, Walter: Das Duldungsgesetz vom 13. Oktober 1781 und seine Auswirkung in Kärnten in den Jahren 1781-1783. In: Jahrbuch der Gesellschaft für die Geschichte des Protestantismus in Österreich 73 (1957), S. 9-60.

Fünfhundert Jahre Markt Leutschach. 1458-1959. Festschrift. Hrsg. v. Heimatkreis Leutschach anläßlich der Festtage der 500jährigen Wiederkehr der Markterhebung von Leutschach. Leutschach 1959.

Gassler, Bernhard: Gauner und kriminelle Unterschichten. Eine sozialhistorische Betrachtung der Kriminalität in der Steiermark vom Zeitalter der Aufklärung bis zum Jahre 1848. Graz, Phil. Diss. 1986.

Gassler, Bernhard: Gauner und kriminelle Unterschichten. Zusammenhänge zwischen sozialer Herkunft, Beruf und Kriminalität in der vormärzlichen Steiermark. In: ZHVSt 79 (1988), S. 223-254.

Gélis, Jacques: Die Geburt. Volksglaube, Rituale und Praktiken von 1500-1900. Aus d. Franz. übertr. v. C. Wilhelm. München 1989.

Gemeinde- und Ortschaftsverzeichnis der an den Reichsgau Kärnten angegliederten befreiten Gebiete Oberkrains und Unterkärntens. Bearb. u. hrsg. v. der Publikationsstelle Wien. Wien 1942.

Gerchow, Joachim: Die ärztlich-forensische Beurteilung von Kindesmörderinnen. Ein Beitrag zum Problem der abartigen Erlebnisreaktionen. Halle 1957. (= Medizinisch-juristische Grenzfragen. 4.)

Goehlert, J. Vincenz: Die Entwicklung der Bevölkerung der Steiermark vom Jahre 1754 bis auf die Gegenwart. In: Statistische Monatsschrift 5 (1879), S. 59-64.

Göttsch, Silke: „nachdem das Gerücht überall gegangen...". Sprechen über Kriminalität in der ländlichen Gesellschaft des 18. Jahrhunderts. In: Innovation und Wandel. Festschrift für Oskar Moser zum 80. Geburtstag. Hrsg. v. Burkhard Pöttler, Helmut Eberhart, Elisabeth Katschnig-Fasch. Graz 1994, S. 159-164.

Göttsch, Silke: Archivalische Quellen zur Frauenforschung. Weibliche Erfahrungen um Körperlichkeit und Sexualität - ein Beispiel. In: Frauenalltag - Frauenforschung. Beiträge zur 2. Tagung der Kommission Frauenforschung in der Deutschen Gesellschaft für Volkskunde, Freiburg, 22.-25. 5. 1986. Frankfurt/Main u.a. 1988, S. 49-59.

Göttsch, Silke: Zur Konstruktion schichtenspezifischer Wirklichkeit. Strategien und Taktiken ländlicher Unterschichten vor Gericht. In: Erinnern und Vergessen. Vorträge des 27. Deutschen Volkskundekongresses Göttingen 1989. Hrsg. v. Brigitte Bönisch-Brednich, Rolf W. Brednich und Helge Gerndt. Göttingen 1991. (= Schriftenreihe der Volkskundlichen Kommission für Niedersachsen. 6.) S. 443-452.

Grabner, Elfriede: Grundzüge einer ostalpinen Volksmedizin. Wien 1985. (= Mitteilungen des Instituts für Gegenwartsvolkskunde. 16. Österr. Akad. der Wiss. Phil.-hist. Klasse, Sitzungsberichte. 457.)

Grasmug, Rudolf: Acht Jahrhunderte Feldbach. Hundert Jahre Stadt Feldbach. Feldbach 1984.

Grotefend, Hermann: Taschenbuch der Zeitrechnung des deutschen Mittelalters und der Neuzeit. Durchges. v. Jürgen Asch. 12. erw. Aufl. Hannover 1982.

Grütter, Karin: „Weil ich fürchtete, aus der Stadt entfernt zu werden...". Kindstötung in Basel um 1850. In: Itinera 2/3 (1985): Auf den Spuren weiblicher Vergangenheit. Berichte des zweiten Schweizerischen Historikerinnentreffens in Basel, Oktober 1984, S. 106-119.

Gummersbach, Heinz: Zur kriminologischen und rechtlichen Beurteilung der Kindestötung. In: Monatsschrift für Kriminalbiologie und Strafrechtsreform 28 (1937), H. 8, S. 364-378.

Gumpel, Peter: Limbus. In: Lexikon für Theologie und Kirche. 2., neu bearb. Aufl. Hrsg. v. Josef Höfer und Karl Rahner. Bd 6. Freiburg 1961, Sp. 1057-1059.

Hammer, Elke: Angst, Not und Schande. Kindsmord in Innerösterreich von 1787 bis 1849. Graz, Phil. Diss. 1996.

Hammer, Elke: Kindersegen - Mutterglück? In: Schule für das Leben. Leben für die Schule. Festschrift. Bundeshandelsakademie/Bundeshandelsschule Bruck/Mur. Bruck/Mur 1997, S. 20-24.

Hammer, Elke: Kriminalität und Unzucht im Mürztal von 1705 bis 1835. Graz, Diplomarbeit am Institut für Geschichte 1992.

Hammer, Elke: Weibliche Devianz in der frühen Neuzeit. Darstellung am Beispiel der Steiermark. In: Bericht über den 20. österreichischen Historikertag in Bregenz. Veranstaltet vom Verband Österreichischer Geschichtsvereine in der Zeit vom 5. bis 10. September 1994. Hrsg. vom Verband Österreichischer Historiker und Geschichtsvereine (im Druck).

Hammer, Elke: „Weil ich in meiner Verzweiflung nirgends hin wußte...". Grazer Kindsmörderinnen im ausgehenden 18. und beginnenden 19. Jahrhundert. In: Historisches Jahrbuch der Stadt Graz 26 (1996), S. 127-155.

Harms-Ziegler, Beate: Illegitimität und Ehe. Illegitimität als Reflex des Ehediskurses in Preußen im 18. und 19. Jahrhundert. Berlin 1991. (= Schriften zur Rechtsgeschichte. 51.)

Hartinger, Walter: Bayerisches Dienstbotenleben auf dem Land vom 16. bis 18. Jahrhundert. In: Zeitschrift für bayerische Landesgeschichte 38 (1975), S. 598-638.

Hartl, Friedrich: Das Wiener Kriminalgericht. Strafrechtspflege vom Zeitalter der Aufklärung bis zur österreichischen Revolution. Graz, Wien u. Köln 1973. (= Wiener Rechtsgeschichtliche Arbeiten. 10.)

Hauptmann, Ludmil: Krain. In: Erläuterungen zum Historischen Atlas der Österreichischen Alpenländer. Hrsg. v. d. Akademie der Wissenschaften in Wien. 1. Abteilung: Die Landgerichtskarte. 4. Teil: Kärnten, Krain, Görz und Istrien. Wien 1929, S. 309-484.

Haydinger, Herta: Fürsorge und Betreuung der Armen, Kranken und Waisen in Grazer Pflegeanstalten bis zum Ende des 18. Jahrhunderts. Graz, Phil. Diss. 1972.

Hermagor. Geschichte, Natur, Gegenwart. Hrsg. v. der Stadtgemeinde Hermagor. Redigiert von Gotbert Moro. Klagenfurt 1969. (= Beigabe zur Carinthia I 159/1969.)

Historischer Atlas der Österreichischen Alpenländer. Hrsg. v. d. Akademie der Wissenschaften in Wien. 1. Abteilung: Die Landgerichtskarte. Wien 1929.

Hoegel, Hugo: Freiheitsstrafe und Gefängniswesen in Österreich von der Theresiana bis zur Gegenwart. Graz u. Wien 1916.

Hoegel, Hugo: Geschichte des Österreichischen Strafrechtes in Verbindung mit einer Erläuterung seiner grundsätzlichen Bestimmungen. 2 Bd. Wien 1904 f.

Hofmann, Hanns Hubert: Acta, ein vergraben gefundenes, ermordetes Kindt betreffend, Anno 1746. Eine soziokulturelle und rechtshistorische Studie aus dem Leben der Unterständischen. In: Volkskultur und Geschichte. Festgabe für Josef Dünninger zum 65. Geburtstag. Hrsg. v. Dieter Harmening u.a. Berlin 1970, S. 66-85.

Holenstein, Pia; Schindler, Norbert: Geschwätzgeschichte(n). Ein kulturhistorisches Plädoyer für die Rehabilitierung der unkontrollierten Rede. In: Dynamik der Tradition. Studien zur historischen Kulturforschung IV. Hrsg. v. Richard van Dülmen. Frankfurt/Main 1992, S. 41-108.

Hoof, Dieter: „Hier ist keine Gnade weiter, bei Gott ist Gnade.“ Kindsmordvorgänge in Hannover im 18. Jahrhundert. In: Hannoversche Geschichtsblätter N. F. 37 (1983), S. 47-84.

Hoof, Dieter: „Und der Pfarrer befahl augenblicklich, die Schwangere aus dem Dorf fortzuschaffen“. Kindsmordvorgänge in Stadt und Landschaft Zürich im 18. Jahrhundert. In: Zürcher Taschenbuch (1985), S. 50-77.

Horrow, Max: Grundriß des Österreichischen Strafrechts mit besonderer Berücksichtigung der historischen Entwicklung. Bd 1. Graz u. Wien 1947.

Illi, Martin: Wohin die Toten gingen. Begräbnis und Kirchhof in der vorindustriellen Stadt. Zürich 1992.

Ilwof, Franz: Der Protestantismus in Steiermark, Kärnten und Krain vom XVI. Jahrhundert bis in die Gegenwart. Graz 1900.

Imhof, Arthur E.: Lebenserwartungen in Deutschland vom 17. bis 19. Jahrhundert. Weinheim 1990.

Imhof, Arthur E.: Unterschiedliche Einstellung zu Leib und Leben in der Neuzeit. In: Der Mensch und sein Körper. Von der Antike bis heute. Hrsg. v. Arthur E. Imhof. München 1983, S. 65-82.

Jaksch, August von; Wutte, Martin: Kärnten. Mit Nachtrag. In: Erläuterungen zum Historischen Atlas der Österreichischen Alpenländer. Hrsg. v. d. Akademie der Wissenschaften in Wien. 1. Abteilung: Die Landgerichtskarte. 4. Teil: Kärnten, Krain, Görz und Istrien. Wien 1929, S. 1-308.

Jones, Ann: Frauen, die töten. Aus dem Amerik. übers. v. E. D. Drolshagen. Frankfurt/Main 1986.

Kaiser, Cornelia: Opfer oder Täterinnen? Kindsmörderinnen in Württemberg im 17. und 18. Jahrhundert. In: Standpunkte. Ergebnisse und Perspektiven der Frauengeschichtsforschung in Baden-Württemberg. Hrsg. v. Susanne Jenisch. Tübingen u. Stuttgart 1993. (= Frauenstudien Baden-Württemberg. 1.) S. 71-80.

Kappl, Claus: Die Not der kleinen Leute. Der Alltag der Armen im 18. Jahrhundert im Spiegel der Bamberger Malefizamtsakten. Konstanz, Phil. Diss. 1984. (= Historischer Verein für die Pflege der Geschichte des ehemaligen Fürstbistums Bamberg. 17. Beiheft.)

Kärntner Gerichtsbeschreibungen. Vorarbeit zu dem von der kaiserlichen Akademie der Wissenschaften in Wien herausgegebenen Historischen Atlas der österreichischen Alpenländer. 1. Abteilung. Die Landgerichtskarte. 4. Teil. Kärnten. Hrsg. u. bearbeitet v. Martin Wutte. Klagenfurt 1912. (= Archiv für vaterländische Geschichte und Topographie. 20/21.)

Kienitz, Sabine: Sexualität, Macht und Moral. Prostitution und Geschlechterbeziehungen Anfang des 19. Jahrhunderts in Württemberg. Ein Beitrag zur Mentalitätsgeschichte. Berlin 1995. (= Zeithorizonte. 2.)

Klar, Herma: Verbrechen aus verlorener Ehre? Kindsmörderinnen. Eine Untersuchung aufgrund von Material aus der ländlichen Unterschicht Nordwürttembergs im 19. Jahrhundert. Tübingen, Unveröff. Magisterarbeit 1984.

Klug, Notburga: Steirische Steckbriefe als Quelle für eine Kriminalitätsgeschichte 1764-1780. Graz, Diplomarbeit am Institut für Geschichte 1990.

Kluge, Dieter: „eyn noch nit lebendig kindt". Rechtshistorische Untersuchungen zum Abbruch der Schwangerschaft in den ersten 3 Monaten der Entwicklung der Frucht auf der Grundlage der Carolina von 1532. Frankfurt/Main, Bern u. New York 1986. (= Europäische Hochschulschriften. II. 578.)

Kocher, Gernot: Gerichtsorganisation und Strafrechtspflege im Herzogtum Steiermark in der Frühen Neuzeit. In: Hexen und Zauberer. Die große Verfolgung - ein europäisches Phänomen in der Steiermark. Hrsg. v. Helfried Valentinitsch. Graz u. Wien 1987, S. 103-122.

Kocher, Gernot: Höchstgerichtsbarkeit und Privatrechtskodifikation. Die Oberste Justizstelle und das allgemeine Privatrecht in Österreich von 1749-1811. Wien, Köln u. Graz 1979. (= Forschungen zur Europäischen und Vergleichenden Rechtsgeschichte. 2.)

Kocher, Gernot: Rechtsverständnis und Rechtsreformen im aufgeklärten Absolutismus Österreichs. In: Österreich im Zeitalter des aufgeklärten Absolutismus. Hrsg. v. Erich Zöllner. Redigiert von Hermann Möcker. Wien 1983. (= Schriften des Institutes für Österreichkunde. 42.) S. 54-70.

Kocher, Gernot: Zum Wechselspiel von Rechtsordnung und Sozialordnung in der theresianisch-josephinischen Gesetzgebung und Judikatur. In: Österreich im Europa der Aufklärung. Kontinuität und Zäsur in Europa zur Zeit Maria Theresias und Josephs II. Internationales Symposion in Wien 20.-23. Oktober 1980. Bd 1. Wien 1985.

Koss, Thea: Kindesmord im Dorf. Ein Kriminalfall des 18. Jahrhunderts und seine gesellschaftlichen Hintergründe. Tübingen u. Stuttgart 1994.

Krenn, Heidemarie: Der steirische Hebammenstand in der zweiten Hälfte des 18. Jahrhunderts. Graz, Diplomarbeit am Institut für Geschichte 1992.

Krenn-Simon, Heidemarie: „Beystandt in Kindtsnöthen" - Grazer Hebammen in der frühen Neuzeit und die Anfänge des staatlich reglementierten Hebammenwesens. In: Historisches Jahrbuch der Stadt Graz 23/24 (1993), S. 11-50.

Kreuziger, Dieter: Rechts- und sozialhistorische Entwicklung des ländlichen Dienstboten- und Gesindewesens in der Steiermark von den Anfängen bis zur Zeit Erzherzog Johann'. Graz, Rechts- und staatswissenschaftl. Diss. 1969.

Kummer, Bernhard: Kind. In: Handwörterbuch des deutschen Aberglaubens. Hrsg. v. Hanns Bächtold-Stäubli unter Mitwirkung v. Eduard Hoffmann-Krayer. Bd 4. Berlin u. Leipzig 1932 (Unveränderter Nachdruck 1987) Sp. 1310-1341.

Kürbitz, W.: Der Kindesmord und seine forensische Bedeutung. In: Archiv für Kriminal-Anthropologie und Kriminalistik 60 (1914), H. 3/4, S. 278-306.

Langer, William L.: Infanticide: A Historical Survey. In: History of Childhood Quarterly 1 (1974), S. 353-366.

Laslett, Peter: Verlorene Lebenswelten. Geschichte der vorindustriellen Gesellschaft. Aus d. Engl. übers. v. W. Astelbauer. Wien, Köln u. Graz 1988. (= Kulturstudien. 13.)

Leibrock-Plehn, Larissa: Frühe Neuzeit. Hebammen, Kräutermedizin und weltliche Justiz. In: Geschichte der Abtreibung. Von der Antike bis zur Gegenwart. Hrsg. v. Robert Jütte. München 1993, S. 68-90.

Lipp, Carola: Dörfliche Formen generativer und sozialer Reproduktion. In: Kaschuba, Wolfgang; Lipp, Carola: Dörfliches Überleben. Zur Geschichte materieller und sozialer Reproduktion ländlicher Gesellschaft im 19. und frühen 20. Jahrhundert. Tübingen 1982, S. 288-598.

List, Werner F.: Die Entwicklung der Chirurgie in Graz und der Steiermark bis zur Gründung der medizinischen Fakultät an der Karl-Franzens Universität. In: Beiträge zur steirischen Medizingeschichte. Wien, Köln u. Graz 1988, S. 51-72.

Lorenz, Maren: Das Delikt des Kindsmords im medizinisch-aufklärerischen Diskurs des 18. Jahrhunderts. Hamburg, Wissenschaftliche Hausarbeit zur Erlangung des akademischen Grades eines Magister Artium 1992.

Loux, Françoise: Das Kind und sein Körper. Volksmedizin - Hausmittel - Bräuche. Aus dem Französischen übers. v. H. Kober. Mit einem Nachwort v. Kurt Lüscher. Frankfurt/Main, Berlin u. Wien 1983.

Lüers, F.: Aussegnung. In: Handwörterbuch des deutschen Aberglaubens. Hrsg. v. Hanns Bächtold-Stäubli unter Mitwirkung v. Eduard Hoffmann-Krayer. Bd 1. Berlin u. Leipzig 1927 (Unveränderter Nachdruck 1987) Sp. 729 f.

Maasburg, Friedrich M.: Geschichte der obersten Justizstelle in Wien (1749-1848). Größtenteils nach amtlichen Quellen bearbeitet. Prag 1879.

Mayr, Klaus O.: Kriminalität in einer ländlichen Gesellschaft. Rechtsprechung in Kärnten im Zeitalter des aufgeklärten Absolutismus 1740-1792. Klagenfurt, Diplomarbeit am Institut für Geschichte 1986.

Mell, Anton: Das steirische Bannrichteramt. In: Steirische Zeitschrift für Geschichte 2 (1904), H. 3, S. 104-133.

Mell, Anton: Die Kriminalgerichtsorganisation Kaiser Josefs II. in den böhmisch-österreichischen Erbländern. In: ZHVSt 24 (1928), S. 61-112.

Mell, Anton: Görz und Gradisca. In: Erläuterungen zum Historischen Atlas der Österreichischen Alpenländer. Hrsg. v. d. Akademie der Wissenschaften in Wien. 1. Abteilung: Die Landgerichtskarte. 4. Teil: Kärnten, Krain, Görz und Istrien. Wien 1929, S. 255-308.

Mell, Anton: Grundriß der Verfassungs- und Verwaltungsgeschichte des Landes Steiermark. Hrsg. durch die Historische Landeskommission für Steiermark. Graz, Wien u. Leipzig 1929.

Mell, Anton: Hohe und niedere Strafgerichtsbarkeiten. Landgerichte und Burgfriede in Steiermark. In: Steirische Gerichtsbeschreibungen. Als Quellen zum Historischen Atlas der österreichischen Alpenländer. (I. Abteilung. Landgerichtskarte: Steiermark.) Hrsg. v. Anton Mell und Hans Pirchegger. Graz 1914. (= Quellen zur Verfassungs- und Verwaltungsgeschichte der Steiermark. I.) S. XIX-XLIV.

Mell, Anton: Versuche zur Verstaatlichung der Strafgerichte in Österreich vor dem Jahre 1849. In: ZHVSt 14 (1916), S. 1-24.

Meumann, Markus: Findelkinder, Waisenhäuser, Kindsmord. Unversorgte Kinder in der frühneuzeitlichen Gesellschaft. München 1995. (= Ancien Régime. Aufklärung und Revolution. 29.)

Meyer, Therese: Dienstboten in Oberkärnten. Klagenfurt 1993. (= Das Kärntner Landesarchiv. 19.)

Mischler, Ernst: Das Armenwesen in Steiermark. Graz 1896. (= Statistische Mitteilungen über Steiermark. H. 1.)

Mittelbach, Gustav: Aus dem I. Sterberegister des Grazer Zivilspitals (1788-1820) und dem Geburts- und Taufprotokoll des Gebärhauses aus derselben Zeit. In: BlHK 45 (1971), S. 104-112.

Mitterauer, Michael: Auswirkungen von Urbanisierung und Frühindustrialisierung auf die Familienverfassung an Beispielen des österreichischen Raums. In: Sozialgeschichte der Familie in der Neuzeit Europas. Neue Forschungen hrsg. v. Werner Conze. Stuttgart 1976, S. 53-146.

Mitterauer, Michael: Familienformen und Illegitimität in ländlichen Gebieten Österreichs. In: Archiv für Sozialgeschichte 19 (1979), S. 123-188.

Mitterauer, Michael: Gesindedienst und Jugendphase im europäischen Vergleich. In: Geschichte und Gesellschaft 11 (1985), S. 177-204.

Mitterauer, Michael: Ledige Mütter. Zur Geschichte unehelicher Geburten in Europa. München 1983.

Mitterauer, Michael: Zur Familienstruktur in ländlichen Gebieten Österreichs im 17. Jahrhundert. In: Beiträge zur Bevölkerungs- und Sozialstatistik. Im Auftrag des Österr. Statistischen Zentralamtes hrsg. v. Heimold Helczmanovszki. Wien 1973, S. 167-224.

Moro, Gotbert: Der Bevölkerungsstand in Oberkärnten von 1777 bis 1934. In: Archiv für vaterländische Geschichte und Topographie 24/25 (1936), S. 153-174.

Müller, Petra: Steirische Steckbriefe als sozialgeschichtliche Quelle (um 1800). Graz, Diplomarbeit am Institut für Geschichte 1991.

Müller-Staats, Dagmar: Klagen über Dienstboten. Eine Untersuchung über Dienstboten und ihre Herrschaften. Frankfurt/Main 1987.

Nairz, Christa: Depressive Tendenzen in der Schwangerschaft und nach der Geburt des ersten Kindes unter besonderer Berücksichtigung des Sozialkontakts. Graz, Naturwiss. Diss. 1991.

Neunteufl, Walter: Die Entwicklung der innerösterreichischen Länder. In: Innerösterreich 1564-1619. Hrsg. im Auftrag d. Stmk. Landesregierung im Zusammenhang mit der Ausstellung „Graz als Residenz - Innerösterreich 1564-1619". Graz 1967. (= Joannea. 3.) S. 513-524.

Obersteiner, Gernot Peter: Theresianische Verwaltungsreformen im Herzogtum Steiermark. Die Repräsentation und Kammer (1749-1763) als neue Landesbehörde des aufgeklärten Absolutismus. Graz 1993. (= Forschungen zur geschichtlichen Landeskunde der Steiermark. 37.)

Olexinski, Helga: Die Geschichte der Armen- und Krankenpflege in Kärnten, unter besonderer Berücksichtigung der Klagenfurter Versorgungsanstalten. Wien, Phil. Diss. 1969.

Paschinger, Herbert: Kärnten. Eine geographische Landeskunde. Teil 1: Allgemeine Darstellung. Klagenfurt 1976.

Peters, Jan: Frauen vor Gericht in einer märkischen Gutsherrschaft (2. Hälfte des 17. Jahrhunderts). In: Von Huren und Rabenmüttern. Weibliche Kriminalität in der Frühen Neuzeit. Hrsg. v. Otto Ulbricht. Köln, Weimar u. Wien 1995, S. 231-258.

Pfeil, Sigurd Graf von: Das Kind als Objekt der Planung. Eine kulturhistorische Untersuchung über Abtreibung, Kindestötung und Aussetzung. Göttingen 1979.

Pferschy, Gerhard: Vom Werden der Sozialgefüge im steirischen Handwerk. In: Das steirische Handwerk. Meisterschaft als Träger der Kultur und Wirtschaft des Landes. Katalog zur 5. Landesausstellung 1970. 1. Teil: Handbuch. Graz 1970, S. 41-58.

Pfister, Ulrich: Die Anfänge von Geburtenbeschränkung in Europa: Wege zu einer umfassenden Analyse. In: Ehe, Liebe, Tod. Zum Wandel der Familie, der Geschlechts- und Generationsbeziehungen in der Neuzeit. Hrsg. v. Peter Borscheid und Hans J. Teuteberg. Münster 1983, S. 213-232.

Piers, Maria W.: Kindermord - ein historischer Rückblick. In: Psyche. Zeitschrift für Psychoanalyse und ihre Anwendung 30 (1976), H. 5, S. 418-435.

Pilgram, Arno: Kriminalität in Österreich. Studien zur Soziologie der Kriminalitätsentwicklung. Wien 1980.

Pirchegger, Hans: Steiermark. In: Erläuterungen zum Historischen Atlas der Österreichischen Alpenländer. Hrsg. v. d. Akademie der Wissenschaften in Wien. 1. Abteilung: Die Landgerichtskarte. 1. Teil: Salzburg, Oberösterreich, Steiermark. Wien 1917, S. 183-312.

Pirchegger, Hans: Geschichte der Steiermark. Mit besonderer Rücksicht auf das Kulturleben. Graz 1949 (Unveränderter Nachdruck 1983).

Pirchegger, Hans: Überblick über die territoriale Entwicklung Istriens. In: Erläuterungen zum Historischen Atlas der Österreichischen Alpenländer. Hrsg. v. d. Akademie der Wissenschaften in Wien. 1. Abteilung: Die Landgerichtskarte. 4. Teil: Kärnten, Krain, Görz und Istrien. Wien 1929, S. 485-531.

Pitreich, August: Slovenisch und Deutsch in der österreichischen Justiz. Geschichtlicher Überblick über die Einbürgerung der slovenischen Sprache in den Gebrauch bei den Gerichten Krains, Untersteiermarks und Kärntens. In: ZHVSt 22 (1926), S. 29-51.

Planer, Eugen: Recht und Richter in den innerösterreichischen Landen Steiermark, Kärnten und Krain. Rechts- und Kulturgeschichtliches aus einem Jahrtausend. Graz 1911.

Posch, Fritz: Geschichte des Verwaltungsbezirkes Hartberg. Bd I/1: Von der Urzeit bis 1848. Graz u. Hartberg 1978. (= Große geschichtliche Landeskunde der Steiermark. 1,1.)

Püschel, Klaus; Hasselblatt, Gordian; Labes, Hubertus: Kindsmörderinnen: Meist geistig unreif. Eine Analyse unter kriminologischen Aspekten. In: Kriminalistik 42 (1988), H. 10, S. 525-528.

Puschnig, Reiner: Die Toleranzkirche. In: Evangelisch in der Steiermark. Glaubenskampf - Toleranz - Brüderlichkeit. Ausstellungsführer. Graz 1981. (= Styriaca. N. R. 2.) S. 98-108.

Quanter, Rudolf: Die Sittlichkeitsverbrechen im Laufe der Jahrhunderte und ihre strafrechtliche Beurteilung. Berlin 1925 (Unveränderter Nachdruck der 8. Aufl., Aalen 1970).

Radbruch, Gustav; Gwinner, Heinrich: Geschichte des Verbrechens. Versuch einer historischen Kriminologie. Stuttgart 1951 (Neuausgabe Frankfurt/Main 1990). (= Die Andere Bibliothek. 62.)

Rauscher, Karin: Der Markt Hermagor. Von den Anfängen bis in die erste Hälfte des 19. Jahrhunderts. Graz, Diplomarbeit am Institut für Geschichte 1993.

Reallexikon der Medizin und ihrer Grenzgebiete. 5 Bd. München, Wien u. Baltimore 1977.

Reingrabner, Gustav: Protestanten in Österreich. Geschichte und Dokumentation. Wien, Köln u. Graz 1981.

Rodegra, Heinrich; Lindeman, Mary; Ewald, Martin: Kindermord und verheimlichte Schwangerschaft in Hamburg im 18. Jahrhundert. Versuch einer soziologischen und sozialmedizinischen Analyse. In: Gesnerus 35 (1978), H. 3/4, S. 276-296.

Rodegra, Heinz: Kindestötung und Verheimlichung der Schwangerschaft. Eine sozialgeschichtliche und medizinsoziologische Untersuchung mit Einzelfallanalysen. Herzogenrath 1981. (= Studien zur Geschichte der Sozialmedizin und Psychiatrie. 1.)

Roetzer, Karl: Die Delikte der Abtreibung, Kindstötung sowie Kindsaussetzung und ihre Bestrafung in der Reichsstadt Nürnberg. Erlangen, Rechtswiss. Diss. 1957.

Roper, Lyndal: „Wille“ und „Ehre“: Sexualität, Sprache und Macht in Augsburger Kriminalprozessen. In: Wandel der Geschlechterbeziehungen zu Beginn der Neuzeit. Hrsg. v. Heide Wunder und Christina Vanja. Frankfurt/Main 1991, S. 180-197.

Roth, Robert: Juges et médecins face à l'infanticide à Genève au XIXe siècle. In: Gesnerus 34 (1977), H. 1/2, S. 113-128.

Sandgruber, Roman: Ökonomie und Politik. Österreichische Wirtschaftsgeschichte vom Mittelalter bis zur Gegenwart. Wien 1995. (= Österreichische Geschichte. Hrsg. v. Herwig Wolfram.)

Sauer, R.: Infanticide and Abortion in Nineteenth-Century Britain. In: Population Studies 32 (1978), S. 81-93.

Saurer, Edith: Strafvollzug im 19. Jahrhundert. In: Justiz und Zeitgeschichte V. Symposion. Zur Geschichte des Strafvollzuges in Österreich. Justiz und Menschenrechte. Hrsg. v. Erika Weinzierl und Karl R. Stadler. Wien 1985. (= Veröffentlichungen des Ludwig-Boltzmann-Instituts für Geschichte der Gesellschaftswissenschaften.) S. 11-34.

Schlumbohm, Jürgen: Als ledige Magd in der akademischen Entbindungsanstalt - eine Geschichte aus der frühen ärztlich-männlichen Geburtshilfe. In: Journal Geschichte (1988), H. 6, S. 34-43.

Schmidt, Eberhard: Einführung in die Geschichte der deutschen Strafrechtspflege. 3., völlig durchgearb. u. veränd. Aufl. Göttingen 1965.

Schneider, Ingo: Zur Interdependenz von Volksfrömmigkeit, Volksglaube und Kirchenbrauch bei Geburt, Taufe und Aussegnung in Tirol. In: Fruchtbarkeit und Geburt in Tirol. Hrsg. v. Otto Dapunt. Oberschleißheim bei München 1987, S. 43-68.

Schubert, Ernst: Arme Leute, Bettler und Gauner im Franken des 18. Jahrhunderts. Neustadt/Aisch 1983. (= Veröffentlichungen der Gesellschaft für fränkische Geschichte. IX. 26.)

Schulte, Regina: Bauernmägde in Bayern am Ende des 19. Jahrhunderts. In: Frauen suchen ihre Geschichte. Historische Studien zum 19. und 20. Jahrhundert. Hrsg. v. Karin Hausen. München 1983. (= Beck'sche Schwarze Reihe. 276.) S. 110-127.

Schulte, Regina: Bevor das Gerede zum Tratsch wird. In: Frauengeschichte - Geschlechtergeschichte. Hrsg. v. Karin Hausen und Heide Wunder. Frankfurt/Main u. New York 1992. (= Geschichte und Geschlechter. 1.) S. 67-73.

Schulte, Regina: Das Dorf im Verhör. Brandstifter, Kindsmörderinnen und Wilderer vor den Schranken des bürgerlichen Gerichts. Oberbayern 1848-1910. Reinbek bei Hamburg 1989.

Schulte, Regina: Die Kindsmörderin Anna H. Eine Fallgeschichte aus dem bayerischen Dorfalltag im 19. Jahrhundert. In: Journal für Geschichte (1981), H. 5, S. 20-24.

Schulte, Regina: Kindsmörderinnen auf dem Lande. In: Emotionen und materielle Interessen. Sozialanthropologische und historische Beiträge zur Familienforschung. Hrsg. v. Hans Medick und David Sabean. Göttingen 1984, S. 113-142.

Schulter, Helga: Die Anstalten der geistig Behinderten in der Steiermark im 19. Jahrhundert. Unter besonderer Berücksichtigung der Stadt Graz. Graz, Diplomarbeit am Institut für Geschichte 1989.

Schultze, Johannes: Richtlinien für die äußere Textgestaltung bei Herausgabe von Quellen zur neueren deutschen Geschichte. In: Blätter für deutsche Landesgeschichte 98 (1962), S. 1-11.

Schwarz, Manfred: Wechselnde Beurteilung von Straftaten in Kultur und Recht. Bd 1: Die Kindestötung. Berlin 1935.

Schwarzkogler, Ileane: Zwischen Mur und Drau - Der Weinbau des 19. Jahrhunderts in der ehemaligen Untersteiermark im Spiegel zeitgenössischer Berichte und Reportagen. In: Weinkultur. Katalog zur Steirischen Landesausstellung 1990, Beitragsteil. Graz 1990, S. 199-204.

Schwerhoff, Gerd: „Mach, daß wir nicht in eine Schande geraten!" Frauen in Kölner Kriminalfällen des 16. Jahrhunderts. In: Geschichte in Wissenschaft und Unterricht 44 (1993), H. 6, S. 451-473.

Schwerhoff, Gerd: Geschlechtsspezifische Kriminalität im frühneuzeitlichen Köln. In: Von Huren und Rabenmüttern. Weibliche Kriminalität in der Frühen Neuzeit. Hrsg. v. Otto Ulbricht. Köln, Weimar u. Wien 1995, S. 83-116.

Schwerhoff, Gerd: Köln im Kreuzverhör. Kriminalität, Herrschaft und Gesellschaft in einer frühneuzeitlichen Stadt. Bonn u. Berlin 1991.

Sellert, Wolfgang; Rüpinc, Hinrich: Studien- und Quellenbuch zur Geschichte der deutschen Strafrechtspflege. Bd 1: Von den Anfängen bis zur Aufklärung. Aalen 1989.

Shorter, Edward: Der Wandel der Mutter-Kind-Beziehungen zu Beginn der Moderne. Aus d. Amerik. übers. v. J. Fey-Hauerwas. In: Geschichte und Gesellschaft 1 (1975), S. 256-287.

Shorter, Edward: Der weibliche Körper als Schicksal. Zur Sozialgeschichte der Frau. Aus d. Amerik. übers. v. H. Kober. München u. Zürich 1987.

Shorter, Edward: Die Geburt der modernen Familie. Aus d. Amerik. übers. v. G. Kilpper. Reinbek bei Hamburg 1977.

Sieder, Reinhard: Sozialgeschichte der Familie. Frankfurt/Main 1987. (= edition suhrkamp. 1276.)

Spezialrepertorium für das österreichisch-illyrische Küstenland. Bearbeitet auf Grund der Ergebnisse der Volkszählung vom 31. Dezember 1910. Hrsg. v. d. k. k statistischen Zentralkommission. Wien 1918. (= Spezialortsrepertorium der österreichischen Länder. 7.)

Spezialrepertorium von Kärnten. Bearbeitet auf Grund der Ergebnisse der Volkszählung vom 31. Dezember 1910. Hrsg. v. d. k. k statistischen Zentralkommission. Wien 1918. (= Spezialortsrepertorium der österreichischen Länder. 5.)

Spezialrepertorium von Steiermark. Bearbeitet auf Grund der Ergebnisse der Volkszählung vom 31. Dezember 1910. Hrsg. v. d. k. k statistischen Zentralkommission. Wien 1917. (= Spezialortsrepertorium der österreichischen Länder. 4.)

Steiner-Wischenbart, Josef: Monographie des Bezirkes Feldbach. Bd 1: Die Stadt Feldbach. Feldbach 1903.

Steirische Gerichtsbeschreibungen. Als Quellen zum Historischen Atlas der österreichischen Alpenländer. I. Abteilung. Landgerichtskarte: Steiermark. Hrsg. v. Anton Mell und Hans Pirchegger. Graz 1914. (= Quellen zur Verfassungs- und Verwaltungsgeschichte der Steiermark. I.)

Stekl, Hannes: Österreichs Zucht- und Arbeitshäuser 1671-1920. Institutionen zwischen Fürsorge und Strafvollzug. Wien 1978. (= Sozial- und Wirtschaftshistorische Studien. 12.)

Straka, Manfred: Beiträge zur Bevölkerungs- und Sozialgeschichte der Steiermark im 18. Jahrhundert. In: ZHVSt 55 (1964), S. 41-54.

Straka, Manfred: Die Seelenzählung des Jahres 1754 in der Steiermark. In: ZHVSt 51 (1960), S. 95-117.

Straka, Manfred; Neunteufl, Walter: Die steirische Bevölkerung. In: Die Steiermark. Land, Leute, Leistung. Hrsg. v. d. Steiermärkischen Landesregierung. Graz 1971, S. 236-273.

Stukenbrock, Karin: Das Zeitalter der Aufklärung. Kindsmord, Fruchtabtreibung und medizinische Policey. In: Geschichte der Abtreibung. Von der Antike bis zur Gegenwart. Hrsg. v. Robert Jütte. München 1993, S. 91-119.

Trallori, Lisbeth N.: Vom Lieben und vom Töten. Zur Geschichte patriarchaler Fortpflanzungskontrolle. Hrsg. vom Verein Kritische Sozialwissenschaft und Politische Bildung. Wien 1983. (= Österreichische Texte zur Gesellschaftskritik. 17.)

Turk, Elfriede: Der Ausbau des Sanitätswesens in Steiermark unter Maria Theresia und Josef II. (mit Ausnahme des Spitalwesens). Graz, Phil. Diss. 1952.

Ulbrich, Claudia: Weibliche Delinquenz im 18. Jahrhundert. Eine dörfliche Fallstudie. In: Von Huren und Rabenmüttern. Weibliche Kriminalität in der Frühen Neuzeit. Hrsg. v. Otto Ulbricht. Köln, Weimar u. Wien 1995, S. 281-212.

Ulbricht, Otto: Kindsmord und Aufklärung in Deutschland. München 1990. (= Ancien Régime. Aufklärung und Revolution. 18.)

Ulbricht, Otto: Kindsmörderinnen vor Gericht. Verteidigungsstrategien von Frauen in Norddeutschland 1680-1810. In: Mit den Waffen der Justiz. Zur Kriminalitätsgeschichte des späten Mittelalters und der Frühen Neuzeit. Hrsg. v. Andreas Blauert und Gerd Schwerhoff. Frankfurt/Main 1993, S. 54-85.

Ulbricht, Otto: Kriminelle Frauen in der Frühen Neuzeit: Brandstifterinnen, Hausdiebinnen und Kindsmörderinnen. In: „Der Stand der Frauen, wahrlich, ist ein harter Stand“. Frauenleben im Spiegel der Landesgeschichte. Hrsg. v. Elke Imberger. Schleswig 1994. (= Veröffentlichungen des Schleswig-Holsteinischen Landesarchivs. 39.) S. 27-45.

Ulbricht, Otto: Reformvorschläge und Reformmaßnahmen auf dem Gebiet der Illegitimität und des Kindsmordes in Nordwestdeutschland. In: Das Volk als Objekt obrigkeitlichen Handelns. Hrsg. v. Rudolf Vierhaus. Tübingen 1992. (= Wolfenbütteler Studien zur Aufklärung. 13.) S. 121-169.

Valentinitsch, Helfried: Das Grazer Zucht- und Arbeitshaus 1734-1783. Zur Geschichte des Strafvollzugs in der Steiermark. In: Festschrift Hermann Baltl. Hrsg. v. Kurt Ebert. Innsbruck 1978, S. 495-514.

Valentinitsch, Helfried: Fahndungs-, Gerichts- und Strafvollzugsakten als Quelle zur Alltagsgeschichte des Barockzeitalters. In: Methoden und Probleme der Alltagsforschung im Zeitalter des Barock. Hrsg. v. Othmar Pickl und Helmuth Feigl. Wien 1992. (= Veröffentlichungen der Kommission für Wirtschafts-, Sozial- und Stadtgeschichte. 5.) S. 69-82.

Valentinitsch, Helfried: Fremd und arm in der Steiermark in der Barockzeit. Zur Sozialdisziplinierung von Unterschichten und Randgruppen der Gesellschaft. In: Lust und Leid. Barocke Kunst, barocker Alltag. Katalog zur Steirischen Landesausstellung 1992. Graz 1992, S. 275-282.

Valentinitsch, Helfried: Niedergang, Stagnation und Aufschwung. Der Alpen-Adria-Raum 1619-1750. In: Alpen-Adria-Geschichtsbuch. Hrsg. v. Andreas Moritsch (im Druck).

Valentinitsch, Helfried: Zur Geschichte des Kindsmordes in Innerösterreich. Gerichtspraxis und landesfürstliches Begnadigungsrecht im 17. Jahrhundert. In: Recht und Geschichte. Festschrift Hermann Baltl zum 70. Geburtstag. Hrsg. v. Helfried Valentinitsch. Graz 1988, S. 573-591.

Vilfan, Sergij: Rechtsgeschichte der Slowenen bis zum Jahre 1941. Graz 1968. (= Grazer Rechts- und Staatswissenschaftliche Studien. 21.)

Wächtershäuser, Wilhelm: Das Verbrechen des Kindesmordes im Zeitalter der Aufklärung. Eine rechtsgeschichtliche Untersuchung der dogmatischen, prozessualen und rechtssoziologischen Aspekte. Berlin 1973. (= Quellen und Forschungen zur Strafrechtsgeschichte. 3.)

Wächtershäuser, Wilhelm: Kindestötung. In: Handwörterbuch zur deutschen Rechtsgeschichte. Hrsg. v. Adalbert Erler und Ekkehard Kaufmann unter Mitarbeit v. Ruth Schmidt-Wiegand. Bd 2. Berlin 1978, Sp. 736-741.

Wangermann, Ernst: Kriminalverbrechen und Bestrafung im josephinischen Österreich. In: Justiz und Zeitgeschichte V. Symposion. Zur Geschichte des Strafvollzuges in Österreich. Justiz und Menschenrechte. Hrsg. v. Erika Weinzierl und Karl R. Stadler. Wien 1985. (= Veröffentlichungen des Ludwig-Boltzmann-Instituts für Geschichte der Gesellschaftswissenschaften.) S. 1-10.

Weber, Beat: Die Kindsmörderin im deutschen Schrifttum von 1770-1795. Bonn 1974. (= Abhandlungen zur Kunst-, Musik- und Literaturwissenschaft. 162.)

Wimmer, Johannes: Gesundheit, Krankheit und Tod im Zeitalter der Aufklärung. Fallstudien aus den habsburgischen Erbländern. Wien u. Köln 1991.

Wittrock, Christine: Abtreibung und Kindesmord in der neueren deutschen Literatur. Frankfurt/Main, Phil. Diss. 1978.

Wittschieben, Otto: Das Findelwesen in Steiermark. Graz 1907. (= Statistische Mitteilungen über Steiermark. 17.)

Wolff, Reinhold: Der Kindesmord im 18. Jahrhundert. In: Internationales Archiv für Sozialgeschichte der deutschen Literatur 1 (1976), S. 258-261.

Wrightson, Keith: Infanticide in Earlier Seventeenth-Century England. In: Local Population Studies 15 (1975), S. 10-22.

Wunder, Heide: „Er ist die Sonn', sie ist der Mond". Frauen in der Frühen Neuzeit. München 1992.

Wutte, Martin: Das kärntische Bannrichteramt. In: Carinthia I 102 (1912), S. 115-136.

Zimmermann, Clemens: „Behörigs Orthen angezeigt". Kindsmörderinnen in der ländlichen Gesellschaft Württembergs, 1581-1792. In: Medizin, Gesellschaft und Geschichte 10 (1991), S. 67-102.

Zöllner, Erich: Geschichte Österreichs. Von den Anfängen bis zur Gegenwart. 8. Aufl. Wien u. München 1990.

Žontar, Jože: Die Verwaltung der Steiermark, Kärntens, Krains und des Küstenlands 1747/48 bis 1848. Die Verwaltung der Steiermark, Kärntens, Krains und des Küstenlands 1848 bis 1918. In: Handbücher und Karten zur Verwaltungsstruktur in den Ländern Kärnten, Krain, Küstenland und Steiermark bis zum Jahre 1918. Ein historisch-bibliographischer Führer. Graz u.a. 1988. (= Veröffentlichungen des Stmk. Landesarchives. 15.) S. 31-49 u. S. 50-63.

Zwiedineck-Südenhorst, Otto: Die Illegitimität in Steiermark. In: Statistische Monatschrift 21 (1895), H. 4, S. 1-25.

19. ABBILDUNGS-, KARTEN- UND TABELLENVERZEICHNIS:

1. ABBILDUNGEN:

2. KARTEN:

3. TABELLEN:

20. ABKÜRZUNGSVERZEICHNIS:

Abb.	Abbildung
ABGB	Allgemeines bürgerliches Gesetzbuch
Abs.	Absatz
AG	Appellationsgericht
Anm.	Anmerkung
Art.	Artikel
Aufl.	Auflage
Bd	Band
bearb.	bearbeitet
BGBl.	Bundesgesetzblatt
Bl.	Blatt
BlfHk	Blätter für Heimatkunde
CCC	Constitutio Criminalis Carolina
CCTh	Constitutio Criminalis Theresiana
d. i.	das ist
ders.	derselbe
dies.	dieselbe
Diss.	Dissertation
ebd.	ebenda
erg.	ergänzt
f.	folgende
Fasz.	Faszikel
fl	Gulden
Gub.	Gubernium
H.	Heft
hrsg.	herausgegeben
k. k.	kaiserlich-königlich
KGO	Kriminalgerichtsordnung
Knt.	Kärnten
Küst.	Küstenland

N.F.	Neue Folge
Nr.	Nummer
o. J.	ohne Jahresangabe
o. O.	ohne Ortsangabe
P + K	Patente und Kurrenden
phil.	philosophisch
Prot.	Protokoll
prov.	provisorisch
Rep.	Repertorium
S.	Seite
Sch.	Schuber
Sp.	Spalte
StGB	Strafgesetzbuch
StLA	Steiermärkisches Landesarchiv
Stmk.	Steiermark
Tab.	Tabelle
u.	und
u. a.	unter anderem
überarb.	überarbeitet
übers.	übersetzt
übertr.	übertragen
unveränd.	unverändert
v. J.	vorigen Jahres
verb.	verbessert
verm.	vermehrt
vgl.	vergleiche
wiss.	wissenschaftlich
ZHVSt.	Zeitschrift des Historischen Vereines für Steiermark
zit. n.	zitiert nach

ANHANG:

INNERÖSTERREICHISCHES APPELLATIONSGERICHT 1787 - 1849: ALPHABETISCHE LISTE DER WEGEN KINDSMORDES ANGEKLAGTEN FRAUEN:

Absenger Zäzilia	1836	St. Georgen/Stiefing, Stmk.
Afflich Mathea	1840	Rovigno, Küst.
Agresch Ursula	1845	Pischätz, Stmk.
Albler Anna	1825	Oberwildon, Stmk.
Almer Anna Maria	1820	Pöllau, Stmk.
Almer Cäcilia	1847	Herberstein, Stmk.
Altin Maria	1807	Pettau, Stmk.
Anschur Helena	1807	Slattenegg, Krain
Anthofer Regina	1819	Dürnstein, Stmk.
Aplenz Hellena	1824	Reifenstein, Stmk.
Armetsch Helena	1840	Krain
Arnesch Maria	1845	Krain
Arrich Maria	1825	Obergonobitz, Stmk.
Bachiaz Maria	1837	Rovigno, Küst.
Baff Domenica	1827	Rovigno, Küst.
Baiz Anna	1839	Krain
Balkoutz Anna	1832	Krain
Ball Anna	1848	Knt.
Bancich Tosca	1828	Rovigno, Küst.
Bancovich Luzia	1831	Rovigno, Küst.
Banizh Maria	1843	Krain
Barach Maria	1826	Triest, Küst.
Barbanich Angela	1824	Rovigno, Küst.
Batitsch Maria Anna	1822	Laibach, Krain
Baudek Maria	1832	Ortenegg, Krain
Bauer Josepha	1828	Stmk.
Baumannin Maria	1804	Obervoitsberg, Stmk.
Baumgarten Maria	1847	Cilli, Stmk.
Baumhackl Maria	1829	Stmk.
Becheimin Maria	1793	Plankenstein, Stmk.
Beneditshonka Miza	1791	Krainburg, Krain
Bernhard Katharina	1826	Freienstein, Stmk.
Beuger Ursula	1842	Görz, Küst.
Bibalo Maria	1846	Rovigno, Küst.
Bierbaumerin Maria	1810	Althofen, Knt.
Bisiach Maria	1825	Görz, Küst.
Bissiack Maria	1846	Triest, Küst.
Blaschnigg Hellena	1823	Scharfenberg, Krain

Blattnig Maria	1828	Krain
Blumauer Franziska	1840	Stmk.
Blümel Katharina	1827	Obervoitsberg, Stmk.
Bluniza Maria	1817	o. O.
Bolle Maria	1830	Triest, Küst.
Bömitsch Anna	1823	Obergonobitz, Stmk.
Boschitzeh Anna	1847	Krain
Bostiantschitsch Maria	1842	Krain
Braicovich Mattea	1824	Rovigno, Küst.
Brandtner Rosalia	1816	Judenburg, Stmk.
Bratte Agnes	1842	Krain
Bregar Gertraud	1839	Krain
Bresovar Maria	1829	Krain
Bretscheider Maria	1849	Knt.
Brod Margaretha	1839	Knt.
Brodnig Maria	1846	Schönstein, Stmk.
Brossich Maria	1847	Rovigno, Küst.
Buggerl Rosalia	1818	o. O.
Calcich Franziska	1843	Rovigno, Küst.
Carucig Margareth	1816	Görz, Küst.
Cattarincich Marina	1844	Rovigno, Küst.
Cheriac Agata	1835	Rovigno, Küst.
Chersich Maria	1835	Rovigno, Küst.
Chert Maria	1841	Rovigno, Küst.
Cliba Justina	1837	Rovigno, Küst.
Collich Maria	1837	Rovigno, Küst.
Corret Maria	1841	Triest, Küst.
Costa Johanna	1788	Triest, Küst.
Cottassich Franziska	1835	Rovigno, Küst.
Covacig Maria	1827	Görz, Küst.
Covatsch Maria	1837	Görz, Küst.
Crajevich Domenica	1837	Rovigno, Küst.
Cristich Anna	1838	Rovigno, Küst.
Cuagna Maria	1824	Triest, Küst.
Cucaz Maria	1830	Rovigno, Küst.
Culiat Katharina	1826	Reichenburg, Stmk.
Dam Maria	1826	Obervoitsberg, Stmk.
Danitschitsch Barbara	1826	Krain
Defranza Franziska	1823	Rovigno, Küst.
Demarchi Maria	1841	Triest, Küst.
Demscher Maria	1836	Krain
Derlerin Magdalena	1802	Hartberg, Stmk.
Derschei Anna	1822	Möttling, Krain
Dobernigg Gertraud	1823	Völkermarkt, Knt.
Dobovischegg Maria	1829	Neucilli, Stmk.
Dobrilla Marinka	1792	St. Servolo, Krain
Dollanzin Maria	1807	Straß, Stmk.
Donat Maria	1835	Rovigno, Küst.
Draghessich Maria	1826	Rovigno, Küst.
Dreißgerin Cecilia	1797	Stein, Stmk.
Dremmer Margareth	1841	Krain
Dreu Ursula	1823	Wöllan, Stmk.
Dunkar Maria	1837	Krain

Durnigg Dorothea Elisabeth	1842	Knt.
Ebenschwaiger Agatha	1840	Stmk.
Ebenwaldner Theresia	1842	Knt.
Ederin Juliana	1791	Landskron, Stmk.
Eggenthaler Magdalena	1835	Stmk.
Ehemann Josepha	1845	Arnfels, Stmk.
Eigner Anna	1827	Knt.
Erhartin Elisabeth	1804	Seggau, Stmk.
Erjautz Marianna	1837	Krain
Erlach Gertraud	1844	Radmannsdorf, Krain
Ertl Juliana	1844	Stmk.
Fabianitschin Maria	1796	Ankenstein, Stmk.
Faidiga Gertraud	1835	Adelsberg, Krain
Fandler Cäcilia	1826	Hartberg, Stmk.
Fantin Luzia	1830	Triest, Küst.
Feldbacher Maria	1842	Radkersburg, Stmk.
Ferlan Gertraud	1831	Krain
Ferleschin Margareth	1797	Pettau, Stmk.
Fiderschegin Ursula	1800	Oberrohitsch, Stmk.
Fink Katharina	1822	Pölland, Krain
Finkin Juliana	1808	Fürstenfeld, Stmk.
Flaschier Gertraud	1815	Neucilli, Stmk.
Flucher Clara	1817	Seggau, Stmk.
Forian Barbara	1841	Fürstenfeld, Stmk.
Francovich Maria	1825	Triest, Küst.
Franklin Maria	1790	Stein, Stmk.
Freysinger Constantia	1836	Grades, Knt.
Fridlin Petronilla	1795	Freienstein, Stmk.
Frischkovetz Maria	1814	Wöllan, Stmk.
Fröhlich Ursula	1835	Krain
Fuhrmannin Ursula	1806	Obergonobitz, Stmk.
Furlani Theresia	1832	Görz, Küst.
Fürpaß Magdalena	1836	Eggenberg, Stmk.
Gabrizh Maria	1844	Krain
Gabrovetz Maria	1843	Pettau, Stmk.
Gallant Helena	1849	Knt.
Galle Maria	1846	Krain
Gamsin Maria	1807	Oberradkersburg, Stmk.
Ganglitsch Eva	1832	Knt.
Ganthar Maria	1846	Krain
Gaßner Aloisia	1849	Feldbach, Stmk.
Gatterer Elisabeth	1828	Greifenburg, Knt.
Gerdevich Helena	1787	St. Servolo, Krain
Gerebizza Maria	1826	Triest, Küst.
Gerliza Maria	1838	Stmk.
Germ Maria	1830	Krain
Gerschina Maria	1836	Adelsberg, Krain
Gerstenbrandin Elisabeth	1793	Obervoitsberg, Stmk.
Gfrerer Elisabeth	1845	Knt.
Ghergorich Maria	1827	Rovigno, Küst.
Ghersina Antonia	1830	Rovigno, Küst.
Givresich Luzia	1825	Rovigno, Küst.

Glanzer Henriette	1848	Knt.
Glatz Maria	1821	Himmelberg, Knt.
Gobbo Maria	1840	Rovigno, Küst.
Goina Elisabeth	1835	Triest, Küst.
Gollia Maria	1832	Görz, Küst.
Goriup Ursula	1824	Görz, Küst.
Goriupp Agnes	1849	Hartenstein, Stmk.
Gousche Maria	1821	Reifnitz, Krain
Grabner Magdalena	1820	Wieden, Stmk.
Gradischekin Ursula	1788	Kreutz, Krain
Gradischer Agnes	1846	Krain
Gradischnig Maria	1842	Weissenegg, Knt.
Grasch Johanna	1823	Eggenberg, Stmk.
Graschitz Maria	1831	Ebensfeld, Stmk.
Grasser Agnes	1830	Wöllan, Stmk.
Grassmayer Antonia	1847	Stmk.
Grazin Maria	1791	Voitsberg, Stmk.
Gregorat Magdalena	1823	Görz, Küst.
Gregorich Johanna	1841	Triest, Küst.
Gregoritsch Maria	1807	Kostel, Krain
Gregorzhizh Maria	1848	Krain
Griessler Rosa	1844	Himmelberg, Knt.
Gritscher Agnes	1830	Krain
Groblnig Ursula	1830	Cilli, Stmk.
Gruber Elisabeth	1816	Feldbach, Stmk.
Gruber Elisabeth	1827	Knt.
Gruber Maria	1820	Spittal, Knt.
Gruber Maria Theresia	1818	Gratwein, Stmk.
Grudnig Maria	1819	Oberburg, Stmk.
Gruschanigg Helena	1832	Weitenstein, Stmk.
Gschaider Maria	1844	Vorau, Stmk.
Gullich Maria	1847	Triest, Küst.
Gulliuscig Marianna	1832	Görz, Küst.
Gusey Agnes	1844	Stmk.
Haas Anna	1848	Stein, Stmk.
Hanßlin Magdalena	1822	Straßburg, Knt.
Haringin Zezilia	1807	Oberwildon, Stmk.
Hartlieb Elisabeth	1838	Kreug, Knt.
Hatzin Theresia	1788	Halbenrain, Stmk.
Hebein Elisabeth	1848	Knt.
Herbst Theresia	1837	St. Georgen/Stiefing, Stmk.
Hervathin Ursula	1798	Seisenberg, Krain
Hierzer Maria	1821	Hartberg, Stmk.
Hirmann Maria	1845	Arnfels, Stmk.
Hlad Ursula	1838	Laibach, Krain
Hlebitsch Kunigunde	1824	Faal, Stmk.
Hochnetz Agnes	1829	Oberrohitsch, Stmk.
Hödl Magdalena	1813	Gleichenberg, Stmk.
Hoferin Maria	1804	Thannhausen, Stmk.
Höfler Apollonia	1829	Hartberg, Stmk.
Hofmannin Magdalena	1811	Graz, Stmk.
Hofnerin Anna	1797	Fürstenfeld, Stmk.
Hoisch Ursula	1832	Stmk.
Hojan Gertraud	1830	Krain

Holler Maria	1835	Fürstenfeld, Stmk.
Hollerin Margaretha	1797	St. Georgen/Stiefing, Stmk.
Hollerin Maria	1795	St. Georgen/Stiefing, Stmk.
Holschevar Margareth	1844	Krain
Holzer Theresia	1844	Knt.
Holzinger Helena	1837	Judenburg, Stmk.
Holzmann Agnes	1830	Arnfels, Stmk.
Homayer Theresia	1843	Thannhausen, Stmk.
Hörmann Magdalena	1819	Arnfels, Stmk.
Horn Apollonia	1841	Stmk.
Hraster Maria	1831	Krain
Hrastovezin Maria	1799	Oberluttenberg, Stmk.
Hromscheg Katharina	1837	Krain
Hrovath Ursula	1839	Krain
Huala Maria	1838	Krain
Huber Maria	1849	Knt.
Hundsdorfer Maria	1842	Knt.
Hütter Juliana	1821	Graz, Stmk.
Hutterin Barbara	1816	Weissenegg, Knt.
Hutterin Elisabeth	1812	Gleichenberg, Stmk.
Ivanuscha Maria	1846	Friedau, Stmk.
Jack Ursula	1816	Kreutz, Krain
Jaitschnigg Apollonia	1828	Cilli, Stmk.
Jakopitsch Katharina	1835	Krain
Jaksche Gertraud	1837	Krain
Jaksetitsch Katharina	1824	Prem, Krain
Jankin Theresia	1818	Gratwein, Stmk.
Jankovitsch Maria	1822	Laibach, Krain
Jareyok Barbara	1840	Stmk.
Jaritz Constantia	1835	Stmk.
Jaukin Anna	1787	Feldbach, Stmk.
Jaut Theresia	1842	Knt.
Jenkin Gertraud	1805	Laibach, Krain
Jenko Maria	1835	Görtschach, Krain
Jeray Margareth	1840	Krain
Jevschnigin Eva	1804	Mahrenberg, Stmk.
Job Theresia	1838	Stmk.
Jordan Maria	1830	Landstraß, Krain
Jurak Katharina	1849	Knt.
Jurschin Ursula	1801	Windischlandsberg, Stmk.
Jurschitsch Maria	1838	Gurkfeld, Krain
Juvan Maria	1825	Triest, Küst.
Kabaiantschitsch Apolonia	1825	Krain
Kallischnig Anna	1817	Lechen, Stmk.
Kalluscha Josepha	1835	Adelsberg, Krain
Kalluscha Maria Anna	1819	Adelsberg, Krain
Kaltschitz Anna	1843	Knt.
Kardel Agnes	1835	Krain
Karpf Maria	1844	Knt.
Katschnigg Margareth	1847	Goldenstein, Knt.
Kautschitsch Katharina	1821	Senosetsch, Krain
Kazianin Helena	1789	Hollenburg, Knt.

Kenda Theresia	1826	Knt.
Kerchlenko Agatha	1842	Stmk.
Kern Agnes	1847	Pöllau, Stmk.
Kerner Maria	1838	Graz, Stmk.
Khull Johanna	1839	Knt.
Killigam Maria	1829	Seggau, Stmk.
Kirer Ursula	1841	Krain
Kirin Anna	1830	Krain
Kirn Maria	1828	Krain
Klabutschar Anna	1844	Krain
Klamer Maria	1835	Treffen, Knt.
Klantschitscharza Maria	1818	Kreutz, Krain
Klementschitschin Maria	1805	Oberradkersburg, Stmk.
Klingendrath Barbara	1818	Grünburg, Knt.
Kluzheuschek Katharina	1839	Krain
Kmetitsch Maria	1847	Gutenhaag, Stmk.
Kmette Maria	1827	Krain
Knauder Maria	1823	Hartneidstein, Knt.
Knigin Maria	1793	Reichenburg, Stmk.
Kobatschauka Helena	1790	Haasberg, Krain
Kobbe Maria	1832	Krain
Kockail Barbara	1837	Stmk.
Köckin Maria	1808	Radkersburg, Stmk.
Kodella Anna	1815	Pragwald, Stmk.
Kodritsch Maria	1846	Stattenberg, Stmk.
Kofler Katharina	1824	Landskron, Knt.
Koflin Josepha	1799	Mahrenberg, Stmk.
Kögerl Josepha	1832	Seggau, Stmk.
Koghar Maria	1848	Krain
Kögler Gertraud	1820/22	Althofen, Knt.
Kojenzin Agnes	1790	Oberradkersburg, Stmk.
Kokol Anna	1829	Pettau, Stmk.
Kollarin Maria	1791	Stattenberg, Stmk.
Kollarin Maria	1804	Obergonobitz, Stmk.
Kollenz Margareth	1839	Krain
Kollenz Rosalia	1831	Krain
Kollpacher Johanna	1828	Waldstein, Stmk.
Konrad Maria	1844	Stein, Stmk.
Kopeinigg Margareth	1844	Knt.
Koplan Maria	1819	Reifnitz, Krain
Koppatsch Mariana	1837	Krain
Kopriuschigg Gertraud	1840	Stmk.
Koraschin Barbara	1825	Oberrohitsch, Stmk.
Korb Maria	1847	Stmk.
Körbler Maria	1835	Knt.
Koren Maria	1830	Krain
Koroschezin Anna	1793	Oberradkersburg, Stmk.
Korren Agnes	1836	Laak, Stmk.
Korrentin Margareth	1826	Knt.
Koschier Barbara	1826	Lemberg, Stmk.
Koschier Elisabeth	1805	Reifnitz, Krain
Koschier Marianna	1847	Krain
Koschuhar Anna	1818	Laibach, Krain
Kosieck Maria	1844	Krain
Kosläkerin Gertraut	1792	Osterwitz, Stmk.

Kosmazh Elisabeth	1845	Schneeberg, Krain
Kostel Maria	1824	Laibach, Krain
Kostomai Rosalia	1824	Neucilli, Stmk.
Koßem Maria	1807	Wördel, Krain
Koßin Margareth	1795	Stattenberg, Stmk.
Koßlerin Maria	1795	Obervoitsberg, Stmk.
Kottar Anna	1841	Krain
Kotzman Maria	1843	Oberradkersburg, Stmk.
Kouschakin Anna	1800	Tüffer, Stmk.
Kovatschin Hellena	1810	Oberrohitsch, Stmk.
Kovazhizh Katharina	1846	Krain
Kragl Agnes	1835	Sonnegg, Krain
Kragl Apollonia	1828	Görz, Küst.
Krahlberger Anna	1827	Wolkenstein, Stmk.
Krainz Barbara	1829	Wöllan, Stmk.
Kraker Maria	1838	Krain
Kranzlbinderin Maria	1798	Oberradkersburg, Stmk.
Kraschouz Maria	1837	Schneeberg, Krain
Krausin Elisabeth	1807	Glanegg, Knt.
Kreinerin Barbara	1791	St. Georgen/Stiefing, Stmk.
Kreutzer Maria	1820	Greifenburg, Knt.
Kriftnerin Juliana	1790	Freienstein, Stmk.
Krischay Ursula	1805	Bischoflack, Krain
Kristan Margareth	1838	Laibach, Krain
Kristandl Maria	1827/33	Feldbach, Stmk.
Krobatin Barbara	1790	Landskron, Knt.
Krulley Gertraud	1811	Neucilli, Stmk.
Krusich Maria	1816	o. O.
Kuchel Maria	1842	Krain
Kummer Anna	1845	Knt.
Kump Margareth	1837	Krain
Kurz Maria Anna	1826	Stmk.
Kussavitsch Maria	1821	Gurkfeld, Krain
Kussin Maria	1815	Puchenstein, Stmk.
Ladovaz Maria	1836	Rovigno, Küst.
Ladstätter Magdalena	1837	Knt.
Langs Maria	1827	Oberwildon, Stmk.
Lassnigg Theresia	1843	Knt.
Laurencich Marianna	1836	Triest, Küst.
Lebitsch Maria	1830	Arnfels, Stmk.
Lechner Maria	1845	Wolkenstein, Stmk.
Leiniger Magdalena	1835	Knt.
Leitgeb Maria	1808	Grünburg, Knt.
Leitl Anna	1835	Villach, Knt.
Leitner Elisabeth	1823	Frauenburg, Stmk.
Leitner Eva	1835	Stmk.
Leitnerin Katharina	1800	Thannhausen, Stmk.
Lemmerin Theresia	1798	Wolkenstein, Stmk.
Leschniggin Maria	1796	Oberradkersburg, Stmk.
Leskouscheg Maria	1842	Montpreis, Stmk.
Leskouschegg Appolonia	1821	Neucilli, Stmk.
Lettenigg Katharina	1816	Marburg, Stmk.
Leutschitsch Maria	1823	Prem, Krain
Lewonigg Barbara	1832	Mahrenberg, Stmk.

Lindner Maria	1842	Stmk.
Lippar Maria	1837	Krain
Logar Apolonia	1835	Krain
Lonzarich Maria	1844	Triest, Küst.
Löschnig Franziska	1845	Faal, Stmk.
Luchesig Katharina	1832	Görz, Küst.
Luchin Perina	1835	Rovigno, Küst.
Luczich-Gobich Luzia	1825	Triest, Küst.
Lukner Agnes	1825	Tüffer, Stmk.
Luschnigg Maria	1845	Sonnegg, Knt.
Lustig Maria	1836	Görz, Küst.
Luszar Maria	1836	Landstraß, Krain
Luttenberger Theresia	1844	Gratwein, Stmk.
Macutz Theresia	1827	Görz, Küst.
Madlschänder Anna	1836	o. O.
Magerlin Maria	1807	Villach, Knt.
Maiditsch Gertraud	1819	Scharfenberg, Krain
Maizen Agnes	1824	Tüffer, Stmk.
Majer Johanna	1830	Wieden, Stmk.
Mallig Orsola	1837	Görz, Küst.
Marath Gertraud	1831	Oberrohitsch, Stmk.
Marchi Marina	1824	Rovigno, Küst.
Marsidouscheg Maria	1807	Tüffer, Stmk.
Martintschitsch Agnes	1847	Krain
Martintschitsch Maria	1838	Krain
Massutti Pasqua	1823	Triest, Küst.
Matesovich Johanna	1842	Rovigno, Küst.
Matschek N.	1836	o. O.
Maurencig Marianna	1839	Görz, Küst.
Mauri Maria	1832	Görz, Küst.
Mausser Ursula	1837	Rupertshof, Krain
Mautz Helena	1809	Loitsch, Krain
Mayer Barbara	1829	St. Georgen/Stiefing, Stmk.
Mayer Katharina	1844	Thannhausen, Stmk.
Mayer Klara	1843	Herberstein, Stmk.
Mayer Maria	1836	Ortenburg, Knt.
Mayer Maria	1841	Feldbach, Stmk.
Mayer Theresia	1813	Wolkenstein, Stmk.
Medvescheg Gertraud	1838	Wördel, Krain
Meke Maria	1830	Krain
Melinz Maria	1843	Knt.
Menhart Anna	1824	Arnfels, Stmk.
Mersich Margareth	1825	Rovigno, Küst.
Mian Maria	1847	Görz, Küst.
Micalich Anna	1835	Triest, Küst.
Micol Maria	1816	Triest, Küst.
Miklautschitsch Anna	1819	Neustadtl, Krain
Miklitsch Maria	1830	Krain
Millos Maria	1835	Rovigno, Küst.
Milovcich-Talian Margareth	1835	Rovigno, Küst.
Milussich Margareth	1832	Rovigno, Küst.
Miuschek Maria	1838	Loitsch, Krain
Mlacker Maria	1822	Stmk.
Mlasko Maria	1826	Marburg, Stmk.

Möglitsch Ursula	1829	Krain
Montaner Rosa Domenica	1830	Görz, Küst.
Morsan Maria	1826	Triest, Küst.
Moschina Barbara	1846	Krain
Mosser Julianna	1838	Gratwein, Stmk.
Mrack Maria	1831	Krain
Mracofcich Domenica	1838	Rovigno, Küst.
Muhrin Maria	1792	Neuberg, Stmk.
Müller Elisabeth	1846	Fürstenfeld, Stmk.
Müllnerin Barbara	1795	Hartberg, Stmk.
Mulz Margareth	1816	Schneeberg, Krain
Murko Katharina	1799	Pettau, Stmk.
Muschitsch Ursula	1813	Thurnisch, Stmk.
Musmann Johanna	1839	Freienstein, Stmk.
Muster Magdalena	1838	Straß, Stmk.
Mutz Maria	1816	Möttling, Krain
N. Lucia	1828	Lechen, Stmk.
N. Maria	1826	Reichenburg, Stmk.
Nadaja Maria	1840	Görz, Küst.
Natlatschen Barbara	1820	Wippach, Krain
Nauerschegg Barbara	1849	Arnfels, Stmk.
Nauschakin Ursula	1790	Laak, Stmk.
Nemitzin Ursulla	1791	Pettau, Stmk.
Neppel Theresia	1822	Arnfels, Stmk.
Neuholdin Maria	1791	St. Georgen/Stiefing, Stmk.
Neureutterin Maria	1787	Wolkenstein, Stmk.
Nißin Anna	1813	Feldbach, Stmk.
Novack Gertraud	1823	Loitsch, Krain
Novak Maria	1805	Wördel, Krain
Nunnerin Johanna	1799	Neumarkt, Stmk.
Nussbacher Josepha	1842	Stmk.
Nußbacher Klara	1819	St. Georgen/Stiefing, Stmk.
Nußbaumerin Johanna	1794	Gallenstein, Stmk.
Oblubich Katharina	1843	Görz, Küst.
Obresa Agnes	1841	Krain
Obstetter Maria	1843	Schönstein, Stmk.
Odepp Katharina	1830	Reifenstein, Stmk.
Opaschker Agnes	1837	Krain
Ortner Maria	1835	Knt.
Ortner Maria	1844	Arnfels, Stmk.
Ostermann Magdalena	1818	o. O.
Ostermann Magdalena	1828	Thannhausen, Stmk.
Oswald Anna	1842	Stmk.
Ottowitz Ursula	1825	Knt.
Oussenig Margareth	1845	Krain
Pachitsch Anna	1826	Stattenberg, Stmk.
Pacor Maria	1838	Triest, Küst.
Panzer Agnes	1836	Rupertshof, Krain
Pappler Maria	1842	Krain
Pascutti Maria	1826	Triest, Küst.
Pauschner Helena	1830	Krain
Pauschon Maria	1841	Krain

Paxner Margaretha	1815	Thannhausen, Stmk.
Peklarin Gertraud	1800	Oberradkersburg, Stmk.
Pelko Appollonia	1830	Neucilli, Stmk.
Percich Antonia	1847	Rovigno, Küst.
Perentin Lucia	1836	Triest, Küst.
Perko Ursula	1835	Krain
Pernat Agnes	1817	Stattenberg, Stmk.
Persich Maria	1837	Rovigno, Küst.
Peteck Maria	1831	Burgfeistritz, Stmk.
Petegg Maria	1830	Weitenstein, Stmk.
Peternel Maria	1840	Görz, Küst.
Petritsch Gertraud	1820	Sonnegg, Krain
Petrouz Gertraud	1839	Krain
Petschnigg Ursula	1824	Rann, Stmk.
Petschnigin Ursula	1790	Reichenburg, Stmk.
Pettegg Maria	1849	Friedau, Stmk.
Peutler Anna	1832	Arnfels, Stmk.
Pichhonca Agnes	1788	Triest, Küst.
Pichler Elisabeth	1842	Knt.
Pichler Josefa	1845	Leoben, Stmk.
Pichlerin Katharina	1820	Admontbühel, Stmk.
Piebezin Maria	1793	Marburg, Stmk.
Pilko Agnes	1816	Reifenstein, Stmk.
Pinter Agnes	1844	Krain
Pinter Anna	1832	Neucilli, Stmk.
Pippan Maria	1839	Krain
Pissanetz Ursula	1830	Windischlandsberg, Stmk.
Plachl Anna	1843	Feldbach, Stmk.
Plautz Ursula	1820	Seisenberg, Krain
Plötnerin Anna	1792	St. Florian, Stmk.
Pöcher Theresia	1815	Seckau, Stmk.
Pollanz Johanna	1842	Krain
Pongratschitsch Anna	1835	Stmk.
Pongratz Katharina	1841	Knt.
Posit Maria	1830	Krain
Possarnigg Elisabeth	1820	Albegg, Knt.
Poßnigg Maria	1818	Neustadtl, Krain
Poterbujesch Agnes	1818	Billichgratz, Krain
Pototschnigg Gertraud	1832	Plankenstein, Stmk.
Pötz Johanna	1845	Thalberg, Stmk.
Pouch Maria	1825	Krain
Prach Maria	1824	Oberrohitsch, Stmk.
Prandstetter Anna	1836	Obervoitsberg, Stmk.
Praschel Maria	1845	Triest, Küst.
Preiditsch Ursula	1846	Krain
Pressel Agnes	1845	Krain
Pribass Maria	1843	Hochosterwitz, Knt.
Prinz Katharina	1839	Krain
Prislan Josepha	1838	Sannegg, Stmk.
Pristounig Agnes	1837	Stmk.
Pucher Johanna	1836	Rothenfels, Stmk.
Puchlinin Anna Maria	1796	Neucilli, Stmk.
Pujas Maria	1836	Rovigno, Küst.
Pusar Lucia	1807	Mitterburg, Krain
Putz Agnes	1842	Krain

Quantschnigg Maria	1832	Knt.
Rabelbauer Johanna	1824	Judenburg, Stmk.
Rabler Elisabeth	1822	Thannhausen, Stmk.
Rachich Agatha	1846	Rovigno, Küst.
Rade Margareth	1837	Krain
Rade Mattia	1828	Rovigno, Küst.
Radlerin Theresia	1804	Landskron, Stmk.
Radolf Barbara	1841	Landskron, Stmk.
Raico Euphemia	1843	Rovigno, Küst.
Raicovich Maria	1840	Rovigno, Küst.
Rainer Aloisia	1825	Herberstein, Stmk.
Rannhofer Helena	1835	Admontbühel, Stmk.
Rantschigay Anna	1839	Wöllan, Stmk.
Rassi Theresia	1835	Knt.
Rauchenbergerin Elisabeth	1791	Landskron, Stmk.
Raunig Ursula	1827	Weissenberg, Knt.
Rauter Anna	1846	Murau, Stmk.
Rauter Elisabeth	1838	Knt.
Rautniggin Anna	1810	Kreug, Knt.
Rebernig Maria	1815	Kreutz, Krain
Reichel Josepha	1825	Marburg, Stmk.
Reitz Agnes	1828	Knt.
Reitz Maria	1843	Görz, Küst.
Reiz Maria Anna	1816	o. O.
Resinovich Margaretha	1840	Triest, Küst.
Riavitz Mariana	1823	Görz, Küst.
Ribitsch Gertraud	1844	Krain
Ribitsch Ursula	1844	Obergonobitz, Stmk.
Rigutta Antonia	1836	Rovigno, Küst.
Ring Katharina	1844	Görz, Küst.
Ritscherin Katharina	1790	Greifenburg, Knt.
Rom Maria	1823	Möttling, Krain
Romano Catharina	1827	Triest, Küst.
Romich Ursula	1831	Windischlandsberg, Stmk.
Roscher Anna	1822	Weissenegg, Knt.
Rosenberger Maria	1839	Feldbach, Stmk.
Rosenfelder Rosina	1836	Weissenegg, Knt.
Rosmann Barbara	1835	Krain
Rosorscheg Maria	1836	Ponowitsch, Krain
Roßbacher Ursula	1845	Paternion, Knt.
Rotar Elisabeth	1835/38	Radmannsdorf, Krain
Rotschnigg Gertraud	1819	Oberburg, Stmk.
Rudolf Anna	1844	Wieden, Stmk.
Ruesin Maria	1800	Oberwildon, Stmk.
Ruißin Anna	1814	Graz, Stmk.
Sadravetz Maria	1835	Friedau, Stmk.
Sadu Maria	1837	Prem, Krain
Sagmeister Helena	1835	Knt.
Sakel Clara	1828	Knt.
Salatorich Maria	1829	Rovigno, Küst.
Salch Magdalena	1837	Feldbach, Stmk.
Sallar Elisabeth	1821	Schneeberg, Krain

Sapuschek Ursula	1798	Reichenburg, Stmk.
Scabar Anna	1829	Triest, Küst.
Schark Helena	1830	Krain
Schauscheg Gertraud	1827	Krain
Schauss Maria	1848	Krain
Schega Margareth	1829	Krain
Scheleschnig Maria	1826	Krain
Schgang Helena	1841	Stmk.
Schibert Maria	1821	Ruckenstein, Krain
Schigon Maria	1846	Krain
Schiplinger Eva	1840	Stmk.
Schiulaz Katharina	1837	Rovigno, Küst.
Schlack Elisabeth	1836	Krain
Schlag Maria	1825	Tüffer, Stmk.
Schleglin Margareth	1795	Windischfeistritz, Stmk.
Schlouva Helena	1816	o. O.
Schmidt Klara	1832	Fürstenfeld, Stmk.
Schmoling Maria	1819	Sonnegg, Knt.
Schnallerin Elisabeth	1787	Obervoitsberg, Stmk.
Schneeberger Ursula	1835	Kostel, Krain
Schoba Agnes	1844	Oberrohitsch, Stmk.
Schoba Margaretha	1836	Rann, Stmk.
Schober Maria	1825	Krain
Schoberin Anna	1791	Oberradkersburg, Stmk.
Schöggl Maria	1830	Wieden, Stmk.
Schopper Maria	1847	Straß, Stmk.
Schreiner Maria	1830	Graz, Stmk.
Schrey Maria	1831	Triest, Küst.
Schrey Maria	1847	Fürstenfeld, Stmk.
Schribar Agnes	1825	Krain
Schruner Franziska	1820	Stmk.
Schugel Josepha	1838	Savenstein, Krain
Schugitsch Anna	1844	Landstraß, Krain
Schurza Helena	1847	Krain
Schusterschitz Maria	1827	Krain
Schuttei Barbara	1847	Möttling, Krain
Schwab Theresia	1826	Thannhausen, Stmk.
Schwabin Anna	1807	St. Veit, Knt.
Scozzai Maria	1823	Rovigno, Küst.
Sebitsch Agnes	1839	Stmk.
Sebitsch Maria	1800	Reifenstein, Stmk.
Sedlar Maria	1823	Faal, Stmk.
Sendlhoferin Appollonia	1792	Murau, Stmk.
Senkl Maria	1822	Halbenrain, Stmk.
Sescheg Luzia	1844	Krain
Sescherko Agnes	1827	Plankenstein, Stmk.
Sever Katharina	1838	Pettau, Stmk.
Sfiligoi Maria	1835	Görz, Küst.
Sgrablich Eufrinia	1831	Rovigno, Küst.
Sherjanz Maria	1845	Krain
Simicich Margareth	1831	Rovigno, Küst.
Simontschitsch Ursula	1831	Krain
Sinader Franziska	1846	Reifenstein, Stmk.
Skarz Agatha	1825	Mahrenberg, Stmk.
Skerlep Maria	1826	Krain

Slaico Anna	1843	Görz, Küst.
Slatscheggin Scholastika	1796	Oberradkersburg, Stmk.
Slemschegg Maria	1846	Oberburg, Stmk.
Slossu Maria	1841	Krain
Slouschoucka Ursula	1809	Loitsch, Krain
Smilovich Maria	1824	Rovigno, Küst.
Smoditschin Agnes	1796	Oberradkersburg, Stmk.
Soldatich Tosca	1841	Krain
Sorger Maria	1848	Knt.
Sovitsch Maria	1829	Plankenstein, Stmk.
Sperleker Gertraud	1824	Stmk.
Spitaler Maria	1832	Knt.
Sponza Luisia	1838	o. O.
Spotatischnigg Agnes	1842	Stmk.
Spreizer Maria	1849	Krain
Stanzer Elisabeth	1837	Krain
Staritsch Maria	1836	Wördel, Krain
Starre Agnes	1841	Krain
Starz Maria	1836	Landstraß, Krain
Steindlin Magdalena	1801	Landskron, Stmk.
Stenouz Margareth	1816	Flödnig, Krain
Stern Katharina	1828	Plankenstein, Stmk.
Sternad Ursula	1820	Reifenstein, Stmk.
Steyerer Elisabeth	1834	Wolkenstein, Stmk.
Stigerin Franziska	1793	Windischgraz, Stmk.
Stocker Eva	1836	Knt.
Stockin Maria	1807	Murau, Stmk.
Stoitz Maria	1849	Krain
Stoppar Maria	1830	Krain
Stöppel Elisabeth	1848	Thannhausen, Stmk.
Stotz Anna	1820	Velden, Knt.
Strassischer Anna	1840	Krain
Straußin Margareth	1799	Obergonobitz, Stmk.
Strukel Katharina	1847	Krain
Strukel Maria	1831	Görz, Küst.
Struzin Margareth	1802	Puchenstein, Stmk.
Sucher Maria	1849	Knt.
Suppan Magdalena	1844	Maria Saal, Knt.
Suppanz Eva	1823	Kreutz, Krain
Tampfhofferinn Maria Rosina	1788	Herberstein, Stmk.
Tanschegg Maria	1843	Tüffer, Stmk.
Temel Maria	1820	Arnfels, Stmk.
Temlin Maria	1818	Eibiswald, Stmk.
Teppesch Maria	1821	Windischlandsberg, Stmk.
Tercig Maria Anna	1827	Görz, Küst.
Tercovich Johanna	1847	Rovigno, Küst.
Tergosich Catharina	1824	Rovigno, Küst.
Thaller Ursula	1837	Knt.
Tischler Katharina	1838	Straß, Stmk.
Tistlerin Maria	1805	Oberwildon, Stmk.
Toni Helena	1846	Krain
Toplitschar Maria	1835	Krain
Torkar Elisabeth	1845	Krain
Trampusch Maria	1828	Mahrenberg, Stmk.

Trascher Regina	1828	Wieden, Stmk.
Trattnigg Agnes	1844	Krain
Trausnigg Helena	1846	Knt.
Trotouschegg Maria	1841	Krain
Tschankin Helena	1787	Obergonobitz, Stmk.
Tscherne Maria	1835	Gottschee, Krain
Tschernin Theresia	1800	Mahrenberg, Stmk.
Tschudavan Maria	1824	Rupertshof, Krain
Turinizza Maria	1830	Rovigno, Küst.
Turk Anna	1848	Krain
Turk Magdalena	1845	Görz, Küst.
Türklin Helena	1792	Oberradkersburg, Stmk.
Turus Maria	1836	Görz, Küst.
Uiberbacher Hemma	1841	Knt.
Uicich Antonia	1847	Rovigno, Küst.
Ulrich N.	1818	o. O.
Ultschnigg Maria	1841	Stmk.
Umeckinn Margareth	1799	Windischlandsberg, Stmk.
Urbas Maria	1830	Oberburg, Stmk.
Urbitsch Maria	1813	Laak, Stmk.
Urch Maria	1835	Krain
Urch Ursula	1818	Stmk.
Uretscher Maria	1821	Reifenstein, Stmk.
Urmacher Maria	1823	Sannegg, Stmk.
Ursig Elisabeth	1843	Görz, Küst.
Valencich Maria	1832	Triest, Küst.
Valenta Antonia	1836	Rovigno, Küst.
Vechar Maria Anna	1837	Bischoflack, Krain
Ventin Helena	1828	Rovigno, Küst.
Verbothen Apollonia	1844	Lechen, Stmk.
Verhofschegg Maria	1840	Cilli, Stmk.
Verschitzin Ursula	1791	Oberradkersburg, Stmk.
Vesnaver Johanna	1831	Rovigno, Küst.
Vessel Agnes	1845	Krain
Viditz Elisabeth	1840	Krain
Vielrich Mariana	1829	Krain
Vogrinz Agnes	1811	Rann, Stmk.
Vollenich Maria	1842	Triest, Küst.
Vouck Agnes	1822	Osterwitz, Stmk.
Vouk Katharinna	1830	Görz, Küst.
Wadik Maria Anna	1808	Graz, Stmk.
Walder Maria	1830	Knt.
Walkner Anna Maria	1835	Aussee, Stmk.
Wallnerin Maria	1812	Graz, Stmk.
Waltendorfer Anna	1837	Weinburg, Stmk.
Waltnerin Rosalia	1789	Graz, Stmk.
Waschel Marianna	1846	Krain
Wastler Elisabeth	1840	Knt.
Weber Maria	1804	Tüffer, Stmk.
Weber Maria	1820	Laak, Stmk.
Weber Maria	1821	Oberburg, Stmk.
Weger Anna	1842	Knt.

Weissenbrunner Agnes	1828	Knt.
Weniger Mariana	1830	Triest, Küst.
Wernellin Helena	1791	Radmannsdorf, Krain
Wernig Maria	1838	Bischoflack, Krain
Wertnig Ursula	1831	Krain
Wessiak Maria	1841	Plankenstein, Stmk.
Widmar Luzia	1839	Krain
Wieser Anna	1847	Judenburg, Stmk.
Wimpolscheg Anna	1836	Krain
Winkler Barbara	1826	Knt.
Winkler Katharina	1820	Gmünd, Knt.
Wirthin Maria	1819/24	Fürstenfeld, Stmk.
Wisiak Marianna	1821	Billichgratz, Krain
Wittenz Maria	1823	Prem, Krain
Woch Anna	1826	Reichenburg, Stmk.
Wohlfarth Josepha	1832	Knt.
Wonischin Barbara	1796	Stein, Stmk.
Wölferin Anna	1803	Straß, Stmk.
Wratschko Maria	1840	Marburg, Stmk.
Wregar Maria	1818	Wördel, Krain
Wrinitz Dora	1816	Möttling, Krain
Wrodnigg Helena	1840	Sonnegg, Knt.
Wrumen Elisabeth	1845	Graz, Stmk.
Wruß Katharina	1831	Krain
Wunkinn Maria	1787	Pettau, Stmk.
Zapfel Margaretha	1821	Obervoitsberg, Stmk.
Zekoll Mina	1823	Gottschee, Krain
Zerle Maria	1832	Krain
Zettler Katharina	1817	Wieden, Stmk.
Zhellich Maria	1823	Görz, Küst.
Zhessen Mina	1844	Krain
Zheuna Josepha	1838	Triest, Küst.
Zierlerin Maria	1800	Wolkenstein, Stmk.
Zimmermann Gertraud	1839	Krain
Zingel Zezilia	1842	Thalberg, Stmk.
Zirknitzer Anna	1819	Großkirchheim, Knt.
Ziwu Barbara	1829	Wöllan, Stmk.
Zorzetti Elisabeth	1831	Triest, Küst.
Zwenkl Agnes	1819	Windischgraz, Stmk.

Printed by
CPI books GmbH, Leck

Kolibri 360 GmbH
Ferdinand-Jühlke-Straße 7
99095 Erfurt, Deutschland
produktsicherheit@kolibri360.de